吴文化的根基与文脉

（第2版）

徐国保 著

东南大学出版社
·南京·

内容简介

吴越文化是中国最早提出的、也是中华文明起源阶段非常强势的区域文化。本书把历史学、民俗学、地质学、语言学、文献学等知识与近现代最新考古研究成果相结合，穿越万年以上的历史帷幄，运用"多重证据"作了跨学科、跨领域、超时空的考证与考辨，立体地展现出吴文化的根脉与深境，打开了吴文化的前世今生、海陆沧桑神奇变化的探索之门，看到了吴地在崛起中的蝶变过程与"事实"背后的事实，为理解吴地的历史发展、文明特征、智慧形态提供了有力佐证。既是一部自成体系的吴地简史，又揭示出吴文化特有的具有时代气息的恒在价值；既是复活往事的历史叙述，也是连接古今的纪实文学。

本书语言隽永，史料翔实，内涵深刻，条分缕析，诗情画意，向世人输送出共享性、接地气的高价值观点，是一部坚持文化自信、振兴中华、从历史走向未来的学术专著。

图书在版编目(CIP)数据

吴文化的根基与文脉/徐国保著. —2版. —南京：东南大学出版社，2018.6
ISBN 978-7-5641-7672-3

Ⅰ.吴… Ⅱ.徐… Ⅲ.吴文化—研究 Ⅳ.K225.03

中国版本图书馆 CIP 数据核字(2018)第 046678 号

出版发行：东南大学出版社
社　　址：南京市四牌楼2号　　邮编：210096
出 版 人：江建中
网　　址：http://www.seupress.com
电子邮箱：press@seupress.com
经　　销：全国各地新华书店
印　　刷：南京京新印刷有限公司
开　　本：700 mm×1000 mm　1/16
印　　张：25.5
字　　数：527千字
版　　次：2018年6月第2版
印　　次：2018年6月第1次印刷
书　　号：ISBN 978-7-5641-7672-3
定　　价：58.00元

本社图书若有印装质量问题，请直接与营销部联系。电话(传真)：025-83791830

再版序

　　太湖浩渺,长江浪飞。处于江湖之交的吴地,得天独厚,山温水软,土地沃腴,经济繁荣,文化发达;其中心区域苏州更获"人间天堂"之美誉。位于长江三角洲与太湖流域的吴地是中国的重要区域;吴文化,历来研究者众多,论著灿若繁星。徐国保先生《吴文化的根基与文脉》一书,完全可以说是其中全镜式、深层次的重要著作。这次再版,充分说明了这本书的重要价值所在。

　　学术的生命在于创新。国保先生的这部著作,犹如万景新园,闪耀着令人瞩目的亮点,深深吸引着人们的视线,无不叹服其博大精深,新颖独特。

　　一是研究方法的多样。这本书以文献与考古作为基础,把历史学、民俗学、地质学、语言学熔为一炉,采撷新闻报道,显示了研究的时代感。运用多重证据,进行跨学科、跨领域、超时空的考证与考辨,展现了吴文化的根脉与今天的多姿。

　　二是视野的辽阔。吴文化地区南至钱江,北至淮泗,甚至包括皖南与江西部分地区,但过去的研究者多着重于中心区太湖流域的研究,其他地区很少涉及。而《吴文化的根基与文脉》一书,南至宣歙,北至淮盐,采其精粹,择善而从,展示了吴文化幅员的全面性。以时间而论,评古论今,纵谈万年。从南京人、蚩尤、太伯、伍子胥谈到今日吴中人物;从草鞋山的远古稻田,谈到当今农田水利;从钱山漾"丝路之源",谈到当今绸都盛况;从工艺之邦,谈到乡镇企业;从尚武崇文之风,谈到人才的海纳百川;从"断竹续作"民歌,谈到"五姑娘"的整理;不一而足,可谓穿越时空,铸古今于一体。

　　三是展现了吴文化的特色。吴地,土广物丰,盛产稻米、丝绸、金锡、陶瓷。在长期的生产实践中,造就了一大批身怀绝技的能工巧匠、苏绣大师。吴地,水乡泽国,生活中充满"水"的因素。衣绸着棉,饭稻羹鱼,粉墙黛瓦,家家舟航,竞渡为乐。甚至语言软糯嗲气,也轻柔若水。昆曲、评弹,柔美婉转,名闻中外。吴地是诗的方国,文艺、学术家如泉喷涌,吴人具有诗性智慧,诗性精神,过着诗性生活。更重要的是,由于自然环境优越,吴人奋发勤劳,对文教的尊重,培塑了这里居人的仁义、和谐精神,外柔内刚的性格,谱写了一首首可歌可泣的爱国史篇与辉煌业绩的光荣榜单。《吴文化的根基与文脉》一书正是显示吴文化特色,荟萃众芳的重要专著。

  四是学术的创新。这本书汲取众长,并有所创造发明。国保先生对吴族的渊源来脉、太伯奔吴的线路作了翔实的考证,令人信服。太伯既带来了先进的生产技术,但也受"江蛮"的重大影响,文化总是互相融合的结晶。对于"吴地是丝路原发地""吴人在崇文中亦有尚武的一面"等等,作了详细阐发,均有超越前人之处。其他如语言隽永优美,内容浩瀚深刻,雅俗可共赏同享,充满诗情画意,特色尚多,不胜絮述。

  国保先生是吴人,以吴人写吴地,驾轻就熟,充满感情,字里行间,渗透着对家乡的热爱。今日读之,也深受感动。这本书完全可以作为提高文化自信力、振兴中华的一部优质教材。国保先生是军人出身,早年从军于军区机关,转业后至苏州市经济委员会工作,对经济与经管亦是内行。以军人从文,堪称奇才。国保先生是我多年老友,在互相切磋中,得益良多,愿我们在有生之年,携手并进,相濡相成。更愿国保先生在吴文化研究中取得更大成就。

  是为序。

中国史记研究会常务理事
国务院政府特殊津贴获得者　**戈春源**
苏 州 科 技 大 学 教 授
2017 年 4 月 15 日

序

最近一些年来，热心于吴文化研究的人是越来越多了。但据我所知，他们大多是依托于某个单位如大学，或者是某个学术机构，或者是某个研究会等，集体组织起来搞研究的，而很少见有搞"单干"的。在这个领域里，我们可以看到不少由个人署名的就某一个问题发表的论文，而以某个人的一己之力努力出版专著的，特别是能够写出有关吴文化综合性研究专著的，似乎还没有见到过。其原因是，要做这样的事情，一方面，工程量实在是太大，仅靠个人的努力无疑困难重重；另一方面，更为重要的是，这非得有广博的知识和深厚的学养不可，否则将很难胜任，而具有如此条件的人显然极少。然而现在，这样的专著居然出现了，这就是眼前的这本题为《吴文化的根基与文脉》一书，作者署名"徐国保"，而且，竟然真的就是靠他一个人"单干"搞出来的。

我与国保同志不是很熟，但是应当说早就闻其名了。大约十多年前，我在一些报刊上就看到过不少署名为"徐国保"的文章，所谈的，我记得大都是有关经济和经济管理方面的内容，有熟悉他的人告诉我，这位徐国保同志在苏州市的经济委员会工作。从那时起，我就对他有了深刻的印象，并且在心里边还对他产生了一丝敬意。因为勤于思考，并且能够将自己思考的成果写出来的人，似乎并不多，而他做到了这一点。虽然当时他所写的文章其分量也并不那么重，但看得出他是下了功夫的，所以值得敬重。

一晃许多年过去了，想不到的是，就在前些时候，听朋友说，徐国保同志于最近完成了一部研究吴文化的书稿。说老实话，当时我真的是大吃了一惊。因为作为一个长期在行政机关工作的同志，他竟然能够沉下心来写出这样的学术专著，且不说质量究竟有多高，总是一件很不容易的事情。于是，我在心里便又对他更添了几分敬意。

更加没有料到的是，过了一些天，在一位与我熟悉的朋友陪同下，他竟拿着自己的书稿前来，说是要请我为他的这本即将出版的专著写序。时下为他人著作写序的，大抵上有两类人：一是有相当级别的领导，二是在学术方面称得上是权威的人士。我当然有自知之明,我有什么资格呢?于是便推辞。可推辞再三,还是没有推掉。国保同志说:"书是我这个苏州人写出来的,序也应当由一个苏州人来写,而在苏州,你就是一个比较合适的人。"这当然是出于他对我的敬重和抬爱。在此情况下,我只好恭敬不如从命了。于是我就对国保同志说,既然如此,那我就先来拜读您的大作吧,如果可能,我就来试着写一点比如读后感之类的东西。

待到将他的书稿通读了一遍后,首先我要说,我真的是被他的劳作和刻苦精神深深地感动了。这样厚厚的一本书稿!要知道,它既不是随笔,也不是论文,更不是一般性的学习体会的汇编,如目前我们经常会看到的那些"著作"一样,而是一部约有40多万字,且配有百余幅图表的关于吴文化研究的学术性著作。就其内容来说,在时间上,上至远古先吴,下达当代,跨越了几千年;在空间上,几乎覆盖了整个吴地乃至全国和整个世界,涉及政治、经济、社会以及文学、艺术、历史、考古、民俗、语言等多个学术领域,而且相互联系,具有内在逻辑,自成体系。这就不是谁都可以写成的了。很明显,作者为了撰写这部著作,是做了大量的艰苦细致的准备工作的。从书稿和作者自己的介绍中我们就可以清楚地看出,国保同志不仅查阅了许多文献,对史料作了鉴别钩沉,还亲自到了不少相关地方进行实地调查和考证,最后才苦心经营,布局成文的。其工作量之巨大,是不必说的了,其所费心血恐怕也只有作者自知,同道者才能够体会。可以想见,如果没有对吴文化的热爱,没有对学术的执著追求,没有一股坚韧不拔的事业心和奉献精神,恐怕是无论如何也不可能有这样的一部著作问世的。特别是在当今物欲横流、浮躁心态普遍作祟、存在着诸多挡不住的诱惑的社会环境里,本书的作者还能够坚持这样做,就尤其应当得到人们的敬重。

当然了,对于这样的一部著作来说,更加值得关注的是其思想内涵及其学术价值。在这方面,我想要说的是:第一,本书做到了旁征博引。所引证的资料非常之丰富翔实,有些资料甚至是"独家"的,因为是作者亲自到实地调查得来的。这些宝贵的资料,一方面,固然为本书中提出的许多学术观点提供了依据支撑,从而增添了分量,给人以厚重感;另一方面,无疑地,也可为这个领域里的其他研究者所用、所借鉴。实际上,众所周知,占有参考资料的多少也是衡量一本学术性著作质量高低的一个重要标志。第二,在不少学术观点的阐述上,的确是"多有独到见解",自有其"新意"在。例如作者认为,吴地的"良渚、草鞋山陈州古国文化其实并未消失,不能想象一大群生活在几百平方公里土地上的人们会像恐龙一样突然灭绝,唯一合理的解释是发生了部族大迁徙"。并且根据近年来各地陆续发现的吴地玉器文化遗存这个事实,进一步大胆地认为这一"部族大迁徙"主要有三个方向,即:一是"南下的一支到达粤北";二是"主体则渡江北上到达了中原";三是"借'汤汤洪水'逆水西行到达了四川"。这样的结论是否科学和准确,我们暂且不论,但他的这一番论述确可以成为一家之言,给人以启迪。第三,在通古达今这个问题上是下了一定功夫的,应答了当前在吴文化研究领域中的诸多热点问题,这显然也是很可贵的。第四,本书在文字表述方面也很有特色,既有凝练的史实介绍,同时又"富于文学意味",从而增强了它的可读性,这在学术著作中尤属难能可贵。

此外,值得指出的是,本书的题目叫做"吴文化的根基与文脉",这当然也是作者在该课题研究中的主导方向。我以为,能够这样提出问题,其本身就具有学术价值。因为这是吴文化研究中的一个十分重要的、人们普遍关注的,然而至今似乎还没有说得很清楚的问题。虽然,恕我直言,本书在这个问题的梳理和阐述方面似乎也还欠一点火候,对吴文化的"文脉"走向及其内在依据和原因的阐述似乎还不那么清晰,但是作者毕竟是大胆地触及了这个问题,找到了正确的研究方向,将自己研究的课题放到了一个科学的坐标方位上,并实实在在地展开了研究,这无疑是一个很好的开端。而有了这个好的开端,当然就会有利于作者自己和同道者能够在今后沿着这个方向更好地继续研究下去。

总之,在我看来,本书可以称得上是一部具有较高学术价值的著作,是吴文化研究领域里的一个重要成果,当然也是对该领域的研究所做出的一份贡献。

另外,我想要说的是,本书能够出版,本身似乎也说明了一些问题。第一,它至少从一个侧面反映了我们苏州这座古城的深厚的文化底蕴。在苏州,我们经常会发现一些本来名不见经传的人突然间出版了一本什么书,其中的有些著作甚至还能够在全省乃至全国的范围里产生比较重大的影响,本书的出版在这方面无疑又提供了一个例证。苏州的这一文化现象,在全国各城市中恐怕不是很多的。第二,它告诉我们,经济发展到目前这个阶段,文化已越来越受到人们的关注了,对于任何一个地区、一个城市以至整个国家来说,在客观上,文化建设都已显得越来越重要和迫切,否则恐怕是不可能会有这么多如徐国保这样的同志来重视文化和文化研究的。第三,本书的出版既是对我们苏州提出的"文化苏州"发展战略的具体回应,同时它对于"文化苏州"的建设至少也会发挥一定的促进作用。第四,从学术研究这个层面上看,它也表明吴文化的研究不仅已经在更大的面上展开,同时也正在向纵深方向发展。这当然是很可喜的现象。通过这种研究和发掘,吴地的传统文化必将会在与现代文明相结合的过程中放射出异彩,最终也必将会更好地促进吴文化区域的建设和发展。

以上是我对本书的一些读后感,就权充为本书的序吧。

苏州市新闻传播学研究会会长
苏州市吴文化研究会副会长　苏简亚

2007年10月8日

前　言

吴地文化，气象万千，不乏伍子胥头颅国门高悬、无产阶级革命家恽代英宁死不屈的刚烈英武之气，也不乏文化史上的百戏之祖——昆曲、文学史上的一绝——吴歌等珠圆玉润般的高雅水柔隽永。她带着江南特有的书香泥气，吸纳百川，吞吐万年，一头连着记忆，一头通向银河，在历史与现实、传统与现代的交汇点上，书写了一个又一个传奇。

文化作为人类社会的现实存在，是个大历史，是一个内涵丰富、外延宽广的多维概念，它代表着人的发展和完善的状态与程度，具有与人类自身同样长久的历史。一部人类史就是人的文化史。莎士比亚说："除人之外，城市何在？"有一种学说认为，凡是人为的而非自然产生的东西都是文化，包括物质的和非物质的。联合国教科文组织在2001年11月2日第三十一届大会通过的《世界文化多样性宣言》给"文化"所下的定义是：文化视为某个社会或某个社会群体特有的精神与物质、智力与情感方面的不同特点之总和；除了文学和艺术外，文化还包括生活方式、共处的方式、价值观体系、传统和信仰。正如冯·皮尔森在其《文化战略》中所说，文化是"人表现他自身的方式"。一句话，文化就是人类生存和发展的方式。

"名可名，非常名。"文化的定义理所当然地会依据不同的时空条件而有所差异，文化的活的灵魂往往正是跃动于这些差异之间，它是文化问题的原点所在，亦是文化理论的基本问题。

2005年11月，在杭州召开的"第三届全球化论坛——世界文化多样性"会议通过的《杭州声明》，强调文化多样性是世界文化发展的基础；保护文化多样性，前提是认识与尊重文化多样性。越是民族的，就越是世界的，其要旨就在于强调文化的多样性。文化能趋同，文化亦可立异。尊重文化多样性，就要尊重文化的独立性、异质性和完整性。从终极意义上来说，文化是人类社会的一种属性，文化多样性的终极作用是提升人类自己。也正因如此，一切文化的难题，都是人的难题。多样性的文化必然有冲突，这种冲突或在文化层面，或扩张至经济领域，甚或延伸至政治世界，此乃文化之福音。

要协和万邦，必然需要"同桌面沟通"，最终达到和谐共处、多样并存，这就是人类世界的软实力，这就是在地球上的一张色彩斑斓、美丽和谐的织锦。我们倡导德性文化为表率，智性文化为动力。德治形态文化是全人类文化中整合功能最强、最符合人类根本利益的文化,智力性文化则是全人类文化中最具创造性和竞争性的文化。和而不同,贵在存异,因为异表征着特殊价值。人类现存语言6 700多种,文化的丰富性不在于其趋同特点的丰富,而在于其特殊价值(异质特点)的丰富。中西文化像男人和女人的关系一样,当双方具有性觉醒意识之后,西方文化像男人离不开女人一样离不开中华文化;中华文化亦像女人离不开男人一样离不开西方文化。歌德说:只有永恒的女性,才是我们前进的领路人。在阳性文化里,必有女性中心主义作为补充;在阴性文化里,必有男性中心主义作为补充。世界文化缺乏了中西文化的任何一极,都是灾难。故文化以差异并存为美,以消除差异为悲。

  文化是可传播的,文化是有力量的,文化是生生不息发展的。当代著名哲学家、教育家冯友兰先生说:"盖并世列强,虽新而不古;希腊罗马,有古而无今;惟我国家,亘古亘今。"它是老祖宗不经意间留给我们后人的永远的"经济增长点"。但文化不是"打造"出来的,它要靠时间和心灵悉心酿造,需要宽容、包容、兼容,需要自由气息氤氲的文化生态环境,方可完成中华文明的凤凰涅槃。有的文化能成为产品,有的文化则永远是不可出售的无价之宝。

  在全球一体化的新形势下,中国文化的多样性正遭受越来越严重的冲击。随着工业化、城市化的飞速发展以及人们生活方式的改变,民族民间文化的生存环境发生了巨大变化,民族民间独有的文化习俗、服饰、建筑、传统工艺等逐渐消融。对此,早在2005年12月,国务院就颁发了《关于加强文化遗产保护工作的通知》,其中对包括非物质文化遗产的保护工作提出了一系列规定,这是国家最高行政机关首次就中国非物质文化遗产保护工作发布的权威指导意见,该"规定"明确指出了保护工作的重要性和紧迫性,并指出保护工作的指导方针——"保护为主、抢救第一、合理利用、传承发展"。我们大声疾呼:保护文化的多样性!每一个文化的细胞都要被尊重和重视。尊重一小棵文化植株,也就是尊重整个文化的生态。从某种意义上来说,文化的灵魂是"活态"。

  中华文化,历史悠久,源远流长,从陶器文化算起至少已有8 000年,形成了世界上从未中断、博大精深、内涵最为丰富的中华文明。它由56个民族组成,不同地域的民族皆具有区域性的特有的文化,它们是我们的"根据地",是我们民族的文化底色和民族记忆。在面向世界的发展中,在实现中华民族的伟大复兴过程中,我们首先要理解、懂得自己的历史和传统,决不能数典忘祖,须臾离开自己立足其间的历史文化和传统。相反,应时常回溯存在的本源去发现新的意义。我们经常听到、看到"创新"这两个字,对于创新,我们更多的是指技术创新,忽略了文化创新。其实这两者同样需要,缺一不可。如何创新?离不开继承。如何继承?需要认同和记忆。只有传承才能发展,只有融合才能创新。

文化历史就如同浩瀚的时空,需要我们守望。时代虽然变了,但日月星辰、草木虫鸟发出的生命信息是久远不变的。在人类由蒙昧走向文明的时代,我国远古的先民,仰视天穹日月更替、星移斗转,俯察大地草木荣枯、虫鱼蛰动,叩问千古时序变化的根源,创造了斑斓多姿的中华文化。在这一文化中,江南既是华夏大地又是现代中国的精华之一。

"江南",这个美丽的字眼,是中国的"人间天堂"。其含义在古代文献中往往是一个与"江北""中原""塞北"等区域概念相并立的词语。从历史上看,江南既是一个自然地理区域,也是一个社会政治区域。当然,民间所称的江南与行政区划意义上的江南,差别就更大了。《辞海》中对江南的解释是:泛指长江以南,但各时代的含义有所不同。在秦汉时期,"江南"主要指的是今长江中游以南的地区,即今湖北南部和湖南全部。《史记·秦本纪》中说:"秦昭襄王三十年,蜀守若伐楚,取巫郡,及江南为黔中郡。"黔中郡在今湖南西部,于此可见当时"江南"的范围之大。它是多重的,也是多元的:地理学家眼中的江南是丘陵,历史学家眼中的江南是沿革,气象学家眼中的江南是梅雨,经济学家眼中的江南是财富,语言学家眼中的江南是方言……但他们所指的有一个共同的地域,那就是以太湖流域为中心的江南地区。

中国经济史学家李伯重教授指出,对江南的地域范围作界定,在标准上不但要具有地理上的完整性,而且在人们的心目中应是一个特定的概念。据此,他认为江南的合理范围应当包括今天的苏南、浙北,即明清时期的苏州、松江、常州、镇江、江宁、杭州、嘉兴、湖州八府及后来由苏州府划出的太仓直隶州①,总面积大约4.3万平方公里。这八府一州之地不但在内部生态条件上具有统一性,同属于太湖水系,经济方面的相互联系也十分紧密,而且其外围有天然屏障,与邻近地区形成了明显的分隔。这与刘石吉在《明清时代江南市镇研究》(中国社会科学出版社,1987年版)一书中的界定基本一致。外国学者(主要是日本学者)中,对江南的定义亦普遍倾向于"江南三角洲地区"一词。扬州虽在江北却叫江南,那是扬州与江南的神似,是文化对自然区划的超越,是文化力量的显现。

实际上,从历史地理的角度出发,"江南"的核心就是一个完整的太湖流域地区。从区域的共同性上来讲,该地区的自然环境、风俗文化、社会经济等方面都存在着很强的一致性。所以,依照今天地理学界、自然科学界对太湖水系流域的界定,江南的核心地区覆盖了长江下游南岸的太湖流域及其周边地区,亦即"江南的重心"。

江南地区以丘陵为主,这里河网交织,港汊纵横,却又"湖河联络",众多的江河、湖泊、港浦形成了一张稠密的水网。这张水网把江南区域内的各个

---

① 李伯重,《江南的早期工业化(1550—1850年)》,社会科学文献出版社,2000年,第18—23页。

点,大至省(市)会、府城,小到市镇、村社,紧密地连接在一起。水路河道的这种经络关联不仅是地理上的,也是指政治、经济、文化上的。行政控制离不开"左右逢源"的水网,漕粮、丝绸布匹以及名目繁多的贡品也要借助水道的运输,商人往来、贸易的兴衰更是维系着河道的变迁,以至文人赶考、文士结社也都依赖水路进出。发达的水运为江南在空间地域上的沟通与整合创造了便利条件。在四通八达的江南水网中,又以太湖为中心,有人形容太湖是以无锡为其首,以常州、镇江、嘉兴、松江为其足,以湖州为其背,而以苏州为其胸。处于"胸"腹的苏州,又经南北大运河,而与全国各地相连贯。广袤而神秘的江南,气候温和之天时,沿江临海之地利,厚德载物之人和,得天独厚。她吞吐江河,海纳百川,孕育出彪炳千秋的土生土长的原生的吴文化。从春秋前期句吴的疆域(见图1),可窥见泱泱大吴之斑。她西至江西九江、湖口,东到大海,北临淮泗,南达钱塘江北岸的杭州一线,总面积达8万多平方公里,有着特有的文化个性。

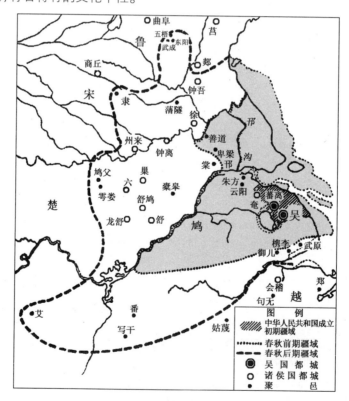

图1 吴国疆域变迁图

资料来源:魏嵩山,《古代吴立国的发源地及其疆域变迁》

什么是吴文化？其概念如何界定？历来众说纷纭。始于先秦，与《左传》并称的《国语》中，即包括周、鲁、晋、郑、楚等语，而以《吴语》《越语》殿后，分地区记述史事，以此为先声。汉人所编《越绝书》《吴越春秋》，承袭这一端绪，成为最早的区域专史。堪称巧合的是，近代意义的区域历史文化研究，在我国也是由吴越发端的。20世纪30年代，一些学者在江浙一带进行考古调查和发掘，于1936年在上海组成了吴越史地研究会。正是他们，提出了"吴越文化"这个名词。① 近年来，在"文化热"的驱使下，各地研究吴文化的学术团体如雨后春笋，网上微信、博客更是如潮，一时间争夺吴文化的"根""源""所在地""最早发明""最早发现"等等"战争"频发，非我莫属，以至发展到要给对方"吃耳光"。"百家争鸣"本是好事，何必动粗？

众所周知，文化不是发明或一个遗址的社会经济的"革命"性历史事件，更不是一城一地一时之专利，它是地理环境、社会经济和文化生态等等综合演变的一个漫长的历史过程。这项工作不是单凭史学、考古学、植物学、地理学、地质学、土壤学、生物学、语言学或社会学等等专门学科能解决的，必须各方人才、各科领域通力合作，摆脱"只见树木，不见森林"的陈旧模式，走向田野、走向生活，向人民传承的活态文化学习（包括互联网上所有微信、博客的个人可用资源），努力提升"学术力"，既要"摸前有"，更要"探未知"，不断推陈出新，向前跨越；从吴文化形成的源流、根基和文脉上做文章，在寻求事物的条理、吴文化的独特个性、经世致用上下功夫，使吴文化的根更深、干更粗、叶更茂，在中华民族的伟大复兴中、在中华民族走向世界的征程中做出较大的贡献。

近代研究吴文化的代表人物很多，他们既是研究吴文化的代表，也是近代倡导"经世致用"思想的先锋，作为中西文化接触融通的中介，在推动吴文化形成鲜明特色的过程中起到了积极作用。我们理应传承、光大"身边遗忘的光荣"，表（文献与考古文化）、中（制度文化）、底（哲学文化）三层并举，互相沟通，开吴文化创新创造之先河。

本书以广义的吴文化为底色，采用万年以上长时段历史，运用多重证据法，较为深入系统地研究、考证吴文化的基础和背景、根基与文脉，传统与现代互动，挖掘吴地历史资源、唤醒吴地记忆、接通吴地历史文脉，提出了在吴文化研究领域中鲜有提及的一些独到见解，凸现出吴文化完整体系的雏形、根性与智性，并对吴文化与现代社会、吴文化的当代价值、吴文化与和谐社会、生态文明建设等诸多论题进行了较深入研究，展现出吴文化的多元性与开放性风采，旨在坚持文化自觉、践行发展创新，"各美其美，美人之美，美美与共，天下大同"。使自己从"本能的人"提升为"自觉的人""清醒的人""真

---

① 参见李学勤，《走出疑古时代》，长春出版社，2007年，第153页。

的人"!

认同历史就能认同文化。历史上写着中国的灵魂,指示着将来的命运(鲁迅语)。远古文明正穿过厚厚的彩云向我们射来希望之光,一个时代的召唤在响起:不忘初心,开拓创新!我们期待着,大美江南和谐共进的"同心圆"越画越好、越画越美。

目 录

再版序	1
序	1
前言	1

上篇 根基

第一章　先吴古国　酋邦之地 ········· 4
　一、江南古陆　先吴古国 ········· 5
　二、原生文明　吴地始祖 ········· 25

第二章　绿水青山　稻作之源 ········· 50
　一、山清水秀　世界稻源 ········· 53
　二、土生土长　独有习俗 ········· 70

第三章　养蚕植桑　丝绸之府 ········· 88
　一、蚕桑源头　丝绸故乡 ········· 90
　二、天上取样　丝路原点 ········· 108

第四章　地广野丰　铜源之乡 ········· 127
　一、地广野丰　江南金锡 ········· 129
　二、金道锡行　自主创新 ········· 137

第五章　勤劳善思　工艺之邦 ········· 161
　一、玉石文化　陶瓷手艺 ········· 162

二、民间绝技　匠师辈出 ·················· 185

下篇　文　脉

第六章　小桥流水　师法自然 ·················· 208
　　一、小桥流水　鱼米之乡 ·················· 209
　　二、粉墙黛瓦　居尘出尘 ·················· 235

第七章　吴侬软语　里仁为美 ·················· 248
　　一、甜甜脆脆　美美与共 ·················· 248
　　二、和谐和合　融合发展 ·················· 265

第八章　外柔内刚　尚武崇文 ·················· 282
　　一、奇特强悍　刚柔相济 ·················· 283
　　二、厚德载物　经世致用 ·················· 307

第九章　以人为本　海纳百川 ·················· 318
　　一、以人为本　近悦远来 ·················· 319
　　二、海纳百川　兼收并蓄 ·················· 341

第十章　诗性智慧　诗性文化 ·················· 353
　　一、诗性智慧　诗性精神 ·················· 354
　　二、诗性生活　诗性文化 ·················· 367

后记 ·················· 390

上篇 【根基】

欲知大道,必先为史。

吴地人历来以自己悠久而连续不断的历史和光辉灿烂的吴文化感到自豪,也以有膏腴土地和丝锦布帛之饶而睥睨群雄。近几百年,随着至德宗亲遍及全球,吴文化更是开始衍射到海外,成为世界性文化,为国际知识界所关注。然而,吴文化的"根"、吴文化的"源"在哪里?近年来,江南各地就像抢"红帽子"一样,你争我夺。有的说,把吴文化的"根"定在周源,然后根据吴文化的历史把"源"定在无锡,泰伯奔吴后始创吴文化;有的说,吴文化的"根"在镇江丹徒,"源"在常州淹城;还有的说,"根"在南京,"源"在苏州等等。上述观点,有专家的研究会、论证会,还有一本又一本出版的学术专著,思欲振聋发聩,"挟太山以超北海"。

然而,历史文化学术,事非凭空虚构。日本著名学者贝冢茂树先生曾指出,神话传说,作为时间性的变化系列来考虑,"层累地造成的古史观"和"加上说"的假说都是很有说服力的,但被文献化的神话传说的变化,并不是单纯的时间性问题,空间性、地域性的差异也应考虑进去,应该意识到其变化过程是极其复杂的。其中,不同的民族、不同的地域,有不同的神话传说。神话传说相互间的矛盾是有原因的,有某些史实的反映,不能把相互矛盾的传说作为后世的伪史之作而加以排除。而"层累地造成说"本身只是考虑时间上的变化,这终究是一个根本性的欠缺。① 我们反对在传说史料的运用上采取合己则取、不合则隐的态度;我们也反对只是根据自己文章中的观点的需要,说某某史籍中的某一条材料符合吴文化发展史的什么史迹就作为取舍的标准;更不能只抱住一条桌子腿,只见树木不见森林,因为学术考证不能搞行政地域化(省、市、县)。其一,学术考证地域化,掺杂了太多功利色彩,这是很不正常的;其二,那是一口永远也挖不深的井。黑格尔指出,历史是"一种隐藏的力量",任何事物都无可逃避地处于历史之中。鉴于此,必须追溯吴地史前文化的源流。

史学家陈寅恪先生曾说:"一时代之学术,必有其新材料与新问题。取用此材料,以研求问题,则为此时代学术之新潮流。治学之士得预于此潮流者,谓之预流(借用佛教初果之名)。其未预者,谓之未入流。此古今学术史之通义,非彼闭门造车之徒所能同喻者也。"②陈先生指出了研究学问必须要充分掌握新史料,正如王国维先生所说:"吾辈生于今日,幸于纸上材料之外,更得地下之新材料……此二重证据法,惟在今始得之。"③最新考古资料的发现,是我们现代学者的眼福。很多珍贵文物、文化遗存,不少古人没见过,甚至连太史公司马迁也没有见过,现在都逐步被发掘出来了,我们居然看见了,能够进行研究,不能不说是我们的幸运。中国考古学已经处于黄金时代的开始阶段。本书把历史学、民俗学、地质学、语言学、文献学、气象学等知识与田野考古发掘和近现代最新科技考古成果相结合,在众多吴文化专家研究的基础上,对吴文化的根基与文脉(根性与智性)进行了深入的探讨,尤其对吴文化的根基(基础)采用多重证据法,作了跨时空的考证与考辨,"认祖归宗",在"隐藏"之中发现了它的根底:

先吴古国,酋邦之地;
绿水青山,稻作之源;
养蚕植桑,丝绸之府;
地广野丰,铜源之乡;
勤劳善思,工艺之邦。

这既是吴文化吸收和贮藏养分的根茎,也是吴文化长盛不衰的根源;既

---

① 贝冢茂树,《中国古代史学的发展·序论》,东京弘文堂,1946年初版;中央公论社,1986年再版。
② 陈寅恪,《陈寅恪先生论文集》,台北九思出版社,1977年,增订第二版,第1377页。
③ 孙敦恒,《王国维年谱新编》,中国文史出版社,1991年,第146页。

上篇 根 基

是吴文化的定力,也是无穷的财富。下面分五章考证,各章立论文献典籍有记载,考古发现有证据,习俗传说有渊源,现有资料有佐证,专家学者有灼见,立体地展现了吴文化的根脉和深境。

上篇 根 基

第一章

先吴古国　酉邦之地

人类,上承天、下踏地,为何如此?那是大自然的造化。在多元宇宙、亿万星河、超维空间中,人是自然的一部分。这足以说明,大自然是伟大的,于是这个世界充满了智慧和奇妙,无论是宏大的宇宙,还是微生物世界。人类之所以一到春天去看绿、一到秋天去赏红,是因为人天生就有亲近自然的本性。西方浪漫学派说,人是蓝色的兽,鸟兽鱼虫的背后是我们人类的来路。

其实,人很渺小,家、国、地球、太阳系、银河系、星团、宇宙外宇宙……一个人的存在完全可以忽略不计。但人又很伟大,我们站在一代又一代先人的肩膀上,越走越高,越走越快,用星历几秒的时间,就从蒙昧时代发展到了今天。从本源上来讲,人很普通,我们的DNA甚至和动植物差不多。但人又很特别,是从亿万分之一概率的碰撞中演化而来的。

从月球上看地球,地球无疑是飘浮在黑色真空中的一个蓝色球体;而从人造卫星上看,则会发现蓝色的部分占有地球表面约70%,绿色和黄色的大陆部分更像是岛屿,占有20%多的面积,而地球自转轴顶端的白色冰盖则占据了余下的面积。赤道附近不断生成的巨大气旋,显示出我们这个星球丰富的变化和生气,意味着人类的生存是以载体为前提的。没有地球,哪有什么人类。可见,人类是伟大的,也是脆弱的。我们能有今天,那是天地人"三

第一章　先吴古国　酋邦之地

才"的合力。

天已黎明了，你把你怀中的儿来摇醒，我现在正在你背上匍行。……

地球，我的母亲！我想这宇宙中的一切都是你的化身：雷霆是你呼吸的声威，雪雨是你血液的飞腾。

地球，我的母亲！我想那缥缈的天球，只不过是你化妆的明镜，那昼间的太阳，夜间的太阴，只不过是那明镜中的你自己的虚影。

地球，我的母亲！我想那天空中一切的星球，只不过是我们生物的眼球的虚影，我只相信你是实有性的证明。……①

直至今天，郭沫若在 90 多年前的判断仍然是正确的——地球是人类的天堂、宇宙中目前已知的唯一有生命的星球。2016 年，我国科学家在华北燕山地区发现距今 15.6 亿年前地球上最早的大型多细胞生物化石群，有力地推动了世人对地质历史时期生命演化历程的认识。在我们这个星球上，约在 5 亿年前已经出现"江南古陆"，她是大自然造物主的宠儿；百万年前以太湖流域为中心的先吴之地已经人猿相揖别，开创了惊天地、泣鬼神的业绩，成为中华文明从未中断的地区之一。

一、江南古陆　先吴古国

任何事物的发展都是辩证的，是由许多互为消长的因素决定和促成的。科学技术的发展，为我们创造了越来越有利的条件：遥感考古技术、地质钻探、考古发掘、水文地理气象与碳-14测定年代相结合……各种各样的资料、云计算汇集起来，一张张地质、地貌、土层分布的详细分区图被绘制出来，使我们有可能逐步地、在真正科学的基础上，来认识吴地所经历的悠久岁月和曲折历程。

（一）江南古陆

"江南古陆"，是我国古地理单位名称，形成于前震旦纪。其范围大体上东起浙江昌化，呈北东东—南西西方向，经皖南、赣北、洞庭湖，由湘西转为南南西方向，直达广西东北部。此广大地区在整个古生代期间大部分保持隆起。据最近研究，认为此古陆只是一些岛链。

大约在 5 亿年前，长江中下游的苏南、浙北、皖南、赣北一带，总体上还是一片被称为"古扬子海"的汪洋，江西湖口发现的三叶虫化石就是证据〔见

---

① 郭沫若，《地球，我的母亲！》，1919 年 12 月末作。

图1-1(a)]。三叶虫是古海洋生物,属节肢动物,因背壳上有两条纵向背沟,形似连在一起的三枚树叶而得名。它生活在距今6亿年前至4亿年前的古生代,在距今5.7亿年前的寒武纪时最多,故寒武纪又称"三叶虫时代"[见图1-1(b)],在距今2.8亿年的二叠纪末绝灭。

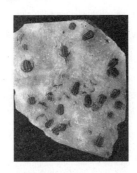

(a) 江西湖口的三叶虫化石　　(b) 寒武纪时期的三叶虫化石

图1-1　三叶虫化石

2005年11月,江西湖口县二中的师生在鄱阳湖一工地上发现了4块古海洋生物化石,经专家鉴定,这是一块"志留纪三叶虫化石",其中保存最完整的一块长8厘米、宽6厘米的古铜色化石(约4.4亿年前)系三叶虫中的王冠虫。这一发现,表明"江南古陆"在5亿年前的古生代时期是一片海洋,气候温暖,适合各种生物生长。①

经过多次大规模的地壳运动,古扬子海不断缩小,逐渐消失,随之露出的陆地被称作"江南古陆"。《苏州市志》上记载:"远在5亿7 000多万年前(寒武纪),苏州地区广为浅海,接受了一套碳酸盐岩石沉积,这一时期,延续2亿多年。4亿年前(泥盆纪),地壳上升转为陆地。""3亿5 000万年前石炭纪早期为海陆交替。"②2002年12月25日,中国科学院南京古生物地质研究所、中国地质科学院等单位的10余位国内顶尖的地质专家汇聚浙江西部常山,开展了常山地层古生物野外考察,取得重大科考发现。"以前,地质专家普遍认为,在晚奥陶—志留系时期(约4亿年前),江南地区是以浅海为主的海洋。这次国际地层委员会志留系分会主席戎嘉余在实地采集研究黄泥塘'金钉子'古生物化石时,发现了一套新的以腕足类为主的生物群化石。戎嘉余研究后认为,在晚奥陶纪时期江南地区曾发生过一次地壳运动,成为一个接近陆地的滨海环境,因而具有十分独特的地层古生物序列,从而改写

---

① 胡啸、许胡,《江西湖口:发现5亿年前古海洋生物化石》,中广网南昌2005年10月26日。
② 《苏州市志》,江苏人民出版社,1995年,第162页。

了江南地区的地质演化史。"①

上述判断与《苏州市志》上的记载基本一致。那个时候（泥盆纪），皖南和苏南地区由于奥陶纪末的地壳上升运动,已经上升为陆地（南方各省当时还多为海水淹没）出现在世界上。太湖南岸边"长兴灰岩"这本"天书"详细记录了地球生物的演变,是亿万年沧海桑田变迁的见证。

那时,地球上还十分荒凉,没有人类,但植物和从古老的菌、藻类中分化演变而成的低级的海生无脊椎动物分布广泛,如珊瑚、腕足、海百合、苔藓虫和软体动物等。昆虫开始出现,其他各个门类的动物也有发育。当时,"江南古陆"这块陆地的东南边只接近现在的上海西部边沿、嘉兴、德清一线,现在的江阴、宜兴、长兴一线的西北边还有不少海滩,它像一只巨大的诺亚方舟,停歇在茫茫的海洋上。在此后的悠久岁月里,地壳在地球内部火热岩浆巨大力量的作用下发生变动。现在的南京、镇江一片广大的"宁镇山区",从大海底部缓慢而坚挺地升起,露出水面,它由古生代和中生代三叠纪灰岩、砂岩、页岩组成,逐渐形成了"江南古陆",亦即"扬子古陆",和"华北古陆"这个较大面积的陆地连成一片,奠定了中国大地构造的基本轮廓。大地显得宽广起来,海洋绿色植物发展到陆地,裸子植物和低级的蕨类滋长在水畔岩边,脊椎动物中的鱼类在水中洄游[云南曲靖考古化石证明志留纪时（4.44亿年前至4.19亿年前）地球已经进入"鱼类时代"]②,乌龟、青蛙一类两栖动物间或爬上岸来,在洼地和山石间,已有低级的爬行动物在蠕蠕活动,巨大爬行类动物发育,原始哺乳动物开始出现。那大约是2.3亿年前至1.95亿年前的情景,地质史把那个时代称为中生代的"三叠纪"。

但在距今2.47亿年前地球曾经骤然变暖,那时地球上的气温大约常年维持在接近华氏100度（约35℃）,且持续了数千年时间,导致氧气消耗殆尽,地球上几乎所有的生物因此灭绝。③ 在距今1.95亿年前至1.37亿年前的侏罗纪,是现属华东地区的大陆火山活动的鼎盛时期,其直接原因是,地球上爆发了一次被称为"燕山运动"的地壳大变动。大地震颤,现今北京以北的地壳隆隆升起,并褶皱叠曲,形成了今天这样连绵不绝、苍苍茫茫、险峻天成的燕山山脉。而这股力量的余波,直接带动了我们这块江南古陆,大地猝然间剧烈地起伏震荡,山崩地裂的巨大声响,撼天动地。这时期的强烈地壳运动,致使岩层发生断裂,造成地面火山喷发,大量中酸性熔岩流夹着碎屑物质填满了沟谷低地,此时上海西部地区已渐成陆地,查山、钱圩、青浦等地迄今还留下一些火山残迹。这时,脊椎动物以巨大爬行类动物（恐龙）为

---

① 徐良其、廖小兵、常旅,《常山"金钉子"改写江南地质演化史》,《浙江日报》,2003年1月3日。
② 《科学家发现4.2亿年前新种鱼化石 鳞片似铠甲》,新华社,2017年3月10日。
③ 程瑶,《2.5亿年前气候骤暖 地球生物经历大劫难》,国际在线,2006年4月6日。

主,并出现原始鸟类——长羽毛的恐龙——中华龙鸟①(见图1-2)。

6 000万年前我国西部还大都在海平面以下,是东水向西流。从距今约5 600万年前的晚古新世起,特别至早中新世时(距今约2 100万年前至1 900万年前)喜马拉雅山"由1 000米上升至2 300米高度。此后500万年至700万年间快速隆升"②,它的抬升余波牵动了江南大陆,引起了镇江附近茅山山脉的进一步凸起。此后江南大陆还经历了一些脉动式的起起伏伏,因而多次引起海水大规模的进进退退,但从总体地貌上来说,已没有什么根本性的重大变化了。

图1-2 中华龙鸟化石
资料来源:中国地质博物馆

在距今约2万年前的更新世晚期,人类经历了现在说来的最后一次冰期(大理冰期),到处是冰原雪峰。海面水位大幅度下降,使海水从苏州甚至上海以东的广大地区退走,本来淹没在大海中的泥沼、沙洲、浅滩等都露出了海面。严寒过去后,在距今1.5万年前至1万年前的时期,大地气温逐步回升,地球增温约7℃,灿烂的阳光使千年冰封的大地重新苏醒过来。冰雪消融,流水四溢,长江的浩浩激流,从上游带来大量泥沙,年输沙量在4.5亿吨以上,随着入海口的向东移动,泥沙一直被冲泻到远离现在上海海岸线以外的东海中。厚厚的沙层,松软地覆盖在我国东海大陆的,这就是现在淹没在东海中的最后一次形成的长江古三角洲。

到全新世大暖期,在距今约6 000年前,沙咀的前锋已经伸展到今天的太仓和上海的外冈、马桥、漕泾一线,和杭州湾北岸的玉盘山连接,形成了一条高出海面的宽阔沙带。直到现在它仍旧被作为当年海陆变迁的见证,静静地躺在嘉定、南翔、漕泾一线。漕泾镇位于杭州湾北岸,地处上海金山区东南部。镇西南方向至上海石化10公里(1公里=1千米),东靠原上海化学工业区,南依山阳镇,西临朱行镇,北界奉贤区胡桥镇。该镇始建于宋代,古时把利用河道运送粮食的方式称为"漕",把靠近河边的小集镇称为"泾",因而得名。漕泾镇东北部的沙积村3组古冈之上的高宅基古冈身是上海地区目前保存最完整的6 000年前古海岸遗址(地质学上称为"冈身"),"冈身"是隆(筑)起的贝壳砂堤。20世纪70年代,华东师范大学地理系的专家教授到高宅基考察,他们把高宅基的贝壳砂带回去用碳-14测定,确认它是古海岸遗址,距今已有6 400多年历史。这条古海岸

---

① 常钦,《珍藏历史 沉淀宝藏》,《人民日报》,2017年1月2日。
② 黄兴,《我科学家重建喜马拉雅山抬升历史》,《北京日报》,2017年3月13日。

从见龙桥原林场西侧一直向北延伸,经沙积、胡桥,直至江苏的太仓,是上海地区古代三条"冈身"中最古老的一条。因百姓(李家)建房,无意中保住了高宅基这段冈身。

20世纪60年代末,笔者与苏州军分区作战科徐永山副科长等三人到常熟福山勘察地形,围绕福山转了一圈,发现有两道江堤:外堤宽20多米,高10多米;与外堤相距约1 000米处还有一道内堤,宽约10多米,高约1~2米。我两手用工兵铲加脚踩使劲都挖不下去(贝壳砂很硬),这内堤就是"冈身"。清人顾祖禹的《读史方舆纪要》中说:"自常熟福山而下,有沙冈身二百八十余里,以限沧溟。"(1里=500米)即在今常熟的福山、梅李、支塘和太仓西部及上海马桥直至金山的漕泾一线。至此,长江南岸的沙咀,完成了一个大规模的向东南迂回的战略,把今天的江南水乡、太湖平原和大海隔离开来。南为江南古陆,北为今天的苏北大平原。

面对着苍茫的大海和水草丰茂的水乡泽国,先吴人在地势较高的近水之地建立起了原始村落。南有马家浜、草鞋山、良渚等地的星星之火,北有张家港东山村遗址出现的"中华文明的第一缕曙光"。① 4 000多年前大禹在太湖西山约定时日协调联合治水,"三江既入,震泽底定",留下了禹王庙、禹期山等古迹。在世代劳动人民的辛勤耕耘下,在青山绿水之间,沃野绵延,稻浪飘香,花果满坡,"全吴之沃,鱼盐杞梓之利,充仞八方,丝绵布帛之饶,覆衣天下"。② 先吴人谱写出如诗如画的动人乐章。

诗人艾青在诗中说:"为什么我的眼里常含泪水?因为我对这土地爱得深沉……"喜马拉雅山和青藏高原的崛起,打破了我国原有的纬度地带性规律,造就了我国青藏高原区、西北干旱区和东部(江南)季风区三大自然区的格局。没有青藏的高寒,没有新疆、甘肃、内蒙古和宁夏地区的干旱和荒凉,就没有江南的湿润和富饶。青藏高原的寒和西北地区的旱,换来了江南古陆直至现在的雨,这就是三大自然区之间的因果链条。

(二)先吴古国

人类学是人的自然史。人来到这个世界上,我们无法选择自己的DNA,但是我们却有理由庆幸自己,被"自然"地列入"人类和人类意识"的范畴,被确定不疑地归结于某一条具有鲜明个性特征的文化河流。从中国的女娲补天、抟土造人,到《圣经》的"创世纪说",再到达尔文的进化论,人类从未停止过对自身起源问题的探索。

---

① 王会信、李克祥,《江苏东山村遗址被评为"全国十大考古新发现"》,中国新闻网,2010年6月12日。
② (梁)沈约撰,《宋书》卷五十四列传第十四,中华书局,第1015页。

上篇 根 基

1. 先吴人

至少在1万年之前,江南古陆已是篝火跳动的世界。"有了人,我们就开始有了历史。"①黑格尔说:"中国'历史作家'的层出不穷、连续不断,实在是任何民族所比不上的。其他亚细亚人民虽然也有远古的传说,但是没有真正的'历史'。印度的'四吠陀经'并非历史,阿拉伯的传说固然极古但是没有关于一个国家和它的发展。这一种国家在中国才有,而且它曾经特殊地出现。历史必须从中华帝国说起,因为根据史书的记载,中国实在是最古老的国家。"②俄国著名的汉学家鲍里斯·利沃维奇·瓦西里耶夫说:"中国的历史是伟大的,它根植于遥远的古代……在中国的远古时代,确实有不少稀世的、独特的、只有中国才有的东西,因而似乎可以明显地证明对古代中国文明百分之百的本土性表示任何怀疑都是不对的。"③美国的开国元勋、独立宣言起草者之一的富兰克林曾宣称:中华民族是"世界上最悠久、经验最丰富、也是最聪明的民族"④。史料证明,中国是世界人类主要起源地之一。

考古学家苏秉琦先生把中国古史的框架、脉络高度概括为"超百万年的文化根系,上万年的文明启步,五千年的文明古国,两千年的中华一统实体"⑤。在中华历史的长河和广袤的土地上,有元谋人、蓝田人、北京人、和县人、长阳人、丁村人、金牛山人、大荔人、银山人、桐梓人、河套人、山顶洞人、巫山人……"1994年春天,一个由中国、美国和加拿大等国科学家组成的联合研究小组发布消息:在中国江苏溧阳上黄水母山上发现了距今4 500万年的'中华曙猿'以及63种分属13个目的哺乳动物群。"⑥

研究表明,"中华曙猿"是迄今为止最早的高等灵长类动物。可见,通向智慧生命之路也可能就是从先吴古国起步的。上黄水母山被联合国教科文卫组织誉为"人类发祥地"。中国科学院院士、美国科学院院士贾兰坡这样评价:"中华曙猿在中国的发现,其意义可与周口店北京猿人的发现相媲美。这是中国20世纪古生物学上又一极为重要的发现。"也是挑战"人类起源非洲"说中中国的一枚重重的砝码,打破了美国著名人类学研究领域泰斗级人物威廉·豪厄尔斯教授提出的人类单一起源说,把类人猿出现的时间向前推了1 000万年。

先吴古国的先人从哪里来?有一点是肯定的,即江南地区是古人类的

---

① 《马克思恩格斯选集》第三卷,人民出版社,1972年,第457页。
② 黑格尔,《历史哲学》中译本,三联书店,1956年,第161页。
③ 瓦西里耶夫,郝镇华等译,《中国文明的起源问题》,文物出版社,1989年,第366—367页。
④ 董立章,《三皇五帝史断代》,暨南大学出版社,第3页。
⑤ 邵望平、汪遵国,《迎接中国考古学的新世纪——中国考古学会理事长苏秉琦教授访谈录》,《东南文化》,1991年第1期。
⑥ 吴玉平,《断供火药拯救"人类祖先发祥地"》,人民网—江南时报,2003年10月30日。

第一章　先吴古国　酋邦之地

发源地之一。当然,亦可从我国北边来,亦可从南边来,亦可从西边来。因为进入更新世后,是原始人向现代人演化的时期,在我国至少有6种(古西北、古华北、古蒙古、古东北、古中原和古华南)相对独立的古人群。沙尔曼·拉什迪(Salman Rushdie)认为:"有关人类事件的一项特性,是极不可能的会变为可能的。"根据苏秉琦先生20世纪80年代中期的"满天星斗"说、现代人"多地区起源论",先吴人亦可能就是上黄水母山类人猿,亦可能是"南京直立人"……

据《江宁文物》载,1993年3月13日上午,挖土农民在南京汤山葫芦洞南侧下方的小洞内挖掘时,发现了一具人颅骨化石(即1号颅骨)。1993年4月17日,南京市博物馆又从接受的动物化石中发现了另一具头骨化石。当时该化石胶结严重,仅露出一小块骨面,后经处理确认是颅骨化石(即2号颅骨)。经鉴定,两块头骨化石均为约50万年前的人猿头骨,初步确定1号头骨为年龄30岁左右的女性,2号头骨则为35岁左右的男性。两块化石被称为"南京人"头骨化石。"南京人"头骨的出土,在国内是继"北京人""元谋人""蓝田人"等之后又一重要的古人类化石。2005年10月12日,由9名法国考古专家与中国方面组成的近30人的科研小组又来到汤山,正式进驻猿人洞,穿过50万年时空,开始了"南京人"化石面世后的首次学术性考察工作,寻访全人类之根。

徐钦琦教授是《南京直立人》一书的主要作者之一,在中科院古脊椎动物与古人类研究所长年从事古脊椎动物的研究,也是最早接触葫芦洞化石的研究者之一。回想起南京猿人"现身"汤山的始末,徐教授记忆犹新。他认为南京1号头骨化石应该代表一位女性,年龄在21岁至35岁之间(见图1-3);2号头骨则代表一个壮年男性,与周口店猿人和女性南京猿人相比,他都更进步一些,有可能处于猿人向智人过渡的阶段。通过对葫芦洞内古脊椎动物骨骼的研究,推测南京猿人生存于距今大约12.7万年至50万年前,和20万年至50万年前的北京猿人基本生活在同一时期。与这两种猿人共生的动植物也大致相同,表明在几十万年前,南京地区曾跟北京周口店地区的气候相似,同样拥有茂密的森林和广阔的草原。

图1-3　南京猿人——20多岁妙龄少女头像成功复原

资料来源:《北京青年报》,2003年2月21日

1999年12月,南京博物院等单位在句容市华阳镇东南约14公里放牛山旧石器时代遗址进行抢救性发掘,历时30天,出土了一批与南京猿人同时期的石器,300平方米内发掘和采集的石制品共54件,包括石核、石片、砍砸器、刮削器、石球、镐、薄刃斧、雕刻器等。石制品出自下层黄土中,时代为

上篇　根　基

中更新世中晚期,填补了江苏旧石器时代早期只有古人类化石,缺少人类文化的空白。经专家考证,放牛山是中更新世地层(10万年至100万年前),出土的石制品属于旧石器早期,绝对年代大于30万年,与汤山南京猿人属于同时期。① 句容地处长江南岸,是宁镇山脉中段与茅山丘陵的交会区,属北亚热带中部的季风气候区,年降水量1 018毫米,年平均气温15.19℃。句容地势以低山为主,最高山峰宝华山海拔444.9米,其余在300米以下,平原仅占12.42%,境内由秦淮河水系、太湖水系和沿江水系等组成,已发现的除放牛山外,还有塔子塘和陈武乡陈塘庙两处旧石器时代文化遗址。这些"南京直立人"有可能沿着茅山丘陵、太湖水系步入江南各地。

先吴人亦可能是安吉上马坎古人类。2002年9月至2010年5月近8年内,考古专家在太湖南岸共发现83处旧石器时代遗存点,遍及湖州吴兴、长兴、安吉、德清、临安、浦江等县市。② 2002年,中科院古脊椎动物与古人类研究所、浙江省考古所在安吉县溪龙乡溪龙村发现人工打制的石器,后来经过近一年发掘,出土石制品430余件,包括石核、石片、刮削器、砍砸器、石球、石锥、手镐、短镐、雕刻器、尖状器等,具有石制品分布密度大、种类丰富、延续时间长的特点。据浙江省考古所副所长徐新民介绍,网纹红土层一般时间跨度为12万年至78万年之间,而目前上马坎遗址已经发掘到网纹红土层下的砾石层,该砾石层可能属于早更新世(距今100万年至300万年前)。依此推测,上马坎遗址至少在80万年以前。③ 上马坎古人类有可能沿着西苕溪、天目山进入太湖、宣城地区。苏州太湖三山岛上也出现了1万多年前的旧石器加工厂。可以断定更新世时期是万物之灵的人类时代(约200万年前,真正意义上的人类——能人——能制造工具的人出现了。中更新世晚期,萌生于大约20万年前,直立人逐渐进化为智人——真正意义上的现代人),人类文明开始萌生,先吴古国已是遍布火光,多元融合。

进入全新世后(从1.5万年前至现在),据《史记·五帝本纪》《尚书·尧典》《国语·楚语》等记载,居住在北方、西方的人被统称为"狄族""戎族",以犬为图腾;居住在南方的人被统称为"蛮族",其中九黎族最早进入中原地区,蚩尤是九黎族的首领,以猛兽为图腾,是勇悍善斗的强大部落。九黎族驱逐炎帝族,直到涿鹿(今北京西桑干河边的涿鹿县),炎帝联合黄帝与九黎族在涿鹿大战,蚩尤败北被杀,九黎族一部分退回南方,一部分留在北方,后来建立了黎国,留有"黎民"(现泛指庶民、普通百姓)的名称。马克思曾说:"虽然希腊人是从神话中引申出他们的氏族的,但是这些氏族比他们自己所

---

① 王子明,《句容出土旧石器》,《扬子晚报》,1999年12月29日。
② 叶海,《浙江8年内发现83处旧石器时代遗存点》,浙江在线新闻网站,2010年6月3日。
③ 陈扬渲,《安吉上马坎旧石器遗址发掘获得丰硕成果》,《浙江日报》,2005年10月13日。

造成的神话及其诸神与半神要古老些。"①这个原理,同样说明了先吴人的存在远比黄帝要古老得多。

2. 先吴"古国"

"古国"二字,文献上多有记载。由于生态环境条件不同以及经济发展不平衡,世界各地早期国家形成和发展也不尽相同。中美洲和大洋洲的早期国家一直处于石器时代,近东的早期国家形成于铜石并用时代,巴尔干半岛的国家形成于青铜时代,而欧洲大部和撒哈拉以南非洲早期国家形成于铁器时代。非洲、大洋洲、中美洲以及欧亚草原游牧地区的早期国家均未伴有文字和城市的形成。值得指出的是,国家的形成并不意味着就能发展到更高级的社会形态。比如,印加帝国被西班牙殖民者征服时,仍处于使用打制石器和玉米栽培的技术经济发展水平上。②

可见,国家起源是一个相当长的演变过程。《说文解字》上说:"国"者,"邦也",也即西方塞维斯(Elman R. Service)提出的"酋邦"(Chiefdom)。他在20世纪60年代根据民族学上可以观察到的人类社会组织,提出"群队→部落→酋邦→国家"这样的演进进化模式。这个模式在国外的文化人类学者中有相当广泛的影响。他认为酋邦是由部落到国家的一个相对独立的发展阶段,即准国家的过渡阶段或形式。

恩格斯指出:"为了在发展过程中脱离动物状态,实现自然界中的最伟大的进步,还需要一种因素:以群的联合力量和集体行动来弥补个体自卫能力的不足。"③对此,苏秉琦先生提出了"古国—方国—帝国"的国家演变三部曲,并明确地将古国定义为"高于部落之上的、稳定的、独立的政治实体",暗示古国是脱胎于部落的。而部落是聚落群内的"都—邑—聚"金字塔形层级结构。如苏州,先有东中市的"都亭桥",后才有了姑苏古城(又名阖闾大城)。《左传·庄公二十八年》说"凡邑,有宗庙先君之主曰都,无者曰邑",而聚落群中又有大、中、小之分。

"方国",《说文解字》上说:"方"者,"并也"。像船板一样,一块一块地"合并"起来,形成一个小国。不论是古国还是方国(小国),都是由聚落形态演进而来的。文献记载,夏禹时有万国,商代初年有3 000余国,武王灭商时有1 800国。当然,"万"可能只是一种习惯的虚称,但是3 000、1 800这样的数字应当是有一定根据的。不是所有的部落、聚落群都是国家,有的发展到国家,有的一直处于原始的状态,等着被别人兼并。根据文献记载,西周分封的诸侯国大约是70多个,不会超过100个。可见,当时大多数的国家是

---

① 《马克思恩格斯选集》第四卷,人民出版社,1972年,第97页。
② 陈淳,《早期国家之黎明——兼谈良渚文化社会政治演化水平》,2005年2月15日。
③ 《马克思恩格斯选集》第四卷,人民出版社,1972年,第29页。

古国,即具有一定的独立性。参照恩格斯在《家庭、私有制和国家的起源》中有关部落的七个特征,及塞维斯的"酋邦"理论,构成"古国"(部落、聚落群、酋邦、方国)至少需具备如下要素:

① 有自己的地区和自己的名称。每一古国除自己实际居住的地方以外,还有广大的地区供打猎、捕鱼和种植。

② 有独特的、仅为这个古国所有的方言。

③ 有共同的宗教观念(神话)和崇拜仪式。

④ 有一个民主选举的最高首领。

⑤ 人人享有选举权与被选举权。

长江位于温带适合农业耕作的地区,最适合人类繁衍、居住,尤其是下游"太湖流域是一个单独的区系类型"①。早有干族、防风氏部落酋长,尤其是在大禹联合治水过程中,吴地先民团结协作,开创了先吴古国王权组织协调、指挥生产的先河,正如马克思早已指出的:"简单的协作也可以焕发出伟大的创造力。""三江既入,震泽底定",通过长江、"金道锡行"(即古代南方铜锡入贡中原或交易的道路)等通道,多元融合,进一步巩固发展了先吴古国,成为中国早期文明发展速度最快、发展程度最高的地区之一。

对照上述五大要素,先吴古陆地区至少存在以下三个古国:

(1) 良渚古国

2013 年 8 月,首届"世界考古·上海论坛"公布了 10 项"2011 年至 2012 年度世界重大田野考古发现"以及 9 项"世界重大考古研究成果",在全球考古学界尚属首次。我国共有两个考古项目入选,太湖南边的良渚古城田野考古发现就是其中之一。

发现于 2007 年的良渚古城,被专家称作是一次绝不亚于商都殷墟的考古发现,它不仅将良渚文化的文明时期从"文明曙光初露"推向"成熟的史前文明",更像一把金钥匙,开启了人们对一个当时势力遍及半个中国的"良渚古国"的大胆猜想。

① 有良渚古城

2007 年 11 月 29 日,浙江省文物局与杭州市政府联合宣布:经过 18 个月的努力,考古人员在良渚遗址莫角山四周发现了良渚文化时期完整的古城墙基址(见图 1-4、图 1-5)。

据目前调查、勘探和试掘的初步结果显示,四面城墙围绕的良渚古城略呈圆角长方形,正南北方向。古城东西长约 1 500 米至 1 700 米,南北长约 1 800 米至 1 900 米,总面积约 290 多万平方米,大约有 400 个足球场那么大。

---

① 苏秉琦,《太湖流域考古问题——1984 年 11 月 17 日在太湖流域古动物古人类文化学术座谈会上的讲话》,1984 年 11 月。

第一章　先吴古国　苗邦之地

图 1-4　良渚古国遗址

图 1-5　良渚古城城墙基址

资料来源：新华社

考古学家称，这是继20世纪殷墟发现之后中国考古界的又一重大发现。围绕莫角山四周的古城墙，每段城墙有40米至60米不等的宽度，城墙的底部是高低不平的石头地基，在石头基础上是一层厚厚的较纯净的黄土堆筑，最上面则是比较硬的黏土。城墙保存较好的部分地段地面上还残留着约4米高的城墙。据良渚古城遗址发现者、浙江省文物考古研究所研究员刘斌说，良渚文化的绝对年代当为距今4 300年至5 300年左右，根据城墙外侧叠压的堆积中出土的陶片判断，良渚古城使用的下限不晚于良渚文化晚期，其始筑年代还有待于进一步考古工作后判断。国家文物局考古专家组成员、著名考古学家、北京大学教授严文明认为，良渚古城的发现，将莫角山大型土台遗址、反山贵族墓地和莫角山周边众多遗址点组合为一个整体，改变了良渚文明曙光初露的原有认识，标志着良渚文化时期已经进入了成熟的史前文明阶段。著名考古学家张忠培在实地考察之后明确指出，这是长江下游地区首次发现的良渚文化时期的城址，也是目前所发现的同时代中国最大的城址,可称为"中华第一城",其意义不亚于殷墟的发现。①

② 有多层次的社会结构

从墓葬的规模等级看,良渚文化的社会成员有五个阶层:

第一阶层的墓葬是良渚文化的最高中心。如余杭反山 M12(字母为编号,下同),最近了解的材料显示,墓主一手持钺,一手还握着一柄特殊的杖,不由得使人联想到《书·牧誓》中关于武王持黄钺和白旄的记载,M12 的墓主应该就是"良渚国"的国王。

第二阶层是次级中心。如青浦福泉山 M65。

这两个阶层分别是两级中心某一特定时期的最高统治者。

第三阶层的墓葬以随葬大量玉器为特征,大多数在不同等级的中心聚落。根据随葬玉器的不同种类,第三阶层还可以细分,分别代表贵族集团内部的不同身份与职掌。

第一至第三阶层属于上层贵族,埋葬在人工堆筑的高台墓地。

第四阶层的墓葬只随葬生活器皿和生产工具,个别有少量小件玉器。这一阶层主要为社会普通成员,属于平民阶层。

第五阶层的墓葬不随葬任何器物,可以看作是平民阶层中的贫穷者。一般而言,他们的社会地位也最低。

可见,良渚文化时期社会的阶级分化已相当明显。从一些大墓看,墓主人拥有大量象征财富、神权和军权的玉琮、玉璧、玉钺,说明当时已出现了地位显赫,应该是超越于部落之上,集政权、军权于一身的集权式首脑人物,出现了显贵阶层。殉葬制度的出现,更使人们非常直观地看到了阶级的出现。近几年的考古发掘中,多次发现了良渚文化的祭坛。祭坛是用来祭祀天地的,在祭台上发现的大量墓葬,可见墓主人的身份不同一般。据推测,墓主人很可能是巫师。巫师是神的代言人,是神人合一的象征,他们是当时社会的特权阶层,行使着至高无上的权力。

③ 有自己的宗教

出土的大量玉器都刻画着相同或相似的"神徽"和兽面纹,且已成为良渚文化圈里共同崇拜的偶像,这说明原始宗教和政权形式已经形成,原始的多神崇拜已被一神崇拜所取代。如收藏于美国华盛顿费利尔美术馆的四件良渚文化玉器,很可能就是氏族族徽性质的图像(见图 1-6),并以鸟作为宗教的崇拜物。

良渚古国以宗教为源泉,社会组织高度一体化,各层贵族以宗教的力量掌握不同的政治运作权与财富支配权。为了使社会机器顺利运转,良渚人一直将大量的人力和物质资源投入到各层贵族的精神活动领域,其物质反

---

① 张冬素,《良渚遗址发现五千年古城》,《浙江日报》,2007 年 11 月 29 日。

第一章　先吴古国　酋邦之地

(a)　　　　(b)　　　　(c)　　　　(d)

图 1-6　四件良渚文化玉器

映就是遍布于各地的祭坛,大量精美玉器的生产、使用和随葬。贵族统治者通过此类活动弘扬其意识观念,并从中获取和加强管理社会的力量。可以说良渚社会各层面的活动均以玉为中心,玉是良渚社会赖以生存的最重要资源,在显示宗教的凝聚力和约束力并借以促进群体内的向心程度方面扮演了极其重要的角色,且在中原、巴蜀、石峡等文化中具有重要地位。

④ 有规模宏大的"宫殿广场"

大观山果园一带的莫角山遗址位于良渚文化遗址群的中心区,是良渚人的宫殿遗址。整个遗址东西长 670 米,南北宽 450 米,呈长方形,总面积达 30 万平方米,相当于 50 个足球场的面积。周围有反山、瑶山等贵族墓群与大型祭台。在这个大型的建筑基础上,有大片五六米高经夯实的土层、夯窝,成排的大型柱洞。中心地区 1 万多平方米是一个大型建筑的基址,成排的大型柱洞告诉人们,这里曾经矗立过恢弘的"殿堂"。该遗址是整个良渚文化时期的政治、经济、宗教和文化的中心,相当于后来的"皇城",专家把它称为"5 000 年前的紫禁城"。它们共同体现了良渚文明最高等级的政治权利和物质财富,是城乡分化的顶端。金字塔的高端以玉琮为中心,目前随葬玉琮的墓地和曾经出土过玉琮的地点已有数十处。城乡分化的金字塔中端和底端是不能使用玉琮和很少使用玉器的中下层聚落,分化为 3～4 层的聚落形态从一定程度上反映了当时的社会组织结构,即以金字塔尖端为最高统治集团的、多层次的社会管理体制,这是社会复杂化的一个明显标志。目前已经确认的良渚文明次级中心都分布在杭嘉湖平原和东太湖平原。而钱塘江、富春江以南地区,因自然环境的阻隔,则属于另一种新型的考古学文化——"三山文化"。

⑤ 已经具有使用文字的能力

良渚古国不但已经具有使用文字的能力,并且初步掌握了运用文字的技巧。如收藏于美国哈佛大学沙可乐博物馆的一件良渚文化陶壶上,刻有一行 9 字,可释读为:"子孓人土宅厥肱□育。"① 余杭南湖出土一件黑陶罐,

---

① 裘士京,《江南铜研究——中国古代青铜铜源的探索》,黄山书社,2004 年,第 362 页。

肩部刻8个字——"朱方到石,网虎石封",意思是:朱方(人名)到石(地名)地去,在石的境界内用网捕捉老虎。① 在良渚古城东边的平湖庄桥坟遗址考古中发现的240余件器物上有刻画符号,有单个存在,也有几个组成一组。单个的符号很像一件件事物,比如旗帜、鱼虫等,其中有两个像现在的"人"字。李伯谦欣喜地说,这些原始文字不像其他单体刻画符号那样孤立地出现,而是可以成组连字成句,"石钺上出现的字符排列有序,重复出现,符合文字的一些特点,而且从原始文字的发展阶段来看,这些文字已经处于高级阶段。虽然目前将其完整释读较为困难,但其具备文字特有的表意功能"②(见图1-7)。文字是在人民中萌芽的,"有的即使有文字也不是汉字,或者使用自己特有的文字"③。

图1-7　庄桥坟遗址石钺上的文字(正面)　石钺上的文字(反面)

可见,良渚古国提供了一个比较完整的文明化发展过程。在宗教旗帜下,良渚古国的社会运行机制具有惊人的力量。"良渚文化遗址群"中出土的五千年前一位军事首领墓中有48把玉钺、琮、璧、镯、钩及玉礼器等珍品,有力证明了良渚乃泱泱古(王)国。

(2) 草鞋山陈州古国

位于苏州阳澄湖与澄湖一带,由草鞋山与陈州(又名陈湖、沉湖、澄湖)组成,遗址距今约6 000年前至800年前,这是一幅完整的历史长卷,被考古界称为"江南史前文化标尺"。

① 草鞋山遗址

该遗址为1956年江苏省文物管理委员会在文物普查中所发现,因当地砖瓦厂取土时发现文物,南京博物院于1972年9月开始探掘,2013年被国务院核定为全国重点文物保护单位。该遗址位于苏州唯亭镇阳澄湖南岸,东西长260米、南北宽170米,总面积约4.4万平方米。著名考古学者石兴邦教授说,

---

① 晏昌贵,《中国古代地域文明纵横谈》,湖北人民出版社,2000年,第65页。
② 陆健、朱海洋,《专家热议浙江平湖庄桥坟遗址考古新发现》,《光明日报》,2013年7月16日。
③ (日)平势隆郎著,周洁译,《从城市国家到中华:殷周 春秋战国》,广西师范大学出版社,2014年,第51页。

第一章 先吴古国 酋邦之地

江苏吴县①草鞋山遗址的堆积厚达11米,按土色土质不同可分十层堆积。经南京博物院和地方考古人员发掘,揭露出五个时代的文化层次,即马家浜文化(第10、9、8层),崧泽文化(第6层),良渚文化早期(第4层)、晚期(第2层),最上层是春秋时代的吴越文化。每层都有该时代的文化遗迹和墓葬,既是一个"文化地标",又是从6 000年前到2 000多年前江南地区从原始母系氏族社会到奴隶制末期的一部通史(见图1-8)。

图1-8 6 000年前草鞋山遗址

该遗址有40余块水稻田,由浅坑、水沟、水口和蓄水井组成,其中一处被揭露的长30米的范围内,发现了呈多行排列、西南向东北走向、相互连接的30多个浅坑,浅坑面积一般为3～5平方米,个别小的约1平方米,大的约达9平方米,坑的形状呈椭圆形或长方圆角形。浅坑沿一低洼地带分布,两侧有土冈,东部及北部边缘有"水沟"和"水口"相通,"水沟"的两端有"流水坑""蓄水井",显然这组遗存与水的设施关系密切,是中国目前发现最早有灌溉系统的古稻田,其出土的炭化稻为人工栽培稻,为中国稻作农业的起源、栽培稻起源的研究提供了实物依据。"当时中日合作进行马家浜文化水稻田的考古,日本考古队打开堆积层,看到远古的水稻田时就震惊了,称赞这是不亚于西安兵马俑的考古发现。"当时陪同科考的唯亭镇原文化站站长沈及回忆道。

该遗址发现了以几何印纹陶为特征的文化和各个不同时期的原始文化依次叠压的地层关系,清理出新石器时代的居住遗迹、11个灰坑(窖穴)和206座墓葬,出土了陶、石、骨、玉等质料的生产工具、生活用具、装饰品等共1 100多件,其中包括玉琮、玉璧、镂孔壶、四足兽形器等珍贵文物。一件兽面纹五节玉琮,上下四角,刻出繁缛的兽面特别引人注目(见图1-9),为后来的良渚遗址寻找玉器等文物提供了重要的先导作用。

图1-9 草鞋山遗址出土的五节玉琮

在遗址最下层发现了居住遗迹,约有三四十根竖立于地面的残柱,有的柱脚下面垫放着一块或几块木板,类似后来的柱础,还出土了留有草绳、草束、芦席、竹席、芦苇秆印痕的红烧土块,它们都与房屋的屋顶、墙壁有关。木桩标本

---

① 于1995年撤县改市,2000年设为苏州市关中区、相城区。为了反映原时代的风貌,文中所涉及的行政区划一律采用当年的名称,后文不再一一说明。

的碳-14测定,经树轮校正,这一文化层的年代为距今6 275年前左右。

遗址底面上暴露出三组器物,这是一个男性附葬两个二次葬人骨(判断为女性),并殉葬一狗,随葬数十件精美陶器和璧、琮、斧、钺等玉器的良渚文化大墓。这个编号为198号墓墓主的身份显然属于当时的显贵阶层,掌握着神权、政权和兵权。

苏秉琦教授在长江下游新石器时代文化学术讨论会上讲话时,称草鞋山遗址是古吴越地区的"典型突破口"。1977年他还说,草鞋山上层的良渚文化玉琮,在《周礼》上就有记载。如果不是阶级社会,那也是阶级社会的前夜,已经踏到文明时代的门槛了。

② 陈州遗址

位于草鞋山南边约12公里的水下都城——澄湖(又名陈州、陈湖),距今约5 500年前至800年前。澄湖略呈三角菱形,南北长10.40公里,最大宽度6.80公里,平均水深1.83米,现有总面积40多平方公里。全湖西部与西北部稍高,南部与东南部稍低。这里曾是个繁华的邑聚都市,据宋代《太平广记》和清代《吴郡甫里志》《贞丰拟乘》《周庄镇志》等地方志记载,每当湖水清浅时,渔民常能看到湖底的街道、古井、上马石等;湖水涸时,居住在湖旁边的人往往能拾得古镜、古钱币、盂之类的器物,"其中街衢、井灶历历可辨,诸如上马石、墓道、田亩界石不胜枚举,间有拾得铜锣、铁链及器皿,什物之不可识者甚多"。现代考古发掘证实,澄湖中曾是人居集聚处,一个曾经十分繁华的邑都。元末诗人虞堪感慨大自然沧海桑田的变化,曾作有《陈湖》诗:"渺渺洪流接具区,由来耕凿总膏腴。沉沦为有鱼龙混,开廓岂无鸿雁俱?好觅根源随博望,莫将清浅问麻姑。桑田变海原如此,自泛扁舟入五湖。"从诗中看来,当时的澄湖是与太湖(又名具区、五湖)相通的。《周庄镇志》云:澄湖"湖滨寝浦禅林寺内,有明弘治元年(1488年)所铸钟,上刻有'天宝六年春,地陷成湖'"。即唐玄宗天宝六年(747年)下沉为湖。"主要因太湖腹里地区的不断下沉和沿海边缘地区因泥沙堆积而抬高,使碟形洼地发展愈甚,向东排泄困难,引起泄水道逐渐埋废,这时的变迁以自然因素起主导作用。"①

从1974年至2003年,苏州博物馆等考古人员先后两次在湖底抢救性挖掘,共清理出古井550多口,最大直径达1.6~1.7米,最小不到0.5米。古井年代从崧泽晚期到良渚、商周,呈不均匀状密布湖底。共清理出灰坑443处、水田遗迹20块、房址3座、水沟3条、池塘1处。发现从新石器时代至宋代之间各个时期的文物达1 700多件,年代从5 500年前至800年前之

---

① 张芳,《太湖地区古代圩田的发展及对生态环境的影响》,2003年广州中国生物学史暨农学史学术讨论会交流论文。

间,时间跨度长达4 000多年。有漆绘陶罐、红衣陶花瓣足罐、刻花陶罐、鳖形壶、彩绘罐、匜形罐、带陶纹鱼篓形罐、长贯耳罐、猪形壶、鸟形壶、带木柄的石斧等原始文化遗存器物。其中,尚属首次发现的动物形刻花罐、鳖形壶等摹拟动物形态的器物,造型生动,形象逼真;漆绘、彩绘陶器,图纹十分精致,真实地反映出距今五六千年前的新石器时代先民渔猎生活状况。其早期几何印纹陶器,带有"二里头文化"因素的仿铜陶器,可以看出,夏商时期先吴古国与中原地区可能已发生了较频繁的交往。还有弦纹罐、坛、盘口壶、褐斑短流壶、敞口青瓷碗、菱花口碗、黑釉执壶、韩瓶、木吊桶、铁钩等汉至宋的文化遗存、器物。在原始文化遗存器物中,有件刻有陶文符号的鱼篓形黑陶罐尤为引人注目。这是一件良渚文化的典型器物,器壁很薄,造型规整,质地坚硬,厚薄均匀,足以与山东龙山文化中的黑陶相媲美。在其腹中部表面有4个刻画符号,呈左高右低形式横向排行,曾引起专家的极大兴趣与关注。著名考古学家李学勤先生研究后,认为"符号是在陶器烧成后,用锋刃器刻出的……其结构非常接近殷墟甲骨文,似乎可以释为'巫钺五偶'这四个字"(见图1-10),意思是神巫所用的五对钺。

图1-10 吴县澄湖新石器时代遗址出土的刻画陶罐

资料来源:《苏州市志》,江苏人民出版社,1995年,第9页

可以看出,早在5 000年前,草鞋山陈州古国很可能已经出现了原始的汉字,它可能是甲骨文的"父亲"、汉字的"字原",亦可能是陶符向甲骨文的过渡形式。

在陈州,有完整的居住区和作业区。作业区内一个面积合计为425平方米的池塘,周边有着20多块高低错落的水稻田。水田之间另有水口、水路相串联,水田之间水可流通。第11号水田中还出土了炭化米粒,经北京大学考古文博学院碳-14年代测试,其年代属崧泽文化晚期。

聚落居住区内,有平面为圆形的房址,建筑形式为半地穴式,亦属于崧泽文化时期,里面还出土了一件完整的、外表有刻画纹的灰陶器。房址西侧有一个圆角长方形、用于储藏货物的窖穴;南侧有一条弯弯曲曲的用于排水的水沟,长达60多米;房址周围还分布着水井和灰坑。考古人员认为,如此规模的完整的排水沟和进水沟,加上密布的古井、珍贵器物以及水稻田,早在4 000多年前这里已是先吴古国最大的人居聚落中心,出现了都城。① 其

---

① 参见李嘉球,《澄湖水下为何有街道》,《姑苏晚报》,2006年1月21日。

墙壁为砖之"雏形"——红烧土,以竹竿和芦苇做骨架,经堆积大量干柴用大火焚烧而成。① 草鞋山陈州古国的势力范围以太湖流域为中心,可能东到上海,西达茅山山脉,南抵钱塘江,北至长江边。亦有可能就是干族建立的干国,先民们在此已创造出可歌可泣的英雄业绩。

(3) 含山凌家滩古国

有"中华远古文明曙光"之称的凌家滩遗址,1985年发现于南京西南、长江北岸约30公里处的安徽省含山县铜闸镇凌家滩村,先后进行了7次考古发掘,遗址总面积约160万平方米。考古发掘的材料和经碳-14测定,认定凌家滩遗址其年代距今5 500年前至5 300年前之间,略晚于闻名世界的辽宁红山文化遗址,而早于良渚文化遗址,是长江下游先吴地区重要的新石器时期遗址之一。自1987年以来,由安徽省文物考古所等单位主持的发掘,发现聚落遗址内包括居址、墓地、祭坛、作坊以及近3 000平方米的红陶块建筑遗迹。同时,发掘出土大批精美玉礼器、石器、陶器等2 000多件,其中玉器1 100余件,其造型独树一帜,具有同时期其他遗址中所罕见的精美程度和工艺水平。由此推断,远古时期的凌家滩是一座繁华的城市,5 000多年前凌家滩的先民们已拥有深厚的文化底蕴、很高的文明程度和强大繁荣的宗教文化及权力中心,在中国史前文明中占有特殊的重要地位。因其各类遗存齐全,文化内涵丰富,被列为20世纪中国100处考古遗址大发现之一,2001年6月被国务院批准为第五批国家级重点文物保护单位,依其鲜明的时代特点和强烈个性,被学术界定名为"凌家滩文化"。

① 具备了初级的城市规划水平

该遗址早在5 500年前就出现了初级城市。一个文明发源地能不能称得上城市,要看它是否具有固定居民点、大型神庙建筑、防御性设施以及手工业作坊、集市等要素,而凌家滩遗址具备了以上条件。运用卫星遥感技术查证,凌家滩聚落占地160万平方米,北靠巢湖太湖山森林公园,地处裕溪河中段北岸,依山傍水,是远古农业社会理想的聚居地。考古学家发现,凌家滩古聚落区以不同的台阶为界线,明显划分成4个功能不同的区域,具备初级的城市规划水平。目前遗址发现的大型宫殿、神庙等标志性建筑,以及布局整齐的房屋、墓地、护城壕沟、手工作坊、集市和大批礼器,都是城市构成的重要元素。目前已经发现的巨石建筑和红陶土块建筑还有许多谜底尚未揭开,值得当今考古学家深入研究和探索。

② 出现了军事装备及权力人物

该遗址出土了两件科学文化史上有着特殊意义的文物——玉龟和玉版(见图1-11)。玉版的八方图形与中心象征太阳的图形相配,符合我国古代

---

① 苏州昆山锦溪古砖瓦博物馆。

第一章　先吴古国　酋邦之地

图1-11　含山凌家滩遗址出土的玉龟玉版

资料来源：《江淮晨报》，2005年11月29日

的原始八卦理论，其四周的四、五、九、五之数，与洛书"太一下行八卦之宫每四乃还中央"相合。专家推测，玉龟和玉版，有可能就是远古洛书和八卦。

专家们发现，凌家滩的玉器，体现了"玉器文明"时代人们把玉器饰品功能转向具有社会功能，突出表现出玉礼器的作用和地位，表明了社会生产力和生产关系发生了根本变化，体现了"玉器文明"时代权力、财富、审美、宗教的宇宙观。另外，从凌家滩的墓葬分布、随葬品差异和出土的各种不同用途的文物，可以得出这个时期的凌家滩已经出现军事装备、权力人物以及贫富分化，私有制也因此诞生的结论，具备了文明时代的基本特征。特别是从2007年5月开始的第五次发掘，已经陆续出土一批玉器、石器和陶器。出土的8个一组的玉钺群保存较为完整，按一定位置排列，最大的长约20厘米、宽约10厘米，最小的长约10厘米、宽约7厘米，虽然大小各异，但都类似铲状，其上还有一个圆洞。作为陪葬礼器的玉钺，象征着氏族首领或军事首领的权力。这是凌家滩遗址中，首次在一座墓葬中出现数量众多的玉钺，在全国也罕见。据专家推测，这可能意味着墓葬主人的权力和地位较高。

在凌家滩出土的大批丰富多彩的玉璜中，虎首璜和龙凤璜最富考古价值和研究价值，直接反映了凌家滩先民们的社会组织结构、伦理道德、文化习俗和生产力发展水平。虎首璜可能不是一般的饰物，而是一种兵符，是调兵和结盟的信物。虎首璜和大量的玉钺、玉斧、玉戈等兵器的同墓出土，说明了当时的军事权力的高度集中，同时也反映了当时战争较为频繁和军事结盟现象的存在。

该遗址出土的被称为"中华第一龙"的玉龙（见图1-12），扁圆形，首尾相连，吻部突出，头部雕出两角，龙须、嘴、鼻、眼部雕刻得清清楚楚。虽然中国南北史前考古学文化中都有不同的龙的题材出现，但凌家滩出土的5300年前圆雕玉龙，强烈而鲜明地表现出中国龙的传统特征，与人们想象中的龙的形象非常相似。中国现在龙的形象和龙的观念的起源有可能就源于凌家滩,联想到上海的千年青龙港,吴地应是中国龙的故乡。

③ 有大型宫殿式中心广场和祭坛

该遗址有新石器时代红陶块铺筑的大型广场,面积近3 000平方米,平均厚度约1.5米,质地坚硬,呈现出鲜艳的砖红色。还发现与广场同时建筑并用红陶块砌成的一口古井、两处壕沟、一处石器作坊(粗加工区)堆积和三组巨石遗存。在聚落中心最高处有一祭坛,呈长方圆角形,西高东低,面积约600平方米。祭坛分三层筑成,表面有积

图1-12 凌家滩遗址出土的玉龙

资料来源:含山县文化局

石圈和祭祀坑,它的建筑方法和风格具有强烈的地方特色,是我国迄今发现最早的3座大型祭祀遗址之一。祭坛是聚落经济和文化的集中表现,亦是神权和王权高度集中的表现,它表明凌家滩先民此时已进入相对于自然和图腾崇拜更高阶段的文明社会。祭坛的出现在某种意义上就是国家的出现,说明早在5 000多年前凌家滩聚落已存在国家的雏形。

④ 有宗教崇拜的民族徽帜

该遗址出土了一只腹部刻有圆圈纹和八角星纹的玉鹰(见图1-13)。鹰呈展翅飞翔状,鹰首侧视,眼睛以对钻孔眼表现,胸腹部的八角纹为主体纹饰,双翼展翅,翅呈猪首形。鹰的外表健美,性情凶猛,象征勇敢和力量。这件玉鹰可能是凌家滩民族徽帜的标志,也可能是祭祀用品,因为鹰和八角纹组合在一起就是太阳鸟,象征太阳神,是上天的使者。玉鹰双翅作猪首形展开,向人们展现的是太阳鸟飞上天空,把祭品敬献给上苍,并同时带去人们向上苍的祈求,反映了凌家滩先民的原始宇宙观和对宗教崇拜的虔诚。同时,还出土了一个玉人(见图1-14),

图1-13 凌家滩遗址出土的玉鹰   图1-14 凌家滩遗址出土的玉人

资料来源:含山县文化局

玉人为浮雕,长方脸、浓眉大眼、双眼皮、蒜头鼻、大耳、大嘴,首次展示出原始人类完整的形体风采。玉人的体形和五官表现出蒙古族人所特有的特征;头上戴的圆冠和腰部饰有斜条纹的腰带表明当时已有了较发达的纺织技术;玉人上唇留有八字胡,说明当时已有了剃须工具。玉人的出现表明社会由原先对动物和自然的崇拜已转向了对人的崇拜,也表明社会观念已出现了转变。

有的学者提出,含山凌家滩古国是在长江以北的安徽地界,还属于吴文化的范畴吗?回答是肯定的。因为三个古国的地域皆属于古扬州郡,三个古国崇拜的图腾皆为鸟,三个古国都在吴文化的范围内。

二、原生文明　吴地始祖

1956年,人类学家罗伯特·雷德菲尔德在《乡民社会与文化:一位人类学家对文明之研究》中提出了"大传统和小传统"这对概念。针对中国文化"源远流长和多层叠加、融合变化的复杂性具体情况",我国现代学者叶舒宪教授把雷德菲尔德的概念做了符号学的改造,他把由文字编码的文化传统叫作"小传统"(即从甲骨文开始的3000多年有文字记载的历史),把前文字时代的文化传统视为"大传统"(即此前的"无字句"时代)。而在"扬子古陆"这个"无字句"的"大传统"中,蕴奇藏珍,因为它位于北纬30°线上。不管是巧合还是冥冥注定,北纬30°线都是一条能引起人们极度关注的地带。

抛开那些难以解释的"超文明现象"不提,我们不禁要问:今天我们所说的人类,最初文明始于何时?最新考古答案证实,大约在6万年以前,那时在欧洲、亚洲、非洲一些三角洲地区或河谷平原,已逐渐具备文明特征,具有多个世界第一,它与尼罗河古埃及、西亚两河流域的古巴比伦、南亚印度河的古印度、中国的长江黄河流域、南美的玛雅一起,构成了地球这颗美丽星球上的第一轮伟大的瑰丽辉煌的人类文明。

(一)原生文明

巍巍中华,有"超百万年的文化根系,上万年的文明启步","到良渚文化,内涵基本趋于一致。自此整个长江下游地区步入文明的门槛"。①

1. 东山村遗址显现中华原生文明第一缕曙光

世上没有奇迹,有的是偶然与必然。张阳阳的维语歌曲《一见钟情》就是个偶然。而距今至少5800年前的苏州张家港市金港镇东山村遗址中显

---

① 曾骐、蒋乐平,《长江下游新石器时代文化的考古学编年》,《中国原始文化论集》,文物出版社,1989年。

现的中华原生文明第一缕曙光——社会的分层分阶确是个必然。

该遗址位于东山村的香山(海拔 136.6 米)。香山与长江边的十里长山遥相呼应,是一座和长江水同样走向的奇山。它曾经叫桃花山,相传春秋时期,这里桃树漫山遍野,如云霞灿烂。它也叫卧牛山、伏虎山,因其山形犹如巨兽,匍匐在广袤的大地上。但真正闻名遐迩的,还是香山。《乾隆志》卷二《山川》篇载:"由麓而上,曲蹬盘行,攀萝扪石,足底云生,相传吴王尝遣美人采香其上……"因有了这个美丽的传说,香山的名字,便从古时唤到了今日。

在远古时期,这里既是江海汇聚之地,也是北边黄淮河流域、西边长江上中游流域与南边太湖旁长兴百万年前古人类的接触地带,而"接触地带才是生成新的社会体系的源泉所在"①。这是一个重要的历史视点。

山上的土石是赭色的,山间的风是清凉的。在"江南古陆"出现后,山的北面是奔腾不息的长江,年年岁岁惊涛拍岸,凿出了山北陡峭的山势和丛生的怪石;山的南面是蜿蜒的冈峦和徐缓的坡度,延展为平畴的沃野;而山的顶端则平缓开阔,有不少的残留古迹。山下至今还流传着古远的《斫竹歌》②。

众所周知,随着良渚城址、大墓以及祭坛等的发现,中国考古学界普遍认为,良渚文化时期已经进入了文明时代,而作为良渚文化的前身——崧泽文化却一直没有大墓发现。东山村遗址崧泽文化早中期高等级大墓的重大发现,对考古界的认识是颠覆性的。

2008 年 7 月至 2009 年 11 月,南京博物院考古部先后在这里发现了 10 座大墓,已清理出 8 座崧泽文化早中期高等级大墓,出土各类文物 300 多件。看现场,东山村遗址的整体平面近圆形,南北长约 500 米,东西宽约 500 米,总面积逾 20 万平方米。遗址的中心区域位于遗址的中部偏北,现存面积约 2.5 万平方米,东部主要是小型墓葬遗址,中部为建筑区,发现有多座房址,崧泽文化时期房址达 5 座,遗址的西部主要是大型墓葬(见图 1-15)。不久前,国家文物局考古专家组成员、北京大学考古文博学院教授严文明参观后,将其称为"崧泽王"。其中编号为 M90 的墓葬创造了迄今为止崧泽文化墓葬中的多项之"最":一是墓坑的规模最大;二是墓葬内出土的玉器最多——19 件;三是墓葬内出土的大型石钺最多——5 件;四是墓葬内随葬品的总数亦是迄今为止发现的崧泽文化墓葬中最多的一座,共有 56 件(见图 1-16)。

---

① [日]宫本一夫著,吴菲译,《从神话到历史:神话时代 夏王朝》,广西师范大学出版社,2014 年,第 391 页。

② 中共张家港市委宣传部、张家港市文学艺术界联合会,《中国·河阳山歌集》,华东师范大学出版社,2006 年,第 1 页。

第一章　先吴古国　酋邦之地

图 1-15　东山村遗址

图 1-16　东山村遗址 M90 中的随葬品

中国社会科学院考古研究所副所长陈星灿认为，东山村遗址出土的文物是目前中国研究古代社会分层分阶出现的最早实例，是同时代中黄河流域不可比拟的，对中华文明起源的研究具有重要价值；东山村遗址崧泽文化早期高等级显贵墓群的发现以及与小型墓埋葬区域的严格分离，将改变学术界以往对崧泽文化尤其是崧泽文化早中期社会文明化进程的认识。①

国家文物局考古专家组成员徐光冀对东山村遗址的考古成果给予了高度评价："今天看了现场，觉得这个遗址把长江中下游的文明向前推了一步，过去我们只知道良渚文化达到了一个巅峰，但是它从何而来？一直没找到源头。东山村的发现为这个寻找提供了太多重要材料。"最大的一座崧泽文化时期的房屋面积约有 80 平方米，且遗留的柱洞很大，特别是墓地按尊卑贵贱分开使用。种种细节让徐光冀非常兴奋："氏族头领和平民已有如此明显的社会区别，这一点很重要，说明当时的社会已经出现阶级分化了。"他还对大型墓葬中出土的大型石钺、石锛不是实用器而是礼器印象深刻，比如 M90 中随葬的 5 件大型石钺和 1 件大型石锛，磨制非常精致却未见使用痕迹。

氏族社会、部落文明发达与成熟的一个重要体现是社会分层分阶。"分层"这个词，最初是个地质学的概念，是指地质构造的不同层面。社会学家们借用这个概念来解释社会的纵向结构。在这里所说的社会分层是社会学意义上的，它是指依据一定具有社会意义的属性，一个社会的成员被区分为高低有序的不同等级、层次的过程与现象。在社会学界，基本上认为社会分层根源在于社会差别的存在。正是因为有了差别的存在，才意味着有高低、

---

① 刘巍巍，《长江下游首次发现崧泽文化早中期高级大墓》，新华网，2010 年 1 月 23 日。

层次和贫富之分。

最早提出社会分层理论的是德国著名社会学三大奠基者之一的马克斯·韦伯(1864—1920)。韦伯的社会分层理论的核心是划分社会层次结构必须按照三重标准,它们分别是财富、威望和权力。首先,财富是经济标准,他认为依据财产的差别,就可以把社会成员划分为不同的阶层;其次,威望是社会标准,他认为个人在所处环境中得到的声誉差别,可以把社会成员划分成不同的身份群体,从而来划分阶层;最后,权力是政治标准,权力地位取决于人们强行实行自己权力的可能性和程度,权力最关键的来源是科层制(内部分工、职位分等的大型社会组织)。在他看来,这三个标准之间有着密切的关系,但是又可各自独立来划分阶层结构。韦伯的"三位一体"社会分层理论对社会学界影响很大,也正是由于这一理论的出现,在方法论上,形成了与卡尔·马克思一元阶级分层理论相对应的多元分层理论。

东山村遗址出土的文物是目前中国研究古代社会分层分阶出现的最早实例,为良渚文化高度的社会文明找到了源头。

一般认为在人类早期生活中,生活状态是平等的。但东山村遗址中不同形态、规格的墓葬,已经体现出在平等的社会生活状态下出现了不同的社会阶层和社会等级。比如遗址西区是一个比较高档的大墓葬区,而东区则是平民状态的小墓葬区,这种社会生活状态在研究早期人类文明过程中是很有意义的。

第一,它时间早——5 800年以前,在全国的早期文明起源中是最早的。第二,它反映的地域文化面貌非常有特色,出土的玉器、陶器种类繁多,数量丰富。第三,很多相关的房子、居住区、相关墓葬,反映了早期该地域先民们繁荣的生活状态。以著名考古学家、国家文物局专家组组长黄景略为首的国内文物界的权威专家来到该遗址进行实地考察后,纷纷为东山村遗址题词。北京大学考古文博学院原院长、教授李伯谦称东山村遗址"独一无二"。东山文化还跨越了长江,逐岛漂流,使崧泽文化向北继续扩散,形成了龙虬庄与青墩文化。

东山村的例子告诉我们,中华的早期文明起源距今至少已经5 800年,从全国范围内看,原来以为是5 300年,现在又向前推进了500年。南京博物院院长龚良说:"如果说距今5 000年前左右,中国整体进入了文明社会的'黎明',那么东山村遗址好比是中华文明的'第一缕曙光',它比同时期的中国其他地域文明先行一步,也进一步证明长江流域是已知中华文明最早的源头。"使我们见证了中华原生文明的"胎记"。①

---

① 王会信、李克祥,《江苏东山村遗址被评为"全国十大考古新发现"》,中国新闻网,2010年6月12日。

时任国家文物局副局长、中国博物馆学会理事长张柏指出,东山村遗址出土的三种新造型玉器(见图1-17),到目前为止没发现过。不过,笔者在这里要特别指出,图1-17(a)中"特别的绳纹尖底器",这种特殊的像炮弹式的"厚壁尖底深体形陶器,是制盐时用来煎煮海水的陶器"①。它还原了6 000年前当时先吴人的生活、经济、手工技术及社会进化状况,这十分宝贵。"天生者称卤,煮成者叫盐"(《说文》),先吴人比传说的炎黄时期开始煮盐还要早1 000多年。

 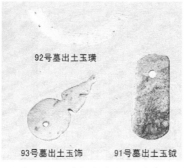 

(a) 特别的绳纹尖底器　　(b) 三种新造型玉器　　(c) 大型石钺

图1-17　东山村遗址出土的文物

2. 良渚古城是中华文明最早的"王国"文明

北京大学严文明教授指出:"良渚文化遗址群是实证中华5 000年文明史的最具规模和水平的地区之一,是中华民族的瑰宝。它的存在,使中华文明有了一块可以与古埃及、古美索不达米亚、古印度文明遗址并列的文明圣地。"80多年来,良渚文化遗址在经历了一次次"轰动世界"、一次次"石破天惊"的发掘之后,随着历时10年的"中华文明探源工程"阶段性成果的公布,良渚遗址的神秘面纱被渐次揭开。课题组负责人、中国社会科学院考古研究所所长王巍和北京大学考古文博学院院长赵辉联名发表的《关于中华文明探源工程》提出:"良渚、陶寺等年代在公元前3 000年至2 000年之间的巨型都邑、大型宫殿基址、大型墓葬的发现表明,早在夏王朝建立之前,一些文化和社会发展较快的区域,已经出现了早期国家,进入了古国文明的阶段。"这一结论表明,良渚文明作为中华文明的源头之一,已改写了我们对于中华文明起源时间、方式、途径的认识。

1936年5月,其发现者——西湖博物馆一位当时年仅24岁、1929年

---

① [日]宫本一夫著,吴菲译,《从神话到历史:神话时代 夏王朝》,广西师范大学出版社,2014年,第374页。

上篇　根　基

毕业于半工半读的省立高级工业学校艺徒班的工作人员——施昕更（原名兴根，良渚镇人），在良渚发现并试掘了6处以黑陶和石器为特征的新石器时代遗址，拉开了良渚文化考古发掘工作的帷幕。1959年，中国社科院考古所所长夏鼐正式提出"良渚文化"的考古学命名。尽管如此，在20世纪80年代之前，中华文明的起源一直是以黄河为中心，江南属"化外之地"。20世纪初掀起的考古热，陆续发现了周口店、西阴村、殷墟、城子崖等遗址，都为"黄河中心说"提供了有力的佐证。然而良渚的考古发现改变了这一认识。①

良渚博物院院长蒋卫东说："1973年是良渚考古的又一个里程碑。""江苏吴县草鞋山遗址198号墓的发掘，首次使得琮、璧、钺这些长期被定为'周汉古玉'的玉礼器，回归到新石器时代晚期良渚文化的年代坐标之中。可以说，玉礼器的发现快速改变了对良渚文化内涵的认识，提升了良渚文化的地位。当年《光明日报》对此也做了报道。"1986年，反山墓地的发掘震惊世界，11座墓葬出土3000多件玉器，这是迄今为止出土良渚文化玉器数量最多的一次。反山十二号墓中发现一件高8.8厘米、重6.5公斤（1公斤＝1千克）的神人饕餮纹玉琮，这是良渚文化的"琮王"，代表着墓主人崇高的地位（见图1-18）。

图1-18　右上方图为良渚遗址出土的刻有神人兽面图案的玉琮王　下图为局部放大图
（邓聪供图）

玉琮是良渚文化玉器中最具形体原创意义的器物，是同时代辐射面最宽、影响力最大的玉器。其内圆外方的形体造型，是中华上古"天圆地方"宇宙观的直观体现，中心部分为圆柱状镂空，被认为是连通天神与地神的通道，表露沟通"天人合一"的愿景；表面精雕细刻，刻有名为神人饕餮纹（早期称为眼目纹、兽面纹）玉琮，巨目凸出，把太阳视为天眼，崇拜一个太阳。专家解释说，玉琮表面的图案是一种与祭祀和原始宗教巫术活动有关的器物，一般称其为"神徽"。"神人"可能代表神化了的酋长形象，也可视为"族徽"或"王国"的"国徽"，至少说明良渚文化已经由崧泽文化的酋邦时代进入了神权时代。它属于威信物，并借助神的威信统领群体，以维持自身的地位。"从莫角山遗址等处的建筑遗迹来看，社会群体的团结通过祭祀活动得以实现，已形成了宗教祭祀国家的原形，如果说见于商周青铜彝器之上的饕餮纹的原形就是玉琮的兽面纹的话，二里头、二里岗

---

① 参见叶辉、严红枫，《良渚文化遗址：中华文明的曙光》，《光明日报》，2014年2月17日。

文化的包括祭祀活动在内的祭祀统治权的原形也许就来自良渚文化。"①

然而，就这一支在当时可称为相当发达的古文化，经历了千余年后，像一颗绚丽多彩的流星，在令人目眩神迷后突然神秘地"失踪"了，也即世人所说的文化"断层"，给世人留下一个千古之谜。

笔者认为，"失踪"的主要原因很可能是"汤汤洪水"的海侵摧毁。在公元前3 000年前后，全球性气候变迁，至良渚文化晚期，气候变暖，气温升高，冰川融化，海平面上升，太湖平原除了少数高地和丘陵外，全部沦入汪洋之中。中国科学院院士刘东生认为"这次气候转变与中国文明起源在时间上的一致性暗示了它们之间存在某种联系"。著名考古学家俞伟超进一步认为，4 000年前的洪水导致了长江下游和黄河下游的良渚文化和龙山文化的没落。笔者实地考察的草鞋山陈州古国和良渚古国以及河姆渡与罗家角文化遗址之上都普遍发现有水灾痕迹——淤泥、泥炭和沼泽层，即《尚书·禹贡》中所说："厥土惟涂泥。"其厚度一般为几十厘米，最厚可达1米以上。这样厚的淤泥或泥炭，绝不是一次洪水（或顷刻）所能造成的，而是长期被水淹浸的结果。最新考古资料一再证明：草鞋山陈州古国和良渚古国一些文化遗址，如今还深深地埋在太湖、陈湖、芙蓉湖、阳澄湖、九里湖、淀山湖等湖底。

良渚、草鞋山陈州古国的先人们在不可抗事件下，四处奔逃。最近在成都金沙遗址的考古发掘中，专家发现了一件不属于古蜀文化的十节青玉琮，其制作工艺、造型风格、纹样图案与良渚文化风格完全相同。同时从玉琮表面有油腻的光泽看，这件玉琮的制作年代在公元前2 000多年，是辗转千年后才才埋入地下的。就在此时或之后不久，在江西、安徽、河南、广东、四川等地都出现了良渚文化玉器，特别是玉琮。这么多玉器在如此广大的区域被发现，不会只是族群间的交聘、馈赠，很可能是族群向不同的地方迁徙的结果。

这些族群主要有三支：

其一，南下的一支到达粤北（今广东省北部）后融入了石硖文化，为发展石硖文化做出了贡献。

其二，主体渡江北上到达了中原，为发展中原文化做出了贡献。草鞋山陈州人和良渚人族虽然是一个强悍的部族，可是到达中原后，受到当地部落的强烈反对，在这种情况下不可避免地发生了战争。如2011年10月在江苏省兴化、东台蒋庄遗址抢救性发掘中，共清理出良渚文化墓葬284座，是良渚文化迄今为止发现保存骨骸最为完整和丰富的墓地，"墓地中发现无

---

① ［日］宫本一夫著，吴菲译，《从神话到历史：神话时代 夏王朝》，广西师范大学出版社，2014年，第159页。

首、独臂、无掌或身首分离以及随葬头颅的现象很多,可能与战争有关,换言之,他们是捍卫良渚王国的英雄"①。

其三,借"汤汤洪水"逆水行舟西行。在最近成都金沙遗址和1998年四川广汉三星堆遗址仁胜村土坑墓出土的一批良渚式玉琮,很可能就是其中的一支良渚族群遗留下来的。据成都市文物考古研究院院长王毅介绍说,早在1997年发掘三星堆遗址仁胜村29座墓葬时,就已显现出良渚文化的因素。这些墓葬的随葬品以玉石器为主,而这种习俗在以往的宝墩文化遗址和墓葬中都不曾发现过,但这种习俗却正是长江下游地区良渚文化的典型特征,其中仁胜村墓地出土的玉锥形器是良渚文化的代表性器型。良渚族群的到来,可能加速了宝墩文化(距今3 700年至4 500年前)的消亡。同时,这支族群所带来的玉器加工技术则为后来古蜀国发达的玉器制作业奠定了坚实的基础。可见,金沙文明的辉煌也是由多族群的交往、融合而铸就的。

最后留存的先民,在"汤汤洪水"的海侵下,部分逃走到200米以上的山上,经过200年左右艰苦卓绝的奋发图强,创造了"马桥文化",进一步发展了"湖熟文化"。

良渚的文明史,犹如一部谜写的历史。正因为如此,所以也不能绝对排除躲避战争或仇家的灭绝性屠杀。近代历史学派的创始人之一孟德斯鸠(1689—1755)指出:"如果我们根据想象把世界划分一下的话,我们便要惊奇地看到,最膏腴的地方几乎在大多数的时代都是荒芜的,而在那些土壤似乎什么都不出产的地方却出现了强盛的民族。一个民族总是离开坏的地方去寻找较好的地方,而不是离开好的地方去寻找较坏的地方,这是很自然的。因此,受侵略的多半是那些得天独厚的国家。而且'蹂躏'和'侵略'就像形影之相随,所以最美好的地方也是最是常常被弄得人烟稀绝;而那些北方可怕的地方反而经常有人居住,就因为那些地方是难以居住的。……可见,这些气候优美的地方,从前曾经被其他民族的移动弄得人烟灭绝;而我们不知道这些悲剧经过的情形。"②如沙特阿拉伯就是一个例证:由于气候的变迁,使半岛由史前的绿洲变为了现在的沙漠。

3. 凌家滩古国将中华民族的文明史上溯到更加久远

器物是文化交流的载体,也是文明发展的见证。

第一,在凌家滩遗址发现的1 000多件玉器中,有玉璜、玉坠、玉管、玉铲、玉饰件等,多呈翠绿色,色彩亮丽。其种类之多、造型之美、制作之精,是

---

① 《蒋庄遗址入选"十大发现" 扬州曾现良渚文化相似元素》,中国江苏网,2016年5月17日。

② [法]孟德斯鸠著,张雁深译,《论法的精神》,商务印书馆,2007年,第167页。

中国新石器时代其他古文化遗址不能比拟的，具有重要的考古、历史、科学和美学艺术价值。上述已经指出，凌家滩出土的玉器中有一个玉人，方脸、阔嘴、细长目，呈站立姿势，背面扁平，有对钻的小孔。研究发现，5 300年前凌家滩的先民，用直径不超过0.17毫米的钻管在玉器上钻出直径0.15毫米的管孔芯，比人的头发还细，这是迄今为止发现最早的微型管钻工艺技术，即使是在科技相当发达的今天，我们也只能用激光才能完成，所以这还是一个谜。

凌家滩遗址出土的大批精美玉器，有别于良渚文化和红山文化，表现了独具特色的中华玉器文明。其中刻有原始八卦图的长方形玉片和腹部刻有圆圈纹和八角星纹的玉鹰，最能体现先民的原始思想。玉龙造型完美，刀法简洁，栩栩如生，充满着生命的活力。出土的石钻，是20世纪中国新石器时代考古重大发现之一（见图1-19）。对于中国文明起源的研究，也提供了一个起始阶段不可多得的实例。

图1-19　凌家滩遗址出土的石钻

第二，"红陶块"是经过800～1 000℃的高温烧制而成的，质地坚硬，至今我们仍很难将其砸碎。中国古建筑协会会长杨鸿勋先生认定：红陶块属人类有意识加工的建筑材料，凌家滩的红陶块应是中国人类建筑史上的第二次革命，是现今我们所用各类砖的祖先。

一口古井，发现于红陶块遗迹中，该井井壁上半部系用红陶块圈成的，直径为1米、深3.8米。井的出现从一个侧面说明了凌家滩的先民们此时已进入了文明社会，因为他们已知道饮用干净卫生的井水了，但从井底仅有少数陶片的现象以及井的位置来看，它应不属于一般人都能使用的水井，而很可能是最高权力者使用的，或有重要的祭祀活动时才使用的"圣水"井。该井使用人工建筑材料和垒建技术，为目前国内已知最早的实例，堪称一口真正现代意义上的水井。同时发现的红陶块大面积铺装而成的聚落广场，在国内尚属首次发现。一把石铲重达4.25公斤，尤其是2007年6月24日发掘出土的一只5 500年前的玉猪，由较为粗糙的玉石雕刻而成，土黄色、卧状，眼睛、嘴巴清晰可见，玉猪长约80厘米、宽约20厘米、高约30厘米，重量达85公斤。这也是我国新石器时代迄今发现的最大的一把石铲和一只玉猪。

第三，玉龟和原始八卦图版，有可能将中华民族的文明史上溯更为久远。据古代文献记载，"三皇"之一的伏羲是"始作八卦"者；《太平寰宇记》记载："伏羲于蔡水得龟，因画八卦之坛……"这些记载都反映了伏羲作八卦和龟有一定的关联。而凌家滩出土的玉龟和原始八卦图玉版则以实物印证了这种关联的存在。这两件玉龟和玉版是叠压一起同时出土的,说明这两件玉器之间有紧密的联系,应为占卜工具。更令人称道的是,此两器物在出土时,玉版夹放在玉龟的龟甲里面,和中国古代文献所记载的"元龟衔符"(《黄帝出军诀》)、"元龟负书出"(《尚书中侯》)、"大龟负图"(《龙龟河图》)如出一辙。可见,凌家滩出土文物中所含的八卦等史前文明信息,有可能将中华民族的文明史上溯到距今7 000年至8 000年前,甚至更久远,因而该遗址被列入中华文明起源地之一。

吴地原生文明、发明创造众多,将在下面几章详述。

(二) 吴地始祖

说到吴人的始祖,传统的说法只是泰伯与仲雍,当年他们千里迢迢地从陕西辗转来到东海之滨,才使夷蛮之地燃起了文明的火焰。笔者认为这有失公正,不仅是片面的,也是不符合史实的。其一,如上所述,吴地至少早在5 000年以前就有了灿烂的文明。其二,除了泰伯与仲雍两位始祖外,可能至少还有三位伟人:蚩尤、防风氏与巫咸等。

1. 蚩尤

神话传说既是历史的投影,也是研究历史的素地,不失为一种文化的瑰宝。无数事实证明,在人类历史发展的长河中,中华民族不时产生着文明进步的火花,不时创造出瑰丽的文化,其中"涿鹿"是中华五千年文明史上一系列火花中最为耀眼的一颗。

司马迁曾北过涿鹿,他在《史记·五帝本纪》中说,黄帝先后"与炎帝战于阪泉之野""与蚩尤战于涿鹿之野"。黄帝作为胜利者一方,"合符釜山,而邑于涿鹿之阿",第一次实现了中华民族的大融合、大统一,开创了中华文明的新纪元。历史学家顾颉刚用"千古文明开涿鹿"来评价涿鹿在中国历史上的地位。毛泽东在《祭黄帝陵文》中有称颂黄帝"建此伟业,雄立东方""涿鹿奋战,区宇以宁"的绝句。

在笔者看来,黄帝、炎帝与蚩尤不应只看作是历史人物,更重要的是他们代表那个时代不同谱系的历史文化。走进连孔子、司马迁也没有见过的河北涿鹿县"中华文明源三祖文化博物馆"和辽宁省建平县"牛河梁遗址博物馆"实物,再看看《国语·晋语四》载:"昔少典娶于有蟜氏,生黄帝、炎帝。"① 黄帝和炎帝应该是兄弟俩,黄帝代表的是以中原为中心的农耕文化,而炎帝代表的则是北方不定居迁徙的游牧文化。《国语》曰,我们"皆黄、炎

---

① 黄永堂译注,《国语全译·周语下》,贵州人民出版社,1995年,第385页。

之后也"①。"阪泉之战"是黄帝战胜了炎帝,所以最初的叫法是黄帝在前、炎帝在后,不是"炎黄子孙",而应称"黄炎子孙"。

"汉族的远古先民大体以西起陇山、东至泰山的黄河中下游为活动地区。公元前21世纪后,中原地区相继出现了夏、商、西周几个王朝。他们虽都自认黄帝为其祖先,实际却来自不同的部落集团,经过漫长历史年代的接触、交往、斗争和融合,形成了共同族体。西周时已出现华、夏单称或华夏连称的族名,以区别于蛮、夷、戎、狄等"(《中国大百科全书·民族卷》)。以牛和鸟为图腾的蚩尤部落——蛮夷居住在南方。战国时魏国史官所作的《竹书纪年》中,开篇便是"应龙攻蚩尤,战虎豹熊罴四兽之力,以女魃止淫雨"②。《史记·五帝本纪》中载:"于是黄帝乃征师诸侯,与蚩尤战于涿鹿之野,遂禽杀蚩尤。"这些实物与记载告诉我们,蚩尤这个与五帝谱系相异并与之利益冲突的强大势力的真实存在(图1-20)。

著名历史学家范文澜在《中国通史简编》中指出,传说中的中国远古居民,"居住在南方的人统被称为'蛮族',其中九黎族最早进入中部地区。九黎当是9个部落的联盟,每个部落又包含9个兄弟氏族,共81个兄弟氏族。蚩尤是九黎族的首领,兄弟81人,即81个氏族酋长。神话里说他们全是兽身人言,吃沙石,铜头铁额,耳上生毛硬如剑戟,头有角能触人。这大概是以猛兽为图腾勇悍善斗的强大部落"③。范老先生说得很经典,九九谓之最多,这是一个由众多酋长组成的占据南方半个中国的"以猛兽为图腾勇悍善斗的强大部落"。他们善于"以金作兵器",头上戴弓,一手持戈,一手持剑,右脚登弩,左脚蹑矛,特别能战斗。

图1-20　涿鹿蚩尤塑像

其实,蚩尤可能不是蚩尤的真名,南宋罗泌《路史·蚩尤传》称:"蚩尤姜姓。"蚩尤是黄帝一派的战胜者强加给他的。《辞海》里说,蚩,毛毛虫;尤,痴也。同时又有丑陋、讪笑、欺骗的意思。给对手一个恶名,这往往是胜利者的惯用手法。

1996年,苏州昆山作家陈益接触了良渚文化发现60周年的考古成就后,决心用文学的形式,描绘这道灿烂的史前文化风景线,于是写了一本书,

---

① 黄永堂译注,《国语全译·周语下》,贵州人民出版社,1995年,第110页。
② 王国维撰,黄永年校,《古本竹书纪年辑校·今本竹书纪年疏证》,辽宁教育出版社,1997年,第39页。
③ 范文澜,《中国通史简编》修订本第一编,人民出版社,1949年,第89页。

书名就叫《我的先祖是蚩尤》(东方出版中心,2000年9月),至今仍珍藏在我的书房里。他将一个传说中的"恶神",列为自己的先祖,既有勇气又有一定道理。在泰伯奔吴前,吴人实际上就是越人,越人就是吴人,或称吴越人。吴越人的先祖是良渚人,良渚人的最后一名部族领袖很可能就是蚩尤。

① 在时间与地域上相吻合

良渚文化从距今5 300年前开始,到距今4 300年前左右神秘消失。在这个时期,有三个群族非常强盛,即黄帝族、炎帝族和蚩尤族。据文献记载,蚩尤是九黎族,主要活动范围在东南部,这一区域正是良渚文化覆盖的地方。1959年12月,著名学者夏鼐以中国科学院考古所所长的身份,在长江流域规划办公室文物考古队队长会议上作《长江流域考古问题》的报告,对"良渚文化"作了界定,即环太湖流域新石器时代的遗址①,确立了"良渚文化"是自立于长江下游的文化体系。

1977年,在南京召开的长江下游新石器时代文化学术讨论会上,苏秉琦教授把长江下游新石器时代文化划分为三大块,即以微山湖—洪泽湖以西的苏鲁豫皖四省相邻的地区,以南京为中心的宁镇地区,太湖—钱塘江地区②。《中华文明史》(第一卷)中又将三大块表述为:太湖地区文化、宁绍地区文化及宁镇地区文化。覆盖面以太湖为中心,广及浙江、江苏、上海以及安徽、山东的一部分。③ 两相对照,虽然不能丝丝入扣地对号入座,但也可以看出隐约的暗合,是对得上号的。考古学亦证明,良渚人无论从存在时间,还是分布在大江南北的广阔空间上,都同古代传说中的蚩尤部落非常接近。现代考古发现了距今4 600年前涿鹿古战场周

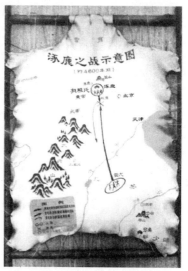

图1-21　中国革命军事博物馆
兽皮"涿鹿之战示意图"

围的许多文化遗址,出土了大量的红山文化石铲、斧、镞等兵器,这是当时战争的佐证。中国革命军事博物馆至今还收藏着兽皮"涿鹿之战示意图"(见

---

① 夏鼐,《长江流域考古问题——1959年12月26日在长办文物考古队队长会议上的发言》,《考古》,1960年第2期。
② 苏秉琦,《略谈我国东南沿海地区的新时代考古——在长江下游新石器时代文化学术讨论会上的一次发言提纲》,《文物》,1978年第3期。
③ 彭林等,《中华文明史》(第一卷),河北教育出版社,1989年。

图1-21)。从图上可见,蚩尤是从南方大举挺进涿鹿地区的。

② 良渚人崇拜的神灵"偶像"可能就是蚩尤

在南方这幅广袤的原野上,存在着以稻作蚕桑农业为基础的原始文化。在距今8 000年至4 300年前的三四千年时间内,包括良渚人在内的先吴人创造了发达的石器与陶器制造业,兼有竹篾编织、丝麻纺织、琢玉等众多手工业门类。那时陶器制作已普遍采用轮制技术,主要的陶器为夹细砂的灰黑陶和泥质灰黑皮陶,特别是玉器制造业已经达到登峰造极的地步,技术力量最为强大,只有蚩尤才有条件成为良渚人的族祖。蚩尤很可能就是这个部落联盟的最高统帅、传说中的"九黎之君"。

在良渚遗址上出土的玉器上有一个非常神秘的图案不断地反复出现,这个图案上面巨目凸出,像一尊强悍的战神,不由得使人联想到非常强悍的蚩尤,他在与其他部族发生地盘争夺战中,屡战屡胜。良渚文化中的神秘图案——"琮王"上的"神徽",可能就是蚩尤像——传说中的蚩尤原型。

③ 考古新证据有望弄清"蚩尤"长啥样

长久以来,考古界认为良渚文化的核心区仅限于环太湖流域,很少跨越长江这一道天堑。如今,这一切都已发生改变。2012年,在江苏省兴化市蒋庄遗址的墓葬中,出土了500多件良渚文化时期的陶器、玉器等生活用品。更罕见的是,墓葬中还出土数百具非常完整的人类遗骨。南京博物院考古研究所所长林留根说,这个墓葬群的发现,将解开一系列关于良渚文化的谜题。考古学证明,良渚人无论从存在时间还是分布空间上,都同古代传说中的蚩尤部落非常接近,可以说是蚩尤传说的原型。因为以往的遗址中很少发现遗骨,考古界一直未能得知良渚人的身体特征。"蒋庄遗址中出土了大量完整的人类遗骨,我们不仅可以复原出良渚人的身体及面部,甚至可以通过DNA技术,确定整个墓葬群所有墓葬的亲属关系,进而'复活'一个完整的良渚部落。""如果认定良渚文化是蚩尤族所创,那么蚩尤也就自然地成为'良渚国'的'国王'了。"①

黄帝、炎帝为中国古代文明做出了重大贡献;同样,蚩尤也为中国古代文明做出了重大贡献,他们都是中国古代文明的伟大缔造者。

第一,蚩尤为社会经济发展做出了重大贡献。当时,蚩尤统率的九黎部落联盟,生活在长江中下游广袤的近半个中国的土地上,是一个因水而生、在江河湖海中成长起来的农耕部落,是当时三大部落联盟中由采集、渔猎到人工培育稻谷种植的杰出代表。

第二,蚩尤最早筑城"保民"。蚩尤部落是一支稳定的农耕部落,为防御

---

① 肖雷,《江苏兴化发现良渚文化墓葬群"蚩尤"面容或复原》,中国江苏网,2012年6月29日。

游牧部落入侵而用夯土筑城,也许洞庭湖旁的城头山古城就是蚩尤部落所筑。据《太平御览》引用《黄帝玄女战法》云:"黄帝攻蚩尤,三年城不下。"又云:"黄帝与蚩尤九战九不胜。"可见战争持续的时间很长,而且黄帝部落多次战败。《春秋谷梁传》载"城为保民为之也";《墨子》曰"城者,可以自守也"。我们从中可看出,蚩尤用夯土筑城构筑防御工事,以"保民自守",并凭借粮多、兵强、城坚等有利条件,使黄帝部落和炎帝部落屡战屡败,在中华文明上首现"积极防御"原生文明智慧的耀眼光芒!联想到伍子胥在苏州用夯土筑城不也就有源头了吗?

第三,蚩尤首创金属冶炼和兵器,被称为"兵神"。《吕氏春秋·荡兵》中写道:"蚩尤非做兵也,利其械矣。"这是说,为了战争的胜利,蚩尤在兵器上作了创造与改进,士兵们头戴面具,以角抵人,既有效地保护了自己,又可以震慑与杀伤敌人,特别是他研制铜制兵器,借兵器之利,与黄帝抗衡。青铜器专家、古文字学家李学勤先生指出"蚩尤对于我们中国的传统文化有很多很重要的贡献,有一项非常重要的贡献,我想就是'蚩尤造兵',就是他发明了很多的兵器、武器,那么在这一点上说起来的话,各家的传说基本都是一致的,都认为是蚩尤造的武器,所以他武力很强盛",这是蚩尤部落对中华原生文明的又一重大贡献。

第四,蚩尤首创和施行法制法规,以肃纲纪。《周书·吕刑》说"蚩尤对苗民制以刑",就是一个有力的佐证。《路史·后纪四·蚩尤传》在记述蚩尤被擒杀后说:"后代圣人著其像于尊彝,以为贪戒。"罗萍注曰"蚩尤天符之神,状类不常,三代彝器,我著蚩尤之像,为贪虐者之戒",首创了中华法制原生文明。

回过头来看,黄炎蚩为何打起来?只要研究一下"战争"的起源就知道。《西洋军事史》的作者富勒认为,在最原始的战争中,"战争的基本原因都是生物性和经济性的……战争都经常是为了肚皮打的,不管是人的还是兽的"①。而马克思、恩格斯则认为,战争作为一种社会现象,是在原始社会发展到一定阶段才出现的,"一切历史冲突都根源于生产力和交往形式之间的矛盾"②。这是解开战争起源之谜的"钥匙"。当然,黄、炎与蚩之战也有可能是为了"盐"。应该是"盐"的作用,使人的智力有了一次飞跃。一般的历史考证表明,在海边的先人是最早开始有意识吃盐的,那时的盐就是爷!蚩尤实力雄厚的原因,一是益于其居地产海盐;二是在筑城与治水的过程中,发明了冶炼金属与制作兵器。从现有遗骨来看,4 200多年前的良渚人个头已

---

① [英]J. F. C. 富勒著,钮先钟译,《西洋世界军事史》(第一卷),中国人民解放军军事科学院,1981年,第5页。

② 《马克思恩格斯选集》第1卷,人民出版社,1995年,第115页。

第一章 先吴古国 酋邦之地

经不小,男人有的已高达1.7米。

在时光吞噬了的历史印迹中,事实总会逐步揭开文明的光芒,使我们在历史中望向未来的深处。正如孟德斯鸠所说:"中国的立法者是比较明智的;他们不是从人类将来可能享受的和平状态考虑人类,而是从适宜于履行生活义务的行动去考虑人类,所以他们使他们的宗教、哲学和法律全部合乎实际。"①

1993年扬州高邮市龙虬镇北出现了"龙虬文化"(距今5 500年至7 000年前),在遗址中有一片碎陶,上面刻有似鸟非鸟的四个象形文字(见图1-22),其中一个"宙"字经考证是鸟形转化而来。从这些古文字(陶符)记载中可见南方蚩尤部落源远流长。蚩尤理所当然为吴地始祖。

图1-22 高邮龙虬庄遗址出土的新石器时代刻文陶片
资料来源:《今日高邮》,2006年7月9日

2. 防风氏

历史与神话交融中的防风氏,是开天辟地以来中华民族历史上又一位悲剧性人物!通过历史的考证,我们可以在神话的迷雾中找到历史的真实。

在1万年以前,太湖中的三山岛上已有吴地先人,故南朝(梁)任昉编著的并为郭沫若收录的《述异记》一书所述太湖有防风氏,载曰:"祭防风神,奏防风古乐,截竹长之三尺(1尺≈33.33厘米),吹之如嗥,三人披发而舞。"《国语》中,仲尼曰:"汪芒氏之君也,守封、嵎之山者也,为漆姓。"②意思是,他是汪芒国的君主,统治封山、嵎山的人,为漆姓。据此,我们可视之为祖。

夏(前21世纪)时,防风氏之地在太湖南约50公里东苕溪河中下游的德清一带。水乡泽国的德清县,东南有个下渚湖,是一片很大的湿地,现已列为国家自然保护区。下渚湖,古时称封渚湖,史志上说因防风氏所居而得名。湖北有山,曰防风,唐以前叫封山,山麓有防风庙,东南二里许为嵎山。这封、嵎二山,恰好与孔子在《国语》上说的防风"守封、嵎之山"相吻合,说明这一带就是4 000多年前与夏禹同时代的汪芒国(后称防风国)疆域。现在那里有个防风庙,庙里有孔子说的这位"汪芒氏之君"。气势恢弘的大殿内,身高数丈(1丈≈3.33米)的防风神像端坐在祭坛上,头戴天平冠,面容慈祥,双手捧持朝笏。衣冠服饰,皆与绍兴大禹陵的夏禹塑像相仿佛。不过两厢壁画上的防风形象,"龙首牛耳,连眉一目",倒是古书上描述的样子。壁

---

① [法]孟德斯鸠著,张雁深译,《论法的精神》,商务印书馆,2007年,第142页。
② 黄永堂译注,《国语全译》,贵州人民出版社,1995年,第227页。

画依据神话传说描绘了这位治水英雄的一生。他根据地势高低不同,带领先民们在山坡上垒堰筑坝,在平地挖沟疏导,将滔滔洪水北排太湖,南导钱江,东泄大海,使躲避水患栖身山上的先民们,得以下山来重新定居,耕种劳作,生息繁衍,使这一带逐渐发展成为五谷丰登、人丁兴旺的防风古国。

为纪念这位吴越先祖,杭嘉湖一带古时都建有防风庙。德清这座防风庙,最初为西晋元康元年(291年)当地县令贺循所立。每年农历八月二十四、二十五、二十六日举行三天防风王庙会(见图1-23)。

防风居住过的下渚湖在庙前不远处,站在码头上放眼望去,满湖是摇曳的芦苇,无边无涯。绽放的芦花,犹如一片望不到边的绮丽云锦,从眼前向天际铺展过去。下渚湖原是注入太湖

图1-23　湖州德清防风祠

的东苕溪发洪水时的一片蓄洪区,难怪防风庙大殿楹联上,前人有"捍患到今留圣泽"的说法,指出下渚湖就是防风这位前贤留下的一片"圣泽"。据说,从前这一带祭祀防风神,还奏防风古乐,跳防风舞。我突然想到,像这样一位至今仍被传颂不衰的部族头领,最后却并没有得到与他事迹相应的结果。关于他的死,据孔子的说法:"昔禹致群神于会稽之山,防风氏后至,禹杀而戮之,其骨节专车,此为大矣。"①这是正式典籍上有关防风之死的唯一的文字记载,说的是他被夏禹所杀。关于夏禹杀他的原因,近年来除孔子的"后至(迟到)说"外,尚有"误杀说"和"借故说",后两种缺乏历史依据,大多为民间传说和推测。看来孔子的说法还是比较客观公允的。他谈到这个问题是因为吴王使者来咨询会稽出土的大骨节一事,并非专论防风之死,说明这一历史事件在孔子心目中没有特别提出来讨论的必要。他在这里谈到禹杀防风时用的是个中性词——"后至","后至"也是一种"至",并非"不至",折射出防风与夏禹在政治上并不对立。如果他对夏禹怀有敌意,或者骄傲自大、目中无人,就干脆不赶去会稽赴会了;如果他对夏禹个人品质和作风有什么看法,事先估计迟到可能招致的严重后果,就会有所防范,决不会去自投罗网了。不管什么原因,防风毕竟是"后至",招致"杀而戮之",这多少有点出乎他本人的意料之外,也让后来不少人匪夷所思。但孔子似乎不这么认为,在解释清楚大骨的来龙去脉后,紧接着便向吴使介绍了汪芒氏这一部族,从虞、夏、商到孔子当时的演化历史,对防风之死未加任何褒贬,说明

---

① 黄永堂译注,《国语全译》,贵州人民出版社,1995年,第226-227页。

后至被杀,在孔子看来,乃是很正常的事。

也确实,如果将禹杀防风与当时的政治历史背景联系起来就能正确理解。夏禹在制服洪水过程中,"披九山,通九泽,决九河,定九州",得到众多部落首领的拥护,为中华民族实现真正的统一奠定了组织基础。他照会各个部落首领,在会稽大会天下"诸侯",这在历史上是一件意义非同寻常的大事,标志着中华民族第一个真正的政治实体的初步形成。大多数历史学家因此认为,我国国家组织的出现,开始于夏朝。夏禹对防风在这样重大关键时刻竟然"后至",可以想见一定大为恼火,也许他在性格上也像历史上有的伟大人物一样,对人不得罪则已,一旦得罪就索性得罪到底,就地处决了防风,而且"杀而戮之",砍了头还要陈尸,也是够严厉的了。防风的头颅,就这样成了我们民族历史上建立最初国家的祭奠物。这听来多少有点残忍,有点血腥,但历史就是如此。不能简单地归结为"错杀"或者"误杀",也不能因其被杀而否定防风生前的一切。

历史是胜利者的历史。由于夏禹是黄帝后裔,史册上便尊为正统,而其他部族在史册上则没有应有的位置。传说在阪泉被黄帝战败的炎帝,虽同为中华民族最先的人文始祖,但正式典籍上有关炎帝及其后裔的记载几乎等于零,即便有也或多或少地带点歪曲和丑化。防风死后,意味着汪芒氏被征服,该部族人随之逃进江、浙、皖之间的群山里避难,其文化因此在历史上也相应失落。有关"汪芒氏之君"防风的治水等其他事迹,在典籍上自然不可能有记载,只能保存在其后裔的口耳相传中。据此分析,防风氏是当时的部落领袖,和大禹同时治水,分管江淮地区。他是先吴地区亦神亦人的治水英雄,是安邦立国、福泽吴越的始祖。

3. 巫咸

巫咸乃苏州常熟小山人(生卒年不详),是商代太戊帝之国师。有关巫咸的记载,最早出现在《尚书》中。公曰:"君奭!我闻在昔成汤既受命,时则有若伊尹,格于皇天。在太甲,时则有若保衡。在太戊,时则有若伊陟、臣扈,格于上帝;巫咸乂王家。在祖乙,时则有若巫贤。在武丁,时则有若甘盘。率惟兹有陈,保乂有殷,故殷礼陟配天,多历年所。"①意思是周公说:"我听说从前成汤接受了上天的大命后,当时就有伊尹辅佐他,功德感通于上帝。在太甲时,则有保衡。在太戊时,则有伊陟、臣扈,功德感通于上帝,又有巫咸治理国家。在祖乙时,则有巫咸的儿子巫贤。在武丁时,则有甘盘。这些贤臣遵循为臣之道,尽心竭力地安定治理殷国,建立了广为流传的功业,所以使殷国的诸王能享受配天祭祀的礼仪,殷的统治才能经历了许多年代。"可见,巫咸是商太戊帝身边的一位贤臣。他的儿子巫贤,在太戊帝孙子

---

① 徐奇堂译注,《尚书》,广州出版社,2004年,第166页。

祖乙登基后，任宰相，也有贤臣之誉，皆是商王朝的有功之臣。

西汉司马迁的《史记·殷本纪》中有着较为详细的类似记载。太戊帝是在其兄雍己帝去世后继承帝位的，但他骄横不羁，遂使政道渐失。有一天宫廷内突然有一棵桑树与一棵树缠合交生，一夜之间竟长得有两个手掌合围那么粗。众人深感奇怪，桑谷都是野生之木，竟合生在宫内？太戊帝知道后也觉得不是好兆，会是国衰之象吗？他颇为惧怕，就先去询问宰相伊陟。伊陟正色回答道："妖异现象的产生和国君不修王政有关，现在国君应当马上修养自己的德行。"随后伊陟又将此事告诉大臣巫咸，共商如何匡正太戊帝的失政行为。巫咸为此专门写了《咸艾》《太戊》等数篇文章，畅言治国之道，苦苦告诫规劝太戊帝。在两位大臣的谏佐下，太戊帝终于去恶从善，修身养性，使商朝中兴，诸侯归顺。①

关于巫咸其人，还有其他传说，有说他是鼓的发明者；有说他是用筮（一种草）占卜的创始人；有说他测定过恒星，是个占星家、中国最早的天文学家，他所总结的星表中有44座144颗星；《山海经·大荒西经》说他是管理百药的，因此他兼管巫、医……

巫咸虽然官居要职，但由于身处甲骨文时代，没有留下什么记载，直至汉以后才见到典籍史料中的片言只语。随着时间的推移，各种历史记载渐渐出现了分歧，倒不在是否有他这个人，而在他的里籍与最终归宿地上。有关这方面的问题俞秉麟先生做过专门研究：

一种为"吴人说"。《越绝书》记："虞山者，巫咸所出也。虞故神，出奇怪，去县百五里。"说的就是巫咸出生在离吴县百五里（古代计量单位）的常熟虞山。

到了梁代，常熟有一块"真治碑"，据志书记载此碑是汉天师十二代孙张道裕在虞山南岭下建招真治（后改称为致道观）时所立。元代碑失，但碑文留在文献之中，碑文中除了《越绝书》中的意思外，还进一步说明"咸居虞之小山"。虞山北确实有低丘名小山，近人尝将今小山村称为商相村。

晋代，徐广的《史记音义》又记"巫咸冢在海虞山上，子贤亦葬其侧"，他明确指出巫氏父子俩的墓址是在常熟虞山上。唐代张守节的《史记正义》里又在徐广记载上加按语："巫贤，吴人。今苏州常熟县西海隅山上有巫咸冢及巫贤冢。"北宋的《吴郡图经续记》中，还把苏州与巫咸联系起来："吴郡，古八门。其一平门曰巫门，巫咸所葬。"苏州八门中出平门可至巫咸所葬的常熟，故平门又称为巫门。除此，南宋的《吴郡志》也记述："虞山，今为海巫山，山即巫咸所出，海虞即常熟也。"常熟古称海虞，是为纪念虞仲；又称"海巫"，则是为纪念巫咸。

---

① （西汉）司马迁，《史记》，甘肃民族出版社，1997年，第10页。

除了文字记载,明代以后的多数《常熟县志》进一步提到,宋代时在虞山西岭发现过巫咸墓碑,县令曾派人在其旁修墓立碑。

综上所说可以看出,东汉以来,巫咸就被传载为出自常熟的吴地人。然而,另有一说也不容忽略,那就是"晋人说"。由于吴、晋二说并存,势必引起后人的考证与质疑。从唐代张守节《史记正义》的"巫咸父子墓在虞山,子巫贤本是吴人"按语,其中的一个"本"字,就可以看出争论在唐代之前就开始了。俞秉麟先生指出,巫咸纷争的起源,很大部分源自虞山巫墓的湮没,及墓址的失记。虽然明崇祯《常熟县志》中有"墓在青龙冈,传者曰青龙冈乃宝岩者别名"之说,但宝岩又在何处?以前常熟人只知西门外有宝岩湾、宝岩河、宝岩村,哪一处是青龙冈的别名?即使明代大学者钱谦益,在读了巫公祠堂碑后,也同样感到困惑:"小石洞后有青龙洞,山势自西趋东,正当西北隔山(虞山)之发脉处,谓之咀宜,然亦非确据也。"另有明代诗人王宾,游虞山时也因找不到遗址而深感遗憾,留下了"旧说巫咸已上天,楚人歌里亦千年。相传住处今何在?一座青山县郭边"①这样的诗句。可见"青龙冈""青龙山咀"在明代已鲜为人知了,这无疑给寻巫者带来更多的困难。然而,时隔几世纪,一个意外的发现似乎给寻觅者带来格外的惊喜。

2000年6月4日,一支由苏州和常熟两家博物馆组成的考古队在虞山西岭的"小石洞"上侧半山腰发现一堵横亘于山坳深处的石幕墙,岩石上三个擘窠大字——巫相冈,字径高达1.9米,宽1.5米,钟鼎文体,用双勾法镌刻;又在上方约50米处再度发现石刻,石状如龙头,石色呈青,沿山脊线向东延伸达300余米,起伏蜿蜒如同卧龙。龙头石高4.8米,长14.3米,石面阴刻"龙门"两隶体大字,字径宽2.7米,高1.9米,恰与下侧的"巫相冈"遥相对应。两处字体之大为虞山已见石刻中之最,经考证,石刻为宋代古迹。

最后,俞秉麟先生指出,随着"巫相冈"的重现,不但当年钱谦益对"青龙冈"的疑问可迎刃而解,而且如此宏大的摩崖石刻也显示绝非古代个人能力可及。这证明,宋代发现"商相巫咸冢"的古碑后,官方确实在此进行过隆重的纪念活动,修墓立碑外,还在青龙冈石壁上刻石作记。②

为一探虚实,2006年3月20日上午,笔者又与邹振雄、沈志仁二位先生驱车直抵虞山西岭下,第一次上山尽管有人指引,因山陡林密,笔者还摔了一大跤也没找着。第二次在"小石洞"茶馆一位顾女士的带领下,终于在满山坡的松林中发现了"巫相冈""龙门"的石幕墙,石呈青灰色,形如卧龙。此时我们三个年均60岁以上的老人已是汗流浃背、气喘吁吁,面对石幕墙,我

---

① (清)徐崧、张大纯,《百城烟水》,江苏古籍出版社,1999年,第375页。
② 俞秉麟,《巫咸之谜》,《苏州杂志》,2002年第1期。

们就地坐在厚厚松软而泛黄的由松针铺就的"地毯"上。"巫相冈""龙门"五个大字,苍劲古朴,恢弘壮观,赫然在目,使我们忘却了疲劳,三个人围绕石幕墙上下左右来回数遍考辨,确认石刻系宋代古迹(见图1-24、图1-25)。站在石幕墙上,向西北方向望去,沃野千里,生机勃发,这确是一方千古不朽的难觅风水宝地。清初的徐崧酷爱山水,详考古今沿革,经过实地踏勘指出:"巫咸宅,按《越绝书》《旧图经》皆云:虞山,巫咸所居。旧志云在娄县山下。今娄县止马鞍山一山,无巫咸宅,当在虞山无疑。"①"考之《图经》云:虞山者,巫咸所居,是则巫咸尝居虞山而葬于此耶?"②

图1-24　常熟虞山西岭巫相冈　　图1-25　常熟虞山西岭龙门

有人提出为什么吴、晋两地都有巫咸的墓、祠、碑等?笔者认为,此种现象在古史上屡见不鲜,同名、同姓、同地颇多。巫咸在晋一带活动频繁,晋人出于对神人(贤臣)的崇拜,有可能为怀念他而所为。吴地出现巫咸遗址非同寻常,因"本是吴人"的"本"字试可定论。

有人提出巫咸如果是吴人,则商时吴地尚属"断发文身"的夷蛮之时,他如何有能力进入相对来说已高度发展的中原?且当上了高官?须知,虞山临江靠海,一是有江海文化,二是巫咸的"咸"字亦有可能在当时表示"盐"字。人类文化,总是从产盐的地方首先发展起来的,盐大大促进了人的智力发展。4 500万年前吴地就出现了类人猿亚目黎明时的曙光;6 000多年前先吴人已会绘画织布;4 000多年前夏朝时,防风氏已有"问鼎中原""防王作乱、数侵边境"的高超组织指挥才能,后人巫咸何故不能做高官呢?这显然是对"蛮夷"人的鄙视!

又为何归葬故里?稍有古史研究的人便知,"在商朝的《卜辞》中,总共记载了61次战争"③。为避战乱,巫咸仰慕和谐的江南。乡愁是穿越时空的

---

① (清)徐崧、张大纯,《百城烟水》,江苏古籍出版社,1999年,第375页。
② (唐)陆广微撰,曹林娣校注,《吴地记》,江苏古籍出版社,1999年,第32页。
③ 杜君立,《战争的历史》,《北京晚报》,2016年11月2日。

线,是他向往水乡宁静诗意的心。这种心理在本质上符合中华文明的主体是农耕文明的传统,他迷恋生于斯长于斯、聚族而居的家乡,即使"客居"他乡很久,迟早也要还乡,"莼鲈之思"的典故就是明证。江南(吴地)确是一个能让北叛的人南返,让做官的人弃官的地方。况且,那时"浮于淮、泗,达于河",已有"金道锡行",南北交通方便,人员、物资流动频繁。巫咸归故里自然顺理成章。随着研究与考古资料的不断完善,今已进一步证实,巫相乃吴人始祖也(见图1-26)。常熟市大义镇《商相村志》中记载:"史海茫茫,岁月沉沉,小山地区先民巫咸、巫贤父子及其古老人文……世代相沿,陈陈相因。"

图1-26　常熟虞山文化三圣:巫咸、言子、仲雍

4. 泰伯

《史记·吴太伯世家》载:"吴太伯,太伯弟仲雍,皆周太王之子,而王季历之兄出。季历贤,而有圣子昌,太王欲立季历以及昌,于是太伯、仲雍二人乃奔荆蛮,文身断发,示不可用,以避季历。季历果立,是为王季,而昌为文王。太伯之奔荆蛮,自号句吴。荆蛮义之,从而归之千余家,立为吴太伯。"①(见图1-27)

吴太伯,又称泰伯(古"泰"通"太"),姬姓,商末岐山(在今陕西)人,周部落首领古公亶父长子。古公亶父欲传位季历及其子姬昌,曾说:"我世当有兴

图1-27　泰伯木刻像

---

① (西汉)司马迁,《史记》,甘肃民族出版社,1997年,第428页。

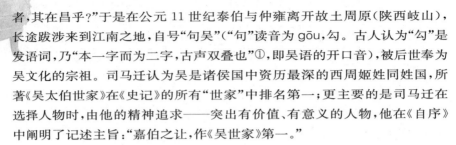

者,其在昌乎?"于是在公元11世纪泰伯与仲雍离开故土周原(陕西岐山),长途跋涉来到江南之地,自号"句吴"("句"读音为gōu,勾。古人认为"勾"是发语词,乃"本一字而为二字,古声双叠也"①,即吴语的开口音),被后世奉为吴文化的宗祖。司马迁认为吴是诸侯国中资历最深的西周姬姓同姓国,所著《吴太伯世家》在《史记》的所有"世家"中排名第一;更主要的是司马迁在选择人物时,由他的精神追求——突出有价值、有意义的人物,他在《自序》中阐明了记述主旨:"嘉伯之让,作《吴世家》第一。"

① 泰伯为何自号"吴"

公元前1046年牧野之战(武王伐纣)后推翻了商纣统治,周武王和周文王传承了商的文字(甲骨文和殷金文)——汉字,恩泽了中华。遗憾的是商、周王朝皆垄断了文字(系城市文字),最早都是用于祭祀活动,平民百姓难以识别。与此相对,自从文书行政制度开始后,文字成了行政工具,这便有了史书的出现。但没有汉字的地方(如先吴地区)则无从留下记录传于后世。

图1-28 "吴"字甲骨文

殷商出土了多个甲骨文"吴"字,可见《殷墟书契前编》第四卷所载[见图1-28:(a)]。西周甲骨文在1976年2月及2003年12月两次批量出土,总字数虽不如殷商甲骨文,但第一批出土于陕西岐山县凤雏村西周宗庙遗址,就获取西周甲骨文字292片,计903字,其中有两处出现"吴"字[见图1-28:(b)]。这个"吴"下部像奔跑的人,上部为大言的口,既像一个一面追赶野兽、一面大声吆喝的猎人,更像一个大步去砍伐森林、拓荒农耕的人。

一般认为,可能是信奉一个太阳(周王朝)的部族打败了信奉10个太阳(多中心的殷王朝)的部落。② 据此,笔者认为有二重含义:一是"拜天""拜日",大声祈求苍天保佑,这是周太王"敬天"的遗俗。它有可能来源于内蒙古自治区阴山的狼山段远古原始岩画——一个人,双脚呈环形(跪坐貌),两臂上举,双手合十,头顶上有一个圆形的图像(见图1-29),像正在礼拜。有关研究者一致将这幅岩画命名为"拜日图"。③ "口"字下一人,"吴"字义,不言自明。而古埃及文化与中国文化同样古老,在埃及的万神庙壁画里,埃及诸神的头顶上都有一个球形物,或者手持圆球。笔者认为,埃及诸神的造型,本意与中国甲骨文相同,诸神来自天,故头顶上的圆形物亦是天之意(见

---

① 杨慎,《丹铅馀录》卷十三。
② 参见[日]平势隆郎著,周洁译,《从城市国家到中华:殷周 春秋战国》,广西师范大学出版社,2014年,第343-344页。
③ 李卫东,《外星人就在月球背面》,海南出版社,2016年5月,第53页。

图1-30),与"吴"字义不谋而合。可见,"吴"字不仅具有其民族的独特性,更具有其世界的广泛性、文化的同步性、图腾的相似性。公元前5 500年至5 000年的河姆渡遗址第三文化层就出土了一件"双鸟朝阳"象牙雕刻图案,太阳上方是熊熊燃烧的火焰,两侧护卫着一对像凤凰一样的鸟,强烈反映了吴越祖先对鸟和太阳神的崇拜,呈现出强烈的动感,象征着光明、生命和永恒。二是商周时"吴呼小众人臣","吴,就是一个小藉臣的名字",专管耤田(公田)的农官。① 二者综合可见,"泰伯奔吴"亦可能意在新的时空下,带领(监管)百姓开辟一个新天地,效忠于周王朝。这应是"吴"字的来历。

图 1-29　阴山"拜日图"　　　图 1-30　埃及的万神庙壁画

② 泰伯到先吴地区的贡献

"泰伯奔吴"带来中原和游牧地区的文化与以太湖流域为中心的土著文化相交融,创新发展出吴文化,并逐步确立了吴文化在中华文化大系中举足轻重的地位,泰伯功不可没。其主要表现有三:

一是实干。"吴国公族出自周室,因随越人习俗,被视为蛮夷。"(《中国大百科全书·民族卷》)泰伯文身断发,入乡随俗,与当地先吴土著居民一起生活,大力兴修水利,发展农业生产。相传其曾"穿浍渎以备旱涝"——无锡清名桥一段俗称"伯渎港",使当地百姓世受其利,"从而归之千余家"。

二是带来了中原地区先进的文化。笔者之所以称它为"先进",是因为古代的时候,整个欧亚大陆之间的交流,草原文化是主要的桥梁。他们活动的地点大体是在山西的中部及陕甘之间,这正好是中原文化和草原文化的接触地,有较为广阔的视野。泰伯带来的先进理念在先吴地区的碰撞和融

---

① 姚政,《先秦文化研究》,巴蜀书社,2004年,第193页。

合中,形成了一种新的文化——勾吴文化。

三是冲破"一元"文化,首创华夏文明大融合。泰伯从周源黄河流域而来,不仅给江南带来了黄河文明与畜牧业游牧文化以及先进的种植粟黍的农业技术与管理经验,更主要的是传播了汉字(甲骨文),对中华民族的长久统一起到了极为重要的促进作用。"自号勾吴"(《吴越春秋·吴太伯传第一》),其本身就是一个最有影响力的文化传播,这是一个历史的大视点!它是中华民族文化的重要基石,也是中国传统文化的重要源头之一。史实证明,西周王权专制的确立是经历了一个艰苦过程的,它本是陕西、甘肃河套地区的一个弱小民族,自称"小邦周",被《左传》称为"外地人"——从别的地方来的人,与"大邦殷"相较,是小巫见大巫。要建立西周的王权专制制度首要的任务是灭商统一全国的问题,这一重任实际上在周文王时期已经打下了坚实的基础,为武王灭商准备了条件,并为周文化的形成奠定了基础,其文化是以一个太阳——"天"为上的精神信仰,以"德"为价值取向,以"和"为社会行动准则的比较完整而协调的文化体系,至今仍有其巨大的精神魅力。泰伯不畏艰险,在商军包围的隙缝中探索前进,水陆并用,走走停停,以坚忍不拔的毅力,跨越大江大河,促进了大江大河的文明交流、融合与升华,开创了民间交流的先河;不动刀枪,避开烽烟,首创了在广阔的地域上南北文明对话,成为世界文明史上首屈一指的传奇人物(其奔吴路线详见第九章)。

吴地先人,从草鞋山陈州古国、良渚古国、凌家滩等古国始,"到良渚文化,内涵基本趋于一致。自此整个长江下游地区步入文明的门槛"。可见,吴文化渊源久远。张光直先生认为,中国的殷商文明和美洲的玛雅等文明可能是同祖的,其祖型文化可追溯到一万多年前印第安人还在亚洲的旧石器时代,可称为"玛雅、中国文化连续体"①。

吴地始祖,从蚩尤、防风氏、巫咸始,到泰伯后,吴国早期屡有迁徙,《史记》三家注中已有记述,说明吴地先人活动的范围很大。考古发现,最早吴国城池现身镇江——丹阳珥陵镇"葛城"(古城东西长 200 多米,南北长 190 多米,城墙现高约 5~6 米,占地面积 3.62 万平方米),证明镇江亦是吴文化重要的发源地之一。尤其是 1954 年在镇江丹徒烟墩山出土的一批铜器,其中最重要的是宜侯夨簋及内壁上铸有的 12 行 126 字铭文(见图 1-31)。

铭文中"除'厥川三百……'外,还有'厥……百又……,厥宅邑卅又五,[厥]……百又卌(四十)',这些应均指土田居邑而言。从文字保存完整的'厥宅邑卅又五'看,国中城邑分布于广大的疆域"②。在距今 2 560 多年前

---

① 张光直,《中国青铜时代》二集,三联书店,1990 年,第 91 页。
② 李学勤,《走出疑古时代》,长春出版社,2007 年,第 159 页。

第一章　先吴古国　酋邦之地

图 1-31　宜侯夨簋及内壁上铸有的铭文

的春秋中晚期,吴都迁至苏州。从寿梦开始(前 585 年),有七位吴王(寿梦、诸樊、余祭、余眛、僚、阖闾、夫差)造就了"强吴时代"。

上篇 根 基

第二章

绿水青山　稻作之源

> 人人尽说江南好，游人只合江南老。
> 春水碧于天，画船听雨眠。
> 垆边人似月，皓腕凝霜雪。
> 未老莫还乡，还乡须断肠。

　　韦庄在《菩萨蛮·人人尽说江南好》的词里把"江南好"这个主题强调到了无以复加的程度，令多少人为江南意乱情迷。但不论是司马迁眼中的江南，还是地理学家、历史学家、气象学家、经济学家与语言学家眼中的江南，以及民间中的"大江南"与"小江南"……它都位于北纬30°左右线上。不管是巧合还是冥冥注定，北纬30°线都是能引起人们极度关注的地带（见图2-1）。

　　北纬30°线是一条看不见的曲线，一条地理学家为方便研究地球画出的虚拟的线。然而却没有任何一条经纬线有着如此神奇的魔力，被世人称为地球的"脐带"。赤道、北回归线、南回归线、本初子午线、国际日期变更线……这些著名的经纬线在北纬30°线面前，都黯然失色。它贯穿四大文明古国，在这条纬线附近有神秘的百慕大三角、著名的埃及金字塔、世界最高珠穆朗玛峰和最深的西太平洋马里亚纳海沟；中国的长江、美国的密西西比

第二章　绿水青山　稻作之源

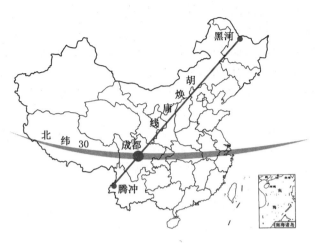

图 2-1　北纬 30°线与胡焕庸线（资料图片）

河、埃及的尼罗河及伊拉克的幼发拉底河从这里入海；这里有最神奇的湖泊、最瑰丽的山体、最壮观的大潮、最汹涌的海流……北纬 30°"中国段"被誉为中国最美的风景走廊，跨越长江三角洲、江汉平原、四川盆地、川西高原和青藏高原。这里有中国的天柱山、神农架的白熊白鹿野人之谜、四川的"中国死海"、鄱阳湖"魔鬼三角"、雅安市蒙顶山惊现的神秘图案、被誉为世界"第九大奇迹"的三星堆史前文明等等。在这一纬度线上，奇观绝景比比皆是，自然谜团频频发生。1989 年在云南马鹿洞遗址又发现距今 1.4 万年前的全新古老型人类种群，很可能系青藏高原隆升在东南缘形成的独特古气候和古环境所至①，他们的特征跨越了更长的时空。可以说，在这一纬度线上，奇事怪事，数不胜数。

　　进入长江中下游的吴地，这里有长江两次突然断流：公元 1342 年，江苏省泰兴县（现今泰兴市）内，千万年从未断流的长江水一夜之间忽然枯竭见底，次日沿岸居民纷纷下江拾取遗物。突然江潮骤然而至，淹死了很多人。1954 年 1 月 13 日下午 4 时许，这一奇怪现象在该县再度出现。当时，天色苍黄，江水突然出现枯竭断流，江上的航轮搁浅，历经两个多小时，江水汹涌而下。还有安徽千古谜窟、钱塘江大潮等等。

　　国内外科学家长期考察和研究发现，在地球北纬 30°线附近的区域，地质地貌最纷繁多样，自然生态最奇特多姿，物种矿藏最丰富多彩，水文气候最复杂多变，自然之谜、神秘现象最集中多现，是地球远古自然奇观和人类史前文明遗迹最为集中、也最为神秘的地区。

---

① 岳冉冉，《考古学家在云南发现全新人种》，新华网，2015 年 12 月 19 日。

上篇 根 基

我们不禁要问,江南为什么会如此奇特多姿?北京大学地质学系教授何国琦认为,地球在旋转的过程当中,如果它的速率有变化的话,它的整体上就会发生一些变形,加快的时候是两极的地方稍稍压扁,赤道的地方稍稍膨胀;反之,就是两极的地方要稍稍伸展,赤道的地方要压扁。它的交替,就会造成地球一定纬度上的一些地质作用的出现。这也许既是地球北纬30°线附近区域神奇的谜底,更是"江南古陆"天造地设的基底。

在"江南古陆"上,春风暖暖吹过,穿过头发穿过耳朵,温柔懒懒轻轻说着;盛夏之际,就会狂花繁草,野趣满眼,甚至连石头在阳光下闪闪烁烁也像山花一般绚丽;忽而从山坡上飘来一阵晒热的、因快成熟而略带苦味的草香,忽而又从海滩上吹来一股凉爽沁人的略带苦涩的水腥气息……这些环境景致令人折服,甚至连想都难以想象得出来。

"江南古陆",毫无疑问,正是大自然特别倾心尽力、特别精益求精创造的产物。实际上,它还远远不止如此,盐城与上海崇明岛以东的土地,千万年以来还在静悄悄地、一刻不停地向东延伸。

人们称江南为"明珠"不是没有道理的。它之所以如此荣耀和神圣,就在于它那神奇的勃勃生机,在于它那种精神——从前的、已经过去的,眼下的、现在的,不受时间和改造所支配的,自古以来就如此雄伟、具有如此不可侵犯的强大实力的精神,"一江春水向东流"——那种具有以天然的意志和诱使人们去经受考验的精神!

"江南古陆"那原始而古朴的美姿,置身于那样的美境,你甚至会失去时代感和人类活动的限度感——这里只有一种闪耀着光辉的永恒,唯有它在如此慷慨而又如此严峻地管辖着这古老的圣洁之地——大自然的神威、永恒、宁静与美丽。一年四季,它仪态万千,在色彩、色调、气候、运动和精神上都在瞬息万变。它足以使人相信那些古老的传说,诱使他怀着一种神秘的胆怯心理去思考:一个人要在别的地方,究竟在多大程度上有自认为该干什么就能干什么的自由。

江南,这里的一切都是宏大而辽阔的,一切都是自由自在、神秘莫测的,于是你便受到这些不可思议的玄妙概念的触动,而这些只能凭内心去感受,而无法估量,也无法标志,但对吴地人来说,只要它存在着也就够了。

江南,是景致情感融为一体的人间天堂;

江南,能住在这里是你今生今世的缘分。

谢谢啦!"荡荡上帝,下民大辟。"①

---

① 陈晓清、陈淑玲译注,《诗经·大雅》,广州出版社,2004年,第207页。

第二章 绿水青山 稻作之源

一、山清水秀 世界稻源

《庄子·天道》有言:"素朴而天下莫能与之争美。"的确,沁人心脾的美往往是朴素的。怀有淳厚素朴的赤子之心,方能体悟朴素的可爱、恒久与有力。

吴中大地以太湖平原为中心,前瞻东海,背负太湖,北坐长江,南临钱塘,揽江海湖泊交汇之胜,得内陆广袤之利,自古以来不事修饰与刻意雕琢,吴人活得像蚂蚁,朴实而安静,温和而纯真。你看或者不看,她都在那里兀自芬芳。

它绿肥红瘦,像一泓清澈的水,美得一点也不嚣张。吴中人世俗,却不庸俗,即是复杂的况味,亦鲜有激烈的冲突,往往内蕴着深深的情意。它犹如谷雨前后苏州古城里中街路上香樟树盛开的樟花,含蓄而内敛,蕴藉而沉静,具有馥郁而奇妙的清甜;它外儒内道,和合平和,不论经济还是文化,千百年来还没有大起大落折腾的窗口。

(一)绿水青山

"缘水而居,不耕不稼。"(《列子·汤问》)这句话十分形象地展示了处于蒙昧阶段的人类选择居住场所的景象。水占生命三要素(液态水、代谢能量和正确的化学成分)之首,单就对于人类维持生存所需的基本物质生产来说,水亦是必不可少的重要保障。陆地上河流附近的阶地近水而高出水面之上,取水容易,又兼有捕鱼之利而不受水患的侵扰,自然是人类生存的极好所在,而原始农业的产生更促使河流成为早期人类一切活动的中心。

考古学证明:人类四大文明的发祥地就位于长江与黄河、幼发拉底与底格里斯河,以及恒河与尼罗河等广大流域中。近代有人制作的人口密度分布模型表明:点状水资源——如湖泊、水井等密度线是一个围绕水源的同心圆,而在线形水资源——如河、江等附近则是与之平行分布在两岸的环绕带,而且流域气候条件越干燥,人口居住密度就越趋近水源,这无疑表明水对人类生存的重要作用。

在人体中,水的比重占70%,而血液里的水则高达90%,大脑组织中水的比重也达80%,就连骨骼里也有15%左右的水。明朝李时珍在《本草纲目》中就把水列为各篇之首。"药补不如食补,食补不如水补""好水是百药之王""好水是长寿之源"。

据史书记载,中华民族的始祖——黄帝与炎帝就居住在姜水和姬水一带。近来考古工作者发掘出众多的原始村落遗址,像闻名遐迩的马家浜、崧泽及湖熟文化等群落,从这些文化遗址中就出土了大量与水或水生物有关的陶纹图案,尤其是苏州陈州遗址出土的刻有陶文符号的"鱼篓形陶罐",充

[吴文化的根基与文脉]

分表现出在渔猎采集为主要生产方式的先吴祖先与水的密切关系。正如管子所说:"水者何也?万物之本原也,诸生之宗室也。""水者,地之血气,如筋脉之通流者也。故曰:水,具材也。"(《管子·水地篇》)意思是:水是什么?水是万物的本原,是一切生命的植根之处。水,是地的血气,它像人身的筋脉一样,在大地里流通着。

不言而喻,在远古时期曾产生的鱼龙原始图腾正是人与水的这种依恋纽带情结在原始社会的精神活动中的升华表征。我们从"子在川上,曰:逝者如斯夫!不舍昼夜"(《论语·子罕》)到"上善若水。水善利万物而不争,处众人之所恶,故几于道。居善地,心善渊,与善仁,言善信,正善治,事善能,动善时。夫唯不争,故无尤"(《老子·八章》)等等与水有关的论述中,可以看出对水性的认识已深深地融化到人们的自然时空观和社会处世哲理中。水是江南的灵气之所在,水是江南人立足生存的根基,盛载着人们的理想与追求,是先吴人活动的舞台、施展才华的天地。从种植水稻到舟楫为马,从百城烟水到郑和七下西洋,从吴王利用河湖水道"西破强楚、北威齐晋、南伐于越"到"百里湖荡赤脚飞"的太湖游击队……无不利用水的资源。2006年5月20日,在第三届全国体育大会开幕式上,苏州人举行的大型文体表演《人间新天堂》,国人皆呼——做足做活了水文章。

长江三角洲是长江的冲积平原,主要是长江入海时所夹带的泥沙沉积而成的。世界上每年约有160亿立方米的泥沙被江河搬入海中,这些混在江河水里的泥沙从上游流到下游时,由于河床逐渐扩大,降差减小,在河流注入大海时,水流分散,流速骤然减低,再加上潮水不时涌入有阻滞江河水的作用,特别是海水中溶有许多电离性强的氯化钠(盐),它产生出的大量离子,能使那些悬浮在水中的泥沙沉淀下来。于是,泥沙就在这里越积越多,最后露出了水面。这里聚集的看似泥沙,实是犹如把泥沙当肥料的郑国渠(我国灌溉史上合理地利用泥沙的智慧——"淤灌",即用含有大量泥沙的浑水灌田),"且溉且粪,长我禾黍"(《汉书》语),衣食吴人,千万之口。历史上一切放射异彩的文化,都具有综合的和多源的性质,尤其是吴地之核心——太湖流域(见图2-2)。

太湖流域北滨长江,南依钱塘江,东临大海,西以茅山和天目山脉为界,总面积约36 900多平方公里,承载人口4 000多万,其地形基本特征是四周高仰,中部低洼,是一个以太湖为中心的大型碟形洼地(见图

图2-2 太湖风光

2-3)。西南部为山丘区,除少数山峰外(天目山主峰高程约1 500米,茗岭主峰黄塔顶海拔611米,太华山海拔541米),一般高程为200~500米(吴淞高程,下同);东北部穹窿山342米、阳山338米;丘陵阶地高程为10~50米。但太湖周边有数千土墩,仅昆山市就有千墩镇(据《吴越春秋》和《玉峰记》记载,吴淞江畔有土墩999个)。沿江和洮滆湖地区为高平原区,高程为5~10米;环太湖东、南、北周围为低洼平原湖荡区,除苏、锡有零星山丘外,一般地面高程3~5米,淀泖洼地只有2米左右。流域内的湖泊以太湖面积最大,湖面积为2 425平方公里,是全国五大淡水湖之一。太湖周围还分布着一系列湖群,东面分布有淀泖湖群,东北分布有阳澄湖群,北面分布有古芙蓉湖群,南面分布有菱湖湖群,西面分布有洮滆湖群等,流域内约有湖泊面积共3 347平方公里(包括太湖)。①

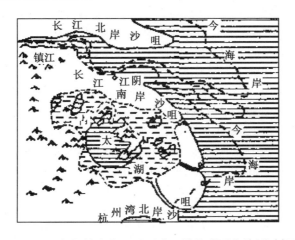

图2-3　7 000多年前太湖四周形成天然的碟形盆地(资料图片)

1954年10月,在江苏丹徒烟墩山出土的"宜侯夨簋"("宜",即吴国)上有铭名126字,残存115字,其中有一句话曰"锡土:厥川三百……",可见吴地多有河流,而没有值得称道的山。这正是苏南一带水道纵横的自然景观,为其他地区,特别是中原地区所没有。

在先吴人长期的改造、利用下,特别是在大禹与防风氏带领下展开的史无前例的大规模治水中,大禹治的并非滔滔的长江、黄河之水,而是倒灌(流淌)到陆地(沙堤)上来的海(江、河)之水。先吴地区海水退后,地面一片淤泥,不加以治理,就难以耕种。这和孔子所说的"尽力乎沟洫"是大致符合的。《孟子·滕文公》中说:"当尧之时,洪水横流,泛滥于天下。""当尧之时,

---

① 中国科学院南京地理研究所湖泊室编著,《江苏湖泊志》,江苏科学出版社,1982年。

上篇 根 基

水逆行,泛滥于中国。"一般来说,不论水大水小,都不会"横流""逆行",只有在先吴之地的太湖流域海侵时,海水由东向西倒灌,才会出现"横流""逆行"现象。此水文现象,可佐证大禹确在太湖流域治过水,至今太湖西山岛(今苏州金庭镇)西北衙里村北郑泾港甪头洲仍存有纪念治理太湖水患的大禹庙(又称禹王庙)。

鉴于太湖本身不是由天然的河道扩张而成的,湖水在蓄满后必然要寻找出路,最终流入大海。如果太湖的形成时间能够早些的话,那么它有足够的时间在人类到来之前,东向冲出几条天然的河道连通大海。只可惜对于吴越先民来说,太湖的形成时间太晚了,因此太湖泄洪通道的形成过程注定要影响人类的活动。换句话说,太湖的水不可"堵",需要通过人工的"导",尽早地将太湖连通大海的河道固定下来,以减少湖水漫流对于陆地居住区的影响。鉴于大禹时期是"以铜为兵"(《越绝书》),但民间仍以石器为主要工具,疏通太湖河道的工作肯定十分艰难。大禹治水居外近10年,三过家门而不入,连自己刚出生的孩子都没工夫去爱抚,不畏艰苦,身先士卒,腿上的汗毛都被泥沙磨光了。

需要指出的是:太湖出现的由北至东南的三条入海通道(娄江、松江与东江),并非大禹带领民众就此挖出了三条运河,而是在湖水漫流之时,利用水流就势疏导、加深加宽天然的河道,使之能够更快速地起到泄洪作用,省工省力又高效。这个经典案例告诉我们:人类与洪水的抗争持续了数千年,事实上,只有当人类栖息地占据河流正常的行洪空间时,洪水才变成灾害。因此,我们对待洪水,不是抗争,而是协助疏导,大禹的伟大正在于此。

"三江既入,震泽底定",太湖地区"鹤鸣于九皋,声闻于野。鱼潜在渊,或在于渚""鹤鸣于九皋,声闻于天。鱼在于渚,或潜在渊"(《诗经·鹤鸣》)。意思是:鹤儿长鸣在那沼泽中,声音响彻传四野;鱼儿游在深水里,或者游在浅水里;鹤儿长鸣在那沼泽中,声音飘荡云霄间;鱼儿游在浅水里,或者游在深水里。水中鱼虾蚌螺、蛇鳝龟鳖,应有尽有。正如著名的生态哲学家余谋昌先生所指出:自然界也参与人类历史的创造。水是生态环境中的基本因子,而江南又是水的世界,它势必对吴地社会经济的发展产生深刻的影响。

长期以来,"太湖美,美就美在太湖水……"然而,在2006年"中国十大最美湖泊"评选中,太湖竟然榜上无名,这令太湖人无不扼腕叹息。巨大人口压力形成的面源污染使太湖水富营养状态进一步升级,苏浙交界地带由于水污染问题一再发生冲突,太湖蓝藻污染也一再爆发……对此,在2007年5月于苏州闭幕的"第二届长三角(太湖)发展论坛"上,众多专家、官员达成共识:保卫太湖是环太湖共同体的利益根基;为了进一步推进太湖的治理,应从地域相近、文化相近、发展水平也相近的环太湖城市圈入手,参照历史上借水利之便结为一体的经验,构建一个环太湖城市发展共同体,在长三角一体化进程中先行；不蚕食太湖以及构成太湖流域的湿地面积，不排放超过国家标准的污染物，不将淘汰产业转移到上游地区……如今，在苏、浙、沪三地的共同努力下，太湖地区经济总量翻番、城市人口大幅增加，而太湖水质仍保持了持续向好的态势，使吴中大地GDP年年增、COD年年降。2016年1到10月，太湖流域水质稳中向好，太湖地区集中式饮用水源地水质均达到国家要求，水厂供水水质全部满足或优于国家规定标准。

距今约5000年前，这里的山郁郁葱葱，鹅卵石多（因多次洪水、海侵冲刷，比如20世纪60年代末笔者实地踏勘的天平山、虞山、惠山、长山、定山等）、飞禽走兽多，野花飘香、野果满坡。江南的山，不胜在气势，乃胜在文化。如首批国家重点风景区、中华十大名山之一、世界遗产地——庐山，联合国教科文组织世界遗产委员会专家们登山后恰如其分地评说："庐山的历史遗迹以其独特的方式，融会在具有突出价值的自然美之中，形成了具有极高美学价值的、与中华民族精神和文化生活紧密相连的文化景观。"大江、大湖、大山浑然一体，雄奇险秀，刚柔并济，"春如梦、夏如滴、秋如醉、冬如玉"，构成一幅充满魅力的立体天然山水画。

相传大禹治水时期，阳澄湖边的陆地刚形成，住在岸边的人们为了躲避"夹人虫"，不等太阳落山就早早关上门。当时有个叫巴解的督工官员，带了一队兵丁和一批民工，来到阳澄湖边开挖河道，民工们就地搭起帐篷住宿，晚上升起火堆，谁知火光引来了成千上万的"夹人虫"，像潮水般向帐篷涌来，虽然大家奋力打击，可大多数兵丁和民工被"夹人虫"夹伤了手脚。这时，巴解想出了一个办法，叫大家筑一土城，城边挖好围沟，一到天黑便在土城上燃起火堆，并在围沟里灌进烧开的水，"夹人虫"纷纷掉进沟里被烫死了。巴解随手拿起一只被烫得通红的"夹人虫"翻来覆去仔细看，忽闻到一股香味，打开硬壳再一闻，香味更浓，于是就大着胆子吃了一口，觉得味道鲜美。大家见巴解吃得津津有味，也跟着吃起来。后来沿湖民众也知道"夹人虫"好吃，从此，"夹人虫"变成大家的美味佐餐。由于吃"夹人虫"的第一个人是巴解，大家在"解"字下面加个"虫"字，为"夹人虫"取名"蟹"，这就是现在的阳澄湖大闸蟹（又称中华绒螯蟹）。如今的大闸蟹，年产逾2000吨，远销东南亚，直达美洲。

《汉书·地理志》中云："江南地广，或火耕水耨。民食鱼稻，以渔猎山伐为业，果蓏蠃蛤，食物常足。故啙窳偷生，而亡积聚，饮食还给，不忧冻饿，亦亡千金之家。"但随着中原地区人员的不断南迁，人气渐旺，耕地面积随之扩大，水围圩田变为了低田区，稍高的地方变为了高田区。山水哺育了先吴人，先吴人依托山水繁衍而生息。先吴人领受着自然的恩泽，感悟着自然的真谛。同时，由于先吴人的活动，使山水变得灵气飞动，变得形象传神，变得深沉含蓄，变得浪漫温馨。如今的洞庭东山、西山，"月月有花、季季有果，一年十八熟、天天有鱼虾",美景美色,举目入画。正如史蒂芬·霍金所指出的,果壳中隐藏着宇宙。"我们从何处来,向何处去?"这个事关每个人的本体命题也得以迎刃而解。

科学,往往出入于幻想与现实之间。我国晋代著名的道教理论家、医学家——葛洪(284—364,江苏句容人),常年在蓝天白云缭绕的青山采药,环境吸引他仔细观察和分析了青山鸟类的飞行现象,得出了精辟独到的结论。他在《抱朴子》中指出:"鸢飞转高,则但直舒两翅,了不复扇摇之而自进者,渐乘罡气故也。"这里的"罡气"是古代道家用语,又叫"刚气",指的是高空中自然存在的气流。说明鸟类舒展双翼盘旋飞行,越飞越高,是由于有上升气流的缘故。同时,他还对"罡气"的巨大力量作了进一步的阐述:"上升四十里,名为太清。太清之中,其气甚罡,能胜人也。"这一独特的发现和科学的论断,可以说是有关空气动力学的最早学说。

人类有三大梦想:飞翔、长生不老、预知未来。清朝初年,我国历史上第一架载人飞行器——飞车,就诞生在太湖之滨——苏州香山梅社村。发明者徐正明,有感于绿水青山的江南水乡,河港密布,陆行不便,行路艰难,决心创造一种"飞车"。于是,每日散工后,其他匠人都醉饱游嬉,而他独自"闭门寂坐,思创一奇制",终于画成了设计稿。他"按图操斫,有不合者削之,虽百易不悔"。经过多年的试制,终于制成了一辆"飞车"。据苏州府志和清末徐赓先所著《香山小志》记载,他花了十几年的时间,经过近百次的失败摸索,终于用重量轻、韧性好的竹篾制成一架带旋翼的"飞车"。飞车内设有机关,"其制如栲栳椅式,下有机关,齿牙错合。人坐椅上,以两足击板上下机转,风旋疾驶而去,离地尺余,飞越港汊不由桥"。可惜他贫病早逝,未能实现他想再造一架更高级的"飞车"——"高过楼房,飞越太湖,来往于缥缈、莫厘峰间"的理想,他所研制的"飞车"也被悲痛欲绝的妻子付之一炬,致使世界上最早的载人飞行器从此失传。由此进一步证实:绿水青山、港河湖汊的烟水生活环境能促使人们产生巨大的创造力。《空军征战纪实·梦飞的华夏人》作者王苏红赞美道:"当人类用智慧和双手制造的飞行器载着人类自己,第一次超越地心的引力,腾空而起的时候,当人类数千年的飞行梦幻在那一瞬间得以实现的时候,这种初步的尝试又是何等的辉煌!作为中华的骄傲,作为征服天空的先驱者,万户①与徐正明将与蓝天同在,与日月共存。"他们是世界上"真正的航天始祖"。

环境是生存发展之本。金山银山诚可贵,绿水青山价更高。有了它,江南成了人间天堂。每当我们民族有了重大灾难,江南总是沉着地提供庇护

---

① 14世纪末,明朝的士大夫万户用47枚自制的火箭捆绑在椅子上,点燃后飞上天空,爆炸身亡。在20世纪70年代一次国际天文联合会上,月球上一座环形山被命名为"万户"。

和赡养。如西晋末年(311年)的"衣冠南渡",唐代玄宗末年(755年)的"安史之乱",以及北宋靖康年间(1126—1127年)的"靖康之耻",全有赖于江南的绿水青山。江南的绿水青山是中华文明的"避难所"、大后方,中华文明5 000多年来连续不断是因为有江南的绿水青山。据谭其骧先生统计,从两汉到西晋年间,迁移到长江中下游江南地区的移民就有约30万户(见图2-4)。而江南,"它却卑处一隅,像一位绝不炫耀、毫无所求的乡间母亲,只知贡献"。

图2-4 西晋永嘉之乱后人口南迁图

资料来源:谭其骧,《长水集》

"九重天,二十年,龙楼凤阁都曾见。绿水青山任自然,旧时王谢堂前燕,再不复海棠庭院。"(元代马致远《拨不断·九重天》)为使绿水青山不变色,当今苏南的环保从末端治理已开始走向源头控制,自新世纪以来,吴地人为求一汪清泉,上下而求索,从空间结构、产业结构、发展方式等多个方面大力绿色投资,已显现生态文明和经济转型的发展。在第二产业加大生态工业投入,大力发展生态产业园;在第三产业加大节能环保投入,做好技术服务,誓将"水皆缥碧,千丈见底。游鱼细石,直视无碍"(吴均《与宋元思书》),"向吴亭东千里秋,放歌曾作昔年游。青苔寺里无马迹,绿水桥边多酒

楼。"(杜牧诗),以确保江南美誉——"欲界之仙都"(吴均)。具体举措有二:

一是构筑尊崇自然绿色发展的生态体系,夯实城市发展根基。如苏州于2005年确立了"生态立市、环境优先"的发展战略,以国家生态园林城市创建为载体,全面、深入、持久地推进生态文明建设。经过多年的努力,对照创建所涉及的13类90项指标,目前均达到或超过了国家生态园林城市考评标准。其中,绿化覆盖率、绿地率、人均公园绿地面积"三大指标"分别达到了42.6%、37.7%、14.98平方米,城市生活垃圾无害化处理率、自然湿地保护率等重要指标亦分别达100%、51.4%,均处于国内领先水平。源于太湖蓝藻爆发事件的问责督办,无锡首创"河长制"(一河之长),大小河流由此有了"负责人"——河水治不好,追责找河长。

为攻下"水变清"这个难点,苏州全市上下不遗余力,积极推进各种治水工程,前些年据说保守估算每年都有数十亿元计的资金"砸"进水里。历经坚持不懈的努力,苏州城乡水污染恶化的势头终于得到了遏制。最明显的变化就是"水有点清了",原本经常可见的黑臭河道大部分消失了。其中,最典型的要数古城区的河道,通过控、截、引等多种办法综合治理,让市民与游客牵记的小桥流水更加可亲了,其水不仅有点清有鱼了,还呈"井"字型自流动起来变为活水了,实现了江苏省生态文明建设工程年度考核"四连冠",成为全国首个国家生态城市群。2016年暮春,又出台了重磅的"水十条"(《苏州市水污染防治工作方案》),从"集中治污"到"全面治水",使水环境、水生态、水安全在现有基础上再上一个台阶,以此不负"鱼米之乡"的金字招牌。

二是节水从孩子抓起,修复土壤污染用法律制度保障。具有远见的上海,积极开展节水型学校创建工作。他们认为,节约用水,最重要的参与主体还是广大居民,而居民整体节水意识的提升,重点是要从孩子抓起,"教育一个学生,带动一个家庭,影响整个社会",这一举措产生了"蝴蝶效应"。2015年,上海居民人均生活用水量已减少到每人每日112升,比2010年下降4.3%。为保护上海水源的清洁安全,2003年上海制定了《上海市环境保护和建设"三年行动计划"》,在黄浦江主干河流、苏州河上游两侧的青浦、松江、金山、闵行、奉贤等5个区18个乡镇82个行政村,采用以房养林,以旅游养林的方式,进行综合开发。而今,已初见成效。比如,地处上海西北角的松江泖港镇是黄浦江在上海境内的源头。经过10多年的奋斗,一大批种树人在此造起了上海最大的生态林——泖港万亩生态涵养林,保护了黄浦江上游的水源(见图2-5)。

如今的泖港"田成片、树成林、路相连、水相通",这片由1.7万亩(1亩≈666.67平方米)涵养林和2.3万亩现代农田滋养着的土地,远离了都市的繁华,独有一番江南水乡的清新和宁静。蓝天下路边沟渠流水清澈,映衬着两边树林,仿佛置身一个巨大的天然氧吧,沁人心脾。

第二章 绿水青山 稻作之源

图2-5 上海泖港万亩生态涵养林（周馨 摄）

除了水源，还有污染的土地。相比看得见的空气污染，我们每天脚踩的大地也许受到的污染更严重。2015年，上海首个污染场地修复工程技术研究中心成立，开展了污染场地修复领域的相关研究，包括制定相关标准、提供技术服务等。最近，又立法出台了《上海市环境保护条例（修订草案）》，建立了土壤污染监控评估机制，并恢复了早在1 400多年前的北魏《齐民要术》中的"欲得良田，不用故墟"的植物轮作这一传统，开始休耕轮种——一片土地，一半耕种，种粮种菜，旁边的土地任其长草，来年轮换。上一年长出的草也不浪费，做有机肥，既减少了化肥使用量，又增加了瓜果蔬菜天赐的香甜原味。显然，起到了一箭双雕的作用。走生态优先、绿色发展之路，长三角地区正加快点源和面源水与土地的污染治理，并在实践中不断创新修复理念，既做好前端防控，又不放松做好后端治理，正从单纯的装备技术研发过渡到绿色原位生物修复，还在实验用"伴矿景天"能源植物，吸附土壤中的铜、镉等重金属元素。

（二）稻作之源

稻谷是世界三大主粮之一，也是人类步入农耕文明的代表。大麦、小麦起源于西亚，影响了后世的欧洲文明；玉米和豆类起源于美洲，成就了美洲印第安文明；稻谷起源于中国长江流域，塑造了中华文明。今天，稻谷种植区几乎遍及整个地球，全世界有一半以上的人以此为主食。早在丝绸之路形成以前，稻米就将中国与亚洲乃至世界紧密联系在一起，在过去的几千年里，它令这些国家关系紧密相连、人民生活息息相关，形成了一个"稻米文化圈"。

中国是世界上最大的产稻国，现有水稻种植面积4亿多亩。"很早，大致开始于亚洲，水稻分别从不同地方与不同方向传播，至今遍及除了南极洲

以外的各大陆""在中国,众多的考古证据表明长江和淮河中游是两个最早种植栽培稻的地方,已发现了至少8 000年前的稻谷和农具。"①悠久的稻作历史伴随着中华民族几千年的农耕文明史,中国水稻的资源、传播和稻作技术曾经直接影响了全球的文明进步。

　　文化不是发明或一个遗址的社会经济的"革命"性历史事件,更不是一城一地一时之专利,它是环境、社会经济和文化生态等等演变的一个漫长的过程。《周礼·职方氏》中就有这样的叙述:"东南曰扬州,其谷宜稻""正南曰荆州,其谷宜稻"。史实证明:自20世纪80年代以来,在江西万年仙人洞—吊桶环遗址、湖南道县玉蟾岩遗址、浙江浦江上山遗址等考古中发现了1万年前的人工栽培稻遗存,有力印证了江南是世界水稻的发源地。

　　究其因:变化是地球气候一个永恒的特性。冰河时期是一个低气温的阶段,而过去的1万年,是从生命起源至今地球经历时间最长的持续温暖时期,这个阶段几乎与农业的发展,特别是水稻植物的萌发生长相一致。

　　上章已述,吴越之地系由"古扬子海"演变为"扬子古陆",而"古扬州""宜稻"的记载早已著称于世。但过去很长一段时间有些学者认为江南之地:"这里的土质,也不理想。《尚书·禹贡》中说:'厥土惟涂泥,厥田惟下下。'评价很低,并不像我们今天所说的'土地肥沃'等赞美的词句……在古代,这里是一块'荒蛮之地',并不认为是适合人类生存的地方。"看来,有些专家学者可能没有种过或研究过水田,所以就不太懂得什么样的土壤更适合于水稻生长。孔子、司马迁在上古史中记载的古扬州之地"涂泥""下下"等等史料,从古地质学分析来看基本是正确的。但由于受历史条件的限制,他们可能也未种过水稻,只见过古"九州"之一的"冀州"(即今陕西、山西、河北等黄河一带)旱谷的种植,因为那里松散的黄泥土更适合使用石器、木器的先民耕作,才作出"(冀州)厥土惟白壤,厥赋惟上上错,厥田惟中中"的结论。

　　"涂泥"的"涂"乃湿润之意,亦有"污"的意思,"涂泥"即湿润的泥(污)土;"涂田",按《王祯农书》中的解释,是指海(江)滨涨沙经改良开垦的田。所谓"改良",是指潮水夹带着泥沙,淀积于海(江)滨,落淤到一定高程后,筑堤围垦。这样的土质"卑隰",有一种特殊的地理现象,就是"潜""沱"。《尚书·禹贡》中荆州、扬(梁)州都有"沱、潜既导"的记载。关于这二字,历代学者有多种解释。《召南·江有汜》中提到"江有汜""江有沱"。所谓"沱",就是江水潨漫,或汇为湖,或别为支流的现象。所谓"潜",就是山泉涌流所汇成的水面,水潜出后伏流为汜。② 这不就是我们种植水稻梦寐以求之地吗?

---

① J. L. Maclean等编著,杨仁崔、汤圣祥等译,《水稻知识大全》,福建科学技术出版社,2003年,第1页。

② 辛树帜,《禹贡新解》,农业出版社,1964年,第157-162页。

由于历史上长江上游带来的大量泥沙,加上钱塘江北岸的部分沉积,使吴地的中心地区太湖流域形成水网交错、土壤肥沃的冲积型平原,整个地区地势平坦,以平原和丘陵为主,东面临海,江湖密布,这种地理环境为稻谷生长提供了十分优越的条件。而且,当时太湖流域的气候条件也给稻作农业带来了良好的影响。竺可桢在《中国近五千年来气候变迁的初步研究》一文中认为,远古时长江下游及杭州湾地区的气温要比现在高2℃,也就是说,远古长江流域的气温接近现在珠江流域。考古资料也印证了这一推论的正确。据考古人员对7 000年前杭州湾南岸河姆渡出土的植物遗存中的孢粉分析,当时这里曾"生长着茂密的亚热带常绿阔叶林,主要树种有樟树、枫香、栎、栲、青冈、山毛榉等,林下地被层发育较好,蕨类植物繁盛,有石松、卷柏、水龙骨、瓶尔小草,树上有缠绕着狭叶的海金沙"。海金沙现在只分布于广东、台湾地区以及马来西亚群岛、泰国、印度、缅甸等地,说明当时河姆渡一带的气候比现在更温暖。从太湖流域新石器时代遗存出土的稻谷品种来看,当时只有籼稻、粳稻和过渡型稻3个稻谷品种,经过吴越先民不断改良,到明清时,吴越地区的稻种竟达1 000多种(可能有同一品种在不同地区的名称不同而有重复)。稻谷种类的增多,从主食上也极大地丰富了吴越的饮食文化。

上述的考证,说明古吴越之地非常适合人类生存,且先吴人早就学会利用这种独特的自然现象修筑陂湖塘堰用以灌溉稻田。

1. 例证

考古界曾经做过一件非常有意思的工作,将我国考古工作中有炭化稻谷出土并已明确是稻作遗迹的地点按年代分别标志在地图上,结果此图提供了一个一目了然的事实——目前已知的年代最古老的稻作遗址基本上都分布在长江中下游一带,而太湖流域尤为集中。

据考古发掘,仅江苏省境内的先吴地区业已发现5 000年以前的稻作遗址就有20多处(见下表2-1列出的部分)。

表2-1　　江苏省境内已发现的部分5 000年以前的稻作遗址

遗 址 名	地 址	距今年代	稻作证据
顺山集和韩井遗址	泗洪县梅花镇大新庄	8 000多年	炭化稻颗粒
东山村遗址	张家港南沙镇	6 000～8 000年	水稻蛋白石
龙虬庄遗址	高邮龙虬镇北首	6 300～7 000年	炭化米、水稻蛋白石
圩墩遗址	常州圩墩	5 500～7 000年	炭化米
薛城遗址	高淳薛城乡	6 000～6 500年	水稻蛋白石
三星村遗址	金坛三星村	5 500～6 500年	炭化米
草鞋山遗址	苏州唯亭镇	5 900～6 200年	古稻田、炭化米

(续表)

遗址名	地址	距今年代	稻作证据
广福村遗址	吴江桃源镇	6 000 年	水稻蛋白石
青墩遗址	海安青墩	5 695±110 年	炭化米与谷壳
少卿山遗址	昆山千灯镇	5 500 年	水稻蛋白石
龙南遗址	吴江梅堰龙南村	5 235±92 年	稻谷印痕、水稻蛋白石
绰墩山遗址	昆山巴城镇	6 250 年	水稻蛋白石

顺山集遗址系"2012 全国十大考古新发现",位于泗洪县梅花镇大新庄西南约 500 米处。1962 年首次发现。2010 年开始,江苏考古研究所进行发掘,发现一处 8 000 年前的大型环壕聚落,先民们依水而居,人们住的是地面式或者浅地穴式的圆形房子,他们生火做饭,已用上考古学家发现迄今为止最早的陶灶,这是当之无愧的"中华第一灶"。在韩井遗址,发现一处 8 000 年前的水稻田遗迹,面积不足 100 平方米,被分割成不同形状的块块,每块面积不足 10 平方米。还发现了人工开挖的水坑、水沟和水口,这些似乎是特意挖出来的,先民们用来引水灌溉(见图 2-6)。对水稻田的土壤进行分析表明,这里曾经反复生长过水稻,有炭化稻颗粒,经北京大学考古文博学院系统测年认为,距今 8 000 多年。而在动物饲养上,发现了狗的遗骸,并开始养猪。①

图 2-6 韩井遗址发现的古稻田
(江苏省考古研究所供图)

可见,长江三角洲地区是世界上最早种植水稻的地区。最近,美国斯坦

---

① 胡玉梅,《宿迁泗洪发现了 8 000 多年前古稻田 "中华第一灶"被发现》,《现代快报》,2016 年 5 月 6 日。

福大学人类学家理查德·克莱恩博士在肯定人类从未停止进化时说:"三类人种中特定基因的变化很难与考古学中所记录的大事件联系起来,但是东亚和欧洲人种的变化时间和性质都与农业的发展相吻合。六七千年以前,中国境内开始普及种植水稻,而后水稻种植由近东传入欧洲。"

嘉兴罗家角遗址位于石门镇之东北,北濒大运河,南依罗家角村,东西长约400米,南北宽约300米,冈地高约5米,总面积约120 000平方米。2006年4月,笔者向当地的老农了解得知,20世纪60年代"大跃进"以前这里都是一些相连的冈身,自1956年搞农田基本建设,当地农民在大灰沙圩水田中挖出大批兽骨和陶片,被列为省级文物保护单位,后经省政府批准,考古人员于1979年至1980年对遗址进行了发掘,发现这里在7 000多年前已种植水稻(见图2-7),载入了《中国大百科全书·考古卷》。

考古发掘证明,稻作农业是吴文化的奠基石。早在4 000多年前吴地已广泛使用石犁,进入犁耕稻作,这是农业技术的一次革命,是农业技术的里程碑,极大地提高了农业生产率。良渚文化遗址出土的三角形犁形器,即石犁,其前锋有尖角,两腰微微弧出,中心带孔,可固定在犁床架上连续翻土,扩大了耕地面积,与以往的农具相比在效能上有了明显进步。除石犁外,良渚人还发明了破土器、耘田器以及收割用的石镰等分工较细的农具;还采用斜把破土器、石犁开垦土地,撒上种子,然后用石耘田器除草,稻谷成熟后,再用石镰收割。据1975年至1980年苏州出土的吴国青铜器统计,农作工具占了60%。其中城东北发现的铜器窖藏中,有锛12件、锄5件、斧6件、镰6件、犁形器1件,另有剑2支、鼎2件,农作工具占了90%(《苏州文物资料选编》)。所以,吴军屡次远征,军粮供应从不匮乏。越国缺粮时,吴国能一下子借出"粟万石"(笔者认为这里的"粟"实为"稻",此乃史学家承袭秦汉以前皆称"禾"为粟的说法,后世才以稻为禾)。在越兵围困吴都时,吴军坚守了两年多,可见其存粮的充足。农业技术的发展为手工业的发展奠定了基础,少数良渚人得以从农业耕作中分离出来,从事诸如制陶、纺织及玉器等手工业,尤其是玉器手工制作在良渚时期达到了顶峰。

1973年春天,南京博物院及吴县文管会的几位专家来到草鞋山遗址。在遗址的第10层,工作人员小心翼翼地拨开积压了6 000年的封冻泥土,从泥土中发现了两块黑色的炭状遗存,经验告诉他们:这是稻谷,炭化稻谷!后经江苏省农业科学院鉴定确是6 000多年前的稻谷,有籼稻也有粳稻,这也是我国发现最早的人工栽培水稻之一。

过去一直说长江下游是个蛮荒之地,洪水泛滥,猛兽出没,难觅文明的踪迹。一直说世界稻作起源于印度,或中国的云贵高原。而如今,上山、罗家角、草鞋山等遗址发现的稻谷,以及同时出土的石铲、石斧、石锛、石凿等生产工具,最有说服力地证明了至少早在六七千年前的新石器时代,太湖流域的先民们就在这片肥沃的土地上顽强地生存、勤劳地开拓,以他们特有的细腻和智慧,从烧烤的猎物中发现了野生稻谷的喷香和可口。于是,他们开始培育和种植水稻,创造了灿烂的稻作文化,比印度至少早了2 000多年。从此,先吴人就有了粮食的概念,有了土地的概念,有了家园的概念,有了男耕女织的概念,较早地告别了野蛮时代,向着文明的门槛跨越!

从1992年冬季开始,中国和日本联合在草鞋山遗址进行了首次水田考古学研究,将考古学、地理学、土壤学等多种学科方法有机结合起来,力图恢复古稻田的原貌。值得一提的是,日本的稻作文化是2 500多年前从吴国传播过去的,因此日本专家对吴地稻作文化的研究有着非凡的兴趣。通过近4年的水田考古学研究,初步复原了古稻田的耕作规模、经营方式和生产力水平,为我们大体勾勒了一幅古稻田耕作图(见图2-8)。

图2-7　7 000多年前罗家角炭化稻谷图
资料来源:《马家浜文化》,第72页

图2-8　6 000年前草鞋山古稻田复原图

新石器时代,太湖水面远不及现在那么大,按《禹贡》书中附图分析,太湖很可能是长江的分支——南江。太湖流域除了星罗棋布的湖泊、沼泽地外,尚有大面积的原始森林覆盖。生活在这里的先民大多居住在濒临湖泊或沼泽地的土墩或山的阳面上。当温暖的阳光融化了低湿的田畦上最后一片残雪,先民们便用磨得光亮的石铲和石斧开垦湿地。每一铲、每一斧,都要付出巨大的艰辛。他们先在湿地四周开挖沟渠,再在附近开掘水坑,小的不足3平方米,大的约9平方米,用来蓄水,使之与沟渠相连。然后点燃一把火,把湿地上的杂草烧尽,这叫"火耕";对特别低的湿地,则索性灌满了水,把杂草淹死,这叫"水耨"。经过"火耕水耨"后的田地就可以播种稻谷了,以后也不进行中耕,只待秋天收获了。当然,这是远古最原始的耕作方式,稻谷的产量自然不会高,但这是发生在6 000年之前的,一场被生物学界称之为"新石器时代的绿色革命",人们至今仍惊叹不已。

2004年3月16日,中科院南京土壤研究所、苏州博物馆、昆山文物管理所等单位的专家组对巴城境内的绰墩山考古发掘,发现了马家浜时期的稻田遗址,其中一个地块内呈现7块水稻田。这几块稻田中间有3个小蓄水坑,稻田北侧是一条排水河。随着进一步发掘,又发现了好几块比较整齐、面积也较大的稻田,总数超过50块。借助科学手段,表明绰墩山的古水稻田和水稻土距今已有6 520年左右的历史,保存有当时稻田的田埂、进出水口、灌溉渠道、蓄水塘和人工建造的水井及灌溉用的陶罐,是迄今发现的有完整灌溉系统的世界上最古老的灌溉稻田之一。6 500年前,在东海海面的一次波动下降过程中,海水东退,先吴人从地势较高的马鞍山南麓(玉峰遗址)逐渐向绰墩山等靠近湖泊的地区转移,开始了定居生活。在漫长的岁月中,逐步进入了以稻作农业为主、渔猎采集为辅的阶段。中科院南京土壤研究所、北京大学等科研单位的检测结果表明,在这些田块中种植的水稻品种大部分是粳稻,为稻作文化的传播提供了第一手宝贵资料,为研究古代农耕、动植物种群变化与重建古气候、古生态环境提供了不可多得的实例。

2. 缘故

长江三角洲为什么会成为世界上最早、最典型的种植水稻的地区?历史学家喜欢从人的角度出发,用人为因素解释人的行为,环境经济学家则以环境与人的关系来解释稻作之源。

究其缘故,有四:

一是雨量充沛,气候湿润。中国农业科学院农业遗产研究室郭文韬在《试论中国稻作的起源》一文中指出:"古气象学的研究揭示,新石器时代长江中下游的气候较现在温暖潮湿,其温度约高3~4℃,降雨量多800毫米,大致接近现在广东、广西的亚热带气候,适于野生稻的生长。太湖地区有数十处遗址发掘出大量亚洲象、犀牛等骨骸和化石,其年代距今已有六七千年。由此可见,在7 000年前,长江流域一带及太湖流域(即北纬30°~32°)等广阔的平原、沼泽、河谷、丘陵地区都曾经有栽培稻的始祖——普通野生稻的分布。因而这些地区从普通野生稻的角度来说,都具有演化为栽培稻的可能。""桐乡县罗家角村,位于北纬30°37′,东经120°28′。该遗址出土的农业生产工具为骨耜,出土的稻谷为籼粳混合稻谷,籼稻占64%~76%,粳稻占36%~24%。据中国社会科学院考古研究所放射性碳-14测定,并经树木年轮校正,距今6 905±155年;北京大学考古系实验室测定为距今7 040±150年;上海博物馆实验室测定距今7 170±10年。""长江中下游地区有普通野生稻的广泛分布,是中国稻作起源的适宜地区。有鉴于此,我们倾向把长江中下游地区视为稻作起源的整体"。

据《苏州市志》有关古气候记载,从新石器至春秋时期太湖流域一带为温暖期,春夏之际气温约为18~40℃。这里是片溪水潺潺的沃土,泉水从各地与山坡上涌出,到处是茂密的森林,碧绿的草地,宜人的环境,非常适合水稻的生长。低湿地加上雨、热同季,促成了水稻的稳产、高产。到了唐代,江

南的粮食源源不断地输往北方,大运河来不及输送时还动用海运,杜甫诗云:"云帆转辽海,粳稻来东吴。"

二是阳光充足,土地肥沃。江南地区日照时间及无霜期较长,草木植被好,水草丰美,茂密葳蕤,生机勃勃。不论水源、水质、地下水皆比北方好,加之水的特征是向下缓流的,看起来很随和,但是正因为它的随和,它才极其有力量,你抵抗它,就会自食恶果。太湖流域地势南北高、中间低,并自西向东倾斜,平原高程一般在海拔3~5米以下,尤以苏南吴江、昆山以及浙江嘉兴一带最低,仅2~3米,吴淞江一带地面还呈下陷趋势,形成了特殊的四周高中间低的浅碟形洼地环境。如果不注意水的疏导,一旦遇到洪水或海侵就会变为灾难。大禹治水(正处暖冬期)后,先吴人有了水利工程意识,加强了水利建设,高地陂塘如星,低地河浦成网,抗御水旱的能力增强,稻作的生产水平迅速提高。从哲学基础看,老子讲"人法地,地法天,天法道,道法自然";庄子讲"天地于我并生,万物与我为一";荀子在《天论》中写道:"天行有常,不为尧存,不为桀亡"……这里的"法"是效法、相似的意思,自然界的规律是客观存在的,在天、地、人之间是相通相和的。可见,先吴之地之所以成为稻作之源,这是先吴人与环境互动的结果。至于土质,江南系肥沃的"涂泥",而北方则为黄土沙泥。南京地质与古生物所许汉奎研究员指出,2003年有位市民在南京雨花台地铁工地上发现了一块古象牙化石,古生物所对化石进行鉴定,该化石是生活在距今10万年至30万年前的一头纳玛象的第三颗臼齿。这块化石是在黄土层中被发现的,而这些黄土,可能就是我们现在常说的北方沙尘暴的"骚扰"。

三是不忧冻饿,富裕采集。从目前的史料和考古证据来看,先吴古国的主要经济形态还是狩猎采集,栽培的稻子在先吴人食谱中所占比例不高,而且很可能主要不是用来果腹。为什么当时不愁吃穿的先吴人要栽培劳力支出大、产量低的稻子呢?加拿大考古学家海登认为,农业可能起源于资源丰富且供应较为可靠的地区,这些地区的社会结构会因经济富裕而相对比较复杂,于是一些首领人物能够利用劳力的控制来驯养主要用于宴享的物种,这些物种因为劳力投入比较高,或是一种美食,或可供酿酒,所以它们只有在复杂化程度比较高的社会中产生。海登还认为,在农业开始的初期,栽培与驯化的动植物因其数量有限与产量不稳定,在当时人类的食谱中不可能占很大的比重,也有一些驯化物种是与充饥无关的非主食品种,它们只是在食物资源比较充裕的条件下,为了增添美食种类,以便使那些首领人物利用宴享来控制劳力、忠诚和资源。① 根据海登的解释,先吴古国早期谷物的栽

---

① Hayden B. Models of Domestication. In: Gebauer A. B. et al. eds. Transition to Agriculture in Prehistory. Monographs in World Archaeology, No. 4. Madson: Rehistory Press, 1992:11-19.

培有可能是用来酿酒祭祀的。事实证明，黄酒发源于中国，是中国最古老的酒种，也是世界三大古酒之一，其历史与啤酒、葡萄酒同样悠久，这可以追溯到河姆渡文化，追溯到大禹担心饮酒误事，从而疏远了那个善酿的部下。越王勾践在劳师泽投醪壮行，从而留下杯酒兴国的记载。现今的绍兴老酒、丹阳封缸酒及句容的米酒等都有其悠久的历史。哈佛大学教授张光直先生曾称河姆渡遗址是"富裕的食物采集文化"。美国学者索尔先生也曾指出："农业并不起源于食物的长期匮乏，在饥荒的阴影之下生活的人们没有办法也没有时间来从事那种漫长而悠闲的试验……只有在饥馑的水平线上有相当大的余地来生活的人们才能达到的。"吴越先人最初可能正是在长期的采集活动中，熟悉并掌握了一些植物的生长规律，尝试着将它栽培，稻作农业也正是在这样的情况下产生的。

四是人员增多，资源短缺。自 20 世纪 60 年代开始，国际学界认识到，农业起源不是一项发明或一个历史事件，而是一个漫长的过程，于是研究的范例开始从寻找最早驯化的植物种子，转向探讨狩猎采集经济为何向粮食生产转变的原因和动力机制。伴随这一范例的转变，出现了人口压力理论，这一理论最早由美国考古学家博赛洛普提出，他认为农业起源是对人口增长的反应，是在人口压力下强化劳力投入的结果。① 美国学者雷丁指出，当一个地区人口、资源失衡时，一般向外移民是代价最小的选择。当人口接近土地载能而向外移民十分困难时，会迫使人们利用以前不利用的资源，这种转变会促使形成多样化的觅食方式和种类多样的食谱，并且必须发明和应用各种新技术来开发和储藏资源以应付粮食短缺的压力。农业就是在这种条件下发展起来的。他认为，如果没有人口压力和资源短缺，驯养动植物的行为被认为完全是浪费时间和白费精力。②

大禹治水后，"三江既入，震泽底定"，中原地区因连年战争，人员不断南下，江南人口激增，形成"人口压力"。庄子云："神农之世，耕而食，织而衣，无相害之心，是谓同德。"恩格斯认为这种单纯质朴的氏族制度是一种多么美妙的主义（原始共产主义）。这些都从侧面说明：在当时，刀耕火种的生产力水平形成了一种单纯质朴的氏族制度，而这种制度反过来又推进了农业科学技术的发展。

在良渚文化时期长江下游的农业生产达到了一个高峰，稻作生产成为社会经济的支柱。这一发展显然是受社会复杂化的推动，可能并不是人们自发或乐意从事的结果。一旦施加在粮食生产上的社会压力消失，只要自

---

① Boserup, E. The Conditions of Agricultural Growth. Chicago: Aldine. 1965.

② Redding, R. W. A General Explanation of Subsistence Change: From Hunter-gathering to Food Production. Journal of Anthropological Archaeology, 1988(7): 56-97.

然条件许可，人们又会退回到相对悠闲的狩猎采集经济。农业生产最终成为社会经济的主要命脉可能就是在人口增长、野生资源减少和社会发展不可逆转的复杂进程中由多种因素共同作用的结果。我们从新石器时代各时期遗址中出土的野生动物来看，自早至晚显示出种类和数量的持续递减。虽然稻作生产在马桥文化时期出现暂时的倒退，但是随着人口增长和社会演进的长期趋势，农业便不可逆转地最终成为人类经济的主要形态。先吴人除种植水稻外，还养猪、养鸡，种植芝麻、甜瓜、两角菱、毛桃等，与同时期的其他中原文化相比，农业物产更加丰富，种类更多，食品更多样化（见图2-9）。

(a) 河姆渡遗址出土的猪纹陶钵
资料来源：河姆渡遗址博物馆

(b) 2005年在句容天王、常州金坛薛埠一带土墩墓中发掘出的这罐蛋已存放了3 000多年

图2-9　先吴时期农业物产

余姚河姆渡遗址出土的家猪骨骼和陶猪模型，证明早在公元前5 000年的新石器时代吴越地区已饲养家猪，尤其是凌家滩遗址出土的5 500年前的重达170斤的大"玉猪"，其考古和艺术价值均不可估量。吴地人在长期实践中培育的猪种向来以早熟、易肥、耐粗饲和肉质好、繁殖力强著称于世。正是野生动物的驯化，开始了初始性的科技与人文的互动。

宋代田园诗人范成大的《四时田园杂兴》组诗，栩栩如生地描绘了吴地农人的生产与生活。萌芽于万年前的稻作文化，不仅是博大精深的吴文化产生的重要基础，也是其成长的骨架，形成了独具特色的民间生活习俗。《史记》载：古吴人"饭稻羹鱼"，即以米饭和河海鱼类为主要食物。吴军出征时吃的主食是米饭，副食（菜）是吴地特产——咸鱼干和"吴酸"（酸菜）。《楚辞·大招》中亦说："吴酸蒿蒌，不沾薄只。"意思是用香蒿做成的吴式酸菜，不浓不淡，酸度适中，味道正好。

二、土生土长　独有习俗

习俗，即习惯和风俗。它既是千万年来人们在社会生活中约定俗成的一种文化现象,又是一种伟大而神秘的力量。理论很丰满,现实很骨感,一如先吴古国悠久的历史展开着长长的画卷,绚丽多彩。它是土生土长的,世代积累、长久稳定的,往往是超越历史阶段而存在的一个地方社会生活的缩影和历史的折射,带有很强的个性,不可强而得之。一方水土滋育一方风土人情,很多古老的习俗一直延续至今,与现代生活相融合而不失其历史光泽,其道理就在这里。吴地先民的习俗,并不是深埋于岩层之下的化石。相反,在现实生活中几乎随处可以发现它们的遗存,总是与人民生活形影相随,结伴而行。文化最后的根子就扎在风俗习惯里面,融在风俗习惯里面。当然,习俗文化里面也有糟粕,但更多的是精华。后代的人们对于前代的习俗,也总是怀有兴趣,感到亲切和易于理解。正因如此,习俗文化也就以其最具个性化、最具平民性的特色而显示出强大的生命力。

(一)断发文身 椎髻为俗

古文献中,如《史记》卷三十一、《左传·定公十一年》《吴越春秋》卷一、《淮南子·齐俗训》《说苑·奉使》《韩非子·说林上》等均说到"断发文身"。"断发文身"是吴越民族最典型、最奇特的习俗。

"昔者舜舞有苗,禹祖裸国,非以养欲而乐志也"。① 意思是:传说以前舜反对用武力征服三苗,经过三年德化,后来又拿着兵器跳舞,三苗终于归服;而夏禹在炎热季节则脱光衣服,生活在裸体的先吴古国,而非常快乐。

公元前484年,齐国与吴、鲁联军作战,齐将公孙挥命令他的部下说:"人寻约,吴发短。"原来齐的敌方是鲁、吴,鲁人留长发,首级可以用头发纽结在一起,而吴人头发短,只好特别为他们准备好绳子,用来连系首级。此时已是春秋晚期,而吴人仍是"断发"习俗。

所谓"断发",就是剪断头发;所谓"文身",就是在身上刺上花纹图案。中原华夏族认为身体发肤受之父母,不得随意毁伤,也不能加以改变,皮肤与头发一定要保持天然状态,这是对父母最起码的"孝"道,否则就是不孝。头发一长,便束起来,戴上帽子,这种礼节叫做"冠礼"。古吴越人为什么习惯于"断发文身,裸以为饰"? 这是源于远古氏族时代的图腾崇拜,如《淮南子》高诱注云:"越人以箴刺皮为龙文,所以为尊荣也。"因为吴越之地濒临大海,且江河湖泊甚多,居民"常在水中,故断其发,文其身,以像龙子,故不见伤害也",所以他们便将头发剪短,在头面身体各部位刺纹涂彩,以便恐吓"蛟龙",取得一种心理上的安慰。这里要指出的是有没有"龙"?"龙"是什么样的动物? 郭沫若说:"龙是华夏民族的图腾。"(《关于晚周帛画的考察》)

---

① (西汉)司马迁,《史记》,甘肃民族出版社,1997年,第506页。

上篇 根 基

笔者认为"龙"是有的,这个"龙"可能就是现在产于安徽与江苏交界处的扬子鳄。它在中国古籍中被称为"鼍",吴地民间称它为"土龙""猪婆龙",生活于淡水之中。原来它分布较广,栖息于长江中下游河流沿岸湖泊沼泽地、丘陵山涧地的芦苇、竹林及杂灌地带,当时不但分布广,而且数量也比较多。古代常以其皮张鼓,谓之"鼍鼓"。它在江湖和水塘边掘穴而栖,性情凶猛,以各种兽类、鸟类、爬行类、两栖类和甲壳类为食,打雷下雨时它有时还会叫,故有"呼风唤雨"之说,是我国特有的孑遗物种,也是现存最古老的爬行动物——有"活化石"之称。它世世代代生活于我国的长江流域各地,有着比人类更为久远的古老历史,其祖先最早出现于中生代三叠纪,距今已有2亿多年,在爬行动物兴盛的中生代,曾是地球上的"主人"之一。到7 000万年前的新生代,爬行动物恐龙等大多在地球上灭绝,而扬子鳄和其他20多种鳄类一起继续经历了爬行动物的衰败和哺乳动物的兴起,成为地球上的幸存者,长江北岸凌家滩遗址出土的"中华第一龙"——玉龙就是佐证。可见"龙"的存在,进一步增加了先吴人为恐吓"蛟龙"而"断发文身"的可信度。"断发文身"本来是一种适应自然环境的风俗习惯,在北方中原地区视发肤为父母所赐,乃天地精气所凝结的人看来,当然要大惊小怪,看作是"刑余之人"了。

《说苑·奉使》曾记载,越国使臣诸发出使魏国,按照越国的习俗献给魏王一枝梅花作为见面礼,魏王觉得不可思议,说:"难道有将一枝梅花送给国君的吗?"并且派人对诸发说:"大王有命,客人戴帽就以礼相见,否则免谈。"诸发反驳道:"我们越国也是天子所封,处在大海之滨,与蛟龙为伍,所以断发文身,像龙子的形象,以避水神。今日得使魏国,不料魏王却命令我等戴上帽子然后相见。假使他日贵国出使敝国,我国君王也下令说:'使者必须断发文身然后相见。'贵国觉得如何?"(《汉书·地理志》应劭注)魏王无以对答,即刻相见。以此维护了国家习俗的尊严。

战国时期,赵国的武灵王为改胡服的事情与臣下曾议论说:"夫服者,所以便用也;礼者,所以便事也。是以圣人观其乡而顺,因其事而制礼,所以利其民而厚其国也。被发文身,错臂左衽,瓯越之民也。黑齿雕题,鳀冠秫缝,大吴之国也。"(《战国策》卷十九)意思是,赵武灵王说:"衣服是为了便于穿用的,礼是为了便于行事的。"圣人观察乡俗而顺俗制宜,根据实际情况制定礼仪,这是为了利民富国。剪掉头发,身上刺花纹,臂膀上绘画,衣襟开在左边(上衣的前襟右压左,纽扣钉在左边),这是瓯越百姓的习俗。染黑牙齿,额上刺花,戴鱼皮帽子,穿粗针大线的衣服,这是大吴国的习俗。

吴越的发式除"断发""鳀冠"之外,还有"椎髻为俗"。史载,吴王寿梦朝周,听周公讲述三代礼乐。当时寿梦说:"孤在夷蛮,徒以椎髻为俗,岂有斯之服哉？"①意思是，我住在少数民族地区，只把扎成一把形状如椎的发髻作为习俗，哪有这种服装呢？不仅吴人"椎髻"，越人也是如此。《史记·秦始皇本纪》就记载南越王赵佗"椎髻箕踞"而见汉使。

汉经学家郑玄（127—200）在注释经书中曰："古代田渔而食，因用其皮先作掩蔽于前面的下体，以后再掩蔽其后面。"这种服装样式，叫做"围"，即围腰。再往后，人们把蔽前与蔽后的两片围腰用骨针连缀缝合起来，即为裳，也就是后世所谓裙。在吴地，妇女常穿的筒裙，就是保留了古代"裳"的遗风。就是在20世纪50年代，江苏句容的成年男子在夏天大多亦不穿衣服，腰间也只围一条围腰，名曰"围巾"。

先吴人服饰虽有定式，却又不失机变。以发式为例，先吴人不仅剪发，而且善梳理，显示出一种引领服饰变化的悟性。据镇江丹徒北山顶春秋时吴国大墓出土的鸠杖上跪坐铜人观察，可知所谓"吴发短"，乃是指发式将额顶及两鬓头发剪短，并非为一律氅成短冲式，其余当维持原状，但经梳理而盘束脑后为椎髻。与此相类似的跪坐铜人，在浙江湖州埭溪、绍兴漓渚也有出土，同是此种发式，实与"吴发短"同俗（见图2-10）。

图2-10 青铜鸠杖镦

注：此铜鸠杖镦为青铜鸠杖中的一段，完整的鸠杖由杖首、杖镦、杖身组成。纵：18.7厘米。此杖镦末端为一跪坐人形，双目平视，双手放置于膝部，属奴隶。青铜杖在春秋、战国时应被视作权力的象征。系吴兴上交，浙江省博物馆收藏

但二者也有不同点，吴人的"椎髻"是脑后两侧各束一个，越人是脑后仅盘一髻。如绍兴漓渚的一具，剪短的额发又对分上冲如双突，脑后一髻横向插有双股发笄。再如绍兴狮子山306号战国墓出土一件三开式四坡攒尖顶铜屋，屋内有裸体跪坐歌乐小铜人六具，其中有两位乳房突起者，似女性，发髻均束头顶；另有四位无乳突者，应是男子，发髻均在脑后。由上述可知，吴越的断发习俗，不是单一式样，不是一成不变，而是同中有异，是剪发、束髻、插笄的有机结合，且束髻部位和个体是有地方性及性别上的区别的。从出土文物可以看出，本地区也有戴冠之习，如江苏六合程桥吴墓发现的针刻纹铜器残片上，人形的冠式为一种山形冠，冠上有三个尖角。绍兴狮子山战国墓内发现一件铜器座，四角垫脚有四个跪坐人形，头戴翘南冠状物，身上还穿带华饰的半袖、胸前开口、衣长及膝的紧身衫，束有腰带。

---

① （汉）赵晔原著，张觉译注，《吴越春秋全译》，贵州人民出版社，1993年，第42页。

这种衣服装束在前举三具人形尊上也能见到,可能是当地的流行款式。1984年在浙江绍兴发掘的越人墓,墓中随葬一铜屋模型,屋内有六个乐俑,有的跪姿击鼓,有的站立吹笙,六俑皆无衣着,裸以为饰,头上发型皆作束发矮椎髻状。①

（二）舟楫为马

古谚云"南船北马"。《淮南子·齐俗训》中亦有"胡人便于马,越人便于舟"的记载。《淮南子·主术训》说:"汤武圣主也,而不能与越人乘舲舟而浮于江湖。""舲舟,小船也。"意思是说,吴越人善于乘驾小船出没江湖风波之中,而汤武不习水舟,虽然圣明,也无可奈何。先吴古国江河湖泊多,古人的交通往来主要靠舟楫,船的产生由来已久,是先吴人最早使用的生产和交通工具之一,也是古吴越民族的图腾之一。

在遥远的古代,先吴人还处于以采集和渔猎为生的时期,他们活动的场所是森林、江河、湖泊。由于没有水上工具,深水的鱼群可望而不可得;河对岸的野兽,可见而不可猎;洪水袭来,来不及逃避就得被淹死。他们在与天斗、与洪水猛兽斗的长期斗争中增长了才干,增添了智慧。《世本》云"古者观落叶因以为舟",《易经》也说"利涉大川,乘木有功",反映了远古时代的筏和舟之类是受落叶、树木等浮水的自然现象启迪而发明的。也许正是因为这种自然现象,才引起人们航行的念头。人骑坐在一根圆木上,就可以顺水漂浮;如果他还握着一块木片,就可以向前划行。如果把那根圆木掏空,人就可以舒适地坐在里面,并能随身携带上自己的物品,这就是吴人创造的最早的船——独木舟。

2002年10月,浙江萧山跨湖桥遗址挖出了距今8 000年的小木船,这是迄今为止世界上出土的最早的水上交通工具,比土耳其出土的距今7 000年的小木船上推了1 000年。该木船现长5.6米,因有缺损,其真实长度难以判断,专家估计超过10米。船身最宽处为53厘米,船体深20厘米,船帮有部分被损坏,因而宽窄不一。在船体凹面内,有多条支撑横木的痕迹,整条独木舟在一段完整的木材上挖凿而成,虽历经8 000年,木材的纹理仍十分清晰。专家认为,当时造船的加工工具应该是石锛,其船身上纵向加工过的痕迹非常明显。此后,在杭州水田畈、吴兴钱山漾和常州圩墩等遗址中均有木船桨出土。可见,吴越民族造船有着悠久的历史传统。

最迟在商代前期,在先吴古国,船已是先人们赖以生存的工具,以船为车、以楫为马,靠它渔猎而食,运输代步。《吴越春秋》中形容吴越之人"以船

---

① 浙江省文物管理委员会等,《绍兴306号战国墓发掘简报》,《文物》,1984年第1期。

为家，以楫为马"。《春秋大事表》卷二三中则说吴人"不能一日而废舟楫之用"。由此可知，舟楫在古吴人中不可替代的重要地位。千娇百媚的江南，船是先吴人的"故乡"，它是流动的家、战时的壕，爱船、恋船、眷念船，犹如马在草原上一样，是不可须臾离开的。以船为重要生活资料的先吴人，在死后，亦有以船为棺或埋入地下，生时不可缺，死后亦不可无。马克思曾论述过随葬品产生的由来及意义，他说：古人往往把"生前认为最珍贵的物品，都与已死的占有者一起埋葬到墓坑中，以便他在幽冥中继续使用"。可见，吴人的舟船文化源远流长。

后来船越造越大，其造船技术有多项堪称世界第一。春秋战国时期的吴国战船是当时最有名的，有"大翼""小翼""突冒""楼船""桥船"等多种类型。《越绝书》曰："伍子胥水战法：大翼一艘，广丈六尺，长十二丈。容战士二十六人，棹五十人，舳舻三人，操长钩矛斧者四吏，仆射长各一人，凡九十一人。"(《太平御览》卷三百一十五)这种战船载有91人，其中50人是划船的，其速度一定相当快。而且已有了水战的理论并用于实战，吴越、吴楚之间许多战役都是在水面上进行的。公元前486年秋，吴王夫差开"邗沟"，以便水军北上，但只能到达淮河，吴人就派徐承带领舟师"自海入齐"(《左传·哀公十二年》)，虽然未获全胜而还，但这支已能远航千里的舟师是中国的第一支海军。至今苏州、无锡尚有船场、船宫一类地名。三国赤壁之战中，吴国水军的大型楼船有5层楼高，可以运载士兵三千人。郑和七下西洋(1405—1433年)，每次航行一般都有260余艘船只，其中大中型宝船60余艘。《明史》上记载了1405年第一次下西洋的庞大阵势："永乐三年六月，命和及其侪王景弘等通使西洋。将士卒二万七千八百余人，多赍金币。造大舶，修四十四丈，广十八丈者六十二。"主要船只排水量超过1 000吨。

许多国内外著名学者通过考察和深入研究，认为早在距今四五千年前，吴越人就开辟了台湾、东南亚等地航线，说明当时南方吴越的先民不仅用船普遍，技术熟练，而且已经有了相当的造船水平。秦始皇二十八年(前219年)，赣榆县(秦代隶属琅琊郡)方士徐福(又名徐市)上书秦始皇入海求神药，获准携带数千童男童女及百工、五谷等，先后在今江苏连云港赣榆、昆山千墩(即千灯)与浙江宁波慈溪等地可能就是用吴越之船浮海东渡的。提到旋转和圆周运动，人们自然会想到曾在昆山(任县令)和南京做过官的祖冲之(429—500)，但很多人并不知道祖冲之还是一个机械专家。《南史》载"冲之稽古有机思""又造千里船，于新亭江试之，日行百余里"。这里所说的"千里船"，很可能就是一种利用人力将船桨的往复运动改变为旋转轮桨的车船。唐代中叶，扬州大明寺戒律师鉴真和尚五次东渡日本均未成功。天宝十二年(753年)，鉴真与弟子法进、义静及工匠等24人，携带大批文物、书籍、法器等，改从张家港杨舍四浦口扬帆起

航,于次年二月四日抵达日本奈良,被圣武太上天皇赐给"传灯大法师"的称号。为指引船只航行,1311年我国历史上最早的"指浅号船",就设置在长江口的西暗沙嘴和甘草沙附近。美国科技史学者坦普尔说:"如果没有从中国引进船尾船、指南针、多重桅杆等改进航海和导航的技术,欧洲绝不会有导致地理大发现的航行。"

随着社会生产的不断发展和生活的日趋丰富,舟楫也从生活、生产扩大到了娱乐、军事等领域。龙舟竞渡习俗在农村扎根基深,它反映了先民的愿望、要求与欢乐。自然经济的生产方式使农耕百姓希望风调雨顺、五谷丰登,赛龙舟的目的是祈求龙神保佑、农业丰收,这一愿望支持了赛龙舟千年盛行不衰。

先吴古国是理想的农耕地带,生活地理环境的自然优越性很容易产生快乐、满足感,产生执着的乡土意识和热爱家园的民族意识,期望生活环境安定,反感战争,决不轻易离开生于斯、养于斯的土地,所以"船望风静,人望国安""帮人帮到底,渡船渡到岸",船的习俗哺育了先吴人宽容、平和的气质。

苏州吴中区光福镇太湖渔村目前乃是我国最大的内陆渔港,这里至今保留着浓郁的船俗文化和渔家文化,原汁原味的古渔船还有近千艘,每到开捕季节,举行开捕祭祀大典,千帆竞发,场面蔚为壮观。据考证,渔民开捕祭祀大典已经沿袭了5 000多年,并已形成一整套船俗。开船敬菩萨,上船绕船头,说话避禁忌(掀锅盖、揭舱板、晒渔筐、晾竹篮等,均不能翻放——忌讳一切与"翻""沉""搁""下"有关的行为和语言,东西打翻只能说"泼出"),睡觉分高低。而且,从造船到开船,不管是平常日还是庙会日,人们都要敬神灵,这自然是把水上风险的避免寄托于冥冥之中的神灵,实质是事神至福。所以,敬神是船民习俗中的首要事情。在开船或者途中遇到险滩风险时,要在船头撒米,并且一路行船,一路唱歌:

　　　　肥的来、瘦的走,
　　　　鲶、鲤、鲫、鳜样样有,
　　　　大鱼小鱼快上手。
　　　　嫩的来、老的走,
　　　　虾、鲚、鲅、鳅样样有,
　　　　肥鱼嫩鱼快上手。
　　　　冰儿化、鱼儿游,
　　　　银、鲤、鲭、鳙齐出头,
　　　　大鱼小鱼进网口。

舟楫习俗,使江南分外妖娆。《太湖歌》道:

山青水明幽静静,湖心飘来风一阵呀!行呀行呀,进呀进!
黄昏时候人行少,半空月影水面摇呀!行呀行呀,进呀进!
水草茫茫爬过来,飘来芦花阵阵香呀!行呀行呀,进呀进!
水色山光迎夕阳,湖面点点是帆影呀!行呀行呀,进呀进!

(三) 土墩墓葬

入土为安是中国人的传统。一般来说,人们都将"坟墓"二字连称,其实这两个字的本来意义是有区别的。"墓"是指地下墓坑,"坟"则指地上鼓起的坟包。我国北方早期是没有坟的,《礼记·檀弓篇》中说"古者墓而不坟";《周易·系辞下》还提到上古的墓葬"不封不树",即葬地不起坟,也不种树以设标志。可见,土墩墓——坟堆,很可能起源在南方。

被评为2005年度全国十大考古新发现的江苏句容金坛土墩墓墓群,标志着土墩墓是江南地区青铜时代独具特色的墓葬形式,是江南地区分布最广、保存最好、最为典型、最具土著文化特色的文化遗存,主要分布在长江以南的苏南、皖南、浙江地区(近年来江西、福建北部地区也有一些发现)(见图2-11)。

土墩墓延续时间很长,自1974年句容第一次开始正式发掘并命名以来,在中国青铜时代考古当中占据了一个重要地位,是中华文明走向多样一体进程的重要历史记忆。它的文化积淀极其厚重,是江南地区,尤其是苏南、皖南和浙北这一相互连接地区历史与文化的一座金矿,专家形象地称之为中国的"土筑金字塔",也是世界最早的金字塔。初步探查,在句容周边约有5 000多座土墩墓,年代大约是西周中期到战国前期,距今有2 700年至3 000多年历史。为此,句容市在茅山风景区内,建立了全国唯一的"江南土墩墓博物馆"。

赵陵山遗址位于昆山张浦镇赵陵村,是太湖流域典型的土墩遗址,面积约1万平方米,文化堆积厚9米,是吴地保存最完整的长达5 800年的古文化遗址之一(见图2-12)。

1990年、1991年、1995年秋,由南京博物院、苏州博物馆和昆山文管会三家联合进行了三次发掘。考古确定高土台的上层是春秋战国至宋代的文化遗存,中层是良渚文化层,下层为崧泽文化堆积。共清理出以良渚文化为主的墓葬94座,出土文物600多件。其中玉器206件,有琮、环、璧、串饰、冠形饰、锥形器等,皆以软玉精雕细琢而成;石器136件,有斧、钺、锛等,制作精细;陶器270件,有鼎、豆、壶、罐、钵、盆、杯等,造型丰富,有的饰以精美刻

上篇 根 基

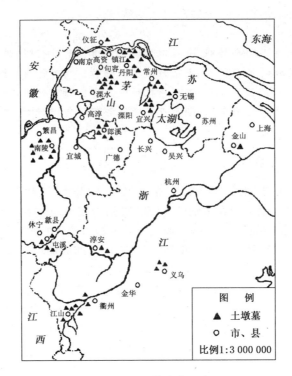

图2-11 土墩墓分布示意图

画图案,有的施以彩绘,体现了史前吴人的审美追求。另外还有象牙镯、水晶口含、玛瑙饰件,均是研究当时工艺状况的宝贵资料。

更为重要的是,该遗址85座良渚文化墓葬均与高土台有着紧密的联系。第一种是在高土台的西北处,竟然发现了由19具人体骨骼组成的丛葬墓。它们呈三排埋葬,均无葬具,人体头向不一,无随葬品。有被砍去下肢的,有双腿呈捆绑状的,有身首异处的,而且以青少年为主。从丛葬群东南面留下的一层三角形的黑色灰面判断,这19具被"杀殉"的生命是举行原始宗教祭祀仪式留下的祭祀品,祭坛近3 000平方米。第二种是在西南处发现了9座中型墓群。男性墓内均供有人和牲畜,随葬品有彩绘陶豆、图案复杂的灰陶及贯耳壶等。由此推测,这些墓主属中等贵族。引人注目的是编号为77的大型墓葬,墓内随葬品琳琅满目,大部

图2-12 5 800年前昆山赵陵山土墩墓遗址

分是装饰品与礼器,以精巧的各式陶器和玉石器为主,共 160 件,其中玉器就有 125 件。墓主双臂穿戴象牙镯、玉环、短形玉琮,腰部右侧放置一大石钺,钺孔中央斜置一透雕人鸟兽玉饰件,制作工艺精湛,代表了当时玉器工艺制作的最高水平,堪称稀世瑰宝。石钺、神人、鸟兽分别代表了原始社会的军权、政权和神权,可见墓主生前显赫的身份和崇高的威望,使我们看到了原始氏族社会明显的贫富贵贱之分及阶级雏形;从形式多样的集体杀殉现象中,我们看到了身份等级——阶级出现后矛盾斗争的残酷。它是草鞋山陈州古国的重要部分,为研究长江下游的史前文化和探索中国文明起源有着重要价值。1992 年被评为"全国十大考古新发现"。

在句容、金坛乃至整个江南,这种独有的土墩墓耸立在山峦冈地、平原丛林中,远远看上去,就像是一个个隆起的大土墩(见图 2-13),它们代表着江南特有的土著文化。经初步探察,目前在镇江周边亦有 5 000 多座,不仅内容丰富、分布广泛,而且时代久远。仅 2004 年的"无锡鸿山越国贵族墓地"和 2005 年的"句容金坛土墩墓墓群"两地,不知埋藏了多少

图 2-13　句容朱家巷土墩——传说中的朱元璋祖籍地

"瓶瓶罐罐",两者出土的瓷器、玉器、陶器等文物达到 7 000 多件,其中一级文物的数量就达到 400 多件。

2005 年,江苏省文物局组织南京博物院、南京市博物馆、镇江市博物馆、常州市博物馆、南京大学、南京师范大学以及溧水、溧阳、句容和金坛文管会、博物馆等单位共 80 余名专业人员分别组成 8 支考古队同时对修筑宁常、镇溧高速公路沿线的土墩墓进行规模空前的抢救性考古发掘,发掘工作由南京博物院主持。发掘工作从当年 4 月 11 日开始,9 月中旬结束,历时 150 余天,先后调查发现土墩墓 46 座,其中被宁常、镇溧高速公路建设彻底破坏 6 座,实际发掘土墩 40 座。共清理墓葬 233 座、祭祀器物群(坑)229 个、丧葬建筑 14 座,出土文物 3 800 多件。较以往土墩墓考古发掘,这次发掘发现一墩多墓的现象明显较一墩一墓普遍。埋葬方式主要有四种:

一是一墩一墓。就是一座土墩仅埋葬一座墓葬,在其四周的堆积中放置祭祀器物群或祭祀器物坑。

二是一墩多墓的向心布局。就是一座土墩除在中心埋葬一座相对最早的中心墓葬外,在其四周不同层位的堆积中还埋有更多墓葬,有的达十几座,甚至几十座墓。一墩多墓土墩的墓葬布局方式多样,与中原及周边地区

上篇 根 基

的墓地布局有着显著的差别,具有浓郁的江南土著特色。向心式布局,即在土墩中心墓葬周围的不同层面安葬的多座墓葬头向均朝向中心墓葬。在40座土墩中有14座存在这一布局方式。如东边山D1① 共清理墓葬15座,开口于2、3层面上的14座墓葬均朝向墩子中心的M13。天王寨花头D2共清理墓葬27座,中心墓葬为M22,开口于周围的不同层面上的26座墓葬均朝向中心墓葬。浮山果园D29共清理墓葬45座,开口于不同层位的44座墓葬均朝向中心的M45,其中2层面上分布有14座墓葬,4层面上分布有17座墓葬,5层面上分布有9座墓葬,6层面上分布有5座墓葬,每层所有墓葬都朝向土墩中心的主墓,它是一代代家族墓叠加垒砌而成的,有的长达200多年。

三是形式多样的丧葬建筑。发掘的46座土墩中有9座墩子发现了14座墓上或墓下丧葬建筑。墓上建筑主要指在墩子中心墓葬上的建筑,由基槽、两面坡的棚子、石床等部分组成,有的还有通往墓葬的道路,在棚子上再堆土成丘。如浮山果园D29M45为墩子的中心墓葬,由墓门、基槽、柱子、石床及小路组成,墓葬总长7.2米,其中石床长4.3米、宽2.1米,路长2.8米、宽约1米。从发掘情况推断,M45在墩子基础层面的中心部位挖弧壁、圜底基槽,在基槽内埋剖开的树木片,搭成人字形两面坡的棚子,在东端立柱留门,门两侧用石块垒砌;门外用黑土堆成通往棚内的斜坡道路;棚内垫20厘米厚的土,其上铺设石床。这类棚子建筑与浙江印山越王墓较为类似,这类建筑遗存实际上就是截面呈三角形的两面坡椁室。而时代明显早于后者,级别低于后者,说明印山越王墓的丧葬建筑是有当时社会的丧葬习俗背景的。

墓下建筑——墓地的标识,是建在中心墓葬的下一层、墩子基础层面上的建筑物,同样包括基槽和柱洞,有的仅有基槽,形式多样,有的全封闭,有的半封闭,有的在基槽内垫有石块。这类建筑一般位于墩子中心,建在中心墓葬的正下方的基础层面上,建筑内不见遗物,它与中心墓葬不属同一层位,没有直接关系,但上下基本对应,在建造中心墓葬时已经撤除或毁坏,仅存基槽、柱洞等。如寨花头D5F1、D2M22F1、D1G1和G2,上水D3F1、D4F1等等。寨花头D5F1建在土墩中部的6层面上,由基槽和柱洞组成,基槽南、北、西面环绕形成长条状,东部缺口,基槽内密集分布柱洞32个,柱洞基本向内倾斜。基槽的东西中轴线上还有4个圆形柱洞,推测原为两面坡人字形建筑,中心墓葬的石床与基槽范围基本一致,这类建筑应属营造墓地时的标识性祭祀建筑。

四是土墩有界墙和护坡。句容东边山D1,界墙平面近方形,建造于墓

---

① 字母为编号,下同。

地、营造于土墩的基础层面上，外侧有一周护坡，在西、南面有2个缺口，土墩的堆积基本在界墙范围内，仅最上一层堆积局部溢出墙外。金坛薛埠上水D4的土垄平面呈弧形，建造于生土面上，中部有一缺口，墩子的基础和各层堆积均在土垄范围内。从发掘情况看，界墙和土垄起到确定墓地四周的作用。在另2座土墩中发现护坡堆积，其功用可能与界墙、土垄相似。

没有明显界墙、土垄的土墩，其墓地的界域与墩子的基础范围大体一致，墩子堆积包括墓葬和祭祀器物群等活动基本在基础范围内，除最后覆土外，溢出现象未见。同时在墩子基础铺垫完后，墓地的范围也就确定了，尚未见改变墓地基础的现象。这些说明土墩作为墓地在建造之初就有了明确的规划。

上述四种埋葬方式，均有以瘗埋器物群为主要特征的祭祀习俗。祭祀器物群（坑）放置于中心墓葬周围的封土层面上，有的将斜向层面进行平整，形成簸箕形小龛或浅坑。一个墩子里祭祀器物群（坑）的数量在1~25组，放置器物数量1~24件，器型包括罐、瓿、坛、鼎、豆、碗、盅、盖等。如金坛薛埠茅东D5呈漫坡馒头状，平面大体呈圆形，南北约33米、东西约35.5米、高约2.1米，保存较好。堆积分10层，共发现墓葬2座，祭祀器物群25组，其中有2组器物群用小土包覆盖。金坛晒土场D1墓葬3座，发现起自于生土面上的平台，在四周发现10组器物群，其中部分器物群有簸箕形坑。

洞穿时光隧道，笔者认为，这种十分罕见的埋葬习俗，代表着西周至春秋时期，秦汉中原文化没有融入前江南特有的土著文化，折射出吴文化的因子。

其一，对生死都很达观。据科学家估算，古往今来，地球上已经死去的人口累计已超过200亿。在古吴人眼里，死亡不是生命的终结，而是回家，是另一种形式的生命的开始。故需每年都要（根据宁镇地区20世纪50年代的习俗来看，不是一次性的）瘗埋坛、鼎、豆等器物以供享用，转身投胎再到人间，这很可能也是吴地之所以被人们称为"东方佛国"、之所以崇拜"鸟"的重要原因之一，正如《古诗十九首》指称的那样"人生寄一世，奄忽若飙尘"。

其二，个人虽死，但已融入集体（家族、部落、民族）的生生不息的绵延之中。故土墩中心墓葬周围的不同层面安葬的不间断的多座墓葬头向均朝向中心墓（中心乃先祖，以示对先人的敬仰和尊重）。如遇不忠之徒，根据宁镇地区20世纪50年代的习俗，将其另择地点入土。

其三，已形成一种安全文化，经常维护、加固灵魂栖息之地，共同抵御外界的入侵。土墩大多有界墙和护坡，既能抵挡水、石，又可防止人为冲击，保障内部平平安安、和睦团结。

江南土墩墓作为人类社会生活永存的见证,链接着吴文化历史的符号,无声地展示出吴地独特丰厚的底蕴,闪烁在历史的星空。

（四）崇鸟习俗

从古至今,吴越民族的尊鸟、崇鸟习俗绚丽多彩,源远流长。先秦史籍《山海经·海外南经》中就有"羽民国"、《淮南子·地形篇》中亦有关于"羽民"的记载。《吴越春秋·越王无余外传》中说:"禹崩之后,众瑞并去。天美禹德而劳其功,使百鸟还为民田,大小有差,进退有行,一盛一衰,往来有常。……启使使以岁时春秋而祭禹于越,立宗庙于南山之上。禹以下六世而得帝少康。少康恐禹祭之绝祀,乃封其庶子于越,号曰无余。余始受封,人民山居,虽有鸟田之利,租贡才给宗庙祭祀之费。乃复随陵陆而耕种,或逐禽鹿而给食。无余质朴,不设宫室之饰,从民所居,春秋祠禹墓于会稽。无余传世十余,末君微劣,不能自立,转从众庶为编户之民,禹祀断绝。十有余岁,有人生而言语,其语曰鸟禽呼:咽喋咽喋。指天向禹墓曰:'我是无余君之苗末,我方修前君祭祀,复我禹墓之祀,为民请福于天,以通鬼神之道。'众民悦喜,皆助奉禹祭,四时致贡,因共封立,以承越君之后。"这段记载的大意是:禹死了以后,各种吉祥的征兆都消失了。天帝赞美禹的德行而慰劳他的功绩,就让群鸟回来给民众耕耘。人民对大禹治水的功劳念念不忘,大夏王朝的国王,也就是禹的儿子启颁布诏书,建立了禹王庙,要求百越民族每年春种秋收之际,都要举行祭祀相关的仪式纪念大禹。大夏国王从启开始,传到少康已是第六代。每年祭祀大禹的活动都是中原的夏王直接对百越民族进行安排和指挥,少康担心越地祭祀大禹的活动不能持续下去,就派了小儿子无余到百越民族的聚居地去当越王,专门主持祭祀大禹的仪式。这个时期,从禹开始的"鸟田"耕种,到有个人一生下来就会说话,其声像鸟在喊"咽喋咽喋",一直没有中断,代代相传。上述记载中尽管有些传说成分,但"鸟田"确是真实的。

百越民族有云集"鸟田",期盼百鸟耕耘"鸟田",祭祀鸟神,崇拜鸟神的传统。元朝的徐天祐说:"《地理志》:'山上有禹井、禹祠,相传下有群鸟耘田也。'《水经注》:'鸟为之耘,春拔草根,秋啄其秽。'"东汉绍兴人赵晔在其著作《吴越春秋》中也说明,百越民族从先秦直到东汉时期仍然崇尚鸟神。因为4 000年前的舜禹时期,江南草木茂盛,那时人们的耕作水平很低,抵御自然灾害,特别是保留种子的意识也低,来年要找到野生稻或栽培稻的种子很难,经验告诉古人,只要到"百鸟"（群鸟）"还为民田"（啄食之处）便可找到种子或种苗,这地方便是"鸟田"。是群鸟耕耘（啄食）的"鸟田"带来了希望,改善了生活,由此人们才有了从野生稻到栽培稻、从籼稻演变到粳稻的发展。所以,吴越先人尊鸟、崇鸟,把它们当作神灵崇拜供奉,并作为图腾族徽,代代相传（见图2-14）。

(a) 无锡鸿山战国越墓出土的玉凤饰

(b) 良渚文化高把豆上的凤鸟陶纹

(c) 无锡姚湾贝丘遗址出土的7 000年前陶鸟挂饰件

图2-14 "鸟"形饰物

在中原人看来，吴越人是鸟种，称作"鸟夷"（《禹贡·扬州》载"鸟夷卉服"），语言为"鸟语"（《周礼》说：越地"人民鸟语"）。据说，越王勾践还专门造过"望鸟台"（《拾遗记》："越王入吴国，有丹鸟夹王而飞，故勾践之霸也，起望鸟台，言丹鸟之异也。"）。越地人王充在《论衡·书虚篇》中说"会稽，众鸟所居"，反映出吴越地古时是鸟类繁衍极盛之地。"奉化一带，把麻雀当作谷神"敬拜；钱塘江东南地区的百姓正月初一晚上要在天黑以前就寝，俗称"同鸟宿"；义乌镇一带则视乌鸦为义乌，并直接作为本地之名。

史延延说："崇鸟文化是吴越地区古代先民最具特色的习俗之一，它是该地区稻作农业文明历史长期发展和积累的结果。作为吴越地区古代物质文化和精神文化的一种特征，崇鸟习俗也影响着该地区的社会文化面貌，主导着吴越先民们的日常生活。"从春秋中期至战国时代，在吴、越、楚、蔡、徐、宋等诸国盛行一种特殊文字。这种书体常以错金形式出现，高贵而华丽，富有装饰效果，变化莫测，辨识颇难，这就是鸟书。中国古文字学家容庚（1894—1983）早在20世纪30年代撰写的代表作《鸟书考》（修订版《鸟书考》发表在《中山大学学报》1964年第1期）与当代古文字学家曹锦炎撰写的《鸟虫书通考》（上海书画出版社，1999年版）皆作了详细介绍。

鸟书亦称鸟虫书、鸟虫篆，笔画作鸟形，即文字与鸟形融为一体，或在字旁与字的上下附加鸟形作装饰，多见于兵器，少数见于容器、玺印，至汉代礼器、汉印，乃至唐代碑额上仍可见。它是先秦篆书的变体，属于金文里的一种兼负有"装饰"与"释读"作用的特殊美术字体。它的笔画故作蜿蜒盘曲之状，中部鼓起，首尾出尖，长脚下垂，犹如虫类身体之弯曲，故名。"吴王子于戈"铭文就是鸟虫书。郭沫若认为鸟虫书是"于审美意识之下所施之文饰也，其效用与花纹同。中国以文字为艺术品之习尚，当自此始"（《周代彝铭进化观》）。

从鸟虫书构形规律看（根据曹锦炎先生的《鸟虫书通考》），主要有几种①：

（1）在文字上增加一个鸟形

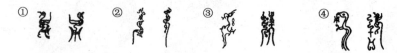

（2）在文字上增加双鸟形

（3）寓鸟形于文字笔画中

（4）增、简化之鸟形、虫形

可见，古吴越人从尊鸟、崇鸟习俗到对文字造型的精美设计，不禁使人赞叹，充分体现了文字的南方文化特色。

当今，文化部艺术发展中心鸟虫篆艺术研究院长、鸟虫篆艺术传承人王祥云先生，儿时随父习字，追随容庚先生研究鸟虫篆，数十年如一日，孜孜耕耘，于2011年出版发行《鸟虫篆发凡》专著，对鸟虫篆书法起源、延续、释读、笔法、结体、章法进行了阐述。2012年1月，由上海收藏家协会、荣宝斋上海艺术委员会举办的王祥云先生大型鸟虫篆书法作品在上海浦东图书馆现身，上海文史界、书画界、收藏界及长三角地区众多书法爱好者欣赏了上千年的商周文化瑰宝、中国文字艺术的先祖（见图2-15）。2011年书法长卷苏东坡《赤壁怀古》被中美友好大使、著名华裔陈香梅女士收藏，其研究成果得到党和国家领导人的高度评价。《人民日报》海外版连载《鸟虫篆之美》，向海内外介绍中国传统文化，为普及和传播中国传统文化知识、重新认识鸟虫篆的艺术价值做出了突出贡献。他的鸟虫篆书法艺术作品于2013年参加中国第十届艺术节展出，获得金奖。鸟虫篆这种艺术形式，体现了古吴人人

---

① 史延廷，《鸟图腾崇拜与吴越地区的崇鸟文化》，《社会科学战线》，1994年第3期，第113页。

第二章　绿水青山　稻作之源

格完善的心理准则,取象于天地自然的观念,表达了人类对自然的一往情深。

看着这些美丽的文字,带给人们的是精神上的愉悦,沐浴的是这种美丽文字艺术带来的吉祥。

不论是绿水青山、稻作之源,还是独有习俗,这些都是先吴人原生态的独有的文化基因,充满着原始美和地方民俗特色,它们既隐藏着一个民族的思维习惯和审美情趣,又是一棵常青的智慧之树。

图2-15　王祥云鸟虫篆作品

然而,在2007年5月底,太湖蓝藻爆发,使得无锡市自来水出现臭味,市民向当地媒体这样叙述"水管里流出的水如同下水道的水一般臭",导致一场影响全市数百万群众生活的供水危机。看似天灾,实为人祸。人类一味与大自然争资源,必将遭到大自然的报复。恩格斯说得非常经典:"我们连同我们的肉、血和头脑都是属于自然界和存在于自然之中的。""我们不要过分陶醉于我们人类对自然界的胜利。对于每一次这样的胜利,自然界都对我们进行报复。每一次胜利,起初确实取得了我们预期的结果,但是往后和再往后却发生完全不同的、出乎预料的影响,常常把最初的结果又消除了。"①回顾吴中地区发展走过的路,可以看出,吴地的文化并不都是优秀的,亦存在许多误区与制约前行的元素,在这种情况下如陷入自恋、自负,绝不可能持续地生存发展。

人生存于其中的环境,是具有自生功能的有机体。如果环境消耗大于环境自生能力,环境就突破其动态平衡框架而形成环境悬崖。然而,大约在2000年至2012年间,以"气候、空气、水、土地"为主的我国环境被悄然地推上了悬崖边沿,整个社会开启了"雾霾化生存"的历史进程。如不痛下决心,彻底终止经济发展与环境治理之二元模式,就会朝着崩溃方向运动。

留住地球之美,也是在严守人类的生存底线。威胁太湖水安全除工业污染外,还有农村面源污染、生活用水污染(太湖地区人口密度已达每平方公里1000人左右,是世界上人口密度最高的地区之一,随着城市化进程加快、外来人口增多,使得城市生活污水量迅速增大),以及湖面上过度的养殖也威胁着太湖的美丽和健康。古老的太湖养育了周边生生不息的儿女,现在到了儿女们舍弃贪婪,让它休养生息的时候了。

苏州太湖东岸原为太湖的一处秀丽湖湾,水壤交错,有菱芦莲菱、鱼虾

---

①　《马克思恩格斯选集》第四卷,人民出版社,1995年,第383页。

蜋蛤之利,更有白鹭飞天、蛙鸣鸟啾之境。然而,在工业化、城市化浪潮中,任意侵占、破坏、改变湿地用途的现象时有发生,该湿地面积不断萎缩已近消失。对此,苏州太湖国家旅游度假区于2003年开始规划修复,至2014年5月,建成了国家级太湖湖滨湿地公园。该园湿地岸线全长5.5公里,营造了55万平方米芦苇湿地及8个自然生态景点。目前,该湿地公园有鸟类12目72种,占苏州吴中区所有鸟类总数的41.6%,兽类5目19种,鱼类7目27种。这里有田园之美,有山水之秀;有桃之夭夭,有蒹葭苍苍;有柏舟泛流,有鹤飞于天。公园内还建有1.5公里长的动植物科普长廊,拥有亚洲地区关于湿地科普知识的书籍资料,每年有上百万民众到此休憩玩乐,在发展生态旅游的同时,还传播了生态文化,提升了绿色文明。又如太湖苏州湾跨越吴中、吴江两大片区,位于苏州南部太湖水域。它西接东山半岛,东邻吴江太湖新城,水域面积达120多平方公里。2008年,苏州湾启动综合整治,先后投入近40亿元实施生态清淤、退渔还湖和退垦还湖等生态修复工程。里面4万亩的围垦,经过整治之后,保留1.02万亩的土地,其余2.7万多亩全部变成了湖面,全面恢复了三类水标准,再现了太湖碧波美景。昔日的"三江口",现呈现出绚烂的画面,宽阔的湖面上镶嵌着由清淤堆积而成的"天鹅岛""越来岛""翡翠岛",在烟水中或隐或现,犹如蓬莱仙境。

《荀子·天论篇》中写道:"天行有常,不为尧存,不为桀亡。应之以治则吉,应之以乱则凶。强本而节用,则天不能贫;养备而动时,则天不能病;修道而不贰,则天不能祸。"这意思其实就是,只有认识自然、适应自然、驾驭自然,才能可持续发展。2000多年前的荀子就穿越时空,洞穿了人类发展的奥秘,发出了顺应天道的感言,这应是我们宝贵的精神指南!创造高质量的生活必须超越经济增长的"一叶障目"。一个病入膏肓的亿万富翁,如果你让他拿出所有的财富来换一个健康的身体,我想他会毫不思索地答应。正如复旦大学张汝伦教授所说:"幸福是人最难拥有、也最希望拥有的财富。世上任何财富都是手段,唯独幸福这种财富,是我们生命的目的。"近几十年来,全球变暖、温室效应、极端天气、雾霾……气候变化早已成为悬在人类头上的一柄达摩克利斯之剑。种种迹象还表明,中国的环境资源已达到一个危险的临界点,绝不能让那些唯GDP的政绩观继续存在下去,否则将会以失去环境和民心为代价。严峻的现实提醒我们:污染即犯罪,犯罪当用刑。

其实,中国在战国时期的秦国,就出现了世界上第一部关于环境保护的法律——《田律》。它已明确规定:"春二月,毋敢伐材木山林及雍堤水。不夏月,毋敢夜草为灰,取生荔麝鷇,毋毒鱼鳖、置阱罔,到七月而纵之。"也就是说,春天二月,不准到山林中砍伐木材,不准堵塞河道。不到夏季,不准烧草做肥料,不准采刚发芽的植物,或捉幼虫、鸟卵和幼鸟,不准设置捕捉鸟兽的陷阱和网罟,到七月解除禁令。还明确了对违反规定者的处理办法。此后许多朝代都设过"虞""衡"等保护山川的职位。据《尚书》和《史记》载：舜帝时任命九官二十二人，其中之一便是虞官伯益，其历史已有4000年了。庄子"天地与我并生，万物与我为一""独与天地精神往来"的高尚境界早已给我们指明了方向。

改革开放后，中国用了短短近40年时间走完了西方150年的发展道路，创造了世界经济的奇迹。但是，我们发现"快"的背后出现了诸多问题。古印第安人有句谚语："别走太快，等一等灵魂。"这说得好，发人深省。我国著名的美学家宗白华先生在20世纪20年代写的《流云小诗》中有一句话："白云在天空飘荡，人群在都会中匆忙。"这句诗形象地折射了我们今天的现代化场景。的确，人们都在脚踏实地、拒绝时间的忙，哪有时间仰望星空，也许这就是今天我们社会所面临的问题。2015年，举世瞩目的天津"8·12"大爆炸重大事件，让我们在经济飞速发展中反思人与自然、人与社会的关系，这是当代中国的重要现实问题。

人类的目光是有限的，不能把自己看得太伟大，正所谓"人类一思考，上帝就发笑"。盘点人类思想曾经的误区并非毫无意义。回归真实，才是我们应该选择的自我救赎之路。伊斯兰教先知穆罕默德说，"如果你有两块面包，你应当用其中一块来换取一朵水仙花"，我们决不能坐等资源耗尽。尊重自然、保护环境，付出就是未来的幸福，毕竟地球是我们目前唯一的家园，人类与山水田园动植物是一个不可分割的命运共同体。

"沧海何尝断地脉，半崖从此破天荒。"扬绿水青山之长，避过度开发之短，吴地人躬行大地，不忘初心，开启了绿色振兴之路，在滚滚春潮中扬起了浩浩风帆，走上了社会主义生态文明的新时代。

扬州市从2013年起，以保南水北调东线和淮河入江"清水通道"为重点，启动"江淮生态大走廊"建设，将占市域面积近三成的1 800平方公里区域纳入规划，对三个湖泊（面积达780平方公里的高邮湖、宝应湖与南端的邵伯湖）沿岸3公里范围内实施"三退三还"（退耕、退渔、退养，还林、还湖、还湿地），誓将百里清波入江淮。

一种被称为"乐活"（其原意是健康的、可持续发展）的生活方式正在受到一些年轻人追捧：吃有机的天然食品，买新鲜水果蔬菜，避免过多的农药和化肥；购买本地产品，降低运送燃料和多余包装消耗；穿衣简单朴素，衣料多选择棉、麻等自然质地，减少工业加工或染色；出行尽量步行或搭乘公共交通工具；能不买车就不买，一定要买就买绿色节能车等。这种理念和生活方式，值得发扬光大。可以说，现在许多人不是饿死的，而是吃出来的毛病。爱因斯坦曾说："我也相信，简单淳朴的生活，无论在身体上还是在精神上，对每个人都是有益的。"

上篇 根 基

[吴文化的根基与文脉]

第三章

养蚕植桑　丝绸之府

从小学起，我就知道中国有"四大发明"，后来才逐步知道中华民族的创造发明多多。2016年7月，中科院向世界发布的中国古代重要科技发明创造有88项。在这些原创并对世界做出重大贡献的科技成就中，与吴地有关的真不少，如水稻栽培、琢玉、养蚕、缫丝、茶树栽培、以生铁为本的钢铁冶炼技术、翻车（龙骨车）、水排、苏州园林、紫禁城、大运河、郑和航海及天文测算等等，正如麦肯锡全球经济研究院主任撰文所指出的：中国的创新能力远胜于世界对她的估计，许多领域已经达到引领全球的水平。

中华文明上下5 000年，差不多在世界上领先了4 800年，这不是在炫耀，不过是生存之必须。"周虽旧邦，其命唯新"，这不是文人政客的口号，而确实是中华民族的天命。就拿丝绸来说，"蚕"是土生土长的，谁也未曾料到，一只卑微的蚕所吐的丝，却在此后风沙漫天的西域、在苍茫无尽的岁月深处，结成了一条天网般的大道。在这条路上，走去了丝绸、铜镜、凤凰、纸张、印刷、儒典和灿烂诗篇，也走来了乳香、琥珀、玳瑁、天马、多种植物和菜蔬等。这条路不仅输送了贸易、技术，同时也交流了人员、思想、文化、科技、伦理、道德和人生观。无疑，它是人类历史上最具想象力和变革精神的一条通道，它用一匹浪漫的丝绸将东方和西方紧密地簇拥在一起。

蚕为何物？我的小孙女徐梓蒙可谓既熟悉又懂。开春后，她看到桑树发芽后就将蚕宝宝在纸上产的卵,晚上放在被窝里焐,白天上学放到上衣心口里焐,直至孵出蚕宝宝,而后摘桑叶喂养,直至其长大、吐丝、结茧。而西方人则摸不着头脑。据文献记载,有关"丝绸"的记录,首推2 000多年前罗马作家老普林尼的《自然史》,在这本又被译作《博物志》的巨著中,提到了"赛里斯人"(Seres,即中国——丝绸之国)。书里对赛里斯人的描写是这样的:"这一民族以他们森林里所产的羊毛而名震遐迩。他们向树木喷水而冲刷下树叶上的白色绒毛,然后再由他们的妻室来完成纺线和织布这两道工序。"

罗马人认为丝绸是"树上的羊毛"织成的。奇怪吗?情有可原。因为罗马人的生活中既没有蚕也没有桑树,即使有桑树,也没有蚕,根本无法想象是蚕宝宝吐出的丝。然而,他们又似乎隐约知道这种原料不是出在羊身上,而是和树木有关,于是便"创造"性地发明了一个新词——"树上的羊毛"来指代"丝绸"。更搞笑的是在另一部经典著作——《阿戈尔英雄纪》中,讲述了古希腊英雄伊阿宋在黑海沿岸冒险的传说故事,伊阿宋通过殊死搏斗,最终获得了长在橡树上被巨龙看守的"金羊毛"。这种"金羊毛像宙斯的闪电一样光芒四射,年轻人都惊叹不已,每个人都很想把它拿在手中摸一摸"。

考古证据表明,这种"金羊毛"所在的黑海东岸自青铜时代以来,就具有希腊化风格的物品出土。这种来自东岸(中国)的服装原料,具有珍珠般的光泽,柔软而富有弹性,轻盈又透明。于是罗马人花高价购买——在罗马市场上,丝绸的价格犹如黄金。为此,在历史上还发生了一场著名的"丝绸之战",导致东罗马联合突厥可汗于公元571年征讨波斯,结果双方交战20年之久不分胜负。考古资料还证明,埃及的一具木乃伊身上竟包裹着中国华美的丝绸,那鲜美的纹样越过2 100多年的光阴依然散发着柔美的气息,犹如火焰,幽暗的墓穴为之而点亮,并由此造就了一条丝绸铺就的路。

2013年9月,中国政府提出了建设"一带一路"的倡议,受到了国际社会的广泛关注。因为"丝绸之路"是贯通东西的重要通道,也是全人类的共同遗产,它并非少数英雄和圣贤的历史,而是由说着不同语言、具有不同文化传统的广大人民群众共同创造的。

丝绸是中国带给世界的礼物,确切地说是中国女性给世界的馈赠。她的原点在哪里?大自然和天地之神降落在吴地。有人说:"如果城市有性别,苏州一定是位女子;如果城市有礼服,苏州一定身着丝绸旗袍。"唐朝时曾任杭州与苏州"市长"的白居易不吝惜自己的才华赞美了苏州的丝绸,"染为红线红于蓝,织作披香殿上毯""织为云外秋雁行,染作江南春水色"。1 000年后,生于织造之家的公子曹雪芹从小就生活在江南"三大织造局"的"锦绣丛中",他在《红楼梦》中又把"苏州丝绸之府"的美名,通过四大家族中各种人物的关系与故事如实地推上了新的高峰。

上篇　根　基

一、蚕桑源头　丝绸故乡

有人说:"头顶三尺有神灵。"苏杭二州被誉为"人间天堂",原因之一是出丝绸。

十三经之一的《礼记》,其天地观是一元论,认为天地之气的交合产生万物,其中的蚕桑就是天地之气交合的产物。

"有位纺织娘,老来忙又忙;会纺银丝线,能造丝棒房。"看到这个谜语,你马上就会猜到这谜底是"蚕"。"蚕"字拆开便是天虫,意喻上天赐予人类的神虫、天龙。蚕,无疑是从高高云端悄悄降临到人间的纯洁精灵、最美丽的天使。她浑身都是宝,毫无疑问,她拉的屎(蚕沙)都是清香的。有了她,才有了精美的丝绸,装扮了民间的大美。

有人说,龙的原型是桑蚕,龙珠的原型是蚕茧,夔的原型是蚕蛹,凤凰的原型是蚕蛾,蚕桑文化是中华农耕文明的独特标志。有道是:沧海桑田。陆地,称为桑陆;农业,称为农桑;乡里,称为桑里;故乡,称为桑梓;晚年,称为桑榆;"相见无杂言,但道桑麻长""水长人家浸稻秧,蚕生女手摘桑黄""居民安土乐农桑,流水落花香"。一句话:中华民族是龙的传人,中国是蚕桑的发源地,而根则在吴中大地。

(一)养蚕植桑

人们的生活方式、生产方式与社会组织形式的选择往往受制于人们所处的地理环境。《史记》中说:"楚越之地,地广人希,饭稻羹鱼,或火耕而水耨,果隋蠃蛤,不待贾而足,地埶饶食,无饥馑之患,以故呰窳偷生,无积聚而多贫。是故江淮以南,无冻饿之人,亦无千金之家。"人们从穿树叶、兽皮到穿葛、麻制成的衣服,进而发现了野生蚕茧可以抽丝织布制衣,使人类的文明向前迈进了一大步,于是从官方到民间都把蚕桑的发现者尊为蚕神。

1. 蚕桑神"马头娘"情有独钟吴中

蚕神在中国古代又叫先蚕。祭祀的蚕神有:官方嫘祖、民间蚕神"马头娘"等。在官方的传说中,最为著名的是黄帝元妃嫘祖始创养蚕种桑之术。嫘祖始蚕之说,初见于宋代罗泌《路史·后记五》,其文曰:黄帝"元妃西陵氏,曰嫘祖。以其始蚕,故又祀先蚕"。又见于《通鉴纲目前编·外纪》:"西陵氏之女嫘祖为帝元妃,始教民育蚕,治丝茧以供衣服。"事实上,在嫘祖之前,人们可能将黄帝本人作为养蚕的发明人,后来人们又逐渐将养蚕的发明人归到女性的名下。通过对历史文献记载的追溯,一般认为,"嫘祖始蚕"并非自上古传承而来的民间传说,而是统治阶级把文化的创造归功于帝王贵夫人的正统思想的产物,一般蚕农只是敬而远之。

民间认账的是"马头娘",也就是许多学者称为蚕马的故事。这一传说最早见于晋代干宝的《搜神记》,故事内容是:旧说,太古之时,有个姑娘的父亲外出远行。姑娘思父心切,立誓说如果谁能把父亲找回来,我就以身相许。家中的白马听后,飞奔出门,没过几天就把父亲接了回来。但是人和马怎能结亲?这位父亲为了女儿,就将白马杀死,还把马皮剥下来晾在院子里。不料有一天,马皮突然飞起将姑娘卷走。又过几日,人们发现,姑娘和马皮悬在一棵大树间,他们化为了蚕。人们把蚕拿回去饲养,从此开始养蚕历史。那棵树被人们取"丧"音叫做桑树,而身披马皮的姑娘则被供奉为蚕神,因为蚕头像马,所以又叫做"马头娘"。

神话是人类文明最早的精神印记,实现自我成长的标志,既是民意也是信仰。它是文化的源头,永恒的诗篇。这一故事说明了中国古代文化的思维逻辑,来自对大自然运行规律的体认,来自对世界万物、社会以及人本身的理解,是一种自然文化。

"蚕马"的故事各地情节虽有不同,但内容基本相同,特别是其中关于马、女、蚕的三个基本要素大体一致。战国时期的荀况曾在《赋篇》中描述了蚕的形象:"有物于此,儳儳兮其状,屡化如神,功被天下……臣愚而不识,请占之五泰。五泰占之曰:此夫身女好而头马首者与?"也就是说,蚕的头时而昂起,颇似马首,而蚕身柔软,又像是女性。蚕、马、女之间的联系,正是因为它们之间的相似,而蚕马故事也正是源自于此。

关于蚕与女性之间的联系,《山海经》中也有记载:"欧丝之野大踵东,一女子跪据树欧丝。"① 这里的"欧丝"即是"呕丝"、吐丝的意思。所讲的可以吐丝的女性即为蚕,树即桑树。因此,蚕马故事的渊源或许来源更广,因商朝时期的甲骨文中已出现了多个"丝"字(见图3-1)。据胡厚宣的研究,甲骨文中祭祀蚕神的卜辞约有四条。现以祖庚甲时蚕神与上甲微并祭的一条卜辞

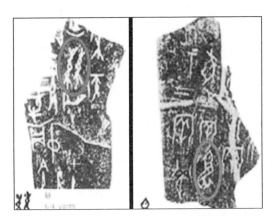

图3-1 甲骨文中的"丝"字

为例:"贞元示五牛,蚕示三牛,十三月。"② 意思是说祭祀元示上甲要宰牛五头,祭祀蚕示用牛三头。"示"指神祇,蚕示也即蚕神,说明了民间的传说格

---

① 袁珂校注,《山海经校注》卷三《海外北经》,上海古籍出版社,1980年,第242页。
② 胡厚宣,《殷代的蚕桑和丝织》,《文物》,1972年第11期。

外可靠。其之所以有生命力,诚如神话学家袁珂先生所指出,《搜神记》中的"女化蚕"是属于"推原神话"之一,即推寻事物的本源。换言之,古人并不大熟识天地万物、风云变异的缘由,故以朴素的唯物辩证法推想出世间事物之源。它借一个被马皮所裹而代身为蚕的姑娘的童话故事,其一,表达了女性对人类的奉献;其二,说明了养蚕业与谷物同等重要,它乃是中华民族经济的重要来源之一,农民希望有稳定的收入,故奉某一神祇为蚕神。

"蚕马"的故事,"趣"在哲理。从本质上来讲,文化的博大精深并非来自经史典籍的浩如烟海,而是来自对世界的理解和解释,即思维方式或思维逻辑的精深,亦即世界观和方法论的科学性。致大而穷宇宙之理,致小则通无微之变,涵盖了中国人最基本的世界观、价值观、人生观和方法论,是中国人理解和处理帝王将相与百姓、人与人、人与自然、自然万物之间关系包括自身所遵循的基本思维逻辑,帮助人类打破了神权、君权,建立起理性、民主与科学的信仰。舍得一身剐,敢把皇帝拉下马。充分说明:文化大于权力。

《搜神记》中所提"旧说,太古之时"是个亮点!表明"蚕马"故事不是有史以后的事,而是晋时已很流行的故事。作者干宝祖籍河南新蔡,"父莹,仕吴",后举家迁至浙江海宁,曾做过山阴(今绍兴)县令。他在《搜神记》序中说,"考先志于载籍,收遗逸于当时",说明他的这个故事很可能就是在江浙一带收集来的,蚕桑神"马头娘"的神话起源与原版在吴越地区,其精神与灵魂在吴中。

笔者试想:想当初先吴人究竟是怎么发现蚕丝的?但凡传说故事都是令人难忘的。据说吴地在很早以前的荒芜时期,也不知什么具体时间、地点,先民们从实践中发现,野生麻和葛遍布各地,生长力强,纤维也长,可以作纺织原料。后来有人发现桑树上有白色的蚕茧,外围有丝,就把蚕茧拿下来试吃,感觉有油脂、咸味(蚕蛹含有丰富的蛋白质、脂肪酸和维生素),在嚼食中,茧壳在唾液中丝胶溶解,密缠的茧丝分离,无意中牵出了缠在蚕茧上的茧丝,悟出了在合适的水温下就可以抽丝剥茧的道理,于是便产生了最早的缫丝技术。因蚕茧的丝纤很细,只有 20 微米至 30 微米,难以单根使用,先民们就把若干个茧的丝绞合在一起,形成一根生丝。太湖南岸边(现为湖州市吴兴区)钱山漾遗址出土的绢片实物,表面光滑均匀,蚕丝的横断面呈三角形,表明丝胶已经脱落,应该是在热水中缫取的丝。此外,该遗址还出土了用草茎制成的小帚,柄部用麻绳捆扎,与缫丝工具索绪帚非常相似,此物与绢片一起出土,绝非偶然。这是吴中地区的又一重大发明创造。

最初的丝源,完全来自野生蚕。随着丝绸制作的发展,需求量不断扩大,于是开始野生蚕驯养,出现了家蚕。

"石壕古道"是 2014 年 6 月世界文化遗产委员会列入文化遗产名录的"丝绸之路"。这条古道长约 230 米,宽仅 2 米左右,位于豫西三门峡市境内的崤山腹地。三门峡,就是古代的陕州。向南是高高的秦岭余脉崤山,向北是九曲黄河,向东向西接着古都长安和洛阳。在三门峡境内,西到潼关,东到新安汉函谷关,见证了这条丝绸之路上的这条古道小路的历史变迁。考古资料显示,早在夏商周三代,这条丝绸之路上的小路古道就非常热闹。夏代的活动范围就在今天的晋南和豫西一带,周王室东迁于陕州的古虢国,其路上运输的丝大多就出自江南。

根据文献记载,唐朝开元二十五年(737年)唐玄宗在敕令里说"关辅(指关中地区)既寡蚕桑";《新唐书·地理二》里,长安与所在关内道的贡赋也没有丝绸一类的东西。这些都证明,长安一带地产丝不多,显然只能是从其他地方调运再中转出去,其中大多丝绸就来自于以太湖流域为中心的吴地。

2. 植桑养蚕历史悠久

养蚕必备桑,而江南水温山暖,最适合桑树生长。桑树体内一切生理、生化活动和变化,都须在一定温度条件下才能进行。温度会影响桑树体内各种酶催化的生物化学反应——光合作用、蒸腾作用、呼吸作用和有机物质的转化,与桑树生长发育关系非常密切。当地温5℃以上时,桑树根系开始吸水;气温在12℃时,冬芽开始萌发长出枝叶,发芽后的生长速度随着温度的升高而加快,一般在25～30℃时是桑树生长的最适范围;当气温低于12℃时,桑树就会停止生长;而超过40℃时,光合作用强度则会降低,因养分消耗大于合成,桑树生长就要受到抑制。吴越地区得天独厚的人文地理气候条件,创造了发达的蚕桑文化,植桑养蚕早在新石器时代中期就开始了,至少已有7 000多年的悠久历史。

春秋时期,蚕桑业已成为吴国重要的经济事业。《吕氏春秋》和《史记》两部古书都记载了吴王僚九年(前518),吴、楚两国因为边境女子争桑而引起了一场战争。司马迁《史记·吴太伯世家》云:"初,楚边邑卑梁氏之处女与吴边邑之女争桑,二女家怒相灭,两国边邑长闻之,怒而相攻,灭吴之边邑。吴王怒,故遂伐楚,取两都而去。"[①]宋代范成大的《吴郡志》也详细记载此事。当时,富贵人家都以蚕纹(形)装饰为贵,并作为财富的象征。据民国《吴县志》记载:吴王"阖闾夫人墓中,葬有金蚕、玉燕各千余双"。将蚕作为国王夫人重要的陪葬品,足以看出蚕在当时人们心目中所占的地位。

秦汉以后,长江流域(尤其是太湖流域)进一步被开发。东汉末年豪强混战,北方百姓不堪忍受战争带来的灾难,纷纷南逃,带着较为先进的农具和先进的生产技术,在江南大地辛勤耕种,促进了孙权吴国农业生产的发展,蚕桑生产的发展自然也包括其中。孙权吴国对蚕桑又相当重视和支持,

---

① (西汉)司马迁,《史记》,甘肃民族出版社,1997年,第430页。

上篇 根基

据《三国志·吴志》记载：赤乌三年（240年）春正月，孙权曾颁布"禁止蚕织时以役事扰民"的诏令。由此可以看到当时吴国蚕桑生产已具有相当的规模，它在吴国整个经济及社会中已达到了举足轻重的地步。

魏晋南北朝时期，吴地的蚕桑已成为当时小说等文学作品的重要题材之一。南朝梁吴均的《续齐谐记》云："吴县张成，夜起，忽见一妇人立于宅上南角，举手招成。成即就之。妇人曰：'此地是君家蚕室，我即是此地之神。明年正月半，宜作白粥泛膏于上祭我也，必当令君蚕桑百倍。'言绝，失之。成如言作膏粥。自此后大得蚕。"透过这则民间神话故事，可以看出当时蚕之神圣、蚕桑业之兴盛。

唐代时，南方的丝织业突飞猛进。公元749年春，漂游在南京的李白漫步郊外。此时，一望无际的桑田里，茂密的桑树葱葱绿绿，睡眠一冬的蚕儿也开始吐丝了。望着清新如画的江南春色，李白触景生情，挥毫写下了"吴地桑叶绿，吴蚕已三眠"的诗句（《寄东鲁二稚子》）。

晚唐，隐居长洲甫里（今属吴县甪直）的诗人陆龟蒙曾有诗描写太湖边上农村景物："高下兼良田，……桑柘含疏烟，处处倚蚕箔，家家下渔筌。"处处堆放着养蚕用的蚕箔，这是当时太湖边家家户户养蚕的生动而真实的写照。

宋代，太湖地区已培育成叶大肥厚的"湖桑"，吴县也已初步形成全国丝织生产中心，有所谓"茧簿山立，缲车之声，连甍相闻"之称。当时包括苏州在内的"两浙路"（路，宋朝的行政区域名称，相当于明、清的省）所缴纳的丝织品，占全国四分之一以上，足以反映当时江南地区蚕桑业在全国所处的地位。南宋诗人范成大晚年住在石湖边，对当时吴地农村有较深的了解，在其著名的《四时田园杂兴》中就有"柳花深巷午鸡声，桑叶尖新绿未成。坐睡觉来无一事，满窗晴日看蚕生""三旬蚕忌闭门中，邻曲都无步往踪。犹是晓晴风露下，采桑时节暂相逢"等诗句。

元代，吴地蚕桑事业衰落。尤其是元末，蚕桑业遭受战乱的严重破坏。明王鏊《姑苏志》云："元末，苏州二县四州栽桑二十七万株。兵余无几。"因而，朱元璋为吴国公时，曾颁布法令："凡民有田五至十亩者，栽桑、麻、木棉各半亩，十亩以上倍之。……栽桑以四年起科。不种桑出绢一匹。"明洪武元年（1368年），朱元璋曾将这一法令推行到全国。洪武初，苏州府（长洲、吴县、吴江、昆山、常熟、崇明）"六县栽桑一十五万一千七百零七株；弘治十六年（1503年）栽桑二十四万九百零三株，科丝一万一千五百三十二两五钱一分，折绢六百四十匹，又人丁丝绢一万二千五百五十匹有奇"（1两＝50克，1钱＝5克）。洪武十年（1377年）时，"常熟县栽桑八千七百一十四株。弘治中至一万二千四百二十五株，科丝四百十三两三钱七分二厘，折绢二十二匹二丈九尺。岁纳苏州府织造局丝一万九千六百九十一两一钱七分五厘。岁纳京库绢二千四百零九匹,黄白各半"。

明代吴地蚕桑大发展:一是与朝廷重视有关,二是与洪武元年(1368年)在苏州建立织造局有关。文征明《重修织染局记》云:"苏郡织染之设,肇刱于洪武,鼎新于洪熙。……夫大江之南,苏杭之财赋甲他郡,水壤清嘉;造色鲜美;矧蚕桑繁盛,因产丝纩,迄今更盛。"弘治七年(1494年),吴县知事邝璠(字廷瑞)曾编著刊印《便民图纂》,绘有图画,通俗而形象地介绍栽桑、育蚕、织染等有关知识。这是中国历史上第一个详细、系统介绍蚕桑生产的科普读物,曾对农民养蚕、织染起了积极的指导作用。明代,吴县东山出现了桑基鱼池,为了栽桑充分利用低洼土地,堪称一大创造(见图 3-2)。

图 3-2　太湖边上的桑基鱼池

苏州吴江区盛泽镇是闻名遐迩的丝绸之乡。然而,在明朝弘治年间仅是个五六十户人家、"屠,日不能毕一豚"的小村,名叫"青草滩",从这个名字可以想象出它最初的情形。到嘉靖年间(1522—1566年),这里的丝蚕业随着嘉湖地区丝蚕业的繁荣而迅速发展起来,至明朝后期,已成为江南的一个重要丝绸集散市场。明末冯梦龙在《醒世恒言》中这样描写当时的盛泽镇:"镇上居民稠广,土俗淳朴,俱以蚕桑为业。男女勤谨,络纬机杼之声,通宵彻夜。市上西岸绸丝牙行,约有千百余家,远近村坊织成绸匹,俱到此上市。四方商贾来收买的,蜂攒蚁集,挨挤不开,路途无伫足之隙,乃出产绵绣之乡,积聚绫罗之地。江南养蚕所在甚多,惟此镇处最盛。"

明末,有个名叫周灿的人曾以"盛泽"为题,写了一首诗,曰:"吴越分歧处,青林(注:即桑树林)接远村。水乡成一市,罗绮走中原。尚利民风薄,多金商贾尊。人家勤织作,机杼彻晨昏。"描绘出当时盛泽蚕桑丝织之盛况。高启《养蚕词》云:"东家西家罢来往,晴日深窗风雨响。三眠蚕起食叶多,陌头桑树空枝柯。新妇守箔女执筐,头发不梳一月忙。三姑祭后今年好,满簇如云茧成早。檐前缫车急作丝,又是夏税相催时。"写出了太湖近处农家养蚕取丝繁忙景象,成为一幅吴地养蚕的风俗画。

清代,吴地的蚕桑业生产又有较大发展。由于养蚕比种植其他农作物赚钱(费孝通先生在震泽镇所属的开弦弓村调查载,民国初农民每年一亩土地如种稻谷,则亏损 175 元,而如果栽桑养蚕兼营丝业,则每年可盈余 250 元以上),大片农田都栽上了桑树。乾隆《吴县志》云:民"以蚕桑为务,地多植桑。生女未及笄,教以育蚕""近太湖诸地,家户畜蚕取绵丝"。吴县光福、香山一带的妇女都以蚕桑为工,那地方"艺桑随处皆植,蚕事尤勤于他处"。顾禄《清嘉录》亦云:"环太湖诸山,乡人比户蚕桑为务。"

农民治桑养蚕的方法,也在县志中第一次作为"生业"予以详细记述。乾隆十一年(1746 年)《震泽县志》卷二十五载:"邑多栽桑以畜蚕,故西南二境之农家颇善治桑,桑凡一二十种。冬杪春初,远近多附而至,而其大者长七八尺买之,株二三厘,所谓大种桑也。密眼青亚之,其栽也,耨地而粪之,截其枝谓之嫁,留近木之余尺许,深埋之,出土也寸焉。行不可正对,培而高之以泄水,墨其瘢,或覆以螺壳,或涂以蜡而封之,是防梅雨之所浸。粪其四周,使其根旁达,凡三年而盛。又有于仲春择地,种桑之大如臂者,去地二三尺,以刀剔起其皮,取大种桑之枝如箸粗者,削如马耳,插入皮中,乃即包以桑皮,粪土涂之,毋令泄气。滋液既贯,则其叶尤大而厚且止,一二年而盛,必月一锄焉。其起翻也须尺许,灌以和水之粪。又遍沃旁地,使及其根之引者,禁损其枝之奋者。桑之下,厥草不留。其壅也,以菜饼,以蚕沙,以稻草之灰,以沟池之泥,田之肥土。初春而修也,去其枝之枯者,干之低小者。蚕之时,其摘也必净。既净,乃剪焉。又必于交凑之处,空其干焉,则来年条滋而叶厚。为桑之害者,有桑牛,寻其穴,桐油灌之即死,或以蒲母草之汁沃之。桑之癞也,亦以草汁沃之。此栽桑之大略也。"从栽种到嫁接,从施肥到整修、除虫,都一一作了详细记载,其中皮接法则更是独创,有许多方法至今仍沿用。

乾隆十二年(1747 年)《吴江县志》卷三十八还记载了吴地一带的养蚕方法:"每岁暮春,邑人多治蚕。蚕有节目,其初收也,以衣衾覆之,昼夜程其寒暖之节,不得使过,过则有伤,是为护种。其初生也,则火炙桃叶散其上,候其蝡蝡而动,溅溅而食,然后以鹅羽拂之,是为摊乌。其既食也,乃炽炭于筐下并其四周,到桑叶如缕者而谨食之。又上下抽番,昼夜巡视。火不可烈,叶不可缺。火烈而叶缺,则蚕饥而伤火,致病之源也。然又不可太缓,缓则有漫澨不齐之患。编经曰蚕荐,用以围火,恐其气之散也;束秸曰叶墩,用以承刀,恶其声之著也,是为看火。食三四日而眠,眠则搏。眠一二日而起,起则喂,是为初眠。自初而之二,自二而之三,其法尽同……"①同时的《吴县志》及翁澍的《具区志》也有类似记载,有很强的可操作性。

---

① 参见《辛亥革命前吴江蚕丝业——植桑养蚕概况》,吴江档案局,2015 年。

吴地的蚕桑生产经过数千年漫长的探索实践,至明末清初完成了理论上的总结,并由地方史书——县志记录下来,它标志着吴地蚕桑生产进入了成熟的阶段。这是广大劳动人民智慧的结晶。1909 年,江苏谘议局决议在吴县开办江苏省省立女子蚕业学堂,将史量才先生于 1904 年创办

图 3-3　1912 年成立的江苏省立女子蚕业学校

的私立上海女子蚕桑学校改为官办,并在吴县浒墅关镇建造校舍。1912 年正式迁到浒墅关,定名为江苏省立女子蚕业学校(见图 3-3)。学校宗旨是"除蚕病,制良种,精求饲育,兼讲植桑制丝,传授学生,推广民间"。该校为吴地培育了一大批蚕桑专业人才,同时学校又先后在吴县光福迁里、洞庭西山、善人桥、浒墅关旺米山及吴江震泽开弦弓、严墓、湖滨等地建立养蚕指导所,对吴地的蚕桑改良事业及其发展做出了很大贡献。据苏州海关 1896 年至 1931 年大宗出口土货资料统计:出口蚕茧 12 620 担,丝 266 905 担,乱丝头 25 481 担,绸缎 39 761 担。以吴县为例,1901 年,全县蚕茧总产量 450 吨,1930 年蚕茧产量 2 052 吨(桑地面积 51 513 亩),到 1935 年全县桑园面积发展为 76 400 亩。

抗日战争爆发后,吴地的蚕桑业遭受了严重破坏。1949 年中华人民共和国成立前夕吴县全县桑田仅剩 29 639 亩。中华人民共和国成立后,人民政府采取发放贷款、稳定价格等方法,扶持蚕桑生产,奄奄一息的蚕桑事业迅速得到了恢复和发展,吴地又重新确立了全国蚕桑、丝绸中心的地位(见表 3-1、表 3-2)。据《苏州年鉴》(1993 年)统计,1992 年,苏州市由蚕桑而产生的丝绸工业总产值已达 38.42 亿元,其中出口交货总值 17.08 亿元。

爱德华·威尔逊在《知识大融通:21 世纪的科学与人文》中认为,生命演化的基础单元是基因,物种在竞争与合作策略下,适应环境变动,增加存活与繁衍后代的概率,将其所携带的基因传递到下一代。笔者认为,物种如此,人亦如此。常见苏州城里的爷爷奶奶到处寻觅新鲜桑叶,甚至经常带着孩子赶到郊外的木渎、光福一带去采摘桑叶。笔者有时没时间,就到小学校门口路边去买(约每千克 6 元钱)。这个传统一代传一代,可能就是苏州人骨子里对蚕、桑、丝绸的喜爱吧。由此,苏州的孩子也就从小对蚕、桑、丝有一种天然的亲近和怜爱。

表 3-1　1949—1985 年吴江县桑地面积及蚕茧产量统计表

年份	开剪桑地面积（亩）	总产茧（吨）	平均亩产茧（公斤）	年份	开剪桑地面积（亩）	总产茧（吨）	平均亩产茧（公斤）
1949	72 490.0	1 074.90	14.83	1968	54 385.0	2 161.02	39.74
1950	72 490.0	1 234.40	17.03	1969	57 205.0	2 642.85	46.20
1951	72 490.0	1 581.80	21.82	1970	57 205.0	2 706.18	47.31
1952	72 490.0	1 863.95	25.71	1971	57 205.0	2 365.55	41.35
1953	76 844.0	1 720.15	22.38	1972	57 205.0	2 764.40	48.32
1954	77 458.0	1 932.45	24.95	1973	57 205.0	2 862.00	50.03
1955	77 458.0	1 591.55	20.55	1974	57 205.0	3 115.95	54.47
1956	66 093.0	1 922.80	29.09	1975	66 399.0	2 817.55	42.43
1957	66 093.0	1 634.60	24.73	1976	57 879.8	2 761.05	47.70
1958	60 611.0	1 595.75	26.33	1977	57 879.8	2 670.30	46.14
1959	55 976.0	1 405.35	25.11	1978	57 879.8	2 319.34	40.07
1960	53 264.0	1 169.90	21.96	1979	57 879.8	2 925.38	50.54
1961	52 690.0	638.15	12.11	1980	57 880.0	3 350.80	57.89
1962	52 690.0	406.50	7.71	1981	57 699.3	3 293.76	57.08
1963	52 690.0	404.30	7.67	1982	57 748.1	3 898.30	67.51
1964	52 690.0	526.30	9.99	1983	57 748.1	3 051.10	52.83
1965	52 690.0	1 017.25	19.31	1984	76 485.0	3 473.30	45.41
1966	52 690.0	1 396.02	26.49	1985	79 771.0	4 709.93	59.04
1967	54 498.0	1 299.48	23.84				

（资料来源：吴江档案局）

表 3-2　2004—2008 年吴江市蚕桑生产统计汇总及与 1993 年对比表

年份	桑地面积（亩）	养蚕户数（户）	张数（张）	张产（公斤）	总产（吨）	蚕茧总收入（万元）	担茧价（元）	张产值（元）
1993	121 937	92 467	353 947	34.91	12 358.42	12 336.48	499.11	348.54
2004	53 022	41 917	88 834	37.46	3 327.50	5 677.71	853.15	639.14
2005	53 500	35 070	74 600	35.63	2 658.17	5 647.01	1 062.20	756.97
2006	51 161	33 693	75 007	38.70	2 902.46	8 124.49	1 399.59	1 083.16
2007	49 981	33 658	70 150	34.11	2 393.08	4 611.06	963.42	657.31
2008	49 981	26 201	43 671	36.69	1 602.37	3 027.14	944.58	693.17

注：1993 年桑地面积、发放蚕种、产量为历史最高；2006 年平均茧价为历史最高。
（资料来源：吴江市蚕桑指导站）

当今,苏州吴江区平望庙头村有个最大的养蚕户——钮月康。180亩的桑地连成片,全部的桑叶都贡献给他的"蚕宝宝"。他的工作非常忙,主要分两块工作:一是平日里对桑地的管理,浇水、除草、施肥,准备把桑叶养得又大又肥嫩。二是养蚕,每年要养三季蚕——春蚕、早秋蚕和晚秋蚕。三季中要数春蚕的数量和质量最佳。"一年之计在于春",春蚕养的数量是最多的。2014年三季一共养蚕180张,每张蚕种产量大约在45公斤左右(以往一般家庭式养蚕多只为2～5张)。2016年,在他的养蚕大棚内,仅春蚕就已达150张,他还计划早秋蚕30张,晚秋蚕120张,实现年养蚕300张的目标(见图3-4)。

图3-4　钮月康蚕业养殖场一角(崔阳阳 摄)

按照每张蚕种45公斤产量计算,2014年180张蚕种的年产量达8 100公斤,总收入达30万元(含成本)。钮月康说,最苦最累的是25天养蚕周期,"如果不是因为喜欢,我不会干这个活,太累了"。养蚕是个阶段性高强度的工作,短短25天,却要付出比平常农活强度高几倍的汗水。蚕宝宝的成长分1龄、2龄、3龄、4龄和5龄,每个阶段的蜕变时间仅仅为两三天,需要人日夜密切关注,什么时候该喂桑叶、什么时候该撒石灰消毒、什么时候该挪大地方,时机都需要精确把握好。

现在钮月康养蚕的规模大了,工作量也倍增。即使是蚕宝宝还在2龄时,每天晚上给它们喂桑叶,就需要6个人连续喂3小时。如果是进入4龄以后,就需要雇上30个人一起开工喂上2小时。"最苦最累的时候要数4龄以后了。你想,180亩地的桑叶,在一周之内要全部摘完喂给蚕宝宝,这工作量一般人很难想象。"钮月康说,仅靠养蚕卖茧子,挣的钱并不多。对此,他注册了吴江区平望镇月康蚕业养殖场,现已起步做养蚕的延伸产品:一是180亩桑园,每年都会长"出不少桑椹,如果对外开放桑椹采摘游,应该会吸引不少的家庭";二是蚕蛹作为高蛋白的食品,一直都颇受欢迎,"我想引进一些蚕的新种,蚕蛹会更大些的,专门生产蚕蛹",新鲜的蚕蛹目前市场价在25元/千克,一张产量也很可观;三是蚕沙,"我原本不晓得,后来才知道这蚕沙还是一种中药材,可以入药,也可以放入枕头里,你们城里人很喜欢"，进一步做大做强"月康蚕业养殖场"①。

兴盛的蚕桑业形成了久远的蚕桑习俗文化。在太湖流域每年皆以农历十二月十二日为蚕花娘娘生日——祭祀蚕神马头娘（也叫马明王、马鸣王菩萨、蚕花娘娘、蚕花菩萨、蚕皇老太、蚕丝姑等）。蚕妇们用红（掺入老南瓜）、青、白三色米粉做成圆子，如茧圆、绞丝圆、茧篮圆、元宝圆等，用于供灶，并备酒菜，点香进行祭拜以祈求赐予蚕花旺年。

明清时开展的"轧蚕花"活动就是其中的重要活动之一，不少地区还以山丘上蚕花庙会形式出现，多时一天有上万人。此时，还有个不成文的规矩，未婚的男女青年总要往人堆里挤轧，人越多，挤得越热烈，即预兆当年蚕事越兴旺，称之为"越轧蚕花越发"。未婚的蚕花姑娘非常希望有哪位小伙子摸一摸她的乳房，俗称"摸蚕花奶奶"，认为能有机会被摸一下，这意味着她有资格当蚕娘，她的蚕事一定会兴旺。这个风俗很悠久，主角是女方，体现了原始母系氏族时的遗风。②

另一种是蚕乡民众喜闻乐见的歌舞形式——"扫蚕花地"，距今至少已有数百年历史，清末至20世纪50年代初最为兴盛。这一类表演往往取材于蚕桑生产，通过音乐、舞蹈、唱词等的表演，表达蚕农祈望蚕事丰收、生活幸福的美好愿望。然而，它并非独立存在，而是与特定的生产生活场景结合，既包含了朴素的生活愿望与根深蒂固的信仰心理，又在反复展演的程式中呈现超越现实的艺术美，多在每年春节期间和清明前后表演，其中尤以清明前后表演最为集中。此时正值蚕农们扫蚕室，除尘糊窗，清洁蚕桑工具，准备开始一年蚕桑生产之际。蚕农请人表演扫蚕花地便有清除一切灾难晦气，祈求吉祥、蚕事丰收之意。

表演者一般是女性，单人小歌舞，另有人敲小锣、小鼓伴奏。场所多在蚕室内或农家正厅。艺人头戴蚕花，发髻左侧插一根白鹅毛，身穿红色上衣、红色百褶裙，脚穿绣花鞋，打扮得颇为喜庆。道具多是蚕户家常见的养蚕工具，就地取材，稍加装饰。包括直径45厘米左右的大蚕匾一个，沿边糊上彩纸穗、红色纸蚕花；一把长柄扫帚，柄上扎红色纸蚕花。此外还有秤杆、红绸白纸扇、红绸手绢等。表演时，先在蚕室或正厅中央放一张方凳，上置一把秤，扫帚置于左侧。扫蚕花艺人高举蚕匾登场，象征着蚕花娘娘给人们送来了吉祥的蚕花，在室内走圆场至中央方凳处，放下蚕匾。边唱民歌《扫蚕花地》，边按歌词大意即兴做动作表演，唱做之间保持以方凳为中心在室内走圆场，方向时而顺时针、时而

---

① 崔阳阳，《走近苏州最大的种桑养蚕户 他养蚕宝宝只是为"爱好"》，苏州《城市商报》，2015年5月9日。

② 参见中国江南水乡博物馆，轧蚕花溯源。来源：《江南水乡文化》，2006年9月5日。

逆时针。全舞共有38段歌词,每段之间有小锣鼓过门,艺人则做程式化的"扫地"动作,继而糊窗,用秤杆挑红绸,鹅毛掸蚁蚕,持扇煽火,捉蚕入匾,放蚕凳,采桑喂蚕,插稻草,抛蚕直到剥茧缫丝,最后送茶谢幕,堪称一部饲蚕缫丝的教科书。最后,庆贺蚕事丰收,艺人高举蚕匾,东家女主人接过蚕匾,歌舞结束。

它之所以深得蚕农们喜爱,不仅在于其细腻柔美、清丽委婉的表演风格,更是因为舞蹈蕴含着人们对自身状态、既定生活模式的感性认知和集体的构造。长期的饲蚕、植桑、缫丝以及在此基础上形成的各种习俗联结在一起,形成了一种独特的生活文化氛围。

养蚕期间,蚕房禁忌室内扫尘、炙爆鱼肉、舂捣、敲击门窗、锡箔、哭泣及秽言淫辞等等。语言上也有禁忌,如"葱"不能叫葱,要叫"香头",唯恐蚕宝宝被"冲"掉等等。

(二)丝绸之源

1. 7 000年前出现蚕纹牙雕器

吴越地区多个考古遗址出土文物证明,早在新石器时代,长江三角洲就已出现了蚕桑丝绸业,确立了这一地区"世界丝绸之源"之地位。

1977年在河姆渡遗址出土的蚕纹牙雕器距今至少已有7 000年的历史,是目前所知最早的蚕形刻画(见图3-5)。加之大江南北出土的先秦时期的许多玉蚕、陶蚕、纺织工具以及丝织品的残痕和实物,向人们展示了一幅琳琅满目、美不胜收的中国丝绸发展的瑰丽画卷。

图3-5 河姆渡遗址出土蚕纹象牙杖首饰

俯视蚕纹牙雕器,平面呈椭圆形,中开凿方形凹口,侧视如半球状;两侧下端近口沿部位钻凿有对称的2个小圆孔,其外表下端刻有1圈编织纹装饰带,中间阴刻有十分珍贵的"蚕"纹图像。笔者认为,这仅仅是"蚕"出现露出的冰山一角,因为在出土文物中还有纺车和纺机零件等与此相关的很多东西。比如该遗址中出土了一批样式各异的木器,专家发现与云南、广东等地少数民族腰机的部件非常相似,其中一件木刀,长430毫米,背部平直,厚8毫米,刃部较薄,呈圆弧形,应当是打纬刀。另有18根大小不等的硬木圆棒,长的有40厘米,推测是定经杆、综杆之类的部件。因笔者曾在苏州东吴丝绸厂干过4个月,并用两个半天讲述过"吴地丝绸发展史"(培训近200名中层以上干部),多少懂一点。

这就使我们联想到1972年,苏州唯亭镇草鞋山出土的罗纹葛布实物:经密约10根/厘米,纬密为13~14根/厘米,有罗纹部为26~28根/厘米,有山形和菱形花纹,花纹处的纬纱曲折变化,罗纹部纬纱上下绞结。经纱为双股,S捻,系中国目前最早的原始绞纱葛纤维织品,让你为中华民族的卓越智慧而由衷自豪。①

蚕丝柔软、光滑、弹性好。裹在一枚蚕茧外的丝,长达800～1000米。蚕丝的断面略呈三角形,主要成分是丝素和丝胶。丝素是略呈透明状的纤维,是茧丝的本体,不溶于水。丝胶是包裹在丝素之外的、带黏性的物质,只有在一定的温水中,丝胶溶解,蚕丝纤维才会分离。智慧的先民按照上述原理解开了抽丝剥茧之谜,具体将在下一节有关缫丝问题中来讲。《黄帝内传》上说:"黄帝斩蚩尤,蚕神献丝,称织维之功。"蚩尤是南方人的祖先,这就进一步证明了吴越地区除了早有盛名的稻米文化,更是丝绸纺织文化的摇篮。

2. 4700年前钱山漾蚕丝织物出土

一位诗人说,丝绸是柔软的,它的幽雅与奇幻、色泽与纹理,代表了精致、富庶、高贵、江南、水以及摇曳斑斓的理想生活。它是古代中国的一个世俗符号,让先人渴望,渴望衣锦而行,吐气如兰。丝绸也是坚硬的,当它从中国南方的蚕桑之地一跃而起,掉头西北向时,一种神秘的意志与情怀便贯注其中,于是它就成了拓荒、西进、光荣、牺牲、开放和胸襟的代名词。它腋下生翼,高挂于北斗之上,由此成为我们这个民族一根生动的血管,一条脊椎般的天路,纵横东西。

长三角是世界丝绸之源。这个起点,就目前来说,"蚕纹"在河姆渡,但出现的实物则在太湖南岸的"钱山漾文化"遗址。这个遗址是慎微之先生(湖州人)于1934年夏发现的。1936年他在《吴越文化论丛》上发表了《湖州钱山漾石器之发现与中国文化之起源》的论文,让沉睡了数千年的钱山漾遗址开始进入了人们的视野。1939年日本侵华期间,日本人循着慎微之论文中提到的线索,曾派员来钱山漾收罗石器并作研究,此事还被写进日本出版的《江南实踏》一书。可见,"钱山漾文化"举足轻重。1956年和1958年,原浙江省文物管理委员会的专家们对遗址进行的两次发掘中,出土了一批丝线、丝带和平纹绢残片等,大部分存放在一个竹筐里。② 经浙江纺织科学研究所等单位初步鉴定:该丝织物为家蚕丝织物。从该遗址出土的其他遗物(丝线、稻谷壳、木杵、竹绳等),经碳-14测定和树轮校正的年代结果来看,为公元前2750±100年③(见图3-6),这比山西夏县西阴遗址出土的蚕茧标本时代还要早,经鉴定为典型的

---

① 参见《苏州市志》,江苏人民出版社,1995年,第9页。
② 汪济英、牟永抗,《关于吴兴钱山漾遗址的发掘》,《考古》,1980年第4期。
③ 参见《中国历史纪年表·新石器时代表》,上海人民出版社,1976年。

桑蚕丝,不是柞蚕、椿蚕或野蚕丝。① 经浙江丝绸工学院、上海纺织科学研究院切片检测,其中的绸片和丝带被确认为人工饲养的家蚕丝织物。这批距今已有4 200年至4 400年的织物,绢片呈淡褐色,经岁月磨蚀虽已没有了当年的色彩,但却留下了历史和文明的印记,成为世界上迄今最早的家蚕丝织品实例(见图3-7)。2014年11月,学术界正式将钱山漾一期文化遗存命名为"钱山漾文化"。2015年6月25日,中国湖州钱山漾遗址被正式命名为"世界丝绸之源"。

图3-6 钱山漾遗址出土的新石器时代丝线

资料来源:《考古学报》1960年第2期

图3-7 20世纪50年代钱山漾遗址出土的家蚕丝绸片

资料来源:新华社

史料表明,家蚕首先是吴人养育的;缫丝织丝的技术,不仅发祥于吴地,而且遥遥领先于全国、全世界。

3. 苏州夏禹时献丝织品土贡"织贝"

苏州悠久的丝绸历史至少有两个史实为证:

一是从夏禹始至今丝绸从未中断。苏杭二州历来被誉为"丝绸之府",在上古时期属九州中的扬州,夏禹时就有丝织品土贡"织贝"一类的彩色锦帛。可是有些学者有不同的看法,笔者建议这些学者去看看钱山漾文化遗址家蚕丝纺织的世界唯一现存实例。该遗址出土的家蚕丝就是放在竹筐里

---

① 浙江省文物管理委员会:《吴兴钱山漾遗址第一、二次发掘报告》,《考古学报》,1960年第2期。

的。所谓"织贝"就是贝锦,是织有贝形图案花纹的锦。南宋蔡沈研究《尚书》亦说,"织贝"即"织为贝文",为锦名,此说早已成为后世的一种流行的共识。《周礼·职方氏》曰"东南曰扬州";《尔雅·释地》说"江南曰扬州"。《书·禹贡》:"(扬州)厥篚织贝。""厥篚"就是竹篚、竹筐。《说文》:"筐如竹篚是也",上有盖,盛物也。

　　春秋时期吴国公子季札到中原各国观礼时,曾将吴国所产的缟带赠给郑相国子产。上面已述的:周敬王元年(前519年),吴楚两国因争夺边界桑田,曾发生大规模的"争桑之战",说明蚕桑之利在当时经济上的重要地位。吴国都城就在苏州,三国东吴时,丝帛之饶,衣复天下,说明苏州丝绸已发展成为"瞻军足国"的重要战略物资。南北朝时,有日本使者求吴织、缝织女工归,《日本书纪》亦有相应的史实记载。

　　隋唐时,苏州属江南东道,丝绸贡品数量最多,"土贡"有丝葛、丝绵、八蚕丝、绯绫。韩愈曾说:"赋出天下,而江南居十九。以今观之,浙东西又居江南十九,而苏、松、常、嘉、湖五郡又居两浙十九也。"当时有"蜀桑万亩,吴蚕万机"的说法,以形容长江流域蚕桑纺织业的发达。

　　两宋时期,据《宋史纪事本末》载:"徽宗崇宁元年(1102年)壬午春三月,命宦者童贯置局于苏杭。"苏州、杭州、成都为当时闻名全国的三大织锦院。苏州的宋锦最为著名,又称苏锦。缂丝名家沈子蕃、吴子润亦出于苏州。《吴门表隐》记载:元丰初(1078年)城内祥符寺巷即建有机圣庙(又名轩辕宫),还有新罗巷、孙织纱巷(今古市巷装驾桥巷之间及嘉余坊)等生产纱罗的地方。虎丘塔和瑞光塔分别出土了五代北宋时期的刺绣、丝织经袱和经卷丝织缥头等。

　　元代时,在至正年间(1341—1370年),建织造局于平桥南。当时有名的苏杭五色缎,行销国外。盘门张士诚母曹氏墓出土有大批随葬锦、缎、绸、绫、绢等衣服,有保存完好且工艺精美的织锦缎被、提花龙凤衣带、绣花鞋、正反缎、云龙纹及各色花纹袍袄裙等丝织品。

　　明代苏州丝织业的兴盛超越前朝。明初,洪武元年(1368年)即在苏州设织染局,局址在天心桥东(今北局人民商场)。明代中央内府司礼监有苏杭织造太监一员,专司苏杭织造,派驻苏州。万历年间,织造太监因一味营利,仗势横行,激起民变。在苏州山塘街五人墓侧,至今有明义士葛贤墓遗迹。在定陵展览馆和故宫博物院,陈列的明代丝绸产品,每匹绸缎的段首都有封签,上面印着织造年月、织品名称、尺寸、委官及机织工匠的姓名,大部分来自苏州,还有参加过当时反宦官税吏斗争的工匠名字。北京慈因寺发现明代万历年间苏州织造的四件锦缎等。虎丘新庄王锡爵墓出土有忠靖冠服、织银锦帛、龙纹缂丝等。

　　据张瀚《松窗梦话》载:"大都东南之利,其莫大于罗、绮、绢、纻,而三吴为最。既余之先世亦以机杼起家,而今三吴之以机杼致富者尤众。"显

第三章 养蚕植桑 丝绸之府

然仅有官署的织造是不够的,民间的机户也生机勃勃。由于丝织业的兴盛,新兴了一批市镇,如盛泽、震泽等,到明末,盛泽已经发展成为丝织手工业大市镇,拥有人口5万。在苏州有盛泽绸庄所设的庄船专用船埠码头,旧址在阊门内水关桥臭弄口(今南浩街河埠),原址现称为"盛泽码头",遗迹尚存。

清代时在顺治三年(1646年)设苏州织造局,分为南北两局:南局名总织局,在葑门内带城桥东(局址在今市十中校址及孔付使巷内);北局名织染局,仍以明织染局址改建。官府织造的产品分为上用和官用两种,除织造各式龙袍、蟒袍、补子、缎匹、宫绸等以外,还有各种临时差派,如皇帝大婚、皇太后万寿贡、端午贡等。

在官府织造发展的同时,苏州民间丝织业也相当可观。据乾隆《长洲县志》卷十六载:苏州"织作在东城,比户习织,专其业者不啻万家"。又据记载:乾隆三十五年至四十五年间(1770—1780年),苏州的民办手工业丝织机已发展到12 000多台,约10万人。如石恒茂英记、李启泰、杭恒富禄记、李宏兴祥记等纱缎铺,都是在乾隆年间开设的。丝织产品,除宋锦、缂丝、龙袍等类外,主要有漳缎、织金、闪缎、妆花缎、摹本缎、贡缎、天鹅绒、高丽纱、花素累缎、陀罗经被、百子被面等,工艺技术均有较高水平,畅销国内外,外销约占60%,销往朝鲜、安南、缅甸、印度等国家与地区。

1912年9月,在阊门内下塘原清代宝苏局内,创设江苏省立第二工场,产品有江绸、提花丝光布等。1914年谢守祥等在齐门路首先创办苏经纺织厂,将木机改进为手拉铁机工厂。1917年陆季皋等在仓街开办振亚织物公司。同期又有延龄冠记、牲记、东吴、程裕源、广丰、洽大等丝织厂相继开设,到1921年共有绸厂14家。从1913年起苏州开始使用进口人造丝,用于制造衣边和织带业原料。1922年起正式采用人丝原料,与真丝交织,生产软缎、线绨等产品。织物品种逐步更新,织机设备亦有所改进。1922年苏经纺织厂首先试验改进铁木手拉机为电力织机。1925年振亚厂亦改装电力机试制成功,使产量大增,效果显著,各厂纷纷改机。从此苏州丝织工业由手工业工场转入了近代工业的发展道路。1931年前后苏州盛行厂丝和人丝交织的锦地绉等新产品。

1937年抗战期间,苏州有绸厂93家,纱缎庄77家,年产绸缎共28.8万匹。主要产品有塔夫绸、古香缎、织锦缎、乔其丝绒、毛葛、双管绡、博士呢、碧绉、锦地绉、软缎、中华缎等一百余种。苏州沦陷期间,丝织业一度停顿,备受摧残。在抗战胜利前的1945年初,苏州丝织业尚有97户,另有纱缎庄25户,产品主要有大伟呢、格子毕绉、金玉缎、九霞缎、大富贵织锦被面、花素累缎、陀罗经被等等。抗战胜利后,苏州丝绸业有所恢复,到1949年4月苏州解放时,尚有绸厂99户,丝绸产业链较完整,制作精良,质量上乘,花色品种亦较多,具有自主知识产权,是当时中国出口的主要工业产品,也是享誉世界的中国代表性工业产品。

此外,苏州还设有两所专门从事丝绸高等教育的大专院校(苏州丝绸工学院与苏州蚕桑专科学校)。当今,除了由政府投资创办的苏州丝绸博物馆外,还有位于苏州千年山塘街上一家由民营企业苏州瑞富祥丝绸有限公司投资打造的4 000多平方米的丝绸文化艺术馆。所有这些,都证明苏州城市发展与丝绸发展历史息息相关。

值得一提的是苏州南边有个京杭大运河穿梭而过的历史文化名镇——苏州吴江区震泽。远古时期,震泽地区"始为洪流,继为泽薮,卒为阡陌",沧海桑田,泥沙淤漫,堆积成陆。先民开垦,稀疏散居,聚成村落。吴江平望镇的龙南村落遗址及其北侧的袁家埭遗址曾出土了纺轮,证明早在5 000多年前吴江先民已从事纺织。

吴地自古农桑并称,蚕桑在中国古代文明中的地位与谷物平起平坐,震泽一带农村蚕丝生产更是如此。如今,震泽这个中国特色小镇,用蚕桑园留住丝绸之"根",再现古镇千亩桑田盛景。"一丝兴三业、三产绕一丝",全行业年销售额突破12亿元,连续5年保持20%以上增长,创造近万个就业岗位。

二是"织里""太监弄"等与丝绸有关的地名公所为证。苏州地名中与丝绸有关的,最早是春秋战国时期。当时苏州的丝绸产业已有规模,可以生产缟、锦、罗、绢等丝织产品。为此,吴王专门设立了一个丝绸生产的场所叫"织里",在今天的道前街与司前街一带,现留下的吉利桥,就是由织里讹传所致,一直到明朝,司前街被称为织里桥南街。

另一个与丝绸有关的地名是锦帆路。锦帆路最早是一条河,是在苏州古城还未筑造之前就开筑的"吴子城"(宫城)西的一条护城河,称为锦帆泾。至于为什么叫锦帆泾,主要是河里的船常装有美丽的丝绸品穿行于河中而得名。现锦帆泾已经变为今天的锦帆路了。

战国之后,一直到唐朝,今道前街金太史场口留下的"丝行桥"和"縠鞋桥"与上面所说的"织里"不远,这一带是当时丝绸生产、交易的集中区域,因而得名。

还有一些地名,一看就知道与丝绸有关,如桑园弄、蚕桑地、养蚕里、滚绣坊、机房殿等等。现在的人民路祥符寺巷中的"轩辕宫"建于宋元丰年,庙中主祀黄帝及先蚕圣母西陵氏,这与盛泽的"先蚕祠"中所祭祀的嫘祖是一致的。清同治年间,"轩辕宫"曾经创办纱缎小学,后来变为云锦公所,这也是苏州历史上最早的行业协会之一。云锦公所内分设丝织厂业、纱缎庄业和绸缎号业等等。

有意思的是,在苏州最繁华的步行街——观前街中段南侧有一条内街,叫"太监弄"。明代时,苏州设有专门供奉皇家纺织品的织造局,皇帝专派亲信太监主持其事,还有不少中小太监做助手。这些太监就居住在这条里弄内,故称"太监弄"了。更有寓意的是,苏州还有一座被称为"阴织造"的庙,也就是今天十全街相王弄的相王庙,位于苏州十中南校区靠相王弄马路边。现庙早已无遗迹,但香火从未断过,附近民众一直自发在此焚烧香火,烧香的大多是城郊车坊、甪直一带的中老年妇女,她们祭祀的主要是一个管理阴间丝绸生产的神。此说虽有迷信色彩,但从"神"身上可见苏州丝绸织造根基之深。应该说,神话与历史、神话与科学,其实各有功能。变成了神话的历史是长了翅膀、飞翔的历史,是历史的活化与历史精神的扩展。

面广量大的苏州丝织业,在历史上产生了大大小小的行业公所,其名称有"会""所""堂"乃至"庙"与"宫"等,计有200多处,所涉及的行业众多,如乔司空巷的霞章公所、主管纱缎机业的七襄公所、主管绸缎业的文绚公所以及绒机业公所等等。

地名是历史,亦是见证。

4. 吴地有两个誉满世界的著名蚕丝品牌

一是"辑里丝",二是"吴丝"。"辑里丝"又名"湖丝","吴丝"又称"香山丝",它们都是中国历史上久负盛名的两种土丝。所谓"土丝",是现在对古时"丝"质量的统称,它不是用机械缫制的,由于农家分散自行抽缫,因此都是鲜茧直接缫丝,不经烘成干茧,成本低。由于在生产中充分利用了太湖之滨优越的水土自然条件与精细的加工技艺,这两种土丝色泽光亮,质地坚韧,条分细匀,拉力强,历来皆为上品。

"辑里丝",原产于苏州吴江震泽与浙江湖州南浔间的七里村,清雍正后"七里丝"雅化为"辑里丝",其产区在吴江之震泽、七都、八都、庙港、横扇等乡区,因濒临太湖,原是太湖远古时的深切之谷,淤塞成陆后又有天目山下泻的丰沛漾水,清澄无杂,宜于制丝;还有肥桑硕蚕,故辑里丝颜色纯白,光泽艳丽,质地坚韧,弹性好,条分匀整,具有"细、圆、匀、坚"和"白、净、柔、韧"的特点,使"辑里丝"成为"湖丝"中的精品,非世界各地生丝可比拟。加之明朝中叶,南浔镇出了朱国桢、温体仁两位宰相,在他们的推荐下,"辑里丝"被指定为皇帝龙袍及内宫衣饰的用料,从此声名鹊起,成为"贡品"和出口的优质丝。1880年至1934年,南浔平均每年出口生丝5 420包(内含外地打它的牌子),占全国一半以上。

据周庆云《南浔志》载:"辑里村居民数百家,市廛栉比,农人栽桑育蚕,产丝最著,名甲天下,海禁既开,遂行销欧美各国,曰辑里湖丝。"明相国朱国桢在他的《涌幢小品》中写道:"湖丝唯七里尤佳,较常价每两必多一分。苏人入手即识,用织缎,紫光可鉴。"(见图3-8)

丝之质量,之所以能明显优越于他地,除上述已说明的当地自然条件之优良外,与农人缫丝技术之高超、培育蚕种之精心、选择制丝用水之讲究诸因素密切相关。据该村年过八旬的老农回忆,早有"水重丝韧"之传说,其水

上篇 根 基

较他地每十斤必重二两,所缫之丝亦可多挂两枚铜钿而不断。可见,辑里丝具有强韧的拉力,也为农人研究制丝工艺之独创。

据《徐愚斋日记》中说:英国女皇维多利亚做生日,有人把辑里丝作为礼品献上而获得奖励。1851年,英国伦敦举办首届世博会,沪商徐荣村寄送的12包产于南浔辑里村的"荣记湖丝",一举获得维多利亚女王亲自颁发的世博会金奖,

图3-8 清末"缉里丝"藏品
资料来源:新华社

由此强烈地刺激了西方买家的欲望。据《北华捷报》记载,就在伦敦世博会的当年,上海出口的生丝仅有20 631包,第二年就升为54 233包,1858年甚至达到85 970包的历史性高位。绵长柔韧的"辑里丝"越过江南水网,不仅缠住上海,也缠住了世界的身躯——蜚声欧美,誉满世界各地。

苏州吴县的光福、西华、香山、木渎、善人桥、横泾和洞庭东西山等处,位于太湖东岸,皆为著名的"吴丝"(香山丝)丝茧区。由于有太湖烟水的滋养,丝质光泽可爱,乾隆《吴江县志》称:"吴丝与湖丝一样负有盛名。"1889年苏州日本领事在报告中称"香山丝质量居于首位",质地坚牢,适合于织造高档出口织物。

"吴丝"农户在采收鲜茧后至发蛾前的旬日内即行赶缫土丝。制丝不分男女,两人交替进行。蚕户怕耽延时日,在缫丝前先浸以稀盐卤或日晒,将鲜茧先行杀蛹,就可供半月以上缫丝之用。因苏州丝织发达,当地土丝原料远不能满足需要,自明清以来,还向浙江杭嘉一带采购丝经(《皇朝经世文编》卷三十七)。清初,苏州的丝市贸易在城内景德路城隍庙前,至清末民国初期移至阊门内中市大街及阊门城外上塘街一带,故那里"丝行"林立,现留有元和李君樾所撰碑刻记叙此事。

二、天上取样 丝路原点

在古代,丝绸就是蚕丝(以桑蚕丝为主,也包括少量的柞蚕丝和木薯蚕丝)织造的丝织品。将生丝作为经丝、纬丝,交织制成丝织品的过程,叫丝织工艺。在丝织品中,有一种名曰"缭绫"(绫名),它精美绝伦、质地细致、文采华丽。对此,唐代大诗人白居易在《新乐府》五十篇中有一首诗专门描述了缭绫的织造过程,主题是"念女工之劳"。在这首诗中,充分展示了在苏杭二州曾做过刺史的白居易伟大而不凡之处。他在诗中既赞美了吴越地区无与伦比的丝织品"天上取样人间织",又反映了织女织出缭绫付出的高昂代

价——"丝细缲多女手疼,扎扎千声不盈尺",深刻地反映了封建社会被剥削者与剥削者之间尖锐的矛盾,讽刺的笔锋,直接触及君临天下、神圣不可侵犯的皇帝。其诗曰:

> 缭绫缭绫何所似,不似罗绡与纨绮。
> 应似天台山上月明前,四十五尺瀑布泉。
> 中有文章又奇绝,地铺白烟花簇雪。
> 织者何人衣者谁,越溪寒女汉宫姬。
> 去年中使宣口敕,天上取样人间织。
> 织为云外秋雁行,染作江南春水色。
> 广裁衫袖长制裙,金斗熨波刀剪纹。
> 异彩奇文相隐映,转侧看花花不定。
> 昭阳舞人恩正深,春衣一对直千金。
> 汗沾粉污不再著,曳土踏泥无惜心。
> 缭绫织成费功绩,莫比寻常缯与帛。
> 丝细缲多女手疼,扎扎千声不盈尺。
> 昭阳殿里歌舞人,若见织时应也惜。

唐代,劳动人民为了织缭绫耗尽了心血。据元稹《阴山道》说:"越厄缭绫织一端,十匹素缣功未到。"意思是:织一匹缭绫,超过织十匹普通绸子所费的劳力。可是它被当作贡品进献宫中以后,却被"汉宫姬"们——"昭阳舞人"糟蹋——"汗沾粉污不再著,曳土踏泥无惜心"。诗人对此十分痛心,并以"念女工久劳也"为序,揭示诗篇的主题,表达了对劳动者的深切同情。

"织者何人衣者谁"连发两问,"越溪寒女汉宫姬",连作两答。生产者与消费者以及她们之间的对立,均已历历在目。"越溪女"既然那么"寒",为什么不给自己织布御"寒"呢?就因为要给"汉宫姬"织造缭绫,不暇自顾。"中使宣口敕",说明皇帝的命令不可抗拒,"天上取样",说明技术要求非常高,因而也就非常费工。"织为云外秋雁行"是对上文"花簇雪"的补充描写。"染作江南春水色",则是说织好了还得染,而"染"的难度也非常大,因而也相当费工。织好染就,"异彩奇文相隐映,转侧看花花不定",其工艺水平竟达到如此惊人的程度,即从不同的角度去看缭绫,会呈现出不同的异彩奇文。这并非夸张。《资治通鉴》中有证:唐中宗景龙二年(708年)记载安乐公主"有织成裙,值钱一亿。花绘鸟兽,皆如粟粒。正视、旁视,日中、影中,各为一色",就可与此相参证。那么,它耗费了"寒女"多少劳力和心血,也就不难想见了。

上篇 根 基

(一)织中之圣 锦绣之冠

吴地盛产稻米,丝织业的蓬勃发展,使苏杭成了江南的雄州。随着丝绸生产的日益商品化,到清朝中后期,已达到全盛时期,仅苏州吴江盛泽镇一地周围就有木织机四万余台,被誉为"日出万绸、衣被天下",其丝织品种与花色琳琅满目。

1. 产业规模大,产品花色多

司马迁20岁时漫游各地,曾到江淮、会稽,观察过苏州城市景象,他在《史记·货殖列传》中说:"吴自阖庐、春申、王濞三人招致天下之喜游子弟,东有海盐之饶,章山之铜,三江、五湖之利,亦江东一都会也。……其帛絮细布千钧,文采千匹。"秦汉时期苏州形成为江南蚕织基地。三国时魏蜀吴政权都把丝绸织锦生产的发展,视为"赡军足国"的重要手段,东吴的孙权还开辟了一条海上丝路,通向辽东、台湾与日本、罗马等地,其提花技术和刻版印花工艺先后亦传入日本。"吴服"传入日本后,发展成为日本大和民族喜爱的传统服装"和服"。中唐安史之乱后,社会经济重心自北南移,江南丝绸产区在技术水平上有了更大提高,产品花色繁多,很多内容可以在唐代著名诗人李白、杜甫、陆龟蒙、皮日休、白居易、杜荀鹤等所写的史诗篇章中得到参证和理解,足以体现了当时吴中人在生活中与丝绸的密切关系。

精妙美艳的宋代丝绸,主场设在子城内,"宋平江图"碑内标明为"作院"(在今五卅路与锦帆路之间的市体育场内),其中织绣生产占有较大比重。丝织产品有著名的宋锦、缂丝、罗、绮、纻丝(缎)、绢、绫、纱等品种,织金锦也已流行,其仿古宋锦盛行一世,除供服饰应用外,还用作书画装帧。

南宋时缂丝名家有沈子蕃、吴熙等。据《吴门表隐》载:元丰初年(1078年),机织同业于城内祥符寺巷集资捐建"机圣庙"(又名轩辕宫),朔望香火祭祀。宋代时城内已出现多处生产纱罗绣线,如新罗巷和孙织纱巷(今古市巷与装驾桥巷之间及嘉余坊)、绣线巷(即修仙巷,在养育巷海红坊巷北)等。

1956年3月,虎丘云岩寺塔进行建修时,在塔第二层发现十字形地下空弄内石函,所放楠木广漆经箱内,有唐宋钱币、经帙、经袱、经卷、丝织品、牙牌、竹帘等文物一批。丝织品种有锦、绫、绸、绢、纱、绵等,并有五代吴越时的印花绸及绣花经袱等。

1978年4月,盘门城内瑞光寺塔第三层塔心窨穴内发现北宋时期的珍珠舍利宝幢一座,内有藏品经卷、藏经碧纸、陀罗尼经咒及铜佛像、金涂塔、琥珀印章等物,其中尚有刺绣丝织经袱、经帙、丝织缥头等丝绸包装物。

1964年6月,盘门外吴门桥盘溪小学内,出土元末吴王张士诚母曹氏大墓(亦称娘娘墓),出土大批随葬实物,其中丝织品服饰件有锦、缎、绸、绫、绢等品种,还有织锦缎被、提花龙凤衣带、绣花鞋、正反云龙纹缎及各种花纹图案的丝织袍、袄、裙等。

　　苏州织造局在清代全国设立的四处官局中规模最大，织造炼染及缂绣工艺也完整，故所织产品闻名于世。康熙时孙佩所著的《苏州织造局志》，为我国历代官府织造存世史志的唯一孤本，尤为国内外丝绸史学界所珍视。该局机构分为南北两局，历时260年，共铺机800张，额设匠役2602名，所织造的龙袍类织物，自明清以来均以技术高超著称。当时缂绣锦缎类工艺产品大都在苏州采办或招募高手技工，织造工艺图案等都是"天上"（皇宫）指定的特殊要求；色彩方面，基本染色26种，其中上用22色，官用14色。织造品种有：缎、纱、绰、绣、丝绒、漳绒、闪缎、闪锦缎、蟒缎、花宫绸、宁绸、素缎、花缎、云缎、妆花缎、暗花缎、织金缎、彩纱、寿字纱等，清中期又生产天鹅绒、漳缎、陀罗尼经被等类。其典型传统品种及花色有：漳绒、天鹅绒、漳缎等。

　　辛亥革命后，随着科学技术的进步，苏州近代的丝绸经变革后异彩纷呈。原材料自1922年起，丝织业采用人丝原料，并与真丝交织。染化料亦引进了化学染料。其主要产品品种有织锦缎、花（素）累缎、贡缎等，传统品种的结构和织造工艺有了相应改进，新品种有交织软缎、中华缎、中山葛、巴黎缎、九霞缎、博士呢、毛葛、锦地绉、电力纺、感纺、双管绡、控花绢等畅销一时。1931年前后，苏州丝织行业盛行锦地绉等交织新产品，织物品种逐步更新。

　　除上述丝原料与染料外，纺丝的机械设备也随之变革。如织前准备器具新增了络丝、捻丝、整经、摇纤工具等。织机门类亦增加许多，如原始腰机、多综多蹑织机、束综提花机、手拉机、铁木织机、提花织机、全铁有梭织机、各种无梭织机等，由此苏州出现了很多色彩斑斓的新品种与花色，如织锦缎、塔夫绸、双宫绸等等。

　　在20世纪70年代末至90年代初，包括真丝印花双绉、修花缎、真丝顺纡乔其、真丝印花层云缎、人丝花绡（伊人绡、迎春绡、条子花绡）、真丝印花绡等产品都分别获得国家的金质与银质奖，特别是真丝印花双绉是由苏州丝绸印花厂生产的，1980年与1985年两次获国家金质奖。该产品具有图案新颖、色泽鲜艳、印工精细、手感柔软滑爽等特点，采用国际流行色彩，尤其是镶有金、银线的绡类织物，配色鲜艳柔和，制成衣裙风度潇洒，是华丽的高级穿戴绸。1990年英国女王伊丽莎白和皇室眷属曾身着由真丝印花双绉制作的时装出席各类社交场合。

　　2. 苏州缂丝"织中之圣"

　　缂丝，又名刻丝，是一种古老独特的汉族传统织造工艺，主要存在于苏州及其周边地区。苏州缂丝自南宋以后，盛名全国，苏州成为主要产地。缂丝素以制作精良、浑朴高雅、艳中且秀的特点，在丝织品中列为最高品第。

宋元以来一直是皇家御用织物之一，常用以织造帝后服饰、御真（御容像）和摹缂名人书画。因织造过程极其细致，摹缂常胜于原作，而存世精品又极为稀少，是当今织绣收藏、拍卖的亮点，一直延续到当下，常有"一寸缂丝一寸金"和"织中之圣"的盛名。苏州缂丝画也与杭州丝织画、永春纸织画、四川竹帘画并称为中国的"四大家织"。2006年，苏州缂丝织造技艺入选国家非物质文化遗产名录。

缂丝的技法起源于汉朝的缂毛，到唐代开始盛行。它以较细的本色丝线作经线，较粗的彩色丝线作纬线，利用专门的小梭子，在小型木机上，根据花纹图案，用手工加以一梭一梭局部挖织而成。它不同于一般的丝织品，而是手工丝织与书画艺术的结合，集丝织、绘画、刺绣特色于一身，是一种特殊的丝织工艺美术品。由于它在花纹轮廓处会留下纬线往复转向时的断痕，形成其通经回纬的结构特征，故宋人又称为"刻丝"，被称为中国丝织品中的活化石。

在南宋时，苏州缂丝代表人物有两人。

一是朱克柔（女，兼工画绣、织锦，松江人），是高宗时缂丝名手、画家。她织的缂丝表面紧密丰满，丝缕匀称显耀，画面配色变化多端，层次分明协调，立体效果极佳，有的类似雕刻镶嵌。织出的所有人物、树石、花鸟均极精，晕色和谐，清新秀丽，后世收藏家珍同名画，甚至连宋朝皇帝也派宦官到江南去搜刮。宋徽宗还亲笔在一幅"碧桃蝶雀图"上题诗："雀踏花枝出素纨，曾闻人说刻丝难。要知应是宣和物，莫作寻常黹绣看。"赞叹"运丝如运笔，是绝技，非今人所得梦见也，宜宝之"。其《莲塘乳鸭图》（上海博物馆藏，见图3-9）、《山茶》和《牡丹》（均藏于辽宁省博物馆）、《云山高逸图》《桃花画眉》《鹡鸰红蓼》等作品流传至今，既富有画意，又具有深厚的装饰趣味。

图3-9　朱克柔莲塘乳鸭图（缂丝）

二是沈子蕃（苏州人），缂丝技艺名扬中外，把缂丝艺术推向了空前成熟的阶段，其缂丝作品《梅花寒鹊图轴》（北京故宫收藏），系十大"镇宫之宝"。此缂丝作品体现了原画稿疏朗古朴的意趣，画面生动、清丽、典雅，是沈子蕃为数不多的存世作品之一，也是宋代缂丝工艺最杰出的代表作。清代乾隆皇帝特别喜爱这件作品，把它藏在清宫养心殿，并在画卷上题写"乐意生香"御笔。

该图轴以米黄色为地,花纹以青灰、普蓝为主色,配以绿、驼、水粉诸色;以石青构边,色调高雅。在缂织技术上,他熟练地运用平戗、长短戗、包心戗等多种缂丝技法,生动细腻地刻画了苍老的梅树、俊俏的花枝,并以写实的手法,摄取寒鹊瞬间动态,使画面自然和谐,尤其是梅树的树干,采用包心戗的技法,呈现出用笔皴擦的水墨效果。梅花的花瓣缂织极为精细,劲俏流畅。为了突出寒鹊的形象,用木梳戗织寒鹊的胸部,用绕线织寒鹊的部分轮廓线,使两鸟具有极强的立体感,且羽毛更具有柔软毛茸的感觉。原作梅花与竹叶的用笔很挺拔,沈子蕃采用了另以平织和贯织的两种方法,织出花叶的线条,既保持了原作的笔意,也显示出花叶的生动风貌。虽以缂代画,却不失绘画的气韵与意趣,传达出清新、自然、淡泊、幽远的诗意。

乾隆皇帝喜欢舞文弄墨,常在艺术形式上玩花样,往往要对同一艺术主题以不同的工艺反复表现。如果有满意的绘画或者书法作品,乾隆可能会把它做成玉器、漆器、木雕、掐丝珐琅、刺绣。而在不同的工艺形式中,缂丝尤称奢华,成本自然不菲。但乾隆显然是不差钱的,他收藏了大量的绘画作品,遇上自己所藏满意的画作,经常委派苏州织造用缂丝的方式再现出来,如果特别喜爱,还会反复织造数件,比如"福禄寿三星图"就是他所喜爱且反复制作的题材。

从目前已知资料看,缂丝的三星图的图样可能是摹自一幅纸本绘画,该纸本图是在乾隆四十二年(1777年)新年由宫廷画师姚文瀚绘制的。乾隆年逾古稀后,就多次命令苏州织造将三星图用缂丝的方式"拷贝"出来。如果考虑到乾隆晚年的心态,便可以理解他何以会在人生尾声将这一题材多次"拷贝"。他还为三星图撰写了《御制三星图颂》,我们可从此篇颂词中对老皇帝晚年心态窥测一二。

民间习惯将木星、文曲星、南极星三颗星辰附会于司掌福、禄、寿的神明,也许是蒙三星的眷顾吧,乾隆年过古稀之时,恰恰是同时把福、禄、寿这三样占全了。乾隆皇帝欣慰于自己的长寿,在为三星图题写的颂词中,开头便说"箕畴五福,居一斯寿",也就是说在乾隆眼里"寿"和"富""康宁""好德""考终命"相比,是《尚书·洪范》五福中的头一位。当然,帝王只有长寿还不够,执政时间漫长难保不出现执政失误,而乾隆认为自己做得还不错。乾隆曾经不无得意地认为,历史上帝王无数,但活到古稀的皇帝只有6人,6人之中,汉武帝、梁高祖、唐明皇、宋高宗都有不同程度的过失,只有元世祖忽必烈和明太祖朱元璋能看得上眼,但还觉得很多地方比不上自己。乾隆帝活到高寿,国家经他执政多年,也大体安定富足,他对自己政绩总结道:"得国之正,扩土之广,臣服之普,民庶之安,虽非大当,可谓小康。"天子统治着一个富足的国家,而按照乾隆自己的说法,"富即禄也"。不管他是富还是禄,又必须"资福以受"。总之,福、禄、寿这三样他都得着了。乾隆的这种得意心态,或许就是他将"福禄寿三星图"多次制作的原因。

宫廷收藏书画著录《钦定秘殿珠林》所载缂丝三星图轴一共有 9 轴,目前有 7 轴收藏于北京故宫博物院。这 7 轴缂丝画构图内容大致接近,但尺寸大小各有不同,其中一件编号为故 72 711 的体量最大,纵达 4.12 米,宽至 1.35 米(见图 3-10)。前面已经提到"一寸缂丝一寸金"的说法,制作这种尺寸超过 4 米的缂丝画,其成本可想而知。缂丝花费的不只是金钱,还有时间。据内务府档案载,可以看到乾隆要求制作这轴缂丝三星图的时间是乾隆四十八年(1783 年)的年初。比较于原先绘制的纸质版本,这件缂丝的三星图轴对画面背景环境做了更加细致的描绘,加上了山水、花卉、鹤、鹿等内容,把福、禄、寿三星放置在一个"丽天拱斗,旭日和风,松苍花茂"的仙境之中。乾隆帝关注的不只是画心内容,对于装裱的各细节也提出了相当具体细致的要

图 3-10 "福禄寿三星图"缂丝

(北京故宫博物院收藏)

求。内务府档案记载了制作前乾隆对于装裱的要求:三星图的上玉要用"蓝地淡三色云凤花纹五彩云寿带",下玉用"蓝地淡三色海水花纹",大边用"白地蓝西番莲花纹",题写御笔的三星图颂要做成"蓝地金字缂丝"。可以说连装潢的各个细节,也都是出自皇帝的授意,渗透着乾隆个人的审美。①

清代以后,苏州缂丝艺人大都集中在城郊的陆墓、蠡口、光福、东渚一带,世代相传。1949 年后苏州先后涌现出缂丝名家:沈金水、王茂先、王金山、俞家荣、王嘉良、王建江、吴文康等。2009 年 9 月,缂丝作为中国蚕桑丝织技艺入选世界非物质文化遗产。

3. 苏州宋锦"锦绣之冠"

苏州织锦早在春秋吴国时兴起,并有着厚实的基础。三国东吴时,吴王赵夫人能以彩纬为龙凤之锦,大将甘宁亦常缯锦维舟,驰骋长江。西汉《说苑》一书载:"晋平公使叔向聘吴,吴人饰舟以送之,左百人,右百人,有绣衣而豹裘者,有锦衣而狐裘者。"隋炀帝巡游江南时,彩锦作帆,连樯十里。五代时已产五彩灿烂的织锦。由此可见,苏州织锦历史悠久。到了宋代,宋高宗南渡后,开始盛行,尤其是到了明清时期,无论在组织结构和纹样风格上,

---

① 参见故宫博物院宫廷部仇泰格,《乾隆皇帝与缂丝三星图》,《光明日报》,2015 年 8 月 12 日。

还是在工艺技术上，均有了一定的创新和发展，不但用于衣着服饰，还用于书画装裱和装帧等，达到了历史上的全盛时期——"吴中多重锦"（经丝有面经和底经两重）。因产地主要在苏州，故又称"苏州宋锦"。

宋锦的织物结构，以经三枚斜纹作地，纬三枚斜纹显花，但也有少数宋锦的组织以六枚不规则经缎纹作地，纬三枚斜纹显花。整个组织为多重纬组织，系唐代斜纹型纬锦织物结构的变化和发展。纹样大多以满地规矩几何纹而颇具特色，其造型艺术繁复多变，构图纤巧秀美，色彩古朴典雅，平整挺括，与唐锦讲究雍容华贵形成明显的对比。

宋代，主要是宋高宗南渡以后，为了满足当时宫廷服饰和书画装帧的需要，锦得到了极大的发展，并形成了独特的风格，以至于后世谈到"锦"，必称宋。苏州出产的宋锦与南京的云锦、四川的蜀锦并称为"中国三大名锦"，而苏州的宋锦织造工艺考究，色泽华丽，图案精致，被赋予中国"锦绣之冠"。

元代一度衰败，明代又有所恢复，据王鏊《姑苏志》载：当时织锦品种有"海马云鹤""宝相花""方胜"等。后宋锦图案一度失传，至清康熙年间，苏州机坊向泰兴季氏购得宋裱《淳化阁帖》十帙。上有所裱宋锦 20 余种，使苏州古锦恢复了生产。

宋锦在制作中，染色需用纯天然的天然染料，先将丝根据花纹图案的需要染好颜色才能进入织造工序。染料挑选极为严格，大多是植物染料，也有部分矿物染料，全部采用手工染色而成。其图案一般以几何纹为骨架，内填以花卉、瑞草，或八宝、八仙、八吉祥。八宝指古钱、书、画、琴、棋等，八仙是扇子、宝剑、葫芦、柏枝、笛子、绿枝、荷花等，八吉祥则指宝壶、花伞、法轮、百洁、莲花、双鱼、海螺等。在色彩应用方面，多用调和色，一般很少用对比色。但在图案花纹上对称严谨而有变化，丰富而又流畅生动，艳而不火，繁而不乱，富有明丽古雅的韵味。

其织造工艺，一般分大锦、合锦、小锦三大类。"大锦"组织细密、图案规整、富丽堂皇，常用于装裱名贵字画、高级礼品盒，也可制作特种服装和花边。"合锦"用真丝与少量纱线混合织成，图案连续对称，多用于画的立轴、屏条的装裱和一般礼品盒。"小锦"为花纹细碎的装裱。

传统的宋锦生产制作工序复杂繁多。笔者与众多老干部专程去苏州吴江鼎盛丝绸有限公司参观了那个硕大的木结构机械，敝人虽然在东吴丝织厂工作过，但没见过那么大的家伙，约有两层楼那么高，上下各有一位女织工，虽是坐姿，可眼、手、脚并用。据丝绸厂的面料设计师介绍，上面的叫做花楼，牵花工在上面按照设计好的花纹提起经线，下面坐着的织工就根据传导下来的信息，织入一根纬线，如此反反复复，织机便发出"咿咿呀呀"的声音，千千万万根经线、纬线按照一定组织结构相互交错，就形成了一匹匹宋锦。这种古老的方法和机器，制作全真丝传统宋锦，一天的产量约为 10 厘米,真乃"扎扎千声不盈尺"(见图3-11)。

方法是:先将蚕茧缫制成蚕丝,再将蚕丝按经线和纬线不同的工艺要求,进行机织前准备,如挑花、结本、引线、穿综、穿筘、上机织造等,前后要经过20道工序。制作的工器具有脚踏缫丝车、调丝车、经耙式牵丝架、通经筘、通经架、摇纡车、挑花板、打泛片架和束综花楼织机、梭子、筘、机剪等,一切就绪后方可开织。

历史文献记载,苏州宋锦产品有八答晕锦、天下乐锦、翠毛细锦、簇四雕花细锦、方胜宜男细锦、四答晕福寿全宝锦、环藤双线锦、方胜练鹊锦、四合如意天华锦等等,宋代各种花色品种达四十多种,至明代已发展到上百

图3-11 全真丝传统的构造复杂的花楼织机

余种,这些品种精美绝伦,美不胜收。现北京故宫博物院收藏的苏州织造府织造的宋锦作品有:明代盘绦花卉宋式锦、狮纹锦、龙纹球路锦、宝莲龟背纹锦、红地牡丹纹天华锦、团龙纹天华锦、《极乐世界》重锦织成锦图轴等。

在上述众多宋锦中,其经典之作乃《彩织极乐世界图轴》。坊间传说乾隆皇帝的生母孝圣皇太后是一位虔诚的佛教徒,为了博得母亲的欢心,指示宫廷画家丁观鹏作一幅有关佛教活动内容的画卷送给母亲。丁观鹏是乾隆时期的宫廷画家,他找来佛经,潜心研究,决定以佛教经变故事中西方净土变的内容,创作"极乐世界图"。此图完成后,孝圣皇太后十分满意,把它悬挂于宫中每天观赏。有一天,宫女在打扫卫生时,不慎将这幅画弄了一个小窟窿,于是乾隆皇帝想用刺绣把这幅画表现出来,当即将原稿交给养心殿造办处绣作坊,可是宫廷造办处的绣作坊无能力制这么大件的东西,后改由苏州织造局承制。

苏州织造局决定用宋锦来织造这幅作品,经过近两个月的辛劳,完成交货。孝圣皇太后见到这幅用织锦织成的《彩织极乐世界图轴》后,高兴之情溢于言表,既满意于皇儿对自己的孝顺,更对苏州织匠的精湛技艺赞不绝口。此后,这幅图一直藏于清宫中陪伴着清代皇帝及其家人们。这幅图轴用放射透视的手法,在宫殿场景中安置了320个神态不同的人物,水山树石,奇花珍鸟,穿插其间。全幅用26种不同颜色的长织彩纬,在石青地子上以红、蓝、绿、橘色、水红、香色等作主色,形成鲜明的色彩对比。在运用这些对比色的时候,采用了浅色相间、黑线勾边和三层退晕及四层退晕的方法,外浅内深,逐层过渡,再在人物头部和建筑装饰等重点部位,用赤金和黄金两种捻金线点缀,使主体纹样更加突出。整个图轴,构图对称严谨,穿插生

第三章 养蚕植桑 丝绸之府

动,色彩庄重,富丽明快。

织工在制作这幅内容复杂、形象丰富、色彩多变、结构严谨的巨幅绘画性的宋锦作品中,首先,由精通画理的"挑花"匠人挑制"花本";接着由机工装配出专用织机上的提花装置,再由"挽花"匠人与织工配合制作。它是由纬线起花的织锦,面经则由织机花楼上的"花本"控制,在高达数米的花楼上坐着"挽花"巧手,居高临下,按照图样组织纬丝的变换,在织机前坐着数名"织工"不停地穿梭、接梭,其技艺的娴熟几乎达到了登峰造极的境界。如此大幅的佛教题材宋锦,不仅是研究清代织锦技术以及佛教艺术的重要实物资料,也是传世织成锦中的稀世珍品,举世仅此一幅。它原藏养心殿、乾清宫,上钤"乾隆御览之宝""乾隆鉴赏""三希堂精鉴玺""太上皇帝""八徵耄念之宝""五福五代堂古稀天子之宝""宜子孙""珠林重定""秘殿新编""宣统御览之宝""乾清宫鉴藏宝"等印玺。《钦定秘殿珠林石渠宝笈续编》有著录。

这幅稀世艺术珍品300多年来一直封存在故宫博物院,秘不示人。最近,故宫博物院方面向新闻界表示,由于《彩织极乐世界图轴》为"存世孤品",目前被存放于故宫博物院的库房中,保存状况良好。它纵4.48米、横1.97米,是清宫旧藏,属于一级文物。图轴以彩色纬线用控梭、长跑梭的显花方法织成,用色十几种,画中人物众多,繁密构图充满了整个画面,"织工细腻,手工技巧精致",亦是故宫博物院的镇院之宝。"但丝织品娇嫩易损,对展出环境的温湿度等方面要求较高,因此未曾展出"(见图3-12)。

2006年,宋锦被列入第一批国家级非物质文化遗产名录,其传承单位为苏州丝绸博物馆。同年,已从该馆馆长职位上退休的钱小萍,被评为非遗宋锦技艺国家级传承人。她既是研发中国第二代人造血管——"机织毛绒型人造血管"的科学家,又是能应用丝绸技艺创造出美丽织锦的艺术家,是中国丝绸界当之无愧

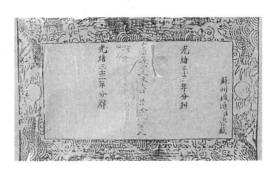

图3-12 (清)光绪苏贡皇室织锦缎(资料图片)

的泰斗。2009年,她在南京云锦研究所的支持下,成立了创制宋锦《彩织西方极乐世界图轴》的攻关研制小组。在没有目睹过原件,织造工艺也没有任何文字记载,且已年过七旬,她仅凭历史图稿、有关资料和多年的创作经验、设计技巧,从原料组合、经纬密度、组织结构、纹制技术,到装造技艺和上机工艺等方面,经5年反复试验,终于在2014年1月研制织成宋锦《彩织西方极乐世界图轴》。整个画面祥云缭绕、宫殿巍峨、宝池树石、奇花异鸟,数十

种彩色丝线显花活色生香、巧夺天工。国家非遗保护专家委员会委员华觉明指出："这是宋锦织造技艺的巅峰之作。钱小萍在没有看到原件的情况下，让它重现，非常了不起。它的出现代表了宋锦织造的最高水平，在宋锦的传承和发展上具有里程碑式的意义，也是苏州市非遗保护工作的一大成就。"

在这一创举的激励下，苏州宋锦迎来了不断发展的春天。苏州吴江鼎盛丝绸有限公司研制成功国内第一台符合传统宋锦织造工艺各项技术参数的电子提花织机。近几年来，该公司恢复了"上久楷"品牌，挖掘宋锦文化，多方拓展应用，在钱小萍老师以及苏州丝绸博物馆、苏州工商档案馆等单位的支持和帮助下，为苏州宋锦传承和发展做出了新的贡献，同时也为传统丝绸探索出一条新的发展道路。

在2014年11月的北京APEC晚宴上，与会的各国领导人及配偶身着鼎盛丝绸公司精心织造、制作的宋锦"新中装"拍摄了全家福。一夜之间，宋锦成了这个年末最火的中国传统工艺。这一服装面料用的是一种创新型的、改良版的宋锦。晚宴服装的基本结构，包括图案风格和颜色是宋锦，但花纹上有所变化，更符合低调内敛的要求。历史上的宋锦是彩色的，花纹色彩有时多达20余种，按照花纹的分布变化颜色，有"活色"之称，"同一个花纹，颜色却一直在变，这是宋锦所独有的"。男领导人服装"立领、对开襟"的款式，也是一次创新。"立领对襟是中国自明清以来就有的服装式样，开襟更早，早在商周时期中国已经有了开襟的服装式样。这次把它们结合在一起，也是中国几千年文化在同一件衣服上的展现。"在服装的颜色方面，鼎盛丝绸提供了很大选择余地——深紫红、深玫红、故宫红、城墙红、孔雀蓝和深蓝等，最后确定了故宫红、靛蓝、孔雀蓝、深紫红、金棕和黑棕等厚重大方的传统色调。

如今"中国苏州宋锦文化产业园"（见图3-13）在吴江盛泽已经对外开放，这是苏州丝绸产业转型升级的又一力作，也是传统产业与现代文化结合

图3-13 中国苏州宋锦文化产业园

的典范，它为古老的中国绸都注入了新的生机和活力。苏州首创的喷气真丝宋锦织机在电脑操控下，织机快速运转，引纬、打纬、开口、送经、卷取等宋锦织造工序自动完成，仅需操作工在旁察看，效率提高了4倍左右。宋锦织造专家李德喜介绍说，剑杆织机每分钟转速最高250转左右，而喷气宋锦织机每分钟转速可达340转，每小时可织1米宋锦，而传统木织机两个人一天才织出10厘米。康雍乾年间丝绸织造是苏州的主导产业，全城约有三分之一的家庭从事这项职业，从业职工约达10万人，正是他们创造了苏州丝绸美如云霞的光环。

一个旧的世界行将过去，一个新的世界有待打开。据传，拿破仑曾经说过：中国是东方雄狮。狮子，毕竟是狮子。是时候了，它已醒来了！重启丝绸之路——中国政府"一带一路"的倡议，不单是国家层面的审慎思考和战略选择，还是我们民族复兴、和平崛起的主动作为，更是一条世界辉煌大路的再生之旅。

（二）丝路原点　大美空间

道家讲，心中无敌，才会无敌于天下。2013年9月，中国政府提出共建"丝绸之路经济带"和"21世纪海上丝绸之路"（简称"一带一路"）的倡议，在各方的共同努力下，"一带一路"建设在探索中前进、在发展中完善、在合作中成长，已经取得了明显的阶段性进展，正在向落地生根、持久发展的阶段迈进。

"一带一路"连接亚欧非，一头是历史悠久的东亚，一头是高度发达的欧洲，中间是广袤的文明中间地区。联想到著名学者、新文化运动的领袖之一胡适，他认为传统的中国文明是有科学精神的，包容开放，能接受世界文明，此乃中国传统文明的重要源头。在共建中共享，在共荣中共赢。4年多来，其理念已逐步深入人心。

以太湖流域为中心的吴地，江河湖海造就了太湖流域在经济和文化等方面的开放性和包容性，它是北方丝绸之路、南方丝绸之路和海上丝绸之路三大交通线和经济带的重要丝绸原点，钱山漾遗址出土的世界上迄今最早人类利用家蚕丝纺织的唯一现存实例就是佐证。

富饶的江南，美丽的吴中，何止是丝绸？历史上还有铜与铁、稻米与葛布等。公元1292年，意大利旅行家马可波罗到达江苏的宝应、高邮、泰州、扬州、南京、镇江、苏州等地，他在游历中写道："苏州是一颇名贵之大城，居民是偶像教徒，臣属大汗，恃商工为活。产丝甚饶，以织金锦及其他织物。其城甚大，周围有六十里，人烟稠密，至不知其数。"①

吴地人像一头牛，更像一个奶妈哺育婴儿，默默无闻，无私奉献，从不声

---

① ［意］马可波罗，《马可波罗行记》，商务印书馆，2007年，第395页。

张,犹如静水流深,金沙深埋,因为她心中有一个伟大的信条:苍生与天良。这一信念早已契入吴地民族的心理与肌理的深处,并已凝成思想和价值观——厚德载物,有福同享;赠人以花,手自留香。

左手是过往,右手是未来,中间是现在。为了保障"一带一路"建设的顺利推进,吴地人不忘初心,始终不懈地在耕耘。

1. 江河湖海水系为媒,吴地"一带一路"源远流长

有位大家说,在商朝的时候,中国丝的生产制造中心是在长江流域。长江东部是太湖地域,可奇怪的是,太湖领域没有形成对外出口的路线,至少到今天为止还没发现任何证据。笔者认为,他最多只说对了一半。他可能不大了解地理经济学,忘记了以苏州为中心的吴中大地是个背靠大江大海的水乡泽国。古扬州与宜邑(今镇江)面向海,"三江"(东江、吴淞江与娄江)直通海。

水系的归属是看河流最终的注入地。最终注入海洋的河流为外流河,没有注入海洋而注入内陆洼地的河流为内流河。面对来自"天上"的千里长江与浩瀚无垠的太平洋,吴地的水系可谓天下第一。

在汉武帝平定南越以前,东夷、百越海洋族群创造的海洋文明是一个独立的系统。研究表明,中国历史文献中的百越族群,与人类学研究的南岛语族,属于同一个范畴,两者存在亲缘关系。东夷、百越族群逐岛漂流航行活动的范围,从东海、南海穿越第一岛链,到波利尼西亚等南太平洋诸岛,是大航海时代以前人类最大规模的海上移民。这些移民,包括传统海洋社会基层里的,如渔民、疍户、船工、海商、海盗等群体早就拉开了海上丝绸之路的帷幕。况且,"阿拉伯商人因为陆路成本太高,特别是唐朝安史之乱后陆路断了,只好改走海路。唐朝以后,中国出口的丝绸、茶叶、瓷器等都是东南沿海生产的"①。

古史资料证明,在东亚大陆存在着一个巨大的由东西相背的两条半月形弧线组成的文化传播带,吴越地区的丝绸文化通过庞大的水系与在这条传播带上的各地民族相遇、碰撞、影响而融合,说明吴地不仅是世界丝绸之源,也是"海上丝绸之路"与"陆上丝绸之路"的重要始发地。其途径主要是依靠水系,具体有三条:

一是逆长江而上进入"南方丝绸之路"(亦称"西南丝绸之路")。历来"蜀桑万亩,吴蚕万机",史书载有许多吴蜀交往生动的故事。南方丝绸之路,是一条以成都平原为起点,经云南等地到东南亚、中亚及西亚的中外国际交通线,纵贯亚洲,直抵地中海。四川省凉山州博物馆研究员刘弘指出:考古资料证明,在东亚大陆存在着一个巨大的呈"X"形的文化传播带,从成都出发,经云南

---

① 葛剑雄,《"一带一路"与古丝绸之路有何不同》,《解放日报》,2016年6月7日。

出缅、印、巴基斯坦至中、西亚的中西交通古道——"南方丝绸之路"。

从地理分布上看，三星堆遗址位于东亚"X"形文化传播带西弧线的中部；从出土文物看，三星堆的出土文物中有不少与其南、北地区的文化有着明显的文化联系——与北方文化有关系的有金面具、金杖、翼兽（龙）等；与南方文化有关系的有象牙、象头神、海贝、扇贝形铜挂饰、柳叶形剑、三角援戈等。三星堆博物馆副馆长邱登成介绍说，三星堆遗址出土的海贝不在少数。据《三星堆祭祀坑》报告记载，仅二号祭祀坑就出土海贝约4 600枚，其主要功能是用于商品交换的媒介——货币。除海贝外，三星堆遗址还出土了大量的象牙，这可能是从印度地区引进而来的，说明在三星堆文明的发展进程中，不断地保持着同其他文明的联系和交流，并不停地吸收这些异质文化的因素，这就是作为早期西南地区连接印巴次大陆的国际交通贸易线——南方丝绸之路。吴地的丝绸逆江而上，由此源源不断地进入了南方丝绸之路。

二是通过大运河进入"天路"——"北方丝绸之路"。吴地丝绸早期经邗沟、古泗水（河）及后来的通济渠入黄河，直抵长安（隋大兴城）集市，远销地中海一带的"罗马"等地。

三是通过长江与大海直接进入"海上丝绸之路"。"早在距今7 000年前，我国沿海的先民便开启了伟大的航海历程，为海上丝绸之路的起源奠定了坚实的基础。我国从北到南的广大滨海地区的贝丘遗址图片，是古人从海洋获取食物资源、生息繁衍的重要证据。"[①]2016年9月，上海博物馆考古队在上海青浦区与昆山千灯镇交界处的白鹤镇、距吴淞江不到1公里处的葡萄地里发现了历史文献中记载的隆平寺遗址。始建于北宋仁宗年间（1023年）的隆平寺塔7层呈八角形，据估测可能高达50多米，从地宫中出土了铜鎏金阿育王塔等一批文物。史载隆平寺塔是一座由民间捐献建造的佛塔。它还是一座灯塔，紧邻吴淞江入海口，肩负着指引海上丝绸之路过往商船进入青龙港口的导航功能。南宋绍兴元年（1131年），青龙镇曾专设海外贸易管理机构市舶务，有力地证明和进一步确立了青龙镇在吴地海上丝绸之路上的地位，重现了唐宋盛世这片土地上丝绸商贸的繁荣景象。[②]

江南是丝绸的故乡，太湖流域留存有旧、新石器时代众多遗址，见证了吴中丝绸悠久的历史。明代著名航海家郑和，从江苏太仓刘家港出发，完成了七下西洋的壮举，其时间之长、规模之大、范围之广都是空前的。据《明

---

① 赵晓秋，《"海上丝绸之路特展"首博开幕，中国航海之路可追溯至远古时代》，人民网，2014年4月28日。

② 参见孙丽萍，《考古发现或改写上海历史：不是"渔村"而是"巨镇"》，新华网，2016年12月18日。

史》记载,1405年7月11日(明永乐三年)明成祖朱棣命郑和率领庞大的二百四十多艘海船、二万七千四百名船员组成的船队远航,仅郑和航海的"宝船"就达63艘,最大的长度为151.18米,宽61.6米。船有四层,船上9桅可挂12张帆。曾到达过爪哇、苏门答腊、苏禄、彭亨、真腊、古里、暹罗、阿丹、天方、祖法儿、忽鲁谟斯、木骨都束等地,最远达非洲东岸,红海、麦加,并有可能到过澳大利亚。每到一地,都代表明皇拜会当地国王或酋长,同他们互赠礼品,以示友好。船队带去大量丝绸、瓷器、金银铜铁器和其他手工业品交换当地特产,购回当地的象牙、宝石、珍珠、珊瑚、香料等特产,这不仅在航海史上达到了当时世界航海事业的顶峰,而且对发展中国与沿线30多个国家与地区政治、经济和文化友好关系,特别是深拓"海上丝绸之路"做出了巨大贡献(见图3-14)。

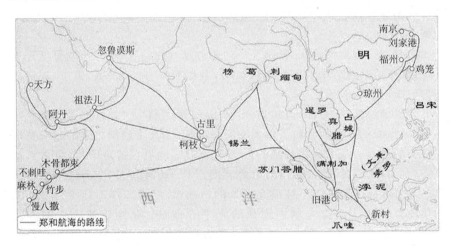

图3-14 郑和航海路线图(资料图片)

中外学者在研究《山海经》的最新成果——论文集《〈山海经〉世界地理与中国远古文明》中提出,从世界地理角度而言,《山海经》地理路线很可能就是中国历史上的"一带一路"。英国著名历史学家彼得·弗兰科潘认为,因为丝绸之路的存在,早在2 000年前,全球化就已经是事实。吴地,可谓"陆海丝路,两翼齐飞";吴中地区乃是"人文炽盛,战略支点"。

2. 建设丝绸创新之都,着力拓展"一带一路"合作平台

"丝绸之路"一词的首创者是德国的地理学家李希霍芬(1833—1905),他曾七次到过中国,自1869年至1872年在中国考察后,于1877年在所著《中国》一书中提出。他把"从公元前114年至公元127年间,中国与中亚、中国与印度间以丝绸贸易为媒介的这条西域交通道路"命名为"丝绸之路",很快被学术界和大众所接受,并正式运用。其后,德国历史学家赫尔曼在20

世纪初出版的《中国与叙利亚之间的古代丝绸之路》一书中,根据新发现的文物考古资料,进一步把丝绸之路延伸到地中海西岸和小亚细亚,确定了丝绸之路的基本内涵,即它是中国古代经过中亚通往南亚、西亚以及欧洲、北非的陆上贸易交往的通道。其实,这一路线在中国古籍《隋书·裴矩传》中早有记载,虽然有所不同,但大体相似。

传统的丝绸之路,起自中国古代都城长安(今西安),经中亚国家阿富汗、伊朗、伊拉克、叙利亚等而达地中海,以罗马为终点,全长6 440公里。这条路被认为是连接亚欧大陆的古代东西方文明的交汇之路,而丝绸则是最具代表性的货物。数千年来,游牧民族或部落、商人、教徒、外交家、士兵和学术考察者沿着丝绸之路四处活动,最著名的是西汉张骞开通西域的官方通道"西北丝绸之路"。

20世纪末,中国改革开放后,联合国教科文组织了一个为期十年(1987—1997年)的中国通往西亚的陆路考察,课题命名为:INTEGRAL STUDY OF THE SILK ROAD:ROADS OF DIALOGUE。中文的意思是"丝绸之路:对话之路综合考察"。

"海上丝绸之路"的首创者可以算是法国汉学家沙畹(1865—1918),他在其所著《西突厥史料》中提出"丝路有海陆两道"。20世纪70年代,饶宗颐(1917—2018,广东潮州人)在发表的《海道之丝路与昆仑舶》中第一个提出了"海上丝绸之路"的概念,论述了"海上丝绸之路"的起因、航线和海舶,广为国内外学界认同和称颂。1990年联合国教科文组织在1987年的"丝绸之路"考察后,又发起"海上丝绸之路"综合考察船"和平方舟"活动。这支由30个国家50多位学者组成的考察队,于1990年10月,从马可·波罗的故乡意大利威尼斯出发,乘阿曼苏丹王室提供的"和平"号考察船,沿古代商船航道向东行驶,于1991年2月14日抵达泉州后渚港。值得注意的是,这个考察活动是从西向东,而非自东而西。说明当年中国对西方的诱惑力远远大于西方对中国的诱惑力,贸易方向由此形成。其实,丝绸之路不仅是丝绸,还被称为玉石之路、陶瓷之路、香料之路。

从欧亚大陆上的东西文化交流通道来看,丝绸之路至少有三大路线:沙漠绿洲丝绸之路、海上丝绸之路和草原丝绸之路。从联合国教科文组织关于丝绸之路路线的先后五次考察来看,不论是哪条路,丝绸之路都是一条经济贸易的通道,世界各大古代文明汲取营养的通道,是一条民心相通的文化与文明融合之路。

从公元前第三个千年起,一种草原文明便在欧洲与亚洲传播,其遗存也颇为普遍。冬小麦,在汉呼之为宿麦,原产地在西亚,可能是7 000年以前的粮食。考古发现,有大约4 000年以前的冬小麦种子,在今之新疆、甘肃、青海及陕西一带星散着,其多炭化了。冬小麦显然是走丝绸之路过来的。在

上篇　根　基

今之河南安阳的妇好墓中，有一种属于透闪石的玉器，测定为今之新疆和田青玉。妇好是3 200年前商王的妻子，她墓中之玉器可能也是走丝绸之路过来的。凡此丝绸之路的传播是自发的、个人的，也是小型的，但汉武帝的丝绸之路的传播却是大型的、集体的，是汉帝国意志的反映，彼此的性质迥异。中国从西域输入了葡萄、苜蓿、石榴、胡桃（核桃）、胡瓜（黄瓜）、胡荽（香菜）、胡麻（芝麻）、胡豆、胡椒、胡萝卜……当然，也以丝绸之路，中国向西方输出了大量的丝绸与众多粮食蔬菜之种及纸、铜镜、锅、钳子、火镰、瓷器……可见，它是双向的，是留给世界"和平合作、开放包容、互学互鉴、互利共赢"之路。"一带一路"的倡议来自中国，属于世界，它的初步成效已经开始惠及世界，迈出了共建"人类命运共同体"的坚实步伐。

① 陆海双向开放，建设丝绸创新之都

"一带一路"提供了地理空间和设计窗口。它涵盖的重点区域，其市场之大、机遇之多，超出想象。沿途60多个国家，总人口约44亿，年生产总值约21万亿美元，分别接近全球的2/3、3/10。它的开放包容将是中华民族复兴大业、实现梦想的"冰天跃马"之旅，更是"中国史诗"的真正开篇——将带来"新全球化"进程。

江苏抢抓"一带一路"和长江经济带建设机遇，充分利用其港口大省、外贸大省的有利条件，陆海双向并进，积极拓展对外开放新空间。自2015年以来，多趟国际班列架起江苏与欧洲及中亚地区的快速物流通道，继苏州始发的"苏满欧"、连云港始发的"连新欧"以及"南京—中亚"国际班列后，作为新亚欧大陆桥经济走廊重要枢纽的徐州也开通了中亚货运班列。尤其是连云港是新亚欧大陆桥经济走廊的东方起点，积极开展与哈萨克斯坦等支点国家的交流合作，加快了建设中哈（连云港）物流合作基地和上合组织（连云港）国际物流园，共同打造上合组织出海口，积极参与哈萨克斯坦"霍尔果斯-东门"经济特区建设。

苏州是"一带一路"的重要战略支点。"丝绸之于苏州，应如香水之于法国，名表之于瑞士"。为实现"冰天跃马"之旅，早在2013年7月就建立了"中国丝绸档案馆"。现馆藏有"认祖归宗"的本土原创丝绸技术、工艺等文书类档案50万卷，丝绸样本等实物类31万件，光盘、录像、幻灯片等特殊载体档案约200件。为采集四面八方各地丝织精华，丝绸档案馆又面向全国征集到丝绸档案近万件，将千百年"雪藏"的古老"宝贝"苏醒、重生、复活，绽放出新的光彩。如从祖本解密恢复生产的漳缎、根据档案复制的明代织物残片、2014年APEC会议领导人服饰采用的宋锦面料及成衣……唤醒了人们的记忆，使霞蔚天成、美若云霞的古老丝绸走出了历史，走进了现实。近几年来，丝绸档案馆还"档企合作"，借助馆藏丰富的丝绸档案资源，依托并融合政府、社会、高校、企业等多种力量，凤凰涅槃般地创新了绫、绡、锦、罗等许多鲜为人知的丝绸新品,形成了档案的活态保护,实现了利益共享,推进了传统丝绸品种的复制与创新开发,其成果已开始在各地开花,鲜艳而夺目。

苏州吴江盛泽镇将传统纺织技艺与现代丝绸、科研技术相结合,经历数轮技术改造与装备更新,纺丝、织造、印染等主要装备在国内处于领先地位,纺织产品的种类从真丝绸、涤纶产品为主向混纺、复合方向发展,从传统面料向家纺乃至产业用布发展,从单一织造向经编发展。目前,拥有6 500多家的纺织织造企业,各类纺机设备20多万台/套,其中不乏机器人的高效率,年纺丝能力400多万吨,年织造能力达200亿米,染整能力70亿米。拥有千亿级市场(东方丝绸市场)、千亿级企业(恒力集团),新型工业区、纺织循环经济产业园等创新载体加速推进,经营品种包括纺织原料、真丝绸、化纤织物、棉布、装饰布、家纺布、服装、纺织机械、配件等10余个大类上万个品种,在陆上与海上"丝绸之路"上,产品销往100多个国家和地区,赢得了世界各地的青睐。尤其是苏州太湖雪丝绸股份有限公司,它是一家集蚕桑种植养殖、生产、设计、销售于一体的专业真丝家纺生产企业,近10年来,开发专利32项、版权96项、商标权72件,参与制定2项国家标准和1项行业标准,极大促进了蚕丝被在国内的普及,在国际上打响了苏州丝绸品牌,推动了行业发展,产品远销美国、加拿大、俄罗斯等20多个国家和地区。2015年,该公司成为第53届世乒赛官方唯一指定丝绸品牌,为全球127个国家和地区的嘉宾定制丝绸"国礼",把承载中国传统文化的丝绸推向了世界。

②产业抱团陆海并进,着力拓展"一带一路"合作平台

在"一带一路"发展大局中,吴地拓展"带"的空间,挺进"路"的纵深,借力"一带一路",着力拓展"一带一路"合作平台。

一是设立"一带一路"投资基金。江苏继2015年首期投入30亿元后,基金到运行中期规模要提高到100亿元,到2020年底将要达到300亿元,这是江苏发挥财政资金杠杆作用、引导和带动社会资本投资"一带一路"建设的务实之举。

二是互联互通。素有"江海门户"之称的南通,拥有166公里江岸线、206公里海岸线,集"黄金水道"和"黄金海岸"于一身。承南起北的沪通长江大桥建成后将实现南通江海联动,使南通与国家综合运输大通道有机衔接。随着长江深水航道西向延伸,地处沿海经济带与长江经济带T型交汇点的南京港则是我国中西部直达海洋的新起点。连云港港口,一尊锚锭造型雕塑的底座上,醒目地标注着"新亚欧大陆桥东端起点"。抬头东看,浪花拍打着船舶缓缓消失在茫茫大海;凝神西望,列车轰鸣着奔向中亚、欧洲。目前,连云港承担了全国50%以上的新亚欧大陆桥过境运输业务,60%的货物吞吐量来自中西部地区,是中亚国家最便捷的出海口,也是日韩货物进入中亚

乃至欧洲的最佳中转地。2016年，太仓港完成货物吞吐量逾2亿吨，持续呈现逆势上扬态势，跃升为长江集装箱、长江外贸第一大港，位列全球100强集装箱港口第39位，并实现了从"江港"向"海港"质的飞跃，成为全国唯一享受海港管理的内河港口。上海港已连续6年世界排名第一，而洋山港区又是世界上最繁忙的码头，每天有近4.5万个集装箱在这里流转。2016年，上海口岸货物进出口达68 820亿元，占全国的28.3%，占全球的3%以上，规模已超越香港、新加坡等传统国际贸易中心城市，放射出"国际贸易中心、国际航运中心"的火焰。

三是挺进丝路。早在20世纪80年代就曾以纺织服装享誉全国的无锡大型民营企业红豆集团，在"十二五"期间走出去，在位于"21世纪海上丝绸之路"的重要节点上——柬埔寨西哈努克港牵头投资，初步建成当地规模最大、发展最好的西哈努克港经济特区，为当地创造就业岗位1.6万个，促进了当地经济发展与周边社区的和谐共生，得到了当地老百姓的拥护。如今，"无锡—柬埔寨西哈努克港"国际航线已开通，西港特区正迎来产业发展2.0新时代。

苏州工业园区设立了境外投资服务示范平台，境外投资规模快速上升，截至2016年9月，园区共有239家企业赴境外投资372个项目，投资额累计达82.7亿美元。江苏徐工集团扬帆出海，从2014年开始，在"一带一路"沿线国家新设区域营销中心和一级经销商，在波兰、乌兹别克斯坦、伊朗、马来西亚建立海外工厂，在德国建立欧洲研发中心，同时积极实施跨国并购，实现在关键零部件领域的突破，企业形象也得到沿线国家的高度认可。2014年10月，常州市天合、金昇等多家企业纷纷启动海外产能布局，目前已有27家企业在"一带一路"沿线国家累计投资34个项目。

以前每年到国外发展的苏州吴江区企业只有一两家，而且是小打小闹的贸易型公司，现在大多结伴而行，从单打独斗到组团作战。作为吴江民企的领头羊——亨通集团是全球第二大光纤制造厂，2016年营业收入586亿元，在海外已有6家研发基地，如今又确立了"555"国际化发展标准，即拥有50%以上的海外市场、50%以上的海外资本和50%以上的国际化人才。

莫言引用诗人艾青的诗句说道："蚕吐丝的时候，没想到会吐出一条丝绸之路。"今人也没有想到，当丝绸之路几成历史遗产时，在21世纪的今天，能焕发出蓬勃的生机。帷幕拉开，丝路已经走出历史，走下蓝图，走进日新月异的今天。

"细葛含风软，香罗叠雪轻"，这是美的养分，慧的力量，文的气质。"一带一路"是相互欣赏、相互理解、相互尊重的人文基石，开创了"新型全球化"。吴地脚下的这片热土，一花开引来百花香，其道德之长、思想之光、精神之美，这无疑是一条充满阳光的大道。

第四章

地广野丰　铜源之乡

《宋书》载"江南之为国盛矣,……地广野丰,民勤本业"。① 江南不仅是鱼米之乡,还有多种金属矿产,特别是长江中下游沿岸金(铜)锡矿隶属于太平洋成矿带,资源丰富。

铜,是人类认识并用以制造器具的第一种金属。21世纪的今天已进入高科技的信息时代,而铜仍起着不可缺少的重要作用。在日常生活中,人们很喜欢不锈钢,但很少有人知道,若论抑制细菌的能力,铜,才是充当厨房健康卫士的可靠材料,家有铜炊具保健康。英国南安普敦大学的科学家对铜炊具和不锈钢炊具进行了大肠杆菌的抑制作用比较,结果发现:大肠杆菌在不锈钢炊具表面可以存活3至4天,而在铜炊具表面仅能存活4小时;智利大学的科学家发现铜炊具能够抑制沙门氏菌和弯曲菌的生长。含铜量越高的材料,抑制细菌的能力就越强,而不锈钢的抑菌效果尚不及铜的十分之一。其抑菌机理主要来自两个方面:一是接触反应,铜离子与细菌接触后,造成微生物固有成分破坏或产生功能障碍;二是光催化反应,在光的作用下,铜离子能起到催化活性中心的作用,激活水和空气中的氧,产生羟基自

---

① 《宋书》卷五十四,"史臣曰"。

由基和活性氧离子,短时间内破坏细菌的增殖能力,从而达到抑菌的目的。在古代社会,青铜器的出现是关系到文明起源的问题。每次看到造型或粗犷大气或精致华美的青铜器,特别是它们身上那斑驳的蓝绿色(铜绿),充满着超越时光的魅力,仿佛就迈入了那脉脉流过的历史长河。

沿着时空上溯,由夏至清,4 000多年,其间,青铜与铁各领风骚2 000年。在前约2 000年是青铜的天下,以青铜铸造为主。据《史记·封禅书》记载:"黄帝采首山铜,铸鼎于荆山下。"现有考古资料表明,我国早在夏代(前21世纪—前16世纪)就掌握了红铜冷锻和铸造技术,夏末商初就有了青铜冶炼和铸造,商代中期以后就创造了灿烂的青铜文化。

中国十大国宝青铜名器(司母戊方鼎、鸮尊、四羊方尊、大盂鼎、虢季子白盘、龙虎尊、珊生簋、匽侯盂、铜冰鉴、曾仲斿父壶)在中华文明的体系中占据了举足轻重的地位,历来被视为宗族和国家立族、立国之象征。1939年出土于河南安阳殷墟的司母戊方鼎,型制雄伟,重达832.84公斤,高达133厘米,是迄今为止出土的世界上最大最重之青铜器;1938年4月出土于湖南宁乡县黄村的四羊方尊,是我国现存商器中最大的方尊,高58.3厘米,重约34.5公斤,此尊造型简洁、优美雄奇,寓动于静,采用线雕、浮雕手法,把平面图像与立体浮雕、器物与动物形状有机地结合起来,整个器物用块范法浇铸,一气呵成,鬼斧神工,技术高超,精美绝伦……这些都说明中国人民很早就有了丰富的合金知识。到目前为止,我国传世和出土的青铜器还未有一个较准确的统计,估计仅就先秦时期而言,其总数应以数万计,我国可称为世界古代史中的青铜大国。

青铜,是红铜加锡或铅的合金,因其锈呈青绿色得名。可以说,夏、商、周时代就是中国的青铜时代。青铜器的原料,不仅是天子、诸侯和各级贵族礼器等社稷重器铸造的主要原料,还是铸造车马机械、兵器、货币、生活器具等重要的战略物资,也是国君、贵族生前身份地位的象征,并且由于国君、贵族死后还要用大量的青铜器随葬,因而铜锡的消耗量极大。20世纪50年代末至60年代初,在安阳苗圃北地殷墟铸铜遗址发现的陶范、模多达19 000多块,可见当年此作坊之规模很大。但铜矿石来自何方?有关商文献中无记载,甲骨卜辞中无线索。古人认为,"铜为山之子,山为铜之母",但并非有山就有铜矿,而可开采的铜矿又相对稀少。

考古发现,江南地区自公元前21世纪前后就进入青铜时代。最先使用的金属是红铜(未经有意加入其他金属的自然纯铜),人们将它加工成装饰品和小器皿。与红铜相比,青铜强度高且熔点低(25%的锡冶炼青铜,熔点就会降低到800℃;红铜的熔点为1 083℃)。青铜铸造性好,耐磨且化学性质亦比较稳定。在南方,主要是在长江中下游(北纬30°附近),有一系列先秦至唐宋时期的古铜矿采冶遗址,其中"吴头楚尾"的皖南铜陵,其铜矿采冶

第四章　地广野丰　铜源之乡

历数千年而不绝,在当代仍然发挥着巨大的作用,是国内最重要的铜冶基地之一,被誉为"中国铜都"。据估计,铜绿山古矿区,炼渣总量就达 40 万吨左右,可得粗铜 10 万吨以上。皖南仅南陵、铜陵两地,发现铜矿采冶遗址几十处之多,其中南陵江木冲、铜陵凤凰山与木鱼山三处炼址内的废渣至少在 50 万吨以上,加上其他地点废渣总数达百万吨以上,如按铜、渣比例 1∶10 推算,皖南地区产铜量至少在 10 万吨以上,其中相当一部分是先秦时期冶炼的。① 这些新发现引起了考古学界、历史学界、冶金史学界、科技史学界的极大关注。考古资料证明:江南自古以来就是铜、锡等金属的著名产地,是先秦一直到汉魏唐宋时期铜料的主要生产地区和最重要的铜料供给地,有着辉煌而耀眼的历史。在 21 世纪的今天,吴地人民全要素资源整合,长江三角洲已成为中国乃至全球重要的制造业基地,进入了工业化中后期,自主创新成为产业的主导方向,登上了新的经济增长平台,无疑是中华百花园中一朵亮丽的奇葩。

一、地广野丰　江南金锡

古吴越地域宽广,长江下游的江东,大致以太湖为缓冲的水域,北有吴国、南有越国。东周的吴就是西周的宜,或称"勾吴";越即戉,或称"于越"。吴越虽是两国,土著却是一族。早期的吴国疆域以太湖平原北部和宁镇丘陵为主体,扩展到皖南的大部丘陵、苏北的部分平原及淮南一些区域;越国的疆域以宁绍平原为主体,扩展到浙西。春秋前期吴国疆域西至江西九江、湖口,东到大海,北临淮泗,南达钱塘江北岸的杭州一线,总面积约 8 万平方公里;而春秋后期疆域则扩大了近两倍,就更大了(见前言图1)。在如此宽广的地域中,生态环境又十分优越,原始文化亦十分厚实。在丰富的资源中,不仅盛产稻米与蚕桑丝麻,而且盛产金锡。究其因,在现代地理概念中,按照秦岭—淮河为界划分,得知南边以丘陵和红土为主,地下储存成百上千种有色金属,如铜、铁、锡等。

早在 20 世纪 30 年代,当时对中国青铜器早期发展状况还较模糊,著名历史学家、考古学家郭沫若在对商周青铜器及其铭文进行深入研究的基础上,面对殷周时期大批制作精细、纹饰繁缛、技艺水平精湛的各类青铜器物,赞叹不已;进而对中原地区青铜铸造业的铜源、锡源大胆地做出了揣测,首次提出中原地区商周时期青铜或青铜冶炼技术可能是由别的区域输入的判断。他认为:"中国南方江淮流域下游,在古时是青铜的名产地。《考工记》云'吴越之金(铜)锡',《李斯谏逐客书》云'江南之金(铜)锡',都是证据。在

---

① 杨立新,《皖南古代铜矿的发现及其历史价值》,《东南文化》,1991 年第 2 期。

春秋战国时,江南吴越即为青铜名产地,则其冶铸之术必渊源甚古。殷代末年与江淮流域的东南夷时常发生战事,或者即在当时冶铸技术输入了北方。"①在《两周金文辞大系图录考释》中,郭老还通过对青铜铭文的考释,提出东南夷与中原政权之间存在着一条以金锡入贡或交易之路——"金道锡行"。《周礼》《禹贡》《越绝书》《史记》等均对质地优良的江南金锡和楚、吴、越所铸青铜器之精美赞不绝口,对荆、扬两州"贡金三品"言之确凿。荆州、扬州不仅是"金三品"的进贡地、特产地,也是锡金属的进贡地、特产地,荆、扬两州是周代南方向中原供应锡的主要地区。《山海经》中有4条史料可能与产锡地有关,且这些地点大概都在江南之地。《山海经·中山经·中次八经》云"龙山,上多寓木,其木多碧,其下多赤锡";又载"灌山,其木多檀,多邦石,多白锡";《山海经·中山经·中次十一经》载"婴侯之山,山上多封石,其下多赤锡";又载"服山,其木多苴,其上封石,其下多赤锡"。可以证明,青铜时代主要的锡产地也在江南。《越绝书》曰:"赤堇之山破而出锡,若耶之谷涸而出铜。"山破谷涸即有铜锡出现,应是一露天矿点,开采较易,表明在吴越之地可能曾有露天的铜、锡矿。中国铜矿分布范围较广,其大部分在江南(见图4-1),而锡矿却相对集中,其绝大部分在云南等4省。

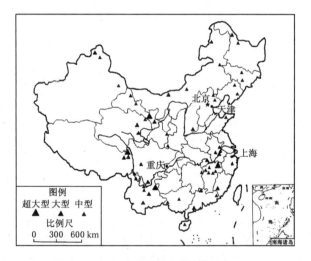

图4-1 中国铜矿分布图

资料来源:裘士京,《江南铜研究——中国古代青铜铜源的探索》,第290页

吴地的早期青铜文化首先发现于江宁县湖熟镇。湖熟文化遗址分布在宁镇山脉,在苏、皖两省各有100多处,其特征是文化层堆积在台形遗址(俗

---

① 郭沫若,《青铜器时代》,科学出版社,1957年。

第四章 地广野丰 铜源之乡

称"土墩")、石器与铜器并用。在这些遗址中发现较多小型铜质兵器及生产工具,如铜刀、铜镞、铜斧等等,较大型的有丹徒烟墩山"宜侯夨簋"与武进淹城的匜、尊等。尤其是南京北阴阳营出土了一只直径为17厘米的炼铜陶钵,内表面有凝固铜液,伴有铜渣多块。据遗物的碳-14年代测定,为公元前 1540±90 年。出土铜渣、铸范的文化遗址还有南京锁金村、湖熟、丹徒赵家窑、句容城头山、镇江马迹山等处。

南京程桥东周墓被评为南京地区1949年以来十大考古发掘地之一,该镇位于六合县县城西南,距县城约10公里,附近有薛山、羊角山、乌龟山等遗址,属于商周时代的湖熟文化。1968年2月20日,程桥公社长青大队在镇东的陈岗坡地上取土,发现一批青铜器,有鼎、编钟、编镈等共二十多件文物。1972年1月22日到25日,南京博物院对出土地点进行清理,又出土了剑、戈、矛等青铜兵器和一些残陶器,可知是一座东周墓。"二号墓地,经推测,应为吴王室之女""是一处值得注意的春秋时代墓地"。①

商代吴地铜器的水准是比不上以"司母戊鼎"为代表的中原铜器,吴地铸铜遗址的规模也远小于郑州遗址,但大规模采矿炼铜的遗址是在铜陵及湖北大冶,中原尚无发现。江浙也有许多关于采矿和炼铜的传说和遗迹。《考工记》中有"吴越之金锡,此材之美者也"的评价。根据江南特产——吴王金戈越王剑,尤以青铜兵器甲于天下,郭沫若猜测"吴越大概是发明冶金术最早的地方"。② 近年来在出土"吴王光剑"的安徽南陵县,发现了先秦至唐各朝代古矿冶遗址40多处,其中仅江木冲遗址就有50万吨弃渣,由此估计此处总共生产过5万吨粗铜,对矿井与炼炉的年代测定结果是公元前800年。③ 该处铜矿属硫化铜,由硫化铜矿炼铜在技术上比氧化铜炼铜要困难得多,且为了多炼铜须先炼含铁的冰铜,然后再炼纯铜。与此相印证的是安徽贵池出土过7件冰铜锭,成分为铜64%、铁34%、硫2%,年代为公元前5世纪(东周)。④ 这一重大发现表明周代已在此大规模地采掘硫化铜矿并能用冰铜法炼铜。这不仅证实了古代文献中关于吴越出铜材的记载,也为郭沫若的论断提供了有力的依据。

吴地的冶铸业到了春秋时期发展到了"微妙神圣"的高峰。铜锡美材与发达的冶金业有力地促进了本地经济文化的发展,而诸侯战争更加速了兵器制造技术的进步。关于吴地生产的金戈、利剑,在古代文献与文学作品中

---

① 南京博物院,《江苏六合程桥二号东周墓》,《考古》,1974年第2期。
② 郭沫若,《青铜时代》,《郭沫若全集·历史篇》第一卷,人民出版社,1982年。
③ 刘平生,《安徽南陵大工山古代铜矿遗址的发现和研究》,《东南文化》,1988年第6期。
④ 华觉明等,《贵池东周铜锭的分析研究——中国始用硫化矿炼铜一个线索》,《自然科学史研究》,1985年第2期。

上篇　根　基

有大量的记载与赞美。如屈原《九歌·国殇》云"操吴戈兮被犀甲";《战国策·赵策》云"夫吴干之剑,肉试则断牛马,金试则截盘匜";《庄子·刻意》亦云"夫有干越之剑者,柙而藏之,不敢用也,宝之至也",反映了当时许多国家从吴国进口兵器的事实。军事的发达,让江东一带英雄辈出。

古人认为"吴越之剑,迁乎其地而不能为良,地气然也"(《考工记》)。其实这并不仅在于地气,而是由于制作技术精良,"刑范正,金锡美,工冶巧,火齐得,剖刑而莫邪已。然而不剥脱,不砥厉,则不可以断绳"(《荀子·强国篇》)。用现代的语言讲,就是用优质的青铜浇铸在标准的型范中,由能工巧匠加以适当热处理,锻打使内部致密且可以除去杂质,最后经过磨削,才能制得"莫邪"那样的好剑。这些记载基本上为考古中大量出土的吴越青铜武器、农具所证实,其中铸有吴王、越王名的剑就有十多件,农具中则有收割水稻用的著名的锯齿铜镰,如句容县出土的东周铜铚,呈腰子形蚌壳状,刃部铸有斜线纹锯齿,很锋利。铚是最古老的收获农具,《说文解字》曰"铚,获禾短镰也"(见图4-2、图4-3)。

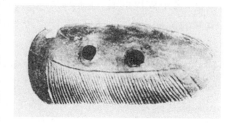

图4-2　东周铜铚(江苏句容出土)

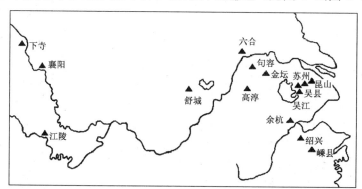

图4-3　锯齿铜镰出土地点分布图

资料来源:叶文宪,《吴国历史与吴文化探秘》,第139页

戈、矛、剑等很可能就是从铚(镰刀)演变而来。南陵出土的"吴王光剑"通体无锈呈青光,刃部锋利如初砺。2006年12月在北京国家博物馆展出的越王勾践剑至今吹毛断发。这把长55.7厘米、宽4.6厘米的春秋时期的兵刃于1965年出土于荆州市江陵区望山1号墓,现由湖北省博物馆收藏。该剑向外翻卷作圆箍形,内铸有11道圆圈,剑身满布菱形暗纹,剑格两面分别

镶嵌有蓝色琉璃和绿松石，剑身近格处刻有两行八字鸟篆错金铭文："越王鸠浅自作用剑。"而"鸠浅"即勾践。由于楚越两国关系密切，楚惠王之母为勾践之女，越国也被楚国所灭，因此专家认为，此剑可能是越人的陪嫁品，也可能是战利品（见图 4-4）。

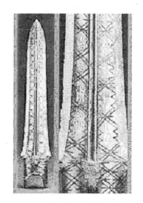 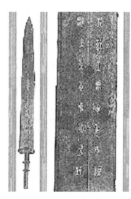 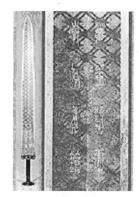

（a）吴王光剑　　　　（b）吴王夫差矛　　　　（c）越王勾践剑

图 4-4　吴越剑、矛

由苏州市政府出巨资征集来的台湾"古越阁"旧藏青铜兵器——吴王夫差剑，于 2015 年初，在苏州博物馆一经公开展示，见者无不称奇。这柄被称为"吴老大"的吴王夫差剑，是目前已知存世的 9 柄吴王夫差剑中保存最完好的国宝。苏州博物馆馆长助理、文物征集委员会主任程义介绍，这柄吴王夫差剑通长 58.3 厘米，身宽 5 厘米，格宽 5.5 厘米，茎长 9.4 厘米。"每一次触碰，我们都小心翼翼，它真的太过锋利，一不小心手指就会被划破。""此前的藏家曾经做过实验，他们把一张 A4 纸放在桌上，没有任何人去按住白纸的情况下，剑刃只在纸上轻轻划过，纸便立刻被割成了两半。"剑格作倒凹字形，装饰有兽面纹，镶嵌绿松石，一面已佚。剑身近格处铸有铭文两行十字："攻敔（吴）王夫差自乍（作）其元用。"

吴国以水军步兵为主，士兵近身作战的机会多，多为步战用的短兵器，剑佩持矛是吴国兵器的基本配置。吴军利用地产资源与特有的冶金铸造技术，拥有戈、矛、戟、剑、钩及弓、弩、箭镞等各式武器。剑者，"直兵推之""剑承其心"。《战国策·赵策》云"夫吴干之剑，肉试则断牛马，金试则截盘匜"，确非虚言。

剑，历来被称为"百兵之皇"，剑之家族中年纪最长的"祖辈"则是青铜剑。从商朝时的短匕首开始成长，到东周时期，吴越之地的铸剑大师造就的青铜剑已达刚柔相济的完美境界，其冶炼技术领先西欧大陆近千年，精湛技艺至今仍令世人叹为观止。

上篇　根　基

吴国的短兵器中还有"钩",即弯头刀,吴钩与剑一样,也为历代诗人所咏叹。《吴越春秋·阖闾内传》中就记载:吴王令"能善为钩者,赏之百金"。短兵器只用于护身及格斗,车战、水战须用弓箭及长柄武器如戈、矛。出土兵器中有吴王僚的戈,援长16厘米,胡长9厘米,内长8厘米,纹彩斑斓,锋刃犀利。戈在当时是主要兵器,干戈成为战争的代名词(干为盾)。吴王夫差矛长29.5厘米,虽有锈蚀,锋刃仍利,脊上开有血槽。吴冶是吴国争霸的主要物质基础,吴越军人在连年战争中手持吴戈越剑拼杀,造成了尚武勇猛的民风,以至直到汉代人们还说"吴越之君皆好勇,故其民至今好用剑,轻死易发"(《汉书·地理志》)。用短剑去谋杀(专诸、要离)及以剑自尽(伍员、夫差)等事例也是尚武风气的一种体现。①

从现代考古资料看,见于报道的北方先秦铜矿遗址有内蒙古林西大古井,河南临汝发现两处铜矿"老窿",山西运城铜沟发现东汉采矿场一处,曾报道中条山发现丰富的铜矿资源,并有古代曾开采过的遗迹,可具体资料阙如。在一些地方志资料中对中原地区曾经产铜也有一些记载。这些都表明,曾经拥有非常兴盛的青铜铸造业,创造出中国灿烂青铜文化并作为古代中国政治经济中心的中原核心地区,其铜矿的蕴藏量非常有限,相当数量的青铜原料可能来自周边地区,这是不争的事实。先秦、秦汉等早期的文献资料几乎难以寻觅这些小铜矿的踪迹(不排除其中有一些铜矿因蕴藏量有限,经过一段时间的开采就枯竭了),所以中原王朝大量铜料的来源始终是个谜。从考古已经发现的采矿、冶炼和铸造遗址的地理分布情况看,汉以前铜矿石的开采和冶炼遗址大都在江南,而铸造遗址却大都在北方;魏晋以后,尤其是唐宋铜矿石的采、冶和铸造主要集中在长江流域及其以南地区。②

《周礼·夏官·职方氏》及《汲冢周书·职方解》载"东南曰扬州,其山镇曰会稽,其泽薮曰具区,其川三江,其浸五湖,其利金锡竹箭";荆州"其利丹、锡、齿、革"。扬州、荆州均为古代九州之一。扬州指今苏皖淮河以南含江、浙、赣、皖、闽的大部分地区,而荆州则略当今湘、鄂全部及川南、滇东之一部。荆扬两州即广义的江南之地,囊括今长江上、中、下游及其以南的广大地区。在《尔雅》一书中,黄金、银、铜均有专名,而铜则称金,彼此绝不相混淆。《尔雅·释器》云:"黄金谓之璗,其美者谓之镠。白金谓之银,其美者谓之镣。饼金谓之钣。锡谓之鈏。"在叙述铜箭镞时,谓之"金镞",在叙述铜加工方法时,说"金谓之镂",荀子有"锲而不舍,金石可镂"之说。故金(铜)、锡等乃先吴古国之特产。

"禹收九牧之金,铸九鼎"③"淮海惟扬州。……厥贡惟金三品(金、银、

---

① 张橙华,《吴地科技简史》,原载《吴文化史丛》,江苏人民出版社,1993年。
② 裘士京,《江南铜研究——中国古代青铜铜源的探索》,黄山书社,2004年,第20页。
③ (西汉)司马迁,《史记》,甘肃民族出版社,1997年,第415页。

铜)、瑶(美玉)、琨(美石)、筱(小竹)、荡(大竹)、齿(象牙)、革(犀牛皮)、羽(鸟羽)、毛(牦牛尾)惟(与)木。岛夷卉服(草编的衣)。厥篚织贝,厥包桔柚、锡贡。沿于江、海,达于淮、泗"。① 从扬州乘船沿着长江、黄海,到达淮河、泗水,进奉的贡品有"金三品"、各种美玉、大小竹木、象牙等。

《史记·货殖列传》载:"彭城以东,东海、吴、广陵,此东楚也。……浙江南则越。夫吴自阖庐、春申、王濞三人招致天下之喜游子弟,东有海盐之饶,章山之铜,三江、五湖之利,亦江东一都会也。"《史记正义》曰:"彭城,徐州治县也。东海郡,今海州也。吴,苏州也。广陵,扬州也。言从徐州彭城,历扬州至苏州,并东楚之地。"东楚实际上就是吴越故地。先秦时期就有"吴越金锡"的美誉。吴王阖庐、楚之春申君、吴王刘濞之所以一度强盛,能够招致天下亡命者,就是因为有了"海盐之饶,章山之铜"。

《汉书·地理志》记载,丹阳郡设有铜官,为西汉时唯一的郡设铜官,肯定郡境内盛产有关铸铜原料。《史记》《汉书》《后汉书》等典籍均记载秦汉的鄣郡、丹阳郡盛产铜矿,且闻名于世。《史记·吴王濞列传》载:"吴有豫章郡铜山,濞则招致天下亡命者盗铸钱,煮海水为盐,以故无赋,国用富饶。"《史记集解》引韦昭曰:豫章郡,"今故鄣"。《史记索隐》曰:"鄣郡后改曰故鄣。或称'豫章'为衍字也。"据此可知,《史记集解》《史记索隐》都认为《史记》里所说的"豫章郡",应是鄣郡。查鄣郡,秦末置,治所在故鄣(今浙江安吉西北),鄣郡后改为故鄣。辖境北抵江苏长江,南至安徽、浙江两省的新安江流域,东起江苏茅山和浙江天目山,西达安徽水阳江流域。汉武帝元狩二年(前121年)改名为丹阳郡。《括地志》说:"铜山,今宣州及润州句容县皆有之,并属鄣也。"鄣郡改置为丹阳郡,宣城及句容均属丹阳郡。

公元813年的《元和郡县图志》记载宣州:"……汉有铜官。《舆地志》云:'宛陵县铜山者,汉采铜所理也。'南陵县利国山在县西一百十四里,出铜,供梅根监。梅根监在县西一百三十五里。"可知宛陵县境内就有铜山,早在汉代就有采冶活动,其采冶活动一直延续到唐代。同书又在当涂县下记载:"赤金山,在(当涂)县北一十里,出好铜与金类,《淮南子》《食货志》所谓丹阳铜也。"这里更明确地指出当涂县赤金山出好铜,与金子相类似,就是史籍所说的丹阳铜。在句容县下蜀"铜冶山,在县北六十五里。出铜、铅,历代采铸"。

直至20世纪60年代,笔者的堂房大哥徐国满仍在下蜀铜冶山采矿。此外,句容还有铜坑泉等。《吴地记》载:苏州"铜坑,县西十里有铜山,周回六十里。有铜坑十余,穴深者二十余丈,浅者六、七丈,所谓采山铸钱之处。左太冲《吴都赋》云:'煮海为盐,采山铸钱。'是也。山北一碑,篆书,字不可

---

① 徐奇堂译注,《尚书》,广州出版社,2004年,第29页。

尽识。山东平地有铜滓"①。据笔者实地考证,苏州铜山即在现太湖边光福镇鞍山旁的铜坎山。故王撰(1623—1709,太仓人)在《山行竹枝词》中云:"山楼晓起雨初晴,绕屋淙淙涧水声,喜得湖平波浪息,小船双橹出铜坑。"②邓尉山"与铜坑、玄墓诸山相连。铜坑者,一名铜井,晋宋间,凿坑取沙土煎之,皆成铜。有泉,亦以铜名"③。溧阳有铜官山、铸剑坑;溧水有官山铜矿并至今仍在开采;六合有铜城,即吴王铸铜处,等等。

　　《明统一志》《清统一志》记载有关无锡地名的变迁很耐人寻味。当地有锡、惠两山,至今仍是风景游览胜地。相传锡山东峰周秦间大产铅、锡,故名锡山。汉兴,锡已开采殆尽,故立无锡县。王莽时锡复出,改县名曰有锡。后汉时有樵夫于山下得铭,曰:"有锡兵,天下争;无锡清,天下宁;有锡沴,天下弊;无锡乂,天下济。"自光武至孝顺之世,锡矿果然枯竭,无锡之名一直沿用至今。笔者在1966年前后常带部队到锡惠山上搞战术训练,有次在山半腰遇一老农在捉蜈蚣(晒干卖给药店),他说,听祖上讲,无锡史上确有锡。

　　冶金技术的产生是人类进化和文明发展到一定阶段的必然结果。值得研究的是冶金的技术发展是先铜后铁。虽然铁在自然界分布很广,是地壳的重要组成元素之一,但天然的纯铁在自然界几乎不存在。"人类最早发现和使用的铁,是天空中落下来的陨铁""世界上的冶铁技术,最早发明于何时,目前尚难定论"④。中国人工冶铁技术发明于何时?至今亦难断定。《左传》载昭公二十九年(前513年)冬,"晋赵鞅、荀寅帅师汝滨,遂赋晋国一鼓铁,以铸刑鼎,著范宣子所为刑书焉"。一般认为这是关于我国冶铸生铁的最早记载。《孟子·滕文公上》中有"许子以釜甑爨,以铁耕乎"的问话;《国语·齐语》中亦说"美金以铸剑戟,试诸狗马;恶金以铸锄、夷、斤、斸"⑤("美金"指青铜,"恶金"指铁),这可以说是使用铁器比较可靠的记载。不过,"人们一般认为铁器时代起始于小亚细亚,而这一地区在青铜时代,其铜矿石的冶炼已采用氧化铁作为熔剂,这很可能使铁在炉的底部被还原,从而使炉底含有许多渣和可锻的铁。这在伊朗中部较晚的炼铜炉中也能见到……从殷商到春秋战国时代的冶铜遗址中,铜矿与赤铁矿常常相伴出现。在炼铜渣中,发现氧化铁的含量很高。据分析,有的达

---

① (唐)陆广微撰,曹林娣校注,《吴地记》,江苏古籍出版社,1999年,第179页。
② (清)徐崧、张大纯,《百城烟水》,江苏古籍出版社,1999年,第125页。
③ (唐)陆广微撰,曹林娣校注,《吴地记》,江苏古籍出版社,1999年,第175页。
④ 吴声功,《铜铁时代的科技进展——科学技术的起源(二)》,上海社会科学院出版社,1990年,第30-31页。
⑤ 黄永堂译注,《国语全译》,贵州人民出版社,1995年,第255页。

40%"①。1968年与1972年，南京六合程桥春秋晚期"吴国贵族墓中分别出土的铁丸、铁条，经北京钢铁学院作金相鉴定认为，铁丸系白口生铁铸成，铁条系块炼铁锻成"②，这是到目前为止吴地考古工作者发掘的关于生铁冶铸器物的最早实物见证。不过，笔者以为吴地的"恶金"实际出现的时间还要早，理由有三：一是约在4 600多年前蚩尤"以金作兵器"有冶炼基础；二是上面所指出的——"铜矿与赤铁矿常常相伴出现""炉底含有许多渣和可锻的铁"，古人一定会敏锐地发现从而研发；三是吴地春秋晚期的铁器实物已经在古墓中多次发现，在之前必然有个出现的过程。故笔者认为，吴地用矿石冶铁的时间当不晚于春秋早期，只是还不成熟而已。下面在本章第二节中还会再作一点具体分析。

距今8 000年前至3 000年前正是与全新世中期大致相当的时代，整个地球变得气候温和湿润，湖沼增多，土壤变得肥沃起来，动植物生长茂盛，这就为人类创造文明提供了良好的自然环境大舞台。这种环境的变化不仅仅发生在两河流域，也发生在尼罗河流域、印度河流域，同样还发生在中国的长江流域。以上史料充分说明：先吴古国物华天宝、人杰地灵，不仅产铜、产锡、产铁，而且很可能几乎同时发明了冶铜与炼铁技术。

二、金道锡行　自主创新

早在19世纪，黑格尔就提出过"恶是历史发展的动力"这一重要的哲学命题。在很多西方人眼中，中国一直是田园牧歌的，罗素就曾说："中国人更有耐心，更为达观，更爱好和平，更看重艺术，他们只是在杀戮方面低能而已。"事实上，战争也是中国历史的发轫。"昔者神农伐补遂，黄帝伐涿鹿而擒蚩尤，尧伐兜，舜伐三苗，禹伐共工，汤伐有夏，文王伐崇，武王伐纣，齐桓任战而伯天下。由此观之，恶有不战者乎？"(《战国策》)考古新发现：尧舜禅让可能是假传的。史料证明：在商朝的《卜辞》中，总共记载了61次战争，每一场战争都是"人夷其宗庙，而火焚其彝器，子孙为隶，不夷于民"。据《逸周书·世俘解》记载，以"仁德"著称的周武王曾经讨伐了99国，灭50国，杀死177 779人，俘虏300 230人。自公子印与魏战，到周之初亡，秦所屠杀或掳去的六国民众，多达1 398 000人。正所谓"战争杀戮，不知纪极，尽人之性命，得己之所欲，仁者不忍言"。③ 北方在频繁战争中消耗了大量青铜，加之又用大量铜锡铸造鼎铭，两个"大量"致使资源很快匮乏，周人为"取其吉金，

---

① 吴声功，《铜铁时代的科技进展——科学技术的起源(二)》，上海社会科学院出版社，1990年，第33页。
② 霞光，《冶金史上的辉煌 中国最早的铁器》，《江苏地方志》，2002年第2期。
③ 杜君立，《战争的历史》，《北京晚报》，2016年11月2日。

用作宝尊鼎",经过长时期的反复征战,淮夷诸邦最终全部归服于周王朝,并逐渐趋于融合,"南金北运"的铜路也被打通。蔡侯鼎铭"蔡侯获巢,俘厥金",即是一例。

(一)朝贡之道,金道锡行

"金道锡行",顾名思义,即是古代南方铜锡入贡中原王朝或交易的道路。这条道路当然不是只供运输铜锡之用,其他贡品、人马、车辆均可通行,但输送铜锡是极其重要或主要的则是无疑的。

据研究,人类的交流活动在史前时期即已开始,《竹书纪年》载夏禹后裔芒曾"东狩于海,获大鱼",《诗经·商颂·长发》有"相土烈烈,海外有截"的诗句,赞美相土的功业。到春秋战国时期,古代交通设施已初具雏形,其工具夏已有车、舟之作,而实际上应更早于此。周代车的种类增加,春秋战国进步明显,陆上交通工具仍以车为主,用马已逐渐行时。水运方面,舟楫之利在各地都有发展,出现"一舫载五十人与三月之食,下水而浮,一日行三百余里"①的大船。在江南吴越境内,湖泊众多,河道纵横,堪称名副其实的"水乡泽国"。人多习舟楫,更是"以船为车,以楫为马,往若飘风,去则难从",出现可载百余人的大型楼船,越国的舟师能江海并举,分舟进击,则其舟师之盛是无疑的。当时吴越、吴楚、越楚之间的战争有许多就是在水上进行的。中国历史上时间最早、规模最大的水战就发生在吴越之间,船达300艘、伤亡7000多人。以往我们对早期人类的交通运输能力和水平明显估计不足,总以为先秦时期好像不可能有如此发达的交通。近些年运用先进的科技手段通过对中原玉料来源(玉源)的跟踪调查,证明早在原始社会晚期,原产于新疆和田的"和田玉"就通过各种途径运达中原,甚至更远的江南,殷墟妇好墓中的玉器很可能就来自和田的玉料。

南北交往与民族融合的实际情况,在我国现存最早的地理文献《尚书·禹贡》中有所反映,指出:"彭蠡既猪,阳鸟攸居。三江既入,震泽厎定。"彭蠡巨泽汇入大江洪流,使流量大增,长江由中游转入下游,在巨泽周围的数地中,生活着大量的候鸟。湖口以下,"过九江,至于东陵,东迆北,会于汇;东为中江,入于海"。②

黄河干流下游通过蒙泽与济水相沟通,可以"浮于济、漯,达于河"(意思是由济水、漯河乘船到达黄河),还可"浮于汶,达于济",再通于河。关于河、淮、江三大水系的联系,有学者指出当时还需陆路转运,其路线东南方向有二。

其一,是西周时期就存在着的一条江南进贡中原王朝的"贡道",即朝贡

---

① (西汉)司马迁,《史记·张仪列传》,甘肃民族出版社,1997年,第612页。
② 徐奇堂译注,《尚书》,广州出版社,2004年,第36页。

之道。《尚书·禹贡》载,海岱及淮惟徐州,其入贡之道是"浮于淮、泗,达于河"。海指今黄海,岱即泰山;即黄淮地区由淮河,经连接黄淮的泗水,然后通过黄河将贡品输入都城(镐京,今陕西西安)。

其二,是《尚书·禹贡》载扬州贡道:"沿于江、海,达于淮、泗。"此道从太湖笠泽(今吴淞江)出海,沿海岸北行,达于淮河口,溯淮西行,至于泗水,再由泗达于黄河,直抵都城。此道其前半段是出海,由淮口西行,后半段航程与海岱地区进贡之道吻合。在邗沟开凿前,江、淮不通,由长江到淮河只能绕道而行,邗沟开通后,可由江直接达淮。此道阔远且逆水而行,风险较大,但比陆上车载、马驮、人挑要方便得多。这既是一条进贡之路,又是联系中原与东南的水上交通线,同时也是由荆豫东出海域的走廊。西南方向路线也有二:一是"浮于潜(嘉陵江),逾于沔(汉水),入于渭,乱于河";另一条即"浮于江、沱、潜、汉,逾于洛"。上述水道加上战国时完备了的邗沟、鸿沟等人工运河,就完整地组成了全国水运交通系统。①

江南铜锡北运的路线,无论水道还是陆路同样充满惊险,非现代人可以想象,但却史迹凿凿。其对南北、东西的物资文化交流起到了非同寻常的作用。首先是关于铜料由产地外运的路线问题,史学界早有多方面考证。鄂赣古铜矿冶遗址群中湖北大冶铜绿山古矿冶遗址、湖北阳新县港下古铜矿遗址、江西瑞昌铜岭古矿冶遗址等就在大江边,水上运输方便;皖南产铜地大都在沿江附近,或与长江支流如大通河、秋浦江、青弋江等相近,再由这些支流直通长江,沿江及支流的沿岸城市(港口)如黄石、贵池、铜陵、芜湖自古就是商品的集散地和天然良港,所以通过长江及其大小支流的水路运输是运送包括铜锡在内的各种货物、贡品的主要途径。运抵吴越的水路还有经芜湖(古鸠兹),通水阳江、脊溪至太湖及其沿岸的捷径;也有可能经分江水道,辅以陆行工具,越黔山达浙江上游,顺流而下至钱塘,抵会稽。皖南地区隔江对岸为江淮丘陵,运输货物当亦无天然屏障。至于溯江而上,也是完全可能的事。由产地直接沿江而下并出海,达于淮泗也是可能的事。②

上述路线大都离不开泗水。泗水又称泗河,发源于今山东省泗水县陪尾山,因其四源合为一水,故名。泗水是流经徐淮大地上的一条古河道,又是淮河上的最大支流,其影响范围几乎占淮河流域的三分之一。历史上,泗水曾汇集过古洨水、古睢(睢同濉)水、潼水、沂水等诸多著名河流,经今鱼台县、沛县、徐州市、宿迁市及泗阳县,在泗口(又名清口,今淮安市淮阴区码头

---

① 参见裘士京,《江南铜研究——中国古代青铜铜源的探索》,黄山书社,2004年,第91—92页。

② 参见裘士京,《江南铜研究——中国古代青铜铜源的探索》,黄山书社,2004年,第93页。

上篇 根 基

镇附近)入淮,泗水规模之大由此可以想见。古诗曰"汴水流,泗水流,流到瓜洲古渡头。吴山点点愁",不仅点出了泗水的流向,也吟出了泗水两岸的忧愁。"沿于江、海,达于淮、泗",泗水成了江淮与中原地区的交通命脉,对南北文化交流和经济发展起着十分重要的作用。

史籍上记载的许多重大历史事件也常常与泗水有关。春秋后期吴王夫差企图争霸中原,在济水岸边大会诸侯,就是由长江经过邗沟进入淮河,再由淮入泗而北上的。泗水又是群英荟萃、人才辈出的地方,曾哺育了刘邦、项羽、韩信等一大批历史名人。一些地方还因泗水而得名,如古代的泗水国、泗阳县、泗洲城等,因此把泗水说成是具有古老文明象征的黄金水道是一点也不夸张的(见图4-5)。宋金以后,黄河南决频繁,夺泗夺淮,黄河夹带的大量泥沙逐渐淤没了泗水河槽,到明代中叶,已成高屋建瓴之势,决溢不断。清咸丰五年(1855年),黄河北徙,留在泗水古道上的是一条高出两岸地面4~6米的废黄河。泗水在吴地境内虽然不复存在,但泗水的名字连同它的历史地位和影响却依然留在一代又一代人的心中。

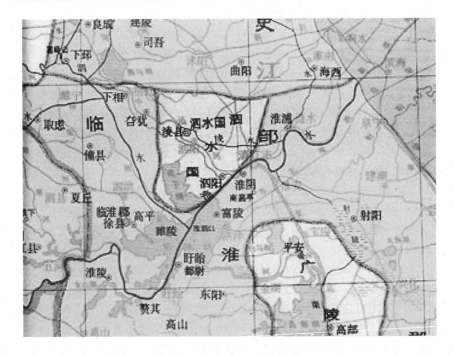

图4-5 西汉"泗水图"

然而,对于这样的著名河流,古往今来,许多文化名人、专家学者对其下游流向和入淮地点却说法不一,最具代表的有三种:至淮阴故城(秦故县,今淮安市码头镇附近)西入淮,古称泗口;至睢陵入淮;自成子洼入淮。针对这一问题,王维崇先生搜集了废黄河沿线、成子湖地区部分打井土层记录和河道土层剖面图以及水利、交通工程地基钻探资料,经过分析汇总,得出了如下情况:

(1)古泗水下游发育在第四系松散沉积物上,黄河夺淮以后,泗水河槽被黄河夹带的泥沙所淤没,一般淤积厚度在20米以上,废黄河两侧一般淤积厚度5~7米,形成了以废黄河为分水岭,向东南、东北逐渐倾斜的地势特征。成子湖周边及其上游地区,有一层全新期湖积淤泥质亚黏土夹少量砂礓,厚5米左右,颜色灰黑,不少地方已被黄泛沉积物所覆盖。在全区范围内,黄泛物之下或湖积物之下又普遍存在着新生代第四系上更新期之灰黄色砂礓黏土,厚4.3~28米,土质黏重,含铁锰结核,局部呈垄岗高地突露地表,地面受水流侵蚀起伏不平,考古工作者在成子湖边之朱墩、宗墩高程(废黄河零点标高,以下同)15米地下曾发现商周时期新石器文化遗址,距今大约有3 000多年。上更新期黏土砂礓以下,为更新期早、中期沉积层,多为细砂、中粗砂或黏土、亚黏土、黏夹砂或淤泥等,同时还有一层透水性很弱的下更新期黏土夹砂礓。

(2)泗水下游流向:资料表明,与北魏郦道元的记载无明显差异。《水经注·泗水篇》云:"泗水东南迳下相县故城(秦故县,原宿迁城西南7里许,今已靠近新城区)东,……泗水又东南得睢水口(宿迁城东南10里许,古称小河口,后为黄河夺泗所淤)。泗水又迳宿预城(晋县,汉为犹县,今泗阳县郑楼乡古城)之西,又迳其城南,故下邳之宿留县也。……泗水又东迳陵栅(陵县故城治,汉县,今泗阳县史集乡凌城)南,……泗水又东南迳淮阳城(今泗阳县城厢西7里锅底湖附近之桃源滩),城北临泗水,……泗水又东南迳魏阳城(泗阳故城治,汉县,魏文帝改泗阳为魏阳)北,城枕泗川。……泗水又东迳角城(晋淮阳郡治,今泗阳县李口北)北,而东南流注于淮。"又云:"淮泗之会,即角城也,左右两川,翼夹二水决入之所,所谓泗口也。"《水经注》记载淮水走向:"淮水又东历客山,迳盱眙县故城南。""又东北至下邳淮阴县西,泗水从西北来流注之。"将以上文字结合起来看,泗水下游流向和入淮地点已十分清楚,即为当今宿迁至淮阴县码头镇附近之废黄河一线。

(3)古河槽特征

① 黄泛前河槽状况:根据探测,泗水河槽一般宽500~800米,局部宽达1 400米,河底比降约为1.5/10 000,河槽内黄泛沉积物厚20~28.3米,与下部的全新期早期或中期砂、黏土沉积层界限十分明显。泗阳打井工程队钻井时曾从黄泛沉积物底部发现两处船板和铁钉,笔者认为这是黄泛前河底高程的确凿证据,推测大约在宋金时期。

顺便提及的是,古泗水河底比降如此之陡,是由于泥沙搬运淤积造成的,流速较大,逆水行舟将十分困难。上述两处沉船地点间隔不到10公里,而且是在只有几十厘米直径的锅锥钻孔时发现的,可见当时航行事故发生频率之高,这条南北交通命脉是先吴古人用血汗乃至生命开辟而成的。

② 全新期早、中期河槽状况:河线没有明显变化,但河槽更深。洋河镇以下,在黄泛沉积层与晚更新期黏土砂礓层之间伏有层次不一的细砂、粗中砂或亚黏土、黏夹砂等,局部有砾石,但以砂层为主,一般厚4~8米。在古之成子洼以下临河乡房湖和李口乡闸口两处古河槽内砂层中还发现有贝壳,砂贝层厚8.5米。这应当又是河底高程的确凿证据。根据以上情况分析,可大体推测出全新期早、中期的河底高程,即比黄泛前的河底要低。所不同的是河底趋于平缓,比降小,有的地方甚至出现了倒比降。如古城附近河底高程为-16.1米,下游房湖处为-9.57米,再下游闸口处河底高程为-9.8米,河底比降分别为-4/10 000、0.7/10 000。此外,由于河流的冲刷作用,河槽内晚更新期黏土砂礓层标高明显低于河道两侧同类土层标高。在河槽断面中心部位,晚更新期灰黄色黏土沉积层由于受河流的下切作用,已全部被穿透,成为潜水与浅层承压水的通道。由于大气降雨补给充分,泗水故道浅层承压水含量丰富,因此废黄河一线也就成为当今寻找水源的重要地带。由此可见,古泗水还在其下游地区是一片浅海时就已经孕育了。我们有理由认为,郦道元所记载的泗水下游流向即是西汉乃至先秦以前的泗水路线,甚至更早得多。①

上述"金道锡行""沿于江、海,达于淮、泗"的路线,使笔者有证据应答学术界关于泰伯、仲雍奔吴的"东吴说"(无锡梅里)、"西吴说"(陕西陇县)、"北吴说"(山西平陆)等,亦应答了江南(沪、苏、锡、常、镇、宁等)有关专家学者一直探讨未果的"泰伯奔吴"的路线。想当初,泰伯、仲雍他们是怎么来的?他们就是顺着"金道锡行"这条路线来的,笔者将在第九章中详细解说。

(二) 独特道路,自主创新

中华文明上下五千年,"万物并育而不相害,道并行而不相悖"(《中庸》),"富有之谓大业,日新之谓盛德"(《周易》),日新月异、自强不息的精神,海纳百川、厚德载物的情怀,是与西方不同的。恩格斯曾明确指出:"东大陆,即所谓的旧大陆,差不多有着一切适于驯养的动物和除一种以外一切适于种植的谷物;而西大陆,即美洲,在一切适于驯养的哺乳动物中,只有羊驼一种,并且只是在南部某些地方才有;而在一切可种植的谷物中,也只有一种,但是最好的一种,即玉蜀黍。由于自然条件的这种差异,两个半球上的居民,从此以后,便各自循着自己独特的道路发展,而表示各个阶段的界

---

① 王维崇(江苏省泗阳县水利局),《古泗水下游河道及流向》,国际优秀论文网,2002年12月20日。

标在两个半球也就各不相同了。""从铁矿的冶炼开始,并由于文字的发明及其应用于文献记录而过渡到文明时代。这一阶段,前面已经说过,只是在东半球才独立经历过,其生产的进步,要比过去一切阶段的总和还要来得丰富。"①充分说明我大中华是一方文明的沃土,创新的基因深植于此。

中华文化的根本精神是人文精神,创新活动依赖于人的创造力。在拉丁语中,"创造力"一词最初大意是创造、创建、生产、造成。从词源看,"创造力"的含义是:在原先一无所有的情况下,创造出新东西。"创造"本来就是"成长"的意思。关于钢铁冶炼技术是中国的传统强项,公元1世纪罗马帝国的博物学家老普林尼在其著作《自然史》中曾说"在所有的各种铁之中,以中国铁为最好。中国人把它连同各种织品和皮货输送给我们"。17世纪以前,中国至少有10项冶铁技术处于世界领先地位,对世界文明做出了巨大贡献。② 考古实物证明,吴中大地从"无字书"开始就已发明创造了冶金铜铁业。

1. 点燃了中国"金铁"史上第一把火

关于冶铁技术起源问题的争论在学界由来已久,《中国科学技术史·钢铁分册》的著者华道安在20世纪90年代曾说过,冶铁术是在公元前5世纪初在中国南方独立发展起来的,最早使用铁的地区是吴国,就是著名铸剑大师干将莫邪居住的地方。《吴越春秋·阖闾内传》中详细记载了吴国最著名的冶铸能手——干将与莫邪"金铁"铸剑的壮观场面,结合当代考古成果,综合分析起来有四点可考证据。

一是据《苏州市志》记载:苏州西部太湖东岸有谭山的铁、硫、银、锌等多金属矿,有阳山、尧峰山等的赤铁矿,有青山、小茅山等的磁铁、黄铜矿等。

二是古史记载的证据。"采五山之铁精、六合之金英"(五山,可能是指五岳;六合,是指天地与四方),这里也包括世界普遍采用的利用天上降落的陨铁。所谓"铁精"有两重含义:①乃精灵之意,如葛洪《抱朴子·内篇·登涉》中:"山中夜见胡人者,铜铁之精。"又如《太平御览》卷八八六《玄中记》(晋代郭璞):"铜精为僮奴。"皆为此意。②就是前面吴声功教授于1990年指出的,铜矿与赤铁矿是常常相伴出现的,在炼铜时炉底含有许多渣和可锻的铁,这就意味着,炼铜的同时出现了铁。我想,这也是事实。所谓的"铁精"就是指的当今的铁。

三是实物证据。在以江苏、安徽长江沿岸的宁镇山脉和秦淮河流域为中心的范围内发现"湖熟文化",20世纪50年代著名学者曾昭燏、尹焕章曾

---

① 《马克思恩格斯选集》第四卷,人民出版社,1972年,第19-22页。
② 呦呦,《揭秘中国古代冶铁业,汉末发明"灌钢法"节省人力》,《北京青年报》,2015年4月16日。

根据出土的铜链斧、鼎耳、鱼钩、锈渣等,认为吴地"当时人们已掌握冶铜技术",碳-14测定表明,湖熟文化并非迟至"殷末以后",其早期为公元前1500±90年(相当于商代初期),晚期为公元前1195±105年(相当于西周初期),北阴阳营上层(早期湖熟文化)的两个标本分别为公元前1820±135年和公元前1387±165年。其冶铸工具是陶钵和陶勺。

四是实际操作的证据。干将在炉内加入"金英"(铜矿石),"候天伺地,阴阳同光",是说要选择合适的时间与地点,炉温非常之高,使地面(阴)照得与天空(阳)一样亮,并且地面烟雾与天上云气相连,以至于"百神临观,天气下降""而金铁之精不销",烧了3个月,还未成功,说明炉温不够,铜铁还原得很慢,也不能熔化。于是,干将的妻子"断发剪爪,投于炉中",来代替其师傅以人殉炉的做法,"使童男童女三百人鼓橐装炭"("橐"是牛皮做的鼓风吹火器),让300个童男童女鼓风装炭,那金铁才熔化,而后用它铸成了宝剑。

炭作燃料比烧木柴可达到更高的温度,鼓风则加速燃烧且可采用更大的炉膛因而温度又可提高。"金铁乃濡,遂以成剑",当达到1 100℃时,铁的还原率提高并且含碳量高的生铁开始熔化(纯铁熔点为1 535℃,含碳2%的生铁的熔点为1 137℃)。可见古人是千方百计,施足了一切难以想象的办法。

《考工记》上说"吴越之剑,迁乎其地而不能为良,地气然也",就是说在南方有地利(温度高),而北方就有所困难。迄今为止,1956年中原地区发现最早的人工冶铁制品是公元前8世纪的河南三门峡虢国墓地所出土(九号墓中出土4件铁刃铜器,兵器2件:一为铜内铁援戈,一为铜铁叶矛;工具2件,分别为铜銎铁锛和铜柄铁削)。笔者按气温、地利逻辑推理,最早的冶铁技术发明仍然在江南。遗憾的是环太湖地区的土壤呈酸性,易锈蚀难以保存,至今未发现3 000年前的铁制器物。加之,铁剑少之又少,像上面提到的虢国墓地发现的一把是铜柄铁剑,一把是铜柄铁削;此外,还有河南淅川下寺楚墓中发现的玉柄铁匕,可见当时的铁器奢华而昂贵。不过,《越绝书》第十一卷载:"风胡子对曰:'时各有使然。轩辕、神农、赫胥之时,以石为兵……至黄帝之时,以玉为兵……禹穴之时,以铜为兵……当此之时,作铁兵,威服三军。'"这段话已作了补证:大禹时"以铜为兵"的伴随者——铁已出现,其冶炼炭火极有可能是中国"金铁"史上的第一把火。否则,不会有后来的阳剑干将"作龟文",阴剑莫邪"作漫理"的成熟技术——剑表面花纹可能是反复锻打后的痕迹,也曾用硫化铜防锈法处理过,其工艺水平之高可见一斑。故剑非常锐利,可从"剑成而吴霸",并使讨剑的晋师"士卒迷惑,流血千里",立刻"三军破败"(《越绝书·宝剑记》),其效果大大超过在此之前的其他兵器,"天下闻之,莫敢不服",至今2 000多年来不锈(见图4-6)。专家利用质子X荧光非真空分析技术,数据显示,因剑是青铜合金,主要采用铜、

第四章　地广野丰　铜源之乡

锡及少量铝、铁、镍、硫组成的"复合金属工艺",说明它们是"金铁"合金剑,而且是历史上初次出现于战场,因而后来被广为传颂。

有人因吴国铁剑仅见诸文字以及战国铁剑出土在楚、赵之地而非在吴地而怀疑干将是否真正炼成"金铁"。笔者认为吴地是由制铜剑而伴随发展为制铁剑的,因数量极少,抗锈性又差,不易发现是正常的。吴、晋之间有交流,吴地后属楚国,晋地、楚地出土的剑也可能来自吴地,铸楚剑、赵剑未必无吴匠参与。况且现在还不能说考古已经完全充分,绝不会再发现铁制吴剑。《越绝书》说虎丘剑池的阖闾墓中有鱼肠剑,《吴越春秋》讲吴王女儿墓中有磐郢剑,因而不能排除将来在新的考古发现中找到铁兵器的可能性。

图4-6　吴王夫差剑历2500多年寒光不朽
（苏州博物馆馆藏）

从现有实物看,除20世纪60年代在南京六合程桥发掘的东周古墓中出土的两块人工冶炼白口生铁实物外,同期出土的还有两组精美的青铜编钟,一组9件,一组7件,经考证为春秋晚期吴国的宫廷乐器,虽历经2500多年的沧桑,仍音色清亮,乐律分明,是不可多得的珍贵历史文物。

苏州的干将坊、浙江北部的莫干山都是传说中铸剑的遗址,苏州相门外有干将墓(《吴郡志》卷三、卷三九)。顾颉刚先生在1950年去相门外实地踏勘,找到干将泾畔的欧冶庙,沈勤庐还在干将墓边发现几副陶范碎片,因其色红质重而疑其含铁质。

笔者在20世纪60年代中后期带领部队在干将泾畔搞单兵进攻战术训练时,曾与司务长梁兴峰坐在土墩上讨论过干将、莫邪是否就在此炼过金铁。梁说"吃不准",我说"有点像",为此两人走到东面河边请教光脚在水边摘茭白的老农,回答是"小时候听说干将墩(墓)就在这一带——田庄河村"。后来部队在干将泾畔(黄洋泾)约10多座高约0.5~1.2米的土坟旁开荒扩大菜地面积时,我们一边用工兵锹挖,一边因土质坚硬、呈铁红色而嘀咕着:"这是什么地方?是不是就是当年干将、莫邪在此炼钢铁的地方?"这些都印证了《吴门表隐》中"匠门外有干将墓,土宜锻铁"的记载。宋代沈括在解释吴国名剑的名称时认为,"湛庐"是说金铁表面乌黑发亮,"巨阙"是由于金铁合金剑刃硬,砍出了缺口,"鱼肠"是指剑表面的花纹像鱼腹内的肠子(见《梦溪笔谈》卷十九)。因此,干将炼金铁剑的事迹应该说是可信的。

总之,吴地冶炼是我国冶金史上最辉煌、最古老的一页。由此亦可想到,后世的"龙泉宝剑""苏钢法"产生在吴越旧地就不是偶然的了。吴人的祖宗蚩尤4 000多年前就是兵器制造专家，兵器工业很发达，后来的吴戈、吴钩、吴剑等也都是当时最先进的兵器，皆出自吴国。《楚辞》上说"操吴戈兮被犀甲，车错毂兮短兵接"，应该说是当时战场上的真实写照。由此亦造就了威猛张扬、锋芒毕露、激情澎湃、热血涌动、空前绝后的横贯历史长空110余年的春秋时期——强吴时代。

2. 冶铸制造技术高超

江南不仅是铜、锡、铁等金属的著名产地，且冶铸制造技术亦高超，1938年出土于湖南宁乡县的四羊方尊便是其中一例。此方尊是商晚期的青铜重器，四角的四只卷角山羊，以脚踏实地的有力形象承担着尊体的重量，喇叭状劲张的方形口部，每边边长为52.4厘米，几乎接近器身的高度58.3厘米。最突出的是：尊的腹部四角铸有4只大卷角羊，其形象在宁静中有威严感。羊背和胸部饰有鳞纹，前腿为长冠鸟，圈足上饰有夔纹。方尊的边角及每一面中心线的合范处都是长棱脊，其作用是以此来掩盖合范时可能产生的对合不正的饰，同时也增强了造型的气势。肩部的龙及羊的卷角都用分铸法做成。羊角是事先铸成后配置在羊头的陶范内，再合范浇铸的，如果没有高超的合范技术，很难达到整器浑然一体的效果。四羊方尊集线雕、浮雕、圆雕于一器，把平面图像和立体雕塑结合起来，把器皿和动物形状结合起来，以异常高超的铸造工艺制成，匠心独运，恰到好处。羊在古代寓意吉祥。四羊方尊以四羊、四龙相对的造型展示了酒礼器中的至尊气象(见图4-7)。

图4-7 四羊方尊

吴王夫差为西施铸造的青铜盉(古代温酒的铜制器具)，上面有繁缛的花纹、镂空的装饰，特别是盉的肩部有一圈文字——"敔王夫差吴金铸女子之器，吉"。意思是：吴王夫差选用进贡的青铜为一女子铸器，吉利。其造型优美，制作精巧(见图4-8)。

2007年4月下旬，盐城大丰市刘庄镇友谊村出土了21枚金币，经省文物局专家组论证鉴定，为楚国"郢爰"("郢"为楚都城名，"爰"为货币重量单位)，距今已有约2 500多年的历史，为国家一级文物，是目前我国发现并已著录的最早的黄金货币，填补了江苏范公堤外战国时期文物出土的历史空白。据大丰市文化局文博科科长蒋玉平介绍，这次出土的郢爰是该市刘庄镇友谊村村民王生银在村内鱼塘中发现的，大小不等，厚度相同，计重175.1克，上面戳盖方篆体阴文"郢爰"印记，为战国时期楚国流通的黄金货币。楚金币是一种称量货币，形制有两种：一种是正方形或长方形的金版，另一种

第四章　地广野丰　铜源之乡

是扁圆体的金饼,以前者为多见。使用时根据需要将金版或金饼切割成零星小块,然后通过特定的等臂天平称量再行交换。因而出土的楚金币,大都是零星碎块,大小轻重相差悬殊,而且能明显看出曾被切割过的痕迹。这次大丰出土的郢爰也印证了这一点(见图4-9)。

图4-8　吴王夫差为西施铸造的青铜盉

图4-9　大丰市刘庄镇出土的21枚楚国金币

汉初吴地的冶铜业曾被吴王刘濞用以铸钱。《三国志·吴书》记载:丹阳"山出铜铁,自铸甲兵,俗好武习战"。从苏州地区出土的汉代铁剑、弩机、铜镜(如天宝墩汉墓、觅渡桥汉墓)都反映了当时的冶铸水平。春秋时期的块炼钢技术已退出历史舞台,而百炼钢(把铁片反复折叠锻打成钢)与铸铁柔化钢毕竟生产效率低,如杨泉《物理论》中记载:阮姓制刀师在3年中制刀1 700把,平均每天制1.5把,还累得双目失明。生产量较高的灌钢法最早记载在陶弘景的《古今刀剑录》中:"钢铁是杂炼生鍒作刀镰者。"就是说把生铁与熟铁混杂在一起冶炼,生铁熔点低而先熔化,灌入熟铁之中增加其含碳量而成钢。这句话还说明钢铁不仅用于兵器也用于农具,对于发展经济的意义自不待言。灌钢法是我国冶金史上的重要成就。冶炼业的发展需要更多地采矿,梁朝《地镜图》就是根据地表植物指示找矿的经验总结。

淮南王门客中多有道家,热衷于炼丹。到了东汉及六朝,炼丹盛行,最主要的三位炼丹家魏伯阳、葛洪与陶弘景都诞生在江南。世界上第一本炼丹著作《周易参同契》的作者魏伯阳用词韵皆古、奥秘难通的韵文记录了炼丹的理论与实践,其中关于水银易与硫黄化合、氧化铅可被碳还原成铅、黄金不易氧化等等都是最早的化学知识。葛洪在《神仙传》中说:"魏伯阳,吴人也,本高门之子,而性好道术。"宋代朱熹引用五代时彭晓的话,说魏是会稽上虞人。葛洪的生平则由《抱朴子·外篇》中的自序与《晋书·葛洪传》可知:他出生在句容,他的祖父是东吴官员。受左慈的影响,他又跟岳父鲍玄学习炼丹术。《晋书》称他"博闻深洽,江左绝伦;著述篇章,富于班马"。《抱朴子·内篇》中讲炼丹的有"金丹""仙药""黄白"三卷。"金丹"的内容是以无机物炼长生仙丹,涉及水银、硫黄、曾青、铅丹及物质的转化等;"仙药"是以植物性药物"五芝"来延年益寿;"黄白"是人造黄金与白银,实际上是铜、铅、汞等元素的合金。陶弘景在炼丹与医药方面的著述除《神农本草经集注》外,现存的只有列入《道藏》的《夏诰》与《养性延命录》。陶弘景做过铁置换铜的实验,并证实只要是可溶性铜盐都可以,而不仅仅是葛洪说的"曾青"(硫酸铜),为后世湿法炼铜奠定了基础。陶还指出以火烧硝石时"紫青烟起,云是真硝石也",这是指硝酸钾的焰色反应。炼丹士指望"仙丹"使人长生不老及点石成金而致富的愿望,在化学家看来当然是荒诞的。但在科学已经高度发展的今天,在研究古代文化史的时候,我们不能简单地斥之为胡说八道,而是要看到他们也是在做实验,冶金、酿酒、染色等工艺中也都有丰富的化学知识。

史载越王勾践佩"步光之剑",绝非虚言,它埋于地下2 000多年,至今寒光逼人。同样,苏州工艺美术大师金海鸥重铸干将莫邪剑时说:"干将莫邪剑拥有别的剑所没有的'泛白光'的特质,这也是当时这两把剑能够声名远播的原因之一。"经专家利用质子X荧光非真空分析:剑体各个不同部位金属的含量不同,剑脊含铜较多,韧性好,使剑不易折断,而剑刃部含锡量高,使剑锋利,剑格中央和边缘铜锡的含量也不多。这种一器多种成分比例的方法和先铸剑脊、再浇铸剑刃的复合铸造工艺是相当进步的,可称得上是刚柔相济的特种青铜剑。专家指出,春秋晚期吴越青铜剑的"铸造水平远远超过中原诸国"。

江宁西面、芜湖市南的南陵地区,西周、春秋时均为吴越辖地,在考古学文化上同属长江下游吴文化圈,皖南青铜器出土的数量又与宁镇地区相当。张卫和刘平生两位先生对皖南地区的一些产铜地点进行了徒步踏查,先后发现各朝代、各类型的古代采矿、炼铜遗址40余处,它们集中分布于南陵大工山区,范围达400平方公里,其中戴镇乡江木冲西周冶铜遗址面积1.5平方公里,文化层厚1~2米,炼铜弃渣堆积总量在50万吨以上。1988年至1991年,安徽省考古研究所先后对南陵大工山区的江木冲、塌里牧、沙滩角、刘家井、西边冲等地进行考古发掘,发现各类遗迹26处,其中西周至唐代的炼铜竖炉19座、硫化矿焙窑4座、采矿井3座。由此,专家们对西周硫化矿炼铜技术进行了如下分析。

(1)炼炉结构:南陵地区的炼铜炉皆为竖炉,由炉基、炉缸和炉身三部分构成。经复原,从炉缸底到炉顶部高1.2~1.3米,料柱1~1.2米,容积约0.35立方米。炉缸截面呈椭圆形,长轴长90~100厘米,短轴长60~70厘米,高30~35厘米。炉壁厚25~45厘米。炉缸一端设有"金门",以排放炼渣和铜液。炉缸以下为"炉基"。顺长轴方向筑有"风沟",从而构成炉下空腔,以利于防潮和保温。风沟长2.5米,宽0.6米,深0.4米。竖炉在不同部位使用了不同配方的耐火材料,主要有网状红土、高岭土、石英砂、铁矿石粉等(见图4-10)。

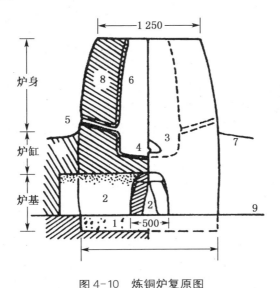

图4-10 炼铜炉复原图

注:1—工作台;2—风沟;3—金门;4—排放孔;5—风口;
6—炉内壁;7—炉缸;8—炉壁;9—原始地平面

资料来源:《科技史文集》第13集

(2)焙烧设施:西周遗址未发现专门用于焙烧的设施,但在炼炉周围往往有十几乃至几十平方米的"硬面",厚20～40厘米,是用石英砂粒、炼渣颗粒和铁矿石粉加水浇筑成的混凝土面层,可能是用作堆烧硫化矿的堆烧场。此外,废弃的炼铜炉也可兼作焙烧炉。

(3)燃料熔剂:燃料和熔剂因时代不同而各有差异。西周冶铜用青冈栎(Cyclobalanopsis glauca)木炭作燃料,汉代以后用当地采掘的煤作燃料——这是迄今全国发现最早使用煤作工业燃料的例证。熔剂主要是二氧化硅,西周采集河床中的石英卵石,汉代以后则专门开采石英石。

(4)冶铜工艺:我国古代冶铜生产有湿法(胆铜法)与火法两种,而后者则是普遍使用的方法。火法炼铜的实质是铜矿石逐步富集成铜的过程,它有三种工艺:一是将氧化铜矿(孔雀石、黝铜矿、蓝铜矿)与木炭燃料配伍,分批加入熔炉,在1 100℃左右的高温中,还原成金属铜。二是先将硫化铜矿物(黄铜矿、辉铜矿、斑铜矿)进行氧化焙烧,在750～800℃的条件下,与空气中的氧起作用,变金属硫化物为金属氧化物(即焙烧法),然后再入炉熔炼,

还原成金属铜。三是将硫化铜矿直接入炉炼成冰铜,再将冰铜重复熔炼,使之逐步富集成金属铜。以上三种工艺实质上只是两种熔炼过程,即"还原熔炼"和"冰铜熔炼"。

① 还原熔炼:上述一、二种工艺属此类。其原理是氧化亚铜被一氧化碳还原成金属铜($Cu_2O+CO = Cu+CO_2$),其工艺虽然简单,但炼渣中的铜损失较大,矿料来源也较贫乏,是青铜时代初期的获铜方法。

② 冰铜熔炼:上述第三种工艺属此类。其原理是铜对硫具有除锰以外的最大亲和力,易于形成高温下稳定的化合物,并且硫化亚铜与硫化亚铁易于以任何比例互熔,形成铜和铁的复式硫化物——冰铜。冰铜熔炼虽较还原熔炼复杂,但弃渣中的铜损失较小,更重要的是硫化矿的蕴藏量要比氧化矿丰富得多,故大规模的冶铜生产,必须仰仗于硫化矿的开采和使用。

为了进一步证实发明这一技术的可靠性,中国科技大学科学史研究室研究生穆荣平在李志超先生的指导下,根据冶铜学的原理,对南陵江木冲西周冶铜遗址各文化层采集的11个古炼渣标本,用化学元素成分分析、扫描电镜定量分析和X射线衍射仪定性分析等测试手段,利用炼渣中铜和硫赋存状态的差异,以及铜、硫比值的差异,来辨别样品是硫化矿冶炼所弃的冰铜渣,还是用氧化矿或死焙烧硫化矿冶炼所弃的还原渣。分析结果发现,南陵大工山区西周时已进行了大规模的炼铜作业,其炼铜技术相当高明,先民们不仅掌握了熔炼硫化矿成铜的工艺,在生产过程中,还掌握了冰铜富集熔炼技术,是我国目前发现最早使用硫化矿炼铜并采用硫化矿—冰铜—铜工艺的地区。①

可见,吴地资源丰富,尤其是人力资源,自古活力四射,具有自主创新精神,不仅是华夏的制造业基地,更是中国的创新园地。

这里要指出的是,有的学者认为"吴国的冶金技术是向越国学的。阖闾在称王前获得莫邪、鱼肠、湛卢三口名剑,都是'进口货',为越人欧冶子所制。阖闾上台后,命欧冶子师弟、吴人干将铸剑,据《吴越春秋》说,开始由于技术原因失败了,经研究改进,才铸成了以'干将''莫邪'命名的雌雄剑"。笔者认为,这是欠妥的。再把下面的话连起来看——"不过《广雅》《说文系传》《史记集解》等书都说干将、莫邪不是人名,也非剑名,而是'大戟'名。此说与《吴越春秋》的记载大异,特录以备考。"这就有否定吴国先进冶金技术之嫌疑,因为时势造英雄,而不是英雄造时势。本章上述已考证,苏南、皖南地区古矿开采及冶炼遗址要比浙江中南部(越)多得多,那么大的采矿与冶

---

① 张卫、刘平生(芜湖市文物保护委员会办公室),《安徽南陵西周硫化矿冶铜技术初探》,《中国文物报》,2005年9月30日。

炼大军必然会出现英雄,这是其一。

其二,欧冶子与干将是春秋时期同时代人,且"干将者,吴人也,与欧冶子同师,俱能为剑"①。这两人才艺盖世,是天下少有的铸剑名师。问题是早在夏商之际吴地已有冶金业。北阴阳营新石器时代文化遗址,坐落在今南京云南路北阴阳营8号大院内,为凸出附近地面5米的椭圆形土墩。它原来的面积约有1万平方米,西北部早年曾被挖毁,1954年调查时尚存7100平方米。经南京博物院1955年至1958年四次发掘,揭露面积3132平方米,将遗址清理完毕。从发现的小件铜器和炼铜用的坩埚、挹铜汁用的陶勺,特别是一只直径为17厘米的炼铜陶钵,内表面还有凝固铜液,伴有铜渣多块,充分说明早在公元前1540±90年先吴人已掌握了冶炼技术,比欧冶子要早1000多年。再说吴越原本同族同俗,本来就不分彼此。

其三,春秋中晚期,随着贵族好剑之风盛行,出现了一些以相剑(鉴别剑器优劣和名剑真伪)为业的术士。他们精通铸剑之术,掌握有关名剑的丰富知识,诸如外观、性能特征和流传使用情况等,出入豪门,专为权贵说剑品剑,如为楚昭王说剑的风胡子,就是此类人物的典型。因此,贵族间互相观赏、交流、交换、说剑品剑是常有之事。

其四,目前在江南地区发现的商代青铜器,还有溧阳夏村出土的铜爵、尊,句容葛村出土的铜钺等。1973年在江宁发现一件三羊罍,就其造型纹饰特征来看,是一件典型的商代晚期器。1974年在江宁横溪又出土了一件青铜大铙,其两面均饰饕餮纹,突出双目,以勾连云纹环绕,圆圈纹为底,是一件南方特色的青铜乐器,不见于中原地区。这种大铜铙在皖南的南陵、太湖南岸边长兴也有出土,另外还出过铜罕(古代酒器)和直内戈等。由此说明,自商代晚期始,吴地就有了出色的富有地方特色的青铜铸造业。特别在春秋战国时期,吴地是兵器工业最发达的地方,在青铜兵器上,广泛使用了金银错工艺,铭文字体以鸟篆文最为多见,其中山西省万荣县后土庙出土的一把戈,戈上有金错铭文鸟虫书——"王子于之用戈"6个字,"王子于"就是春秋时期的吴王僚(见图4-11)。

中山大学的容庚先生积30年之研究,在1964年发表了《鸟虫书》一文。他对40件有鸟虫书铭文的兵器和其他铜器进行了综合性考察研究后指出,其中年代最早是吴国的兵器王子于戈,有国名可考的分别为吴、越、楚、蔡、宋五国,而数量最多的是越国。现在所能见到的越王剑铭文几乎都是鸟虫书,而且年代都在勾践之后,因为所有的越王剑在制造技术、器型结构、铭文字体、装饰风格等方面都和吴王剑一般无二,所以我们有理由认为,越人的

---

① (汉)赵晔原著,张觉译注,《吴越春秋全译》,贵州人民出版社,1993年,第100页。

上篇 根 基

制剑技术和鸟虫书都是从吴人那里学来的。① 由鉴于此,上面学者的意见尚缺乏依据。

诗仙李白在秋浦(今池州市)以亲眼所见作了《秋浦歌》,描绘了吴人月夜炼铜的情景,是中国文学史上第一首歌颂普通冶炼工人形象的诗篇。诗云:

炉火照天地,红星乱紫烟。
赧郎明月夜,歌曲动寒川。

这是一幅壮美的月夜炼铜图:月光之下,炼铜炉前,火焰飞蹿,红星乱舞;紫烟弥漫,映脸通红;寒夜歌声,山川飘荡。

铜炼出来后还要通过冶铸才能变为器物,而青铜器都是铸成的,不是敲击或剜凿成的。铸造是把原料放在熔炉内经高温

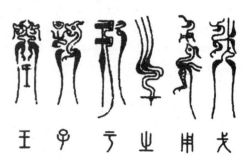

图 4-11 吴国兵器王子于戈及戈上铭文鸟虫书

资料来源:陈信良,《东周戈剑兵器铭文造形研究》,第 9 页

熔化成液体,然后倒入模型中,待温度下降后,铜液在模型中就凝成了人们所要求的器物。拆除"范"便得到了成品。青铜艺术即指铜器的铸造工艺、铜器的各种造型及装饰纹样所形成的艺术特色,也由此而使青铜器不仅具有生活等实用价值,而且具有陈设欣赏的艺术价值,在发展过程中形成各个时期的风格。商代前期,造型轻薄,纹饰比较简单;商代后期和西周前期,造型厚重华丽,纹饰多表现神权思想的兽面纹、夔龙纹、各种动物纹和几何纹;西周中期到春秋中期,风格趋向简朴,纹饰多为粗线条的窃曲纹、重环纹等,同时长篇铭文增多;春秋后期到战国,造型轻巧,纹饰多活泼的动物纹和复杂细密的蟠螭纹、云纹等,也有不少用细线雕刻狩猎、攻战、宴乐等反映现实社会活动的画面,或用金银、红铜、玉石等镶嵌出种种图案或画像。从铜器造型、装饰纹样和铸造技术看,它综合了绘画、雕塑、图案和工艺美术,初步奠定了我国古代造型艺术的基础。

2007 年 1 月,在高邮市三垛镇左卿村附近出土的一件青铜钟及前几年也在该地区出土的一件青铜铲,经专家鉴定,青铜钟为执钟,早于编钟数百年,为手执敲打的乐器,后来才演变为钟。器体双面各饰矮枚 18 个,

---

① 叶文宪,《吴国历史与吴文化探秘》,文物出版社,2007 年,第 201-202 页。

分三排,每排6个;甬为圆柱形,与内腔相通,口部呈凹弧形,横截面为阔叶形,两侧铣角尖锐,整个钟体细面无纹饰。通高22.5厘米,甬高8厘米,铣间16.5厘米,壁厚0.6厘米,重2.7公斤,为国家二级文物。青铜铲原始粗糙,器体一面扁平,一面突出,单面刃口较薄呈微弧形,顶部中空成长方形銎,中间有一小孔,銎体与铲部不完全成直角,铲长18.2厘米,高10.5厘米。这一钟一铲皆为西周时期的青铜器,无论其历史价值还是艺术价值都非常之高。

青铜器的"范"是陶制的,由多块拼成,一部分称为外范,上面有花纹,在翻铸时形成铜器器型的外面;一部分是内范,在翻铸时形成铜器器型的内面。外范和内范全部拼合在一起时,内外之间空隙部分,留待铜液填充而形成所要制作的铜器。所以,范上的凸凹和左右与实际器物上的凸凹和左右应恰恰相反。在安阳曾发现很多陶范和为了制造陶范所用的"模"。模就是模仿实际的铜器的形状,为制范的坯型。

直接用陶范翻铸铜器是古代青铜器铸造的一般方法。花纹和文字都是铸出来的,不是刻的(战国时的文字有刻成的)。但商代已有多种铸造办法,例如:两次铸法创造了铜器上的提梁或链条,特别是链条的铸造,是金属熔冶技术上的重大发明。

蜡模法:在翻铸结构较复杂或镂空的装饰时,范型的设计比较困难,往往内用蜡模,外加湿柔陶泥涂墁,于后自然成为范。然后加烧使蜡熔解流出,遗留之空隙为浇铸时之铜液填充,即成型(见图4-12)。

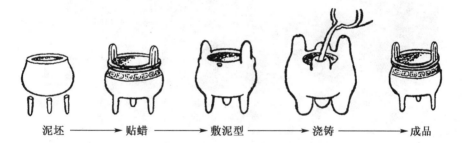

泥坯 ——→ 贴蜡 ——→ 敷泥型 ——→ 浇铸 ——→ 成品

图4-12 古代铸造工艺流程图

资料来源:《苏州手艺》,辽宁人民出版社,2004年

西周及春秋时代的青铜工艺特点,其造型,如前所述,轮廓线多是柔和优美的曲线,并有适当的比例关系,表现了新的创造。铜器上的装饰花纹简易,纹样多窃曲纹、环带纹和双头兽纹。其他尚有重环纹、垂鳞纹等,又有写实意味的蛟龙纹。可以看出窃曲纹和双头兽纹都是殷及周初流行的饕餮纹和夔龙纹的变化,按图案规律重新组织而成。它不仅仅是虚幻的动物,而且是代表了统治者力量与尊严的符号。

上篇 根 基

先吴时期的太湖流域，其湖熟文化、马桥文化都是青铜文化，生产工具虽以石器为主，但青铜工具也很多，如刀、斧、凿、鱼钩等。马桥文化中的铜器皆浇注而成，铜刀成分为：铜73.54%，硅2.29%，还有其他如钠、镁、锡、铁、锰等微量，铸造工艺达到了一定水平。

1959年和1965年安徽省文物工作队在皖南屯溪市（今黄山市屯溪区）西郊约5公里的弈棋村附近先后发掘了3座两周中期的贵族墓葬，随葬品主要为青铜器、原始瓷器等。其中1号墓中的青铜礼器有鼎、尊、盘、卣、盉等，纹饰既有中原式的饕餮纹和夔龙纹，也有蟠螭纹、蛙纹等地方色彩浓厚的纹饰式样。据分析，这批青铜器的铜、锡等金属含量，与《考工记》所载"六分其金而锡居一"的比例相近，青铜质量很好。器物的足、底、腹和口沿等处，有两相对称范痕：器内平滑，器表铸花浮于器面；器型相同而花纹不同，工艺达到了很高的水平。

常州武进淹城发现的一批铜器，造型奇异，器质轻巧，花纹与印纹硬陶相似。以兽首为流的牺匜和两猪并立的三轮盘，尤为中原地区所不见。1958年该城出土的7个一组的句鑃（音：gōu diào），系战国时期打造，高16.5～34.6厘米，其形制与钲、铎相近，器型轻巧，可执柄敲击，用于军旅和祭祀，是吴越乐器的特色（见图4-13）。

图4-13 常州武进淹城出土的青铜句鑃
资料来源：中国历史博物馆收藏

句鑃，是古时吴越地区的一种青铜打击乐器，今江苏、浙江、湖北、安徽等地都曾有句鑃出土，形状与编钟有些相似，一般一套由若干件组成。据研究考证，战国时句鑃的最高组合数达11件。句鑃奏出来的乐声十分清脆，悦耳动听，在我国春秋晚期至战国时期曾盛行一时。现存句鑃上多有"择其吉金铸句鑃，以享以孝"的铭文，有很高的工艺欣赏价值。

句鑃虽与编钟形似，但它们的摆放形式与演奏方法皆有不同。一般的甬钟、钮钟都是直悬或斜挂，而句鑃则是倒插在座架上，用木槌敲击来进行演奏。

铜镜是我国古代工艺美术发展史上不可或缺的一个组成部分，也是中华民族文化艺术中璀璨夺目的一个重要分支。在我国自从青铜器代替石器，铜镜作为生活用品就与人类不可分离了。

铜镜的发展从装饰风格上看大体可分为三个阶段：一是从商周时期到两汉；二是从魏晋时期到唐代；三是宋代。这三个阶段有着必然的联系，也有着重要的区别。首先我们看一看商周时期到两汉，这一阶段是人类对于世界万物认识极为有限的时期，许多的现象与天象，人类依靠自身无法解析而更多地依靠所谓的"神"来表达。因此，这一阶段的装饰主要是围绕"神"进行的。商周时期（也称青铜时代），青铜器的纹饰主要源于仰韶文化的彩陶，工奴们在组织结构运用上发展了原始纹样，依照当时的社会意识形态，创作了许多象征上帝鬼神的神异形象，诸如龙、凤、饕餮、夔之类的纹样，说明天神主宰一切的思想意识占着主导地位。有些纹饰具有原始的神话性质，有些则直接反映了当时的物质生产和社会生活的某些特征，这使得青铜器的纹饰中既有狰狞恐怖的神兽，也有活泼可爱的蚕、蝉等小动物。宋代铜镜从主题纹饰看，模仿唐晚期的瑞花镜和八卦镜的题材最多，但也有自己的创新，其中以花卉镜流行时间久、范围广。宋代镜形式多样化，除常见的圆形、方形、葵花形、菱花形外，还有带柄镜、长方形、鸡心形、盾形、钟形、鼎形等。细线浅雕是宋代铜镜的一个重要表现技法，许多花卉镜图纹纤巧，精致至极。此外，字号商标铭镜的大量出现也是宋镜的重要特征。

铜镜的前身是商周时的铜鉴。在铜镜未出现之前，先民们用铜鉴盛水照面，因而有人认为铜镜是铜鉴的改进与扁平化。作为当时青铜器中的一种，铜镜具有实用、审美和文化这三种特征。"当窗理云鬓，对镜贴花黄。"这一时期以圆套方的构成形式开始产生，吴地圆与方结合的设计思想起源于先吴人制作玉琮"天圆地方"之说，这种以天文地理作为基础的设计在工艺史上还有很多。

两汉时期，质量上乘的"丹阳铜"闻名全国。丹阳属古扬州之域，包括苏南、皖南和浙北地区，以春秋时的欧冶子为宗师。在当地所生产的"丹阳镜"，又名"丹阳铜镜"，是公认的汉镜中的精品，不仅选料精细，质地优良，铸工精巧，而且字体清晰，具有实用和收藏的双重效用（见图4-14）。其镜铭有"汉有善铜出丹阳，和以银锡清且明。尚方作鉴真大好，寿如金石国之宝""汉有善铜出丹阳，和以银锡清且明。左龙右虎主四彭（旁），朱雀玄武顺阴阳。八子九孙治中央"①"汉有佳铜出丹阳,取之为竟(镜)清如明"等。

图4-14 汉代丹阳铜镜

图4-15 三国吴铜镜

三国时期吴郡(今苏州市)所制"吴铜镜"(见图4-15),不仅质量好,而且输出到日本"铜镜百枚"(《三国志·魏志·倭人传》)。据《旧唐书·德宗本纪》载:扬州产贡铜镜最为精致(见图4-16)。

(a) 龙镜

(b) 双鸳系绶镜

(c) 真子飞霜镜

(d) 三乐镜

图4-16 唐代扬州铜镜

当今苏州有个铜镜收藏家叫顾新宝,他收藏的数面直径10厘米以上的

---

① 朱剑心,《金石学》,文物出版社,1981年。

东汉铜镜依然光可鉴人。但当合范浇铸时,注入范腔的铜液,处在近千度的高温状态下,其铜液本身氧化的速度很快,因此,造成铜镜表面层的氧化是必然的。《淮南子·修务训》记载"明镜之始下型,朦然未见形容",这说明古代铸镜时,其铸态毛坯和我们今天铸出的毛坯一样,还只是一个"朦然未见形容"的灰色的铸件,不能当作镜子使用,必须经过磨削、修整及开光等诸多工序后,镜面才能达到光可鉴人。唐太宗说"以铜为鉴,可以正衣冠",由正衣冠,让人立刻联想到鉴古今。在铜镜里,我们照得见古人,看得清历史。充满智慧的吴人,有着做工精细、做事到位的传统。香港中文大学饶宗颐先生指出,大家习惯讲丝绸之路,其实以某种特产的流传来代表文化,铜镜之路也同样重要。

1980年出土于江苏扬州邗江县甘泉2号东汉墓的错银铜牛灯,通高46.2厘米,牛身长36.4厘米(见图4-17)。

该灯不但设计精美,而且在制作时巧用铜银两种不同材质的色泽,形成颜色的完美搭配。铜牛灯通体光滑,工艺精湛,整体纹饰运用流云纹、三角纹、螺旋纹图案为地,饰以龙、凤、虎、鹿以及各种神禽异兽等图案,线条流畅,飘逸潇洒,是汉代众多青铜灯具中实用与艺术完美结合的上乘之作。错银铜牛灯由灯座、灯盏、烟管三部分组装而成。它的三部分均可拆卸,使用和擦洗相当方便。灯座是一

图4-17 东汉错银铜牛灯
资料来源:南京博物院

俯首站立、双角上耸、四足矮而敦实、尾卷曲向上、雄浑壮硕的黄牛。牛腹中空,背负圆形灯盘,灯盘一侧设置扁平把手,便于转动灯盘,盘上饰两片可以灵活转动的灯罩,其中的一片刻镂空菱形斜方格形纹,起到散热、挡风和调光的作用。灯罩上紧扣穹顶形罩盖,盖顶之上均匀弯曲的烟管与牛头顶上方凸出的短管紧密套接。当灯火点燃时,所产生的烟尘通过烟管导入灯座腹腔中的清水被溶解,从而确保室内空气的清新。可见,早在2 000多年前,吴地人在青铜灯具的设计上已具备了环保意识。

在近代的洋务运动中,晚清权臣李鸿章授权马格里(英国奥金莱克人)于1863年4月,在淞江县创办了"上海洋炮局"。1863年底迁至苏州,改称

"苏州洋炮局"。1865年夏又迁至江宁,扩建为"金陵机器制造局",初有工人400余人,高峰时达1 200人。1874年,辖有火药局、火箭分局和水雷局等,以生产的枪炮、弹药的种类多、品种全而闻名。①

3. 今日吴地,炉火正旺

1971年诺贝尔经济学奖获得者西蒙·库兹涅茨认为,技术革新的高速度和高扩散是经济增长的主因。当人类第一次直接探测到引力波、人工智能快速发展时,吴中大地看似宁静的山和水,实际上地下深处犹如岩浆在奔涌。如今的吴中大地,已从"汗水型"走向"智慧型",进入"熊彼特增长",并丰富了100年前熊彼特的"创新"概念,"创意、创新、创业"三位一体,"双创"如火如荼,获得了巨大的新空间,正努力开创属于自己的新时代——寻找原力、发现原力,到原力觉醒、原力爆发的大时代。如2016年12月新重组的宝武钢铁集团,深化改革,大胆创新体制机制,资产规模约为7 300亿元,员工22.8万人,年产粗钢规模位居中国第一、全球第二。2017年上半年,该集团营业收入2 204亿元,实现利润86.6亿元,同比分别增长61%、100%。2016年,江苏沙钢生产经营保持了稳健发展的态势,实现营业收入1 983亿元、利润50.5亿元,利润指标同比增长166%。

吴地不仅是钢铁,更是中国乃至全球重要的现代制造业基地。2017年,长三角地区的苏浙沪实现地区生产总值167 802.76亿元,成为我国经济发展最快、最有潜力的一块热土。而太湖流域又是长江三角洲的核心区域,是我国人口密度最大、工农业生产发达、国内生产总值和人均收入增长最快的地区,被列入世界第六大城市群,出现了许多感人的故事和华彩篇章。这些故事,不仅是吴地的,也是中国的。2008年金融危机动摇了世界对美国和西方经济能力的认同,这是中国走向世界的开始,也进一步印证了马克思恩格斯的预见——1857年5月,恩格斯在《波斯和中国》一文中指出,随着中国革命的深入,"过不了多少年,我们就会看到世界上最古老的帝国作垂死的挣扎,同时我们也会看到整个亚洲新纪元的曙光"②。

江苏昆山市自力更生融合发展,铺就全面小康生活特色路;苏州工业园区开拓创新,创造了多个全国"第一"和"唯一"……统计显示,2015年长三角三次产业结构为2.8∶43.4∶53.8,稳定在"三、二、一"状态。产业体系完备,配套能力强,产业集群优势明显,已从重化产业结构到新经济新动能,经济腾笼换鸟、化茧成蝶的结构调整和产业升级正在发生。目

---

① 参见沈惊鸿,《中国近代工业史上第一位外籍厂长马格里》,《文史月刊》,2009年第10期。

② 《马克思恩格斯选集》第二卷,人民出版社,1972年,第21-22页。

下，以上海为龙头，长三角城市群抱团创新发展，其范围已包括：上海，江苏省的南京、无锡、常州、苏州、南通、盐城、扬州、镇江、泰州，浙江省的杭州、宁波、嘉兴、湖州、绍兴、金华、舟山、台州，安徽省的合肥、芜湖、马鞍山、铜陵、安庆、滁州、池州、宣城等26个城市。未来的长三角将交通一体化、城市群串联成网，强化省际统筹，加快构建"一核五圈四带"空间格局（提升上海全球城市功能；促进南京都市圈、杭州都市圈、合肥都市圈、苏锡常都市圈、宁波都市圈五个都市圈同城化发展；促进沪宁合杭甬发展带、沿江发展带、沿海发展带、沪杭金发展带四条发展带聚合发展）。在这样的基础上，只要政府因势利导，到2030年完全有能力建设成和世界五大城市群并肩的世界级城市群。

表象类似并不能证明内部逻辑也相同，就好比"2×2"与"2+2"，虽然参与元素（2）和结果（4）相同，但不能说它们（乘法与加法）是一回事。同样，过去的粗放式发展方式与现在的创新创造社会也是两码事，虽有雷同（增长）之处，可二者有着质的区别。如浙江信息经济"先人一步"，作为全国首个提出打造信息经济大省的省份，互联网正推动着浙江的创新发展，使世人看到了前沿技术的魅力，突出了浙江在未来互联网产业分工布局方面的领先优势和全球创新的先进理念，更彰显了中国科技创新力量正在崛起。合肥都市圈在开放中快速崛起，随着交通一体化发展，合肥都市圈与长三角"无缝对接"，已成为长三角世界级城市群的副中心，其新型显示、机器人列入国家区域集聚发展试点，集成电路、智能语音、新能源汽车、公共安全、生物医药、燃气轮机等保持国内领先。江苏千军万马奔向"创时代"，作为工业制造第一大省的江苏，工业经济规模总量已连续多年位居全国第一，万亿级行业达到6~7个，规模工业企业、中小企业数均居全国首位。目下的江苏，正把握全球产业革命大势，以建设具有全球影响力的产业科技创新中心和具有国际竞争力的先进制造业基地为战略目标，从企业制造装备升级和互联网化两线切入，从基于研发的制造和制造业服务化两头突破，从政策创新和企业自主创新两端发力，以"两聚一高"（聚力创新、聚焦富民，高水平全面建成小康社会）为主题，奋力建设"强富美高"的新江苏。2013年以来，无锡已诞生了世界最快超级计算机——中国"天河二号"，尤其是"神威·太湖之光"超级计算机再登世界超算之巅，实现了从算盘到"云端"的超高飞跃。

吴地有大江东去的豪迈、杨柳依依的悱恻、长河落日的壮阔、彩笺尺素的缠绵、马革裹尸的肝胆、海纳百川的胸襟、乘风破浪的逸兴、青天揽月的壮思。站立在8万多平方公里的广袤土地上，吸吮着中华民族漫长奋斗积累的文化养分，拥有亿万吴地人民聚合的磅礴之力，走自己的路，具

有广阔的舞台、深厚的历史底蕴、强大的前进定力。有本可立、有源可溯，中国传统文化之流浩浩汤汤，正在21世纪的现代场景中创造出惊涛拍岸的壮阔景观。

吴地的底气证明，吴地人不仅善于书写历史，而且勇于创造历史，并葆有把时间变成历史的激情和能力。它承载养育的中华民族、中华文明，生命不息，追梦不止，就像长江入海口的那片沉积的沙滩陆地一样，依然在不断生长、不断壮大，每时每刻都在续写着新的传奇。

第五章　勤劳善思　工艺之邦

第五章

勤劳善思　工艺之邦

  穿越时空隧道，把人类生活整个的纵着去看，便是历史；横着去看，便是社会。历史与社会，同其内容，同其实质。人类在进入文明时代后便开始了手工制作工艺的历史，它出自民间，植根于基层，服务于民众，具有物质和精神的双重属性。几千年来，传统的手工艺品就地取材，既是文化艺术品，又是日常生活用品，与人民生活息息相关，就像风一样渗透到我们生活的方方面面。它是劳动大众的实践创造，其踏实务实的"工匠精神"源远流长，具有永恒的生命力，并不断焕发出艺术的青春。

  史实证明，先吴古国有着无数的器物之美、生活之美、文化之美，无论是普通的石器、陶瓷器，还是青铜、金银珠玉器等工艺品都凝聚着智慧、精神和情感，它不只是已经过去的岁月给我们留下来的遗产，更重要的是体现着勤劳善思、追求真善美。虽然今天看上去有些工艺似乎已相当落后，但那些工艺美术品上所闪现出来的璀璨之花，长久地给人们以启迪和激励。

  飞机代替不了人脚，电脑替代不了人脑，即是雷·库兹韦的"奇点临近"，它也是人的创造。中华"工匠精神"是古典文化的精髓，波及各行各业。坚持与守望是吴地手艺人的职业性格，用工匠文化涵养工匠精神，用工匠精神打造中国品牌，这是吴文化基因中又一独特的价值标识和深层的精神追求。把实用和审美融于一体，面对诸多的变与不变，不忘初心，保持定力，在传承中更始，为发展人类的工匠文化谱写了充满智慧和灵性之光的一章。

一、玉石文化　陶瓷手艺

人类文化是从制造工具开始的，当第一块石头被人打磨成为某种有用的器物时，"工艺文化品"就诞生了。人们发现，工艺美术的起源与人类文化的起源、艺术的起源都在同一个原点上，如原始石刀、石斧等石器及玉器、图腾、陶文、甲骨文；夏商周青铜器、秦砖汉瓦……器物的本质是内化了的历史。"探制作之原始，补经传之阙亡，正诸儒之谬误"（宋代金石学家吕大临）。

（一）石器文化

石器是指以岩石为原料制作的工具，盛行于人类历史的初期阶段。从约250万年前出现能人直到铜铁器出现前，经历了两三百万年。根据不同的发展阶段，又可分为旧石器时代和新石器时代。旧石器时代使用打制石器，这种石器是利用石块打击而成的石核或打下的石片，加工成一定形状的石器，习惯上把两面刃的砾石石器称为敲砸器，单面刃的称为砍砸器。考古证据表明：吴地太湖南岸的长兴与上马坎人早在100万年前就进入了旧石器时代。

1984年，在位于苏州古城西南50公里太湖中的吴县三山岛西北部溶洞里发现了1万年前的旧石器时代晚期文化遗址。1985年，南京博物院与上海大学文物院、苏州博物馆、吴县文管会组织联合考古队，对三山岛旧石器遗址等进行调查和发掘，共发掘出土石制品5 263件。这些石制品原料主要为燧石、石髓和玛瑙；种类有石核、石片、石器。石核大部分为锤击石核，说明当时的打片技术和石核的利用率都已经很高。

2005年6月，笔者专程到三山岛拜访了参与当年挖掘的"草根"考古者韦鹤鸣老先生，他介绍说，出土的这些旧石器的主要特点是：一是石制品以石片石器为主，部分石器利用小石块加工而成；二是打片主要采用锤击法，少数采用砸击法；三是石器工具组合中以刮削器为主，尖状器加工质量较高；四是使用石片所占的比例几乎与石器比例相当，这类使用石片为三山岛石器文化的一大特色；五是石器的刃缘修理，向背腹面、交互和错向加工皆有之；六是石器组合中有一批形制独特的工具，如用片状和方块状石片制作的复刃刮削器、深凹刃刮削器、端侧凹刃刮削器、龟背形双尖状器等，构成了这一文化的鲜明个性和特点（见图5-1）。

三山岛因北山、行山、小姑山三峰连缀而得名，面积2.8平方公里，北山为三峰之首，海拔83.3米。该岛虽无高峻巍峨之态，却有层峦叠嶂之姿，逶迤铺展，舒起缓伏，山水契默和谐，情致衍逸，故清代诗人吴庄有这样的赞美："长圻龙气接三山，泽厥绵延一望间。烟水漾中分聚落，居然蓬莱在人

第五章　勤劳善思　工艺之邦

(a) 吴县三山岛板壁峰　　　　(b) 三山岛旧石器遗址

(c) 约1万年前骨器　　　　(d) 约1万年前旧石器

图5-1　吴县三山岛旧石器时代文化遗址出土的部分石器与骨器

资料来源：苏州吴中区东山镇三山村韦鹤鸣

寰。"在岛西北部有个小山叫清风岭，下面有一个石炭纪（3.5亿年前）的灰岩洞。文化层分上下两层，上层为砾石层，石制品较多，厚0.3米，下层为粗砂层。

新石器时代盛行磨制石器，这种石器先用石材打成或琢成适当形状，然后在砺石上研磨加工而成。种类很多，常见的有斧、凿、刀、镰、犁、矛、镞等。1973年发现的被国务院立为"全国重点文物保护单位"的海安县青墩新石器时代遗址，先后出土1 000多件新石器时代的陶斧、陶纺轮、象骨、刻纹麋鹿角等文物（见图5-2），经碳-14测定，遗址距今5 015±85年，树轮校正值6 525±110年，出土了一批以陶斧为代表的尊贵文物，是江海平原上出现的人类第一缕古文明曙光。

上面带柄穿孔的陶斧是由三个部分组合而成的，把手两节，陶斧一节，三者一组合接起来成了一把完整的带柄穿孔陶斧，其工艺可谓天衣无缝。正是这把陶斧的发现，回答了考古学家们长期困惑的古人使用的石斧如何装柄的难题。南京艺术学院教授殷志强先生在他的回忆文章中这样写道："近百年的中国新石器时代的考古发掘与研究，能说明扁平穿孔石斧装柄方式及使用方法的实物资料，只有青墩带柄穿孔陶斧一件……正因为青墩带柄穿孔陶斧具有的完整性、科学性、独特性和唯一性，已被确定为国家一级文物（国宝），成为青墩遗址出土文物中最具科学价值、文物价值的珍贵文物

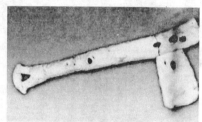
(a) 陪葬的带柄穿孔陶斧

(b) 麋鹿角上的刻画纹

图5-2 海安青墩遗址出土

之一。"①

根据摩尔根的文化形态理论,我们把渔猎时期及"刀耕火种农业"看作是农业文化的初级阶段。那时人们先用石器工具将地面上的树木、柴草砍倒、晒干,然后点上火烧尽或放水将杂草烂掉,最后撒上种子,便任其生长。待作物成熟后,再用石器工具收割,后以石磨或石碾加工,生产便完成了。到了新石器晚期,先吴人已学会制造和使用石耜、骨耜、石犁等农具,于是农业又发展到"耕锄农业"(见图5-3)。

(a) 上海松江广富林出土的石犁

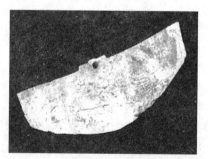
(b) 2004年在桐乡姚家山遗址出土的全国第一件玉"耘田器"

图5-3 新石器晚期吴地出土的农具

夏商朝,人类社会进入了阶级社会,但夏商,甚至更晚的一段时期内,石器仍作为重要工具使用。囿于矿体的开采、熔炼、铸锻等技术水平,当时的金属工具、武器,不少还是承袭磨制石器型制发展而成的,石器中的斧、锛、

---

① 参见《青墩文化》,吉林人民出版社,2004年,第185页。

铲、刀、镰、镞、矛头等器型,不但是青铜器的祖型,甚至影响到铁器。值得注意的是,金属器产生以后,某些磨制石器又直接因袭青铜器的形制,如钺、戈、剑、斧等。

(二) 玉器文化

1. 历史悠久

中国的玉器文化源远流长,古文献记载与大量的考古发现都表明,玉从石中来,玉源于石,至少已有7 000多年的辉煌历史。它是"一种中国特有的艺术品"①,公元前9世纪,周王朝的"穆天子"(周穆王)就"执白圭玄璧拜见西王母",这是世界上其他民族所没有的。

其一,比德于玉。中国古人崇玉、尚玉,推至极致,认为玉是大地鬼神的食物,于是玉被作为祭神、通神的神物。尚玉,最高境界是比德于玉。孔子提出的玉有十一德(仁、知、义、礼、乐、忠、信、天、地、德、道)之说,不仅是对玉的文化底蕴的高度概括,而且还精辟地阐述了玉文化的思想内涵,确是中国人审美观的理论基础,实质是比拟做人的道理,以玉的美德规范政治家和文人士大夫的思想修养和行为。认为玉还能辟邪、消灾,带来福气、吉祥,更是古代皇帝特权的象征(玉玺),这种传统观念包含着许许多多令人深感奇妙的故事。7 000多年前河姆渡遗址的先民们在选石制器过程中,有意识地把拣到的美石制成装饰品,打扮自己,美化生活,揭开了江南玉文化的序幕。在距今四五千年前的新石器时代中晚期,辽河流域、黄河上下、长江南北,中国玉文化的曙光到处闪耀,以太湖流域良渚文化、辽河流域红山文化、含山凌家滩文化的出土玉器最为引人注目。

其二,视为祛病保健。玉是一种天然矿产,在中药中属于矿物类药。矿物类药是中药中极具特色的一类药物,我国对它的研究具有悠久的历史,而玉石又是矿物类药中很有特色的一类。我国古老的医学经典《黄帝内经》中记载:"东方之域,天地之所始生也。鱼盐之地,海滨傍水,其民食鱼而嗜咸,皆安其处,美其食。鱼者使人热中,盐者胜血,故其民皆黑色疏理,其病皆为痈疡,其治宜砭石。故砭石者,亦从东方来。"昆山市绰墩遗址出土的史前良渚文化时期女性随葬品文物玉琮,有医学常识的人仔细观看其形状、大小,就明显感觉到这是古人用于刮痧、石疗的治病工具,如摩擦:消肿、凉血;揉刮:化淤血;切割、按压:祛腐、排脓。古人还认为,"玉亦仙药,但难得耳",经常佩戴能平衡阴阳气血,有祛病保健延年作用,即使当代亦看到一些老人裤腰上常别着一块玉。

明代著名医生李时珍在《本草纲目》中记载:"玉屑,味甘、平、无毒,主治

---

① 夏鼐,《商代玉器的分类、定名和用途》,《考古》,1983年第5期。

胃中热，喘息烦躁，止渴，屑如麻豆服之，久服轻身长年。润心肺，助声喉，滋毛发。滋养五脏，止烦躁""玉井水（通过玉矿流出的水），味甘、平、无毒，久服神仙，令人体润，毛发不白"。还有《唐本草》《神农本草》等均称玉可安魂魄、疏血脉、润心肺、明耳目、柔筋强骨。从药物学角度来讲，长期佩戴或使用玉，可以补充人体不足的微量元素，对调节人体微量元素的平衡、强健机体机能、增强身体健康等具有一定的疗效。到了汉代，厚葬之风日盛，葬玉更是极为普遍。人们相信玉有保存尸体的功用，认为尸体入葬时，会遇到水银浸泡，而水银遇玉就会凝固，所以以玉敛尸就会使尸体不腐烂，从而产生再生的可能。其实，也没那么神奇。徐州狮子山西汉楚王陵出土的穿"金缕玉衣"的刘戊早已化为一抔土[见图5-4(a)]。

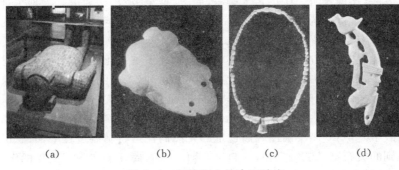

(a)　　　　　(b)　　　　　(c)　　　　　(d)

图 5-4　吴地出土的古玉珍奇

(a) 徐州博物馆馆藏国宝西汉"金缕玉衣"。系1994年至1995年徐州狮子山楚王陵出土，由徐州博物馆花费两年多的时间修复完成，是目前国内出土的金缕玉衣中年代最早（超过2 000多年）、玉质最好（玉衣全部用新疆和田白玉、青玉组成，温润晶莹）、玉片数量最多（玉衣长174厘米、宽68厘米，用1 576克金丝连缀起4 248块大小不等的玉片）、工艺最精（玉衣设计精巧，做工细致，拼合得天衣无缝）的一件，是旷世难得的艺术瑰宝。据推断墓主人是第三代楚王刘戊。

资料来源：徐州博物馆

(b) 江苏吴县张陵山新石器时代文化遗址出土（距今5 500年左右），匍匐欲跃的玉蛙，长4.2厘米。

注：1977年5月和1979年9月，两期在该文化遗址发掘出土精美玉饰品57件。经鉴定，多数为阳起石和透闪石软玉，少数为蛇纹石和玛瑙，均产自苏、浙、皖一带。主要为颈饰、胸饰和腕饰，用于前两者的有琮、瑗、环、管、璜、珠、觿、坠、蛙和垂幛形佩饰等，腕饰则一般为玉镯，套在右腕上，一镯或数镯不等。

资料来源：那志良，《中国古玉图释》，彩版130，南天书局有限公司，1995

(c) 上海青浦县福泉山墓葬出土的新石器时代的玉颈饰，周长76厘米。

资料来源：那志良，《中国古玉图释》，彩版55，南天书局有限公司，1995

(d) 江苏昆山赵陵山遗址出土的透雕人鸟兽玉饰

注：该玉饰件出土于1991年，系遗址77号墓葬，距今约5 000年，是中国迄今出土的时代最早的人鸟兽图案透雕精品，为良渚文化玉器之珍奇。玉饰件高5.5厘米、厚0.5厘米，系透闪石软玉制成，呈白色略带绿斑。制作采用了线刻、圆雕、透雕、钻孔、琢磨抛光等技法，精ami细镂，构图独特。主体是一个蹲踞抬手的侧身人像。头部以凹下的圆点表示眼睛，边缘的曲线勾出嘴、

鼻,头上方阴刻五条平行弦纹的凸棱表示冠帽,冠帽上方高耸的弧状物象征一束羽翎。在戴羽冠的人脸一侧,有一头上尾下、前后肢与羽冠相接的走兽。其顶端系一浮雕小鸟,小头短颈,扁喙微张,硕身翘尾,形象极其生动。

资料来源:南京博物院

其三:作为神(兵)器。《诗经》云:"他山之石,可以为错""他山之石,可以攻玉"①。"错"是磨石,"攻"是琢玉,这正是启示古人借助石而开掘雕琢玉的。古文献记载与大量的考古发现都表明,玉从石中来,玉源于石。早在5 000多年前我国已进入了"玉器时代"。玉是一种会说话的石头,它既咏叹着文化的长调,也展示了治玉人的传奇。它在史前是神(兵)器,殷周时期变为了礼器,成了一个人摆脱肉身的沉浊而散发出德性、身份、财富光环的象征。

《越绝书》中记载了风胡子对楚昭王说的一段话:"轩辕、神农、赫胥之时,以石为兵,断树木为宫室,死而龙藏。夫神圣主使然。至黄帝之时,以玉为兵,以伐树木为宫室,凿地。夫玉,亦神物也。又遇圣主使然,死而龙藏。禹穴之时,以铜为兵,以凿伊阙、通龙门,决江导河,东注于东海。天下通平,治为宫室……"②"以玉为兵",就是黄、炎、蚩时代,他们"以玉为兵"开通了"玉石之路"。③ 古人认为"玉"美而坚硬,将美石(玉)作为兵器一定无往不胜。实际上只是把它作为神一样的象征物,以此通神,所以在欧亚大陆民间交往中,据史载它比黄金(欧洲人拜金)、丝绸还贵,当然可以"开辟道路"。

在吴越广袤的大地上,有许多玉矿,特别是环太湖地区的许多山脉都具有蕴藏玉矿的条件,如天目山、会稽山等。《山海经》将天目山称为"浮玉之山",而会稽山也被古籍描述为多"金玉"之地。上古时中国分为九州,东南地区为扬州,《尚书》载扬州地区向中央王朝进贡的贡品中,就有瑶和琨这两样美丽的玉石,这说明汉代以前,东南地区不仅出玉,而且它产的玉在中国还比较有名。20世纪80年代,在常州溧阳的小梅岭发现了一座现代的玉矿,检测发现,其元素构成和良渚玉璧就很相似,进一步证明良渚时期高度发达的玉文化,其大部分玉料,如透闪石类、蛇纹石类等是就近取材的,包括有万能宝石之称的绿松石在内(皖南马鞍山就有)。台北"故宫博物院"研究员、台湾著名玉器研究专家邓淑苹女士指出:"史前时候,治玉曾是尖端技术,可能曾被宗教人物垄断。目前考古发掘资料中已有崧泽文化、良渚文化治玉(包括被统称为'玉髓'的玛瑙类)作坊,有学者认为,当时可能由一般平

---

① 陈晓清、陈淑玲译注,《诗经》,广州出版社,2004年,第148页。
② (东汉)袁康、吴平辑录,俞纪东译注《越绝书全译》第十一卷第十三,贵州人民出版社,1996年,第225页。
③ 臧振,《"玉石之路"初探》,《人文杂志》,1994年第2期。

民负责玉器的基本制作,巫师之类的人垄断最后的雕纹或刻画密码工作。"由此造就了一大批技艺高超、身怀绝活的现代智人。

2. 我国独有的玉雕技艺

崇玉、尚玉,关键是琢玉。"玉不琢,不成器",琢玉其实是磨玉,玉器是靠耐心和细致一点点琢磨出来的。"琢"与"磨"就是玉器加工的基本工艺方法。所谓琢,即是对玉料进行切、挖、斩等加工工艺。所谓磨,是指用不同形状及大小规格不等的钻形磨具,在玉料上反复磨制。磨具有圆的杠棒、尖的杠棒、压砣、钓眼等。一件玉石产品一般要经过选材→开料→设计→制作→抛光等工序。制作阶段的琢磨离不开水,故又称"水作"。抛光就是在水作完成后进行表面加工,使产品达到光亮、滋润。

1956年至1979年,考古工作者在桐乡县罗家角遗址,先后挖掘出距今7 100多年的大量文物,在第一层发现了一只"石质钻具",直径3厘米,扁平圆形,说明马家浜文化时期先吴人已广泛使用"石质钻具"加工石器、玉器(见图5-5)。

图5-5 公元前5 000多年的罗家角石质钻具

资料来源:《马家浜文化》,浙江摄影出版社,2004年,第60页

璀璨的良渚文化玉器,品种繁多、延绵不断、精湛绝伦、蕴含深邃,令世人叹为观止,浮想联翩。

良渚玉器,首先表现在玉料的开采、玉器数量的众多、形制的特别与工艺的精巧上。仅大件玉琮、玉璧就有上千件,玉器总量更有万件之多。有一良渚大墓一下便出土数百件玉器,可见良渚时期玉料开采已经规模化,玉器的碾琢也有相当规模。从世界各地的考古发掘资料看,良渚文化无疑是世界上出土玉器数量最多、玉殓葬规模最大的新石器时代文化。

礼器是古代礼制活动中使用的器物,玉礼器主要用于祭祖活动,但并非泛指礼仪中所用的一切玉器,而是专指璧、琮、圭、璋、璜、琥这六种玉器,称之为"六器"。《周礼·春官·大宗伯》记载:"以玉作六器,以礼天地四方:以苍璧礼天,以黄琮礼地,以青圭礼东方,以赤璋礼南方,以白琥礼西方,以玄璜礼北方。皆有牲币,各放其器之色。"古人认为天圆地方,"以苍璧礼天",那是因为天是圆的,又是苍色(青色)的缘故;"以黄琮礼地",那是因为地是黄而方的。古人以玉的颜色和形制,来配合阴阳五行之说,从而产生了祭祀天地四方的礼器。仪仗器主要是在重要场合中执以示权,或旁侍以增威仪的器具,用以保持统治者的尊严。仪仗玉包括玉斧、玉戚、玉钺、玉戈、玉刀等，都是象征性的武器。

在"六器"中，琮、璧、圭又是最重要的礼玉，在古代的政治、礼仪生活中占有重要地位。至新石器时代晚期，尤以良渚文化的玉琮最发达。

良渚玉琮是一种内圆外方的筒形玉器，象征着天圆地方和通天达地，只有地位极高并握有神权的人才配有，其制作之精美使世人为之赞叹。在江阴高城墩出土的玉器中，在一件玉琮外表不足2厘米的玉面上，竟刻画了数十条平行的细线，细线之间没一条出现相交现象，一件米粒大的玉珠上竟雕刻了对穿的牛鼻孔，简直可称是5000年前的"微雕"。

良渚的玉器制作工艺包括切割、钻孔、刻纹与打磨，而其制作工艺一直引起世人的高度注意。玉是坚硬致密的物质，制作玉器必须采用琢磨技术，先吴人制作、切割、雕刻十分精美的玉器引起了人们无尽的遐想，甚至一些外国专家曾断言良渚玉器是"外星人"所制。

经过我国考古专家不懈的探索与考古资料的不断完善，近年来一些有关良渚玉器制作方法的推测不断涌现。首先是切割。专家考证，良渚人使用解玉沙（硬度大于玉的沙石），加水作为加工工具与玉料之间的介质，用绳索或兽皮沾解玉沙反复不断地进行成千上万次的磨制、碾琢，以柔克刚，对玉料进行切割（即线割）。对于钻孔，专家解释良渚人当时用木棒、竹管、细石器加沙（石英粒），沾水不断在玉料上旋转而成，琮、璧、镯等大件玉器的大孔是用竹管从两头对钻而成。竹管质软易磨损，所以在玉器上经常留下两头大、中间小并呈圆锥形的孔壁。刻纹的工具应当是燧石或鲨鱼牙齿，鲨鱼牙齿曾在良渚墓中多次出土。抛光工具应为兽皮、竹片、丝麻等。

但也有一些现象令专家们无法解释，他们曾用良渚人可能使用的竹、石器多次试验，但无法完成极少量相同良渚玉器的制作。专家推测有些良渚玉器上的孔，必须要用金属作为钻器高速旋转才能完成，致使有关专家提出，4000多年前良渚时期已经有了冶炼技术。

玉璧是一种中央有穿孔的扁平状圆形玉器，为我国传统的玉礼器之一。《尔雅·释器》载："肉倍好，谓之璧；好倍肉，谓之瑗；肉好若一，谓之环。"根据中央孔径的大小把这种片状圆形玉器分为璧、瑗、环3种。新石器晚期各种文化大多出现了玉璧，长江流域以良渚文化玉璧为代表，玉材采用的是当地所产的透闪石质玉材，多数不纯，含有较多的青灰色、红黄色杂质，水浸后常呈白雾状。玉璧的尺寸较大，一般直径在1尺（1尺≈33.33厘米）左右，制作不够规整，璧体往往厚薄不匀，有的表面留有锯痕。其特征是外缘薄，内缘厚，中央孔径较小。打孔有对钻、单面钻两种。使用对钻法打孔的，孔洞中往往留有台痕。玉璧大多素面无纹，打磨较光亮，故常被用来作佩饰玉和殓葬用玉。这一时期玉璧的用途相当广泛，形式多样，难以一概而论。从总体看战国与汉代虽同属一种风格，但在具体的表现上，仍呈现出许多不同的特点。

吴地人佩戴在身上或腰间的玉佩饰,造型优美,制作精巧,达到了很高的艺术水平(见图5-6)。

(a)

(b)

图5-6　华东地区出土的玉佩饰

(a) 华东地区新石器时代晚期出土的人形玉佩饰,长8.2厘米,北京故宫博物院藏。玉佩是一个全身正面形的人,头上戴一顶扁帽,两只枣核形的眼睛,大鼻头,耳后各垂一绺长发,耳前戴有环形耳饰。

(b) 华东地区新石器时代晚期出土的鹰攫人首纹玉佩,长9.11厘米,北京故宫博物院藏。黄色,有赭色斑纹。器中间是一只鸟纹,头向左侧,圆眼,好像鹰,在它的头两旁各有一只小鸟。鹰的下面左右各有一人,耳后有长发,耳上戴有环形耳饰。

资料来源:那志良,《中国古玉图释》,彩版75、76,南天书局有限公司,1995

　　1972年春天,吴县唯亭公社砖瓦厂在草鞋山取土制坯烧砖时,发现了玉琮、玉璧等罕见文物,南京博物院自1972年10月至1973年7月,会同苏州博物馆和南京大学等,通过两次发掘,出土了陶、石、骨、玉等质料的生产工具、生活用具、装饰品等共1100多件。其中包括玉琮、玉璧、玉玦、玉璜、镂孔壶、四足兽形器等一批珍贵文物,特别是在M198墓中,出土了6000多年前的大型玉琮。玉琮内圆外方,刻有兽面纹饰,由于这是首次在中国史前墓葬中出土,象征着"天圆地方",被誉为"中华第一玉琮"(见第一章图1-9)。"这个大玉琮高17.4厘米,系透闪石质软玉,玉色茶绿,有褐斑;分为五节,每节各刻兽面图案一组,纹饰相同;以重圈为眼,凸棱为鼻,无嘴及牙,两眼之上饰两组弦纹带象征羽冠。"[①]从技术层面上看,良渚神人兽面纹都是用透

---

① 张志新,《吴县文物》,吴县文物管理委员会,1987年。

第五章　勤劳善思　工艺之邦

雕或浮雕加线刻手法制作的,纹样极其细腻。

后来又陆续在苏州昆山赵陵山、常州寺墩、上海青浦县福泉山等遗址上起获一大批崧泽至良渚等文化层玉器。1986年4月,苏州城西通安严山石矿开山时发现大量玉器,经征集共收到文物402件。在《文物》1988年第11期上发表的《江苏吴县春秋吴国玉器窖藏》一文中,翔实披露了这批玉器。该批玉器无论从数量上,还是质量上均属吴国首屈。虽然其所属遗存被炸,文物已散佚民间,但被追回和征集的出土遗物仍达400多件,包括玉器、彩石器和料器。其中软玉器204件,余为各色玛瑙、绿松、水晶和玻璃器;器物种类主要有璧、环、璜、琮、镯、觿、珑、珌、玦、珠及各类玉佩饰;主要纹饰有卷云纹、绳纹、绹纹、弦纹、羽状纹以及形态不同的蟠虺纹、兽面纹、夔纹、鸟纹等。纹饰的琢制采用浅浮雕与阴刻的手法;纹饰特点与安徽寿县蔡侯墓、浙江绍兴306号墓所出的玉器基本相似,具有春秋时期的琢玉风格。

又如1986年苏州城郊严山窖藏出土的一对玉虎:系青玉质,两件形制相同,四足屈蹲,卷尾高翘。正面以双钩阴刻、反向斜刀技法,琢制形态繁缛的龙首纹;背光素,留有切割的痕迹,当为成型对剖后存留。长11.9厘米、宽3.8厘米、厚0.1～0.3厘米,完全不见于其他诸侯国的同类玉虎(见图5-7)。

　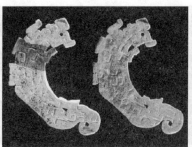　

(a) 双系拱形玉饰　　　　(b) 玉虎　　　　　　　(c) 玉环

图5-7　苏州吴县严山窖藏出土

草鞋山、赵陵山、严山窖藏等出土的玉器制造工艺出神入化,其主要特征如下:

一是器型:丰富多彩,按功用大体可分为三大类。礼仪器,如玉璧、玉琮、玉钺和玉斧;装饰品,如玉带钩、玉璜、玉镯、玉串饰、动物形佩饰;以及目前用途不明的冠状器、三叉形器和锥形器等。

二是线条:有直线、折角线、射线、环线等多种走线方法,其中直线多深而直,线沿打磨得光滑平整;折角线深而宽,底部下凹;射线细密紧凑,但接痕明显；手工磨接法制作的环线较管钻旋磨法制作的环线浅，且有"毛碴"。

三是饰：繁缛精致，主要体现在琳琅满目的纹样上。就其创新纹饰而言，主要有神人兽面纹、蚩尤纹、绞丝纹、束丝纹、立人纹、兽眼鸟纹、云雷纹、蒲草纹等。

另外，"眼睛"较红山文化玉器的"线刻眼"更为匠心独运，可谓独具特色。除了单圈眼、重圈眼外，还有卷云形、耳朵形、菱形、短直线形眼等。

总之，与红山文化玉器相比，吴地玉器更加精细、繁缛、抽象，尤其是抛光技术的运用，更令吴地玉器文化熠熠生辉。究其原因，吴中大地在史前可能已用上了"解玉砂"。这是硬度较大的砂，用水与砂进行开片、做花，工艺有较严格的流程，技法比商周时期先进多了。

从故宫旧藏玉器中看，至少在清朝乾隆年间已有良渚文化玉器成批进入皇家宝库。从1930年起，良渚玉器进入美国市场，大英博物馆馆藏的就有良渚文化的大玉琮。该玉琮高约48.3公分（1公分≈1厘米），陈列在方柱型的玻璃橱窗之中，附亚克力方形底座。据大英博物馆英文说明，这是一件目前留存在世最高且最多层纹饰的新石器时代玉琮，"属于世界第一"的器物，其身价之高，简直难以估计。又如玉璧与神人纹玉钺柄镦两件玉器，其技艺都令人啧啧称奇，是无法复制与替代的无价之宝（见图5-8）。

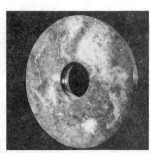
(a) 玉璧

(b) 神人纹玉钺柄镦

图5-8　良渚文化玉器

资料来源：大英博物馆馆藏中的中国良渚文化玉器

早期的美石或玉石，一是强调观感，颜色要洁白或绚丽多彩，抛光后具有玻璃、油脂或珍珠光泽，透明、半透明或似半透明（即晶莹）；二是注重手感，摸起来光滑、细腻、温润；三是要有耐久性，具有一定的韧性和硬度，否则，不易保存。凡符合这些标准者，都可称为玉石或美石。

由于自然界岩石、矿物种类繁多，因而古人有广泛的选材范围，这已为出土文物所证实。矿物（或岩石）表面抵抗外力（主要指刻画能力）的程度叫硬度。1822年德国矿物学家弗莱德奇·摩氏依据不同硬度的矿物（或岩石）相互间刻画或被刻画的属性制定了摩氏硬度。他将硬度分为10个等级，即硬度大者可刻画硬度小者，介于两者之间的矿物（或岩石）其硬度就相当两者之间。金刚石为10度，是具有最高硬度的唯一天然矿物。滑石为1度，代表最弱的矿物，人的指甲便能刻画。需要指出的是，这种硬度是指相对软硬程度，测试表明，金刚石比刚玉要硬90倍，刚玉比黄玉至少硬5倍，而黄玉和石英之间的差别并不太大。

出土玉器（饰），除独山玉制品外，就数玛瑙、水晶硬度为高，而软玉（和田玉、玛纳斯玉）、绿松石、大理石、孔雀石、岫玉、琥珀等硬度依次降低。

治玉的材料有两种，一种是"错"，另一种是"攻"，两者以解玉砂最重要，适用于粗加工和精加工。但解玉砂为何物？杨伯达先生解释说："石英砂硬度高于玉，因此自古用于磨玉，又名'解玉砂'。当无齿锯前后推拉或铊、钻旋转接触玉材时，放进用水调匀的石英砂，随工具运动而琢磨成器。"

良渚文化出土的玉器，许多是真玉，即属透闪石或阳起石类矿物组成的软玉。在铜器时代还未降临前，先吴人在这种软玉上打孔或雕刻精细流畅的兽面、神面花纹，靠石英砂其实也很难完成。因为，石英砂仅是解玉砂的一种，要对付硬度较高的玉材，或者提高加工效率，必须有比石英砂更硬的其他种类的解玉砂才行。明代，宋应星在《天工开物》中记载："中国解玉砂，出顺天玉田（今河北玉田县）与真定（今河北正定县）、邢台（今河北邢台）两邑，其砂非出河中，有泉流出，精粹如面，借以攻玉，永无耗折。"由此可看出，解玉砂非一般河砂（石英砂），有特定的产地（产出环境），硬度大于玉石，"借以攻玉，永无耗折"，能反复使用。但寻找它们必须具备一定的找矿知识。

值得注意的是，我国早期治玉不排除曾使用硬度最高的金刚石砂，即"它山之石"中包括金刚石。明代，李时珍汇集各家著作对金刚石产地、形状、功能等作了摘要记述，主要有：一、"扶南国出金刚，生水底石上，如钟乳状，体似紫石英，可以刻玉"（《抱朴子》）；二、"玉人攻玉，以恒河之砂，以金刚钻镂之，其形如鼠矢，青黑色如玉如铁。相传出西域及回纥高山顶上，鹰隼粘带食入腹中，遗粪于河北砂碛间"（《齐东野语》）；三、"大秦国出金刚，一名削玉刀"（《玄中记》）；四、"西海流砂有昆吾石，冶之作剑如铁，光明如水精，割玉如泥，此亦金刚之大者"（《十洲记》）。可以看出，古人对金刚石的晶形、硬度、透明度及常以砂矿形式产出等特征之记载基本正确，应和现代所言金刚石为同类。同时也说明，古人的活动范围是很大的。

从《抱朴子》中可见，至少晋代已有文字记载金刚石可刻玉。先秦时期，昆仑之玉可能由西域输入，金刚石自然也可随之输入先吴之地，但也不排除利用山东、湖南特别是皖南等地的金刚石（矿产）。说明古人治玉挖空心思，殚精竭虑，动足了脑筋。

最早的玉器是玉玦。史前玉玦常成双成对地出土于死者耳部,类似今日的耳环,但并不是普通的人体装饰物,应该是具有通灵作用的神器——"事死如事生"。周代特别是东周,黄金出现,至秦汉形成了"玉振金声"的局面。游牧民族酷爱金器,农耕民族,尤其是地处东南沿海地区的吴越人偏爱玉器,形成了金玉同盟。可见,玉崇拜既是吴地也是中国文化精神的底色。

中国历史博物馆黎家芳先生后来撰文证实:广东石峡出土的玉琮和苏州唯亭草鞋山出土的玉琮,从玉料的选择,内圆孔的对钻到浅雕花纹几乎一模一样。石峡各墓出土的琮、璧和装饰品,与良渚大墓中出土的玉器组合也一样,这就生动地反映出石峡的琮、璧及装饰品,可能亦来自草鞋山玉琮的母体。

吴中史前玉器所能达到的工艺水平和美术成就,借用郑旗先生的话说,"玉器体量虽小,却寄托着天地神人时空的全部精神,因而它含蓄蕴藉,具有永恒的魅力,这种精工细致到极点而又质朴无华的天姿,这种寓天地时空于一握的玲珑中的恢宏,不能不算是人类文化史上的奇观"。

3. 传承发展

明代,苏州、北京和扬州为全国三大琢玉中心,以苏州尤为突出。宋应星在《天工开物》中言:"良工虽集京师,工巧则推苏郡。"据史料记载,明代苏州的玉雕名匠有贺四、王小溪等人,以陆子冈(刚)最为著名。虽区区工匠却"名闻朝野",被当时的文学家张岱称为"吴中(指苏州)绝技"之首(《陶庵梦忆》)。所制玉器人称"子冈玉",为达官贵人所追求,十分名贵。

陆子冈,又作"陆子刚",生于16世纪上半叶,时处明嘉靖、万历年间,苏州太仓人。出生于吴中名门,自幼熟读诗书,后离家游历,爱好玉器。传说,一日,陆子冈"捡漏"高古玉器,却遭"打眼"(没看准东西被人蒙了),他跟踪卖玉之人,见到造假高手它山师傅。陆子冈拜他为师,刻苦学习琢玉功夫,成为明代最负盛名的琢玉巨匠与中国玉行的代表人物,至清代,苏州玉行更将陆子冈奉为师祖。

明朝晚期,有限的对外开放,引发了社会生活的不少变革,江南地区经济富裕,社会上兴起了一股重视工艺创作与工匠品牌的风气,陆子冈正是在这一风尚下出现的以雕玉著名的玉工。他不但技艺高超,而且是目前可考的第一个把自己名字留在作品上的人,为后人的考证提供了方便,所以现在一提到玉雕大师,就从他开始了。

邓淑苹研究员指出,明清的500多年(1368—1911年)时间里,我国的玉雕至少分四个发展阶段:一是明早中期,约1560年之前,这是接续元代玉雕传统的时期。13世纪元代蒙古兵西征,带回了中亚地区的玉工,将他们安置在大都(今北京)的城南,成为元、明时期的官匠户,北方的"京作"玉器也由此逐渐形成。二是明中晚期至清早期。随着江南经济的发展,书画及各类

第五章　勤劳善思　工艺之邦

工艺美术蓬勃发展。在文人、富商的扶持下,以苏州为中心的玉雕形成。三是清中期。乾隆二十三年(1758年)起,清朝政府直接控制昆仑山玉料的开采,玉雕空前繁荣,对西南的开发也导致缅甸翠玉的输入。四是清朝道光二十二年(1842年)五口通商后。由于鸦片战争等因素,清朝国力大衰,宫中造办处玉雕业务萎缩,但民间交易却更见繁荣,特别是兴起了所谓"洋庄"生意,通过上海,将苏州、扬州的玉器大量外销欧美。这一时期,翡翠、宝石、金工都加入玉雕制作,各种吉祥图案如蝙蝠(福)、寿桃(寿)、灵芝(如意)、竹(高风亮节)纷纷运用。还出现了玉雕"翠玉白菜",以白菜与螽斯象征清清白白、多子多孙……这些都促成了玉雕行业在19世纪至20世纪初的持续繁荣。

她还指出,玉雕有"京作"和"苏作"之分。"京作"就是北方工,以北京为中心,大气、质朴为其特征。"苏作"是南方工,以苏州为中心,以灵空、飘逸、精细著称。一般都认为苏作玉雕以"精巧雅致"为特征,老少咸宜,雅俗共赏。在20世纪后半叶,西方艺术史界以"Suzhou school"一词专指明代晚期在江南形成的讲究文人清雅品味的艺术风尚。这一名词不只指玉雕,也泛称当时各类以文人书房用品为主的工艺。艺术史界通常称明晚期以苏州(当时又称"吴门"或"吴中")为核心的书画传统为"吴派(Wu school)",工艺传统为"苏派(Suzhou school)"。前者是文人画派,后者是合乎文人品位的工艺流派。

陆子冈乃"苏派""苏作"琢玉的名家,他治玉有六大特点:一是材质全用新疆玉,少数白玉,多数为青玉,有所谓"玉色不美不治,玉质不佳不治,玉性不好不治"之说。玉质越佳,硬度越高,雕刻难度越大。二是作品多实用器,如笔、壶、杯、水注等,造型规整,器型多变,古雅精致。三是工艺方法有立雕、镂雕、剔地阳纹、浮雕和阴刻线,技艺精湛。陆子冈的"吾昆刀"法,从来秘不示人,操刀之技也秘不传人。"子刚死,技亦不传"。四是图案设计巧妙,刻画生动,法古真实,有独到之处。五是器物上有铭文诗句,多五言四言者,文字书体有草书、行书,字体清秀有力。六是款识均用图章式印款,刻字多用阳文,也有用阴阳文各一字者。字体有篆书、隶书,有"子冈""子刚""子刚制"三种。落款处不显目,也不固定位置,于器底背面、把下端、盖里等处不一。①

由于选料精良,系上等无瑕美玉,加之技艺绝佳,其作品皆美轮美奂,如他所雕刻的水仙玉簪,玲珑奇巧,花茎细如毫发,一支价值五十六金。

他一改明代玉器陈腐俗气,把中国的书画艺术与玉器工艺完美结合在一起,将印章、书法、绘画艺术融入玉雕艺术中,把中国玉雕工艺提高到了一个全新的艺术境界。所制玉器以小型器玩为主,尤以文房器具一类居多。

----

① 吴山,《中国工艺美术大辞典》,江苏美术出版社,2011年。

纹饰有仿古的云雷、蟠螭、夔龙等,更多的是花卉、山水、人物等写实一类的饰纹,刻琢极为雅致生动。因为他的名声大,所以有关他的传闻也特别多。

皇帝明穆宗朱载垕闻知后,特命他在玉扳指上雕百俊图。他竟仅用几天时间就完成了百俊玉扳指。在小小的玉扳指上刻出重峦叠嶂的背景和一个大开的城门,而马只雕了三匹,一匹驰骋城内,一匹正向城门飞奔,一匹刚从山谷间露出马头。仅仅如此却给人以藏有马匹无数奔腾欲出之感,他以虚拟的手法表达了百俊之意,妙不可言。自此,他的玉雕便成了皇室的专利品。在北京故宫博物院里,至今珍藏有陆子冈的青玉婴戏纹壶、青玉山水人物纹方盒等玉雕佳作。其中的合卺(jǐn)杯,高7.5厘米,宽13厘米,杯由两个直筒式圆形连接而成,底有六个兽手足,杯体腰部上下各饰一圈绳纹,作捆扎状,一面镂雕一凤作杯把,一面凸雕双螭作盘绕状,两纹间的绳纹结扎口上刻一方图章,上有隶书"万寿"两字;杯身两侧,一侧雕有"湿湿楚璞,既雕既琢,玉液琼浆,钧其广乐"的诗句,末署"祝允明"三字,诗上部刻有"合卺杯"名,另一侧雕有"九陌祥烟合,千里瑞日月,愿君万年寿,长醉凤凰城"之诗句,

图5-9 苏州匠师陆子冈为明帝大婚所制玉合卺杯
(北京故宫博物院收藏)

诗上部有"子冈制"三字篆书款。这件玉雕作品是陆子冈为皇帝大婚所制的纪念物,充分体现了子冈琢玉古雅精妙的艺术风格(见图5-9)。

他的作品几乎都要刻上自己的名字,连给皇上进贡的玉雕作品也要刻上名字。有一次皇帝召见陆子冈,要陆子冈为他雕刻一匹马,并且明说不准落款。陆子冈回去雕刻好了献给皇帝,皇帝仔细看,并且让其他大臣看果然没有落款,非常高兴,于是奖赏了陆子冈。后来一个宰相仔细看的时候在马的耳朵里发现了"子冈制"微雕字体。皇帝也发现了,不但没有生气处罚陆子冈,反而夸奖了他。但据说有个例外,唐伯虎有一个扇坠是陆子冈所赠,上雕一只五彩斑斓的小老虎,是陆子冈一生中唯一没有署名的一件玉雕。

传世的陆子冈作品,主要收藏在北京故宫、首都博物馆、上海博物馆、天津艺术博物馆、台北"故宫",著名的作品有茶晶梅花花插、青玉山水人物玉盒、青玉婴戏纹执壶等。

以北京故宫收藏的茶晶梅花花插来说,该花插系茶色水晶,色甚浓,近黑色,淡处显出酱色。原材显出深浅不等的白绵色斑点,属二色水晶,十分少见。器作梅树截干之花插,口大,底略小,梅枝与白梅花朵攀附于梅干上,这是一件巧作水晶器,传世的很少。在花插中部枝杈和梅花稀疏的树干上

有双竖行"疏影横斜,暗香浮动"阳文草书题句,下署"子冈"一圆一方阴篆文戳印款。此花插碾工类似上述"青玉'子冈款'桃形杯",题字生动娴熟,与碾工一致,其造型、巧作、题刻具有文人气质,堪称上乘,非俗工所为(见图5-10)。

高濂在《遵生八笺·燕闲清赏笺·论文房器具》中,对陆氏玉器有两条评价:一是"法古旧形,滑熟可爱",关键词是"滑熟",做到"滑熟"是不容易的。二是"工致精极",似可作为辨证陆氏玉器的具体标准。关键词是"工致","工致"系指其工艺而言,"工"即工巧,"致"即精致。"工致"有着工巧精致之意。

图 5-10　陆子冈
茶晶梅花花插
(北京故宫博物院收藏)

陆子冈琢玉真品民间传世并不多,北京故宫和台北"故宫"披露子冈款玉器共约44件,其中八九成属清宫旧藏。民间收藏以曾属香港北山堂所藏、后来捐赠给香港中文大学的一件圆盒最著名,它上面刻有"嘉靖辛酉陆子刚制"八个字,被公认是陆子冈的真迹。目前考古出土的唯一一件"子刚"款玉器是北京海淀区清代黑舍里氏墓出土的明代"子刚"款玉樽,高10.5厘米,口径5.8厘米,这也是公认的陆子冈的真迹。该玉樽为新疆和阗玉,器身满雕夔凤纹,盖上凸雕三只狮子,分布呈等距三角形,中央出圆钮。器底外侧琢三个兽首为足。樽外壁有一环形把,侧面出角,把上圆雕象形钮饰,象鼻自然内弯呈环形,古雅精美,把下有阳文篆书"子刚"款。

每一方玉都是天地的宠儿,是沧海桑田的杰作,它们有着自己独特的个性,有着自己独一无二的精魂和声音。人们所应做的,只是理解它、欣赏它,再将它的个性、灵魂和声音释放出来。

唐太宗说过:"玉虽有美质,在于石间,不值良工琢磨,与瓦砾不别。"意思是说石中的玉虽然有美的本质,但是没有精细的雕琢,与破瓦乱石一样。观赏手中把玩的玉器,皆为人琢之物。故古人语"玉不琢,不成器;人不学,不成材",琢磨璞玉,美玉出焉;琢磨君子,圣贤出焉。

凌家滩文化"C"形玉龙的发现,为我们作为龙的传人研究古时龙图案的历史发展提供了依据;良渚文化玉琮的发现,是现代智人发展的证明。玉唯雅,玉唯诚,玉唯信,时至今日,匠师们依然恪守着这一古风盎然的理念。精益克靡,传业无间,诚信经营,认为做玉就是做人。

乾隆元年(1736年),宫廷建如意馆,苏州不但向朝廷提供玉匠、玉料,还担负为造办处加工玉器的任务。据统计,乾隆年间苏州向宫廷解送玉器50起,品种有玉佛、玉磬、玉宝、玉册、玉瓶、玉碗、玉象棋、玉鼻烟壶等31种,数量达397件。清代苏州玉雕中心在专诸巷,当时,巷内集中许多玉雕作坊和

能工巧匠，在继承明代技艺的基础上，实行专业分工，制作更加精巧，乾隆帝曾写诗称赞说："相质制器施琢剖，专诸巷益出妙手。"目前，苏州相王弄已成为玉雕作坊商铺集中之地，出现了蒋喜、杨曦、葛洪、瞿利军、俞艇、赵显志、范同生等一批国家级玉雕大师。

有人说先吴古国就像一方古玉，纵横的水网就是这方古玉上的纹理。经过千百年的琢磨、千百年的涵濡，已经显得异常的温润。对琢玉人来说，琢玉既是一个艰苦的过程，同时也是一个美好享受的过程。看着一块块玉料变成一件件玉器，琢玉人会有一种成就感。从古至今，好的玉器展示出的不仅仅是玉的品质，更重要的是吴人表达种种玉质的诗性与苦心。明人宋应星所著《天工开物》一书中曾谓："凡玉……东入中华，卸萃燕京。玉工辨璞高下定价，而后琢之。良玉虽集京师，工巧则推苏郡。"

（三）陶瓷手艺

陶瓷由中国人发明，是人类最早的人造产品，也是第一个全球化的商品。一把瓷土搅动地球，"瓷"也被称为china，成为中国走向世界的名字，成为风靡西洋的"东方圣器"。欧洲人最早得到中国的陶瓷是通过中东商人的陆路贸易。"特别是15世纪，当时的欧洲几乎没有任何陶瓷存在，只有几件极其稀有的货物"，大英博物馆研究员霍吉淑介绍说，中国到达欧洲的陶瓷，让人们惊叹不已。"突然从中国来了这种闪亮的、洁白的、像玻璃一样的材料，装饰有蓝色图案，这对当时的人们是一种震惊。那些来到欧洲的陶瓷被当作具有魔力的物质来对待。"可见，中国历史上的陶瓷器名气之大，无人不晓。

1. 陶器

陶器的发明，是人类走出混沌状态，从原始社会的采集、渔猎向以农业为基础的经济生活过渡的划时代的标志之一，也是人类发明史上的重要成果之一，是灿烂的古代工艺文化的重要组成部分。

一开始，陶器是手制的，比较粗糙，器型也不规整。由于火候低，陶器的色泽以红色为主，质地不坚硬，稍稍用指甲一刮，粉末状的红泥就会纷纷落下。器型也只有红陶罐、红陶碗等，缺少纹饰的素面外形稚拙朴实。尽管如此，陶器的诞生在考古学上的意义极大，遗址中有没有陶器是划分旧石器时代与新石器时代的重要标志。

自新石器时代起，人们就利用红土、黑土和黄黏土烧制陶器。由于泥坯可塑性强，便于做成各种形状的器物，适用于不同的生活需要，故当时人们广泛地使用陶器。如在江苏句容、金坛等地的土墩墓随葬品中就有许多陶器。在吴江龙南、吴县草鞋山、昆山绰墩、海安县青墩等遗址中的陶器，还时常发现盛有稻谷并固定在房址内，它们显示了当时安乐祥和的农业定居生活。草鞋山遗址出土的陶纺轮和葛布，是迄今为止世界上最早的纺织实物之一。龙南遗址出土的陶网坠也为当时饭稻鱼羹的生活勾勒了重要一笔。

距今7000多年的制陶技术已得到重大改进,轮制法出现了,这也就是延续至今的制陶法。陶器的外表变得润滑了,厚薄均匀,内外壁都可以见到或摸到一圈圈轮制的痕迹。烧制的火候提高,陶器的颜色大多呈灰色,也有少数是黑色的。有些黑皮陶,经过抛光处理,黑得发亮,它们是原始陶器中的精品。器壁的硬度也高了,用手一弹,可以听到清脆的响声。纯粹用细泥制作的陶器多为盛贮器,如陶罐、陶钵、陶碗、陶盆等。而泥中夹杂着粗细不等的砂粒或谷屑的多作为炊煮器,就像我们今天煮汤用的砂锅一样。当时的人们已经懂得夹砂或夹谷屑的陶器耐火不易爆裂,成为人们煮食鹿肉、猪肉、牛肉的不可缺少的必需品。

3000多年前,吴地颇为盛行一种质地坚硬、烧制温度高、器表印有几何形图案的陶器,称为几何印纹硬陶。考古发现众多遗址和墓葬中出土成组的印纹硬陶,在贵族和平民的墓葬中,几乎都有这类陶器作为随葬品。它在生活中的使用量仅次于夹砂和泥质陶器,约占陶瓷总量的1/4左右,足见吴地的制陶手工业中,印纹硬陶是主要产品之一。

印纹硬陶具有浓厚的地方特色,它与一般陶器有很大区别,主要表现在二者的坯料和烧制火候不同。商周时期的陶器是以常见的易熔黏土(一般黏土)为原料,烧成温度在950℃左右。同时期黄河流域的硬陶原料近似高岭土,而吴越地区的印纹硬陶原料不是高岭土,是一种没有经过陈腐、提炼,含有杂质的碎屑岩类难熔黏土(或耐火黏土)。经科学考证证明,宁镇和太湖周围的印纹硬陶使用的原料与现宜兴紫砂陶的坯料——甲泥大体相同。

所谓"甲泥",就是含铁较高的难熔黏土,浙江北部称这种黏土为"紫金土"。由于这类黏土的耐火度高于一般黏土,利用它制成的陶坯烧结温度自然相应地提高了,实测的印纹硬陶烧成温度均在1100℃以上,有的甚至器表已烧结生成一层近似光亮的薄釉,因而这类陶器的吸水性极弱,同时也增加了机械强度,故许多器物撞击能发出金石之声。这些因制陶原料的改变和高温烧结所获得的物理性能,是同时期陶器所不具备的,它标志着吴地烧制印纹硬陶已进入了成熟阶段。主要器类有:体形硕大的瓮和坛,如体高55厘米的瓮和48.4厘米的坛,这样的器物很适宜在潮湿地区存储谷物等;罐的体形小一些,体高多在30厘米以下,有的在肩部粘贴双系、三系或四系,以便穿绳提持使用①(见图5-11)。

2003年12月至2004年8月,有关部门对苏州同里遗址进行了抢救性发掘。同时,对整个遗址进行了全面勘探,发现崧泽文化时期祭台1座、墓葬63座,出土了陶器、玉器、石器等376件,陶器占86%以上,而陶器的精美

---

① 张永山,《西周时期陶瓷手工业的发展》,《中国史研究》,1977年第3期。

上篇 根 基

(a) 陶豆　　　　　　　　　　　(b) 陶罐

图 5-11　太湖流域出土的陶器

注：(a)距今 7 000 年前至 6 000 年前马家浜新石器时代遗址中的陶豆——盛食器，外红里黑，喇叭形圈足，器表常有红色陶衣。

(b)陶罐——口微外敞，鼓腹，口沿至腹部连有阔边把手或牛鼻式把手一个，部分把手上端有小孔。

资料来源：嘉兴市文化局，《马家浜文化》，浙江摄影出版社，2004 年

以及纹饰的内涵，可以说是崧泽文化的上乘，其中最具特色的是陶器的纹饰。纹饰主要有编织纹、水波纹、太阳火焰纹、星象纹等。有一只泥质灰陶壶，它的口径 7.2 厘米，底径 7.4～7.8 厘米，最大腹径 18.5 厘米，高 18.4 厘米，高颈内弧，折肩折腹，平底。颈部饰瓦楞纹，肩部饰流水纹，上腹饰云气纹，下腹则饰火焰纹，底饰太阳纹，折肩折腹处饰锯齿纹。流水纹、云气纹、太阳火焰纹刻画笔意自然奔放，意境宽广、气势非凡。从这个壶上仿佛看到了在宽广的沼泽平原上艳阳普照，水汽蒸腾而上，远处山峰云雾缭绕，延绵万里，而云又化作雨水，流淌在宽广无垠的大地上，滋养万物的景象。

为什么在这壶上刻着如此纹饰呢？这是因为在崧泽文化时期，人们已经认识到阳光、水对水稻生长的重要，关系到他们的生存、发展。但是，由于当时生产力的低下，人们的思维能力和认识水平有限，对制约农业生产的一些自然因素和灾害现象无法做出正确的解释，只能加以崇拜，祈求其保佑。因此，这壶的纹饰生动形象地说明了先民已经知道在太阳的作用下，水在自然界中循环不息，与之休戚相关。他们在壶上刻着这些纹饰，祈祝风调雨顺，万物丰茂，民康安乐。"豆"上有两个或三个镂空串联而构成的一组组简单的星象图，而另一件匜，内设八角星纹，呈放射状，寓意太阳的光芒洒向四方，这说明先民已经知道天气与农业生产密切相关，他们开始关注星象，并积累了一定的天文知识，说明了早在 5 000 年前，先民们对世界和自然已经有了一定的认识。

陶器是用黏土做成一定的形状，经一定温度烧制而成的。而彩陶是表面有彩绘装饰的陶器，根据不同的绘彩工艺，它又分为彩陶和彩绘陶两种。

第五章　勤劳善思　工艺之邦

彩陶是将花纹绘于陶坯上，然后入窑烧制，这样彩绘花纹可以经久不脱；而彩绘陶则是将花纹绘在烧成后的陶器的表面，这种彩绘容易剥落。彩陶和彩绘陶出现在新石器时代早期，成为新石器时代文化中一颗璀璨的明珠。它既是艺术的载体，提示了中国绘画艺术发展的渊源，又是历史的明证，传达了人类社会发展的脉动，从中还可以了解远古时期氏族社会人们的生活状况。

在吴越的远古文明中，彩陶的出现并不比彩陶文化发达的黄河流域晚，甚至要比它更早。20世纪70年代，人们在对河姆渡遗址进行发掘时，在遗址的第四层发现了三件彩陶片，都是在白色的陶衣上用红色或褐色颜料进行彩绘，纹饰主要是用变体植物纹和几何纹，线条十分流畅。如果从工艺上看，此时的彩陶制作已经比较熟练。最具代表性的是良渚文化时期制作精美的刻纹黑陶，不仅器型规整、造型优美，而且器物上的刻纹线条如同毫发般精细。此时出现的彩陶表面通常施红色陶衣、绘红色漩纹，或者施红色陶衣、绘黑色方格纹。彩绘陶有的在黄底上绘红色纹饰，形成长江下游彩陶文化独特的风景线。

昆山赵陵山出土的陶盖上雕有奇异的图案纹样，是迄今为止所见的江南古国先民最高思维智慧的结晶，为《太极图》之胎形。吴县澄湖出土的黑陶罐上刻画着四个文字符号，其中第一个字符实际上是复合体。联系到上海青浦崧泽陶器上和苏北海安出土的陶器上都有与此相同的字符，可以想见这个字符在当时势必代表着一个众人都能明白的含义。

被国际陶艺学会和美国中华陶艺学会授予"中国陶都——世界制壶中心"的宜兴，1975年古窑址普查，在归径乡的骆驼墩和唐南新村以及周墅的元帆村等处，发现了各种磨制的石器以及各种陶器残片（红陶、夹砂红陶，还有少量灰陶等）。2002年，在新街镇唐南新村出土的一只筒形平底釜，从而证明远在6 000多年前，生活在宜兴的先民就在这片富饶美丽的土地上从事农业生产，烧制原始的陶器。特别是紫砂陶作为陶中的一个门类，依其独特的五色土（又称富贵土），"泥中泥、岩中岩"，制造出绝世紫砂陶。

唐代喝煮茶，宋代喝团茶，明代废团茶喝泡茶。随着饮茶方式的改变，宜兴紫砂壶应运而生。明末崇祯年间周高起专论紫砂壶的《阳羡茗壶系》中说："近百年中，壶黜银锡及闽豫瓷，而尚宜兴陶。"该壶质地古朴纯厚，不媚不俗，"直齐商彝周鼎而毫无愧色"（张岱《梦忆》）。清人汪文柏在《陶器行》诗里有"人间珠玉安足取，岂如阳羡溪头一丸土"的赞句，喻为：温润如君子，豪迈如丈夫，风流如词客，丽娴如佳人，葆光如隐士，潇洒如少年，短小如侏儒，朴讷如仁人，飘逸如仙子，质洁如高士，脱尘如衲子（奥玄宝《茗壶图录》）。紫砂壶是江南的风物，中国的美器，人类创造的瑰宝，不仅"价埒金玉"，而且自古"已为四方好事者收藏殆尽"。其原因有两方面：

吴文化的根基与文脉

（1）独特的材质

器物之美的一半是材质之美，天然的材质凝聚了许多人工智慧难以预料的神秘因素。宜兴紫砂泥是由紫泥、红泥、绿泥等天然泥料构成，雕塑成型后，经过1 200℃高温烧成一种陶器。紫砂土是一种颗粒较粗的陶土，含铁、硅较高。它的原料呈砂性，其砂性特征主要表现在两个方面：第一，虽然硬度高，但不会瓷化。第二，从坯子的微观方面观察，它有两层孔隙，即内部呈团形颗粒，外层是鳞片状颗粒，两层颗粒可以形成不同的气孔。由于其特殊的材质，使宜兴紫砂壶具备了以下几个特点：泡茶不失原味，色香味皆蕴，能使茶叶越发的醇郁芳沁；紫砂器使用的时间越长，器身就越光亮；紫砂器的冷热急变性好，即可以放到火上烧，也可以在微波炉中使用而不会爆裂；传热慢，而且保温，若使用提携则无烫手之感，而且隔夜茶也不易馊；所制的花盆透气不透水，栽培花木易成活，不容易烂根等。这些天然的良好性能在制陶业中是罕见的，唯宜兴所独有。

（2）独特的成型工艺

其造型采用全手工的拍打镶接技法制作，这种成型工艺与世界各地陶器成型方法都不相同，这是宜兴历代艺人根据紫砂泥料特殊分子结构和各式产品造型要求所创造的。圆形壶盖能通转而不滞，准合无间隙摇晃，倒茶也没有落帽忧；六方壶盖，无论从任何角度盖上，均能吻合得天衣无缝。所有这些独特的高难度的成型技法，是其他陶瓷产品无法比拟的。不论圆、腰圆、四方、六面、侧角、高矮曲直都可以随意制作，其品种多种多样、造型多姿多彩、线条千变万化。科技愈发展，这些传统的手工工艺愈显珍贵和重要。

2. 瓷器

瓷器像丝绸一样，同是中华民族对世界物质文明的杰出贡献。它以坚硬、清洁、美观的形态赢得人们的喜爱，成为生活中与人们朝夕相伴的必备之物。它的历史同我们民族的文明史一样古老。从隋唐五代精美的越窑青瓷到宋代的五大名窑（汝窑、钧窑、官窑、哥窑、定窑）瓷器，以及元代的青花彩瓷系列，都是世界瓷器史上的耀眼之星。

瓷器的早期产品，一般称作原始瓷。这样的产品具有瓷的特征，但又比成熟时期的青瓷逊色。冠以"原始"二字，是因为这种瓷的产生到发育成熟需要有一个过程，在这个过程中因种种条件的制约，不免带有某些原始性，诸如釉层"比较薄，有小裂纹，颜色为浅黄或灰中带青，透明略有小气泡，胎釉结合不好，多数易剥落"等。但它毕竟具有瓷的特征，所以定名为"原始瓷"是名副其实的。

吴地原始瓷出土的地点密集，其品种也比北方的多。如句容出土的龙耳罐，腹部贴有两条双身的龙形耳，龙身向下做蠕动状，整体造型极为生动

(见图5-12)。

宁镇地区出土的豆、碗、钵、盅类食具,小巧而规整,不失为餐具中的佳品。更引人注目的是土墩墓盛行随葬原始瓷,有的占随葬品的1/4,有的占1/2以上,有的墓35件器物中有33件是原始瓷,有的随葬88件陶瓷制品中原始瓷有75件,甚至有全部以原始瓷为随葬器物的。这些事例揭示出西周时期长江下游地区的原始瓷不仅种类多,而且产量大,上升为人们日常生活器皿的主要品种之一,到西周中晚期,原始瓷已居日用器皿之首,几何印纹硬陶降为次要地位。①

图5-12 江苏句容周岗出土的原始青瓷瓿

资料来源:《2005年中国重大考古发现》,《光明日报》,2006年1月17日

可见,吴地的原始瓷器,为中国早期瓷器的产生发展提供了资料和实物,有可能将中国瓷器的历史往前推。

我国古代的瓷器,以越窑的青瓷为上品。越窑主要在今宁波、余姚、上虞一带,生产年代自东汉至宋。唐朝是越窑工艺最精湛的时期,越窑居全国之冠。隋、初唐继承南朝风格,生产碗、盘、盘口四系壶、四耳罐、鸡头壶等产品。盛唐以后,产品精美,赢得声誉。产品都做得很规整,一丝不苟。常将口沿做成花口、荷叶口、葵口,底部加宽,做成玉璧形、玉环形或多曲结构,十分美观。胎体为灰胎,细腻坚致;釉为青釉,晶莹滋润,如玉似冰。唐代文学家陆羽,在所著《茶经》中评价全国各地生产的茶碗,将越窑产品排在首位——"越瓷类玉越瓷类冰""碗,越州上……"。许多文人还在作品中称颂越窑瓷器,如陆龟蒙的《秘色越器》(晚唐五代时被称为"秘色瓷")、施肩吾的《蜀茗词》、顾况的《茶赋》等,均表现出越窑青瓷"千峰翠色"的秀雅。究其原因,越窑采用的是龙窑。龙窑的起源,经历了从"商→春秋战国→明代"数千年的历史,并得到不断改进和完善,它的"窑身窄长,前后倾斜,头低尾高,好像向下俯冲的一条火龙,所以统称龙窑"②。唐五代的龙窑,身长达30余米,宽3米许,明显超过东汉时期的龙窑,窑身加宽增长,增加了配件的装烧量,充分利用热能,降低燃料消耗,提升窑温,且均匀分布,窑炉温度提高到1 200℃以上。

2006年,笔者与王肖明等三位"草根"考古工作者专程赴余姚上林湖考察越窑,方知龙窑依山傍水,沿着山坡,呈"∥"型,它的头顺着山势向下。在

---

① 张永山,《西周时期陶瓷手工业的发展》,《中国史研究》,1997年第3期。
② 朱伯谦,《朱伯谦论文集》,紫禁城出版社,1990年,第12页。

下面看时，头要仰起向上才看到尾；它长40多米，宽3米多，很壮观。所以，越窑是青瓷之冠，是我国古代最主要的瓷器品种，特别是唐、五代大规模地生产，形成了一个庞大的瓷业系统。

2003年，由南京博物院考古研究所牵头对无锡鸿山越国古墓进行发掘工作。考古人员在域内共出土2 000余件随葬品，包括500多件古越国乐器，堪称庞大的地下音乐宝库，其种类和数量堪与曾经出土编钟的战国曾侯乙墓媲美，其中还有3只造型生动、十分罕见的青瓷三足缶。《史记·廉颇蔺相如列传》中曾有记载，渑池会上蔺相如请秦王为赵王击缶。但长期以来，人们对"缶"只闻其名，未见其形。无锡鸿山越国贵族墓考古解决了这一问题：缶——口径40厘米，通高24.2厘米，缶作深腹盆形，内外施青黄色釉，口沿和上腹部饰细蟠虺纹，两兽首状宽耳，另两侧有一对称的蜥蜴匍匐

图5-13 无锡鸿山越国古墓出土的青瓷三足缶图
资料来源：《苏州市志》，江苏人民出版社，1995年，第11页

在口沿，蜥蜴的两前肢攀在沿上，而口衔缶沿，造型夸张生动，既体现了吴地人精致的工艺，又体现了当时吴越人丰富多彩的音乐生活，还将中国瓷器的历史由东汉向前推进了400多年（见图5-13）。

不论是陶还是瓷，它是一种立体的民族文化载体，又是一种活的民族文化舞蹈。一件件作品，无论题材如何，风格如何，都像一个个音符，在跳动着、在弹奏着，合成陶瓷文化的旋律。这些旋律，有的激越，有的深沉，有的热情，有的理智，有的色彩缤纷，有的本色自然，构成一部无与伦比的摄人心魄的吴人陶瓷艺术大型交响乐曲！

图5-14 苏州虎丘塔发现的北宋越窑青瓷莲花碗

第五章 勤劳善思 工艺之邦

"土是有生之母",瓷器与铜器虽材质不同,但胎泥的淘取、金属的冶炼皆取自于泥土。它们同为泥土之血脉,承袭古陶之精髓,故古陶文化是民族文化的核心文化、母文化。"错臂左衽""黑齿雕题"的吴越先民,以对故乡山水一往情深而朴实的心志,孜孜不倦地用泥土抒写生活,丰富、发展并升华它们,使故乡的"腐泥"在中华乃至世界创造出永恒的"神奇",以实用而善美的智性流芳于世(见图5-14)。

二、民间绝技 匠师辈出

吴地人勤劳善思,在工艺上追求"至真至诚""至善至美"。尤其是在"用和美"的关系处理上,首先注重于实用。审视《考工记》里"天有时,地有气,材有美,工有巧,合此四者然后可以为良"的工艺美学观,我们可以悟出先吴人固有的"天人合一"的工艺设计理念。借此理念,吴地人不断吸取上述流淌在血液中的诸多"文化元素",在一个开放的、共生的、动态的和可持续发展的良性生态环境下取得了更加长足的发展。2006年5月21日,国务院公布了第一批国家非物质文化遗产名录,吴地(长三角)列入其中的,如民间美术类:苏州桃花坞木版年画、扬州剪纸、苏绣、扬州玉雕、惠山泥人、松江顾绣、嘉定竹刻、乐清黄杨木雕;传统手工技艺类:宜兴紫砂陶制作技艺、南京云锦木机妆花手工织造技艺、宋锦织造技艺、苏州缂丝织造技艺、南通蓝印花布印染技艺、香山帮传统建筑营造技艺、苏州御窑金砖制作技艺、南京金箔锻制技艺、明式家具制作技艺、扬州漆器髹饰技艺、镇江恒顺香醋酿制技艺、雕版印刷技艺、金陵刻经印刷技艺、制扇技艺、徐汇乌泥泾手工棉纺织技艺、芜湖铁画锻制技艺、湖笔制作技艺、苏州剧装戏具制作技艺、南通板鹞风筝制作技艺等。

在当代中国手工艺术式微的状况下,中国美术学院创办了"手工艺术学院"。无独有偶,苏州工艺美术职业技术学院也新成立了"手工艺术学院",以工匠精神推动技艺传承创新,受到了社会各界的一致好评。它唤起人们关注手工的当代价值和意义,为非遗培训插上了翅膀,为手艺传承而推波助澜。传承手工技艺,巧手编织梦想。吴地手艺的一招一式,细微之处无不散发出人间智慧的无穷芬芳。许多凡人突破自己,创新创造,早已成为"国宝"。

(一)"绣圣"沈寿,名扬四海

吴地人从远古的"断发文身"开始,将颜色涂在身上,进而为"披锦被绣",在传承中不断跃升。考古证明,7 000多年前的苏州草鞋山人已学会使用捻线、纺轮织麻布(见图5-15),经专家鉴定,织物的原料可能是野生葛。其密度为:经约10根/厘米,纬约26~28根/厘米。在此基础上,又创造了

上篇 根 基

"苏绣"。

图5-15 吴县草鞋山新石器时代出土的织物残片
资料来源：《苏州市志》，江苏人民出版社，1995年

苏绣，以"精、细、雅、洁"著称于世，列中国"四大名绣"之首。随着时间的推移，特别是近现代以来，苏绣得到了很大发展，在表现形式、表现针法上屡有创新，使主题更加鲜明、意境更加深邃而高雅。1949年以来，苏绣作为中华民族传统文化的象征，频频以国礼的方式在对外交往中发挥作用，特别是赠送外国元首的人物绣像更以不同凡响的艺术魅力倾倒国际友人。

苏绣源于先吴人的生活和在衣服上绣上图腾纹样以维护信仰。后因刺绣多为妇女所作，故又名"女红"，多为家庭作坊，母教女、姐教妹、嫂教姑，代代相传。唐朝诗人孟郊的《游子吟》曰："慈母手中线，游子身上衣。临行密密缝，意恐迟迟归。谁言寸草心，报得三春晖。""向来多少泪，都染手缝衣。"它是人们热爱生活的表现，"母亲的艺术"。

据刘向《说苑》载，2 500多年前的春秋时期，吴地已有"绣衣而豹裘者"。三国时，东吴丞相赵达之妹，已能运用刺绣绣出了我国第一张山地势军阵之图，时人谓之"针绝"——在方帛上绣出五岳、河海、城邑、行阵等图案，于是才有"绣万国于一锦"之说。而《三国志·吴书十》上也记有"妻妾衣服悉皆锦绣"之句，可见1 700多年前苏州刺绣无论在数量还是质量上已达到可观的程度。建于五代北宋时期的苏州瑞光塔和虎丘塔出土的苏绣经袱，在针法上已能运用平抢铺针和施针就是佐证。张应文著的《清秘藏》记载："宋人之绣，针线细密，用线止一二丝，用针如发，细者为之，设色精妙，光彩射目。"描绘了宋代苏绣已具有精工细作、形象真实生动的特点，充满了炽热的生命力和美好的情感，使得中国出现了"锦心绣口""锦绣前程""锦上添花"这样美好的词汇。

宋代以后，苏州刺绣之技已十分兴盛，工艺也日臻成熟，农村"家家养蚕，户户刺绣"，城内出现了绣线巷、滚绣坊、锦绣坊、绣花弄等坊巷。当时不

第五章　勤劳善思　工艺之邦

仅有以刺绣为生的,而且富家闺秀也往往以此消遣时日,陶冶性情,所谓"民间绣""闺阁绣""宫廷绣"的名称也由此而来,发展之盛冠于全国,尤其是在明、清时期盛况空前,苏州被称为"绣市"而扬名四海。

如果说苏绣是亭亭玉立的花枝,富饶的苏州就是它适宜成长的土壤。苏绣在"天、地、人、材、工"诸方面得天独厚,才得以如此分外妖娆。苏绣花开,也处处散发着苏州乡土的特有芳香——"设色精妙,光彩射目""缩千里于尺幅,绣万趣于指下""绣花能生香,绣鸟能听声,绣虎能奔跑,绣人能传神"。2001年,苏州刺绣研究所根据电子显微镜拍摄的照片精心绣制出"金核子对撞",这幅一米见方的巨幅苏绣实现了"艺术与科学"的完美结合,被著名科学家、诺贝尔物理学奖获得者李政道先生赞叹为"神品"。他说:"苏绣生万物,苏绣是超弦。……苏绣也可以用一根丝线表现所有四度空间的万象、形形色色!"2006年,苏绣被列入第一批国家级非物质文化遗产名录。

在近现代的快速发展中,出现了蔡群秀、沈英、朱心柏、沈寿、金静芬、顾文霞、李娥英、牟志红、卢招娣等一批大师名人,每一个名字都是苏绣的一段历史和传奇,其中又以沈寿首创"仿真绣"最为著名。

沈寿(1874—1921),女,原名沈云芝,字雪宧,号天香阁主,出生于苏州城内海红坊(见图5-16)。父亲沈椿,擅长收藏,是当地有名的古董商人。丰富的家藏字画,使沈云芝从小便受到艺术熏陶。7岁的时候,在木渎外婆家生活,为姐姐沈立穿针引线,让小云芝产生了浓厚的兴趣,8岁开始跟从姐姐学习女红。她天资聪颖,12岁时便将父亲收藏的沈周、唐伯虎、文征明、仇英四大名家之画作为刺绣蓝本,绣制的唐伯虎《秋雨月上图》,惟妙惟肖。16岁时已成为苏州有名的刺绣高手,20岁与余觉结婚。余觉

图5-16　沈寿

出身书香世家,能书善画,婚后两人画绣相辅,默契配合,使得沈云芝的绣品在当时就与众不同。1903年,沈云芝开始研究明代露香园彩绣技艺,在继承传统针法的基础上,改进了原有的套针法,按照所绣真实景物组织针脚纹路,使针迹隐藏,物象逼真,具有一定的立体感。

1904年,适逢慈禧太后七十寿辰,经人举荐,沈云芝绣制了《八仙上寿图》和《无量寿佛图》进献慈禧。慈禧观看各地送来的礼品,唯独走到沈云芝绣的寿礼前眼睛一亮,顿觉画面上的神仙个个在动,以为眼花,问身边的人,而众人都附和老佛爷:真的在动,是活了,活了!慈禧大喜,来来回回看了好几遍,连称"绝世神品",并亲书"福""寿"二字分赐余沈夫妇,沈云芝遂易名为"沈寿",余觉更名为"余福"。清政府农工商部大臣载振也向他们夫妇颁

发了勋章，并决定设立"女子绣工科"，亦称皇家绣工学校，这是中国第一所正式的绣艺学校。沈寿为总教司，余觉为外事总办，传授她的绣艺。那年沈寿已是30岁的人了，婚后10年才怀上第一胎，为了赶制上述贡品，竟因操劳过度而小产，付出了从此终生不孕的代价。同年11月，余沈夫妇又赴日本考察美术学校。在日本期间，西方绘画的光影色彩表现和日本美术绣的逼真效果，给一直接受中国传统绘画艺术的沈寿以巨大的视觉冲击和启发。

回国后，沈寿以"中学为本、西学为用"，吸收西洋油画的光与影、明与暗的绘画理念，革新中国传统刺绣针法和色线用法，历经多年，独创了自己的"仿真绣"，简称"沈绣"。其色彩比传统苏绣更加丰富华丽，使刺绣具有了光感、质感和立体感，尤其在人物的绣制上，比其他绣法更逼真传神，栩栩如生。

1907年，女子绣工科在北京正式开学，下设国文、图画、刺绣三门专业课。沈寿对教学十分认真，常到皇家动物园观察鸟兽羽毛色彩，并把实地观察记录作为教材。此时的她，在人物绣像的技法上又有了创新，为绣像表现现实生活拓宽了道路。1910年，清政府在南京举办全国第一届南洋劝业会，时任江苏谘议局议长的张謇被任命为审查长。当时有一幅顾绣董其昌书大屏需要鉴定，顾绣是明代上海露香园顾名世家的女眷所绣作品，很有名望。状元出身的张謇听说沈寿的绣艺高人一筹，特地请她来鉴定真假。绣品刚展开，沈寿即断定为真品，问其何以断定，她说："一看针法，便不难辨出。"张謇对沈寿的作品及其鉴赏力大加赞赏，遂有聘请沈寿去女子手工传习所担纲的意图。

1911年，沈寿的第一件"仿真绣"作品——用18个月绣成的《意大利皇后爱丽娜像》，作为国礼赠送意大利，轰动该国朝野。意大利皇帝和皇后亲函清政府，颂扬中国苏州刺绣艺术精湛，并赠送特制勋章一枚和钻石金表一块。同时将这一幅作品送意大利都朗博览会展出，荣获"至大荣誉卓越奖"。当这一消息传出后，各国报纸竞相登载，沈寿声誉远扬海外，邀请沈寿到各国游览的信函如雪片似飞来。

1914年10月，沈寿任南通女子师范附设"女工传习所"所长兼绣科主任，治校严谨，教学有方，常率学生写生，观察实物，讲述仿真绣色的理论，即使在病中，也让学生围榻听讲赋色用线的道理。1915年，她依据一张著名的西洋油画《耶稣》的摄影件，由她的丈夫余福摹入绣片，她采用100多种颜色的绣线，根据摄影件的光色差异，巧用色线，突破过去单向排列丝路的传统绣法，进行灵活多变的仿真绣法，按人物面部受光的明暗层次与肌肤纹路的阴阳运色，循画理而显真形，因而使画面立体感更强，达到形神兼备之美效，被世人誉为"神绣"。它在美国旧金山举办的"巴拿马万国博览会"上展出，荣获"卓绝大奖"。

1919年,沈寿在患病期间,以惊人的毅力,历时3年绣成最后的杰作《倍克像》(见图5-17)。这是根据当时美国著名影星倍克的肖像刺绣的。这幅画绣中的倍克是一位身着盛装的妙龄女郎,神态端庄、自然而生动。那缕卷曲的秀发,明亮的双眸,甜蜜的微笑,雾一般的白色纱裙和丰润的肌肤,都被绣得细致入微,层次分明,极尽华丽、娇艳之美,似乎触手就能颤动(为使人物的口角、眼角、发际之间等细部都显其神,她在阴阳浓淡之间,加绣一两针极细的短针,美人的笑靥和神采顿时显露出来,充分反映出这位刺绣名家高度的造型才能和美术修养)。当这幅绣像在美国纽约陈列展览时,倍克一看到就兴奋地欢呼起来,当即愿出重金购买。但当时张謇正率领中国实业代表团访美,则以"此乃国宝,无价也"而婉言谢绝。

图5-17　沈寿的作品:
倍克像
(资料图片)

沈寿为发展我国的刺绣事业,殚精竭虑,终于积劳成疾,一病不起。由沈寿口述,张謇笔录,花了3个多月时间,记述了沈寿40年所积累的经验和创新心得。张謇把它条分为绣备、绣引、针法、绣要、绣品、绣法、绣节、绣通八个部分,然后编写成章,题名为《雪宧绣谱》,1920年由南通翰墨林印书局出版。

《雪宧绣谱》,字数不过万余,但内容十分丰富,论述透彻深刻,是我国刺绣史上最完整、最全面、最实用的第一部工具书,并成为我国现代刺绣发展的重要理论根据。诚如近代著名的织绣文物收藏家、评论家朱启钤先生的赞誉:"其书集绣法之大成,折衷中外,确有心得,可俾后人奉为圭臬,且开中国工艺专书之先。"日本现代诗人、文艺评论家大冈信曾经说过:"人类文明的产物,一切都隐藏在'过去'的这个时空中,而这一切对于我们每一个个体来说,都是未知的世界。我们需要的是从现在开始发掘它,把它作为我们自己的东西,即重新获取'未来'。"

著名苏绣老艺人金静芬(1885—1970),是沈寿的高足。她酷爱刺绣,为苏州刺绣事业奋斗了一生,也是一位造诣极深的刺绣大师。后来金静芬将苏绣技艺传给了牟志红。1989年,牟志红又收下了1967年出生的姚惠芬这个农家女为徒……

江山代有才人出,苏绣艺术贵出新。出生于苏州镇湖的刺绣世家的姚建萍,在传承的基础上,结合时代特征,不断提高与完善,通过新的表现手法

提炼出生活中美与爱等元素,给刺绣原来的技法与形式注入了新的活力。她的作品4次获得中国民间文艺最高奖"山花奖"金奖,10余次获国际大奖,2次搭载卫星飞天归来,被国内外多家重要机构及个人收藏,多次作为国礼赠与外国政要及知名人士。近年来,她先后创作出《江山如此多娇》《海纳百川》等巨幅苏绣,引起了强烈的社会反响。特别是为党的十八大献礼而绣制的大型苏绣《春早江南》,更是走进了人民大会堂。

目下,苏州绣娘逾10万,仅"国家级非物质文化遗产生产性保护示范基地"——"中国刺绣艺术之乡"——镇湖就有8 000多名,拥有千项专利助推传承创新,编织梦想。

(二)"塑圣"杨惠之,独步天下

著名建筑学家、教育家梁思成在《中国雕塑史》中指出:"艺术之始,雕塑为先。盖在先民穴居野处之时,必先凿石为器,以谋生存;其后既有居室,乃作绘事,故雕塑之术,实始于石器时代,艺术之最古者也。"对于唐代美术,他指出:"玄宗之世为中国美术史之黄金时代……唐代美术最精作品殆皆此期作品,李、杜之诗,龟年之乐,道子之画,惠之之塑,皆开元天宝间之作品也。"他在专辟一段介绍杨惠之的同时,附6幅杨惠之塑苏州甪直保圣寺罗汉像图片,并评论道:"此种名手真迹,千二百年尚得保存,研究美术史者得不惊喜哉!此像于崇祯间曾经修补,然其原作之美,尚得保存典型,实我国美术造物中最可贵者也。"1961年,保圣寺塑像被列入第一批全国重点文物保护单位。

杨惠之,唐代开元时苏州吴县香山人。少年时曾与后来世称"画圣"的吴道子一起远师南朝画家张僧繇,后专学雕塑,终成天下泥塑的高手。《辞海》中有条目:"杨惠之唐开元(713—741年)时的雕塑家。先曾学画,和吴道子同师张僧繇笔法。后专攻雕塑,当时有'道子画,惠之塑,夺得僧繇神笔路'之说。他在南北各地寺院制作过许多塑像,并著有《塑诀》一书,现均已不存。"

杨惠之弃画从塑后,在苏州虎丘山麓搭了间草屋,白天用心观察来往摊贩船夫的神态形状,晚上就用山脚的磁泥为白天见到的人捏头像。后来,他在大江南北各地寺院雕塑过许多塑像。仅从画史记载来看,其作品就有长安长乐乡北太华观玉皇尊像、陕西临潼骊山福严寺山水壁塑、凤翔天柱寺维摩像、汴州安业寺(后改大相国寺)净土院大殿佛像及枝条千佛像、东经藏院殿后三门二神像及当殿维摩像、洛阳广爱寺三门上五百罗汉像及山亭院楞伽山、洛阳北邙山老君像、湖南郴州通惠禅师院九子母像、昆山慧聚寺毗沙门天王及侍女像等等。据说他塑的倡优人留杯亭彩塑像,陈列于市中,人们从背面就能认出,可见其雕塑技艺的高超,人们尊称他为"塑圣"。

第五章　勤劳善思　工艺之邦

杨惠之是贫苦人家的孩子，从小割草耙泥。他在小伙伴堆里是个首领，大家都服他。因为他随手抓起几把潮泥湿土，就能捏出一个天神天将来，放在土地庙里当菩萨，竟能哄得一些善男信女来上供烧香。供品中团子、糕饼不少，杨惠之拿了分给小伙伴吃，大家自然让他做头领了。不料小孩子家淘气的把戏得罪了当地的乡绅，说他污渎神灵，要惩办。杨惠之眼看要吃苦头了，好心的人劝他父母说："既然你家孩子欢喜这一路，倒不如送他到苏州城里玄妙观去学个描画神道轴子的手艺，将来也好混碗饭吃。"于是他的父母到处求亲托友，终于把他送去学画了。跟了个有本领的师傅，他就不分日夜地搬笔弄彩，把神道佛像画得活灵活现。后来他到了昆山，借住在一个独身的老人家里。白天他帮老人挑水烧火，晚上就捏起人像来，一心想在这上头弄出个名堂来。他常常是塑好了又捣碎，捣碎了，又再塑。有一年新春，杨惠之终于把一个自己感到满意的塑像拿到了街上。那时正是上市时候，街上人头涌动，围拢来观看的人们都赞不绝口："好啊，多好的一个烂泥菩萨！"杨惠之听了很不高兴，他沉着脸，一下把泥人摔成几块，走了。

又过了多少个日日夜夜，从冰泥雪水做到春暖花开，杨惠之塑的泥人一个比一个好。传说，初夏的一个晚上，青蛙在田地里呱呱叫。半夜，月亮从云里冒出来。这时候，杨惠之吃力地抱着新塑好的一个一人高的泥人，悄悄地放在街市中的一座凉亭里。泥人侧身朝外站着，她是一个年轻妇女，挽着一只菜篮，像是在等人。天蒙蒙亮，一个起早赶集的农民挑着一担青菜，在凉亭前停下来，对着泥人问："要买菜吗？"晓风吹动了泥人头上的饰物，好像摇了一下头。那个农民又问了声："不要吗？不碍事。"挑起担子便走了。接着，一个卖菱角的，一个挑菱白的，都向泥人问一声"要不要买"，接着又挑担走了。杨惠之这才高兴得笑了，他抱起泥人就回家了。想不到后面有人跟着他，而且人越来越多。杨惠之这时好像听得后面有人在喊他："强抢民女啰！"他莫明其妙，回头一看，不好了！几个差役正赶上来，吆喝着要捉他。杨惠之大吃一惊，把泥人往地上一摔，拼命逃跑。泥人被摔碎了，差役们跑近一看，吓呆了："什么强抢民女！亏他有这本事，手捏的泥人比真的还真！"这时赶来看热闹的人们围了一层又一层。一个秀才摇头晃脑地赞叹说："百工之中，皆出圣人，此杨惠之，亦可谓之一圣。"至今，千年古刹——甪直保圣寺里还保留着杨惠之塑的罗汉像（见图5-18）。

苏轼曾亲眼见过杨惠之的作品，他赋诗道："今观古塑维摩像，病骨磊嵬如枯龟。乃知至人外生死，此身变化浮云随……此叟神完中有恃，谈笑可却千熊罴。"元代大书法家赵孟頫为保圣寺题写抱柱联语云："梵宫敕建梁朝，推甪里禅林第一；罗汉溯源惠之，为江南佛像无双。"

泥和土，无非是司空见惯的材质，然而，因为吴人对于细节的专注和执

上篇 根 基

图5-18 苏州甪直杨惠之作品：《保圣寺塑壁罗汉像》（局部）

著，它们也被点石成金，得以独步天下了。

　　无锡惠山的泥人同样是泥，只不过惠山一带的黏土滋润，可塑性强，民间艺人就利用其特性把它捏成"小花囡""小如意""小寿星""小财神"，略加彩绘，色泽鲜艳，神态生动，富有情趣，在民间庙会、社戏、香汛、茧汛等活动中大受欢迎。开始这些小东西是在地摊上登场的，身段虽然很低，但生命力却很强，因为它们来自民间，讨的是口彩，求的是吉祥；与当地的民歌小调、甜品饮食很搭档。像憨态可掬的"大阿福"，简直就是江南人心目中的幸福代言人，也是老百姓真心喜欢的"白马王子"。当乾隆帝到了无锡时，就有一个名叫王春林的艺人，奉命当面捏制了一个活灵活现的泥孩儿数盘，让乾隆龙颜大悦了一把。接下来慈禧做寿，偏安一隅的惠山泥人居然挥师进京，献上了"蟠桃会"等贡礼。惠山泥人就这样做大了，它不但是乡情风俗的缩影，也是平头百姓祈福纳祥的念想。神仙、春牛、馋猫、古今人物、走兽翎毛，无不寄托着百姓对幸福生活的美好向往。

　　晴雨风雪有情致，四季风光各不同，文化的魅力就在于，一眼看不穿但又被吸引。

　　（三）"蒯鲁班"设计建造紫禁城

　　1403年，一直镇守北方的燕王朱棣费尽心机，终于用武力夺取了自己侄儿建文帝的天下，当上了大明王朝第三个皇帝。据说，当朱棣的军队攻破都城应天府（今江苏省南京市）时，建文帝在火海中下落不明。朱棣从此留下了一块心病，总是寝食难安，担心建文帝会从某个地方冒出来。也许因为在这座城市里游走着太多被他加害的冤魂，特别是朱棣登基不久，一心想为建文帝报仇的御史大夫景清在朝堂上意图谋刺,险些要了他的命。这之后,他经常做噩梦。1417年,决意迁都北京的朱棣,为帝国新京的宫殿选定了一位设计师。他,就是出生于苏州吴县香山的建筑大师——蒯祥。蒯祥和以他为代表的苏州香山帮工匠,在明代北京的规划和建设工程中,发挥了居功至伟的作用。

"山河千里国,城阙九重门。不睹皇居壮,安知天子尊?"唐代骆宾王寥寥几句诗,就把世人对帝王宫殿的尊崇与好奇表现出来了。作为明、清两代的皇宫,故宫几百年来一直无比威严和神秘,直到被辟为博物院后,其真实面貌才逐渐向世人公开。

故宫,又称紫禁城,为我国现存最大、最完整的古建筑群。它雄踞于北京的中轴线上,将北京城分为东、西两部分。紫禁城里有9371间古建筑,约23万平方米。明、清两代24位皇帝就居住在这里,几百年多少军国大策都由此发出,改变着一代代中国人的命运。

黄色的琉璃瓦,红色的围墙,这种基调的构成主要是出自中国古老的思想:以中心之地的黄色和代表光大吉祥的红色来表现。这种色彩也暗示了皇帝居住的紫禁城为天下的中心。

紫禁城名称系借喻紫微垣而来。在古代,人们把天上的恒星分为三垣、二十八星宿和其他星座。三垣包括太微垣、紫微垣和天市垣。紫微星在三垣中央,因此成了代表天帝的星座。天帝住的地方叫紫宫,皇帝是人间天子,所以要模仿天帝,把自己住的地方叫紫宫。且从秦汉开始皇帝的居所又叫禁中,即不许随便出入之意,因而合称为紫禁城。

紫禁城正前是正阳门,北部是天安门广场,天安门后是端门、午门,再以后就是紫禁城内,紫禁城的重要建筑物都排列在一条直线上。在正阳门与天安门之间的广场上原先还有一座门,叫大明门,清代叫大清门,民国元年改名为中华门。永乐年间该门建成时,朱棣命大学士解缙题门联,缙书古诗"日月光天德,山河壮帝居"。日、月两字正好组成了一个"明"字。此联在清朝时无改动。

这座红墙围起的紫禁城,一座大殿挨着一座大殿,每间房都高大豁亮。1981年,故宫维修东南角楼时,由于设计难度大,工匠们都伤透了脑筋。一般人形容角楼是9梁18柱72条脊,其实比这还要繁复。三层屋檐共有28个翼角,16个窝角,28个窝角沟,10面山花,72条脊之外还有背后掩断的10条脊。屋顶上的吻兽共有230只,比太和殿的吻兽多出一倍以上。更有众多的"斗拱",它是中国木建筑结构特有的形制,是较大的建筑物柱子和屋顶之间的过渡部分,它可以将支出来的屋檐重量先转移到额枋上再转移到柱子上。斗拱更是木构件里的规矩王,尺寸多、讲究多。一般人刚接触时,会被"蚂蚱头""霸王拳"和"麻叶头"之类的说法弄得晕头转向。

还有那中国现存最大的木结构大殿——太和殿,上承重檐庑殿顶,下坐三层汉白玉台阶,采用金龙和玺彩画,屋顶仙人走兽11件,开间11间,均采用最高形制,等等。

据说,当时有人呈报给皇上朱棣一份建造宫殿的设计图纸,朱棣看后非常满意。新皇城比元朝时略向南迁,各大宫殿,依中轴线,左祖右社,十分规整;又开凿南海,堆砌景山。整个设计方方正正,稳稳当当,象征大明长治久安。

其实,朱棣也不懂设计,只是一听说新皇宫里有九重宫阙、9 999间半房屋,顿时心花怒放。传说天宫才有1万间房屋,皇宫比天宫只少半间,既表明了皇权的威严,又显示着人间帝王的谦虚。于是,他痛痛快快地批准了设计方案。

如此复杂、浩大的紫禁城,蒯祥能胜任吗?历史浩如烟海,湮没了多少秘密。关于蒯祥是故宫的设计与营建者之说,也有很多让人怀疑的地方。曾任故宫博物院古建部高级工程师的于倬云先生认为,年纪轻轻的蒯祥进京时,宫殿的修建已是热火朝天的关键时刻,不可能这个时候才开始设计。真正的设计者是名不见经传的蔡信。故宫博物院古建部的研究员李燮平也质疑说,1417年故宫初建时,蒯祥只有不到20岁,无论从年龄还是资历来看,都难以胜任设计整个工程等等。

自古英雄出少年。大凡有成就者,少年时对事业就有痴迷的偏爱。在世界历史上,亚历山大大帝18岁佐其父腓力普统一希腊,20岁时继承王位,22岁远征亚洲,32岁完成他的征服;瑞典王查理十二,17岁时率军击败了俄、波、丹麦联军,18岁时征服丹麦⋯⋯在中国历史上同样如此,项羽起兵为西楚霸王,霍去病为骠骑将军,李世民起兵反隋都是18岁;三国时的孙策20岁率军渡江就建立了东吴政权,而明朝的蒯祥在中国的建筑史上则显得格外高大至伟。

蒯祥(1398—1481,字廷瑞,苏州人,明代杰出的建筑大师、"香山帮"匠人的鼻祖,见图5-19),其父蒯富为有名的大工匠。洪武元年(1368年),明太祖朱元璋征召天下工匠20余万至京师(南京),兴建都城,蒯富当上了总管建筑皇宫的"木工首"。少年蒯祥随父参与其事学木工,在工程实践中为其后来设计修建北京的承天门积累了经验。不久,蒯富告老还乡,因明代工匠为世袭,不能脱籍,蒯祥代承父职,成为"木工首"。

图5-19 蒯祥塑像

木匠是匠人之王。据传,蒯祥16岁时便"能主大营缮",享有"巧匠"美誉。他在宫殿的梁柱上画龙时,只见他双手各拿一

第五章　勤劳善思　工艺之邦

支画笔，左右开弓，不一会儿，两条飞腾的龙同时画好了。他的第一项任务就是负责设计和组织施工作为宫廷正门的承天门（即今天安门），设计了厚重的大门、坚实的红墙、金顶彩绘的城楼。

据明史及有关建筑专著认为，蒯祥精于绘图，技高一筹，他能够将皇上的意图用图样表达出来。《宪宗实录》记载，蒯祥"一木工起隶工部，精于工艺""凡店阁楼榭，以至回廊曲宇，随手图之，无不称上意者""凡百营造，祥无不与"，在建筑学上的创造达到炉火纯青的程度。他精通尺度计算，每项工程施工前都作了精确的计算，竣工之后，位置、距离、大小尺寸与设计图分毫不差，其几何原理掌握得相当好，榫卯技巧在建筑艺术上有独到之处。《吴县志》记载，他精于建筑构造，"略用尺（准下加十）度……造成以置原所，不差毫厘"。

民间一直流传着蒯祥的故事。据说建造皇宫时，缅甸国向明朝进贡了一块巨木，朱棣下令把它做成大殿的门槛，但一个木匠不留神锯错了，短了一尺多。木匠吓得脸色煞白，慌忙报告蒯祥。蒯祥看了，让那个木匠再锯短一尺多，大家都很惊愕。之后，蒯祥就在门槛的两端雕琢了两个龙头，再在边上各镶上一颗珠子，还作了进一步的创新——让门槛可以装卸。皇上见了龙颜大悦，十分赞赏，这就是俗称的"金刚腿"（活门槛），皇帝"每每以蒯鲁班称之"。

蒯祥的神奇，并非空穴来风。传说不是史实，但它往往亦是史实的素地。蒯祥的高超技艺自有他的理论指导与实证的案例。

一是他既有综合的宋朝李诫奉敕编修的《营造法式》的指导，又有"子承父业"江南特有的技艺。"串"这一构件在《营造法式》厅堂等屋的大木作里用得很多，主要起联系柱子和梁架的作用，这和江南常见的"串斗式"木架中的"串枋"和"斗枋"的作用是相同的，至今江南的农村，仍采用串斗构架建造房屋，2 000年间一脉相承，说明了它的存在价值。但《营造法式》卷四飞昂条说"造昂之制有二：一曰下昂，……二曰上昂"。可是作为斗拱上重要构件的这两大昂类，只有在江南才能全部看到，而在北方这么多唐、宋、辽、金以至元代建筑中，却只见下昂而未见上昂。而宋代上昂遗物，苏州古城内就有两处：其一，玄妙观三清殿内槽斗拱两侧；其二，北寺塔第三层塔心门道顶上小斗八藻井斗拱。蒯祥从小勤奋好学，他把苏州上昂的做法带到了北方建造紫禁城，而其他人则难以为之。

二是蒯祥所在的"香山帮"是一个团队，历史悠久，底蕴深厚，工艺齐备。它集"八大作"（瓦、木、土、石、搭材、油漆、彩画、裱糊）于一体，其下还细分上百工种。直到当下，仍有"江南木工巧匠，皆出香山"之说，在世界上享有盛誉。

火车不是推的，泰山不是堆的，这就是"香山帮"的实力。故宫是中国古

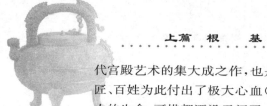

代宫殿艺术的集大成之作,也是世界上最宏伟的宫殿建筑群之一。大批工匠、百姓为此付出了极大心血(包括蔡信、杨青二人在内),甚至牺牲了无数人的生命,可惜都湮没无闻了。对于今天的我们来说,故宫更像是几百年前建筑家们的一次"集体汇报演出",是中华民族集体智慧的体现。"青山一道同云雨,明月何曾是两乡。"

就说"金砖"吧,故宫的大殿室内地面都是金砖铺成的。据故宫的师傅白福春(艺名叫"延承")介绍,现在真正的"金砖"确如黄金般贵重。其实,金砖并非黄金做成的,而是产自苏州的一种细料方砖的质量标准,而这种质量是靠手艺、靠时间磨出来的。传说中,要把某一段河道截断了,等泥淤3年、上岸晒3年、做起坯子3年再烧制,而成品率大概只有1/10。砖的实际制作过程也相当繁琐,选土要经过掘、运、晒、推、舂、磨、筛共7道工序,经3级水池的澄清、沉淀、过滤、晾干,经人足踩踏,使其成泥;再用托板、木框、石轮等工具使其成形;再置于阴凉处阴干,每日搅动,8个月后始得其泥,即传统工艺就是所说的"澄浆泥"。在建造紫禁城的过程中,蒯祥把苏州的"金砖"和"苏式彩绘"等运用到宫殿建筑中,对继承和发扬我国传统建筑文化做出了重大贡献。由于他艺精才高、品优德馨,担任了工部左侍郎。这在工部也是个不小的官职,但是他非常谦逊、俭朴如初,就连出门也从不坐轿。到了晚年,虽然辞官归隐,但每当有人向他请教营造工程的问题时,他都非常热心地给予指点。

如今在苏州太湖公园北侧、胥口香山渔帆村蒯祥的墓葬所在地,建有蒯祥纪念园,现有牌坊、响堂、石羊、石马、翁仲、石亭、仰贤桥、蒯祥石像、明代石碑等景物景观,墓碑上刻有"明工部侍郎蒯祥之墓"九字。墓前立有明天顺二年(1458年)明英宗赐给蒯祥的祖父蒯明思、祖母顾氏的"奉天诰命"碑,飨堂书有"技艺精湛二品致工部;蜚声遐迩千秋继鲁班"的楹联,不仅表达了当年皇帝与后人对这位建筑巨匠的赞扬缅怀,而且肯定了蒯祥对故宫和天安门城楼设计建造的杰出功绩。

苏州"香山帮古建营造技艺"被列为国家级非物质文化遗产,香山帮著名古建工艺师薛福鑫被聘为国家级非物质文化遗产传承人。以薛福鑫为代表的香山帮匠人,以苏州园林为蓝本,先后在世界各有关国家建造了30多座仿古典园林、各种单体建筑,小品陈设和园林微缩模型,成为传播中华文化的使者。

江山代有才人出,各领风骚数百年。在吴中这块宝地上,出现了很多建筑界的领军人物,如闻名全国的同济大学博士生导师阮仪三,名震世界的建筑学家、法国罗浮宫前的玻璃金字塔和柏林历史博物馆及北京香山饭店等的设计者贝聿铭教授等等。

（四）明式家具的发源地

1368年明太祖朱元璋在南京应天府称帝，国号大明，开创了洪武之治、永乐盛世、仁宣之治和弘治中兴等盛世，出现了商业集镇和资本主义萌芽。与此相应的是，以苏州为中心的江南器物制造得到飞速发展。当时全国的木匠属苏州最好，而在中华农业文明体系里，木匠是所有行业中的领军者，它带动了石匠、泥瓦匠、花匠、铁匠等各种行业，所以苏州及其太湖地区就成了器物制造中心、贸易中心与运输中心。

一花一世界，一树一菩提。实践出真知，器物之中寓文明。每当我们看到那些简约的明式家具，会忍不住惊叹其流畅的线条、简洁的造型、儒雅的风韵以及清朗的人文气质。其历史渊源可追溯到唐、宋时期，所体现的是"高逸""遁纯""典雅"的文人气息和艺术风格

道光年间《苏州府志》载："吴中人才之盛，实甲天下，至于百工技艺之巧，亦他处所不及。"由此辐射开来，江南各地名人高匠传扬四方。社会财富的聚集，刺激了经济繁荣，也推动了奢靡之风的盛行。无论富贵贫贱、在城在乡，男人一般着轻裘，女人大多着锦绣。价格越贵，买的人越多。当时的婚嫁习俗、家庭摆设，对家具提出的要求很高，既要贵重，又求精工，于是花梨、紫檀、乌木、杞梓木等优质硬木纷纷登场，其制作技艺极其讲究，要经过设计、木工、雕刻、漆工等几十道工序。

明式家具，又称"文人家具"。那时的唐寅、李渔等文人骚客，对他们而言，江山是不想指点的，社稷是无关痛痒的，诗书笔墨都操练了半辈子，此刻不大展拳脚，更待何时？

园林的隽秀空灵，那是他们留下的气息，家具的风格当然要与之匹配。由此，文震亨对于家具的观点是这样的："几榻有度，器具有式，位置有定，贵其精而便，简而栽，巧而自然也。"于是苏州在当时成了中国乃至世界上有名气的时尚之都。出自苏州的新奇创意叫"苏意"、新鲜式样叫"苏样"。民间就有"破虽破，苏州货"，以至于"苏人以为雅者，则四方随之而雅；俗者，则随而俗之"（王士性《广绎志》）。还有什么"苏气"（泛指苏州人文雅，打扮亦比较漂亮）等等，构成了时尚产品设计、制造、推广、销售乃至话语权的完整、成熟、比较先进的产业链条，而明式家具就是其中之一。

明式家具以造型优美、选材考究、制作精细、风格简约为主要特点，是中华民族家具文化的代表。它简练的线条具有重要的装饰意义，却又不使人觉得是刻意之饰。即使有花纹图案的家具，也善于提炼，恰如王世襄先生所赞赏的："精于取舍，有概括之功，无刻画之病。"从某种意义上来说，它已经超出其物质使用的功能满足，而演变成符号化物品中所蕴含的意义消费，既有符号学、人文价值，又有产品语意等，体现了人类不断追求真善美、不懈创

新探索的精神。欲知其奥秘,角落里面藏秘密,细微之处最有文化味。

正宗的明式家具,具有鲜明的特色:一是不论大小,没有一滴胶水,没有一颗钉子,以精密巧妙的榫卯技艺结合部件,使家具能适应冷热、干湿变化。它能够具有世界级的影响力,榫卯是藏在红木家具里的秘诀。二是线条弧度与人体结构相适应,人坐上去不仅舒适,还能有助于纠正身姿坐态。据专家介绍,坐在酸枝木制成的椅子上,因散热性和透气性俱佳,其微微沁出的香味还能提神,对腰椎病有一定的保健作用;睡在用紫檀木做成的床上,因该木为"木中之金",可散发对人体有益的"木氧",人就不害怕蚊虫叮咬,且有调节气血、安神醒脑、养颜驻颜的作用;用鸡翅木做餐桌餐具,因该木在热水的刺激下会挥发出一种自然的香气,这种香气亦有提神的效果,又因它本身柔韧、不怕水、不生虫,做茶具颇受欢迎。故消费者推崇,收藏者趋之若鹜。

据苏州红木雕刻厂总设计师、国家级非物质文化遗产——明式家具制作技艺传承人许建平介绍说,明式家具的基础其实从宋代就开始了。离苏州不远的太湖东山、西山,那里盛产榉木。以前那里到处是两人合抱的榉木,孕育了一代制木匠人。当时离东山几十里的香山建筑工艺也已经形成规模,这就是建筑史上重要的"香山帮"。用木因材施制,有大木、小木之分,大木做建筑,小木做家具,就这样互补互借,逐渐形成家具的制作规模。明代主要是使家具的力点、用材各方面更趋合理化,结构更精美,造型更舒服。他说:"我在给学生们上课时,常提到撒切尔夫人的那句话'英国可以没有首相,但不能没有创意'。"明式家具有艺术的基调,那是因为有文人的参与。

苏州地区的文人常常不以大众的审美标准为标准,而是有自己独特的审美理念。他们有的根据自己的审美情趣设计图纸,交由工匠制作;有的监督指导工匠依照自己的想法制作,有的甚至自己动手设计制作家具;还有的通过品评、鉴赏、收藏、使用等各种方式对家具的设计和制作产生影响。

文人特有的生活方式和审美情趣熏陶和影响了家具的形态和气质,极大地丰富了明代家具的审美层次,并赋予其高雅的情调和深厚的素养。史称工艺品"出俗工之手,则贱技贱业也;出文人之手则腾贵",这正是明式家具与历代家具不同的关键所在,它是在文人的指导下完成的,设计中体现着浓厚的文人气质,使得明式家具有着"文人家具"和"艺术家具"的美称,这是它有别于其他家具形式的显著特征。究其原因:一是苏州深厚的文化底蕴,二是苏州雄厚的经济基础,三是文人的积极参与,四是书画艺术的浸润。

明式家具有文人的积极参与,这就注定会赋予家具诗情画意的意境和表现力。与文人朝夕相伴的笔墨纸砚也必然会与家具发生或多或少的联系。文人将自己的古雅之气通过家具这个载体予以表达和体现。我们从书法作品中可窥见一斑,其一笔一画之精辟成为后人效仿的标准,细看明式家具上的许多部件造型都清晰无误地印证着这一点。

请君注意观察:用毛笔蘸墨在宣纸上行笔,生宣纸吸水性强但略洇水,行笔之中笔画交结处往往有墨迹洇开,使局部增大了笔画宽度成为结点给人以力量感,笔画交结夹角端部呈微小弧形,而不是尖角,给人以刚中带柔的美感。字体苍润丰满,这正是中国宣纸笔墨相融的魅力所在。这些神韵被文人生动地表现在明式家具上,他们原创性的作品,给人以典雅脱俗的神韵(见图5-20)。

(a) 明式家具的文化元素与文化韵味　　　　　　(b) 明式螺钿家具

图 5-20　明式家具的文化元素

据曹昭《格古要论》载:洪武初,抄没苏人沈万三家条凳、桌椅、螺钿、剔红最妙。其中的"螺钿",泛指产于江河、湖海中的贝类。因色彩鲜艳,又名"七彩螺钿""夜光贝"等,它是中国最昂贵、最耗工的艺术品之一。以一件明式螺钿香几的制作工艺为例,首先要选料,大多为楠木、香樟木等体轻、不易开裂的木材,有的也用酸枝、紫檀等硬木,在上面涂胶、抹灰,并在胶上粘麻布,麻布上面再抹灰、打平,灰上再涂抹黑漆,绘上图案,并把螺钿片按照图案进行剪裁,粘在漆面之上,之后在螺壳之上用针、刀刻画出更加细腻的图案。它精致生动,夜间会散发出莹润光芒,但因工艺太过繁复,有的工匠甚至为此视力衰弱以致失明,这在扬州、苏州一带常有之,可见其工艺要求极高。嵌螺钿的图案纹饰除了明代已有的山水人物、花鸟草虫外,还有画意深远、寓意吉祥的图案,如"竹报平安""瓜蝶绵绵""寿山福海"等。

大美无边,从一点一滴做起。原汁原味的明式家具传遍世界,让世界闻香而知中国。这个"香"来自原创!原创是创作的基本品格,它是一项艰苦的劳动。古今中外优秀作品,真正历史留痕成为经典而被后人不断学习、不断揣摩,甚至成为后人难以企及的,终成原创。失去了原创,创作的生命和价值就失去了大半。

2012年,第51届米兰国际家具展,中国家具行业的代表——山东曲美家具集团公司等首次以参展商的身份莅临展会,50多位中国设计师的80件椅子作品,集体亮相。这是米兰国际家具展51年以来,中国家具企业第一次以展示者的姿态出现——一个为"坐下来"的主题——当代中国设计名家

吕永中在米兰家具展上呈献的"苏州扶手椅"——借鉴中国明代圈椅的圆满结构,结合网状结构力学,椅背处融入苏州窗棂、小桥的设计,整体看起来轻柔大气,在苏州园林的意境中,品味吟唱评弹的江南风情。它呼吁人们坐下来,歇一歇、想一想,给米兰家具展带来了一股中国风,一炮打响,令世人无不刮目相看。

明式家具向世界展示了中国原创设计之美,而靠抄袭、跟风、模仿是没有出息的,也是难以生存的。在苏州的红木家具市场上,许多文人雅士醉心明式家具,常常不惜重金购买。这么多人的痴迷是有缘由的。因古代文人素有"丹漆不文,白玉不雕,宝珠不饰,何也?质有余者不受饰也,至质至美"的美学传统,明式家具的纯朴古雅、"天然去雕饰"、强调天然材质的气韵生动,正合古今文人的审美取向。再说,明式家具比例尺寸合度。它的空间尺寸,都经反复推敲,增一分则长,减一分则短。不论是部件断面、局部图案,还是整体造型,明式家具都呈圆浑柔润状态。它"惜木如金",能工巧匠在落木用料时十分用心,精心套用,连很小的木片都能尽其用,而且还恰到好处,在起到稳固作用的同时,显现出明式家具优雅的光芒。

如今明式家具已超出了家具的范畴,成为较为昂贵的艺术品。它的美不是单一的,而是多方位、立体化、超时空的。著名文物专家、收藏家王世襄先生曾说:"明及清前期的家具陈置在我国传统的建筑中最为适宜,自不待言,不过出乎意料的是见到几处非常现代化的欧美住宅,陈设着明代家具,竟也十分协调。为什么明式家具和现代生活这样合拍呢?不难设想,正是由于西方现代生活所追求的简练明快的格调在本质上和明式家具具有相同之处的缘故。"用西方研究人士的话来说,"依现代美学观点,它们极致的艺术性、手工、设计、造型及多样变化的款式至今深深地震撼着人心"。

(五)民间绝技:金箔、漆器、宣纸、雕刻、紫砂壶

手艺的生长,需要肥沃的土壤;手艺的灵性,靠的是地域文化的滋养。手艺万万岁,高手在民间。它既是智性与灵性的呼唤,亦是水滴石穿的功夫。

1. 工艺一绝的南京"金箔"

金箔的出现,可能与佛道的盛行有关。所谓"南朝四百八十寺",并不是诗人的浪漫。据说极盛之时,仅紫金山中就有佛寺70余座。众多的庙宇和佛像,需要大量的薄如蝉翼的金箔来贴裹包装,使其金光灿灿,恩泽苍生。金箔业给南京这座古老的城市增添了"辉煌"的一景,一大批能工巧匠应运而生。

发源于南京龙潭的"打金箔"工艺,相传至今已有近1700年历史。据考证,金箔的发明者为炼丹家——西晋句容人葛洪。传统工艺制作金箔,以含

金量为99.99%的金条为主要原料,经化涤、锤打、切箔等十多道工序的特殊加工,使其呈现色泽金黄、光亮柔软,轻如鸿毛,薄如蝉翼,厚度不足0.12微米。民间流传,一两黄金打成的金箔,可以盖一亩三分地。捶打金箔是一种绝技,完成一道工序,需要艺人练就一口气吹灭三根并排点燃的蜡烛的气力;更绝的是,还要有吹灭其中一根蜡烛而其他两根并排燃着的蜡烛却"闻风"不动的本领。金箔的用途非常广泛,除了在佛像、建筑物、工艺品上贴金外,还用于服饰、药品、食品等。大量出现在云锦上的金线,即是从金箔而来。想那六朝古都,男捶金箔、女织锦线,七彩流光、交相辉映的景象是何等壮观。它早就登上了国际舞台,近至中国的天安门、颐和园、故宫、少林寺、孔庙、布达拉宫、栖霞寺、寒山寺,远至莫斯科中国大酒店、泰国皇宫、日本大阪牌楼、扎伊尔总统官邸、圣彼得堡等世界著名建筑物上,闪闪发亮的都是南京金箔。《天工开物》云:"凡色至于金,为人间华美贵重,故人工成箔而后施之。"它"金枝玉叶""金碧辉煌",让世界生辉,其锻制技艺已被列入全国首批非物质文化遗产名录。

2. 扬州的漆器

唐人传奇的开山之作《霍小玉传》里,对一种名叫漆器的物件是这样描写的:"斑犀钿花盒子,方圆一寸余。"由此可见,此物小巧精致、华丽绝伦的程度;亦可怀想,起源于战国的漆器到了唐代,其镶嵌工艺已实现了何等超拔与精美的飞跃。

那里的漆器镶金嵌银的华丽风格,腴润滑美的质地,与扬州贵族的奢靡之风也很搭配。云集的巧匠也不辜负这个繁华的时代,炫技与繁复,成为这一时期漆器风格的特点。唐僖宗乾符六年(879年),光是一次从扬州运往长安进贡的漆器,就达15 000多件。到宋元时期,审美风习嬗变,"软螺钿"等新的漆器品种应运而生,薄而透明、纤巧柔润,成为新的时尚。到了清代,漆器成为两淮盐政的重要贡品,权与钱,操纵着漆器的走向,鼎盛的背后,未必不是工匠的血泪。看那富丽堂皇的器物在皇帝的掌上摆弄着各式身姿,风流绝代被压缩成细小的摆件珍玩。得到赏赐的艺人们,在浩荡的皇恩感召下,将雕漆与百宝镶嵌相结合,创制了"雕漆嵌玉"的新工艺。那些雕漆、点螺、平磨螺钿、骨石镶嵌、刻漆、彩绘、雕填等绝活,令人眼花缭乱、目不暇接。

3. 皖南泾县的宣纸

宣纸,记载最早见于《历代名画记》《新唐书》等。自唐代以来,历代相沿。其原产地是宣州府,即今皖南泾县与泾县附近的宣城、太平等地。杨大金著《中国实业志》中云:"宣纸产于安徽泾县。泾县晋时属宣州郡,唐时属宣州,皆为贡品,世称宣纸。"它的制造技术精湛,质量精妙绝伦,有不蛀不腐、易于保存、经久不脆、不会褪色等特点,故有"千年寿纸"之美誉。郭沫若

上篇 根 基

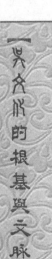

曾书赞曰："宣纸是中国劳动人民所发明的艺术创造,中国的书法和绘画离了它,就无从表达艺术的妙味。"

宣纸生产的原料是以皖南山区特产的青檀树为主,配以部分稻草,经过长期的浸泡、灰腌、蒸煮、洗净、漂白、打浆、水捞、加胶、贴烘等十八道工序,一百多道操作过程,历时一年多方能制造出优质宣纸。制成的宣纸按原料分为绵料、皮料、特净三大类;按厚薄分为单宣、夹宣、三层夹、罗纹、十刀头等多种。"特种净皮"是宣纸中的精品,具有拉力与韧力强、泼墨性能好等优点,为广大书画家所喜爱。有人赞誉宣纸"薄似蝉翼白似雪,抖似细绸不闻声"。一幅幅图画,一章章文字,皆凭宣纸而光耀千秋。宣纸吸水是其通性,书法时墨迹留在宣纸上会渗入到笔迹之外,有苍劲之感,这是普通白纸做不到的;又由于其吸水和渗入性,中国画才能体现出层次感。上等的宣纸可以在空气中保存上百年,所以我们今天才有幸看到古人的墨宝。宣纸的制作技艺先后入选首批国家级非物质文化遗产名录和联合国人类非物质文化遗产代表作名录。

4. 苏州雕刻

雕刻包括红木小件、牙雕、核雕、黄杨木雕、刻砚、石雕、印章、兽纽等,这种刀尖上的艺术闻名全国。如朱三松的竹雕、顾二娘的雕砚、鲍天成的治犀雕砚等等。特别是镇国之工艺品——北宋年间苏州的真珠舍利宝幢(见图5-21),高122.6厘米,于1978年在瑞光寺塔第三层天宫中被发现,存放在两重木函之中。黑色外木函正面有两排白漆楷书"瑞光院第三层塔内真珠舍利宝幢"。宝幢的主体用楠木构成,分须弥座、佛宫、刹三个部分。须弥座呈八角形,上有一条满身缀珠如银鳞的九头龙。佛宫在须弥座的顶端,宫外有八大护法天神。宫中为碧地金书八角经幢,分别以真、草、隶、篆书阴刻填金七佛之名及梵语"南无摩诃般若波罗蜜",意即"大智慧可达彼岸乐土"。经幢中间,是一只用来供奉舍利子的浅青色葫芦形瓷瓶和两张雕版印《大隋求陀罗尼咒经》。幢顶置有金银雕缠枝纹佛龛,一尊通体描金的木雕佛祖像趺坐其间。殿顶又设漆龛,内盛金质宝瓶。其上罩八角形金银丝串珠华盖,分别有鎏金银丝编小龙八条为脊。华盖上部为刹。刹顶是一颗大水晶球,球两侧用银丝缠绕,亮光闪闪,意示"佛光普照"。真珠舍利宝幢,构思独特,造型优美,综合了当时木雕、描金、玉雕、

图5-21 北宋苏州真珠舍利宝幢

穿珠以及金银细工等多种工艺技术。整个宝幢用了珍珠四万余颗，凝聚了众多能工巧匠的智慧与心血，是一件稀有而珍贵的宗教艺术品。国家文物鉴定委员会委员、故宫博物院研究员李久芳认为，这件宝幢制造于北宋年间，时代很早，在同类木刻作品中是少数保存这么完好的；工艺极为精湛，装饰极为珍贵。运用了玉石雕刻、金银丝编制、金银皮雕刻、檀香木雕等十多种特种工艺。整座宝幢造型优美、工艺之精巧举世罕见，代表了整个北宋时期苏州工艺的集锦。

明代作家魏学洢撰写的《核舟记》，这篇大家中学时就读过的古文，证明了苏州核雕在明代就达到了相当水准。文中曰："明有奇巧人曰王叔远，能以径寸之木，为宫室、器皿、人物，以至鸟兽、木石，罔不因势象形，各具情态。尝贻余核舟一，盖大苏泛赤壁云。"意思是，明朝苏州有个奇巧的人叫王叔远，在直径一寸之木上——长不及3厘米，高约两粒黄米大小的桃核上生动刻画出宫室、人物、碗碟杯盘及鸟兽、木石等，各具情态，惟妙惟肖地展现出著名文学家苏东坡游赤壁的场景。

5. 世界陶瓷中独树一帜的宜兴紫砂壶

本章前面已有相关表述。独特的成型工艺、文人和紫砂艺人联袂的创作，集诗词、绘画、雕刻、手工制造于一体，使紫砂壶高雅脱俗，从而成为艺术品的杰作。"喜共紫瓯吟且酌，羡君潇洒有余清"（欧阳修），"小石冷泉留早味，紫泥新品泛春华"（梅尧臣）……这些阅尽沧桑、淡泊人生、寄寓春华的绝句以及茶禅一味的文化底蕴，既成为一种风骨，又成全一种委托生命想象的大美，于是品呷香茗、人生感怀寄寓其中，直抵天地宇宙的境界。现代匠师顾景舟，传承发展，集历代之大成，以文人士子之心，揉进紫砂，开创了文化茶具，使紫砂具有了当代的文化语境，被尊称为当代的"壶艺泰斗"。他的一把壶——提璧组壶（共计11件），在2011年北京秋季拍卖会上，创造了1782.5万元的最新世界纪录（见图5-22）。

图5-22 现代匠师顾景舟作品："一把壶——提璧组壶"

对美的追求是人类的天性，先民们在创造生活的同时，也创造了如此神

奇而瑰丽的远古艺术。尽管历经万年千载、世事沧桑，就连时间老人都惜爱古人的智慧，把最美的远古艺术留存下来。那些圆满朴拙的古陶，色泽斑驳的玉石，气势冷峻的青铜器，所表现出的艺术之美，无不使人感动，甚至其上的一个波纹或是一个手印，都使我们感到它们的脉搏依然在跳动。可见，手工艺品的生命是久远的。惊人的手工包含着"工"和"技"，工是手的作用，技则受思维的影响。当人类在作品中追求人性时，手工的价值永远值得记忆。数千年的文明积淀，我们倾尽一生的时间与精力去读它，亦不过是识得沧海中之冰山一角，唯此成为我们歇憩身心的幸福温床，用心灵拥抱它，我们便会甜甜地睡去……

但从世界范围看，社会环境正发生变化。自18世纪始，机器成了扼杀匠人的幽灵。其实，人和机器之间是一种互补关系。小事成就大事，细节成就完美，角落里面藏秘密。意大利的"工匠精神"成就了"意大利制造"之美，德国的"工匠精神"造就了"隐形冠军"，日本的"匠人精神"成了科技发展的源泉。从这一角度讲，创新是工匠精神的一种延伸。小到对每一项工作环节高质高效的革新，大到新产品、新技术的研发，都是具体体现。不论是"八大作"还是"八大员"（售票员、驾驶员、邮递员、保育员、理发员、服务员、售货员、炊事员），对我们年轻人来说，青春是亮色，专注是底色，认真一般不会输得惨，任何工作做到极致皆神人。科技匠人屠呦呦（浙江宁波人）专心致志，一生择一事，用一株小草改变了世界，有力地证明了"百工之中，皆出圣人"。

以上五章可视为吴文化的主根系，还有许多未展现的须根系。历史是一首无尽的歌，一辈辈吟咏传颂，那歌词曲调既有失落，也在逐渐丰富。但总有一部分会成为民族的符号，会一代代永不消逝地传承下去。

如果不是大量珍贵文物重见天日，我们也就很难知道这些在先吴地区曾经灿烂辉煌的古老文化，仍认为先吴地区是毫无根底的"下下"之地，是妖魔化的不懂"礼"的"夷蛮""吴为周后"……这些握有中央王朝权力的话语叙事所带来的瞒、贬和骗，并不是通常所说的客观的历史知识问题，而是一种主观的文化政治问题。

只有了解，才能热爱。生活在一定文化传统中的人群，假如对自身文化的来历、形成过程和存在基础缺乏认知和思考，最终有可能会失去对自身文化的认同。殊不知，没有文化底蕴与文化使命感的文化行为，就像是吹出来的一串串肥皂泡，看似满天斑斓，涨破后就一切无踪无影，仿佛从来就没有出现存在过。龚自珍（1792—1841）告诫国人要尊重自己的历史。一个民族失去了自主性，盲目追求别人的东西，最终的结果就是成为别人的附庸。一路巡看万千年的吴地文化，我们要做的，其实就是一件事——让历史照亮我们未来的行程。

下篇 【文 脉】

上半部分五章,讲的是吴文化的根基、根文化,亦是吴文化的"基因"。文化的"基因",与生物遗传学所说的"基因"差不多,这和我们下面所要讲的"文脉"一样,外面带不来、别人抢不走,亦难以割断与复制,因为能成为文化基因的,都是那些渗透到普通百姓日常生活中的最基本的文化因子。它的特性与"先有鸡"还是"先有蛋"这个古老问题的原理差不多,正如诺丁汉大学基因学专家布鲁克菲尔德教授所说,动物出生之后,体内的基因物质一辈子都不会改变,动物的基因如果要转变,只有在胚胎阶段才有可能。简单地说,如果鸡是从某种鸟类演化而来的话,必定是那只鸟生下来的蛋产生基因变化,才产生了世界上"第一只鸡",按照这样的推论,应该说是先有蛋。

有什么样的起点就会有什么样的延续,故"文脉"是"根基"的延伸。所谓"文脉"(Context),原意指文学中的"上下文"。在语言学中,该词被称做"语境",就是使用语言的此情此景与前言后语。它是一个在特定的时间和空间发展起来的历史范畴,其上延下伸包含着极其广泛的内容。从狭义上解释,"文脉"即"一种文化的脉络"。(美)人类学家艾尔弗内德·克罗伯和克莱德·克拉柯亨指出:"文化是包括各种外显或内隐的行为模式,它借符号之使用而被学到或传授,并构成人类群体的出色成就;文化的基本核心,

下篇 文 脉

包括由历史衍生及选择而成的传统观念,尤其是价值观念;文化体系虽可被认为是人类活动的产物,但也可被视为限制人类作进一步活动的因素。"克拉柯亨把"文脉"界定为"历史上所创造的生存的式样系统",它是最高等级的生命和审美潜流,无处不在。

对文脉问题的认识,可以追溯到前工业时代甚至古希腊时期。我国对文脉问题的研究从20世纪60年代趋热。吴文化是吴地区域文化的简称,它泛指吴地从古至今所创造的物态文化、制度文化、行为文化、心态文化等等生活方式,它出入于文字内外,游弋于山河之间。它以先吴和吴国文化为基础,经过春秋战国、秦、汉、魏晋南北朝的生长发育,至隋、唐、宋、元及明形成高峰。清代及近代,随着中国封建社会的衰落和资本主义萌芽的发展,吴文化开始从传统文化定式向现代文化方向转型。它是在吴地这块特定的土地上和时空中形成、孕育和成长起来的,因而理所当然地带有中国特别是吴地区域与历史的特点及色彩。尽管岁月流逝,文脉却不绝如缕。它是中国文化中延续时间最长、保存最为完整、内涵最为丰富的地区文化之一。

有些专家学者认为"江南文化泰伯头,吴歌如海源金匮";还有的认为"吴文化从产生之日起,就具有两个母本系统,即具有两个文化的源头,其一,是隶属于长江文明的长江下游及太湖流域原生的本土文化——江南土著文化;其二,是从黄河流域传入且隶属于黄河文明的中原文化"。泰伯为"江南土著文化注入了中原文化的基因,从而产生了一个新的文化"。更有学者认为"中华文明是从北向南推进的"等等,并依此论点作为高校的教材,这是值得商榷的。其一,这种"一元论"的老调子,无视20世纪以来考古学为之提供的全新理论基础与解释框架,仍为"黄河中心论""由之向外传播,以至各地"。如所谓"吾吴古称荆蛮,自泰伯、虞仲以来,变其旧俗,为声名文物之邦"(《清嘉录·宛山老人序》)。意思是,江南本为蛮夷不化之邦,只在接受了泰伯等人带来的周文化之后,才开始有了"文明",并逐渐后来居上。事实上并非如此,正如中国先秦史学会理事长、"夏商周断代工程"首席科学家李学勤所说,"黄河中心论"最大的问题是"忽视了中国最大的河流——长江"。"所谓吴地,也就是上述宁、沪、杭、太湖流域一带,位于长江下游要冲,在漫长的历史上从来是形胜之地。过去对这一区域汉、唐以前的古代文化,每每估计甚低,这是由于研究者不能摆脱中原中心论的传统观念,思想受到了束缚局限"[①]。这种"传播论"遮蔽了江南的"原生文化",忽略了江南文化的相对独立性,由此对后者造成了诸多的误读与曲解,其结果则难免于西哲几百年前的评议——东方人见到统一就忘掉了差异。其二,泰伯奔吴,入乡随俗,"文身断发",这"入"与"随"的本身就是主动适应,"文身"与"断发"就

---

① 李学勤,《走出疑古时代》,长春出版社,2007年,第153页。

下篇 文 脉

是改造自己,由"移民"变"土著","基因"何来?! 其三,吴文化不是一城一池专有的。从吴文化的范畴来说,吴文化应当从有人的先吴开始。它是三大文化基因(语言文字、宗教信仰、生活习惯)、无数个文化元素、文化载体相互渗透、相互作用的产物;它是一个从量态向质态的千千万万人实践的动态提升过程。其四,不同文化的形成,事实上是一个不可变更和无法选择的文化自觉过程。也就是说,如果你离开了自己浮游和浸润其间的文化河流,你将失去自己。因为只有文化才能在心灵深层沟通。老子说:"知人者智,自知者明。"[1]意思是,能了解别人的是有智慧,能认识自我的才是高明。吴文化的火焰是在先吴人的基础上发展而来的,之所以从未熄灭、衰落过,就是因为它"离经不叛道"、有其独特的文化DNA。正如冯骥才先生所说:"在全球一体化的时代,任何民族既自立于自己的经济实力中,更自立于自己独有的文化中。"

"问渠哪得清如许,为有源头活水来。"马克思和恩格斯都曾讲过这样一个观点:人体解剖是猿体解剖的一把钥匙。用我们现代人的视角去看历史、看古人,有时候会比古人看得更清楚。据上所述,依据吴文化的根基,参阅众多吴文化专家的见地,特别是顾炎武先生的研究成果,结合21世纪当代的实践,在异彩纷呈中梳理出吴文化的文脉:

> 小桥流水,师法自然;
> 吴侬软语,里仁为美;
> 外柔内刚,尚武崇文;
> 以人为本,海纳百川;
> 诗性智慧,诗性文化。

欲流之远者,必浚其泉源。这五句话四十个字,既是吴文化的主要元素、独特个性,也是吴文化的最大魅力。雅静的文脉不是死的,因为文化就是生活,它从古至今都一直在延展,就像长江入海口的那片沉积的沙滩陆地一样,每时每刻都在生长着。与时俱进、推陈出新,其独特的文化因子正焕发出时代的华彩。

---

[1] 陈鼓应,《老子注释及评介》,中华书局出版,1984年,第198页。

第六章

小桥流水 师法自然

吴地是以太湖流域为中心,而太湖流域又是一个以太湖为中心的碟形洼地,面积达 36 900 多平方公里。北起长江,南达钱塘,东抵东海,西至天目山、茅山及山麓丘陵。包括浙江省杭州市主要地区、嘉兴与湖州二市,江苏省苏州、无锡、常州、丹阳市和上海市大部分,以及安徽皖南部分地区。这一地区是吴文化的发源地、原始层。

距今9 000年前至8 000年前时,海平面继续上升达到现今－25～－10米,海侵到达长江三角洲顶部的镇江一带,海潮通过太湖西部南、北两条支谷入侵西太湖地区。特别是西南部的钱塘江深切支谷,因之演变成为从钱塘江口侵入太湖西部的大海湾,称为"太湖海湾"。那时西北部的茅山、宜溧山地一般高度在200～300米,湖西的平原一般高度为5～8米,长江南岸和杭州湾北岸以及沿海一带一般高度在4～6米,湖东平原地势较低,一般在2.5～3米。然而,在冈身一带以东,由于在历史时期海潮倒灌影响,地面略较以西部为高,达4～5米左右,因而太湖四周形成一天然的碟形(见图6-1)。

可见,那时的太湖流域是个水的世界。司马迁在弱冠之年"上姑苏,望

第六章　小桥流水　师法自然

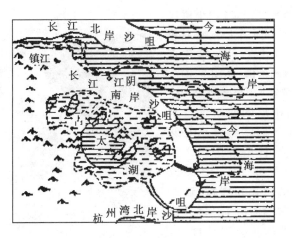

图6-1　7 000多年前太湖四周形成天然的碟形

五湖"①说的是事实。自古以来，"逐水草而居"是人类选址定居的基本模式，"依山傍水"就是对理想居住环境的基本描述。不论是草鞋山人、良渚人，还是马家浜人、河姆渡人，概莫能外。世界上几乎所有的历史名城都与河、湖紧相毗邻，伦敦有泰晤士河，巴黎有塞纳河，维也纳有多瑙河，布拉格有伏尔塔瓦河，而上海、杭州、湖州、苏州、无锡、常州、镇江、南京、扬州等均有河流穿越城市内外。可以说：水是城市诞生的摇篮，是城市文明的发祥地，更是城市发展的灵魂。良好的水文化，已经成为衡量一个地域文明和现代化程度的重要标志。吴地因水而生，依水而兴，随水而长，水是吴文化的策源地，水是吴文化的原初层。"绿水青山不染尘，风和日暖胜三秦。"

一、小桥流水　鱼米之乡

小桥、流水、人家，出自元代曾做过江浙行省官吏的马致远的小令名作《天净沙·秋思》："枯藤老树昏鸦，小桥流水人家。古道西风瘦马。夕阳西下，断肠人在天涯。"这小桥流水、摆渡人家、古道瘦马、浪迹天涯，不就是古吴地区的真实写照吗？这是江南标志性的文脉。

江南水乡，与桃花源一样，令世人神往，魂牵意绕。《桃花源记》给我们的意境是宁静平和，悠远宽广。桃花源，成了人们千古向往的地方。江南水乡，向我们展示了小桥流水人家，给我们朴素平实、宁静舒适、温情脉脉的美好意境，令世人为之倾倒。桃花源是仙境，而小桥流水人家却是人间——吴中大地。这浓厚的江南味道，充满着酒的醇香，茶的清香，花的芳香，尤其是

---

①　(西汉)司马迁，《史记·河渠书》，甘肃民族出版社，1997年，第421页。

人间温情的馨香。正是这"小桥流水人家",才使吴地活力与魅力兼具,古韵与今风共存,使吴文化真正拥有了永恒的价值(见图6-2)。

透过古城镇"小桥流水人家"的如画风景,雨后的河水含着水草的野香,使我们体会着平实悠然的平民心境,体会着历史文化所带来的华章飨宴。无论岁月沧桑多么残酷地掩盖和埋藏,这些文化仍在巨大地影响着我们,它们熠熠生辉地闪耀在大运河、秦淮河、苏州河、苕溪河、水阳江等的两侧。

图6-2 苏州小桥流水,落日金辉

那首《小桥流水》更使人神往:

多少年小河在我家门前绕,多少年小桥累弯他的腰。
数不尽的石板路,慢慢变薄。
讲不完的故事顺着水儿飘,顺着水儿飘。
小桥流水流个那桃叶飞,小桥流水流个那彩云飘。
小桥流水,船儿轻轻摇。
摇呀摇呀摇,摇呀摇呀摇,摇到了外婆桥。
多少条小河在我家门前绕,多少座小桥笑弯他的腰。
走不尽的石阶路,匆匆变老。
长不大的童年顺着水儿飘,顺着水儿飘。
小桥流水流的是我的歌,小桥流水流的是我的笑。
小桥流水,船儿轻轻摇。
摇呀摇呀摇,摇呀摇呀摇,摇到了外婆桥。

烟雨三月的江南,撑一把油纸伞,走在石板桥上,飞雨落花,轻盈如梦。看河边洗衣物的妇人,听河水潺潺,你有一种莫名的亲近感,不经意间一切那么悠然。这种简单朴实的浪漫,映射出真正的原始美。淅沥的小雨湿润了青石板,一叶扁舟停靠在小河湾。飘逸的雨丝洗净了浮华,涤荡着灵魂深处的惰性与怯懦。

可见,水是世上最美的东西,是滋润万物生命的源泉。因为有了水,我们才有了长江流域的美丽风光,才有了黄河流域的远古文化,才有了江南水乡的周庄、同里、乌镇……因为有了水,大山才显得越发有灵气,树林才青翠

第六章 小桥流水 师法自然

欲滴;因为有了水,我们才拥有了绿色,拥有了清纯,拥有了生命。水是资源,是财富,是文化。

吴地位于"(长)江(黄、东)海之汇,南北之中",浩瀚的长江和太湖水,碧波万顷,浩浩荡荡。不仅有"河流文化",还有"海洋文化",可谓得天独厚。水,不仅孕育了吴文化,还在文化进程中演绎出风姿多彩的各种事物,而且随着历史的演进、人类文明的发展,已成为中华文化所阐释的一个重要"对象主体",并因此使这一文化体系生发出一种特异的艺术光彩。从这个意义上说,吴文化就是水文化,水文化是吴文化的鲜明特征和个性标志。

(一)因水而兴,小桥流水

从古至今吴地人做足了水文章。古扬州依托长江、大运河而成为广袤的扬州郡,南京依托长江与秦淮河成为帝王之府,镇江因傍江而成为沟通北方的吴国宜邑,常州、无锡、苏州皆因太湖与大运河而兴盛,上海因母亲河——吴淞江由小渔村、小码头一跃而变为国际大都市……

老子曰:"天下之至柔,驰骋天下之至坚。无有入无间。"①水是最柔不过的,却能穿山透地;不仅自己运动,还推动周边一起行动;不故步自封,经常不停地寻求自己的出路;遇障碍不低头,气壮山河;不仅洗净自己,还洗刷其他各种污浊;刚柔相济,创造美好,超越历史时空,一江春水向东流;愿为"万物本原",成为鲜活生命;即使在没有空气和阳光的条件下仍能生存。正如《易经》云:"天行健,君子以自强不息;地势坤,君子以厚德载物。"其核心和精髓是大禹的治水精神,即大仁、大智、大勇。正是这种精神,吴地人在吴中大地描绘了最新最美的图画,时代的脚印就是明证。如东方水城——苏州古城就是一个典型代表。

1. 因水而起,生生不息

游览苏州古城(又称阖闾大城、吴大城、姑苏城),会令你油然而生"滚滚长江东逝水,浪花淘尽英雄"之感慨。

苏州古城是吴王阖闾于公元前514年全权委任伍子胥设计建造的,至今已有2500多年历史,与世界上的众多著名古城相比不算最古老,但它却是举世无双的世界级历史文化名城,都说时间可以把一切冲淡,可时间恰恰把苏州古城的风韵全都冲显了出来。它的神秘之处在于:历史上虽遭受多次大扫荡,几建几毁,但城址始终没有改变。"唯有苏州古城,至今在原来的版图上巍然依旧。"国内外的众多著名古城不是被战火摧毁而荡然无存,就是早已被历史所湮没,唯有苏州古城始终保持基本格局,它既是世界建城史

---

① 陈鼓应,《老子注释及评介》,中华书局出版,1984年,第237页。

上的一座坐标,也是城市文化河流中唯一没有干涸、没有断流的古城(见图6-3)。

谜一样的苏州古城,其形状既像"禹贡九州山川之图",又像一棵盛开的桂花树,每年都会吸引数千万的游客来这里探秘。在天气晴朗的日子里,站在苏州古城北寺塔上眺望古城的景色,仰视时是湛蓝的天空,你会看到非常壮丽的天际线;俯视时是茫茫无际的绿荫大道与粉

图6-3 1932年前的苏州古城相门城墙

墙黛瓦,像一块块五彩纷呈的宝石;环城河里的水碧波荡漾,随着游船前进涌起的波涛闪耀着金色的光芒。回首仰望虎丘塔,得到的是一种高峻秀美的感觉,那洁白的和平鸽在自由地飞翔,或而俯冲,或而翱翔。夕阳西下,城里弥漫着神秘的霞光。苏州古城揽流水之秀,得人文之胜,既是一个地理地标,也是一座见证追求美满幸福的传奇之城。

当年负责设计建造吴国都城的伍子胥,他看中了苏州什么?一字以蔽之:水。"水者何也?万物之本源,诸生之宗室也。"(《管子·水地篇》)水!一字入魂,它就是吴地人、苏州古城及一切动植物的"宗室"。地球原本就是个圆的、浮在空中的大水球。故上古时期的童谣曰:"沧浪之水清兮,可以濯我缨;沧浪之水浊兮,可以濯我足。"早已言明了水之德、人之性。有了水,生命蓬勃,万物化洁。阖闾、伍子胥临水造筑的苏州阖闾大城,他们用行动佐证了"亲水是人的自然本性"。

① 水陆相邻,元亨利贞

资料显示,世界上凡有传奇的著名城市大都在江河旁,鲜少有干乎乎的存在。据考证,约形成于公元前1500年—公元300年的玛雅文明,主要分布在今天的墨西哥、巴西、危地马拉和洪都拉斯一带,曾赢得了"美洲之雅典"的盛誉。然而,大约在公元800年前后,被称做"姆伊尔"城里的居民因干旱缺水而突然集体失踪了。

苏州地处太湖平原的中心,是水乡泽国,既有自远方高原而来的浪奔滚滚、激荡澎湃的长江,又有禹凿"三江"带有人间烟火的静静缓流,可谓光怪陆离、变化多端、神秘多多。正因如此,伍子胥"观物取象,象天法地",认为苏州"元亨利贞",即春夏秋冬、东南西北,震元离亨兑利坎贞,往来循环,不忒不穷。看到苏州"元以始物,亨以通物,利以宜物,贞以干物,始者其气

也,通者其形也",具有万物创始的"地利"。晴雨风雪有情致,四季风光各不同。此乃苍天所赐——宜居宜业。

联想到埃塞俄比亚阿法尔地区,也是一个吉祥"元亨利贞"之处。那儿是红海和亚丁湾沿岸的一个三角形断裂陷落低洼地,处在红海、亚丁湾、东非三大地堑带的交汇处,阿萨尔湖湖面在海平面以下,沉积厚度巨大,它与苏州有很多相似之处。就在那儿出现了318万年前的"人类祖母"(露西)。可见,水、气候和地理位置对于塑造历史是至关重要的。

梁思成先生曾说:"城市是一门科学,它像人体一样有经络、脉搏、肌理。"伍子胥"观物取象,象天法地",准确地说,是在考察苏州一定地理范围内的天文地理,洞悉这里的发展趋势和逻辑,从而推测出下一步可能会出现什么。

因大禹治水"三江既入,震泽底定"。由于"三江"的客观存在,在正常情况下太湖洪水都可通过"三江",顺畅泄入大海。加之,在有史记载的初期,太湖湖面仅局限在蝶形洼地的中心部位,面积远较今日为小。据东汉时代的《越绝书》记载"太湖周三万六千顷",约合1 680平方公里,即历史早期太湖的面积,仅为今太湖面积的五分之三多一点。东太湖和太湖东北岬湾诸湖荡,在当时大多仍属陆地。据考古发现推测,当时今宜兴丁蜀、常州雪堰、无锡南泉、苏州胥口等地的太湖沿岸以外二三十里(1里=500米)的湖区,均为可供先人居住的底质坚硬的陆地。① 至今太湖湖底晚更新世末期硬土层之上,大多仅覆有2~20厘米厚的浮泥,说明全新世开始以后,太湖在大多时间内基本为陆地,即使是潟湖形成期或是太湖成湖期内,太湖的水面和水深也都不会太大。② 从而造就了水陆相邻、"元亨利贞"的"天堂"之地。

伍子胥显然看到,这是一片神奇的土地,于是他仰观天象,俯察地理,发现城址定位于苏州现古城位置的"阖闾大城"阴阳调和,占据八卦(与八臂对应)的方位,会像金丹一样不朽,固若金汤,"贞下起元"。至少有三大优势:

一是进可攻防可守,地理位置是战略要点。新石器时代晚期的环太湖地区北、东、南三面环海(江),实际上是一个被包夹在古杭州湾与古长江口海湾之间的半岛。至春秋晚期,吴国南面是越国,吴越虽同俗同舟,但为了争夺"三江、五湖"之利,经常发生战争。虽有宽广的东太湖与"三江"之堑,仍难以阻挡越之水军,尤其是天目山水原是注入钱塘江的,后改道由东西苕溪河注入太湖,越水军可顺水来犯,其争夺要地在杭嘉湖平原,对于这个后起之秀不得不防,因相对于西北方来说,那是一个极为重要的战略大后方(后院),此乃吴国的心病。

---

① 魏嵩山,《太湖流域开发探源》,江西教育出版社,1993年。
② 张修桂,《太湖演变的历史过程》,《中国历史地理论丛》,2009年第1期。

下篇 文　脉

西面是老牌的敢于与周王朝抗衡的劲敌——楚国,亦已组建水军,可沿长江顺水而下,更重要的是他有强大的陆军,并已吞并数个诸侯小国。对于伍子胥的奔吴耿耿于怀,正虎视眈眈,丝毫不可掉以轻心。北方的东周王朝此时虽已江河日下,但瘦死的骆驼比马大,表面安抚,实质通吃。尤其是齐、鲁两国兵强马壮,随时可南下争夺地盘。

建都苏州,向南既有东太湖与"三江"之堑可守,又可时时打压越国服臣;向西既有太湖之堑可守,又可从西太湖凿河连接芜湖东南大片水荡进入长江出击楚国,报一箭之仇;向北既有长江与江南之芙蓉湖、江北淮扬湖荡之险,又可利用长江及南北众多湖荡用水师出击。

建都苏州,从城内外方位来看,地形也极为有利。一是城内地势较高,如按当年以每年0.5毫米的沉降速率下降,以千年计的话,当时城内的地势要比现在高出5米以上。二是城外四周都有地形地物可利用,如东边百米外(即原苏州丝绸工学院北围墙外)有两个小山头,千米外是浅滩湖荡;西北方除虎丘(海涌山)外,在现虎丘路一号桥的西南与东南还各有两三个小山头;西南方还有索山;城西也是湖荡,尤其是石湖经寒山寺外到黄埭一线是太湖的古出水口,也形成了防御性的屏障。这些地形都有军事利用价值。笔者在20世纪60年代中下叶都曾在这些小山丘上带部队挖过工事、搞过单兵进攻战术训练,亦带领一个方队在太湖(东西山之间湖面)与古城护城河(相门南北一带)搞过武装泅渡。《逸周书·武顺》有言:"天道尚左,日月西移;地道尚右,水道东流。人道尚中,耳目役心。"与天沟通,以便知天之意,得天之命,循天之道,邀天之福。

建都苏州,比在北边的无锡地区为好。因无锡那边在历史上太湖曾有一条支谷从马圩向北经雪堰、前洲、青阳、芙蓉、夏港通长江。从地利与政治、军事形势来说,苏州最为安全。

二是水能载舟,能最大限度发挥吴人乘船弄潮专长。相传,上古有南蛮部落首领防风氏,在太湖中设立12个山门以保卫百姓安全,其中最大最险的山门在砂湖东岸长沙山与渔洋山之间,为进出太湖必经之口,无风三尺浪,是军事防御的天然屏障。而都城至太湖之间的西部丘陵地带,山脉延绵,群峰相望,为险要地形。《震泽县志》中清代人徐养浩有言:"吴江乃江、浙之要冲也,东南有事,水陆之师所必由焉。北通常、润,南接嘉、湖,西环具区。东贯三江,湖港万派,葵芦丛密,中维一塘以贯南北,其外则举足皆河,苟无舟楫乡道,则荒丘侧岸,细港深泥,一入其中,东西莫辨。"著名历史学家顾颉刚先生在《苏州史志笔记》中分析阖闾奠都于苏州的理由是:"阖闾徙都苏州,当为对越,越人北侵,道由太湖,徙都苏州,则洞庭东、西两山为门户,便于防守,所谓置国都于国防前线也。"故伍子胥看中了苏州"水"之势与蕴藏的无限生机,系兴国、防御、争霸之理想位置,可谓"濒海建国,恃水作险"

(宋代蔡京《南双庙记》)。

三是既有诸樊的"吴子城"又有农贸"集市",既能造福一方又能生生不息。史载:"寿梦卒,诸樊南徙吴。"(张守节在《史记正义》中注),兴筑了一座名叫"吴子城"的宫城(无外郭城),其地址就在现今苏州的大公园(皇废基)一带,西边还有一条河——锦帆泾;而北边千余米处还有个"市",名曰"东中市"。《吴越春秋》载:"子胥之吴,乃被发佯狂,跣足涂面,行乞于市。市人观,罔有识者。"①这"市"中心又有个东西向的"都亭桥",桥下潺潺流水,正如《尉缭子》中所说,"量土地肥硗而立邑建城,以城称地,以地称人,以城称粟",即可生生不息。伍子胥的观、取、象、法说白了,就是中国古人的社会调查,他看到苏州之地水系达四方,通今博古,通江达海,一如春暖花开、自然天成。加之人气盛,兵员不愁,战略资源丰富,粮草赋税有保障。

② 一坊一渠,生生不息

战略定位后,伍子胥的设计方案已浮出水面,核心是在"水"字上做文章。《越绝书·吴地传》载:阖闾大城设立水陆城门各八座,为阊、胥、巫(平)、齐、娄、匠(相)、盘、蛇(南)门(与八臂对应)。根据水乡泽国的特点,城内街道、河道宽达31~46米,超过了北方诸侯都城,且条条街河都由陆水八门连通城外。"太史公曰:吾适楚,观春申君故城,宫室盛矣哉!"(《史记·春申君列传》),张守节《史记正义》注,当时城内已有"四纵五横"的河道网沟通。《史记正义》载:"阖闾于城内小城西北别筑城居之,今圮毁也。又大内北渎,四纵五横,至今犹存。"今日苏州古城内确仍存四纵五横水系。

综上所说,苏州古城,由此因水而生,因水而立,如今的水城与历史一脉相承,始终保持着苏州的独特优势。持不同意见很正常,但应有实证——言之有据、论之有理。

究其因,伍子胥在规划设计时胸中有一种"吾土吾民"的文化情怀,有一种贯通古今的历史精神,他传承了苏州人文自然的文脉,"一半街市一半水",形成了苏州"一坊一渠,舟楫必达。可濯可烹,居者有操节之利;可载可洄,行者无负载之劳"的最大特色。

明月出东海,苍茫太湖间,屹立姑苏城,长风数千里。阖闾大城是当年吴国的大事,也是吴人的叙事主轴。无疑,勾吴经历了焰火喷涌的700年。如今的水,尤其是大运河的水环绕着苏州古城,在这条"金项链"上,仅列入世界文化遗产点就有7个(山塘历史文化街区、虎丘云岩寺塔、平江历史文化街区、全晋会馆、盘门、宝带桥、吴江运河古纤道等,见图6-4)。

流淌了2500多年的苏州古城环城河,曲折宽阔,晶莹透亮,经年流淌不息。河的拐弯处是河湾,也是水荡。水荡深且静,宛若一个人在静思,默默

---

① (汉)赵晔原著,张觉译注,《吴越春秋全译》,贵州人民出版社,1993年,第79页。

下篇 文　脉

图6-4　大运河苏州段世界文化遗产名录(部分)

无闻地流向汊泾与田园。它既是苏州古城的血液，也是苏州的精神。它既是文化之河、生态之河、产业之河，亦是景观之河。就像人的大动脉，它的血管遍布古城的大街小巷。小桥流水、桨声舟影、白墙黛瓦，这是苏州特有的印记。如今人们来到这里，入住"中国最后的枕水人家"，除了体验枕河而眠的感觉，还可以踏着石板路漫步，乘着摇橹船游览，坐在水阁喝咖啡，进入园林享受水疗SPA，使人的身、心、灵都健美；或上古戏台观看一场昆曲与评弹……呈现给游客的江南文化可观可感可休闲，既古典又时尚，感受古老与儒雅、智慧与澎湃、疯狂与宁静。

"唯有苏州古城，至今在原来的版图上巍然屹立"；苏州古城之盛在于"若夫山川之秀丽，人物之色泽，歌喉之宛转，海错之珍异，百巧之川凑，高士之云集，虽京都亦难之。今吴已饶之矣，洋洋乎固大国之风哉！"①正如著名的生态哲学家余谋昌先生所指出，自然界也参与人类历史的创造。毋庸置疑，是沧浪之水造就了苏州"东方水城"之美誉，是大自然与人类文化的相互作用造就了苏州古城栖盘之逸境。

2. 小桥流水，文韵馨香

老子曰："上善若水。水善利万物而不争，处众人之所恶，故几于道。居善地，心善渊，与善仁，言善信，政善治，事善能，动善时。夫唯不争，故无尤。"②意思是，上善(有很好道德)的人好像水一样。水善于滋润万物而不与万物相争，它们愿意停留在大家厌恶的卑下地方，所以最接近于"道"(德)。

---

① (明)县令袁宏道，《袁中郎尺牍·龚惟学先生》。
② 陈鼓应，《老子注释及评介》，中华书局出版，1984年，第89页。

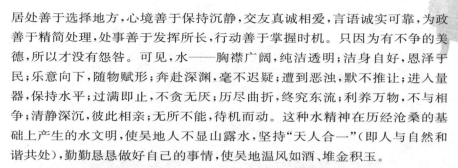

居处善于选择地方,心境善于保持沉静,交友真诚相爱,言语诚实可靠,为政善于精简处理,处事善于发挥所长,行动善于掌握时机。只因为有不争的美德,所以才没有怨咎。可见,水——胸襟广阔,纯洁透明;洁身自好,恩泽于民;乐意向下,随物赋形;奔赴深渊,毫不迟疑;遭到恶浊,默不推让;进入量器,保持水平;过满即止,不贪无厌;历尽曲折,终究东流,利养万物,不与相争;清静深沉,彼此相亲;无所不能,待机而动。这种水精神在历经沧桑的基础上产生的水文明,使吴地人不显山露水,坚持"天人合一"(即人与自然和谐共处),勤勤恳恳做好自己的事情,使吴地温风如酒,堆金积玉。

　　江南是人文天府、梦里水乡。一首渔歌唱响千年,一座小桥连接古今。水,以其原始宇宙学的精髓内涵渗入人类文化思想的意识深层,在漫漫的历史长河中,伴随着人类的进化以及对自然的认知,由物质的层面升华到一种精神的境界,形成了"桥文化"。

　　桥起源于中国,如隋朝赵州桥、杭州西湖苏堤六桥等,造桥技术领先世界长达1 000年。我国现有各类古代与现代桥梁50多万座,不仅是世界上古桥保存最多、品类最全的国家,还创造了多个世界之最,如苏南有长164.851公里的丹阳至昆山特大的世界第一长桥;在武汉江面上有世界工程规模最大的双层公路悬索桥——杨泗港大桥;在香港有世界最长的跨海大桥——港珠澳大桥……其桥梁通行里程达4.26万公里,首尾相连可以绕地球赤道一圈。我国有最早的"石砩桥",有活化石之称的"廊桥",更有在世界桥梁史上恐怕也仅此一例的在设计之初就留下了炸桥孔洞的钱塘江大桥(为抗日)……当今的"桥"已从小溪架到了大江大海、崇山峻岭的峡谷上,桥的变迁,折射了中华民族几千年的沧桑变迁。

　　素有"东方水城"美誉的苏州,渗透着水的清丽和灵气,水巷小桥、枕河人家、运河纤道、石湖农家、太湖风光等联系在一起,"绿浪东西南北水,红栏三百九十桥"。据宋朝"平江图"记载,苏州古城内就有359座桥,现尚存293座。苏州的桥不但多,而且桥名丰富多彩,富有诗情画意,耐人寻味。有以货物命名的,如醋坊桥、枣市桥、鸭蛋桥、水泼粉桥;有以建筑命名的,如砖桥、板桥、门桥、城桥、坝基桥、石岩桥等;还有以自然景象命名的,如星桥、虹桥、火云桥、望星桥、望山桥等;以花草动物来命名的就更多了,如有草桥、桃花桥、黄瓜桥、凤凰桥、金狮桥、骆驼桥、麒麟桥、百狮子桥等。在它们之中,有千年"老翁",也有百岁"寿星";有名闻遐迩的枫桥,也有现存最古的塔影桥;有最长的太湖大桥(系中国内湖第一长桥,全长4 308米,181孔,宛如一飞舞银练飘落于太湖群岛之间),也有最小的小石拱桥(网师园内的引静桥,桥长240厘米,宽100厘米,被称为古桥中的"小家碧玉",涉水而筑,风姿绰约;游人过桥,只需三步,故又名"三步桥")。

　　特别是悠悠古运河上,千年的"宝带桥"。该桥是一座世界文化遗产——集水利、交通、景观于一体的古代桥梁杰作,它似长虹卧波,气势雄伟(见图6-5)。它位于苏州古城南大运河西侧,横跨澹台湖东出口,为大运河沿线现存最长、桥孔最多、结构最轻巧的连拱古石桥。它始建于公元816年至819年的唐代,由苏州刺史王仲舒主持修筑,一因形似宝带而得名,二亦有王刺史为建桥拿出自己的一根宝带,带动民众捐款,百姓很感动,桥建好后在百姓的请求下便命名为"宝带桥"之说。桥全长316.8米,面宽4.1米,53孔薄墩连拱,是我国古代桥梁营造技艺的杰出典范。

图6-5 苏州古运河上的宝带桥

"瑶台失落凤头钗,玉带卧水映碧苔,待到中秋明月夜,五十三孔照影来。"这首美妙的古诗说的就是中秋到苏州宝带桥赏月看"宝带串月"的情景,据说能同时看到"53个月亮"。一眼望去,它好像罩着历史之光,泛着传奇之色。它历经千年而不倒,据说是因为其中有特定成分的"水泥"——由糯米、石灰、棉花等物质组成,黏性好且坚固。桥两端各有一对威武的青石狮,北端还有四处碑亭和五级八面石塔。整座宝带桥狭长如带,多孔联翩,倒映水中,虚实交映,有如苍龙浮水,又似鳌背连云;不仅为行人纤夫提供方便,还为江南水乡增添旖旎景色。在工程技术上,它使用的是柔性墩,可防多桥孔连锁倒塌;砌拱采用"多绞拱",这在古代建桥史上极其罕见。它是吴人的象征:历史烟云桥上过,桥身至今不弯腰;一行白鹭上青天,厚德载物不言语。当下,大运河苏州段每天通过的船只达6 000艘以上,约占运河全年通航总量的五分之一,既是目前中国大运河货流强度最大的航段,也是最具活力、对经济社会发展持续产生积极贡献的重要河段。

素有"五湖之厅"(澄湖、万千湖、金鸡湖、独墅湖、阳澄湖)和"六泽之冲"(吴淞江、清水江、南塘江、界浦江、东塘江、大直江)之称的甪直镇,人呼"三

第六章　小桥流水　师法自然

步两桥",1平方公里的古镇区原有宋元明清各式石桥72座半,现存41座,素称"中国古桥博物馆"。

扬州的"二十四桥"蜚声中外。"青山隐隐水迢迢,秋尽江南草木凋①。二十四桥明月夜,玉人何处教吹箫。"这是唐朝诗人杜牧的名篇《寄扬州韩绰判官》的诗句,自从这首诗流传开来,那令人神往又难以捉摸的二十四桥,就几乎成了扬州之谜。

有"长桥桥不长,断桥桥不断,孤山山不孤"之说的杭州,其"西村唤渡处"的西泠桥、"花港观鱼"的木板曲桥、"三潭印月"的九曲桥、"我心相印亭"处的石板桥等,还有"映波""锁澜""望山""压堤""东浦""跨虹"之妙用。可见,江南的许多桥,都有隽永的文化意蕴。

无锡有新老两座宝界桥(见图6-6)。老的是荣德生在1934年六十大寿时将亲友馈赠的寿仪6万余元尽数捐出所建。桥身有60个桥孔,桥宽5.6米,长375米,俗称"长桥",又因为对面的山名叫"宝界山",故又称为"宝界桥"。1994年,由于鼋头渚风景区的发展、交通拥塞问题日益严重,在此情况下,荣智健又捐资3 000万元,在老桥东侧10米处,再建新桥,桥宽18.5米,长390.74米。双桥落成后,唐代大诗人李白"两水夹明镜,双桥落彩虹"的诗意,在蠡湖边上化为了活生生的人文一景,祖孙造桥,传为佳话。

吴中大地众多造型别致、千姿百态的古桥是桥文化所在的基石。这种独特的文化

图6-6　无锡新老两座宝界桥

个性符号,赢得了世界的认同。世界文化遗产——"小桥·流水·人家"的典型代表——苏州平江历史文化街区,位于苏州古城东北隅,东起外城河,西临临顿路,南起干将路,北至白塔东路,面积约116.5公顷。平江河是苏州城内"三横四直"水系中的第四直河,平江路东侧是苏州古代仓储中心,漕运集散地。它河、路并行,河街相邻,是水城苏州的一个缩影。它集中了城内最密集的河道、桥梁和水巷,其中又暗藏着大量的明清旧宅、寺庙道观。更不可思议的是,古街区的总体格局与宋代相差无几,拿一张800年前的平江图按图索骥也不会有误(见图6-7)。2 500多年来,它积淀了极为丰富的历史遗存和人文景观。其中,有世界文化遗产"耦园"、人类口述和非物质文化遗产代表作昆曲展示区——中国昆曲博物馆及省市级文物古迹100多处,城墙、河道、桥梁、街

① 一作"草未凋"。

巷、民居、园林、会馆、寺观、古井、古树、牌坊等景观风貌基本保持原样。

图6-7 苏州"平江历史文化街区"小桥流水人家

平江河由北向南缓缓流淌。河的两边是路，青石铺就；路边是民居，白墙黑瓦朱窗。民居的后院、推门又有河。妇女一边洗衣，一边在聊天。茂密的树冠为河道搭起了凉棚，凉棚下有小船在水中行驶。作家陆文夫曾说见过枕河人家的窗下有载着蔬菜瓜果的小船往来穿梭，"交易谈成，楼上便垂下一只篮筐，钱放在篮筐中吊下来，货放在篮筐中吊上去"。不过，现在此景已不在，也不再。但使人感觉很有趣，它如诗如画，表达了人们无限的向往和眷恋之情——悠然自得、幸福恬静的生活。这平江河似天河，"在变幻不定的水面，倒映着永恒的蓝天"，让你回味无穷。

走在青石路上，"人家"还未到就已听到流水潺潺声，这声音像苏州的姑娘那样细声细语，胜似天籁，一路飘然而来。据说溪水从"人家"的门前流过，树能生丁，人能生财，它竟有如此深奥的哲理。万物本源是水，唯有流动，方能融合世界。

桥既是艺术品，又是"经过放大的一条板凳"（茅以升语），任何人都可以坐下来，什么问题都可以谈，从世界大事到个人生活琐事皆可以谈。通过文化认同的黏结，架设一座心灵之桥，让言说者不空谈、主事者不麻木、刚烈者不偏激、脆弱者不沉沦。解读生活中的水与桥，构建和谐社会的水与桥，既是所需，更是吴文化的文脉与使命。

当华灯初上，水逐船行，坐在河边长条石凳上，听着温软的苏州评弹，品着上好的碧螺春，欣赏着岸边优美的景色，这样的意境，这样的惬意，不在梦里，不在戏里，就在水城苏州小河边（见图6-8）。

第六章 小桥流水 师法自然

图6-8 苏州古城内小桥·流水·人家（徐国源 摄）

（二）治水造田，鱼米之乡

太湖的山川秀气，万年以上的人文，造就了灿烂的中华主流文化之一——吴地文化。自春秋吴越争雄，2 000多年漫长历程，荟萃了无数中华英杰，留下了不尽的名人遗址，其密度之大，传统文化气氛之浓，在国内堪称首屈一指。

美丽江南，人间天堂。既是多元文化的融合，更是土生土长文化的花朵。仅"蘇州"（蘇，"苏"的繁体字）就有七点水，到处有丰盛的"鱼""禾""草"。水，是它的特别符号。一如春暖花开，自然天成。它是一种文化，也是一种力量，故它的根深叶茂，花儿更艳。因江南的暖湿气流，与北方的冷空气交汇于吴地，天空中形成了独特的祥瑞彩云。自然如此，社会亦然。伟大的构想、宏伟的蓝图必须付诸实践，通过发奋的努力，形成了沟通长江、黄河的彩虹。彩云、彩虹，大自然的造化，为人类社会添姿添彩；舟船、桥梁，智者的杰作，不尽人流、物流、信息流犹如天际而来。由此综合，创新创造层出不穷。

徜徉在这处独具风姿的吴中大地，留给我们是记忆的底片、心灵的窗口。它会使你在商业中读出文化，在传统中读出现代，在精致中读出精彩，体现出"唯一"与"第一"的独特魅力。

在小桥、流水、人家衬托下多姿多彩的城市天际线——碧绿的湖水、高耸的古塔，以及黛色远山和峰峦之上的粉霞，似月亮，柔美、安静、舒缓、婀娜、纯净与高远，勾魂夺魄，总是默默无语地为你洗心洗肺。唯有它，看尽了沧桑和悲欢，娇柔地展现其光华。它是一笔全社会共享的财富，一个满是原生祥和的世俗烟火气的世界。幸福来之不易，忘记意味着背叛。美国历史

下篇 文　脉

学家罗伯特·达恩顿在1985年所著的《屠猫记·法国文化史钩沉》中说："或许不会有比这更寻常的了……意义就在于他们的寻常。"寻常，往往意味着被忽视和被遗忘——平头老百姓的寻常生活，能折射出大历史的印迹，触及更深的"真实"。

1. 从古至今，大兴水利建设

吴地人传承大禹治理"三江"精神，师法自然，历朝历代文脉未断。从泰伯修建"伯渎河"到伍子胥筑"胥溪"，从未停息。五代十国时期，建都于广陵（扬州）的（南）吴国、建都于金陵（南京）的南唐和建都于杭州的吴越国都大兴水利建设。尤其是吴越王——钱镠（852—932年），在位期间设立"都水营田司"，统一规划水利，征发民工，修建钱塘江海塘，被百姓称为"海龙王"；又在太湖流域，以纲提网，凡一河一浦，都造堰闸，以时蓄泄，不畏旱涝，并建立水网圩区的维修制度。在中国古代著名的水利工程中，吴地至少占有五项：

一是胥溪，又名胥河。源出高淳固城湖，是连接荆溪和安徽省东南部的长江支流水阳江的一段河道，也是我国开凿最早的人工运河。春秋吴王阖闾伐楚时，伍子胥建议开挖一条运河运兵载粮，东通太湖，西入长江。吴王接受此议，并任命伍子胥负责筹划、开挖。这便是胥溪的由来。岁月的流逝，泥沙的淤积，后来胥溪逐渐湮废。唐景福二年（893年）杨行密的部将台蒙修筑五堰（银林堰、分水堰、苦李堰、何家堰和余家堰）运粮于这一河段。北宋时五堰渐废，改筑东坝、西坝，以防御高淳境内固城湖、丹阳湖等湖水东侵。明代洪武二十五年（1392年）再次疏浚胥河，建石闸启闭，使河流经由固城、石臼二湖泊，并通过秦淮河以沟通太湖、南京之间的水道运输。永乐初年废掉运道，再筑东坝。明嘉靖三十五年（1556年）筑下坝，从此高淳境内诸湖水不复东行。直到1958年，拓宽、疏浚胥河，拆除东坝引水东下，建封口坝和茅东闸等控制工程，古老的运河又重新焕发青春。

二是邗沟。春秋末期，吴王夫差即位以后，南下攻越，当他认为无南方侵扰之忧时，便掉转戈矛，北上伐齐，进军中原与晋国争霸。其时吴国地处长江下游，河网纵横，交通全靠水路，"不能一日而废舟楫之用"，舟师是吴军的主力。但长江、淮河之间无直接通道，北上伐齐需由长江出发入海，再绕道入淮，航程过长，海浪过大，使之不得不想以人工河沟通江淮。夫差连年伐楚，吸取以往开河的技术经验（沟通太湖和长江的"胥溪"和太湖通向东海的"胥浦"），加之吴国的造船技术也有很大提高，已能建造各式大中型舟船，便决定从邗城开始，因地制宜地把几个湖泊连接起来。据《汉书·艺文志》及郦道元的《水经注》记载，邗沟的路线大致是：南引长江水，从如今观音山旁的邗城西南角，绕至铁佛寺稍南的城东南角，经螺丝湾、黄金坝北上，穿过今高邮南30里的武广湖（后名武安湖）与陆阳湖（又名渌洋湖）之间，进入距今高邮西北50里的樊良湖（又称樊梁湖，即池光

第六章 小桥流水 师法自然

湖)，再向东北入今宝应东南60里的博芝湖(又称博支湖，即广洋湖)、宝应东北60里的射阳湖，出湖西北至山阳(今淮安楚州)以北的末口，汇入淮水。为利用天然湖泊以减少人工，所以邗沟线路曲折迂回，全长约400里。邗沟又名"邗江""韩江""渠水""邗溟沟""中渎水"等。这就是《左传》中所记载的鲁哀公九年(前486年)"吴城邗，沟通江、淮"。因该运河以邗城为起点，故称"邗沟"。(见图6-9)

史上用"举锸如云"形容当初开凿邗沟的场面，其壮观热烈可想而知。是年冬，吴王夫差兴师伐齐，终打败齐国。1000年后的隋炀帝开凿大运河，在苏北段也沿用了夫差的邗沟。诚千古巍巍壮举，煌煌大业。它是中国最早乃至世界见于明确记载的人工运河

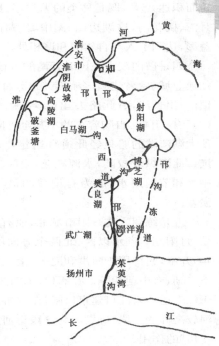

图6-9 邗沟走向示意图

之一，也是大运河的基础工程。因为有了它才有后来连接了海河、黄河、淮河、长江、钱塘江五大水系的京杭大运河(1292年全线贯通，跨越22个城市，绵延1 794公里)，使黄河文化与长江文化得到交流融合。它像一根血管将生命之源输送，促进了中国2 000多年的社会经济与文化的发展。对于这一史实，晋代杜预注释："于邗江筑城穿沟，东北通射阳湖，西北至末口(今江苏淮安北)入淮，通粮道也。今广陵韩江是。"

夫差以一"沟"贯通"五湖"，既省工省力又省时。邗沟的景象在北宋诗人秦观的《秋日》诗中有生动的描述："霜落邗沟积水清，寒星无数傍船明。菰蒲深处疑无地，忽有人家笑语声。"很难想象这样一条不深不浅的"邗沟"，竟是中国南北大运河的源头！它低吟浅唱着，转身定格出千秋万代的雄姿。

三是赤山湖。在今句容市西南30里，是主要用于蓄水灌溉的古人工塘泊，又名赤山塘、绛岩湖。赤山湖三面皆岗地，西北一面地势平坦，两侧山崖对峙，名赤山。相传孙吴赤乌二年(239年)筑堤，蓄山溪水成湖，下通秦淮河。当时湖周长约120里，有二斗门控制水量，号称灌田万顷。2015年，笔者与南师大的几位教授在句容市供销总社许德垠党委书记(主任)的引导下前往踏勘，如今的赤山湖已变为国家湿地公园，占地2万多亩，湖区湿地覆

盖面积达88%，既是鸟类的天堂，又是个名副其实的"天然氧吧"。湖中有半月湾、桃花岛，这湖边山、湖中堤、湖内岛，自然别致，与赤山相依相偎，相得益彰，达到了人与自然的和谐相处。

四是破冈渎。三国时开凿的古运河，用以连接秦淮河和太湖水网，是通往建业城（后名建康，今南京）的运输干线。原太湖流域的行船都由京口（今镇江）出长江，沿此路去建业，路途迂远。为避长江风涛之险，吴赤乌八年（245年）开凿，自句容东的小其至丹阳西的云阳西城，连接两端的原有运道，使太湖流域的船只经此道直达建业，所凿通的分水岭名破冈，所以称破冈渎。此河纵坡较陡，水源缺乏，由冈顶向两侧各建7座堰埭，共14座，用以平水和节制用水，成为有记载的最早的完全用建筑物控制的运河。现已淤塞。

五是练湖。在丹阳市城北，兼有济运、灌溉和防洪效益的水库，又名练塘、丹阳湖。湖水以西、北两个方向的山溪为源。西晋永兴年间（304—306年）开凿，起初用于防洪和灌溉，南北朝时周围号称"120里"，唐代以后分上下二湖，有中埂相隔。在唐代，练湖开始对江南运河进行水量补给。在宋代于江南运河入江口建京口闸，在常州方向建奔牛闸和吕城闸，中间是江南运河较高仰的一段，练湖成为这段运河的重要供水水源，有"湖水一寸，益漕河一尺"的作用。

此外，北宋时期，范仲淹为了有效地抵御海潮侵袭，他带领泰、海、楚、通四州的民工4万多人在黄海边修筑了一段长达140里的海堤，盐城百姓为了纪念范仲淹的功德称之为"范公堤"，它是我国古代海塘史上的伟大工程之一。据说，范仲淹为了新堤址的选择颇费心思。在科学技术尚不发达的宋代，普测海岸十分困难。一日，范仲淹去海边勘察，在一个渔民家中喝水时，看到渔民喂猪的桶沿漂着一圈稻糠，于是灵机一动想出解决问题的方法。在大汛期间，范仲淹发动沿海百姓将喂猪用的稻糠遍撒海滩，大潮一到，稻糠随着海浪涌进。落潮后，稻糠则附着在沙滩上，形成一条弯弯曲曲的糠线。范仲淹于是令民工沿线打桩，新堤址就此确定。可谓"潮平两岸阔，风正一帆悬"。

中华人民共和国成立后，苏州地区于1958年开挖了太浦河和望虞河，成为太湖分别通向黄浦江和长江的两大泄水干道，并又陆续重点整治了浏河、白茆塘、杨林塘、七浦塘、常浒河、张家港、十一圩塘等通江骨干河道，形成了一个以江南运河、太浦河、望虞河3条流域性河道为主干，区域性河道为纲，县级河道为网，连通323个大小湖荡的河网水系。① 正是这种精神，谱写了江南的美好乐章。"不言"的行动，"致用"的效益，天下少之又少。

---

① 《苏州市志》，江苏人民出版社，1995年，第214页。

第六章 小桥流水 师法自然

吴地人在水资源的开发利用和防治水害上尊重自然、利用自然、改造自然、回归自然上成绩斐然。

具有一流的水利工程。从公元前486年的邗沟，到后来形成的世界上最长的人工运河，有三分之一在吴地。沿线设置了大量陡门、船闸、水柜、水库等，涉及的水工技术、泥沙工程技术相当复杂，备受中外学者推崇。又如洪泽湖，它是中国第四大淡水湖，也是现存世界上规模最大、历史最长的人工平原水库。它拦蓄淮河，为苏北2 000万人口和3 000万亩土地提供防洪屏障及灌溉水源等。其大堤前身叫做高家堰，1578年大修时，高家堰仅高4米左右，长60里。以后为了抬高淮河水位，大堤一直加高到10米左右，最长达67.25公里。创建于1580年的迎水石工墙最长曾达60.1公里，直立高度7~10米，坚固耐久，宛若水上长城，极其壮观。

在太湖流域，因古时吴淞江宽广，由志丹苑领衔建造了中国规模最大的元代水闸，保持了泄水通畅。在此基础上，以治田为先，决水为后，并从整体上统筹水网体系，塑造高低兼治的水利格局。今人曾按照史载，将五代吴越时期的塘浦圩田理想图绘制出来，其工程十分浩大（见图6-10）。

圩，也叫围、垸，是在近水地带修建环状堤防所构成的封闭的生产活动区域，防洪排涝与引水灌溉是这类工程的主要作用。圩堤上都建有闸涵，圩区都有排灌渠系。小者几十亩，大者可达20万亩，且往往是几十个甚至上百个圩垸相连成片。由于有圩垸水利作基础，使太湖流域成了我国农业经济最发达的地区之一。

图6-10 五代吴越塘浦圩田概念图

具有一流的技术保障，如坝工。吴人挡水有坝、堰、埝、塅、碾、堤、塘、陂等，广泛分布于主要水系的干支流上。类型上有拦河坝、溢流坝；材料上有土坝、木坝、砖坝、灰土坝、堆石坝、砌石坝、木笼填石坝、竹笼填石坝、桩基砌石衬砖夯土混合坝等等，设计、施工都比较科学。又如堰埭和复闸：我国船闸的发明，经历了堰埭、斗门、单闸、复闸等几个阶段。吴地在缺水地段，为了节水，最初的办法是隔一段修一道拦河低坝，称为堰或埭。吴地的"姜堰""黄埭"等即由此而来。"扬子津斗门二所"的记载，可能就是复闸。宋代郏亶在《吴门水利书》中说，吴越时北从常州、江阴界，南至秀州（今嘉兴）、海盐，一河一浦皆设堰闸；今"海盐一县，有堰近百余所"，是古人传下的遗法，又说古人为了防止高地降水流失，在高田区与低田区交界地带，也建埋门斗门，使高田旱时有水灌溉，又减轻低地排涝负担。采取"浚三江,治低田""蓄雨泽,治高田"的治理方法,使高低分治,旱涝兼顾。

具有一流的水利管理养护制度。公元978年,吴越归附于宋。北宋结束五代十国的分裂割据以后,社会生产发展较快。《水利书》载,在吴越时,太湖平原已形成了"五里或七里一纵浦,七里或十里一横塘",出现了圩田和浦塘相应布列的棋盘式圩田系统。在这本书中,郑亶详举了吴越在腹地水田和沿海旱田地区的横塘纵浦共264条,塘浦一般阔20~30余丈,深2~3丈,浅者也不下1丈,可容纳充分的水量;圩岸高厚,高的到2丈,低亦不下1丈,可防御大水的危害,从而使太湖地区成为水网密布、土地肥沃、阡陌相连、桑禾相蔽的殷阜之区。

在上述基础上,明朝时期的周忱、姚文灏、史鉴、金藻、吕光洵、何宜、吴诏、朱衮、耿桔、陈瑚、徐光启等,又对圩田水利作了较深的研究。如万历时耿桔所著的《常熟县水利全书》,其"开河法""筑岸法"专论,就对浚河筑圩技术进行了系统总结,即使是现在,仍还有一定的借鉴之处。

纵观明代整个276年中,仅海盐、平湖段的海塘修筑就达20多次。为了防止这一段海岸坍塌,就改修为石塘。海宁段地基松软,抗冲能力小,仍旧用石囤木柜法筑土石塘。江南段海塘,向长江口以西作了延伸,如洪武年间修建的江南海塘,南起嘉定县,向西就一直到达刘家河,其中最大一次工程,是成化八年(1472年)巡抚毕亭主持的嘉定至海盐土塘和松江至平湖的海塘。嘉定至海盐的土塘全长52 517丈,松江至平湖里护塘长53里。崇祯时,因华亭海塘屡被冲决,于是也改筑石塘。在修筑中,边修边总结,使修筑海塘技术有了明显进步,创造出依据不同的地基、海浪情况的"五纵五横鱼鳞大石塘""坚砌坡陀塘""桩基叠石塘"等型式海塘。

苏州古城为何近700年(1223—1911年)无洪灾,上述举措乃主要原因。当然,就苏州古城而言还有它的特殊缘由:一是伍子胥选址科学,将城市和湖河水系结合得恰到好处;二是有7座挡水的拦河堰挡水护城;三是有与众不同的护城河,御敌、泄洪两不误;四是有特色的古城墙,成坚实防洪大堤。此外,在这里不得不指出的是,吴地与黄河流域的中原地区相比,它的安宁是花了血本治水换来的。

具有一流的水质保护法规——《苏州府永禁虎丘开设染坊碑》。明清时代的苏州,是我国东南地区工商业的一大都会,也是资本主义萌芽的发祥地。随着染布业的兴起,染坊又有蓝坊、红坊、黑坊及漂坊等染色坊的分工。据碑文记载:苏州虎丘一带染坊排出的大量废渣、废水,使山塘"满河青红黑紫,(臭味)溢洋",用来煮水泡茶,"不堪饮啜""毒(害)肠胃",伤鱼、伤苗、害稼,"各图居民无不抱愤兴嗟",于是发生了120户居民联名上告官府,要求迁移染坊的纠纷。经苏州知府会同元和、长州和吴县三县知县实地勘察,于乾隆二年（1737年）二月颁布禁令："勒石永禁虎丘开设染坊""并饬将置备染作器物，迁移他处开张""如敢故违，定行提究"。从此染坊被迁至娄门外，踹布坊仍留原地。上述禁令全文被镌刻成碑，镶嵌在虎丘山门口右侧墙壁上而保存至今。这是我国迄今为止发现的最早的地方水质保护法规，它比英国1833年颁布的《水质污染控制法》早96年，比美国1899年颁布的《河川港湾法》早162年。

从"患"到"利"，从"利"到"美"，无不说明吴地社会经济和生态环境的健康发展。吴地因水而富庶，因水而秀美，孕育了富甲江南的"鱼米之乡"。

2. 精于稻作，亩产量高

史料证明，千万年以来，吴地人从事着渔猎和稻作蚕桑两种基本的生产。作为渔猎生产的"尚智"与作为稻作蚕桑生产的"精细"，两者之间相互促成、水乳交融，共同构成了江南人在文化生存中的逻辑起点，开启了吴地先民的文化心智和绵绵不绝的文化脉络。

吴地先人从"鸟田"开始，逐步用石器工具将地面上的树木、柴草砍倒、晒干，然后点上火烧尽或放水将杂草烂掉，最后撒上种子，便任其生长。待作物成熟后，再用石器工具收割。到了新石器晚期，先吴人已学会制造和使用石镰、石耜、骨耜、石犁等农具，于是农业又发展到"耕锄农业"。唐代著名文学家陆龟蒙（长洲即今苏州吴县人），在《耒耜经》中记载了唐代江南农具曲辕犁的构造和功能。"犁"古称耒耜，曲辕犁由11个部件构成，它们分别是铁铸的犁镵、犁壁、木制犁底、压镵策额、犁箭、犁辕、犁梢、犁评、犁键、犁槃等。书中对每一个部件的形状、尺寸、制作和功能都作了详细说明。曲辕犁（又名江东犁）操作灵活方便，可以根据需要调节犁评、犁箭，进行深耕或浅耕。此外，《耒耜经》中还简略地记述了耙（用于碎土）、碌碡（用于压土）等农具的功用，与中华人民共和国成立初期吴地农村使用的农具并无显著差别（见图6-11）。它是我国问世最早、流传最广的农具专著，对于研究我国古代农业发展史具有十分重要的意义。

图6-11　中华人民共和国成立初期江南水田耕作图

以秦岭、淮河一线为分界，"南稻北麦"，是我国最重要的两种粮食作物。中国最早种麦的地方大概是新疆，然后扩展到青海、甘肃一带。而我国已知最早的稻作遗存遗址在第二章中已指出：在长江三角洲境内的稻作历史已有万年之久。古人所谓"吴人精于农事""吴中农事，专事人力"的说法，便是最好的证明。

《越绝书·吴地传》中记载"吴北野禹栎东所舍大疁者,吴王田也,去县八十里""吴西野鹿陂者,吴王田也""胥卑虚,去县二十里""吴北野胥主疁者,吴王女胥主田也,去县八十里"等。这些"大疁""鹿陂""胥卑虚""胥主疁"是成片农田的名称。"疁""虚"是指田周高、中间低的意思,"鹿陂"指明是吴王田,说明是堤内成田,而不是堤内蓄水的陂塘,这些无不反映了筑堤围田的迹象。① 越国范蠡在古东江水系地区,即今嘉兴、海盐一带经营围田垦殖,就在这一时期。后人说:"自范蠡围田,东江渐塞。"

公元前473年,越灭吴后继续围田。《越绝书·吴地传》载,在苏州蛇门(在城南)外25里,有在波洋中造以为田的"世子塘",去县26里有"洋中塘"。"塘"就是堤岸,说明这些田是筑堤围起来的。吴国在苏州的北部和西野围田,越国进一步在苏州南部沼泽低洼地区围垦。公元前334年,楚灭越国,楚国封春申君(黄歇)于吴地。据史籍记载,春申君曾治理过芙蓉湖(因湖中荷花生长茂盛,故名芙蓉湖;还有湖形酷似芙蓉花而得名),可能筑了一些湖堤,以便在淤涨的地段围田。芙蓉湖,古称"上湖""射贵湖",入无锡地称"无锡湖",在江阴境内又称"三山湖",此湖地处无锡、江阴、武进三地交界,北宋前这里湖面广袤、碧浪滔天、南北相望百余里,面积达"万五千三百顷"。春申君还在无锡、武进、江阴等地开凿多条河浦,便于灌排和交通运输,并设置范围较大的上、下两屯,垦拓农田。②

汉代主要开发太湖西南地区。为了防止湖水肆意泛滥,在范蠡所筑"蠡塘"的基础上,汉初荆王刘贾在吴兴县南90里,开凿"荆塘"。③ 汉平帝元始年间皋伯通在县东北25里,又筑"皋塘"。④ 六朝时期在湖西的毗陵(今武进)、溧阳一带兴修了众多的陂塘灌溉农田。三国时,又筑青塘⑤,说明此时低地垦殖不断增加。韩愈说:"当今赋出于天下,江南居十九。"⑥吴越时"岁多丰稔"⑦"民间钱五十文籴白米一石"⑧。可见太湖塘浦圩田系统形成的意义重大,它为太湖平原由自然河道形态向人工河网化方向迈进奠定了基础;又使太湖农业经济走上繁荣的道路,促使国家经济重心的南移。据载,中国古代的稻谷产量占全球的37.9%,为世界之冠。⑨ 200多年前亚当·斯密这

---

① 缪启愉,《太湖地区塘浦圩田的形成和发展》,《中国农史》,1982年第1期。
② (明)董说,《七国考》。
③ 《永乐大典》卷二千二百七十六《吴兴志》。
④ 《吴兴山墟名》;《太湖备考》卷三。
⑤ 《嘉泰吴兴志》卷五。
⑥ (唐)韩愈,《送陆歙州诗序》,《全唐文》卷五百五十五。
⑦ (宋)郑寰,《吴门水利书》。
⑧ 《范文正公集·答手诏条陈十事》。
⑨ 朱永新,《吴文化读本》,苏州大学出版社,2003年,第39-40页。

第六章 小桥流水 师法自然

样描述:"中国历来就是世界上一个顶富裕,也是一个最肥沃,耕耘最得法,最勤奋而人口众多的国家。"而吴地又是中国"耕耘最得法"的地方。"天下之利,莫大于水田;水田之美,无过于苏州"(郏亶《吴门水利书》)。太湖流域稻产区以其历史悠久、耕作集约、稳产高产而闻名于世,故史书中常有"民饱军勇""仓廪以具"之记载。春秋时吴王曾于长江边——太仓置仓,迁封后春申君建东西两大仓,三国时称惠安乡,五代时也在此置仓囤粮,元明时又在太仓南建巨大百万仓,忽必烈创漕运、辟通海之道,将江南粮食海运到大都(今北京)。陈伸在《太仓事迹》序中写道:"太仓官第甲于东南,税家漕户,番商贾客,云集阛阓。粮艘商舶,高樯大桅,集如林木;琳宫梵宇,朱门大宅,不可胜计。四方谓之第一码头。""太仓",乃京城的大粮仓也。1971年,在河南洛阳发掘出隋唐含嘉仓遗址,总储粮量约为5 833 400石,有糙米、粟、小豆等,其来源有苏州、徐州、楚州(淮安)、润州(镇江)、隋州、冀州等地。唐宋以后,吴地的农业生产加速发展,成为全国粮食和衣着原料的供应基地,享有"苏湖熟,天下足"之美誉。明清时期,吴地农业又率先进入了商品经济的行列。

农业经济的发展,迫切需要科学技术的指导。对此,明代黄省曾(1490—1540,吴县人)撰写了《蚕经》《鱼经》《芋经》《艺菌谱》等。尤其是《稻品》,又名《理生玉镜稻品》,这是我国最早一部关于水稻品种的专著,也是一部水稻品种志。该书记载了60多个水稻品种,除去地方异名,实际载有40多个,其中籼、粳稻品种38个。书中所载自然是以苏州地区的水稻品种为主,但还记载了周围其他地方一些品种,其中毗陵(今江苏常州)3个、太平(今安徽当涂)6个、闽2个、松江(今上海松江)8个、四明(今浙江宁波)3个、湖州5个。这些品种多数在苏州一带也有种植,只不过在不同的地区有不同的名称而已,《稻品》也一一加以记录。如师姑,四明谓之"矮白";早白稻,松江谓之"小白",四明谓之"红白";晚白又谓"芦花白",松江谓之"大白";胭脂糯,太平谓之"朱砂糯";赶陈糯,松江谓之"雀不觉",亦谓之"籼糯";芦黄糯,太平谓之"泥里变""瞒官糯",松江谓之"冷粒糯"。《稻品》记载水稻品种特性时,注意到籽粒、质地、外形、稃芒、株秆、抗逆性、产量、品质等因子,还记载了每个品种的播种和成熟月份。如"三月而种,六月而熟"的早稻"麦争场","再莳而晚熟"的连作晚稻"乌口稻","一穗而三百余粒"的"三穗千"……对于研究吴地的农业史和稻作史具有重要的历史与科学价值。

除黄省曾外,吴地还出现了陆龟蒙、陆羽、僧赞宁、陈甫、马一龙、沈氏、俞宗本、邝璠、徐光启、王世懋、张履祥、陆世仪、潘曾沂等一批农学家。

经过长期自身的努力奋斗,太湖平原由"火耕水耨"到"地宜稻",亩产量逐步提高。"譬如,从欧洲近代早期的小麦来看,其平均种子—产量比很难超过1∶5。在帝国晚期的嘉兴,好年景对勤快的农民而言,种的稻和收割的稻的种子—产量比,从量上讲是1∶45到1∶51。就稻种和米(大多数人吃的那种)的比率而言,它仍大约在 1∶31 到 1∶36 之间。也就是说,这里每公顷谷物的生产率与同一时期欧洲的那个产量处在完全不同的一个层次上。这是多种因素综合作用的结果,包括所种粮食的特性(是水稻,而不是小麦和其他旱地作物),诸如年平均温度、光照时间、土壤等等的自然条件,当然还包括农业技术。"①

伊懋可这位英国的教授可谓是一个中国通,他拿出了西方善于数据分析的本领,富有洞见,吴地的农植物,尤其是水稻的产量比较高,确实是"多种因素综合作用的结果"。

一是肥料足。除了使用人粪尿肥田(后来被化肥取代)外,还罱河泥。在广大的农村中,视河泥为理想的肥料之一,特别是开春的季节,河底下的积泥经过一个冬季的沉淀后很肥。罱河泥可是一项重要的农村技术活,条件好的用小船,一般的由2~3个大木盆用两根粗点的大毛竹编扎起来,人站在中间的木盆毛竹上,用罱泥的网夹(有的是麻绳,有的是竹片编织的)。罱泥有男也有女,手持罱泥网夹,下去触泥时既要张开快又要向下猛使力,提时要把两根竹柄抱紧,快速上提,连泥带水,一起提到船舱(木盆)里放掉,待船舱(木盆)泥满后,就把船(木盆)撑到岸边,再用长柄木勺,一勺一勺抛到陆地上,待干后用担子挑着分散到田里,这一过程可是个重体力活。又如,为使土地利用更为集约,精耕细作像园艺,又由一熟改为二熟甚至三熟等等。农忙时不仅男人下田,妇女也下田。妇女除了种稻、种麦、种油菜外,还要植桑养蚕、纺纱织布,对应四季变化劳作,十分辛苦(见图 6-12)。

图 6-12 传统苏州水乡妇女罱河泥

二是注重先进的生产工具。据 1975 年到 1980 年苏州出土的吴国青铜器统计,农作工具占了 60%。其中苏州古城东北发现的铜器窖藏中,有锛 12 件、锄 5 件、斧 6 件、镰 6 件、犁形器 1 个,另有剑 2 支、鼎 2 件,农作工具占了 90%(《苏州文物资料选编》)。所以,吴军屡次远征,军粮供应从不匮乏。越国缺粮时,吴国能一下子借出"粟万石"(笔者认为这里的"粟"实为"稻",此乃史学家承袭秦汉以前皆称"禾"为粟的说法,后世才以稻为禾)。在越兵围困吴都时,吴军坚守了两年多,可见其存粮的充足。农业技术的发展为手工业的发展奠定了基础,部分先吴人得以从农

---

① [英]伊懋可著,梅雪芹、毛利霞、王玉山译,《大象的退却——一部中国环境史》,江苏人民出版社,2014 年,第 222-223 页。

业耕作中分离出来,从事诸如制陶、纺织及玉器等手工业,尤其是玉器手工制作在良渚时期达到了顶峰。

三是能吃得苦中苦。比如在笔者小时(20世纪50年代中期左右)的深刻记忆中:一过"谷雨",男人一般不穿上衣,名曰"晒背"! 准备下田插秧。插秧时,背爆烈日,躬身倒行,右手中指指甲上方的皮往往上翻,有时会红肿出血。哭笑不得的是,久插后出现腰疼,有时我一站立叫苦,大人就会训斥:"小孩子没有腰,疼什么? 快插!"插时,大人还要求我们小年轻要两腿分开成"八"字型,屁股下蹲;为了保证插得既快又在一条直线上,两肘要悬空,不可放在膝盖上(影响速度),眼睛既要看眼前又要用余光看前方;在操作中,要用姆、中、食指夹住秧苗,以中指与食指快速触泥为准,深了秧苗难分蘖,浅了秧苗会浮上水面。做不好,轻则嗤之以鼻,重则要挨大人揍。那时,我已知"谁知盘中餐,粒粒皆辛苦"。特别是在盛夏闷热天气在稻田拔草时,男的光背不穿裤子,只在腰间围上一块蓝印布,最惨的是女性,穿着长短裤,皆以两腿跪在水田里既拔草又用十指耘田,其他都受得了,就是那常会出现的该死的蚂蟥一旦盯上腿,即是狠狠地给它一巴掌,有时它还掉不下来,咬得你鲜血直流。

中华文化的根是农耕文化。通过稻米这种既平凡又不凡的食物,使我们在习以为常的现象中看到了不一样的世界。不论是先吴人还是当代江南人,都是从稻穗里长大的,"一条大河波浪宽,风吹稻花香两岸"。由此唤醒了我们对稻谷、对劳动、对大自然的敬畏之心,每一粒白米都教会了我们如何去感恩,水中融入了吴人的血脉与灵魂。

3. 注重渔猎,水产丰美

江南湖河港汊众多,鱼虾螺蛤等水产资源十分丰富,可谓水丰鱼肥。从吴地出土的多种网坠捕鱼石器来看,早在新石器时代境内已有人类从事渔猎活动。晋人张华在《博物志》中说:"东南之人食水产,西北之人食陆畜,食水产者,龟蛤螺蚌,以为珍味,不觉其腥臊也。"①吴人谓鱼肉为鲑("鲑",古代鱼类菜肴的总称),经常吃"鲑饭"——鱼菜和饭食。正如许多荷兰人在食用鲱鱼时,直到今天仍刻意保持着几个世纪以前形成的饮食习惯——鲱鱼被去除内脏之后,不经过任何烹调,直接提着鱼尾一口吞下。

太湖号称"三万六千顷,周围八百里"。由于泥沙的淤积以及陆地不断向海洋推进,原来与海湾连成一片的浅湖,逐渐退居内陆。其过程正如唐代著名诗人白居易所写的那样:"白浪茫茫与海连,平沙浩浩四无边。暮去朝来淘不尽,遂令东海变桑田。"时日迁移,浅湖与海湾完全隔绝,封淤成一大片碟形洼地,其主体部分就是太湖。纵横交织的江、河、溪、渎,把太湖与周

---

① 祝鸿杰,《博物志全译》,贵州人民出版社,1992年,第30页。

围的大小湖荡串联起来。这里气候温和，特产丰饶，素有"太湖八百里，鱼虾捉不尽"的说法。"百舸争流千帆竞，号子一喊浪滔天。"(见图6-13)太湖和长江江苏段有历史记录的鱼类达160多种，分别隶属于19目42科，其中除太湖的"三白"(银鱼、白鱼、白虾)外，还有与大海相联系的刀鲚、鲥鱼、鳗鲡和中华绒螯蟹、石首鱼等洄游性名贵鱼类。

图6-13 苏州光福镇太湖开捕节

特别是中华鲟和白鳍豚。中华鲟是我国特有的鱼种，形近鲨鱼，又称鳇鱼，最早出现在1.4亿年前的中生代，生活在长江河口海域，繁殖时期溯长江而上，至四川的合江和屏山一带产卵。它们是长江中最大的鱼，又有"长江鱼王"之名，是国家一级保护动物，尤为珍贵。它属于软骨硬鳞鱼类，身体长梭形，吻部犁状，基部宽厚，吻端尖，略向上翘；口下位，成一横列，口的前方长有短须；眼细小，眼后头部两侧，各有一个新月形喷水孔，全身披有菱形骨板五行；尾鳍歪形，上叶特别发达，属世界27种鲟鱼之冠。从它身上可以看到生物进化的某些痕迹，所以被称为水生物中的活化石，具有很高的科研价值，是长江中的瑰宝！白鳍豚属哺乳纲鲸科，亦是我国特有的水产和长江的珍稀水生哺乳动物，比大熊猫还少，是水生的国宝。它有发达的大脑，是一种聪明而有智慧的动物，有"回声定位"和"声纳"等特殊功能。具有流线型的体型、丰富的皮下脂肪，游泳敏捷，这些结构在仿生学上有重要的科学价值。

古吴地区，"苏、吴、虞"三字在甲骨文中是相通的。究其源，此三字均像"鱼"、从"鱼"，而"鱼"的古读音至今仍保留在吴语之中。"苏、吴、虞"三字最初读"鱼"音，可能与吴地先民食"鱼"有关。吴地的广大地区，鱼是这里的大宗土产。在渔猎时代，鱼不仅是吴地先民的主要食物，也是吴地族群的崇拜物，以至成为族称、人名、地名乃至国名。

至春秋时，吴国已将鱼类作为副食品。据《吴越春秋·阖闾内传》记载：伍子胥伐楚归来，"吴王闻三帅将至，治鱼为鲙"犒军，"吴人作鲙者，自阖闾之造(始)也"。"鲙"就是切细的鱼肉，做成鱼末子。这说明吴地人不仅早已吃鱼，而且知道做成什么样的鱼味道最鲜美。张季鹰之歌《鲈鱼歌》曰："秋风起兮木叶飞，吴江水兮鲈正肥。三千里兮家未归，恨难禁兮仰天悲。"遂挂冠而去。①

---

① (唐)陆广微撰，曹林娣校注，《吴地记》，江苏古籍出版社，1999年，第84页。

第六章 小桥流水 师法自然

发达的渔业哺育着吴地的养鱼学,相传第一部养鱼专著《养鱼经》就诞生在吴地。《养鱼经》的作者范蠡在帮助越王勾践灭吴以后,就在太湖上过起了隐居漂泊的生活,他认为"治生之法有五,水畜第一"。至今在太湖各处,仍然流传着许多范蠡养鱼钓鱼的传说。《养鱼经》也许就是根据他的养鱼经验所写出来的一部养鱼专著,书中对于养殖对象、建造鱼池、密养轮捕、良种选留及产子孵化等方面均有论述。

养鱼、吃鱼开心,而捕鱼更有乐趣。熟知捕鱼和捕鱼工具的唐代诗人陆龟蒙还作了《渔具诗》十五首,此乃我国最早的渔具分类记载文献,现存于《苏州府志》卷三《风俗篇》。他在诗中介绍了13类、19种渔具和两种渔法。渔具的划分,主要根据不同的制造材料、制造方法及用途、用法,有属于网罟类的罛、罾、翼、罩等,有属于签之类的筒、车,还有梁、笱、箄、猎、叉、射、椺、神、沪、胏舼、筌筡等。"或以术招之,或药而尽之"两种渔法,并说:"矢鱼之具,莫不穷极其趣。"

过去的鱼是以自然繁殖为主,而现在已变为自然繁殖与人工投放鱼苗相结合,"养水养鱼,有序发展"。如太湖地区的江浙两省海洋与渔业局、沿太湖各市人民政府和农业主管部门、各区(县、市)渔业主管部门、江苏省太湖渔管办,以及爱心企业和市民,每年都花巨资定期向太湖投放数百吨、逾亿尾各类鱼苗(见图6-14)。

图6-14 在太湖放流鱼苗

《2016年江苏省渔业生态环境状况公报》显示,江湖水生生物放流效果显现,共监测到浮游植物65种,浮游动物37种,底栖动物26种,鱼类66种。鱼类优势种为鲢、鳙、鲫、鳊、鲤等,鱼类群落结构总体稳定。

吴地境内不仅鱼的种类多,如"荤八仙"——鱼、虾、蚌、蚬、蟹、螺、蛙、蛇等,更有多种水生经济植物,如"水八仙"——茭白、莲藕、茨菰、水芹、荸荠、菱角、芡实、莼菜等,数量巨大。徐崧、张大纯纂辑的《百城烟水》云:"莫厘之东,周三十余里,吴王于此种菱,故名菱湖。"此外,吴王还在鸡山(洞庭山)、鸭城(无锡东亭)等地养鸡、鸭等。

正因为吴地的水产丰富、经济植物丰茂,所以吴人的烹调技术也高。在中国古代十大名厨中,就有三位是吴地人。一是太和公,为春秋末年吴国名厨,精通水产为原料的菜肴,尤以炙鱼闻名天下。二是宋五嫂,为南宋著名民间女厨师。高宗赵构乘龙舟游西湖,曾尝其鱼羹,赞美不已,于是名声大振,奉为脍鱼之"师祖"。三是董小宛,名白,字青莲,又名宛君,金陵(现南京)人,明末"秦淮八艳"(亦称"金陵八绝")之一,是一位技艺高超的家厨,她所烹制的菜肴不仅注重香、味等内在质量,也重视成菜的外观和颜色,一些极普通的素菜,在她的精心选料和搭配下,不论是蒲藕芦蕨,还是枸蒿蓉菊,都能"芳旨盈席"。史载董小宛自制的食品"醉蛤如桃花,醉鲟骨如白玉,油鲳如鲟鱼,虾松如龙须,烘兔酥雉如饼饵"。冒辟疆在《影梅庵忆语》中也盛赞夫人的手艺:"火肉久者无油,有松柏之味;风鱼久者如火肉,有麋鹿之味。"火肉就是火腿。由于制作得法巧妙,吃起来既保健,又别有风味,时人誉为"董菜"。跑油肉是"董菜"中鼎鼎大名之作。其肉色泽似虎皮;质地酥烂,醇香味美,俗称虎皮肉,又称"董肉",肥而不腻,咸中渗甜,酒味馨香,虎皮纵横。它不仅要求炒、烧、溜、炸、爆、煮、熬、焖、煨等恰到好处,还结合川菜、粤菜、淮扬菜的众长,选料配方十分考究、严格而名噪一时。其时,大文人、礼部侍郎钱谦益以诗赞曰:珍肴品味千碗诀,巧夺天工万种情。

在我国的八大菜系中,江浙菜系颇为有名:一是不刻意追求形、色,而是取其自然。在食物原料上注重蔬菜,认为它们最能体现清鲜之味。二是注重烹饪河湖港汊中的鱼虾蟹贝。三是运用香糟。"糟"本是带酒的渣滓,可除异味,增加香味。正如钱钟书所说:"一碗好菜仿佛一支乐曲,也是一种一贯的多元,调和滋味,使相反的分子相成相济,变作可分而不可离的综合。"

也因为吴地的草丰水美,经济植物丰茂,明末清初,苏州地区一直是东南沿海最大的粮食集散地,"客米来售者岁不下数百万石"。上海开埠后逐渐变成全国最大的粮食消费市场,据1936年埠际贸易统计,该年上海共入米2 797 000余公担(1公担=100千克),运出米1 772 000公担,行销广东、天津等24埠。①

出自晋的"莼鲈之思",可体味出吴地的人文与美好。江南的美在于它的静与柔,都说苏州河边的柳丝是最纤细的,湖水是最灵动的,清风是最温柔的。一位作家说:"人,用尽一生的时光,寻找自己内心深处的天堂。"我想,这人间天堂远在天边,近在眼前,江南就是其中的一个"桃花源"。

---

① 吴承明,《中国资本主义与国内市场》,中国社会科学出版社,1985年,第291页。

二、粉墙黛瓦　居尘出尘

洞与穴是人类建筑的源头，也是古代文明的载体，无数的神秘山洞隐藏着无数让人浮想联翩的古代文明。有的人说，江南先民是被来自中原的泰伯从树上召唤下来住进房屋的。但是考古发现，远在泰伯来到江南的数千年前，先吴人就已经建造了木构干阑式结构的木屋，而且采用了先进的榫卯结构，这在世界建筑史上堪称奇迹。河姆渡人发明的干阑式建筑，借鉴了鸟巢的结构，架高了生活与居住面的距离，下可避虫蛇和潮湿，上可通风换气，便于在水滨生活。就是今天，我们走进濒水而建的江南古城古镇，还能看出干阑式建筑的遗风古韵。

建筑之美是一个多轴的坐标系。不同的地域，不同的自然环境，作为人与自然融汇的成果——建筑，像植物一样落地生根，合天时、地利，与大自然融为一体，多姿多彩。1840年，恩格斯在《七个菲利特的故乡》一文中指出："希腊式的建筑使人感到明快，摩尔式的建筑使人觉得忧郁，哥特建筑令人心醉神迷；希腊式建筑风格像艳丽天，摩尔式的建筑风格像星光闪烁的黄昏，哥特建筑则像朝霞。"①中国式的民居，如北京的四合院、黄土高原的窑洞、福建的客家土楼……各有各的美。

（一）朴实简洁，粉墙黛瓦

上面已指出，建筑具有鲜明的地域性。世界上没有抽象的建筑，只有具体的、存在于特定地域的建筑。它总是扎根于特定地域的具体环境中，受当地经济、社会、人文等因素的影响，受所在地域的地理气候条件、地形地貌和已有建筑地段环境的制约。地域性体现了建筑与其建造地点相关地理、人文、技术和经济条件的和谐，它一方面要求建筑适应所在地域自然环境的特殊性，另一方面要求建筑体现特定地域建筑文化的延续性。

从江南来看，其民居朴实简洁，意境清新，正如江南女子一样，外表清丽和顺，内藏秀丽英华，正如李白诗曰"长干吴儿女，眉目艳新月。屐上足如霜，不着鸦头袜"，秀美而淡雅。

粉墙黛瓦是吴地素雅的装扮，潺潺的流水是其灵秀的双眸，那曲曲折折的小巷便是她温柔妩媚的性格了。因为江南多雨，所以江南民居多有一个大屋顶。屋顶是由筒状的黑瓦铺就，从高处望去宛若一层层的鱼鳞，加上微微翘起的屋脊，在斜风细雨里，宛若游龙欲飞。这些大屋顶在晴天里，配合远山的轮廓，远远看去蜿蜒起伏，犹如坡的再造、山的延续，它至今依然是

---

① 《马克思恩格斯全集》第四十二卷，人民出版社，1979年，第139页。

下篇 文脉

中华文明千古凝聚的精华。它沿河而建,比较自由,不像北方的房屋大多坐北朝南。因江南气候冬冷夏热,冬天需要阳光,夏天需要遮阳,基本构造为大瓦顶、马头墙、观音兜山脊,是造型别致的湿热地区性建筑。建筑之间,高低起伏,错落有致,看上去轻巧简洁、色彩淡雅,空间轮廓柔和而富有美感。

如今的江南,古桥、古塔、古街、古巷、古井、古坝、古楼、古坊,交织着古朴的风采;四乡村镇,处处有"小桥流水人家"的韵味,明清时期的民居、祠堂、牌坊随处可见。秀丽山水与古朴建筑交融化合,使人步入江南,既仿佛踏入清丽的山水画廊,又仿佛走进古典建筑艺术的博物馆。其典型代表有两支。

1. 皖南"徽州帮"的徽派建筑

徽州地区原是古吴越人的聚居地,其居住形式为适应山区生活的"干阑式"建筑。中原士族的大规模迁入,不仅改变了徽州的人口数量和结构,也带来了先进的中原文化。中原文化与古吴越文化的交流融合,直接体现在建筑形式上。因为山区潮湿,为了防止瘴疠之气,而保留了吴越人"干阑式"建筑的格局。同时,由于大量移民的涌入,人稠地狭,构建楼房也成为最佳选择,但多依山就势,局促一方,为解决通风光照问题,北方的"四合院"形式又演变成为适应山区环境,既封闭又通畅的徽州"天井"。而山区木结构的房屋又易于遭受火灾,为了避免火势的蔓延,又产生了"马头墙"。随着徽商的兴起和发展,明朝中叶以后,徽商即雄踞中国商界。致富后的徽州商人,将大量资本返回家乡,其中重要的一项就是对建筑的投入。他们修祠堂,建宅第,造园林,竖牌坊,架桥梁,盖路亭,给徽州乡村面貌带来了巨大变化。徽派建筑也逐渐发展为有自己独具特色的风格:粉墙黛瓦,采光通风的天井和防火的马头墙,以及精致的三雕(砖雕、木雕、石雕)。

笔者在20多年前曾与一批参观者进入了徽州之地,走在古老的石板路上,看到不远处是一座壮美的牌楼和在青山绿水环绕中显现的一片粉墙黛瓦的船形村庄,这就是东晋诗人陶渊明笔下所描绘的世外桃源——古西递(见图6-15)。

古西递是古徽州的一部分,是唐昭宗之子胡昌翼创建的,因附近的西递邮局而得名。可能清朝诗人曹文植的诗对它是最真实的写照:"青山云外深,白屋烟中出。双溪左右环,群木高下密。曲径如弯弓,连墙若比栉。自入

图6-15 皖南古西递正门

桃源来,墟落此第一。"美得如诗似画!洁白的马头墙,黝黑的屋脊瓦,参差错落,檐牙高啄;或毗连而建,或独立而筑,那黑与白的对比,虚与实的映衬,光与影的和谐,入目皆画,步步成景,这就是"徽州帮"的杰作。

它根植于自然环境,又服从于自然环境,并以自然生态的完整、稳定、和谐为审美标准,追求自然美与人工美的完美结合,其建筑特点是:

和谐流畅、统一规划的整体美。这和当时徽州的社会背景和地域环境密切相关。因为徽州是封建宗法制度的理论基础——程朱理学的发祥地,宗法制度较他处更为森严而完备。为了保持血统的纯洁性和宗族凝聚力,预防外族入侵,徽州人聚族而居。黟县牛形村——宏村,齐刷刷的黑瓦白墙,飞檐翘角的屋宇随山形地势高低错落,层叠有序,蔚为壮观。

依山傍水、翠微缭绕的自然美。徽州地形复杂多姿,境内层峦叠障,溪流纵横,温润的亚热带气候更使这里山林繁茂,绿意葱茏。生活在"理学文章山水幽"独特的人文环境中的徽州人文化修养深厚,构思村镇蓝图时善于抓住山水做文章。表现为山峦为溪水骨架,溪水是村落血脉,建筑物成了依附于溪水及其支流的"细胞"。

清雅简淡、因陋就简的朴素美。长期以来,徽州因地势原因,"力耕所出,不足以供",民生维艰。生活在这种艰苦环境中的徽州人深知养家创业之艰辛,养成了节衣缩食、勤俭持家的良好风范,且写进族规家训,作为家风教育的必修教材,代代相传。因此,即便经营成功,腰缠万贯的富商巨贾也不以豪侈自喜,倡行节俭,建造宅第时往往因陋就简,就地取材。在坚固实用、美观大方的基础上,寻求朴素自然、清雅简淡的美感。缘于此,徽州少有富丽堂皇的豪宅华堂,多以当地丰富的黏土、石灰、黟县青石、水杉为主要建筑材料,民居构思精巧、造型别致、结实美观。远远望去,清一色的黑瓦白墙,对比鲜明,加上色彩斑驳的青石门(窗)罩和清秀简练的水墨画点缀其间,愈显得古朴典雅,韵味无穷。

2. 吴中的"香山帮"

以"蒯鲁班"为代表的苏州"香山匠人"源于古吴人火烧土、"干阑式"建筑,经世代传承创造了吴门建筑史上的神话。蒯祥是一代建筑泰斗,他与香山帮匠人以及全国各地匠人创建了紫禁城。

2002年6月,我国政府在西藏实施中华人民共和国成立以来最大的文物维修工程——布达拉宫、罗布林卡、萨迦寺保护维修工程,历时4年多。苏州香山古建筑有限公司和西藏当地公司一起,不仅承担了布达拉宫这次半个世纪以来最大的维修工程中80%以上的工程量,还承担了西藏罗布林卡、萨迦寺、扎什伦布寺、德庆格桑颇章、雪林多吉颇章50%的维修工程量,雪域高原留下了苏州"香山匠人"的智慧和汗水。

1976年,毛泽东逝世后,为建造"毛主席纪念堂",香山匠人于1977年4

月至1978年1月,不畏艰险,千方百计在吴县金山的半山腰开采质量最好、最漂亮(紫红色)的花岗石,共2 561块,每块一米见方,送到天安门广场。

"香山帮"是一个集木匠、泥水匠、漆匠、堆灰匠(堆塑)、雕塑匠(木雕、砖雕、石雕)、叠山匠(假山)等"八大作"古典建筑全部工种于一体的建筑工匠群体。匠人们不仅在大江南北、雪域高原,而且还在世界各地建造了一座座"苏派"风格的建筑,如美国洛杉矶的夏园、纽约明轩、波特兰市兰苏园、加拿大温哥华逸园等,无不深深打上了中国文化的印记,表现出"香山匠人"高超的智慧和卓越的才能。2006年,"香山帮古建营造技艺"列入国家非物质文化保护遗产。

苏州建筑的传世佳作——春在楼,2006年5月被列入全国重点文物保护单位名单,其群体建筑雕刻艺术就是出自"香山帮"赵子康、陆文安等名匠之手(见图6-16)。

图6-16 苏州东山镇春在楼

该楼坐落在苏州东山镇,又名雕花大楼,典出苏州清代学者俞樾殿试名句"花落春仍在"而得名,大楼又因"无处不雕,无处不刻"被誉称"江南第一楼"和"雕花楼"。始建于1922年,1925年竣工,历时3年,耗资黄金3 741两。其奥秘在于它的门楼砖刻、大厅木刻、花园石刻,是中国罕见的"三刻",具有极高的艺术价值。

"春在楼"的暗楼、暗室、暗道是香山帮古建的传世佳作,诠释了建筑艺术是历史文化遗产的真谛。"三刻"艺术画面蕴含着绚丽多彩的内涵,它包含了"八仙过海、尧舜禅让、文王遇贤"等156个故事,木刻大小花篮102只、凤凰172只、狮子9只,整幢大楼仅砖、木、石"三刻"画面达2 103幅,其他金雕、玻璃雕、彩绘、堆塑、花窗、花街铺地、匾额达800幅。卓越的"香山帮"匠师以透雕和高浮雕的手法,在厚度不过一寸多的砖面上雕刻出繁复的图案,从外到内,有5～6个层次,层层深入,形成画面,充分体现出民间艺人高超的雕刻技艺。那些做工考究、雕刻细微的设计,充分说明了吴人认真、刻苦、精益求精的精神,而那些飞檐和翘角则展示着吴人积极向上的奋斗精神……

太湖西山岛南端明月湾村上,那凝重的石雕、写意的砖雕、空灵的木雕辉映着"花墙头"、百子格,写就了"明湾石板街,雨后着绣鞋",粉墙黛瓦数千间,悠悠文脉遍地见。村口的"活文物"——千年古樟,更诱人探幽。

这些以吴文化为主要载体的民居群,保存着明清古宗祠、古民居,以及古井、古戏剧、古剧场、古石碑、古围墙等一批古建筑,浓缩着浓厚的明清时期民俗文化底蕴,历史文化内涵深邃,建筑风格独特。外墙青砖包皮,内墙石灰批白,屋顶青黑小瓦。壁画、木雕、泥塑、石刻工艺精美,栩栩如生。融风水、美学、礼教三位一体的屏风用于每座古建筑,布局合理,排列整齐,鳞次栉比,立面美观,成了吸引游客的稀有"物种"。

著名世界建筑大师贝聿铭先生设计的苏州博物馆吸收了传统建筑的内涵,注入现代的元素,然后进行再创造,"让光线来做设计""以壁为纸,以石为绘",笔断意连,融为一体。在体现现代特点的同时,努力与古城的粉墙黛瓦相协调,做到了围而不隔、隔而不断、内外交融,非常巧妙,"中而新,苏而新""不高不大不突出",使建筑设计融于城市,融于历史,融于自然,使人看了舒服。尤其是修复后的上海浦东川沙宋庆龄真正的诞生地——清代民居"内史第"(见图6-17),两座观音兜山脊格外醒目。

图6-17 上海川沙清代民居"内史第"

这里曾先后走出了宋庆龄、宋美龄、宋蔼龄、宋子文等宋氏家族成员,以及黄炎培及其子革命烈士黄竞武、全国政协常委黄大能、著名音乐家黄自、会计学家黄祖方以及著名学者胡适等数十位近现代名人。这是一座古色古香的晚清院落,它占地1 500平方米,粉墙黛瓦、飞檐翘角、雕梁画栋,其建筑之精美在上海乃至江南都十分罕见,特别是那醒目的远远就能看到的左右对称的"观音兜山脊"最为壮观。俞平伯祖父俞樾老先生曾感叹"内史第""文物古迹,富甲东南";黄炎培也曾说过"浦东文化在川沙,川沙文化在内史第"。

不论是"香山帮"还是"徽州帮",江南民居作为一种特殊的出于人对大自然的依恋与向往而创造的建筑模式,它是人对大自然欣喜的回眸与复归,是自然美、建筑美、人文美的相互渗透与和谐统一。营造出动静相济、淡雅幽远、自然含蓄而又韵味无穷的意境之美，是自然之道与人心之道的往复交流，不但富于黑白文化的历史底蕴，而且尤能抚慰人的眼目，安宁人的心灵，使人"见素抱朴，少私寡欲"(《老子》)。

水丰物美的吴地，从火烧土到红陶块再到粉墙黛瓦，无不说明人类对文明的认知始源于建筑。建筑具有韵律的美、雕塑的美、结构的美、装饰的美、诗意的美，在吴地处处都能体现出。南京秦淮河畔，河水悠悠，桨声灯影，家家粉墙，户户黛瓦，翘角飞檐，古朴自然，使建筑美与风景美自然融为一体，分外妖娆。

太仓市沙溪镇——江南"七浦人家"，与江南的许多名镇一样，它因水而温润灵动。由范仲淹主持开挖的七浦塘河，从江边蜿蜒向南，到了镇区分成两支，将小镇拥在怀里，小镇就像一片写满沧桑的叶片浮在水上，从历史的深处漂来。枕河而筑的水阁人家，临街的一面是两层，临水的一面却是三层，最底层是与河道相通的空阁，下有石阶从水面通向二层室内，有船靠岸，人在屋内就可以装卸货物，淘米洗菜亦无须出门，既方便又免受日晒雨淋。这种民居构筑的人性化亦体现在桥的设计上。沙溪的桥，有的桥中有亭，可供行人休息赏景；有的桥头有门，门外有过街的更楼，到了夜晚，桥头的门洞即关闭上锁，守夜人便在更楼上休息兼顾瞭望，整个小镇在静谧的更声中安然入梦。"古巷同肩宽，古街三里长，古桥为单孔，古宅均挑梁，户户有雕花，家家有长窗，桥在前门进，船在门前荡。"还有那举目可见的马头墙(见图6-18)，亦称"叠落山墙"，檐角飞翘，既增加了空间的

图6-18 吴地民居马头墙

层次美，又见证了吴地的"墙文化"，还证明了吴地人乃至中国人是一个防守型的民族，她不想"走出去"进攻或侵占别的地方(国家)。

只有乡气的，才是本土的；越是民族的，才越是世界的。

(二)师法自然，居尘出尘

英国哲学家伯特兰·罗素1920年来到了中国，回国之后，1922年写了《中国问题》一书，他在书中说："中国人摸索出的生活方式已沿袭数千年，若能被全世界采纳，地球上肯定会比现在有更多的欢乐祥和。然而欧洲人的人生观却推崇竞争、开发、永无平静、永不知足以及破坏，导向破坏的效率最

第六章 小桥流水 师法自然

终只能带来毁灭,而我们文明正在走向这一结局。若不借鉴一向被我们轻视的东方智慧,我们的文明就没有指望了!"①罗素所说的"东方智慧"就是中国"天人合一"、师法自然的哲学思想。他在该书中还说道:"典型的中国人则享受自然环境之美。这个差别就是中国人和英语国家的人大相径庭的深层原因。"②以吴地的园林,尤其是以苏州园林为代表的中国园林,是承载展示这一"东方智慧"的最直观的载体。人们追求"外适内和"精神和物质的双重享受,既"取天地之美以养其身",或将"江山昔游,敛之丘园之内","虽由人作,宛自天开"——清泉汩汩,渊淳澄澈,复树亭于潭上,自适其适,陶然忘机,养其天倪,这就是苏州园林的奇观。诚如美国景园建筑学家西蒙德所指出:"在西方,人与环境间的感应是抽象的,在东方,人与环境间的关系是具体的、直接的,是以彼此之间的关系作基础的。西方人对自然作战,东方人以自身适应自然,并以自然适应自身。"③故而大江南北、大洋彼岸,每年数千万人来苏州欣赏苏州园林,它被誉为"世界上独一无二"——中国古代重要发明创造88项之一。

在所有关心中国历史文化的人们看来,苏州园林既是苏州的、吴地的,也是中国的、世界的。苏州园林既是过去的,也是今天的,还是未来的。散文家曹聚仁先生在《吴侬软语说苏州》中写道:"有人说苏州才是古老东方的典型,东方文化,当于园林求之!"

究其因,苏州的园林源远流长。苏州作为园林之都,艺术之精湛、数量之众多、影响之深远,在全国首屈一指,在世界上也十分罕见。它起源于吴王宫苑(春秋时的"西湖"——夏驾湖、壮观的"姑苏台"与"馆娃宫"等苑囿别馆30多处),形成于魏晋时期的私家园林,成熟于宋代,兴旺于明代,鼎盛于清代,到中华人民共和国成立时,在长达近2600年的时间内,苏州先后创建了各具特色的500余所园林,如东晋时期的辟疆园、戴颙园,唐末的南园,宋元时期的沧浪亭、狮子林、隐圃、乐圃、石湖别墅、静春别墅等,明朝时期的拙政园、留园、网师园、真适园、安隐园、谐赏园、弇山园等,至清朝苏州已经有"城中半园亭"之誉了。这些"无声的诗,立体的画",在园林中游赏,犹如在品诗,又如在赏画。徜徉其中,可得到心灵的陶冶和美的享受。其中拙政园、留园、网师园、环秀山庄、沧浪亭、狮子林、艺圃、耦园、退思园这9座园林已列入世界文化遗产名录,而沧浪亭、狮子林、拙政园和留园分别代表着宋、元、明、清四个朝代的艺术风格,最负盛名,足以令居之者忘老,寓之者忘归,游之者忘倦,早已成为世界艺术宝库中的瑰宝、全人类的宝贵财富。

---

① [美]罗素著,秦悦译,《中国问题》,学林出版社1996年,第7-8页。
② [美]罗素著,秦悦译,《中国问题》,学林出版社1996年,第160页。
③ 西蒙德著,王济昌译,《景园建筑学》,台隆书店出版,1982年,第13页。

下篇 文　脉

远古以来，吴中大地的地理位置决定了它以农耕文化为主，兼有江海文化，得到了大自然的格外恩泽。1844年，马克思就曾深刻地指出，自然界生成为人，"没有自然界，没有感性的外部世界，工人就什么也不能创造""人靠自然界生活""人是自然界的一部分"。① 在"人与自然"这个有机整体中，人是自然这个大系统中所生成的一个子系统，自然界是人类不能须臾离开的生存环境，加之上古与中古时期苏州偏安一隅，与北方中原地区相比，战争稀少，生态环境良好，天时地利人和皆沾光，能不称为"人间天堂"才怪呢。

根据我国李伯重教授和英国著名学者伊懋可的研究，至明朝晚期，中国江南地区已经出现了早期的工业化和市场经济，苏州亦已成为商业贸易中心。显著的经济地位，提升了苏州的级别。在行政建制上，明代的苏州具有直辖市的身份，它直属中书省（相当于宰相府或国务院）管理，朱元璋撤销中书省后，又直隶六部管理，城市的级别是很高的。到了清朝，苏州的地位愈加重要，它是江苏巡抚衙门的所在地，也就是江苏的省会了。雍正时期，苏州市政当局再次扩容，由二县治一城变为三县治一城，这是大清朝十九个布政司所从来没有的。皇帝老儿看中的是苏州的银子和口袋里的粮食。

那时苏州的粮食、棉布、丝绸、食盐等充溢四方。城西阊门外的生意十分红火，既面向全国，又通过海上丝绸之路面向世界，成了"一二等富贵风流之地"，还出现了一个与皇帝比宝的大财主沈万三。衣食足而后知荣辱，口袋里有了钱就想"乐活"了。加之苏州盛产良材（盛产名扬天下的"三石"——金山石、太湖石与澄泥石）、历史文化积淀的厚实底蕴（科举出身的造园主人、文人及民间匠人皆"聪慧好古，亦善仿古法为之"）、吴人的集体智慧，造就了传世的苏州园林艺术杰作。

在倾城倾国的四大名园中，既有现存诸园中历史最悠久的沧浪亭，又有中国园林之母拙政园；既有神妙夺天工的禅宗园林狮子林，又有世界闻名的建筑空间艺术处理范例留园。特别是拙政园以黄石、湖石混合堆砌而成的"长廊"（又称"廊桥"），随势高下，状若波涛起伏，故而人称波形廊。沿着这波形廊散步，忽高忽低，时上时下，犹如置身于舟船，能感受到风浪的起伏（见图6-19）。

还有那水上的"小飞虹"，乃是全国园林中廊桥的精品。身处其中，如入仙境。爽朗的晴天，初露的朝阳，正午的强光，西沉的落日，都会在水中得到神奇的幻影。只要是来过这里，不管你是从哪一个角度出发，都会给你留下至深的印象，以至你不管走到哪里，只要看到东方的亭台楼阁，看到江南的小桥流水，便会想起这座中国名园。它为什么如此神奇？

---

① 《马克思恩格斯全集》第四十二卷，人民出版社，1979年，第92-95页。

第六章 小桥流水 师法自然

图6-19 苏州拙政园"长廊"（徐国源摄）

1. 以意境见长，以有限表现无限

中国的园林，其风格大致分为两类：一类为皇家园林，其风格以气势宏大见长，如北京的圆明园；另一类为私家园林（又称宅第园林），风格以精致小巧取胜。而苏州的园林二者兼有，在不同的历史时期经历了不同的发展阶段，我们从中可以看到其背后清晰的文化传承。

紫禁城是明清两代帝王的皇宫，钱有的是，从康熙到乾隆集中了天下能工巧匠，陆续修建起了一批皇家行宫苑囿，俗称"三山五园"（香山静宜园、玉泉山静明园、万寿山清漪园、圆明园和畅春园），为何还没有苏州的私家园林名气大？究其因有二：一是古代都是木结构房子，为了防火就在庭院里摆上水缸，后来水缸越来越大，为了审美开始种荷花养鱼，不过以前水缸多大是有限制的，有些在京城做官的人回到天高皇帝远的水乡江南，就把水缸发展成水池，舒展开一个独立的审美空间，作为文人听戏社交的场所，这便是私家园林的由来。二是园林是一种生活方式。俗话说，一方水土养一方人。山川水土风貌不同，生长在那块土地上的人，也就禀赋了不同的个性气质。百姓与土壤培育下的瓜秧，结下的瓜大小或不一，但一母所生的事实不容否认，这就是被后世誉称为中国山水诗鼻祖的谢灵运产生于江南的原因。苏州的古典私家园林与皇家园林相比在规模上是小中见大，讲究在有限的空间里创造无限的景象，追求咫尺山林，多方圣景的效果。比如苏州的网师园占地仅8亩，以布局合理、建筑精巧、尺度得当被推为苏州中小型私家园林的代表作。三是苏州园林选址上多在城市，往往与起居的住宅相连，居住与赏游合一，有"宅第园林""城市园林"之称，颇有唐代白居易的"中隐"情怀。与皇家园林带有的"人力所施，穷极侈丽，雕饰继盛，野致逐稀"相比，苏州古典园林受"绿色启示"，追求"虽由人作，宛自天开"的效果，极少使用彩绘，梁和柱子以及门窗栏杆大多漆广漆，是不刺眼的颜色。墙壁白色。有些室内墙壁下半截铺水磨方砖，淡灰色和白色对衬。屋瓦和檐漏一律淡灰色，这些颜色与草木的绿色配合，使人们有安静闲适的感觉。花开时节，更显各种花明艳照眼……尽量不留人工雕琢的痕迹,尽显"自然"本色,具有"适性为美""率性而为"、超然物外、优游自在的艺术境界。这种畅达流美、悠然自得的"畅势"和气势,使得紫禁城自叹不如了。

对于长于感性思维的中国人来说,意境是艺术的最高境界。由境生意,由境抒意,是中国人习惯的表达方式。基本特征是,以有形表现无形,以物质表现精神,以有限表现无限,以实境表现虚境,使有限的具体形象和想象中的无限形象相统一,化实为虚,化象为境,从而进入更高一层的精神境界。让观赏者在欣赏园林物化形象的同时体会到造园者所要表达的弦外之音、象外之致,从而产生园林的意境美。苏州园林出于人工又融于天然,虽具匠心又不落斧凿,成为传统中国山水审美的核心意象,完美地诠释了中国古人"天人合一"的审美境界和精神追求。主要表现为:景观诗意化——渗透着山水诗、山水画的意境,充满着诗情画意,犹如一首"无声的诗",一幅"立体的画"和一曲"凝固的音乐";景观动态化——随着人的走动,景观步移景异,且风雪雨霁之别,四季季相之殊,花草枯荣之变;追求意境无限——园林占地相对有限,规模不大,景观营造中常运用写意的手法,借助于联想,来拓展景物的想象空间,追求"象外之象,景外之景",特别是光、影、味所产生的各种虚景,能使得有限的景象展现无限的时间和空间。花木景观拟人化的品格——如梅的独傲霜雪,竹的虚心有节,兰的幽谷清香,荷的出淤泥而不染,均借以喻意人的高洁品格和情操,以使园林景观景中有情,情中生景,充满丰富的内涵。在手法上,采用对景、敞景、分景、框景、夹景及借景等处理方式来实现。如拙政园借北寺塔,往西看

图6-20　苏州拙政园"借景"北寺塔

过去近处是一池荷花,目光及远是树冠之间的一座宝塔——北寺塔。此借景可谓拙政园的点睛之笔,活灵活现,妙不可言(见图6-20)。此外,还利用风雨等,调动天象自然景观,创造出千变万化的景色,使园林更有自然情趣。

2. 在选址上观形察势,获取最佳生态、空间

讲究山川的来龙去脉和房屋的坐向,重视阴阳说、五行说、八卦说等传统理论的运用,以择定吉利的建筑基址、布局。其原型是依据西汉的"四神":前朱雀(水池),后玄武(山或楼),左青龙(河道),右白虎(道路)。这些

没有雕琢的符号,象征着以生态环境为灵魂的择址模式,它的基本要求是:四周宁谧安静,山环水绕,山清水秀,郁郁葱葱,水道绵延曲折,以形成良好的心理空间和景色画面,形成一个完整、安全、均衡的世界。这种高度理想化和抽象化的"四象模式",2500多年前伍子胥筑造"苏州阖闾大城"时就是如此。这是"通过对最佳空间和时间的选择,使人与大地和谐相处,并可获得最大效益、取得安宁与繁荣的艺术",被西方世界誉为"宇宙生物学思维模式"和"宇宙生态学"。如网师园、拙政园等住宅大门都偏东南,避开正南的子午线。门边置屏墙,避免气冲,"屏墙"呈不封闭状,以保持"气畅"。园林式院庭住宅,每进房屋前后为开敞的花木竹石的小天井,内外通透,阴阳之气充分对流,建筑与自然相亲、相融,人们在此享受着"明月时至,清风自来,行无所牵,止无所柅"的生活乐趣。

不能遗忘的是,苏州的园林大多建于小巷深处,"远往来之通衢",杂厕于民居之间,居尘而出尘,"隔尘""隔凡",避市嚣喧阗、尘鞅鞴辔。如"一迳抱幽山,居然城市间"的沧浪亭、"幽栖绝似野人家"的艺圃、阊门外花埠里的留园、阔家头巷深处的网师园、僻处"城曲"罕有车迹的耦园……曲径通幽,被称为"人境壶天",一如陶渊明用"人境"来象征"仙境"的桃花源,以"俯水枕石游鱼出听;临流枕石化蝶忘机",怡性又养寿。

3. 不讲究对称,追求自然美

现代著名作家、教育家叶圣陶先生在晚年为摄影集《苏州园林》写的序中说:"苏州园林是我国各地园林的标本,各地园林或多或少都受到苏州园林的影响。因此,谁如果要鉴赏我国的园林,苏州园林就不该错过。……我国的建筑,从古代的宫殿到近代的一般住房,绝大部分是对称的,左边怎么样,右边也怎么样。苏州园林可绝不讲究对称,好像故意避免似的。东边有了一个亭子或者一道回廊,西边决不会来一个同样的亭子或者一道同样的回廊。这是为什么?我想,用图画来比方,对称的建筑是图案画,不是美术画,而园林是美术画,美术画要求自然之趣,是不讲究对称的。苏州园林里都有假山和池沼。假山的堆叠,可以说是一项艺术而不仅是技术。或者是重峦叠嶂,或者是几座小山配合着竹子花木,全在乎设计者和匠师们生平多阅历,胸中有丘壑,才能使游览者攀登的时候忘却苏州城市,只觉得身在山间……"这位饱经沧桑的老人说的既平和又富有哲理。因他是苏州人,才有这份底气。

叶老先生的一番话,使我想起了"壶中天地"的典故,这则典故描述的是道家的法术,但寓意深刻。苏州园林小中见大,不也是可住可行、可精神理疗、冬暖夏凉、乐而忘归吗?呢喃着的吴语……小桥流水人家是江南永不过时的经典瞬间。

不对称源于"宇称不守恒"的基础科学原理。不对称,才有大千世界;宇宙源于不对称。从某种意义上来说，正是不对称创造了世界。大自然正是这样的建筑师，因而我们的世界才变得如此丰富多彩。正如著名的德国哲学家莱布尼茨所说，世界上没有两片完全相同的树叶。可以说，生物界里的不对称是绝对的，而对称只是相对的。实验研究证明，这是由于细胞内原生质的不对称性所引起的。据说科学研究还发现，不对称原生质的新陈代谢活动能力，比起左右对称的化学物质至少要快两三倍。

其实，不仅在自然界，即使在崇尚完美的人类文明中，绝对的对称也并不讨好。一幅完全左右对称的山水画，就显得呆板而缺少生气，与充满活力的自然景观毫无共同之处，根本无美可言。苏州园林美的奥秘正在于设计的"不对称"。

有个性才会产生让人好奇神往、摄人心魂的审美效果，实则在不规范化的形体中寓藏着生命的张力。

4. 师法自然，可望可行可居可游

黑格尔从他的美学体系出发，认为园林是介乎古典型的建筑和浪漫型的绘画之间的一种特殊的艺术。他认为中国园林艺术"是一种绘画"，它是充满诗意的天然图画。中国古典园林不同于西方古典园林的是"师法自然"，而西方古典园林（英国的自然风景园林除外）中的自然环境更多的趋向几何化。像几何形的道路，经过修剪的树木、水池、花坛和建筑化的喷泉、雕像等，强调古典主义建筑端庄凝重的风格。

中国园林，它的审美主体长期受着深厚的哲学美学的陶冶，而客体本身又是经过多种成熟的艺术——诗，是一种"创作自然，借景寓情"的艺术。从苏州园林的建筑来看，自然美包括山水、树木、花草等等，几乎所有的园中都有水池，有假山，有花草，有树木，创造一种小桥流水、荷花飘香的自然风光。它们绝不是机械地模仿自然，被动地顺应自然，而是记录了自然的美好的"形"，表现出自然的气势的"神"，寄寓着园主的"情"，浑然一体。

早在20世纪20年代，罗素就对东、西方文明作过公正而深刻的比较。他在指出当时中国人某些重大弱点的同时，又不满于西方人极端主义的所谓"竞争"，一针见血地指出其"颐指气使的狂妄自信……会产生更大的负面效果。……我每天都希望西方文化的宣扬者能尊敬中国的文化"。这位西方颇有预见性的哲学家，怀着对"进道若退"现象的忧患意识，回过头来拨开历史尘土，竟发现了东方智慧——人必须"与天地相依"。而这一思想，正是当今西方世界所急切关注的一个重点。所以美国哈佛大学出版社，接二连三地出版了《佛教思想与生态学》《儒家与生态》《道家思想与生态学》……即小见大，于此可见西方视线对中国的转向。美国环境哲学家科利考特还指出，道家思想是"传统的东亚深层生态学"，更进一步看到了东方生存智慧的价值意义。

第六章　小桥流水　师法自然

苏州古典园林基本上是山水写意园林,但它又超越了山水画。山水画只能实现"四可"(可望、可行、可居、可游)中的一"可"——可望,其他则必须诉诸想象。而苏州园林则真正能让人实现"四可"的美学愿望,真正实现了中国文人历来所渴慕的"结庐在人境,而无车马喧"的最高美学理想。

人和自然是双向交往、和谐相处的。马克思指出,"植物、动物、石头、空气、光等等……都是人的意识的一部分,都是人的精神的无机自然界""人的无机的身体"。① 总之,自然似乎就是人,人也似乎就是自然。这种天人双向交融的园林生活,既是"自然的人化",也是"人的自然化",是人向自然的真正回归。这就是苏州古典园林最重要的具有未来学意义的自然生态学价值。

徜徉于曲径通幽的艺术境界,人们会感到无拘无束、逍遥自在、清静闲适、悠然自得,也就是说,能在布局的自由中获得身心的自由,在生态的自然中归复人性的自然,自然美和人性美通过园林艺术美而交融契合。正因为如此,苏州的古典园林相继被列为世界文化遗产。它不仅是自然的赐予,而且是文化的积淀;不仅是中华民族的艺术瑰宝,而且是全人类共同的珍贵文化财富。它的美,使联合国教科文组织的专家哈利姆感到,"美好的、诗一般的境界""好像在梦中一样"!就像泥土、大地、空气、庄稼一样,以它原生的姿态冲击、摇撼、感染着我们的心。

吴地人是从稻穗里长大的,农耕是根基也是文脉。他们就像棉花一样,虽不名贵,花朵也不艳丽,但是它能让人类抵御风寒。自耕自食,男女老少生活怡然自乐。素朴的情怀,无私的追求,岁月历久,醇香依旧。

---

① 《马克思恩格斯全集》第四十二卷,人民出版社,1979年,第95页。

下篇 文 脉

第七章

吴侬软语　里仁为美

孟子说:"天时不如地利,地利不如人和。"他在天、地、人这三才结构中特别重视人的作用,而且把"人和"作为一种关键性的作用。有人提出中国文化有四种基本精神——天人合一、以人为本、刚健自强、以和为贵,这是很有道理的。吴地民间有一则广为流传的"拆字"解释:有"禾"入"口"是为"和","人"皆"能"言"谓之"谐"。前者讲的是民主和社会保障,后者讲的是民主与言论自由,二者具则"和谐"达也,这与今天的"民主法治、公平正义"是一致的。"和谐"是中华文明的精髓,亦是吴地人民世世代代的共同追求。在姑苏城外寒山寺,唐代高僧寒山、拾得被人们奉为"和合二圣";在杭州钱塘江边,六和塔耸立千年。崇"和"、尚"和"、重"和"、求"和"是吴文化乃至中国传统文化的基本内核,"和而不同,和中共进",在吴地几乎涵盖一切、贯穿一切,就连吴音也优美柔和。

一、甜甜脆脆　美美与共

乡音,是母亲的声声呼唤;乡音,是故乡的动听旋律;乡音,是你我的文化记忆。

在我国960万平方公里土地上有130多种语言、约30种文字,其多样性是我国宝贵的文化资源。美国著名语言学家萨丕尔认为,语言是一个民族最深刻的思想和感情的形式外衣。保留一种语言就保留了一种人类看待世界的方式,一种很精致的文化观念体系。它是文化的载体,而方言是一种语言的地方变体,它是在一定的条件下发展成为独立的地域性语言,有着浓郁的地方文化特色。

(一) 吴侬软语,古老柔美

江南多梦,山水多情。山在云中转,水在山中流;荷在水中开,鸟在荷中鸣;人在烟雾中,船在画中行。婀娜多姿的身躯,朦朦胧胧的面容,江南的山山水水醉倒了天下数不尽的有情人。而吴语话就连吵架的腔调也能吸引人。为此,清代的京城大户人家都流行雇苏州保姆,就因为会说苏州话。虽说苏州话不是官话,但在交流和作文中很重要,一些文艺作品也多含有苏州话,所以这些人家都想让孩子早点学好苏州话,故那时的《红草堂集》诗曰:"索得姑苏钱,便买姑苏女。多少北京人,乱学姑苏语。"

1. 吴侬软语的特征及渊源

在古代,不是每个人都有书写能力的,也没有今天这样发达的资讯和媒体,所以方言就成为人际交流圈中最重要的人情交往媒介。俗话说,"隔山不同腔,隔坳不同调",相距数千米的地方就有可能出现不同的方言,它是语言在时间和空间共同作用下的产物,更是地方文化认同最鲜活的体现。

文以载道,语可通神。长江三角洲地区的上海话、杭州话、苏州话、常州话等虽各有不同特点,但总体上都属"吴语区",其范围远远超过吴国的地盘,它几乎涵盖古扬州郡,即江苏南部、上海、浙江、江西东北部、福建西北角和安徽南部的一部分地区,大约有110多个县市,使用近亿人,系汉语第二大方言。它作为人类问候外星人的55种古老语言中的最后一缕声音,已于1977年随"旅行者"1号太空探测器送上了太空。

吴语区具体来说大体如下:江苏省境内属吴语或以吴语为主的县市有丹阳、金坛、高淳、溧阳、宜兴、武进、常州市区、江阴、靖江、南通、海门、启东、无锡市区、苏州市区、常熟、吴江、太仓、昆山、张家港市等。上海市以及所属松江、青浦、金山、奉贤、崇明、南汇、川沙、宝山、嘉定县等。浙江省除西部淳安(包括旧遂安)和建德(包括旧寿昌)两县外,基本上都在吴语区的范围之内,但浙江南部洞头、玉环、平阳、苍南、泰顺、庆元等县是吴语和闽语的交错分布。建德县北部下包、乾潭及其以东的各乡镇,南部唐村、里叶、大店口等地仍在吴语区内。江西省东北玉山、广丰、上饶3个县和上饶市也是吴语区。此外,福建省西北角的浦城县县城及其以北的乡镇,安徽南部郎溪县北部的梅渚、岗南一带和广德县的下寺、芦村等地也说吴语。南京人约1 000年前说的是吴语,后来改说"半官话"。通州

下篇 文 脉

乃吴语和北方语混杂地区。尤为重要的是，吴语和官话的分界地就在沿长江一带。

吴语的使用人数虽近亿，但又以苏州、无锡、常州一带的"吴侬软语"为代表。

2 300多年前，孟子就说"南蛮舌之人"（《孟子·滕文公上》）。"鴂"乃博劳鸟，"鴂舌"也就是说话像博劳鸟叫。东晋佛学大师、高僧支道林（314—366，又名支遁，陈留人，即今河南开封市人，般若学六大家之一）以吴县支硎山寺（今苏州城西25里的观音山）为起点，沿建康—京口—吴县—会稽之间畅通的江南运河水道，北上京师建康，南下会稽。《世说新语·轻诋》中记："支道林入东，见王子猷兄弟。还，人问：'见诸王何如？'答曰：'见一群白颈乌，但闻唤哑哑声。'"意思是说吴人说话，如同鸟的叫声。

南宋大词人辛弃疾（1140—1207）在《清平乐·村居》词中描绘道：

茅檐低小，溪上青青草。醉里吴音相媚好，白发谁家翁媪？
大儿锄豆溪东，中儿正织鸡笼。最喜小儿亡赖，溪头卧剥莲蓬。

柳亚子推崇的"三百年来第一流"的诗人，晚清思想家、文学家龚自珍（1792—1841，仁和人，即今浙江杭州人）也有两首写苏州的七言绝句诗：

灯痕红似小红楼，似水年华似水秋。
岂但此情柔似水，吴音还比水般柔。

凤泊鸾飘别有愁，三生花草梦苏州。
儿家门巷斜阳改，输与船娘住虎丘。

吴音优美柔和，婉转动听，妩媚可人，清雅绵软，甜甜脆脆，似吟似唱如莺啼，自先秦时起，就享有"软、糯、甜、媚"的赞誉，"水般柔"是其最大特征。现代诗人徐志摩在苏州女子中学的讲演中说："在这里，不比别的地处，人与地是相对无愧的，是交相辉映的，寒山寺的钟声与吴侬的软语一般的令人神往。"

苏州人说起话来，和风细雨，温柔入味。例如：

苏州人称"你"为"NEA"；"不要"为"弗要"。

那挑着"骆驼担"的老人，走街串巷，手里头拿着竹节，"笃笃笃"地敲着，嘴里唱着："笃笃笃，卖糖粥，三个铜钿一碗粥，伲格童年常吃粥，吃仔糖粥心满足。""笃笃笃，卖糖粥，三斤核桃四斤壳，吃仔伲个肉，还仔你个壳。"……有声有色，有情有调，有滋有味。

还有那卖花女（花娘）怯生生的叫卖声："卖花哎卖花哎！栀子花——白

第七章　吴侬软语　里仁为美

兰花,夜来香,茉莉花!"叫卖声随着花香漫进小巷,漫进深宅,成为小巷里最甜最糯的声音。

已故的苏州幽默大师张幻尔说,北方人吵架要动手时,便高喊:"给你两个耳光!"苏州人吵架要动手时,却说:"阿要拨侬两记耳光嗒嗒?"实在是有礼貌,动手之前还要先征求意见:"要不要给你两个耳光?"两个耳光大概也不太重,"嗒嗒"有尝尝味道的意思。又如苏州人把日常的劳作叫做"爬",常听见有老苏州街坊中对话:"你最近在做啥?""呒啥,瞎爬爬。""瞎爬爬"是谦词,意即胡乱做点事情。修建房屋、改善居住叫"爬房子";做家具、添陈设叫"爬家什";侍弄盆景叫"爬盆景";不停地做事叫"勿停格爬"。爬不是奔,速度可能不快,可却细致、踏实、永不停息,是一种"韧性的战斗"。苏州人细致而有耐性的特性,用不着调查了解,只要看一下吴地的刺绣、丝绸,游览过苏州的园林后便可得出结论,如果没有那些心灵手巧、耐心细致的吴人,就不可能有如此精美的绣品和精致的园林。

无锡人讲话也是这个腔调,比如:"妮岗稀奇弗稀奇咯(你说稀奇不稀奇)!"

一旦出事了或事情办坏了、做遭了,嘴里会认真不停地自言自语:"那么好哉!那么好哉!"是高兴呢？庆幸呢？还是琢磨思量原因、后果呢？冷静得简直叫你捉摸不透。

吴语体现了浓浓古老的遗韵和一种书卷气,句子结尾的语气词不用"了"而用"哉",一个"哉"字便能拖出无限的韵味。古人有"不亦快哉"或"幸甚至哉,歌以咏之"等,一个"哉"字道尽了多少难以名之的赞叹、兴奋与感慨!喜读古文的人听见苏州话定会有一种亲切感,因为它保留了最多最全的古入声等古汉语特点。因此,吴方言也被认为是现代汉语七大方言中历史最为悠久的方言之一。曾经有人说:倘若娶了个苏州女子,天天听着吴侬软语,过日子简直就像度蜜月,情话连绵。由于软糯,吴语就带着几分闲适和惬意,带着几分从容和淡雅。生活在现代和古代相交错的姑苏城,清早忙碌的人们涌出古城区,经营、创作、打工……生活像汽车的轮子,不停地转动。傍晚,人们又涌入古城,走入那狭窄的小巷,那禁闭的门扉,一开口,软软的苏州话,散散淡淡的,"今朝吃力煞哉"(意思是"今天很累"),即便是句抱怨,也是软软的、文绉绉的,一天的疲累就在这句话中散去,又转入了那闲适的不紧不慢的生活中。当代艺术家、散文家余秋雨在《白发苏州》中写道:"唯苏州,能给我一种真正的休憩。柔婉的言语,姣好的面容……"正如辛弃疾云:"醉里吴音相媚好。"

娓娓动听的吴侬软语,用悠扬婉转的评弹唱出来更加醉人。美国作家梭罗曾指出:"光知道忙碌是不够的。"产生于明末清初的苏州评弹,以王周士、陈遇乾、马如飞及蒋月泉为代表的软调式的艺术样式有助于调适身心,

下篇 文 脉

使人既能奋进，又充满情感，做一个刚柔相济的活生生的人（见图7-1）！2004年在苏州召开的第二十八届世界遗产大会上，苏州评弹大受海内外嘉宾的青睐。只要你听一听《苏州好风光》便知：

图7-1 苏州评弹表演

　　上有呀天堂，下呀有苏杭；
　　城里有园林，城外有水乡；
　　哎呀！苏州好风光，好呀好风光，哎呀哎呀；
　　春季里杏花开，雨中采茶忙；
　　夏日里荷花塘，琵琶叮咚响；
　　摇起小船，轻弹柔唱，桥洞里面看月亮；
　　桥洞里面看月亮，哎呀哎呀；
　　秋天里桂花香，庭院书声朗；
　　冬季里蜡梅放，太湖连长江；
　　推开门窗，青山绿水，巧手绣出新天堂；
　　巧手绣出新天堂，哎呀哎呀；
　　上有呀天堂，下呀有苏杭；
　　古韵今风，天下美名扬，哎呀；
　　说不尽苏州好呀好风光；
　　哎呀哎呀；
　　哎哎呀，说不尽苏州好呀好风光；
　　哎呀哎呀，说不尽苏州好呀好风光！

　　韩邦庆（1856—1894，松江娄县人，今属上海）撰写的《海上花列传》通篇采用吴语，是吴语文学的第一部长篇小说。其人物对话全用吴语方言，充满浓厚的地方色彩，胡适推崇备至，称为"吴语文学的第一部杰作"。胡适说："这是有意的主张，有计划的文学革命。……方言的文学所以可贵，正因为方言最能表现人的神情。通俗的白话固然远胜于古文，但终不如方言能表现说话人的神情口气。"并进一步期望："如果从今以后有各地的方言文学继续起来供给中国新文学的新材料、新血液、新生命，——那么，韩子云与他的《海上花列传》真可以说是给中国文学开了一个新局面了。"

　　作为一种母语的方言，一般都有成百上千年的发展历史，蕴藏着深厚的文化底蕴。吴语至少已有5 000多年的历史，南朝文学家刘义庆在《世说新语》中记有"未见他异,惟闻作吴语耳"。其他如《切韵》《广韵》《集韵》等隋唐以来的韵书,都收录了吴语的材料。唐代经学家陆德明,常以吴音去注释古代经传。出生于长洲(今吴县)的明朝通俗文学大师冯梦龙,对《吴歌》的搜集、整理与创作使吴侬软语闻名全国,致使一些上层人士,如崇祯皇帝的宠妃田妃、袁妃亦均以吴歌这一技艺来取悦皇帝。在明清时期,全国主要城市都有专以演唱吴歌为专长的艺伎,如著名的陈圆圆、董小宛、王翠翘等。当时的普通百姓亦以会唱吴歌为时髦,就是戏曲演员、江湖艺人亦以操吴语为荣。时下能说几句"吴侬软语"已成了时髦,并且正悄悄地形成一种时尚。"忽如一夜春风来",国内外众多的"新苏州人",正在一批又一批地学习吴侬软语,由此可见"吴语"之渊源。

《苏州市志》记载,民国17年(1928年),赵元任的《现代吴语的研究》首次科学系统地研究、记录了苏州等地吴语的语音、词汇和语法现象。到20世纪五六十年代,苏州方言中翘舌音已经消失,"说"与"塞"同音[səʔ]。今只在评弹演员、极少数老人中和娄葑、横塘部分地区残存。70年代中期起,青少年中有明显的音变,如尖音改读团音趋势迅猛,"尖[ts]、千[tsʻ]、先[s]"分别读同"兼[tɕ]、牵[tɕʻ]、轩[ɕ]",并因此而产生新声母[ʑ](如"齐、全"等字的声母);[aʔ]类读同[ɑʔ]、[iY]类变同[iø]已相当普遍,[ã]类也开始混入[ā];[Y]韵变化成新韵母[ei],如"楼、走";[uø]韵有时失落[u]介音,如管[kø]、完[ɦø];部分普通话读[y]韵的字,可与[ts]类、[n]、[l]声母相拼,如旅[ly]、需[sy]。以上音变,在一定程度上改变了苏州话的面貌,但单字调和连续变调较稳固,所以苏州话的"腔调"基本未变。①

究其原因有三:

一是"一方水土养一方人"。《汉书·地理志》上说:"凡民函五常之性,而其刚柔缓急,音声不同,系水土之风气。"江南有着温润的气候,甜美的水土,以苏州为例,属亚热带季风性气候,四季分明,自然条件得天独厚。据资料分析,苏州市年平均气温为15.7℃,最高为1998年的17.5℃,最低为1980年的14.9℃,平均气温的年际变化为2.6℃。最热月7月份,平均气温28.2℃,极端最高气温为40.6℃,出现在2017年7月。最冷月1月份,平均气温3.0℃,极端最低气温-9.8℃,出现在1958年1月。年平均降水量为1 094毫米,年降水日129天。年降水量最多的是1999年为1 783毫米,最少的是1978年为604毫米,年际变幅为1 179毫米。年降水日最多的是1980年为154天,最少的是1971年为99天。一年中以6月份降水量及降水日为最多;12月份月降水量较少。地下水资源丰富,属重碳酸钙型,水质较好。常年最多风向为东南风(夏季),其次为西北风(冬季)。年日照时数1 940.3小时,

---

① 《苏州市志》,江苏人民出版社,1995年,第317-318页。

年日照百分率为45%，无霜期长。地质稳定，地震基本烈度属6度设防区（即无地震区域）。常年温和湿润的气候，滋润了吴侬软语，因而至今保留了相当多的古音，嘴里好像每天都嚼着一颗活化石，一开口就是那儒雅的声音。

一种方言好听与否有些像我们听外文歌，其实不在于是否易懂，而是主要取决于语调、语速、节奏、发音以及词汇等方面。吴语的一大特点在于几乎保留了全部的浊音声母，具有七种声调，保留了入声。在听觉上，一种方言如果语速过快，抑扬顿挫过强，我们往往称这种话"太硬"，如宁波话；但如果语速过慢，缺乏明显的抑扬顿挫，我们往往称这种话"太侉"，如河南话。吴语语调平和而不失抑扬，语速适中而不失顿挫。在发音上，吴侬软语较靠前靠上，这种发音方式有些低吟浅唱的感觉，较少铿锵，不易高声，不大适合吵架，而最宜吟诗低唱。

这可能与吴人的饮食习惯有关：吴人好食鲜鱼活虾。古写的苏字上半部是个"草"字头，下半部就是"鱼"与"禾"，鱼的生存环境好且种类繁多，有名贵的刀鱼、鲥鱼、银鱼、鲈鱼、鳜鱼等。吴地先民自6 000年前采用渔具捕捉鱼类，逐步形成了罟、罩、筌、箪、叉、射等十余种捕捞工具；在烹调方法上有炙、蒸、烧、爆、薰、晒、腌、糟等等；在时令上有一月塘鲤二月鳜（鱼），三月甲鱼四月鲥（鱼），五月白鱼六月鳝，七月鳗鱼八月虾，九月鲫鱼十月蟹，十一鲢鱼十二青（鱼）的说法。吴地人还喜爱喝黄酒。黄酒是世界上最古老的酒类之一，源于中国，且唯中国有之。甲骨文中有"鬯其酒"之语，"鬯"字，就是我国最早出现的谷物酒（黄酒），它与啤酒、葡萄酒并称世界三大古酒。约在3 000多年前的商周时代，中国人独创酒曲复式发酵法，开始大量酿制。相传早在吴越春秋时期，吴中百姓已酿制出宫廷贡酒——"吴宫酒"——为低度、温和、营养、保健型的酿造酒。"乌程"（旧县名，秦置，今浙江吴兴南）的来历，相传也因善酿酒的乌、程二姓据此故名。黄酒"中和"而蕴含的刚柔相济之品格，是其他酒种所没有的。白酒烈性，辛辣冲口，缺乏温和；啤酒多苦，爽口有余，厚重不足；葡萄酒偏涩，涩味有余，刚劲不够。而黄酒却兼备协调、醇正、柔和、幽雅、爽口的综合风格，深得吴人的青睐，如著名的绍兴加饭酒、"沙洲优黄"、丹阳封缸酒、无锡惠泉酒、江阴黑米酒、上海老酒等等，至今中国黄酒生产区域主要集中在吴地——南方四省一市（浙江、江苏、上海、江西及福建）。

二是本土原生态，具有生动丰富而强大的生命力。吴侬软语是各个时期、各种文化融合的结晶，并随着历史的发展不断丰富与完善。比如"木佬佬"（很多）、"听得悟心啊悟心得来"（喜欢又喜欢、开心又开心、舒服又舒服）、"阿木林"（呆头呆脑、土里土气、容易上当受骗的人）等等，这些词语不仅生动而且词义丰富，有时一个词句可以表达普通话的许多层意思，有时它所表达的意思或含义普通话没有相对应的词句来表达，因此方言的丰富性及其源远流长的文化信息含量，使它带有极强的地域特点和本土特色，更容易产生当地人的文化认同感，因而具有更强大的生命力。这些都是现代普通话所不能比拟的，正所谓"道不远人"。

三是表达了一种个性与品质，具有生命力的象征。这从长三角各地举办广播、电视方言栏目无一例外取得成功得到说明。方言节目用乡音将不同年龄、性别、职业、身份、地位、经历的人紧密相连，达到心理同归。方言中的俚语、顺口溜都是反映民情民生的东西，具有原生态生活的一种冲击力。它是文化密码，易于形成共鸣。2001年11月2日，联合国教科文组织通过了《世界文化多样性宣言》，提出了文化多样性对于人类来讲就像生物多样性对于维持生物平衡那样必不可少，每个人都有权用自己选择的语言，特别是用母语来表达思想，创作并传播作品。"吴侬软语"的盛行，正是在推广普通话潮流下生存权力的体现。

有位学者在《吴语的命运》一文中说："今天的吴语，事实上也在变化着，正在向普通话靠拢。这样的变化可以说是不可逆转的，也是进步的。"笔者认为此言有失偏颇，因为从某种意义上来说，文化的灵魂是"活态"，请问都"靠拢"、统一了，文化又如何发展呢？普通话是我国通用语言，汉语方言和民族语言则传承了母语文化和地方文化。我国的语言政策，既包括"推广和规范使用国家通用语言文字"，也包括"科学保护各民族语言文字"。但当前我国汉语方言和少数民族语言存在丰富性与濒危性并存的基本事实，正如有关专家指出的"语言方言的磨损程度和消失速度已远超我们想象"，很多方言中的古音、古词、古义已经在年轻人的方言中消失，这是值得重视的。当下的语保工程专家认为："该说普通话的时候说普通话，该说方言的时候说方言，让两者各得其所，才能构建健康、和谐的语言生活。"语言有交际工具、思维工具、文化载体三个功能，保护好地方乡音有重要的战略价值。

人类的语言是不可复制的。吴语方言乃是一笔巨大的财富，是社会生活链中的一个重要方面。丰富多彩的方言反映了丰富多彩的世界，而方言的变迁又折射出社会的变迁，这是十分值得研究的。在一些地方出现的将推广普通话和消灭江南话相等同的做法，实在是令人遗憾的。随着人类的历史走进21世纪，对语言多样性的认识也逐渐深刻，欧盟将2001年定为"欧洲语言年"，对各少数语言和方言进行保护。一贯对本国少数民族语言和方言采用灭绝政策的法国，也终于认识到语言多样性的重要，对巴斯克语、布里多尼语等语言采用了宽容的政策。对于吴语这样一种使用人口比世界上大多数语言都多的汉语方言来说，如果在未来的一天消失，不只是江南的悲哀，也是整个中国的悲哀。文化的定义理所当然地会依据不同的时空条件而有所差别，文化的活的灵魂往往正是跃动于这些差别之间。

古吴人确实有着太多的故事。根据现代学者研究，古代吴越人说的是一种"胶着语",一字有多音节,不像古汉语是单音节。比如吴越民族的人名:余祭、余昧、句余、州于、掩余、屈羽、夷吾、无余、无任、无强、无诸、余喜……;国名和地名:句吴、攻吴、攻虞、于越、干越、句容、芜湖、无锡、余干、余姚、乌程、余暨、无盐、余不、余渔、余英、姑苏、姑复……这些人名和地名,今天已难知其确切含义,反映了古代吴越文明的独特意蕴。

与吴越民族独特的语言相对照,古代吴越民族的文字艺术还出现了独特"鸟虫书"(亦称"鸟篆")。笔者已在第二章中论及,不再赘言。

吴地不仅出美女、出英雄,而且出智人(名嘴)。《三国志》卷五三《吴书·薛综传》中记载了蜀国和吴国外交史上的一个故事:蜀使张奉使吴,以阚泽之名嘲笑泽,泽无能应变,综反嘲曰:"蜀者何也?有犬为独,无犬为蜀,横目苟身,虫入其腹。"奉曰:"不当复列君吴邪?"综应声答曰:"无口为天,有口为吴,君临万邦,天子之都。"于是众坐皆笑,而奉无以对。可见综以机敏善言著称,与诸葛恪同类。

语言是民族的命脉,是民族的凝聚力,是民族独立的象征。醉人的吴侬软语几乎成了江南美女的代名词。为防止历史文化名城内涵缺失,苏州、无锡等地已将"吴侬软语"列入非物质文化遗产保护。耳熟能详的"乡音无改鬓毛衰",诉说着方言传承千载的魅力。即使游子离乡多年、两鬓斑白,熟悉的乡音依旧能唤起对乡土的共鸣。

2. 吴侬软语的常用名词及代词

吴侬软语的词语十分丰富,现择其较常用的名词与代词列举如下。

名词:

霍显——闪电; 长脚雨——连日的淫雨;
先起头——起先; 濛松雨——毛毛雨;
矮模样——差不多了,快到时间了; 后首来、后慢来——后来;
众牲——牲畜; 猪锣锣——猪;
阴仔天——阴天; 羊妈妈——羊;
空阵头——光打雷不下雨; 象鼻头——象;
迷露——雾; 扁毛众牲——禽类;
热显——室内或背阴处受热辐射而产生的暑气;
鸭连连——鸭; 老孵(音部)鸡——老母鸡;
凌唐——冰锥儿; 雨麦——玉米;
白乌龟——鹅; 梗灰——生石灰;
寒寒豆——豌豆; 鹦哥——鹦鹉;
石卵子——鹅卵石; 扁蒲——瓠子;
老鸦——乌鸦; 烂泥、难泥——泥;
白活芦——生西瓜; 肌夹——翅膀;

第七章　吴侬软语　里仁为美

蓬尘——灰尘；
金睛鱼——金鱼；
辣火——辣椒；
大清老早——清早；
日逐、日朝——每天；
下昼、下梅昼、下半日——下午；
葛鳃——鳃；
糠虾——小虾；
虾蟆（音鞋麻）——蝌蚪；
癞团——蟾蜍；
壁虱——臭虫；
蚕宝宝——蚕；
游火虫——萤火虫；
结蛛（络网）——蜘蛛（网）；
灶镬间——厨房；
门膛子、门框——同一大门（院子）内的（住户等）；
门腔档——门框；
晴落管——水落管；
行灶——可搬动的、泥做的灶
镬干盖——锅盖；
抄——调羹；
捻（阴上）凿——螺丝刀；
滋钻——锥子；
被档头——缝在被子一端防污的布或毛巾；
被风洞、被头洞——被窝；
阿爹——祖父；
好婆、奥婆（儿语）、亲婆、好亲婆—祖母；
老老头——老头；
屋里、家里——称自己的夫或妻；
伯姆——妯娌；
阿舅——舅子（妻的弟兄）；
新妇——媳妇；
老拖、老末拖、末拖——最小的子女；
小干五——小孩；
小毛头——婴孩
熟视人——熟人；

生瓜——菜瓜；
垂夜快——傍晚；
甩水——鱼尾（菜名）；
延延豆——扁豆；
上昼、上梅昼、上半日——上午；
窝句笋——莴苣；
蓬哈莱——茼蒿；
水菜——蚌肉的总称；
田鸡——青蛙；
赚绩——蟋蟀；
角锰——蚱蜢；
老虫——老鼠；
麦蝴蝶——灯蛾；
墙门间——大门里的第一个门厅；
中间——小客厅；
庭柱——柱子；
扶（音胡）梯——楼梯；
火夹——火钳；
砧墩板——砧板；
面桶、浴桶——面盆、浴盆
引线、弦线——针；
签子——毛线针；
上代头——父母以上的长辈；
老头子、老头——俗称父亲或丈夫；
家小、家主婆——妻子；
娘姨——姑姑（父之妹）；
阿（入声）姨——妻的姐妹；
囡五——女儿；
小娘五——小女孩；
囡（阴平）囡——婴孩的爱称
老小姐——老处女；
客边人——外地人；

下篇 文　脉

书蹩头——书呆子；
菜花小姐——娇小姐(喻弱不禁风)；
咕食狗——唠叨的人；
煨灶猫——怕冷的猫,喻精神不振的人；
拗壁虎——处处与人相反的、脾气倔强的人；
馋痨虫——馋鬼；
笨思虫——笨蛋；
倒头光——钱到手就完的人；
十三点——说话行为不合常理、令人讨厌(的人)；
黄伯伯——办事不牢靠的人；
曲死、啊曲死——少见世面、不懂行、易受骗的人；
颗浪头、头颗浪——头、脑袋；
光浪头——光头；
抓巴眼——外斜视；
斗鸡眼、对眼——内斜视；
眼膛——眼眶；
鼻头管——鼻子、鼻孔；
乳蛾(胀)——扁桃腺炎；
滚脓——化脓；
涎(音馋)唾——唾沫；
纽(音藕)子——纽扣；
阿胡子——络腮胡子；
筋(鸡)肉痱子——鸡皮疙瘩；
轧叉——发夹；
饭米掺——米粒；
饭乳——锅巴；

薄浪汤——形容极稀的粥；
打金针——针灸；
肉夹气——不新鲜的肉味；
气冷肉、冰肉——冷冻肉；
线粉、索粉——粉丝；
角子——硬币；
洋囡囡——洋娃娃；
趟趟板——滑梯；
说书先生——评弹艺人；

老掐辣——精明、老练的人(贬义)；
雌孵(音部)雄——两性人；
百搭——麻将牌中的王牌；
黄牛肩胛——不肯担当责任；
酱缸浪头、亨冷头——大人物；
萎尿(音书)——遗尿；
面盘子、面架子——脸型；
眼乌珠——眼睛、眼球；
眯睫眼——近视眼；
青胖块、乌青块——青的肿块；
偷针眼——麦粒肿；
围(音于)身——围裙,饭单；
门襟——衣襟；
风疹块——荨麻疹；
寒热——发烧；
吞瘝——中暑；
手巾(音军)——毛巾；
脚馒头——膝盖；
软档——腰等易受损的软处；
饭泡粥——用米饭煮成的粥,喻啰嗦；
面汤水——煮面条的水、洗脸水；
馒头——有馅的包子；
酸胖气——变质食物的酸臭；
油耗气——油腻味；
铜钿——钱；
零汤团——零分；
木人头戏——木偶戏；
说书——评弹；
小书——苏州弹词；

第七章　吴侬软语　里仁为美

大书——苏州评话；
里向——里面；

近段——附近；
门前、眼泪门前——跟前；
代词：
我、奴——我；
侬——你；
哀个、该个——这个，这；
弯个、归个——那个，那；
搿搭——这儿；
哀丈、该丈——这样；
啥体——什么事、为什么；
啥、啥末、啥个、啥物事——什么；
捺亨——怎样；

谜（音梅）谜子——谜语；
口搭、哪搭、啥场化、啥地方——哪儿，什么地方；
边浪、伴边、边边浪——边上；
地浪、地浪向——地上。

我俚——我们；
俚笃——他们；
搿个（中指）——这个，那个；
哀搭、该搭——这儿；
弯搭、归搭——那儿；
弯丈、归丈——那样；
作啥——干什么，为什么；
啥人——谁；
几化——多少。

（二）里仁为美，共同富裕

"里仁为美"出自《论语》中的《里仁篇》。孔子说："里仁为美。择不处仁，焉得知？""里"，邑也；"仁"，仁爱也。"里仁为美"的意思是我们安顿的处所，要以仁为标准，达到仁的境界，也就到了真善美的境界。只有仁者，才能真心地喜好人、诚信人、团结人。孔子论学论政，皆重礼乐，仁则为礼乐之本。不能以礼让为国，怎么能实行礼呢？不能以礼让为国，则上下不敬不和，必相争，那就根本谈不上真善美，"永肩一心"（《尚书·盘庚》）。

吴地的宗祖之一——泰伯，就是"里仁为美""礼让为国"的楷模。其事迹，《史记·吴太伯世家》有载。不论他奔吴的指导思想如何，但他代表了时代前进的方向。可见，有德之人绝不会孤立，必然有来亲近他的人。泰伯所独具的"让贤、开拓、勤奋、创新"的精神，已成为吴文化发迹时期的精髓之一，在吴地人民中得到流传和弘扬。

春秋末期"礼崩乐坏"，为了争夺王位，父子兄弟相残，屡见不鲜。为此，孔子十分推崇泰伯的品德，称："泰伯，其可谓至德也已矣。三以天下让，民无得而称焉。"因此，后世称泰伯为"三让王"，即指泰伯第一次让位给弟季历，第二次让位给侄昌（即周文王），第三次又让位给弟仲雍。泰伯的谦让精神，一直被传为美德。

什么是美？从精神世界出发，"美是理念的感性显现"（黑格尔），美是自由的象征；从客观世界出发，美是自然，美是和谐；从主客观世界的相互关系出发，"美是关系"（狄德罗），美是主客观的统一。

东晋南朝时期，江南地区已成为佛教重心，尤其是苏州地区有"东方佛国"之称，早在三国东吴赤乌年间佛教就由吴地海路传入苏州，并留下了报恩寺。杜牧在《江南春》中感叹道："南朝四百八十寺，多少楼台烟雨中。"这固然与梁武帝萧衍（464—549，江苏武进人）在位48年，雅好辞赋、提倡儒学、大兴佛教有关，但主要还是受释迦牟尼创立的佛教的影响。佛教主张废除等级森严的制度，实行种姓平等，以慈悲为怀，普度众生，着重寻求解脱人生苦难。它将人生视作苦海，希望人们能从苦海中摆脱出来。其解脱的途径是：此岸（人生苦海）→济度（学佛修行）→彼岸（极乐净土），即从尘世到净界，从诸恶到尽善，从凡俗到成佛。这和莲花生长在污泥浊水中而超凡脱俗，不为污泥所染，最后开出无比鲜美的花朵一样。其重要信条之一是广爱博施，亦是孔子的"博施济众"与孟子的"仁民爱物"思想。施予一切有生命者以慈悲，希望和帮助他人解脱苦难，使之向善，获得快乐。而以葛洪、陆修静（406—477，浙江吴兴人）和陶弘景（456—536，丹阳秣陵人，今江苏南京）为代表的吴地道教，他们奉老子为教祖，在两晋南北朝时期盛极一时。这既是一种意识形态，也是一种文化。从广义上来看，儒、道、佛三教共同的追求亦是"和谐"。吴人"古为今用""洋为中用"，从一个侧面反映了吴地人包容、与人为善、里仁为美的一面。

其实，"里仁为美"是吴人骨子里的，太史公在《史记·货殖列传》中早已告知世人，历史上的江南"地广人希，饭稻羹鱼，或火耕而水耨，果隋蠃蛤，不待贾而足，地埶饶食，无饥馑之患……是故江淮以南，无冻饿之人，亦无千金之家"①。说明当时百姓的生活虽然清苦，但大家都差不多，既无"冻饿之人"，亦无"土豪"。经过历代艰苦奋斗，自强不息，厚德载物，才逐步富裕起来，"全吴之沃，鱼盐杞梓之利，充仞八方；丝绵布帛之饶，覆衣天下"（《宋书》）。但吴地人仍"细细"做事，"轻轻"为人。如躬耕起家的著名江南巨富沈万三就是一个案例，他不仅是当时江南躬耕起家的天下富贾，也是吴文化的杰出代表。

据沈氏家族《沈氏支谱》记载，沈万三祖籍浙江吴兴（今湖州）南浔镇沈庄漾，元末随父迁居苏州昆山周庄。沈父见此处人少荒地多，父子便躬耕桑梓。开始耕种的是一片低洼地，只出产芦苇和茅草。但他们勤于耕作，使之成了产量颇高的熟地。因为沈万三精于管理，十多年后便积累起第一笔财富，随即"好广辟田宅，富累金玉"，庄田多达1 300多亩，体现出平民初创阶段"第一桶金"的辛劳。

沈万三一方面开辟田宅，以躬耕起家；另一方面又进行二次创业，把"东走沪渎，南通浙境"、水路交通便利的周庄，作为商品贸易和流通的基地，把

---

① （西汉）司马迁撰，《史记》，甘肃民族出版社，1997年，第850页。

内地的丝绸、瓷器、粮食和手工艺品等从千墩东旁的青龙港运往海外，又将海外的珠宝、象牙、犀角、香料等运回国内，开始了"竞以求富为务"的对外贸易活动。据《云蕉馆纪谈》记载，沈万三"曾为海贾，奔走徽池宁太常镇豪富间，辗转贸易，致金数百万，因以显富"。由此可见，沈万三的起家是当时正常商人的正常经商结果，不外乎得益于江南水乡特有的地理环境和周庄的"天时地利人和"。故居中的一副对联则可印证：念之祖仓廪广集南北货，创先河舟楫远销东西洋。东南沿海的"海盗"们不仅汇集了千百年来中国的海洋史，还阐述了一个"盗"亦有"道"的人文内涵。沈万三靠的是勤劳、智慧、机遇、胆识和诚信，在商海中遨游，在风浪中行进，因而成为江南历史上的第一富豪。他崇尚创业，始终求实务实，"厚德载物"，演出了威武雄壮的活剧，创造了令世人难以想象的奇迹。

沈万三发迹后，没有沉湎于花天酒地、纸醉金迷，而是富后思文化。他专门以重金延请王行为塾师到周庄办学，是一位儒商。据说有一次，沈万三在沈字银楼，看到因中午时分，店内生意清淡，一个店伙计伏在柜台上没精打采地等着顾客来做生意。他走了进去，那管事的见老爷前来，少不得小心伺候。沈万三走到那个早已毕恭毕敬地站着的伙计身边，看着他说："做生意的'意'字，有什么讲究，你知道吗？"那伙计低下头来。沈万三拿过纸笔，一边写一边说："这生意的'意'字，上面是一个'立'字，就是说，要立在那儿等候买主，不能坐着、伏着等买主上门；这中间一个'曰'字，曰——就是说话，要主动地与买主打招呼，而且要和颜悦色；这下面是个'心'字，就是说做生意要和买主共心，讲求信誉。"一席话，说得那伙计头都抬不起来。后来，这事传了出去，沈字商号的所有店里，伙计们再也不敢懒洋洋地接待买主了。

尤其令人敬佩的是沈万三从内心里愿意做善事，愿意为国家效力、为民修桥铺路，乃至上疏自请"助筑京城三分之一"。这种全然不顾自己、"里仁为美"的纯朴情感，正是吴地人的奉献、致力精神。遗憾的是朱元璋这个皇帝老儿"忌富"，将沈万三发配到云南，又将其子沈茂打成"蓝党"，发配到辽东，使他一家南北分离，终于破败，客死异乡。对于沈万三的无私奉献，中国现代历史学家钱穆说："因为无我，所以才不朽。"

江苏宜兴的徐庆平在讲述他眼中的父亲——中国现代画家、美术教育家徐悲鸿时说：父亲为艺术呕心沥血，用他自己的话说是"爱画入于骨髓"，他为此节衣缩食。记得小时候家里从来没吃过全白米饭，一定是小米和大米一起煮的"二米饭"，这样可以省钱。张大千到家里做客，吃的是熬白菜，尽管大家知道张大千是美食家。徐庆平回忆说：父亲除了抢救艺术品，还经常把剩下来的钱去帮助一些困难学生，我记得，他一生没有进过银行存过钱。

出生于无锡的中国现代民族工商业者的杰出代表荣毅仁，他积极支持

下篇 文 脉

抗美援朝,捐献七架半飞机和大量衣物。1954年5月,他响应党和政府号召,提出对申新纺织公司等荣氏企业实行公私合营,在完成对资本主义工商业的社会主义改造中起了带头作用,为中国的工业振兴做出了重要贡献,被称为"红色资本家"。他虽出身名门,但始终保持着辛苦经营、克勤克俭的家风,不追求奢侈,不允许浪费。他担任国家领导职务后,更是坚持清正廉洁、严于律己,从不谋求私利和特权。他心系故里,造福家乡父老,创办江南大学。他的儿子荣智健捐款3 000万港元在太湖上修建了新宝界桥,与荣德生当年捐资修造的宝界桥珠联璧合,形成了"两水夹明镜、双桥落彩虹"的亮丽景观。1979年荣毅仁说:"只要国家给我工作,我就做,白天、半夜,什么时候找我都行。我才60出头,80岁前还可做点工作。"他为国家强盛、民族振兴、人民幸福做出了重要贡献。

1949年后,"一唱雄鸡天下白",春风又绿江南岸。经过三年的恢复时期,苏南广大农村出现了"萌生于50年代、衰落于60年代、活跃于70年代"的乡镇企业,"异军突起",离土不离乡、进厂不进城,发扬"四千四万"(说尽千言万语,走遍千山万水,经历千难万险,吃尽千辛万苦)精神,突破计划经济的樊笼,迅猛发展,在20世纪80年代上中期占据了苏南经济的"半壁江山",农村面貌焕然一新。与此同时,到20世纪80年代中后期,在苏州、无锡与常州3市及所辖的12个县范围内,广大群众与干部又创造了"四为主一共同"(以集体经济为主,以乡镇工业为主,以市场取向为主,以政府推动为主,走共同富裕道路)的"苏南模式",形成了以城带乡、以乡促城、城乡共同繁荣的发展格局,在实现城乡发展一体化方面走在了全国的前列,为全国农村改革提供了宝贵经验。

被誉为"天下第一村"的华西村,位于江苏省江阴市华士镇。该村1957年原属瓠岱乡的华西村,撤区并乡后,改属华墅乡,因在华墅西边,故名"华西村"(又名华西大队)。初建时,人口667人,集体资产2.5万元,人均分配53元。1964年冬,华西村制定了《华西十五年远景规划》,逐步富裕起来,加快了社会主义新农村建设步伐。自2001年开始,通过"一分五统",即村企分开、经济统一管理、干部统一使用、劳动力统一安排、福利统一发放、村建统一规划的方式,帮带周边的华明村、前进村、泾浜村、三金巷等20个经济薄弱村共同发展。华西村的面积也由原来的0.96平方公里扩大

图7-2 江苏省江阴市华西村

到35平方公里,人口由原来的2 000多人增加到3万多人(加上外来员工逾5万)。整个大华西村实现了"基本生活包,老残有依靠,优教不忘小,三守促勤劳,生活环境好,小康步步高",先后成为"别墅村""轿车村""直升飞机村",拥有40多项"全国第一"。多年来,该村经济保持着持续、高效、健康发展。走进华西村,只见高楼大厦,店铺成行,白天游客川流不息,晚上霓虹五彩闪烁。村里商场、宾馆、医院、休闲及各种文化娱乐设施齐全,家家有轿车,户户有电脑(见图7-2)。

第一产业:从2012年开始,农业已经向绿色农业、生态农业、观光农业转型。华西都市农业示范园区由园艺中心、无公害蔬菜水果、畜牧水产、花卉苗木、稻麦油料基地等组成。智能化温室总面积达12 000多平方米。

第二产业:1996年该村旗下华西集团被农业部评定为全国大型一档乡镇企业,并获得"全国乡镇企业先进企业"等荣誉称号,下属有几十家企业和10多家中外合资企业,形成了多个生产门类、1 000多个产品和"华西村"牌、"仁宝"牌等多个系列品牌产品。同时,1999年"华西村"A股股票在深圳上市,成为全国第一家以村命名的上市公司,《人民日报》、中央电视台等多家新闻媒体称其为"中国农村第一股"。

第三产业:1974年后经国家有关部门批准对外开放,已成为江南田园旅游中心、爱国主义教育基地,有华西金塔、华西塔群、幸福园、华西世界公园、文化产业中心等等诸多景点,每年接待国内外游客逾百万人次,被称为中国农村的希望所在。

老书记吴仁宝(1928—2013)说:"个人富了不算富,集体富了才算富;一村富了不算富,全国富了才算富。"他还编写了爱党爱国爱华西、爱亲爱友爱自己"六爱",以及"十穷戒词""十富赞歌"等。他从1957年担任华西村党支部书记后,把一个贫穷落后的小村庄建设成为享誉海内外的名村,先后被评为中国农民的杰出代表、全国劳动模范、中国十大扶贫状元等。2005年,他还作为封面人物登上了美国的《时代周刊》,被誉为社会主义新农村建设的一面旗帜。

现任党委书记吴协恩说,华西村经过10多年的"数量转质量、体力转脑力",不仅在国内涉足多个市场,还走出国门。他不希望华西人被称为"土豪",所以这两年除了发展经济,更多的是让村民们富了口袋还要"富脑袋",他说:"没有具体算过,大概每年用于村民各种培训、学习的费用加起来超过千万元了吧。"村里还为村民建造了众多的娱乐、健康和体育设施,村民们每年花2 000元办张卡,就可以在村里设备一流的健身中心娱乐健身;若想跟家人朋友看个电影,村里就有设施先进的大影院。此外,村民们还可以轮流分批到全国和世界各地有目的地去旅游开阔眼界,见识"天外有天",知道自己还有哪些不足,可以借鉴哪些先进的经验。

下篇 文　脉

马克思曾指出:"人的本质并不是单个人所固有的抽象物。在其现实性上,它是一切社会关系的总和。"①人只有在与他人的社会交往之中,在组成社会团体的合作之中,才能发现人的意义所在。华西村始终不忘先富帮后富,里仁为美,共享小康。多年来,该村在帮邻近村庄富起来的同时,还为中西部20多个省、区农村举办了100多期培训班,培训村干部1万多名,带动10多万人脱贫致富,还到宁夏、黑龙江建设了两个"省外华西村",建好后无偿移交给当地。黑龙江华西村现已成为"东北第一村";宁夏华西村收入成倍增长,前几年就成了"亿元村"。有位名人说:"产生巨大后果的思想常常是朴素的。"正是华西村朴素的幸福观,才创造了当代的田野"神话"。

人们常说,榜样的力量是无穷的。在华西村的影响下,邻近的张家港市南丰镇永联村实现了质的飞跃。永联村原是一片长江滩涂,1970年春,原沙洲县(现张家港市)组织千余民工围垦,后陆续从南丰、鹿苑、兆丰、大新等地迁来213家农户808名社员,组建南丰公社23大队。从此,永联开始了它的历史纪元。建村时之所以取名"永联",即寓意"永远联合"。由于该村地势低洼,涝灾易发,成了苏南地区面积最小、人口最少、经济发展最为落后的村庄之一。改革开放给永联带来了生机。村民们用"自强不息、团结奉献、实干争先"的精神,最初打破"以粮为纲"的禁锢,挖塘养鱼搞副业,后来"以工兴村"办钢厂。昔日的穷村蜕变为"华夏第一钢村",成了"全国文明村""国家级生态村""全国民主法治示范村",实现了科学协调、持续绿色发展(见图7-3)。

图7-3　江苏省张家港市永联村

全村居住方式城镇化、生产方式产业化、生活方式市民化、就业方式多

---

① 《马克思恩格斯选集》第一卷,人民出版社,1972年,第18页。

样化、管理方式规范化、收入方式多元化,实现了农业、农民、农村发展方式的转变。全村98%的村民实现了集中居住,98%的耕地实现了集体流转,98%的劳动力实现了就业,98%的村民享受到了比城市居民更优越的福利保障。在10.5平方公里的村域内,小镇水乡、花园工厂、现代农庄、文明时尚,构成了一幅"中国特色农村现代画"。从1995年起,周边几个经济薄弱村相继并入永联村,村民从当初的数百人激增至上万人,再加上为永钢集团和永联村服务的外来人员,生活在永联村的人口总量现已超过3万。在全国60万个行政村中,永联村经济总量排名前三、上缴税收排名前二、全面建设名列前茅,2016年被评为"中国十大国际名村"。村民文明礼貌、爱心互助,兴起"全民慈善"之风,永钢集团历年捐赠累计总额逾1.1亿元,村里每年在慈善方面的投入也达2 000万元之多。

可感、可见的中国优秀传统文化正在吴中大地发扬光大,里仁为美,共享发展,体现出中华民族特色和最本初的文化因子。

二、和谐和合　融合发展

和谐,源自中华文化的"和"观念。"武不可黩,文不可匿。"中国古代政治家在2 000多年前就提出了抑武扬文的原则,并载入史册和经典,使之成为中华人文传统的沉沉一脉。

《尚书·尧典》中说帝尧能团结天下人民:"克明俊德,以亲九族。九族既睦,平章百姓。百姓昭明,协和万邦。黎民于变时雍。"这里的"协和""雍"就是"和谐"。孔子提出:"礼之用,和为贵。先王之道,斯为美。"150多年前,马克思对"和谐社会"也是大加赞美的,他最有价值的两部经典著作《共产党宣言》和《资本论》的核心,阐述的亦是和谐社会理论,他与中国和谐社会思想的哲学核心"天人合一"的观点也是完全一致的。

1. 以和为贵,以和为美

在中国的先贤们看来,"和实生物"(《国语·郑语》),即"和"是事物产生和发展的内在根据,"和"是"万物之母"。不仅自然界"致中和",就能"天地位焉,万物育焉"(《中庸》),而且人类也是因为"受此天地中和之气得以生育"(《左传·成公十三年》,孔颖达疏)。

儒家的另一部重要经典《周易》乾卦中说:"保合大和,乃利贞。首出庶物,万国咸宁。"所谓"大和",也就是"道",乃"和之至也"。儒家认为,致"大和",就可以万国安宁,民族繁荣昌盛。"大人者,以天地万物为一体者也,其视天下犹一家,中国犹一人焉"(王阳明)。朱熹在解释孟子的"仁民爱物"时亦说"物,谓禽兽草木。爱,谓取之有时,用之有节"(《孟子集注》卷十三),充分体现出宋儒"仁者""大人"在"心灵—社会—宇宙"的关系上和谐相处的价值目标。可见,自古以来,中国人民就意识到和平是社会发展与国家安定的首要条件,它既是中国人民的社会意向,也是一种文化哲学。

"尚和""敬和""以和为贵",但这"和"又有别于"同"。不能以"同"来取代"和",或者说不能将"和"与"同"混为一谈。"和"的达成是通过"我"与"他"之间协调、协商、对话的形式逐步实现的,而要做到这一点,又必须以对"他者"的尊重、理解为前提。这就是"和而不同""以他平他谓之和",也即"平和"。

"和"与"合",前者强调的是不同思想观念和利益需要之间的协调,后者强调的是主客体一致意义上的"天人合一"或"天人合德",二者统一于社会关系以及人与自然关系的双重和谐中。儒家的所谓"和",不是无原则的"同一",而是在保持个性基础上的"统一"。《国语·郑语》中说:"夫和实生物,同则不继。以他平他谓之和,故能丰长而物归之;若以同裨同,尽乃弃矣。"意思是,世间万事万物的生存发展之道在于不同事物之间的相互平衡、相互协调,而不是同一事物的简单相加。孔子将这一思想引申到人伦关系之中,强调"君子和而不同,小人同而不和"(《论语·子路》)。随着经济社会生活日益多样化和人们思想活动的独立性、选择性、多变性、差异性明显增强,进一步研究"和而不同"思想的丰富内涵,弘扬其合理内核,对于形成既思想统一、人心凝聚又百花齐放、百家争鸣的和谐社会氛围无疑是必要的。吴地人在"和而不同"之上追求超越"不同"的"大同",开放多元、与时俱进,"和而不同,和中共进"。

季札,春秋时吴王寿梦第四子,称公子札,是一位与江阴历史渊源有关的古代贤人。相传为避王位"弃其室而耕"于江阴申港东南的舜过山下,人称"延陵季子"。季札不仅品德高尚,而且是具有远见卓识的政治家和外交家。他重信义,广交当世贤士,为传播吴文化做出了贡献。一次季札途经徐国时,徐国的国君非常喜欢他佩带的宝剑,但难于启齿相求,季札因自己还要遍访列国,当时便未相赠。待出使归来,再经徐国时,徐君已死,季札毅然解下佩剑,挂在徐君墓旁的松树上,侍从不解,他说:"我内心早已答应把宝剑送给徐君,难道能因徐君死了就可以违背我的心愿吗?"此事深受徐人敬重,传为千古美谈。

苏州古城西有座寒山寺,虽无山,但它"采天地之灵气,吸日月之精华""总是千年的风霜""涛声回荡在天外"。寺内有"和合二仙"又称"和合二圣",他们是凡人肉身、真人原型的中国民间爱神。一位手持荷花,另一位手捧圆盒,盒中飞出五只蝙蝠,他们相亲相爱,笑容满面,十分惹人喜爱。那荷花是并蒂莲的意思,盒子是象征"好合"的意思,意为"和(荷)谐合(盒)好"。而五只蝙蝠,则寓意着五福临门,大吉大利。他们的名字,一位叫寒山,"似儒非儒,非儒亦儒;似道非道,非道亦道;似僧非僧,非僧亦僧;似俗非俗,非俗亦俗"(魏子《寒山子其人其诗之我观》),另一位叫拾得,寒山和拾得都是

第七章 吴侬软语 里仁为美

唐代天台寺的僧人。寒山诗写得很美,曾隐居在天台山寒岩,因名"寒山",他与在国清寺曾当过厨僧的拾得和尚相见如故,情同手足。拾得是个苦命人,刚出世便被父母遗弃,抛弃荒郊,幸亏天台山的高僧丰干和尚化缘路过其处,他慈悲为怀,把拾得带至寺中抚养成人,并起名"拾得",待他受戒后派至厨房干杂活。拾得常将一些余羹剩菜送给还未入寺的寒山充饥,他俩真谓贫贱之交。国清寺的丰干和尚见他俩如此要好,便让寒山进寺和拾得一起当厨僧。自此后,他俩朝夕相处,更加亲密无间。寒山和拾得常一起吟诗答对,后人曾将他们的诗汇编成《寒山子诗集》,其中寒山作311首,拾得作54首。①

寒山和拾得是继丰干以后的唐代高僧,于唐代贞观年间由天台山至苏州妙利普明塔院任住持,诗歌唱偈,慈悲济世,弘法利生,和合人间,此院遂改名为闻名中外的"寒山寺"。我国民间珍视他俩情同手足的情意,把他俩推崇为和睦友爱之神。至清代雍正皇帝(1733年)正式封寒山为"和圣"、拾得为"合圣","和合二仙"从此名扬天下。寒山寺大雄宅殿的后壁嵌有扬州八怪之一的大画家罗聘所绘的寒山拾得写意画像石刻(见图7-4)。佛殿的后壁嵌有寒山诗31首,每年的新年之夜有大批国内外民众到寒山寺听钟声、拜和合二仙,延续"和合文化",倡导世界大同。

图7-4 苏州寒山寺寒山拾得"和合二仙"石刻像

多年来,江南各地民居中许多家庭常年将"和合二仙"画轴悬挂于中堂,取谐好吉利之意,以图吉利。在传统的婚礼喜庆仪式上,也常常挂有"和合二仙"画轴,以示新婚夫妇恩爱、白头偕老、永结同心之意。

文化名人倪方六先生认为,"和合"即"和谐",比如古时就有男女情人间用鞋喝酒的现象,就是基于"喝鞋"(和谐)。元陶宗仪《南村辍耕录》"金莲杯"条称,"杨铁崖耽好声色,每于筵间见歌儿舞女有缠足纤小者,则脱其鞋载盏以行酒,谓之金莲杯"。对这种民俗现象,现代学者叶舒宪等认为,男女用鞋喝酒,除了表示"和谐"外,还因为鞋总是成双成对,喻意"二合为一"。

"和则一,一则多力"(《荀子·王制》),就是说,"和"能带来合力与双赢。明朝郑和(1371—1433)于1405年至1433年七下西洋,历时28年。每次出使都约有260艘船只,航行人数最多达27 000多人,航行15 000多海里,揭

---

① 项楚,《寒山诗注(附拾得诗注)》,中华书局,2000年,前言第5页。

开了人类大航行时代。七次成功地远渡重洋,使身为太监的他成为一个真正的男子汉。

郑和七下西洋的主要目的有:

一是推行和平外交,稳定东南亚地区国际秩序。郑和下西洋前,中国周边的国际环境动荡,主要表现在东南亚地区各国相互猜疑,互相争夺。当时东南亚两个最大的国家爪哇、暹罗对外扩张,欺压周边一些国家,威胁满剌加、苏门答腊、占城、真腊,甚至在三佛齐还有杀害明朝使臣的,拦截向中国朝贡的使团。与此同时海盗猖獗,横行东南亚海上,十分嚣张,海上交通线得不到安全保障。这些不稳定的因素,一方面直接影响中国南部的安全,另一方面极大影响了明朝的国际形象,不利于明朝的稳定和发展。在这种形势下,明朝皇帝采取了"内安华夏,外抚四夷,一视同仁,共享太平"的和平外交政策,派遣郑和率领船队下西洋通过各种手段,调解及缓和各国之间矛盾,平息冲突,消除隔阂,维护东南亚、南亚地区稳定,保障海上交通安全,从而把中国的稳定与发展同周边联系起来,试图建立一个长期稳定的国际环境,提高明王朝的国际威望。

同时,也可以看出郑和的船队有强大的军事实力,但不是用于侵略扩张,而是用于实现和平的目的。在当时国际环境条件下,陈祖义几千人,阿烈苦奈儿上万人,没有强大军事实力做后盾是难以实现和平的。李约瑟曾说,东方的航海家中国人,从容温顺,不记前仇,慷慨大方,从不威胁他人的生存(虽然以恩人自居);他们全副武装,但却从不征服异族,也不建立要塞。

二是震慑倭寇,牵制蒙元势力,维护国家安全。当时,威胁明朝安全的势力主要来自东部海上的倭寇、北方的蒙元残余势力和西北的帖木儿帝国。倭寇最早出现在元朝末年,日本国内发生内战,部分武士和浪人为了生存便到中国沿海抢劫,到明初朱元璋时期非常猖獗。当时明朝刚刚建立,国内还不稳定,所以集中精力安内,国防上采取被动的防御战略,在沿海省份设立卫所,在北方修长城和派兵屯边。

朱棣时期,陆海两方面对明朝的安全构成了严重威胁,于是朝廷改变了被动防御战略,主动出击。陆上方向实施迁都、亲征漠北;海上方向组建了郑和舟师,震慑和打击倭寇及反明势力,并从海上实施战略包抄,对西北方向进行战略上的牵制,从而减轻明朝北部的压力。

三是发展海外贸易,传播中华文明。郑和下西洋的使命主要是政治目的,同时也带有一定的经济目的,国家实施这么大的战略行动,它是有多方面考虑的。郑和船队在下西洋的过程中展开了许多贸易活动,主要有三种形式:

第一种朝贡贸易。这种贸易是郑和下西洋贸易活动的基本形式,带有封建宗主国的性质。通过这种形式获得一些小国对明朝宗主地位的认可,这是朝贡贸易的政治目的。当时各国都积极到中国来朝贡,一方面为了得到明朝的庇护,一方面也为得到丰厚的赏赐。据统计,朱棣在位22年,与郑和下西洋有关的亚非国家使节来华共318次,平均每年15次,盛况空前。更有文莱、满剌加、苏禄、古麻剌朗国4个国家先后7位国王亲自率团前来,最多一次有18个国家朝贡使团同时来华,还有3位国王于访问期间在中国病逝,他们遗嘱要托葬中国,明朝都按照王的待遇厚葬。

第二种官方贸易。这是郑和下西洋的重要内容,它是在双方官方主持下与当地商人进行交易,是明朝扩大海外贸易的重要途径。郑和船队除了装载赏赐用的礼品外,还有中国的货物,如铜钱、丝绸、瓷器、铁器等。这种贸易可以用明代铜钱买卖,多数以货易货,最有影响的是击掌定价法。在印度古里国,中国船队到达后,由当地的代理人负责交易事宜,将货物带到交易场所,双方在官员主持下当面议价定价,一旦定下,决不反悔,双方互相击掌表示成交。这种友好的贸易方式,在当地传为美谈。郑和下西洋期间,尤其是后几次下西洋贸易规模扩大,遵循平等自愿、等价交换,具备了国际贸易的一些基本原则。

第三种民间贸易。这种贸易一定程度上是在郑和下西洋贸易活动的带动下出现的。它不是通过官方,而是由商人或民间自发性展开的。郑和下西洋消灭海盗,维护了海上安全,开辟了航线,促进和刺激了民间贸易。据有关学者研究,郑和使团不禁止下西洋官兵带一些中国货物在沿途进行交换。东南亚百姓对中国丝绸、瓷器、工具非常喜欢,郑和船队一到都争先恐后地划船到码头交易,有的还请官兵到当地的集市设摊交易。当时中国主要输出的有瓷器、丝绸、茶叶、漆器、金属制品、铜钱等,换回的主要是珠宝、香料、药材、珍奇动物等。如"麒麟",它是中国古代神话传说中的神兽,南京虽有个"麒麟门",但人们从未见过麒麟。当郑和的船队航行到东非,带了两只长颈鹿回来,国人无不欢乐,认为那就是祥瑞之兆的麒麟。当时郑和从海外带回100斤胡椒,当地价值1两(银),回到国内出售20两,利润颇丰。

郑和下西洋每到一处,不仅进行海外贸易,还传播先进的中国文化。当时东南亚、南亚、非洲一些国家和地区社会发展比较落后,非常向往中华文明。郑和下西洋肩负了"宣教化于海外诸番国,导以礼仪,变其夷习"的使命,他出色地将中华礼仪和儒家思想、历法和度量衡制度、农业技术、制造技术、建筑雕刻技术、医术、航海造船技术等远播海外,在中外文化交流史上写下了新的篇章。现在海外还流传许多郑和的故事:在马来西亚有三宝山、三宝井,印尼有三宝垄、三宝庙等,均留下了郑和遗迹,表达了当地人民对这位传播中华文明先驱的敬意。可见"和谐而又不千篇一律,不同而又不彼此冲突;和谐以共生共长,不同以相辅相成"。2007年6月,郑和被美国《商业周刊》评为迄今为止历史上最伟大的30名企业家之一。《商业周刊》对郑和的评价是：他的航海经历足以与最大胆企业家的冒险史相提并论，为后来6个世纪的冒险家树立了榜样。

已有400多年历史、在国际上享有盛誉的无锡惠山泥人——"大阿福"，她那笑容可掬、敦憨厚实的形象预示着和谐和合、团团圆圆、国泰民安，是欢乐祥和、友谊的象征，被国家博物馆收藏。康熙至乾隆时期苏州桃花坞木刻年画《一团和气》（现收藏于日本广岛宝物馆）距今已有300年的历史，是木刻年画鼎盛时期城市文人画的代表作，它的线条细腻流畅，色彩淡雅，工艺精美，立意高雅。人物面部造型强，既凸显了老人的慈祥，同时也有孩童的活泼，表达了世人团结如意的愿望。服装中有锦缎的花纹，其上绘有蝙蝠和海浪，寓意福如东海（见图7-5）。

图7-5 苏州桃花坞木刻年画《一团和气》

庄子有一句话："神农之世，耕而食，织而衣，无相害之心，是谓同德。"恩格斯认为这种单纯质朴的氏族制度是一种多么美妙的主义（原始共产主义）。这些都从侧面说明：刀耕火种的生产力水平形成了一种单纯质朴的氏族制度，而这种制度反过来又推进了农业科学技术的发展；人类开始敬畏自然，崇拜图腾，神话农作。因此，在农业文明早期，正是野生动植物的驯化开始了初始性的对科技和人文的推动；而氏族制、敬畏自然的人文环境与低科技、低生产力水平一直是良性互动、和谐发展的。

进入到农业文明时期，人与自然、科技与人文之间仍有着双重的良性互动。那时候，物质循环代谢的总量与人口、需求以及环境的容量相适应，不大存在人与自然矛盾的问题，也不存在环境问题。越是精耕细作，越是科技进步，人类对物质和能量的利用效率越高，这个循环系统越有效。这种状况可以概括为：在可再生的生物闭合式的物质能量循环基础上，与自然和谐并可持续的这种人工生态系统（农田生态系统），与自然是比较相适应的。比如，吴越人早在三国孙权时，就开始在稻田养鱼，这种"顺天时，量地利，用力少，成功多"的"天、地、人、稼"和谐统一的思想及由此创造出的多种生态农业模式，不仅缓和了人地紧张的关系，还较好地保护了生态环境。

今天，我们倡导"和谐文化""和谐社会""和谐城市""和谐社区""和谐家庭"，并在现代化建设中孜孜不息地实践着。因为吴地经济走到了既需要继续保持强劲的发展势头，又需要转变它的发展方式的关键时期，更需要"和谐的哲学"。这种哲学,是全面、协调、可持续发展而使人民共享发展成果的哲学。马克思主义认为,社会发展往往不以个人的主观意志为转移,而是各种主客观力量合力推动的结果。但是,合力的形态是多种多样的,革命时代主张斗争性的合力,和平建设时代则要着重发挥和谐性的合力。宋朝著名的哲学家张载(1020—1077)说"仇必和而解"(《正蒙·太和篇》),就是用和谐的方法来消除矛盾、解决矛盾,使事物向一个更新的方面发展。只有"和"才有永恒的爱,才有生机和活力。人与人相合,人与社会相合,人和自然相合,虽然有矛盾,但和谐是第一位的,这是中国人的价值取向。不过要实现和谐社会是需要经过长期奋斗、不懈努力才能逐步实现的。现代和谐社会的基本特征应该是:民主法治、公平正义、诚信友爱、充满活力、安定有序、人与自然和谐相处的社会。它和传统的和谐社会相比,有两个重大区别:一是现代的和谐社会是以人为本的,因而能够激发整个社会的活力;二是现代的和谐社会是建立在社会公平与正义基础上的,因而具有可持续性。吴地亿万人民正在实践中探索,创造性地传承发展。

2. 和谐和合,融合发展

人生而平等,上苍绝不会安排一个在天堂,一个在地狱。大自然的恩赐产生了农业(天赐的野稻、野谷等物种),中华文明的根在农耕,村落是我们最早的家园。鸣响中国农村改革的"第一声惊雷"在凤阳小岗村,而吴中大地的"苏南模式"走共同富裕的道路与城乡一体化的实践与创新,则为全国提供了重要的经验和样本。

① 产业融合,城乡一体

产业融合发展是一种超越产业边界的有效整合和配置价值链上经营资源的驱动机制,也是我国迈向农业现代化、实现提质增效的新机遇。所谓"第六产业",是国际上关于产业融合的一种形象说法,其实就是打通一、二、三次产业的现代农业。"1+2+3"等于6,"1×2×3"也等于6,意在倡导农业与第二、第三产业的融合发展,即农业不仅要搞种养,还要做农产品加工及其加工产品的销售与周边服务(第三产业),使原本作为第一产业的农业变身为综合产业,如"洞庭碧螺春""阳澄湖螃蟹""阳山水蜜桃"等都是第六产业的突出代表,它充分发挥了农业的经济、社会、生态、休闲等综合功能,这是现代农业和品牌农业的本质特征,也是经济发展的必然趋势。

2015年末,江苏每平方公里土地上平均有744人,人口密度继续居全国各省区之首;人均国土面积在全国各省区中最少,生态压力大于1(生态足迹/生态容量)。在城乡一体化、大力发展"第六产业"中,各地亮点纷呈,各有特色。例如:

苏南的江阴市是"苏南模式"的主要发源地之一,在推进城乡一体化方面,起步早、规划细、行动快,迈出了实质性步伐。其秘籍是:坚持城乡统一

规划,优化城乡一体化空间布局。在规划中,既注重事关长远、全局的"大手笔",又注重各部门发展规划的"针线活儿"。在大的统一规划下,精心编制了30多个新市镇、新型社区详细规划,实现了从总规、分规到详规的全覆盖。坚持产业支撑,既让城市"退二进三",又让农村"接二连三",在全国率先实现了"人人享有初级卫生保健",呈现出城乡互动融合发展的良好态势。坚持城市带动,既注重"龙头",又注重"经脉",编织成覆盖城乡的交通、供水、供气、污水、垃圾处理"五张网",实现了城乡网络化社会服务管理平台全覆盖。坚持服务保障,既关心群众"生老病死",又关心群众"柴米油盐",让城乡居民共享同质化公共服务,实现了村级综合服务中心全覆盖,村村做到了小病就诊、购买生活日用品、农技咨询、矛盾调解、用电交费"五不出村"。坚持环保同步,既注重"大花园",又注重"园中园",努力营造"城在林中,路在绿中,房在园中"的人居环境,把整洁、有序、宜居的环境,作为一种公共服务,打造出"田园都市、生态之城"。

无锡市的桃源村坐落在太湖边的阳山镇,获评中国最有魅力乡村——灼灼其华醉桃源的中国水蜜桃之乡。每年阳春三月是桃源村桃花盛开的季节,门前屋后,处处是开着桃花的桃树,让人恍惚进入一幅图画中。那里的水蜜桃个大、汁多、味甜,如今种植面积已超3万亩,真正成了一片桃树的海洋。在桃花盛开的季节,站在安阳山顶向村里方向眺望,看不见一个烟囱,以往密集的村庄、房屋也开始被成片的桃林所替代。远远望去,如黛的青山染上一层粉红色;穿过一片片桃树林,粉墙黛瓦的房舍掩映在一片绿色和粉红色之中,颇有"桃源深处有人家"的优美意境。桃源村利用"旅游+""生态+",推进农业与旅游、健康养生等产业深度融合。桃熟时,周边的路旁堆着一筐又一筐的水蜜桃,买桃的人从早到晚络绎不绝,更主要的渠道是通过互联网送达四面八方,还有那深加工的车间一排排,叫你分不清是农村还是集镇。

又如中国新农村建设的典范——苏州旺山村,总面积7平方公里,其中山林面积5 400亩。全村现有农户540户,常住人口2 410人。10多年来,在城乡一体化的建设中,它不是大拆大建,打破"夹皮沟""军营式""火柴盒"的建筑模式,而是因地之宜,从"植树"开始,创造一切适合的条件让其在自然、原生的土地上吸取营养,不断壮大,直至根深叶茂,硕果满枝。它不搞大规模投入和"改天换地"式的开发建设,而是有效利用现有资源,合理规划、因势利导、适度开发、循序渐进,走"生态农业"和"观光农业"并举之路,保留了江南特色的田野风光。如今,它已成为一个集现代农业、乡村文化、度假观光为一体的"全国生态文明村""国家5A级旅游景区",成了苏州新农村建设的生态自然型示范村。500多户山里人家沿着潺潺而下的山涧自然散落,四周青山环抱,粉墙黛瓦,小桥流水,绿树掩映……2015年,"村级收入5 000

万,人均收入3万元;实现股红及福利分配人均分红6 000元,户均分红3万元"。它源于自然,臻于文化,成于创业(见图7-6)。

苏南发展快,苏北更是高歌猛进。如高邮市农产品加工集聚区,通过前伸后延,产业联动,带动优势特色主导产业发展。目前,该市的农产品加工集中区已入驻企业60多家,其中国家级重点龙头企业2家,省级龙头企业9家,市、县级龙头企业22家。集中区内企业类别齐全,涉及粮食和粮食制品精深加工,禽、蛋、肉、羽毛制品深加工,水产品交易批发、冷藏和物流包装等,集科研、生产、包装、加工、仓储、商贸、物流于一体。集中区内的多数企业采用"龙头企业+基地+农户"和"公司+基地+农户"等多种订单农业合作模式,提高农民在农产品加工产业链、延伸配套环节等方面的参与度和话语权,农民分享到加工领域的更多收益,实现了"引进一个企业、拉动一批产业、致富一方百姓"的目的。

图7-6 苏州旺山村

沭阳县新河镇是全国著名的花木之乡,早几年,该镇部分大户及大学毕业生开始尝试网上开店卖花木,取得不错的销售业绩。此后,一大批大学生纷纷效仿,放弃在大城市的就业机会,回乡从事网络创业,如今他们的网店年销售额有的已达数百万元。当地政府部门因势利导,鼓励农民加入网络创业行列。经过几年的发展,新河镇农民开办网店450多家,2014年全镇网店销售金额超过5亿元,网络从业人员达1.5万人,全镇花卉苗木销量占全国市场份额的10%以上,成为全国闻名的"花木淘宝镇",并形成了农产品直供直销等现代流通新业态,出现了"五千年未有之大变局"。

上海金山区早在2010年制定"十二五"规划时就提出了"品牌农业、休闲农业、生态农业"的发展路径。经过数年的努力,各地依据特色优势,出现了"一镇一品",异彩纷呈,其要诀是:"精、强、活"三个字。

所谓"精",就是立足一产,发展精品农业、精致农业,在"狭小空间"内"以小博大",着力发展"优质稻米、绿色蔬菜、名优瓜果、特种养殖"四大优势主导产业。

所谓"强",就是接上二产,发展农产品加工业、设施农业。用工业理念发展农业,把传统的农业种养拓展到生产、加工环节,提高农业附加值。

所谓"活",就是连通三产,发展休闲农业、观光农业。如该区廊下镇,一个联中蘑菇基地,每天都有整齐、白净的蘑菇上市,还开发出蘑菇加工产品,并接待小朋友参观采摘,每亩产值高达200多万元,颠覆了传统农业的概念。吕巷镇是市郊最大的开放式水果公园,种植有蟠桃、葡萄、草莓、樱桃等

下篇　文　脉

20多种特色水果,可供市民一年四季前来采摘、游玩,一到采摘季,果园内人满为患。山阳镇金山嘴渔村变为景区,每到双休日游客络绎不绝,曾经出海打鱼的渔民,开出了20多家海鲜饭店,接待市民游客前来品尝海鲜……这些特色小镇,包括"科创小镇"枫泾、"巧克力小镇"亭林等等,"一镇一风格",生机勃勃,避免了"千镇一面",各自都具有鲜明的旅游特色。"十二五"期间,金山区农业旅游接待人数逾千万人次,年均增幅超过28%。

上海农业占比不足1‰,精明的上海人提升农村内涵功能。如今,"城"与"乡"融为一体,许多人工作在城里、居住在小镇,享受着"大城的繁华、小镇的美丽",城与乡已无明显区别,正"由'物的新农村'向'人的新农村'迈进",从一个个点"拔尖儿",到星星之火"连片儿"。它不是人为造景,更不是硬性摊派,美丽的图景正自然而然地由点成片,逐步变得宜居、宜业、宜游,变为真正的美丽乡村、美丽上海,健康城市。

②天人合一,绿色发展

江南之所以被人们誉为"人间天堂",那是它所在的经纬度和"天地与我并生,万物与我为一"(庄子)的合力,才造成如此栖息之逸境。

改革开放后,中国用了短短30多年时间走完了西方150多年的发展道路,创造了世界经济的奇迹。但是,我们发现"快"的背后出现了诸多问题。古印第安人有句谚语说得好"别走太快,等一等灵魂",发人深省。我国著名的美学家宗白华先生在20世纪20年代写的《流云小诗》中有一句话:"白云在天空飘荡,人群在都会中匆忙。"这句诗形象地折射了我们今天的现代化场景。的确,人们都在脚踏实地、拒绝时间地忙,哪有时间仰望星空?也许这就是今天我们社会所面临的问题。2015年,举世瞩目的天津"8·12"大爆炸重大事件;2016年4月,常州外国语学校被曝出建在污染地块旁,493名学生身体异常……这些事件让我们在经济飞速发展中反思人与自然、人与社会的关系,这是当代中国的重要现实问题。

关于人与自然界的关系,恩格斯说得非常经典:"我们连同我们的肉、血和头脑都是属于自然界,存在于自然界的。""我们不要过分陶醉于我们对自然界的胜利。对于每一次这样的胜利,自然界都报复了我们。在第一步都确实取得了我们预期的结果,但是在第二步和第三步却有了完全不同的、出乎预料的影响,常常把第一个的结果又取消了。"①回顾吴中地区发展走过的路,可以看出,吴地的文化并不都是优秀的,亦存在许多误区与制约前行的元素,在这种情况下如陷入自恋、自负,绝不可能持续地生存发展。正所谓"人类一思考,上帝就发笑",盘点人类思想曾经的误区并非毫无意义。回归真实,才是我们应该选择的自我救赎之路。伊斯兰教先知穆罕默德说:"如

---

① 《马克思恩格斯全集》第二十卷,人民出版社,1971年,第519页。

果你有两块面包,你应当用其中一块来换取一朵水仙花。"我们决不能坐等资源耗尽。尊重自然、保护环境,付出就是未来的幸福,毕竟地球是我们目前唯一的家园,人类与山水田园动植物是一个不可分割的命运共同体。

早在100多年前,恩格斯就指出:"美索不达米亚、希腊、小亚细亚以及其他各地的居民,为了想得到耕地,把森林都砍完了,但是他们梦想不到,这些地方今天竟因此成为荒芜不毛之地。"①"世界上最后一滴水将是人类的眼泪"绝非危言耸听,这是摆在人类面前的严峻事实。一位网友说,原来拼命工作求发展,现在拼命工作求生存。他的话体现了人性的本质诉求。让那一滴尚未流出的泪水化作清泉,去浇灌即将荒漠化的土地,去拯救那片曾经的沃土。

"沧海何尝断地脉,半崖从此破天荒。"扬绿水青山之长,避过度开发之短,吴地人躬行大地,不忘初心,开启了绿色振兴之路,在滚滚春潮中扬起了浩浩风帆,进入了社会主义生态文明的新时代。

留住地球之美,也是在严守人类的生存底线。"绿水青山就是金山银山",打破了环境与经济二选一的思路。创新、协调、绿色、开放、共享,矫正着传统的发展理念,自然规律与社会规律的统一、生态效益与经济效益的双赢,重新为社会发展设立了评价坐标。吴地人为求一汪清泉,上下而求索,始终不敢懈怠,从空间结构、产业结构、发展方式等多个方面大力绿色投资,已显现生态文明和经济转型的发展。在第二产业加大生态工业投入,大力发展生态产业园;在第三产业加大节能环保投入,做好技术服务,誓将"水皆缥碧,千丈见底;游鱼细石,直视无碍"(吴均《与宋元思书》),以确保江南之美誉——"欲界之仙都"(吴均)。其举措包括以下几个:

一是构筑尊崇自然绿色发展的生态体系,夯实发展牢固根基。

1991年,太湖流域遭受特大洪涝灾害,苏浙沪两省一市逐步实施了太湖流域的环太湖大堤、太浦河、望虞河、杭嘉湖北排通道等11项骨干工程,经过15年的不懈努力,至2005年底已经基本建成,并陆续投入使用。工程总投资98亿元,初步构建了流域防洪和水资源调控工程体系框架,在防御流域洪水,特别是在防御1999年流域特大洪水中发挥了巨大作用,并已成为保障流域供水安全、"旱涝保收"的重要措施(见图7-7)。

源于无锡太湖蓝藻爆发事件的问责督办,无锡人民首创了"河长制"(一河之

图7-7 修建的环太湖大堤

---

① 《马克思恩格斯全集》第二十卷,人民出版社,1971年,第519页。

长),大小河流由此有了"负责人",为实现河湖功能永续利用、形成全社会参与的共治共享提供了制度保障——河水治不好,追责找河长。由于苏、浙、沪三地的共同努力,在太湖地区经济总量翻番、城市人口大幅增加的情况,在太湖水质保持了持续向好的态势,使吴中大地 GDP 年年增,COD 年年降。2016 年 1 月到 10 月,太湖流域水质稳中向好,太湖地区集中式饮用水源地水质均达到国家要求,水厂供水水质全部满足或优于国家规定标准。

2005 年,苏州确立了"生态立市、环境优先"的发展战略,以国家生态园林城市创建为载体,全面、深入、持久地推进生态文明建设。经过多年的努力,对照创建所涉及的 13 类 90 项指标,目前均达到或超过了国家生态园林城市考评标准。其中,绿化覆盖率、绿地率、人均公园绿地面积"三大指标"分别达到了 42.6%、37.7%、14.98 平方米,城市生活垃圾无害化处理率、自然湿地保护率等重要指标亦分别达 100%、51.4%,均处于国内领先水平。

为攻下"水变清"这个难点,苏州全市上下不遗余力,积极推进各种治水工程,前些年据说每年都有数十亿元计的资金"砸"进水里。历经坚持不懈的努力,苏州城乡水污染恶化的势头终于得到了遏制。最明显的变化就是"水有点清了",原本经常可见的黑臭河道部分消失了。其中,最典型的要数古城区的河道,通过控、截、引等多种办法综合治理,让市民与游客牵记的小桥流水更加可亲了,其水不仅有点清了、有点小鱼了,还呈"井"字型流动起来变为活水了,实现了江苏省生态文明建设工程年度考核"四连冠",成为全国首个国家生态城市群。2016 年暮春,又出台了重磅的"水十条"(《苏州市水污染防治工作方案》),从"集中治污"到"全面治水",使水环境、水生态、水安全在现有基础上又进了一步,以此不负"鱼米之乡"的金字招牌。

南京产业结构重工业比重偏大,PM2.5 来源中,工业累计"贡献率"达 46.4%,虎踞龙盘的南京又三面环山,空气不易扩散,更容易造成污染。"十二五"以来,南京针对工业污染打出一套组合拳:从严控煤、结构调整、技术改造。关停了 2 家热电厂,对 1 200 多台燃煤锅炉进行关停或清洁能源改造,使全市燃煤总量连续 3 年下降;连续 4 年关停整治"三高两低"(高消耗、高污染、高危险,低产出、低效益)企业 609 家,主要重金属排放量最低削减 38%,最高削减 76%。扬尘和机动车尾气是南京大气污染的另两个重要污染源,该市专门成立市扬尘办,实行严格的"日查周报月考核"制度,对责任单位实行严格问责。

更为可贵的是,各地已有很多企业自发投入资金上马环保节能项目。如张家港市的年产 800 万吨的江苏永钢集团,为打造"花园式"的绿色钢城,前 5 年已累计投入 45 亿元,建设包括烧结烟气脱硫、固废和污水处理、粉尘防治等 200 多项具有国内先进水平的节能环保项目。这些项目年节约标煤约45万吨,减少固体废弃物约100万吨,减少废水排放约400万吨,减少废气排放约9 660吨,减少粉尘排放约7 800吨,基本实现了清洁生产,有效地提升了企业的绿色发展水平。

二是回归"原点",再造"第三生活空间"。

现代人的日常生活主要分布于三个生活空间,即第一空间(居住空间)、第二空间(工作空间)和第三空间(购物与生态休闲场所)。太湖流域原本就是江河纵横、湖港交织、山清水秀、芦苇铺绿、花果满坡的原野,山山水水和云光霞影构成了一幅百看不厌的人间画卷。由于过去很长一段时间,人的"战天斗地",不是炸山开路、围湖造田,就是"村村点火,处处冒烟",把大自然逼迫得面黄肌瘦,不是炽热炎炎,就是空气污染、人心烦躁,生态休闲场所少之又少。

生命的本然意义,不是为了获得美的知识,而是为了安顿心灵。人活着就得把命照看好,并且积累灵魂的财富,注重内在的生活。所谓幸福,不过就是安宁祥和,能够坦然地生活。中国人的普世价值,从《诗经》年代就已确立——一种简单、诗意的生活,如此而已。近年来,吴地的风向开始变了,为提高百姓的幸福生活指数,在节约集约用地的基础上,坚持不断地投资培育、扩大、优化了第三生活空间,不少地方出现了"乐意相关禽对语,生香不断树交花"的意境。在保护自然中,为后代留下了越来越多的原生态文化遗产。

修复湿地,形成良性的复合生态系统。江苏地势平坦,湿地水体连通程度高,形成了江、河(渠)、湖(库、塘)、海等高度关联的湿地水网,湿地率居全国首位。由于过去较长时期对湿地功能及价值忽视、保护管理不力,曾面临过度开垦、生物资源过度利用等多种威胁,整体呈面积逐步减少、生态功能逐步退化的不利趋势。对此,江苏建章立制,夯实基础。自2004年开始,省政府先后发出《关于加强湿地保护管理的通知》《关于推进生态文明建设工程的行动计划》《江苏省生态红线区域保护规划》等一整套规制。由于多措并举,修复治理,目前全省共有国际重要湿地2处、国家重要湿地5处,建立各类湿地自然保护区27处、省级及以上湿地公园55处、湿地保护小区235处,自然湿地保护面积达90.3万公顷,全省自然湿地保护率达43.8%。覆盖全省重要自然湿地保护体系逐步形成,江苏近年来走出了一条湿地保护之路(见图7-8)。

按照《江苏湿地保护规划(2015—2030年)》,到2020年全省湿地保有量为282万公顷,自然湿地保护率达50%,完成各类退化湿地修复30万亩,全省湿地面积萎缩、生态质量下降、生态功能退化的不利趋势得到基本扭转,湿地生态状况明显好转。到2030年全省湿地保有量为282万公顷,自然湿地保护率达55%,不利趋势将可得到根本扭转。

下篇 文 脉

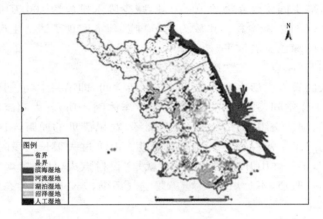

图7-8 江苏省湿地资源分布图

长江边上的靖江市，拥有50多公里长江岸线，划出近20公里的长江岸线，专门用于建设生态湿地和公园，提出"永久不开发"，当地人称为"不开发区"。笔者认为，适当"留白""不开发区"既是一种智慧，也是一种责任。但存方寸地，留与子孙耕。

苏州于2012年立法保护湿地，并将100多万亩水稻田纳入湿地保护范围，明确各地确定永久性水稻种植面积和区域，使得湿地保护工作得以向纵深推进。2015年又在全国率先实行生态补偿政策的第6年，开始实施划分生态湿地红线。目前，全市已认定市级以上重要湿地102个，以太湖、阳澄湖和长江湿地为核心，形成了较完整的湿地生态系统，全市湿地总面积近33.9万公顷（不含水稻田），占全市国土面积的40%。到2020年，全市自然湿地保护率将达60%。

三是划定并严守生态保护红线，为子孙后代留下金山银山。

江苏盐城市地处黄海之滨，东拥黄海千波，西襟沃野万绿，南极长江，北望徐淮，拥有丰富的滩涂海洋资源，滩涂总面积达45.53万公顷，其中潮上带1 677平方公里，潮间带1 610平方公里，分别占江苏全省的75%、64.6%、60.8%。还有那潮起潮落、青春永驻的黄海大波把长江、黄河夹带的泥沙均匀堆积在东台市85公里的黄金海岸线上，承接着大海的馈赠，每年向东延伸150多米，新增土地1万多亩，绵长的海岸线让这里沉淀着156万亩的滩涂湿地，成为联合国教科文组织认定的太平洋西岸唯一一块未被污染的处女湿地，其空气质量持续保持全国前列。如今隶属于东台、大丰、射阳、响水等县（市）的沿海滩涂，已经建成国家级珍禽自然保护区和国家级麋鹿自然保护区。

江苏盐城国家级珍禽自然保护区成立于1983年，面积45.3万公顷。

保护区内有植物450种,鸟类377种,两栖爬行动物45种,鱼类281种,哺乳类动物47种,其中有被国家列为重点保护一类野生动物丹顶鹤、白头鹤、白鹤、金雕等11种,二类国家重点保护野生动物有67种,如獐、黑脸琵鹭、大天鹅、斑海豹等,并挽救了一批濒危物种(见图7-9)。

图7-9　江苏盐城国家级珍禽自然保护区

盐城自然保护区是东北亚与澳大利亚涉禽迁徙的重要驿站,每年春秋时期有近300万只岸鸟迁飞经过保护区,有50多万只水禽在保护区越冬,已发现229种鸟类被列入世界自然资源保护联盟的濒危物种"红皮书",这里已成为科普的基地、物种的基因库、鸟类的天堂、天然的博物馆。

创办于1985年的中华麋鹿园,地处大丰国家级自然保护区,占地2 667公顷,其中湿地8%,植被覆盖率70%,是个5A级景区。1986年,39头麋鹿从英国伦敦远渡重洋,回归中国,落户大丰黄海湿地。1998年,保护区内7头麋鹿首次走出围栏,再现它们祖先在故土自由自在生活的场景。2002年,被联合国列入国际重要湿地名录,并作为永久性保护地。2015年,保护区诞生495只小麋鹿,目前麋鹿大家庭成员已达3 223头,其中野生麋鹿295头。保护区现今依然保持着三个"世界之最"——最大的麋鹿保护区,拥有最大的麋鹿基因库和最大的野生麋鹿种群。数万亩的连片森林,形成一个天然氧吧,空气质量达到国家一级标准,水资源达到国家二级饮用水标准,先后获得"中国十佳湿地旅游目的地"和首批"中国低碳旅游景区"等荣誉称号。

在这片广阔美丽的净土上,同时生存着1 800多种野生动植物,构成了一个原始古朴、奇异斑斓的湿地景观。在麋鹿园内,有时可以看到百鹿奔腾的壮观场面。踏上通海大道,成群结队的珍禽飞鸟,碧波万顷的芦苇荡,一片连着一片的红果盐蒿和错落有致的沼泽湿地尽显眼前,组成一幅令人陶醉的生态风景画,先后被中国科学院、南京大学等10多所高校和科研院所定为科研、教学、实验基地,荣获"中国生物多样性保护与绿色发展示范基地"称号。

下篇 文　脉

上海崇明岛古称"东海瀛洲",在唐代武德年间露出江面,时称东沙和西沙,现面积已达1 201平方公里。作为长江入海的最后一站,崇明区抓住"生态岛"定位,近10年来坚持不懈,生态优势正转化为发展优势,国务院将之列入第一批国家生态文明先行示范区试点,更被作为"生态岛建设"典型案例,编入联合国环境规划署的绿色经济教材,向全球42个岛国推荐,认为崇明的发展路径对中国乃至全世界发展中国家探索区域转型的生态发展模式具有重要借鉴意义。

目前,崇明正在实施"生态+"发展战略,制定了"生态文明先行"六大领域的29项建设任务、51项指标,围绕水、耕地、森林、滩涂等自然资源开展制度创新,推进全岛低碳发展、发展高效生态农业、生态休闲旅游、构建绿色生态屏障、建立生态信用体系等,让生态文明建设与百姓生活、经济发展更加紧密相连。如今,森林覆盖率已近24%,成为上海不可替代、面向未来的重要生态屏障和生态战略空间。

早些年的崇明,也曾"村村冒烟",服装、化工、建材、小家电等企业四处"开花"。进入新世纪,一些污染型企业逐渐被关闭。2010年,按照上海市政府公布的《崇明生态岛建设规划纲要(2010—2020年)》,设定了建设世界级"现代化生态岛"的具体目标,"坚持底线思维,凡是与生态岛建设不相符的任何项目与产业都要拒之门外",并于2015年建成上海第一家国家级湿地公园。

该公园地处"江之尾、海之头",南北跨度1.7公里,东西跨度3.9公里,海岸线长达17.5公里,面积4 500亩,湿地率98.9%。周而复始的潮汐现象,造就了西沙丰富的地质地貌,具有湖泊、泥滩、内河、芦苇丛、沼泽等不同的湿地形态,是一块比较完整的原生态湿地,集湿地生态恢复研究、生态科普教育、湿地生态功能展示和休闲观光为一体,这是

图7-10　上海崇明西沙国家湿地公园的美景(网络图)

大自然的无私奉献与人类保护的结晶(见图7-10)。

现已发现许多珍稀物种,如国家二级保护动物胭脂鱼、中华鲟和在上海绝迹多年的松江鲈,最典型的生物就是震旦鸦雀和滩涂优势种相手蟹。

为保护这些资源,冬天收割芦苇时,针对越冬候鸟的栖息地需要,在保育区保留10%～20%。同时,对于地质遗迹,管理部门也小心发掘、仔细保

护。为方便游客,在湿地内新建了两处避潮墩,既为动物创造良好环境,又令游客能够登高望远,观赏蛙鸣萤舞的"水森林"。

5 000年前,伏羲氏在秦岭北麓、渭水之滨创立的八卦(天、地、山、泽、雷、风、水、火)与民间首创自然事物相生相克的五行术(木、火、土、金、水)相互补充,共同构成的生态范畴是中国古代哲学的基石。吴地人在这基石上,治理现代化已经开始,既没有休止符,更没有结束曲,天地的"大美"连着人间的"大爱",江南人将再度阐释人间天堂的美景(见图7-11)。

图7-11　江苏省常熟市蒋巷村

中华民族是个欢乐的民族,吴地是个有着和谐传统的社会。

思想因为和谐而超越,人生因为和谐而美丽,吴地因为和谐而发展,中国因为和谐而繁荣。西方著名哲学家罗素曾这样赞许说:"现代世界极为需要中国传统伦理思想,特别是'和气'的思想,如果这种思想"能为世人接纳,那么这世界将充满欢乐祥和。"

小智治事,大智治制。改善环境质量,共图绿水青山。吴地"看得见的手"与"看不见的手"有机结合,超越了凯恩斯主义的经济学。对于中国的所作所为,比尔·盖茨这位天才的企业家和环保人士曾大为感叹:只有"社会主义才能拯救地球"！企盼政府提高政治智慧和政治境界,带领亿万人民坚持不懈,并在大自然中继续寻找生态文明的最真答案,以弥补现代性的先天不足,修正其负面效应。我愿江南春长在,四季韶乐奏;中华梦圆时,天地人共寿。

下篇 文 脉

第八章

外柔内刚　尚武崇文

　　生存还是毁灭,这是一个问题。翻开历史,可以看到中华民族文化从源头开始,开天辟地,尚武精神就渗透在民族的根基之中。《周易》曰"天行健,君子以自强不息",这是"尚武"的最佳注释。"天",是自然的运动,刚健强劲;相应于此,君子处世,应像"天"一样,发愤图强,自立自尊,永不停息。

　　孔子提倡六艺,佩剑而行。汉朝发出"犯我强汉者,虽远必诛"的振聋发聩之言。名成八阵图的诸葛亮文能安邦、武可定国,开创"出将入相"的典范。李白是诗仙亦是剑客游侠,名震中外。可见,中国的众多名人皆文武兼备。"富贵不能淫,贫贱不能移,威武不能屈"的大丈夫精神,"士可杀不可辱"的弘道精神,"朝闻道,夕死可矣""志士仁人,无求生以害仁,有杀身以成仁"的殉道精神,无人不晓。

　　中国近代思想家梁启超曾说:"中国民族之武,其最初之天性也。"为此,他于1903年3月至4月在《新民丛报》上发表了《论尚武》一系列鼓舞国民精神的激扬文字,"然柔弱之文明,卒不能抵野蛮之武力。然则尚武者国民之元气,国家所恃以成立,而文明所赖以维持者也";指出一个国家和民族"尚武"精神必不可少。陶寺遗址考古新发现:尧舜禅让可能是假传的,尧时即充满暴力。尚武精神曾是中华传统文化中最闪光的部分,尤其是在春秋战国时代,诸子百家群星璀璨,成为国学之源。先贤相望,士风因袭,秦皇汉武,唐宗宋祖,一代天骄成吉思汗,至今令国人景仰。

老子曰"善为士者,不武",意思是高明的勇士不会武断而鲁莽行事。"武"字拆开来,就是"止戈",化干戈为玉帛,以"不战而屈人之兵"。从公元前5世纪的春秋开始到17世纪中叶,古人们持续2000多年,先后修建了总长超过2.1万公里的长城,代表着中国久远的守望家园、守护和平与和平相处的战略文化。吴人和平、温柔,犹如一朵绽开的棉桃,外观柔软雪白,内里却有坚硬的骨架支撑;又犹如春寒料峭中的蜡梅花,散发出阵阵清香,那是经过严寒战斗的洗礼。

一阴一阳为之道。文和武,一张一弛。从古至今,人类社会的每一次跃进,人类文明的每一次升华,无不伴随着文化的历史性进步。1911年10月,辛亥革命使用和平手段让清朝廷退位,2000多年来首次实现了权力的和平交接,体现了中国人的大智慧,并不失为人类文明的重要遗产。随着时势环境的变化,吴地人从渔猎文化到农耕文化、工业文明、互联网时代,由好勇斗狠、粗犷豪迈、剽悍勇猛,到尚武崇文,每一个历史时期的风云际会皆波澜壮阔,无不蒸腾着吴文化精神的涅槃与重生。在这涅槃与重生过程中,吴中大地有着极为生动而鲜活的"文武"画境。

一、奇特强悍　刚柔相济

司马迁在《史记》中对江南的描述是:"地广人希,饭稻羹鱼,或火耕而水耨。"《汉书·严助传》亦说:"南方暑湿,近夏瘴热,暴露水居,蝮蛇蠚生,疾疠多作。"当时每平方公里只有2～3人左右①,中原人往往以此为畏途。而到宋朝时,情况已经大变,《宋书》载:"江南之为国,盛矣。……地广野丰,民勤本业,一岁或稔,则数郡忘饥。……丝绵布帛之饶,覆衣天下。"这个壮美从何而来?一句话:这是吴人与洪水搏斗、与怪兽打出来的,是血水、汗水、泪水换来的。

(一)尚武

吴人"尚武""轻死",奇特的强悍,既是民风,也是(方)国风,古来有之。原来杏花春雨、绿野平畴、清水萦流的江南也出激情壮士、血性男儿。"风萧萧兮易水寒,壮士一去兮不复还",不独是北国男儿情怀。不光"雄貌,深目,侈口,熊背"的勇士专诸,就是"迎风则僵,负风则伏"的"细人"要离,也有着勇士之心,更兼有智人之谋。"断发文身",在水中自由出没的"裸人",何以成了骁勇善战的吴人?原因有二。

---

① 据《汉书》卷二十八《地理志》统计。

下篇 文脉

一是在恶劣的自然环境中求生存的本能。

距今9 000年前至8 000年前时,以苏州为中心的古吴地区东边是海,西部是"太湖海湾",海侵到达长江三角洲顶部的镇江一带,海潮通过太湖南、北两条支谷入侵至西太湖地区。特别是南部的钱塘江深切支谷,因之演变成为从钱塘江口侵入太湖西部的大海湾,它与北部的支谷海潮在太湖西部形成交汇点,山洪漫流,海潮翻滚。吴地先民生存条件十分艰险,他们居住在湖海之中的高台地区,疫疾多作,浮大泽,劈草莱,战猛兽,斗蝮蛇,血战前行,独具一种强悍、刚健、习水的风骨。

为了生存,"断发文身"是吴越民族区别于其他民族的一个非常重要的外貌特征。最早记载吴人"断发文身"的是《左传·哀公七年》:"太伯端委以治周礼,仲雍嗣之,断发文身,裸以为饰,岂礼也哉?有由然也。"还有《春秋谷梁传·哀公十三年》载:"吴,夷狄之国也,祝发文身。"范宁注:"祝,断也。文身,刻画其身以为文也。"《说苑·奉使篇》也说:"是以剪发文身,烂然成章以像龙子者,将避水神也。"这些习俗的众多文献记载也为考古发现所证实。1984年考古工作者在镇江丹徒北山顶吴王余眜墓出土的鸠杖和悬鼓上发现有纹身人物形象。① 江苏六合程桥东周墓出土的春秋晚期的线刻画像铜匜残片上也显示,吴人全身上下皆文身(见图8-1)。

《礼记·王制》曰:"东方曰夷,被发文身,有不火食者矣。"《淮南子·原道训》载"九疑之南,陆事寡而水事众,于是人民被发文身,以像鳞虫",

图8-1　江苏六合程桥出土铜器残片上的吴越民族文身图案

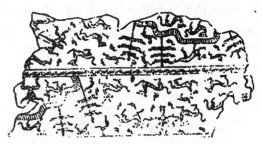

图8-2　江苏淮阴高庄出土铜匜残片上的龙蛇图案

活吞鱼虾蛇蟹。《史记集解·赵世家》记载,越人文身之法:"刻其肌,以青丹涅。"他们不梳冠,头发是剪掉的;文身是用矿物、植物的颜料在身上画些图案,这是由于古代吴越人"习水"而避"蛟龙"的一种自我保护方式。此外,

---

① 《江苏丹徒北山顶春秋墓发掘报告》,《东南文化》,1988年第3、4期合刊。

女性还用河中的草汁染齿,满口是光亮的黑齿,旨在"食稻唊蛇"。男性不但染黑牙齿,还将口中门牙敲去,以像猛兽(见图 8-2)。

这些带有神秘色彩的古老遗俗,已在考古资料中得到印证,南方几何印纹陶纹饰中普遍发现类似蛇形的纹饰。① 闻一多先生说,古龙蛇相通,龙子也就是蛇子。苏州"阖闾大城"设有蛇门;《吴越春秋·阖闾内传》载:"越在巳地,其位蛇也,故南大门上有木蛇……"又说:勾践降吴后,曾使刻工雕木"状类龙蛇",并把它献给吴王夫差。②《说文解字·虫部》也说:"南蛮,蛇种。"在高庄出土的器物上,还出现了大量珥蛇、操蛇的神怪形象。为什么同样题材在中原同时期的艺术品中没有太多的表现,而在吴越文化中表现得如此强烈?这一方面是吴人常在水中懂得水怪的习性,另一方面是吴人如不勇猛强悍,定会给水怪吃掉或咬伤。直到近代,这种习俗仍可以在海南黎族、台湾高山族等民族中看到。

水中险恶,岸上的豺狼虎豹、野猪等更凶残。吴人"向死而生",在与猛兽的搏斗中,以牙还牙,充满了粗犷剽悍、英武阳刚之气。正是这个蛮夷小国,自吴王寿梦时开始崛起一方,至阖闾与夫差时期更是问鼎中原,逐鹿天下。世人谈及吴国军队,尤其是南方人的老祖宗蚩尤时,更是闻风丧胆。视死如归的吴人,无论战场格杀、恩怨角斗,还是朝廷刑罚,轻死之风盛行,涌现出了一批像专诸、要离那样悲歌慷慨的伏节死难之士。

他们犹如"攻水鲫鱼",逆水前拱,飞跃出水,朝疾流窜去,跌落后,又抖擞身子拼尽全力攻水而游,顶着水势而进,尽管进进退退,但冲劲不减。这些鱼好像不知道为什么会被冲激得亢奋无比,不知道为什么一定要顶着水流上攻,它们好像只是不由自主地爆发了活力,好像是出于本能地喜欢浪花。尽管攻水可能会被抓走,但是,它们依然义无反顾,畅意前泳,攻势凌厉,直至力竭。科学证明,鲫鱼逆水游其因有三:一可以吃到更多上游水带下来的食物;二可以得到更多的氧气;三可以产生兴奋。而吴人在挑战面前,不躲避、不沉沦,拼搏进取,也是为了生存。这是吴人在恶劣的生存环境中与自然斗争留下的苦痛记忆,他们希望有朝一日能够征服自然,掌握自己的命运,这是一种精彩的特有生存法则。

二是时势所迫,自立自强。

《诗经》云:"江汉浮浮,武夫滔滔。匪安匪游,淮夷来求。既出我车,既设我旟。匪安匪舒,淮夷来铺。"③意思是,江汉水滔滔,武士威风凛凛;不敢求安乐,奉命伐淮夷。推出我兵车,旗帜插营前。不敢求安乐,只为讨淮夷。

---

① 陈华文,《几何印纹陶与古越族的蛇图腾崇拜》,《考古与文物》,1981 年第 2 期。
② (汉)赵晔原著,张觉译注,《吴越春秋全译》,贵州人民出版社,1993 年,第 349 页。
③ 《诗经》,山西古籍出版社,1999 年,第 172 页。

他们的剑锋无不指向东南夷。商朝存在的500年里，进行的大小战争不下百余次，公元前13世纪商王武丁征伐四方出动兵力最大时达到2.3万人。《史记》称"黄帝时有万诸侯"，周初也号称有"千八百国"，但西周300多年历史中"灭国以千计"，再到春秋就仅余一百四十八国了，其中比较大的只有包括齐、晋、楚、秦等老牌强国，以及新兴的吴、越在内的十四国，最大者为齐、晋、秦、楚四国，仅楚一国在春秋时代就先后兼并了十二国。如此连年征战，吴人何以"尚武""轻死"，原因当不说自明了。

"生于斯，长于斯"，过着平静生活的吴人怎能束手待毙呢？吴地崇尚英雄，也需要英雄。故"城郭以成，仓库以具，阖闾复使子胥、屈盖余、烛佣习术战骑射御之巧，未有所用，请干将铸作名剑二枚"。"阖闾既宝莫耶，复命于国中作金钩。令曰：'能为善钩者，赏之百金。'"①2 400平方千米偌大的太湖，当年竟是吴国的演兵场。越国大夫文种说："夫申胥、华登简服吴国之士于甲兵，而未尝有所挫也。夫一人善射，百夫决拾，胜未可成也。"②意思是，那申胥、华登二人选拔吴国的人教习作战，还从来没打过败仗。吴国人人习武，只要一个人擅长射箭，就会有一百个人仿效学习他，越国要想战胜未必会成功。

史书记载，孔子认为当时挖到的一根可以装满一辆车的骨头是防风氏的骨头，可见世人非常害怕吴人。其实，那很可能是恐龙化石。《国语》中关于吴晋黄池争霸有一段简单记载：吴军重兵弹压之下，惊惧的晋军派出使臣董褐以探虚实，"董褐将还，王称左畸，曰：'摄少司马兹与王士五人，坐于王前。'乃皆进，自刭于客前以酬客"③。"酬客"（谢客）竟然用人头，当然这不是一般的酬客，大有威慑之意，引人感慨的是那顷刻间滚落于客人身前的热血喷涌的人头。"轻死"的六颗吴人人头，少司马至少还有名字——"兹"，其余五个"王士"（侍卫）就千古了。更有吴军的战阵，"万人以为方阵，皆白裳、白旂、素甲、白羽之矰，望之如荼。王亲秉钺，载白旗以中陈而立。左军亦如之，皆赤裳、赤旂、丹甲、朱羽之矰，望之如火。右军亦如之，皆玄裳、玄旂、黑甲、乌羽之矰，望之如墨……三军皆哗釦以振旅，其声动天地"④。素来吝字如金的古文出人意料地有这么大段描写，可见吴军的威猛雄壮已经使见多识广的史家都不能不为之动容。

诸樊伐楚时在攻巢战役中，中箭亡。余祭伐越，得越俘守舟，登舟时不备中被越俘刺杀。寿梦四子中，除季札秉承先祖泰伯、仲雍遗风，让位耕居

---

① （汉）赵晔原著，张觉译注，《吴越春秋全译》，贵州人民出版社，1993年，第100、103页。
② 黄永堂，《国语全译》，贵州人民出版社，1995年，第668—669页。
③ 黄永堂，《国语全译》，贵州人民出版社，1995年，第689页。
④ 黄永堂，《国语全译》，贵州人民出版社，1995年，第689页。

以外，正常死亡的只有夷昧，但夷昧一生也身经百战，饱经风霜。在接下来的一代中，王僚被公子光杀死，而公子光（阖闾）自己在征战十九年后攻越中"伤趾而亡"。不能不说到"伏剑自杀"的夫差，夫差本可以不死，在勾践应允"王其无死！……寡人其达王于甬句东，夫妇三百，唯王所安，以没王年"后①，夫差还是死了。他没有像勾践当年那样苟且偷生，以待来日。除了自知衰老、来日渺茫外，最根本的还在于夫差到底是吴人，是他那些在战争中、在血与火中死去的列祖列宗的子孙。夫差说："当孤之身，实失宗庙社稷。……孤何以视于天下！"意思是：是我丢了吴国的宗庙和社稷，我拿什么脸去面对天下人！并派人告祭伍子胥："吾何面目以见员也！"遂自杀②。夫差之死，有着英雄末路般的悲壮。那时的吴人，可算是世界历史上少有的优秀武士。

春秋晚期吴地的腥风血雨，在390多年后的汉代史学家司马迁眼里，是值得大书特书的。《史记》中"专诸刺王僚"的故事也伴随着那柄鱼肠剑流传了2 000多年，由此专诸成为中国古代"四大著名刺客"之首。风萧萧兮易水寒的吴地，与温山软水长相厮守的吴人用血肉之躯铸造了熊熊燃烧的"水做的火焰"。

勇猛的吴人，又因孙武的到来使得强悍的吴军如虎添翼，剽悍的民风融入了充满智慧的军事谋略和赏罚分明的严明纪律，他们被先进的军事思想所激发出的战斗力是难以想象的。公元前506年，吴楚之战，孙武以3万吴军击败楚国20万大军获得完胜，就是一个生动的智慧写照。

《汉书·地理志》云："吴、越之君皆好勇，故其民至今好用剑，轻死易发。""晋将吾彦，史称能手格猛兽。其后亦间有勇士武师。明代倭寇入侵，民间多习枪棒拳术，虎丘僧天际来自少林，横刀杀敌以卫乡里，后以身殉。明末清初，翁慧生的枪法、叶羽便的棍法、梁兴甫的摔跤均著名于世。自宋建炎二年（1128年）至清同治十三年（1874年），苏州地区有武状元4名，武进士91名，武举人359名。"③南宋刘必成（昆山人），不仅是武状元，还是文科进士，可谓"盖以文武全才自负也"。

"男儿何不带吴钩，收取关山五十州。请君暂上凌烟阁，若个书生万户侯？"唐代大诗人李贺的名作，使世人皆知吴地出宝刀，尤其是"百兵之君"的"干将""莫邪"剑令人敬畏，黄土高原就有"吴刀剖鲧尸生禹"之传说。单刃稍弯的"吴钩"，还越江过海至东瀛。

名将陆逊主吴国兵权，连战魏蜀，吴水师远抵台湾。可见，春秋战国和

---

① 黄永堂，《国语全译》，贵州人民出版社，1995年，第701页。
② 黄永堂，《国语全译》，贵州人民出版社，1995年，第701页。
③ 《苏州市志》，江苏人民出版社，1995年，第三册，第1109-1110页。

下篇 文　脉

三国时期的吴国都很硬朗，吴戈、吴钩，都是当时最先进的兵器。军事的发达，使江东一带英雄辈出。"晚清国弱，习武者稍多，朱梁任一门三代俱能舞剑。"1949年后，苏州体委武术组"查得全市有拳种12个，157套，包括船拳、东江南拳、小红拳等稀有拳种7套；器械58套"①。

从孙武（约前545—前470）练兵，到"吴王金戈越王剑"，皆体现了吴地人"外柔内刚"、敢于反抗压迫、富于牺牲精神、骁勇善战、视死如归、骨子里和灵魂中的刚强意志。

孙武虽是齐人，但自从其因避齐国内乱而出奔定居吴国起，他的后半生活动基本上都是在吴地展开的。换言之，史籍所载可供采信的孙子生平大事，如吴宫教战、辅佐阖闾富国强兵、对楚实施战略欺骗、五战入郢等等，均以吴国大地为广阔的舞台。从这个意义上说，孙子所著的《孙子兵法》，逻辑上自然是吴文化的有机组成部分。其他先秦两汉时期的重要典籍、重要历史人物，同样视《孙子兵法》完善于吴国大地，为吴国波澜壮阔、绚丽多彩军事实践的卓越理论总结。比如其一，《孙子兵法》所提到的"军、旅、卒、伍"四级基本编制在春秋时期为吴国所特有，而与晋国军队的"六级"编制与齐国军队的"五级"编制有较大的区别。其二，表现为《孙子兵法》所记述的"地形""相敌之法"等内容，恰好与《尚书·禹贡》《史记·货殖列传》《汉书·地理志》等典籍所描述的南方地区地形地理环境的基本特征相吻合。其三，表现为《孙子兵法》所倡导的诡诈作战指导原则，与中原地区所流行的"以礼为固，以仁为胜"之"军礼"传统相对立，与所谓"结日定地，各居一面，鸣鼓而战，不相诈"的"偏战"战法相区别，而体现了深厚的南方兵学文化的历史渊源。其四，《孙子兵法》中，多次提及"吴、越"之争，"越人之兵"云云，将越国视为吴国主要的假想敌之一，这也表明他是立足于江南战争形势与战备格局基础之上的，是在传承北方众多战争案例经验的基础上，融合了江南地区军事实践活动的理论总结与思想升华。其五，苏州既是孙武的第二故乡和功成名就之地，也是孙武的归隐终老之地。据《越绝书》《皇览》《舆地纪胜》《天下名胜志》《吴门表隐》以及《吴县志》等文献资料记载和专家考证，孙武墓位于现今苏州相城区元和街道"孙武纪念园"之处。从这个意义上来看，孙武就是吴人尚武的化身。

青山依旧，当年人们崇尚武士侠客、天下名剑的踪迹还依稀可寻——苏州古城内至今犹存专诸巷，干将路、莫邪路现在仍是苏州的主干道，而在苏州西部最高的穹窿山幽深神秘的茅蓬坞中还建有孙武著兵书的纪念地。这些沿用至今的地名与纪念地，也许正是吴地人心中挥之不去的英雄情结和对那段峥嵘岁月依依眷恋的真实佐证。

---

① 《苏州市志》，江苏人民出版社，1995年，第1109-1110页。

第八章 外柔内刚 尚武崇文

其实,吴人威猛张扬、锋芒毕露,激情澎湃、热血涌动,早在新石器时代的良渚文化中就已印证。玉琮的巨大威猛,兽面纹的狞厉神秘,玉钺石钺的杀戮、征伐之气,皆有史料实物可证。

自古以来,"兵"者,强也。"兵"字的甲骨文从"斤"从"廾","廾"是双手举持物的形状。"斤"是一把横刃锛斧形,上面是横刃,下为曲柄,主要用以砍木,与斧相似,斧是直刃,斤是横刃。兵卒双手举将起"兵之斤"这款战斧参战,奋勇挥动,何等威猛的架势。古人就是以造型造出"兵"字的(见图8-3)。

图8-3 甲骨文"兵"字 金文"彊"字 小篆"疆"字

金文表示强者义的先文本是"彊"。《易经》:"天行健,君子以自彊(强)不息。"彊,从弓从土从畺。《说文》:"彊,弓有力也。从弓,畺声。"金文两田间添三横"界线",一是古时以弓丈量地亩定界,一弓为古制五尺,长宽各240弓为一亩;二是代表武器,造字的本义象征以战争解决领土问题,用武力夺取与护卫领地。小篆"疆"弓下加土,重申疆字领土主旨,武力夺取与护卫疆土、家园者。① 这个"护卫疆土、家园者"是原版的,它就是我们中华民族"尚武"的DNA。吴地的先祖蚩尤族人——良渚文化遗址——苏北蒋庄墓葬群出土的众多古人遗骨中"发现无首、独臂、无掌或身首分离以及随葬头颅的现象很多,可能与战争有关,换言之,他们是捍卫良渚王国的英雄"②。这一实例证明了先吴人确实不怕死,显现出从我们民族的祖先崇尚"贵奋死",到人民军队官兵把战斗牺牲看成是"我光荣了",这都是一脉相承的全民族全时空的伟大尚武精神。

这些最早的史迹,已成为最深的文化印记,融入了吴人的血脉之中,刻在了吴人的文化之中,它是在特定情境中导致的吴人一贯性的气质特征和行为倾向。《孙膑兵法·将义》篇中说:"德者,兵之手也。"诚如克劳塞维茨在《战争论》中所说:"武德是战争中最重要的精神力量之一""一旦武德的幼芽长成粗壮的大树,就可以抵御不幸和失败的大风暴,甚至可以抵御住和平时期的松懈"。可见,武德文化本是吴人的道德基因。它既是一种"软实力",也是一种"硬实力"。这是一种隐性资源,是一种潜在力量,是一个民族的精神和灵魂。"尚武"就是崇尚武事,"尚勇"就是崇尚英雄、不惜捐躯的武德风尚。

---

① 参见徐梦嘉,《兵之强兮》,《新民晚报》,2015年9月17日。
② 陶敏,《蒋庄遗址入选"十大发现"扬州曾现良渚文化相似元素》,中国江苏网,2016年5月17日。

"止戈为武"(《左传·宣公十二年》)的战争观就是南方楚庄王提出的,这个"武",就是追求和平。"以战止战,虽战可也""以杀去杀,虽杀可也"。事实说明,吴人把禁暴戢兵、卫国安民作为使用武力、进行战争的出发点和归宿。其社会根源在于吴人是渔猎稻作,他们获取财富的手段是自己辛勤耕耘,他们所期盼的是风调雨顺、国泰民安,而不是兵荒马乱、四处逃亡。吴人不以掠夺他人的财富、侵占他人的土地为快事和荣耀,认为"得其地不足以供给,得其民不足以使令,徒慕虚名,自弊中土,载诸史册,为后世讥"(《明太祖实录》卷六十八)。他们既不需要也不愿掠夺他人,更认为掠夺他人对自己有害而无益。所以,子胥谏曰:"臣闻:'兵者,凶事,不可空试。'"①主张"和众",期望"与远迩相安与无事,以共享太平之福"(《明太祖实录》卷三十七),也就是对外实行和平的睦邻友好政策。可以说,"止戈为武"既是吴人、华夏民族的一种文化,也是一种传统。

尚武与好战,本就是左手天使、右手恶魔。但"尚武"不是好战,而"好战"必然尚武。今日之中华,我们的目标是祖国富强、民族兴旺、人民幸福。我们的尚武,就是原版的"护卫疆土、家园者"。且不说300希腊勇士怎样彰显了千军万马的气势,单说我们的14年抗战军民,即便是出没在青纱帐里,也是顶天立地的英雄汉!

"世界上没有快乐或痛苦,只有一种状况与另一种状况的比较"。历史本身是没有意义的,过去与现在、东方与西方,在这种时间与空间的对比中,历史的意义就出现了。中国人对"文明"的概括比西方早得多,作为古典语汇的"文明",其内涵也与当代相差无几。

"武"的本意是止戈,"文"的本意是化人,二者相辅相成、互为一体。正如恩格斯100多年前在《路德维希·费尔巴哈和德国古典哲学的终结》一文中所指出的,"世界不是一成不变的事物的集合体,而是过程的集合体"。不能说吴地人崇文,其尚武的基因就消失了。在时间的长河中,吴人尽管受到嬴政大帝"六王毕、四海一"、把天下利器尽行收缴几家合用一把菜刀的影响,特别是赵匡胤取得了天下,基于五代时期"枪杆子出政权"的乱象,一方面"杯酒释兵权",另一方面"以文臣知州事",不仅夺了丘八们的权,干脆连枪杆子都藏起来,但吴地人尚武的基因经修复后并未马放南山,化剑为犁,自废武功。

吴地人是有血性的。100年前,美国人李佳白博士(Gilbert Reid,1857—1927)就提醒中国,中国最危险的敌人是日本,外患必发于日本,日本"以囊括东亚为最后之策略",中国对日本应有严密的防范措施。80多年前中国处在抗战前夜最危险的时刻,以上海"七君子"(沈钧儒、章乃器、邹韬

---

① (汉)赵晔原著,张觉译注,《吴越春秋全译》,贵州人民出版社,1993年,第122页。

奋、李公朴、王造时、史良、沙千里）等为代表的知识分子发起了救国会，他们以己所能担起救亡图存的民族使命，这种血性担当精神影响了一代又一代新人。在抗日战争中，"冲啊！大刀向鬼子们的头上砍去"！耳边的《大刀进行曲》旋律激越铿锵，"杀"声如炸雷一般。其作曲家就是原籍苏州常熟人麦新同志，年仅33岁。今天，整个世界局势变得越来越微妙，天下并不太平。资本的属性是逐利，帝国的本性是掠夺。我们必须切实做好各种预警预案。一句话，兵来将挡水来土掩，这是我们的战略定力。

有学者认为，吴人从宋朝开始发生了由尚武到崇文的嬗变。笔者认为，他说对了一半，因宋朝重文是前所未有的，苏州也不会例外。但史实证明，早在新石器时代先吴人已播下了文明的种子，如大江南北众多遗址出土的刻文陶片，那些原始文字已经显示出先吴人的文化因子。特别是良渚文化既有超大古城又设有大型祭坛，并用最好的食物作祭礼，说明那时的先吴人已经由分散到联合，进入了文明"王国"状态，"人们把特殊的场所奉献给神明，……认为接近神明最喜欢的场所并主持特殊祭典的人必须是人身纯洁的"①。到了春秋战国时期，吴地的文明已经出现了鲜艳的花朵。

（二）崇文

吴地人既"尚武"更"崇文"。文武兼备，人文荟萃，展示了张弛有度的文武之道。

吴地的史前文化遗址表明，自旧石器时代起，吴人的祖先就在太湖流域繁衍生息。许多原始遗址中的墓葬排列有序，一般取南北向。同一墓地上各墓葬的方向一致，可能出于对附近某棵大树或山头的崇拜，或依地形自然形成，但在方圆几百公里范围内的墓葬大都取南北方向就意味着当时已能根据天象定方位。原始人类一般都先因日出、日落而有东、西方向的概念，以后再建立南、北的概念。他们对日、月运行的感知及对夜空繁星的观察经验经过代代相传的积累，上升为原始的天文知识，并用于定方向、定时间和定季节。顾炎武指出："三代以上，人人皆知天文。七月流火，农夫之辞也；三星在天，妇人之语也；月离于毕，戍卒之作也；龙尾伏辰，儿童之谣也。"（《日知录》）这正说明天象观察在吴地先民生活中各方面的重要地位，并且反映了当时已有"二十八宿"说的萌芽。应该说，中国古代的第一发明是天文历法，第二位当是中医中药。

至新石器时代，6 000年前的草鞋山、5 000年前的良渚地区已出现了原始文字。经数千年的融合沉积，吴地崇文路人皆知。特别至宋代，"中国文

---

① ［法］孟德斯鸠著，张雁深译，《论法的精神》，商务印书馆，2007年，第236页。

化重心已迁居南方,在全国714所书院中,南方就占了687所,为总数的96.22%"①,大都分布在江苏、浙江、上海、安徽、福建、江西等14个南方省(市)区,如句容的茅山书院、绍兴的稽山书院等,均是北宋时期的著名书院。仅苏州历史上就出过51位状元,1 500多名进士。张慧剑编著的《明清江苏文人年表》收录各地文人5 420名,苏州达1 290名,占23.8%。无锡鸿山镇的一条小河边就诞生了一位国学大师和5个院士(蜚声中外的国学大师钱穆、物理学家钱伟长、经济学家钱俊瑞、教育家钱临照、力学家钱令希、分子生物学家邹承鲁)。

由此可见,吴地是一方神奇的"文化富矿",古以文载道,今以文聚力,出现了许多引领时代潮流的思想大师和文化巨匠。如沈括、徐光启、徐霞客、周本濂、沈致远、张青莲、时钧、王贞仪等科学家,陆机、陆云、范仲淹、刘勰、李煜、秦观、范成大、施耐庵、吴承恩、曹雪芹、吴敬梓、冯梦龙、胡适、茅盾等文学家,顾恺之、张旭、米芾、沈周、唐寅、文征明、祝枝山和以郑板桥为代表的"扬州八怪"等艺术家、书画家,王国维、杨荫榆、吴贻芳等历史学家、教育家,丰子恺、张乐平等漫画家,还有政治思想家顾炎武、章太炎、翁同龢等。近代和当代著名的科学家有华罗庚、周同庆、周培源、茅以升、钱学森、钱伟长、竺可桢、刘大钧、李政道、陈竺等,文化名人有陈去病、柳亚子、朱自清、顾颉刚、叶圣陶、郭绍虞、匡亚明、胡绳、费孝通以及陆文夫等,著名书画艺术家有李叔同、黄宾虹、徐悲鸿、刘海粟、傅抱石、钱松嵒、林散之等,著名表演艺术家有梅兰芳、周信芳、赵丹及武侠小说大师金庸等。老一辈无产阶级革命家有周恩来、张太雷、恽代英、瞿秋白等。吴地有为之士可谓璨若繁星。

学术是天下之公器,能够超越时空。吴地学术思想的许多流派,丰富多彩。以清中晚期而论,"乾嘉学派与常州学派如双峰峙立、泾渭分流,至清末不衰"。② 乾嘉之学中的吴派惠栋(1697—1758,江苏吴县人),导源于明清之际顾炎武,主张根据经书和历史立论,以达"明道救世"之目的,以汉儒经注为宗旨,推崇东汉许慎、郑玄之学。而常州学派的庄存与(1719—1788,常州人)等,提倡今文经学,发挥《公羊传》,宣扬《春秋》中的"微言大义",故又称"公羊学派"。他们互为补充,相得益彰。现摘取三则。

1. 思想文化教育界

(1) "南方夫子"言子

在距今2 500多年前的吴国琴川(今苏州常熟)虞山东麓,诞生了一位被后世称颂为"道启东南""文开吴会"的先贤言偃,擅长哲学、文学。言偃(前

---

① 吴霓,《从古代私学的发展看中国文化重心南移现象》,北京大学教育评论,2005年第3期。

② 杨向奎,《清儒学案新编》(一),齐鲁书社,1985年。

506—前443，后人尊称为"言子"）出生之际，正值中国社会发生大变革的春秋战国交替时期。此时，由于生产力发展，各国诸侯间不断发生相互争霸和兼并的战争，给人们带来了深重的苦难，但同时也产生了一批如老子、孔子、墨子、庄子等杰出的思想家、哲学家和教育家。

言子自幼聪明好学，立志长大后报效祖国。但后来当他看到国君夫差与越王勾践连年攻伐，沉湎仇杀之中而置百姓于不顾时，内心极为痛苦。为寻求济世安民的治国之道，他在22岁时毅然离开家乡，走上了寻师求学的历程。在卫国幸遇周游列国年已67岁的孔子，便拜孔子为师，得入文学之科。由于他谦虚勤奋，努力学习，碰到疑难问题常向老师请教，又是孔子唯一的南方弟子，因而为师所赏识。孔子高兴地说："吾门有偃，吾道其南。"后孔子返归鲁国，言子随师友到了鲁国都城，更加刻苦学道，研习三代典章制度，儒业益精。孔子有弟子三千，贤人七十二，言子是七十二贤之一。

图8-4 "南方夫子"
言子石刻像

孔子世称"素王"，在他所设德行、政事、言语、文学等科业中，共有优秀学生10人，后人称为"十哲"，言子名列第九。26岁时，经师推荐，言子担任了鲁国的武城宰，知人善任，在中原培育儒学人才，用礼乐教化人民，施以小康之治，成为儒家礼学派的宗师。60岁时，言子返归故乡，从其者众，被尊称为"南方夫子"、东南文化教育之祖（见图8-4）。

言子不顾年迈从家乡琴川出发，横渡淞江，来到海盐古邑青溪（即今上海奉贤区）传授孔子学说。当时这一带地区的百姓尚处于未开化时期，迷信鬼神，重武轻文，以"操吴戈兮被犀甲"为荣。言子到了后，招收弟子，开设塾馆，常用一些比较通俗的口语讲解。对此，郭沫若很早就注意到了春秋时期的"新文言"的成熟与语言变革，称其为"春秋时代的五四运动"。当他看到女性还用河中的草汁染黑齿、男性还将口中门牙敲掉以示成年的遗俗时，就启教他们，人体发肤牙齿为上天所赐，受之于父母，为人生神圣之物，应当予以珍惜。他还教授弟子，要留发着衣。尚文之风大振，社会渐趋文明。为此感恩，这里的后人取奉先贤之意为名，将本地命名为"奉贤"，沿用至今。

言子在教育的起点上，有坚定的社会理想。在教育的目的上，有明确的经世致用宗旨。在教育内容上，除能用"六艺"等对弟子进行基础教育外，他还采用礼乐之教，逐步深入于孔门之道，使学者从小陶冶关心国家、爱护人民的道德操守，把握和运用治国安民的道理。在早期儒家之中，其人民性、主体性、抗议精神最强，是早期儒家的嫡系和中坚。

言子死后得到后人的崇敬，累世不绝。清代高宗弘历御书"道启东南"

石坊,半山亭有清圣祖玄烨御书"文开吴会"石匾。其言行散见于《论语》《孟子》《礼记》《史记》等古籍中。在《礼记》的《礼运》一篇中,孔子与言子有关建立"大同小康"社会的一段文字最为经典。对于这篇文章,郭沫若认为这毫无疑问是言子的"子游氏之儒",是言子或他的弟子假托与孔子的对话,来阐发"大同小康"之说。这是言子在世界"轴心时期"思想理论的重大突破。如今,"小康"社会已经传承到当代,并处于实践与发展之中。

(2) 有志于天下的木铎金声范仲淹

范仲淹的事迹不用多说,人尽皆知,乃江苏苏州人。他不仅在政治上有卓越贡献,而且在文学、军事方面也表现出非凡的才能。著名的《岳阳楼记》就是出自他手,文章中"先天下之忧而忧,后天下之乐而乐"的千古名句深为后人敬爱,广为传诵。他从27岁步入仕途至64岁溘然长逝,在几十年的政治生涯中,心系朝廷,忧国忧民,即使受尽屈辱,也不改忧国忧民的初衷。"寸怀如春风,思与天下芳",只要有一点欢乐,他都愿与天下人共之。一篇360余字的《岳阳楼记》震古烁今,这正是他一生人格的写照。一个封建社会的士大夫有如此嵚崎磊落的精神境界,的确难能可贵,值得发扬光大!

"拂拭残碑览德辉,千年包范见留题。惊鸟绕匝中庭柏,犹畏霜威不敢栖。"这是元代诗人王恽瞻仰"开封府题名记"碑后写下的一首感怀诗。诗人感叹包拯和范仲淹的英名。范仲淹素以天下为己任,每论天下事,往往奋不顾身。虽三次被贬,但他厉尚风节、讥切时弊的风范,深深地影响和感召着时人。晚范仲淹十余年才进京出任谏官的包拯,显然也受到了这种风气的熏染。

在范仲淹于绍兴被贬之际,西北边境告急。52岁的范仲淹临危受命,立即赶赴边疆。范仲淹是儒学之士,在烽火连天的战场上却表现出非凡的军事才能。他选良将、爱士卒、抚流亡、垦荒地,筑塞建城,教民习射,把千疮百孔、一触即溃的西部边防,筑成了一道敌人不敢来犯的钢铁长城。

边境局势缓和后,范仲淹又被调回京城。他深知大宋王朝积弊深重,提出了10项革故鼎新的改革主张。他的建议被皇帝诏令全国,这就是历史上著名的"庆历新政",其核心是革除朝政弊病,整顿吏治。范仲淹派人到各地考察官吏政绩,把庸碌无为者一一罢免。大臣富弼见他毫不留情地罢免了许多官员,担心地说:"您一笔勾掉很容易,但是这一笔之下可要使他一家人痛哭呀!"范仲淹说:"要不让一家哭,那就害了一路(路是北宋政区名称)的百姓都要哭了。"范仲淹正道直行,百折不挠,大刀阔斧地除旧图新,使暮气沉沉的北宋政权出现了转机。虽然改革只推行了一年零四个月无疾而终,但改革的思想一旦深入人心便无可阻挡。数十年后,王安石变法的号角便随之吹响。

宋真宗天禧五年(1021年),范仲淹调任江苏泰州西溪盐仓监。旧海堤因年久失修,多处溃决,海潮倒灌,卤水充斥,淹没良田,毁坏盐灶,人民苦难深重。睹此情景,他心急如焚,寝食难安。因事关民生,他经过详细考察,毅然上书执政,请求复捍河堤,救百姓流离之苦。宋仁宗天圣二年(1024年),范仲淹率通、楚、泰、海四州4万民夫动工修堤,并奋勇当先,屹立海水之中,历尽千辛万苦,终于于天圣六年(1028年)春,在现今盐城市一带修成长达150里的捍海堤。人们为了感激范仲淹,集资为他修建了祠堂,还将这座捍海堤以他的姓氏命名为"范公堤"。

范仲淹在苏州创办的"范氏义庄"条规中,对纵然已再嫁的寡妇,也不予歧视,仍然可以享受义庄按时发放的大米补贴,无疑是对封建礼教的大胆冲击,难怪胡瑗、孙复、石介、李觏等耆宿名儒,皆出其门下。他著述丰厚,有《范文正公集》二十卷传世。他常常讲"读书人应当在天下人忧虑之前先忧虑,在天下人快乐之后才快乐",成为木铎金声之楷模。

(3)"一心中国梦"的郑思肖

南宋德祐二年(1276年)正月,杭州面临元兵压境,危亡在即,居住在苏州的爱国诗人郑思肖写下了《德祐二年岁旦二首》,其一曰:

力不胜于胆,逢人空泪垂。一心中国梦,万古下泉诗。
日近望犹见,天高问岂知。朝朝向南拜,愿睹汉旌旗。

这是中华民族最早出现"中国梦"的记录。诗写得很悲怆,大意是:在这无力挽救亡国命运的时候,只有垂泪向人;心里萦回着强国之梦,脑子里叨念着《诗经》中的下泉之诗;离人较近的太阳还看得见,遥不可及的高天就无法去打听了;我天天朝着南方抗元的义军跪拜,希望他们能凯旋回来。

"下泉",典出《诗经·曹风·下泉篇》"冽彼下泉,浸彼苞稂",原系曹国人怨恨国政腐败、盼望贤明治事而作。用"下泉"对偶"中国",结构与词性上十分匹对,意义上更是递进一层,非常巧妙。

"一心中国梦,万古下泉诗。"表达了郑思肖忠于国家、民族的坚贞气节,不仅意气高扬,正气凛然,爱国忧民的心情更是溢于言表。这个梦想的背后,蕴藏着绵延已久的"家国天下"情怀,折射着内心深处的"命运共同体"意识,也凝聚着"振兴中华"的探索与奋斗。

郑思肖(1241—1318),宋末元初著名的爱国主义诗人与画家,祖籍连江(今福建)人。原名少因(据清道光《上郑族谱》载),出生于杭州,徙居苏州,一生充满了传奇,有深入骨髓的坚定与执拗,郭沫若称他是"民族意识浓烈的人"。

郑思肖的父亲郑起是南宋平江(苏州)书院山长。他自幼随侍父侧攻读,秉承父学,明忠孝廉义。宋理宗宝祐二年(1254年),14岁的郑思肖随父

举家徙居苏州,寓居苑桥。因战乱频仍,时局艰危,家境贫寒,使得郑思肖在苏州居无定所,屡屡搬迁。据郑思肖《三膜堂记》载,他在十多年的时间里,曾七次迁居。迁徙期间,每居一处,长则十年,短的仅住一年,可见当时的时局之动荡。

宋度宗咸淳七年(1271年)11月,蒙古忽必烈改国号为"元"。1274年,苏州沦陷,郑思肖作《陷虏歌》(又名《断头歌》),既鞭挞了元统治者的野蛮残暴,更骂尽了古今天下许多无耻变节之人。在望信桥(今苏州十梓街望星桥)寓所,他开始了《心史·大义集》的诗文创作,于1277年完成《心史》。

他至78岁终老,一生未娶。22岁失父,36岁丧母,有一个妹妹,出家为尼,下落不明。为此,他把仅有的一点家产捐给寺院,并接济穷困的四邻乡亲。在病重弥留之际,他将40年间写下的大量抒发爱国情操的诗文打包缄封好(由于当时形势,无法刊行),藏于苏州承天寺干枯的井中(今为苏州市东中市承天寺前35、36号,该寺是中国佛教史上的重要寺院),直至明崇祯十一年(1638年)始被发现。那年苏州久旱,争汲者相捽于道。仲冬时,承天寺僧人浚疏寺内古井,忽挖得一物,初以为砖,清洗后方知是铁函。不敢启,供之佛龛,闻者争玩识。久之,众欲开视,僧不得已,遂破函。只见铁函内有石灰,石灰内有锡匣,锡匣内有腊漆封裹的纸包。包纸有两层:外包纸中间写着"大宋铁函经""德祐九年佛生日封",旁边有两行对联"大宋世界无穷无极""此书出日一切皆吉";内包纸上写着"大宋孤臣郑思肖百拜封"10字。再打开,则是折叠成卷的稿本,名曰《心史》。共有诗250首,文30篇,前后自序5篇等。楮墨如新,古香扑鼻,自沉井至发现已356个春秋。士大夫惊异传诵,以为古今所未有。《心史》中的所有文字都饱含血泪,讴歌了南宋的爱国志士,痛斥了奸臣佞徒,充分表述了郑思肖的爱国与忠诚。难怪近代著名学者梁启超穷日夜之力读《心史》,每尽一篇热血"腾跃一度",梁氏深有感慨地说:"此书一日在天壤,则先生之精神与中国永无尽也。"中国现代历史学家、古典文学研究家陈寅恪诗曰:"珍重承天井中水,人间惟此是安流。"映射出郑思肖的初心不改,理想不朽。中国梦带给世界的,将是机遇、和平与进步。

(4)"东林先生"顾宪成

顾宪成(1550—1612),无锡张泾桥人。家乡有东林书院,原为北宋杨时讲道之处。顾宪成被革职后,在地方士绅和官吏的资助下将东林书院重新整修,集合志同道合的朋友高攀龙、钱一本、薛敷教、史孟麟、于孔兼等在这里讲学。顾宪成曾言:"字辇毂,志不在君文;官封疆,志不在民生;居水边林下,志不在世道;君子无取焉。"其后,孙丕扬、邹元标、赵南星等正直君子,被朝廷所黜,亦赴东林相继讲学。顾宪成主持书院达8年之久,每年一大会,每月一小会,会期各三天,"朝士慕其风者,多遥向应和",一时盛况空前,名声大震。各地学者、名士都闻风附归，纷纷慕名赴会，一部分在职的正直官吏如赵南星等"遥相呼应"。东林书院不仅成了一个著名的讲学中心，而且也成了一个很有影响的政治舆论中心。

凡加入东林党政治活动的人，称为"东林党人"，顾宪成也被尊称为"东林先生"。由于东林党人主张开放言路、实行改良时政等意见，得到社会广泛支持，为世人所瞩目，在明代后期的文化史和政治史上写下了有声有色的篇章。特别是顾宪成在东林书院撰写的一副对联：

风声　雨声　读书声　声声入耳；
家事　国事　天下事　事事关心。

足见他主张把努力读书和关心政治结合起来。他说："当京官不忠心事主，当地方官不注重民生，隐居乡里不关心社会状况，不配称作君子。"要求改革政治，整顿税收，限制大官绅的势力。这些做法和主张，在社会上引起了强烈的反响，有力地推动了吴地崇文之风，激发了广大民众的家国情怀。自强不息，勇立潮头，至今吴地人仍然在路上……

（5）沈复《海国记》铁证钓鱼岛属中国

众所周知，钓鱼岛是中国固有领土，这是不争的事实。最早记载钓鱼岛的史籍是《顺风相送》，约成书于明代，"其中'福建往琉球'一则记载了福建到琉球的海路，第一次出现了'钓鱼屿'（即钓鱼岛）、'赤坎屿'（即赤尾屿）的名称"①。这段文字是目前证明中国人最早发现、命名和利用这些岛屿的文献资料，该书现珍藏于英国牛津大学博德利图书馆，均为手抄孤本。清嘉庆十三年（1808年），朝廷下旨册封琉球国王，派遣太史齐鲲为正使、侍御费锡章为副使，沈复（1763—1832，字三白，长洲即今苏州人，清代作家、文学家，著有《浮生六记》）作为太史的"司笔砚"也一同前往。后来，沈复在他的《浮生六记》中记述了大清使团此行中途经钓鱼岛的见闻，本是闲笔，却无意间反映了200多年前国家疆界的真相："嘉庆十三年，有旨册封琉球国王……十三日辰刻，见钓鱼台，形如笔架。遥祭黑水沟，遂叩祷于天后，忽见白燕大如鸥，绕樯而飞，是日即转风。十四日早，隐隐见姑米山，入琉球界矣。"②这段文字中，明确记述有"隐隐见姑米山，入琉球界矣"。这表明，琉球国西部领域从姑米山（即现在冲绳的久米岛）开始的，以黑水沟为中国（清廷）与琉球国的分界线符合历史事实，钓鱼台（岛）明显在中国的领域内，不属于琉球。沈复的记载，比日本人古贺辰四郎对钓鱼岛的最早"发现"，足足早了76

---

① 温希强，《最早记载钓鱼岛的中国史籍影印本在牛津大学发布》，新华社，2017年3月17日。
② 沈复，《浮生六记》（增补版），武汉出版社，2011年，第1页。

年。港台媒体为此率先发表评论:《浮生六记》佚文重见天日,钓鱼岛主权属中国又添铁证!

2. 科学技术界

(1) 中国古代伟大的博物学家与通才大师葛洪

法国浪漫主义作家代表人物维克多·雨果在遗嘱中写道:"神、灵魂、责任这三个概念,对一个人足够了,对我来说也足够了,我抱着这个信念生活,我也要抱着这个信念去死。真理、光明、正义、良心,这就是神。"我想,拜佛也好,求神也罢,不管是佛教、基督教、道教、伊斯兰教等都属于宇宙哲学和精神追问的范畴。日月星辰的升沉运行,春夏秋冬的周而复始,智慧与智慧为伍,理理相通,诚如骑着青牛西去的老子曰:"源天地之美而达万物之理。"

早在1 600多年前的吴地人葛洪(284—364)就是一个亦神亦人的、与大地在一起的东晋道教学者、神仙家与著名医药学家。自号抱朴子,晋丹阳郡句容人(今江苏句容市),三国方士葛玄之侄孙,世称小仙翁,至今在句容城西门原工程机械厂内还保存着一口葛洪原住址的炼丹井(见图8-5)。

图8-5　博物学家葛洪

在英国人的眼中,葛洪是中国古代的"通才"与"大师"。剑桥大学学者、以《中国科学技术史》闻名世界的李约瑟称葛洪是中国古代"最伟大的博物学家和炼金术士"。他隐居深山炼丹,著有《肘后备急方》《金匮药方》《抱朴子内外篇》《浑天论》《潮说》《军术》《碑颂诗赋》《神仙传》《隐逸传》《西京杂记》等计六十多种著作,其学问之广、著述之宏,堪为后人惊羡。他既是中国古代著名的神仙家、化学家、医药学家,也是文学高手。

科学家与神仙家合为一体,往往有许多奇异难解之处,而葛洪则放射出了奇光异彩。1 600多年过去了,葛洪的名字仍被人们广泛传颂着,尤其是最近,85岁的中国女科学家屠呦呦因开创性地从中草药中分离出青蒿素应用于疟疾治疗获得了2015年诺贝尔医学奖,这是中国科学家在中国本土进行的科学研究而首次获诺贝尔科学奖,是中国医学界也是中医药成果迄今为止获得的最高奖项,这不正是葛洪的道教医学——《肘后备急方》帮她攻下了诺贝尔奖吗?《礼记·月令》中称"民多虐疾"。"疟"字从"疒"从"虐","虐"字是老虎头,在甲骨卜辞中写作从字形上看,似老虎张着大口扑向人——疟疾是似老虎一样凶猛的传染病。

从神奇的小草中提取的青蒿素及其衍生物,对恶性疟疾、脑疟有着强大的治疗效果,它挽救了全球尤其是发展中国家数百万人生命,被饱受疟疾之苦的非洲民众称为"东方神药"。2004年5月,世界卫生组织正式将青蒿素复方药物列为治疗疟疾的首选药物。据英国权威医学刊物《柳叶刀》的统计显示,青蒿素复方药物对恶性疟疾的治愈率达到97%。

看来把葛洪当"神"——追求"真理、光明、正义与良心"是有道理的。黑格尔说:"美是理性的感性显现。"高贵气质的孕育,源自丰富充实而清纯明净的内心世界,需要个人内在精神的强大。

早年葛洪也想在仕途上求得功名,但怀才不遇。魏晋是中古历史最动荡的时代,三国鼎立,八王纷乱,不独内战频繁,且有五胡侵入,多处发生农民起义,他也曾率兵打过仗。20多岁的葛洪无可奈何,得知叔祖父葛玄曾把炼丹事授给弟子郑隐,就去拜郑隐、鲍靓为师学道。鲍靓精于医药和炼丹,见葛洪不仅相貌堂堂,还虚心好学,不但把炼丹的本领毫无保留地传授给他,并且还把精于灸术的女儿鲍姑也嫁给了他。从此,他把老庄之学充分地演化为神仙外儒术,游历江南各地名山,在收集、研究各种药方为民治病的同时,进行了大量的炼丹实验。特别是在常年葱绿、生机盎然的南方罗浮山的10年中,身穿道袍,手拿"仙草",行踪飘忽,来去丛林间,采矿石、尝百草,专心炼丹、著述,不仅总结了前人的经验,并且获得了很多前所未有的新成果。

《抱朴子》这部代表作,其书名用的是他给自己取的号。"抱朴"二字最早出于《老子》,指内心淳朴,不为外物所诱惑。他在其《仙药篇》中,记载了众多中草药的别名、生长环境、特征、性能和用法等,使之成为一本中国早期的药物学论著。他还整理民间验方、秘方,写成一本便携式的袖珍本——《肘后备急方》,大受民众欢迎,堪称公众医疗服务的典范。杜甫《赠李白》的诗云:"秋来相顾尚飘蓬,未就丹砂愧葛洪。痛饮狂歌空度日,飞扬跋扈为谁雄。"陆龟蒙《奉和袭美怀华阳润卿博士三首》之二又道:"火景应难到洞宫,萧闲堂冷任天风。谈玄麈尾抛云底,服散龙胎在酒中。有路还将赤城接,无泉不共紫河通。奇编早晚教传授,免以神仙问葛洪。"他不管瀚海百丈冰,愁云万里凝;也不管前路有多少风霜,万千雷暴,午夜神驰,弹剑为文,爱与恸似涨满的潮水,一支孤笔万仞山,无惧自己生命的消融和枯草片片掩荒冢,凭的是真理、光明、正义与良心。

人们常说,没有比人更高的山,也没有比脚更长的路。功夫不负有心人,葛洪修性成正果。如在其《肘后备急方》中有一"疗猘犬咬人方"("猘犬"即疯狗),便是免疫学在临床上的具体应用。他取咬人的犬脑敷贴在被咬的伤口上"以毒攻毒",以提高抗病能力,这是人类狂犬病预防接种的发端,是真正的免疫学先驱。欧洲的免疫学是从法国的巴斯德开始的,他用人工的方法使兔子得疯狗病,再把病兔的脑髓取出制成针剂,其原理与葛洪基本相似,虽比较科学,但比葛洪晚了1 000多年。葛洪的这种免疫学思想,启发了后人预防天花的"种人痘法""牛痘接种法"等,使数不清的人免于天花之灾。

李约瑟肯定地说:"世界医学化学源于中国。"

葛洪还是中国早期化学家和医学家的杰出代表,在沙虱病、天花、结核病等研究领域都具有世界领先地位。此外,其研究成果还涉及宗教、哲学、文学等诸多领域。他极富文采地写出了《神仙传》,还托名他人撰写了《西京杂记》。这些著作文笔简练清雅,内容浪漫不羁,历来为人称道。正是由于有以上诸多成就,使得葛洪成为当之无愧的我国4世纪时的一位杰出的科学家与文学家。假如古代有诺贝尔奖,我看获奖的可能就是他。

(2)永驻月球的现代天文学家高平子

高平子(1888—1970),本名均,字君平,号在园,因仰慕东汉天文学家张衡集中国古天文学之大成遂改名平子,上海金山人(见图8-6)。

高平子是书香世家,其父高煌(望之)为光绪举人,其叔高燮(吹万)系南社耆宿,族兄高旭(天梅)是南社创始人之一。1912年高平子毕业于著名教育家马相伯创办的上海震旦学院,获理科学士学位并自费到上海佘山天文台师从法国神父蔡尚质(Stanis-Laus Chevalier)学习现代天文理论和观测技术,对太阳黑子、双星星团、彗星、小

图8-6 天文学家高平子

行星等进行目视和照相观测。离佘山后,任震旦学院天象学教授。1924年蒋丙然和高平子从日本人手中接管了青岛观象台(这是当时第一个由中国人自己掌管的天文机构),高平子在此从事地磁及天文观测研究。

1925年5月1日,高平子用16厘米天文望远镜为中国开创了现代太阳黑子的观测与研究先河。1926年,他应邀参加第一届万国经度联测,任测量主任。这次联测是我国首次参加国际联合观测工作,而且因此获得了庚子赔款董事会资助的外汇,购置了一架口径为32厘米的当时为我国拥有的最大折光望远镜。

1928年高平子受聘担任国民政府中央研究院天文研究所研究员,后任代理所长。其间,创办《宇宙》杂志,负责接收北洋政府的中央观象台,并筹建我国第一座现代天文台——南京紫金山天文台,将北京中央观象台的古代天文仪器搬迁至紫金山天文台。高平子利用太阳分光仪观测黑子、耀斑等日面活动,是中国太阳分光观测的奠基人。1934年紫金山天文台建成后,高平子主管分光仪观察,还主持了《天文年历》的编纂工作。1935年高平子作为中国代表赴巴黎参加国际天文学联合会第五届大会,并敦促大会接纳中国为正式会员。会上,中国正式参加了国际天文学联合会。1948年他迁居台湾,在台湾省气象局做太阳观测研究,主编《国民历》《天文日历》,发起成立台湾天文学会,主要从事天文学研究。著有《学历散论》《平子著述余

稿》《史记天官书今注》《史日长编》等。1970年因冠心病在台北逝世。

高平子终身致力于天文事业,对中国的天文事业有奠基之功,在世界同行中也享有盛誉。1982年8月17日至26日在希腊帕特雷召开的国际天文学联合会第十八届大会上,为表彰高平子在天文学方面的杰出贡献,决议将月面坐标为6.7S,87.8E,直径为34千米的环形山命名为"高平子环形山"(环形山英文名为Kao,中文名为"高平子")。这是唯一被铭刻在月球正面的中国人,也是地球上唯一用望远镜能观测到的以中国人命名的环形山。

（3）世界著名物理学家吴健雄

吴健雄(1912—1997),江苏太仓人,11岁时考入苏州第二女子师范。6年后被保送入南京中央大学,后来进了上海的中国公学,成了胡适最得意的门生。

24岁的吴健雄踏上了美国的土地,她选择在加州大学伯克莱分校物理系开始科学探索旅程。当时的伯克莱吸引了一批年轻而具有顶尖水平的物理学家,如发明和建造回旋加速器的劳伦斯、后来被誉为美国"原子弹之父"的奥本海默等。在伯克莱分校物理系,吴健雄才华出众,勤奋努力,加上气质高雅,外貌娇媚,个性又开朗率真,在师生中很快成为明星式人物,物理系男生都众星捧月般地仰慕她。1938年,当吴健雄正式开始做原子核物理实验时,这还是个全新的领域。1939年由塞格瑞指导她进行的实验,正是研究铀原子核裂变的产物,其中一项结果为美国制造原子弹的曼哈顿计划做出了重要贡献。由于在原子核分裂和放射性同位素方面的杰出贡献,当时的吴健雄已成为奥本海默等许多大科学家心目中的"权威专家",经常被邀请参加核裂变的讨论会。

吴健雄是曼哈顿计划中唯一的女科学家,所从事的是该计划最为核心的部分。作为初到美国、没有美国籍的外国人,参与到如此机密的国防科学计划之中,可见她在该领域的造诣。

1942年,吴健雄和同在加州大学的中国留学生、袁世凯的孙子、后来成为高能物理学家的袁家骝喜结良缘。当时的加州工学院校长、后来获得诺贝尔奖的密立肯教授为他们主持了婚礼,加州大学校友钱学森还为他们的婚礼拍了一部8毫米的电影。婚后第五年,吴健雄在普林斯顿的医院产下一子,产后住院休养时,正在普林斯顿高等研究所的爱因斯坦还曾到医院探望过她。

从20世纪40年代到50年代,吴健雄在原子核衰变领域的杰出成就,使她有了"中国居里夫人"的称号。1957年1月15日,在哥伦比亚大学当教授的吴健雄完成了"宇称不守恒"这一著名实验,这个实验结果恰恰验证了杨振宁和李政道的"宇称不守恒"理论,帮助这两位华裔科学家荣获了诺贝尔奖。

1975年，吴健雄成为美国物理学会有史以来第一位女性会长。1978年，被人称为"以色列诺贝尔奖"的沃尔夫奖，将其第一年的物理奖颁给了吴健雄，她被称为"物理研究的第一夫人"。她在伯克莱时的老师、诺贝尔物理学奖得主塞格瑞称她为"核子物理的女皇"，是一个卓越的世界公民和一个永远的中国人。

3. 书画艺术界

(1) "草圣"张旭

张旭（675—750），吴县（今苏州）人，曾任常熟县尉，金吾长史。以草书著名，与李白诗歌、裴旻剑舞称为"三绝"。诗亦别具一格，以七绝见长，与李白、贺知章等人共列饮中八仙之一。

他的一生，犹如神龙不见首尾，却又是极致的单纯简易，化约为"酒"与"书"两个字。欧阳修主撰《新唐书》，其中《张旭传》开篇即是："旭，苏州吴人。嗜酒，每大醉，呼叫狂走，乃下笔，或以头濡墨而书，既醒自视，以为神，不可复得也。世呼张颠。"这篇传文仅157字，真是惜墨如金，但开篇这40字除"苏州吴人"外，全着墨于张旭酒事了。

张旭最为后世所记的，是他开创的卓绝惊世的狂草艺术，他生前即享有"草圣"的殊荣。如果说东汉张芝使草书达于"精熟神妙"，东晋王羲之父子进而"韵媚婉转"，那么，至唐代，张旭则将草书开拓到"逸轨神澄"的狂草境界。

后世名家评张旭，普遍集中于张旭草书的神奇变化，"变动犹鬼神，不可端倪"（唐代韩愈），"出鬼入神，倘恍不可测"（明代王世贞）。张旭的狂草将书法艺术的书写自由推向字与非字的临界点，在这个临界点，正如他身体的沉醉放达；他对书写极限的挑战，犹如一出风起云涌的歌舞战斗戏剧，演示了追求超规范的自由是被规范着的人最深刻的激情。所以，当我们看到张旭作为一个书法家的癫狂，看到他人无可企及甚至望而生畏的"逸轨"，就无怪宋人米芾要骂"张颠俗子变乱古法、惊诸凡夫"了（《米书九帖》）。

但是，如果只看到张旭草书的"逸轨"（癫狂），对张旭所知则不过于皮相。宋人黄庭坚说："张长史行草帖多出于赝作。人闻张颠未尝见其笔墨，遂妄作狂蹶之书，托之长史。其实张公姿性颠逸，其书字字入法度中。"（《跋翟公巽所藏石刻》）"字字入法度"！是指张旭草书在其超逸狂放中，乱而有法，狂而有度。张旭草书的狂逸，不是乱法，而是以精微深邃的楷法造诣为基础的自由超越——在其看似无法度可循的任性狂放中包含着极精妙的神理。这就是窦臮所谓的"神澄"。

张旭传世的草书作品，著名的有《草书心经》《肚痛帖》《千字文》和《古诗四帖》。《古诗四帖》可视为张旭草书的冠顶之作（见图8-7）。该帖无署名，曾长期被误判为东晋谢灵运书写，由明代书画家董其昌鉴定为张旭所书。

第八章　外柔内刚　尚武崇文

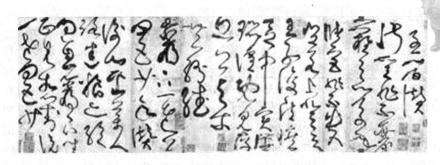

图8-7　(唐)张旭《古诗四帖》部分

董其昌题跋称此帖"有悬崖坠石、急雨旋风之势",与张旭其他草书帖同一笔法,并且以"旭肥素瘦"判定此帖为张旭而非怀素书写。怀素是张旭的私淑弟子,同样以狂草出名。"旭肥素瘦"是辨识张、怀师徒笔法的通行准则。黄庭坚说:"僧怀素草工瘦而长史草工肥。瘦硬易作,肥劲难工。"(《跋张长史千字文》)但是,《古诗四帖》不仅表现了张旭用笔宽厚遒劲以及迅猛回旋的特征,而且把率性放纵的书写纳入了刚柔相济、缓急冲和的张力运动中,是极度冲突的劲险与深刻谐调的悠逸的平衡。米芾说:"张旭书,如神虬腾霄,夏云出岫,逸势奇状莫可穷测。"(《米元章续书评》)用米氏此语评《古诗四帖》,是非常贴切的。就此而言,骂张旭乱法的米芾却又洞见到张旭草书的妙谛。

　　张旭开拓狂草艺术,既蒙滋养于书法艺术的传统精髓,更是深得自然造化的感动启悟。颜真卿记述,张旭即兴用利刃在沙地上画写,见"其劲险之状,明利媚好"而自悟"用笔如锥画沙,使其藏锋,画乃沉着"(《述张长史笔法十二意》)。另据《新唐书》《全唐文》记载,张旭曾自言,"始见公主担夫争道又闻鼓吹而得笔法意,观倡公孙舞剑器得其神""孤蓬自振、惊沙坐飞,余师而为书,故得奇怪"。

　　狂草之所以由张旭肇始,实在因为张旭自我融身于自然,又以自然万物"一寓于书"。虞世南论书法说:"质虽有质,迹本无为,禀阴阳而动静,体万物以成形。"(《笔髓论》)这不正是我们在张旭草书,尤其是《古诗四帖》中看到的笔法神韵吗?他观公孙大娘舞剑器,悟得草书用笔的飞动之势;于担夫与公主在羊肠小道上相遇只能闪避行进,悟得书法中的进退参差有致的结构原理。这种在生活中悟出艺术的经典极为感人,值得后人顶礼膜拜。

　　"楚人每道张旭奇,心藏风云世莫知。"这是李白诗歌《猛虎行》中的诗句,写于唐天宝十五年(756年),时在安史之乱中,流离四地的李白与张旭相聚于太湖西岸溧阳酒楼,在"杨花茫茫愁煞人"的三月春景中,两人把盏对酌。李白直面的张旭,是一个"心藏风云"的巍巍大者,唯其如此,他的草书

下篇 文 脉

才能造就杜甫所说的"豪荡感激"的大气象。

在杜甫的《饮中八仙》中,诗仙李白与草圣张旭是比肩而立的。"李白一斗诗百篇,长安市上酒家眠。天子呼来不上船,自称臣是酒中仙。张旭三杯草圣传,脱帽露顶王公前,挥毫落纸如云烟。"同一醉酒,同一放达,但细思起来,李白的放达是冲着人来的骄世,张旭的放达是面向天地的自然。李白在唐玄宗的宫中醉酒,当玄宗面呼太监高力士为之脱靴,这是何等娇纵?清醒时的李白,其实是很懂得尊卑秩序的,是酒给了他过分的胆量。然而,这借酒撒娇的代价,是诗仙李白匆匆结束了他费四十余载心血挣得的翰林生涯,离开他服务不到两年的长安宫廷,从此浪迹江湖,唐宝应元年(762年)病死于江南当涂(今安徽马鞍山市当涂县)。张旭放达于天然,以纸为天地、以笔墨做风云,他焕然创化的世界中,激烈冲决的险峻之状透现出来的却又是超尘绝俗的"明利媚好"。

(2)"吴门四家""三吴一冯"

江南文化的"大本大源"使苏州充满着书香味,无论是南北朝时的陆探微、张僧繇、顾野王、郑法士,还是明中叶的沈周、文征明、唐寅、仇英等"明四家"都源远流长,有着深厚的书画历史根基。

① 强大的画家群体——吴门四家

"吴门四家"中,沈周、文征明都擅长画山水,唐寅山水、人物都很擅长,仇英以人工笔人物、青绿山水见称,四人各有所长,先后齐名。自元朝以后,苏州一带经济富庶,文艺兴盛,成为文人荟萃之地。史料记载,当时苏州有150余人,占明代画家总数的五分之一。鉴于明代中叶以后,院画势力日微,"浙派"也渐趋末流,代之而起的是吴门画派的领袖沈周同他的学生文征明、唐寅,再加上仇英,直接推动了江南乃至中国文化艺术的兴旺发达。

沈周(1427—1509),长洲(今苏州)人,明代杰出的集诗书画成就于一身的书画家,人称百年间有着"一曲天下"之势的"吴门画派"宗师,字启南,号石田。一生未应科举,专事诗文、书画,是明代中期文人画"吴派"的开创者。传世作品有《庐山高图》《秋林话旧图》《沧州趣图》;著有《石田集》《客座新闻》等。其艺术特色:一是融南入北,弘扬了文人画的传统;二是将诗书画进一步结合起来。他不仅是一位画家,也是一位诗、书、画皆精的全才。喜用狼毫挥书,线条锋利铦锐,结构跌宕开阖,中宫收紧而四维开张,所谓"长撇大捺",遒劲奇崛,始成明代的书法名家。

文征明(1470—1559),长洲(今苏州)人。明代中期著名的画家、书法家,号"衡山居士",世称"文衡山",官至翰林待诏,私谥贞献先生。诗、文、书、画无一不精,人称"四绝"全才,是沈周之后的"吴门画派"领袖。在画史中与沈周、唐寅、仇英合称"明四家",诗文上与祝允明、唐寅、徐祯卿并称"吴中四才子"。绘画兼善山水、兰竹、人物、花卉诸科,尤精山水。早年师事沈周,后致力于赵孟頫、王蒙、吴镇三家,自成一格。画风呈粗、细两种面貌。笔墨苍劲淋漓,又带干笔皴擦和书法飞白,于粗简中见层次和韵味。设色多青绿重彩,间施浅绛,于鲜丽中见清雅,奠定了"吴派"的基本特色。

江南第一才子唐寅(1470—1524),著名画家、文学家,字伯虎,号六如居士、桃花庵主,今苏州人。博学多能,吟诗作曲,能书善画,乃明代"四大才子"之首,他的诗书画号称吴地三绝。但是,他的知名度似乎更多来自他的传说轶事,其中"三笑点秋香"的故事家喻户晓,流传最广。故事中的唐伯虎风流儒雅、聪慧过人而又浪漫多情。然而,历史上真实的唐寅,却并非靠着拈花惹草的风流韵事而名扬天下。

这位古人称不上美男子,却是气质飘逸的化身;他风流倜傥,又历尽坎坷;他才华横溢,却命运多舛;他一生清高自傲,被称为天下奇才,从而名留青史。在明代的"四大才子"中,他就是江南最富传奇色彩的文人。

唐寅作为一个读书人,也曾把考科举中功名视为人生价值的体现。他才学横溢,以乡试第一名解元身份前往南京参加会试,当时街头巷尾盛传新科状元非他莫属,但这次南京之行却成了唐寅人生的重要转折点,他被诬陷参与科举舞弊而锒铛入狱,而他的灾难还不止于此。父亲死了,母亲死了,妻子死了,妹妹死了。孑然一身的唐寅,与李白"散发弄扁舟"的孤傲抗争一样,他的思想也发生了重大变化:"不炼金丹不坐禅,不为商贾不耕田,闲来写就青山卖,不使人间造孽钱!"后半生的唐伯虎对礼教章法不屑一顾,笑傲江湖,醉意书画,卖字换酒,行为洒脱,放浪形骸,民间流传的多情风流的才子唐寅捕捉的只是他外在的一面。

"别人笑我太疯癫,我笑他人看不穿",以唐寅为代表的古代吴门才子渐行渐远。但他们的形象似乎已经定格为一种文化的符号,如梅如竹,既馨香孤傲、柔情万端,又宁折不弯、铁骨铮然。吴门才子,就是这样才情兼备、儒雅浪漫,清峻秀逸中带着狂傲,灵动聪慧中不乏稚拙,多才多艺更似乎浑然天成,这似乎已经成为吴地才子贯穿古今、一脉相承的共同气质。

晚年生活困顿的唐伯虎,尽管才华出众,有理想抱负,是位天才的画家,但他那愤世嫉俗的狂傲性格不容于那个社会,最后潦倒而死,年仅54岁,惨到连棺材都买不起。最后,还是好友祝枝山和王宠出钱打理的。他临终时写的绝笔诗就表露了他刻骨铭心的留恋人间而又愤恨厌世的复杂心情:"生在阳间有散场,死归地府又何妨。阳间地府俱相似,只当漂流在异乡。"在纪念唐寅诞辰540周年时,楹联家陈志岁在《纪念唐寅》联上云"画臻三昧境,梦觉六如身",就是生动写照。

唐寅擅长山水、人物、花鸟,有《骑驴思归图》《山路松声图》《事茗图》《李端端落籍图》《秋风纨扇图》《百美图》《枯槎鹳鸰图》《两岸峰青图》等绘画作品传世。其《骑驴思归图》,为绢本淡设色,纵77.7厘米,横37.5厘米。如果放到原图大，煞是好看：画中山花烂漫，高山叠嶂，流泉断涧。盘曲的小路连接着临流危桥和谷间茅屋，其间有负薪过桥的樵夫、骑驴归家的士人，表现了文人隐逸的思想情趣（见图8-8）。

唐寅在文学上也极富成就。工诗文，其诗多记游、题画、感怀之作，以表达狂放和孤傲的心境，以及对世态炎凉的感慨，以俚语、俗语入诗，通俗易懂，语浅意隽。后世有诗叹之：可惜一手好文章，更兼书画长，桃花坞里说迷茫，失了官场；设若官场之外有市场，凭君人气旺，秋香妹子代言好形象，风生水扬。他的诗文豪放不羁，戏语中寓忧思，绘画在放纵中见深沉，书法在戏笔中寓情思。

仇英（约1498—1552），号十洲，明代著名画家，江苏太仓人，后移居吴县（今苏州）。擅画人物，尤长仕女，既工设色，又善水墨、白描，能运用多种笔法表现不同对象，或圆转流美，或劲丽艳爽。偶作花鸟，亦明丽有致。存世画迹有《汉宫春晓图》

图8-8 唐寅《骑驴思归图》
（上海博物馆藏）

《桃园仙境图》《赤壁图》《玉洞仙源图》《桃村草堂图》《桃花源图》等。他的画上，一般只题名款，尽量少写文字，为的是不破坏画面美感。因此，画史评价他为追求艺术境界的仙人。仇英可谓中国绘画史上的一个特例：一个民间画工，通过自己不懈的努力，精益求精，终于被历史评定为"明四大家"之一，这即使在500年后的今天仍不失借鉴意义。他虽无文征明的诗文造诣，也无唐寅的文采风流，但他依仗长期寄居官宦、富豪宅邸的生活方式，取得了丰富的创作资源，创建了属于自己的绘画风格。他以其一生创造出的辉煌成就告诉我们：如果没有他和收藏家们的真诚互动，就不会有今天我们所看到的丰富多彩的仇英。应该说，仇英在绘画艺术上取得的成就在某种意义上高于唐寅，因为他是那个时代独有的集大成者。

"四家"的绘画成就是多方面的，他们技艺全面，作品题材广泛。所画山水，既能表现雄伟险峻的北方山川，也能描绘清雅秀润的南方风景，开拓了元明清以来山水画的新境界，占据了元代以来文化的制高点。

② 风云际会的"三吴一冯"

近现代吴地又出现了吴湖帆（1894—1968，苏州人）、吴待秋

(1878—1948,浙江桐乡石门人)、吴子深(1893—1972,苏州人)、冯超然(1882—1954,常州人)这四位画坛大家,也先后都与苏州有缘,曾被合称为"三吴一冯"。他们的才艺,丰富了中国美术山水画,而他们的人生,则反映了与社会的风云际会。他们在当时之所以受此推崇,享誉海上,盖得力于画艺、学养及不可忽视的社会地位。

此外,还出现了画家、美术教育家徐悲鸿(1895—1953,江苏宜兴人)。他少时刻苦学画,后留学法国。1949年后任中央美术学院院长、中华全国美术工作者协会主席,提倡"尽精微,致广大",尤以画马驰名中外。

只要吟诵"姑苏城外寒山寺,夜半钟声到客船"的名句,苏州名城的风采就浮现在眼前,因此,吴地的文化除儒雅外还有些富贵气。柔是自然,柔是亲近;它是文采,亦是包容。刚是精神,刚是斗志;它是骨气,亦是意志。尚武崇文,外柔内刚,相辅相成,自成一体,这是吴文化的底气。

二、厚德载物　经世致用

江南一带,每个历史文化名城都是一部大书。这里是中国共产党的诞生地,也是中国乡镇企业、中国第一代和第二代本土企业家(即民族资本家和农民企业家)的诞生地。这里有国际大都市——上海,有"人间天堂"——苏杭二州,有历史上徽商的"骆驼精神",有当代的张家港市的"率先"胆识,有昆山市的全面小康实践,有华西村的"共同富裕"……无不说明吴地人厚德载物、经世致用、百折不挠、重在实践的拼搏进取精神。吴地的发展史就是一部自强不息、开拓创新的奋斗史,正如孟德斯鸠在他的最主要著作——《论法的精神》中所指出:"中国的江南和浙江这两个美丽的省份……他们平治了洪水,帝国版图上便出现了这两个最美丽的省份,这两个省份的建立是完全出于人力的劳动的。这两个省份土地肥沃异常,因此给欧洲人一个印象,仿佛这个大国到处都是幸福的。"①

(一)厚德载物

1. 耐饥耐渴的"徽骆驼"

胡适曾把皖南一带的徽商比喻成"徽骆驼",这是很贴近的。耐饥耐渴、长途跋涉、一步一个脚印的"骆驼精神",可歌可泣。徽商是我国十大商帮之一,早在东晋时就有了徽商活动的记载。徽州商人亦贾亦儒,贾儒结合。明代成化(1465年)以前,徽商经营的行业主要是"文房四宝"、漆和茶叶等。成化以后,重要产盐地区——"两淮"成为盐商集聚中心,徽商占人地之利,逐

---

① [法]孟德斯鸠著,张雁深译,《论法的精神》,商务印书馆,2007年,第168页。

渐以发展盐业经营而雄飞商界。明清时商业活动遍及全国，在长江中下游一带颇有影响，有"无徽不成镇"之说。经营业务主要有盐、米、丝、茶、纸、墨、木材、典当和对外贸易，其中以盐商、文具商和典当商为最著，形成了一个由坐贾、行商和海商所构成的商业网络。从徽商的发迹来看，徽商具有以下几种精神：

一是为国分忧、民族自立的爱国精神。明朝建立之初，北境未安，漠北蒙古残余势力时时入犯，明朝廷不得不在北方边境驻扎重兵。为解决军粮问题，朝廷号召商人输粮支援边防、保卫国土安全。不少徽商千里迢迢不辞劳苦，运粮输盐，爱国爱家。在明中叶的抗倭斗争中，许多徽商捐资筑城或弃商从戎。

二是不畏艰难、百折不挠的进取精神。徽商绝大多数是小本起家，他们穷则思变、奋发进取，毅然走出深山，闯荡四海。可谓岭南塞北，饱谙寒暑之苦；过江渡海，频历风波之险。坚韧不拔，苦心经营。

三是审时度势、出奇制胜的竞争精神。徽商善观时变，即根据市场行情，选择较好的经营项目，因地制宜，逐时趋利，出奇制胜。

四是同舟共济、团结友爱的互助精神。这种精神不仅表现在一家人或同族人中，也表现在一个个的商业团体中，如遍布各地的徽州会馆、同业公所的建立，就突出体现了这种互帮互助精神，从而大大强化了徽州商帮内部的凝聚力。

五是节衣缩食、虽富不摆阔的勤俭精神。很多文人记有："徽人多吝，有客苏州者，制盐豆置瓶中，而以箸下取，每顿自限不过数粒。"这正反映了徽商勤俭节约的精神。

六是货不二价、"贾而好儒"的惠民精神。以诚待人，以义制利，"守身执如玉，积德胜遗金"，具有宁可失利不失义的优良传统。

七是重教兴学、培育后代的进步精神。徽商在致富以后，以重金兴建书院，大办义学，认为"几百年人家无非积善，第一等好事只是读书"，这种风尚对后人产生了深远的影响。

2. 善于货殖发展民族工业的"洞庭商帮"

商帮，就是商人利用天然的乡里、宗亲关系联系起来，互相支持，和衷共济，成为市场价格的接受者、制定者和左右者；同时规避内部恶性竞争，增强外部竞争力，依赖集体的力量更好地保护自己，由亲缘关系扩展开来而以地缘关系为基础的团体。在中国能够称得上商帮的商人集团并不多，且基本以省为单元，但能用县以下一两个乡镇命名为商帮的仅有一个，那便是苏州"洞庭商帮"。

洞庭商帮在苏州西南郊外吴县境内太湖之中，居洞庭东西两山（两地相加也仅170平方公里左右）。湖山秀美，气候宜人，盛产"碧螺春"茶叶、桑蚕、花果等丰富的经济作物以及太湖鱼类养殖。岛上耕地很少，洞庭山民除了植桑、种果、养鱼，自古有外出经商传统。明末冯梦龙在《醒世恒言》中写道："两山之人，善于货殖。八方四路，去为商贾。"洞庭周遭水运发达，既可将本埠缺少的外地粮食运进来，又能把畅销苏州一带的棉花和丝绸贩出去。至明清时期，"洞庭商帮"的商人就以经营棉花、丝绸闻名吴、楚甚至南北各地，与赫赫有名的徽商、晋商并驾齐驱，称雄国内商坛。由于洞庭商帮精明能干，无物不营、无地不去，惯于削尖脑袋钻营，连无路可上的"天庭"都千方百计去打通插一手，因此便有"钻天洞庭"之绰号。

洞庭商帮以王惟贞、翁笠、许赞雄、席启寓为杰出代表。令人惊奇的是，当晋商、徽商已然沉寂的时候，该商帮的家族传奇还在延续。他们是苏商的精英，汇集了苏商的全部智慧。

该商帮在明万历年间才初步形成。徽商没有与徽商、晋商在盐业和典当经营上争夺市场，而是扬长避短，稳中求胜，利用洞庭得天独厚的经商条件贩运起米粮和丝绸布匹。过江涉淮，北走齐鲁大地，中转后将丝布供应京师，通达边塞九镇；又通过长江，经湖广、四川而沿途分销于闽、粤、秦、晋、滇、黔广大地域。

尤其是鸦片战争后，他们将大本营转移至上海，经营这一行业的依旧不乏其人，且在上海丝绸界颇有地位和影响。在沪经营纱布业者也为数不少，最早以此起家的是万梅峰。现在东山著名的雕花楼，就是靠在上海经营南公茂纱号发财并被推举为纱业公会会长的金锡之建造的。传说他为此楼共花费了3 741两黄金。这一事实表明纱布业在那时确是非常赚钱的行当。另外，叶明斋创建龙华制革厂和振华纱厂；邱玉如创办中国第一染织厂，且自织布匹，为上海线业、布业界领袖；张紫莱开过多家呢绒织布厂，均获得成功；沈莱舟先后创办恒源祥绒线号、裕民毛绒线厂，并兼任恒源祥织布厂、恒丰毛绒厂总经理，所产绒线，质优价廉，不亚于洋货，在上海滩被誉为"绒线大王"；席德灿当过阜丰面粉厂经理；严敦俊与人合伙办过谦行电灯公司、康年保险公司；叶振民开办大同橡胶厂，专门生产和销售三元牌自行车轮胎。洞庭商帮创办的这些民族企业，对民族工业兴旺以及上海经济繁荣均发挥了重要作用。上海的棉花业、米粮业、糖业、酱业、木材业、海味业、药材业、皮毛业、食用油业、杂货业、地产业等行业，也都活跃着洞庭商帮。

除致力于发展民族工业外，洞庭商帮力图打破洋商垄断局面。在作为金融中心的上海，洞庭商人开辟了买办业、银行业、钱庄业等金融实体，迅速跟上了发展的潮流。以席氏家族为例：几乎囊括大上海自19世纪70年代至20世纪30年代50多年著名洋行和外资银行买办职位，包括在中国最有势力的英国汇丰银行担任买办长达64年，席家俨然成了"上海金融界和商界举足轻重的人物"。据不完全统计，洞庭商帮在近代上海至少开设或投资了85家钱庄。若按府与镇的面积比例计算，洞庭商帮在沪上金融界所占份额惊人；在钱庄业中地位更是一言九鼎。当年上海滩流传这么一句俗谚，"徽帮人最狠，见了山上帮（指洞庭东西山），还得忍一忍"，足见洞庭商帮的势力强盛。①

在席氏一族后裔席时珞的印象中，在洞庭席家的历史上，先祖席温的第27世孙席洙就曾撰写过一部叫《居家杂仪》的书，提出了重读书、重经营的观念——不去科场，即去商场；不能读书，就去经营。而席时珞更将东山洞庭商帮的成功之道总结为四点：首先是吃苦耐劳，天道酬勤。其次为文商融合，从商的同时更注重子女教育和文化的积淀。此外，关心家乡建设，修桥铺路等公益事业一直不断。"不单做生意，洞庭商帮的先人们从事更多的是文化生意，经商、写书、家训……大商人重视子孙文化教育，要培养能读书的高学历高智商人才。"正是这些特质使洞庭商帮位列中国十大商帮之中，而又与其他商帮有着明显区别。

成为富豪后，他们由"求贵"变为了读书藏书的"文豪"。席氏家族中的席启图、席启寓、席鉴、席世臣及席世昌、席恩赞、席璞等人除了藏书万千外，还创办了长达300多年的扫叶山房，出书2 000多种，成为中国出版史上的奇迹；为掌握知识产权、为国争光，席氏家族还出资七万五千银圆，把旧中国第一大报《申报》从英国人手里买回由中国人自己掌握发行。

在洞庭东山，富裕后读书藏书何止席氏一家，如王氏、叶氏家族中，历代藏书的同时也进行刻书，不少卷册已被国家图书馆和苏州图书馆收藏。他们在经商之余皆不忘读书，有时即使在船上途中也常常手持书卷。经商数十年积聚财富，读书数十年修身养性，日积月累，成了长江和太湖一带有名的儒商，不少人在学术上还很有造诣。明代第一个为苏州人在科场夺魁、给家乡增荣添光的少年学子施槃，就来自于洞庭东山。据不完全统计，明清两代，仅东山就出过2名状元、1名探花、2名会元，还有40位进士。尤其是明代中期的王鏊高中探花，历仕户部尚书、文渊阁大学士。

3. "异军突起"的"四千四万"精神

上古时，吴地人在沼泽湿地开垦、修筑圩田，苦心孤诣，开拓创新，世世代代自力更生、勤劳坚韧，造就了遍地稻菽。艰难困苦淬炼了他们的意志，薪火相传，为其后人留下了开拓的因子。

江南人务实，像洞庭商帮那样，更多地体现在对实业发展的孜孜追求上。早在明代，苏州地区已经出现了资本主义萌芽。在近现代，无锡杰出的民族实业家荣宗敬与荣德生艰辛创业，成为20世纪二三十年代中国的"棉纱大王"和"面粉大王"。1949年后农民翻了身，生活明显改善，但鉴于苏南

---

① 参见徐鸣，《洞庭商帮的沪上"生意经"》，《新民晚报》，2013年10月20日。

人多地少,"守的'鱼米之乡',吃的却是酱油拌饭"。1960年至1970年的10年间,如无锡县(现无锡市锡山区)人均耕地由1亩降至8分①,农村剩余劳动力增加,农民为求生存、求发展,在计划经济的夹缝中创办了乡镇企业。它萌生于20世纪50年代,衰落于60年代,再生于70年代,兴盛于80年代。其特点是:资金自筹、原材料自找、市场自闯;"职工能进能出,干部能上能下,工资能高能低,企业能开能关";不论学历文凭,能者为上,风风火火闯天下;"白天夜里连轴干,节假日更要抓紧干"。

它以集体经济为主,以乡镇工业为主,以市场取向为主,以政府推动为主,走共同富裕道路。这个"四为主一共同"被著名的社会学家、人类学家费孝通(1910—2005,苏州吴江人)在家乡"江村经济"调查研究的基础上,于1984年总结为"苏南模式"(指苏州、无锡、常州和南通大体相同的经济发展背景和现实发展路子)——苏南地区农民办工业,发展乡镇企业的农村经济现象。1984年,邓小平同志说:"去年我到苏州,苏州地区的工农业年总产值已经接近人均八百美元。我了解了一下苏州的生活水平。在苏州,第一是人不往上海、北京跑,恐怕苏南大部分地方的人都不往外地跑,乐于当地的生活……这几条就了不起呀!"②称其为"异军突起",被誉为"是中国农民的又一伟大创造"。

苏南乡镇企业的异军突起,它来自"草根",从无到有、由小变大,凭的是"踏遍千山万水、吃尽千辛万苦、说尽千言万语、历经千难万险"的不畏艰难、不断开拓的"四千四万"精神,千千万万的农民筚路蓝缕、艰苦创业。为了解决煤、油、电、钢材、木材等原材料,"走出去、请进来"。万千供销员、采购员常年在外,就像四处涌流的水,哪里有缝隙,就渗透到哪里,能把厚土泡透,能将坚石滴穿。尤其是技术问题,当时的苏南乡镇企业都是小型的加工制造企业,是否掌握先进的生产技术是关系企业生存的根本问题,而缺乏技术和管理经验的农民千方百计,动员所有的关系户到上海、苏州、无锡等大城市里去请师傅,叫"星期日工程师",聘请一些快退休的或已经退休的国有企业的技术人员,到厂里来做技术指导。有时为了能请到一位退休的师傅或在职的技术工人利用节假日到厂里来帮带,背上家乡凡能找到的土特产,整天整夜地,不管天有多热多冷,也不管刮风下雨,都守候在他们的家门口,说尽世上好话,用真诚达到理解、信任、感动与支持,把他们请下乡。许多当年的老同志都感慨万分,都说曾经共同经历过的"集体记忆",现已沉淀为一个苏南的精神文化。

他们说,回想1958年人民公社化时期,苏南各地在集体搞副业基础上

---

① 宗菊如,《无锡乡镇企业简史》,方志出版社,2011年。
② 《邓小平文选》第三卷,人民出版社,1993年,第89页。

已经办起了一批社队企业，主要为本地农民提供简单的生产资料和生活资料。到20世纪70年代，这些小型社队企业逐渐发展成为农机具厂，为集体制造一些农机具。党的十一届三中全会对社队企业的发展明确支持，促使社队企业步入了一个大发展。城里的许多技术工人利用节假日到苏南各地，带来了信息、技术和管理经验，也在实战中培育了一批土生土长的"土专家"，从而使各地的乡镇企业如雨后春笋般快速发展，由星星之火燃成燎原之势。

"1985年，苏锡常三市工业总产值达到479.8亿元，其中乡镇工业产值220.48亿元，占了'半壁江山'……三市乡镇企业上交国家税收13.75亿元，占三市财政总收入的32%，又是'三分天下有其一'。"①许多能人都是白手起家，从一根针、一把锤、一间房开始，当上了企业家。如常熟市农民出身的企业家钱月宝女士，以8根绣花针起家创建了一个村办绣花厂，后来发展成了以生产床上纺织品为主的梦兰集团。与梦兰集团相似，无锡红豆集团的前身是由3个弹棉花的手艺人创办的手工作坊，后来逐步发展壮大起来，还在位于"21世纪海上丝绸之路"的重要节点上——柬埔寨西哈努克港牵头投资，现已初步建成当地规模最大、发展最好的西哈努克港经济特区。

在"四千四万"精神鼓舞下，苏南地区创造了久盛不衰的"苏南速度"，在有限的土地上创造了巨大的财富，催生了一大批敢为人先、只争朝夕、富有时代特征的先进典型。如今，"四千四万"精神已成了苏南人民的传家宝，加深了对家园的文化认同，在转型升级、节约集约、绿色生态发展的征程上发挥了巨大作用。

（二）经世致用

所谓"经世致用"，就是用学问创造性地解决具体的现实问题。而能否解决，就是检验学问是否正确的标志。它是一个实践的过程、创新的过程。

从蚩尤、防风氏、巫咸、泰伯、仲雍等吴地始祖，到当代的张家港人、昆山人、华西人……无不求实务实，认为"虚谈一阵风，种田万万年"。20世纪70年代末、80年代初吴地农民就是凭借"四千四万"精神首创了中国的乡镇企业。1983年2月6日下午，邓小平到苏州视察，苏州地委书记戴心思向小平同志汇报："苏州农村经济快速发展主要靠两条：一是在城市发展中小型企业，在农村发展集体所有制的社队工业；二是重视知识，加快吸引和培养人才，依靠技术进步和提高农村劳动力素质实现城乡经济的快速增长。"小平同志听了非常高兴，称赞说："你们发展乡镇工业很好。"

晚明杰出的科学家徐光启（1562—1633，上海人），提倡"实学"，曾说：

---

① 李雪根，《天堂之路——苏州发展研究文集》，吉林人民出版社，2005年，第85—86页。

第八章　外柔内刚　尚武崇文

"千闻不如一见,未经目击而以口舌争,以书教传,虽唇焦笔秃,无益也。"他的学生陈子龙编写了《皇明经世文编》。当代世界建筑大师、苏州博物馆新馆的总设计师贝聿铭,从总体设计到内部装饰、灯光配置,以及选料、布景等等,事事仔细斟酌、亲力亲为。

　　明清之际著名的思想家顾炎武(1613—1682,号亭林,江苏昆山人),经过14年的寒窗苦读,对于功名逐渐淡薄,日益发奋研究实用之学,用能否解决问题的实效来衡量道理的价值。年轻时参加"复社"反宦官权贵斗争,后清军南下,参加当地的抗清斗争。抗清失败后,遍游华北,所至垦荒,访问风俗,搜集材料,尤致力于边防和西北地理的研究,著有后人所熟悉的《日知录》。他反对空谈"心、理、性、命",倡导"知保天下,然后知保其国"(人民的利益高于一切)、"经世致用"的民本思想,认为"六经之旨与当世之务"应该结合,提出"博学于文""行己有耻"两句古训,要求作品为"经术政理"服务,并努力实践自己的主张,开创了踏踏实实做学问的优良学风。

　　吴地是顾炎武的故乡,出现了众多的如南通的张謇、常州的盛宣怀、无锡的荣氏兄弟及当代的昆山、张家港市等实践经世致用思想的典型。

　　1. 坚持"实业兴国"的张謇精神

　　张謇(1853—1926,字季直,号啬庵,江苏海门市长乐镇人),中国近代杰出的实业家、教育家、社会活动家、上海海洋大学创始人。张家世代务农,兄弟五人,他排行第四,后被称"四先生",清末状元。中日甲午战争成为他人生道路的分水岭,深重的民族危机最终促使他毅然放弃传统的仕宦之途,毅然走上了"实业救国"和"教育救国"之路。从1895年起,他在南通先后创办了大生纱厂、通海垦牧公司、大达轮船公司、资生铁冶公司、通州师范学院、南通博物苑等工业、教育、文化、科普事业。他利用海滨盐荒兴办盐垦公司、推广植棉等,成为中国棉纺织领域早期的开拓者。他欣然接受西方文明,重用外国人才,但反对将国外的教育方法简单"嫁接"过来,主张结合中国实际情况实行严格教育。为转变社会风俗和繁荣地方戏剧,1919年他邀请著名的导演、戏剧家欧阳予倩,在南通办起一所培养戏剧人才的学校——伶工学社,并且建造了一座更俗剧场。剧场实行一些文明的规定,如观众按号入座、不许随地乱扔果皮、不许乱喊乱叫等,确实起到了移风易俗的积极效果。此外,他还在军山设立气象台,"一方面为农事的测候预防,一方面为农学生实习气候的地方"。一战期间,他的大生企业系统获得了突飞猛进的发展。据统计,到1923年,它的资本总额达到了3 448万多元,为当年申新、茂新、福新企业系统资本总额的3.5倍以上。此后,受内外等多种因素的影响,南通实业走向衰落。但张謇直接开启并促进了南通地区的近代化,使南通成为"中国近代第一城"。

　　胡适这样评价张謇:"张季直先生在近代中国史上是一个很伟大的失

败的英雄,这是谁都不能否认的。他独立开辟了无数新路,做了三十年的开路先锋,养活了几万人,造福于一方,而影响及于全国。丁文江在张謇追悼会上演说时曾指出:数年前余在美时,美前总统罗斯福死后,凡反对之者无不交口称誉。今张先生死,平日不赞成他的人亦无不同声交誉。"直至20世纪50年代,毛主席在与人大常委会副委员长黄炎培、陈叔通等人谈及民族工业发展时说,"(中国)最早有民族轻工业,不要忘记南通的张謇"。当代学者章开沅先生也指出:"在中国近代史上,我们很难发现另外一个人在另外一个县办成这么多事业,产生这么深远的影响。"张謇身上所体现出的敢为人先的开拓精神、百折不挠的坚强意志、泽被乡里的爱民情怀、脚踏实地的务实风范,已成为我们今天学习的楷模。"张謇精神"留给当代中国企业家的启示是:应当以民族复兴为己任,坚持"实业兴国",不要醉心于玩"空手道"。

2. 张家港市的率先胆识

长江之畔,苏州北边的一块沙洲——即现今的张家港市,行政建制历史并不长。它是由江阴、常熟两县各划出一块组合而成,1961年11月设置沙洲县,被称为"苏南的北大荒",1962年全县工农业总产值只有3 000多万元。1986年11月撤县建立张家港市,可他们有胆有识,在20世纪90年代初邓小平同志的南方谈话后,率先感受到春潮的讯息,拨到头筹。他们"团结拼搏、负重奋进、自加压力、敢于争先",在43天内就做完了保税区规划,完成了1 000多户规划区内的居民动迁工程,3个月内就做好了基础设施,1992年10月经国务院批准设立了全国唯一的内河型保税区——江苏省张家港保税区。他们利用海关保税的独特条件,借鉴国外实行自由贸易区促进本国经济发展的经验,最大限度地利用了国外的资金和技术,发展了外向型经济,加速了国内市场与国际市场的接轨。在拼与抢的实践中,这个总面积999平方公里、人口不足90万的小县城,从当年"苏南的苏北",迅速挤入全国百强县。2004年,全市实现地区生产总值、财政收入与上交国家各项税收分别是1995年的3倍、11.5倍、20.3倍。张家港的"率先"精神成了江南的"精神品牌"。

"十二五"期间,该市综合实力进一步增强,上市企业、"新三板"挂牌企业总数分别达到18家和60家。全社会研发投入占地区生产总值比重达到2.7%,科技进步贡献率达到61.7%。高新技术产业产值占规模以上工业总产值比重达到31.5%。2016年,"聚焦转型、创新驱动、绿色发展、文明引领",全市实现地区生产总值2 300亿元,增长7%;公共财政预算收入190亿元,增长9.1%。全市居民人均可支配收入4.48万元,增长8%。实现全国文明城市"四连冠"、全国双拥模范城"六连冠"、全国科技进步先进市"七连冠",建成国家可持续发展实验区、国家知识产权示范市。

3. 昆山市的全面小康实践

昆山市位于江苏东南部,地处上海与苏州之间,是个县级市,总面积927.68平方公里,其中水域面积占23.1%。自秦代置娄县至今已有2 200多年的历史。1989年9月撤县设市,拥有国家级经济技术开发区、国家级高新技术产业开发区和综合保税区等著名园区。实现全国文明城市"四连冠"、全国双拥模范城"六连冠"、全国科技进步先进市"七连冠",建成国家可持续发展实验区、国家知识产权示范市;2010年9月,昆山与维也纳、新加坡等5城市获该年度联合国人居奖;2016年1月,被住房和城乡建设部评为首批"国家生态园林城市";多年来都是中国经济最发达县(市)的"百强之首"。它圆了古人的梦——"民亦劳止,汔可小康"(《诗经·大雅·民劳》),率先实现了江苏省全面建设小康社会指标(见图8-9)。

图8-9 昆山市景一角

1949年前的昆山是华东地区患血吸虫病的重灾区——曾经是"万户萧疏鬼唱歌"的地方。1955年,阳澄湖边的昆山县征兵体检,应征的青年血吸虫病检查阳性率高达85.5%。于是从1956年开始,昆山连续7年免征兵役。那个时候的昆山到处都是大肚子,人瘦得干巴巴的,"手脚像丝瓜,肚子像冬瓜,脸面像黄(皮)瓜"。"绿水青山枉自多,华佗无奈小虫何!"人们谈之色变。50年后的2005年,同样出自昆山的空军特级飞行员、我国首批航天员费俊龙,随神舟六号飞船踏入太空,可谓天壤之别。

该市始终坚持问题导向,求真务实、精准施策,努力破题见效。"十二五"期间,大力转型升级,地区生产总值年均增长8.7%,一般公共预算收入年均增长9.8%。新兴产业、高新技术产业产值年均增长11.3%、8.6%,分别占规模以上工业产值比重44.7%、51%。全社会研发投入占地区生产总值比重3.1%。拥有国家"千人计划"人才105人。人才资源总量达35万人,人才贡献率达47.2%。全社会环保投入579.9亿元,占地区生产总值比重4.2%。环境质量综合指数保持90以上。

围绕争当"强富美高"新江苏建设排头兵总目标,同心同德。2016年,完

下篇 文　脉

成地区生产总值3 160亿元，比上年增长7.5%；一般公共预算收入318.9亿元，增长12%；城乡居民人均可支配收入分别达54 400元、28 370元，蝉联中国综合实力百强县、最具投资潜力百强县"两个第一"。质量效益逐步攀升，城市品质在统筹发展中稳步提升，城乡发展一体化扎实推进。

这个县级市，保持"排头兵"的引擎到底是什么？一个音符无法表达出优美的旋律，一种颜色难以描绘出多彩的画卷。昆山人注重的是以人为本、与时俱进、社会和谐，既有吴文化的深厚根基，又有苏南时代发展的进步精神。可见，经济是形，文化是神。

昆山的"神"是多彩的，它至少由五种文化打造而成。

（1）本土文化：6 500多年前（绰墩遗址），昆山的先吴人已在阳澄湖畔种植水稻，并有配套的灌溉水沟和蓄水坑，比日本发掘的水稻田早3 000多年。不论是"火耕水耨"的农耕技术，还是田块密集的程度都是世界罕见的。顾炎武"天下兴亡，匹夫有责"的思想传承与"百戏之祖"的昆曲，一刚一柔，构成了昆山文化的背景。此外，还有昆石、并蒂莲和琼花组合的独特园艺等，形成了昆山人特有的人文精神。

中华人民共和国成立后，昆山人为尽快改变落后面貌而爆发出极大的积极性。1955年9月，毛泽东在《这个乡两年就合作化了》一文按语中赞扬道："那些不相信就一个一个的地方来说可以在三年内实现初级形式的合作化的人们（三年合作化的口号是群众提出的，遭到了机会主义者的批评），那些不相信晚解放区可以和老解放区同时实现合作化的人们，请看一看江苏省昆山县的这个乡罢！这里不是三年合作化，而是两年就合作化了。这里不是老解放区，是一个千真万确的晚解放区。这个晚解放区，走到许多老解放区的前面去了。有什么办法呢？难道可以把它拉回来吗？当然不能，机会主义者只有认输一法。群众中蕴藏了一种极大的社会主义积极性。"①

当昆山办第一家独资企业时，昆山人跑南京跑了120趟；为了现在的出口加工区，昆山人跑北京跑了84趟。1984年，昆山还是个农业县，对外封闭，经济单一，县委、县政府果断决策，在老城区东侧划出3.75平方公里土地，"带着50万元去建开发区，没有享受国家对开发区的政策优惠，当时的大学生都是光着脚，扛着标尺去丈量土地，自行车都进不了；当时的办公室只有8间小平房，建第一个住宅小区的砖头都是我们人工扛进去的"，该市原经济开发区主任宣炳龙回忆当时的一幕说。昆山开发区成功地走出了一条"富规划、穷开发、滚动发展、逐步到位"的自费开发之路，并于1992年列入国家开发区序列。

昆山人就是凭着这股执著精神，出手快，不等不靠，埋头苦干，抢抓机

---

① 《毛泽东选集》第五卷，人民出版社，1977年，第229页。

遇,开拓创新。面对资源瓶颈,通过精准发力改革,全力打造发展"升级版",破解发展"天花板"。产业布局"腾笼换鸟",工业用地只减不增,劳动密集型产业只出不进,倒逼企业主动转型。巧做产业转型升级"加减法",重塑发展新空间。用创新引领新兴产业,摆脱"生产加工"定位,向产业高端攀升。

(2) 海派文化:上海是昆山的近邻,东方太阳的阳光昆山最先得到。"一墙之隔"的上海海派文化对昆山人有着磁石般的吸引力,并在昆山人身上留下了深深的印记。

(3) 台岛文化:昆山现有台资企业4 600多家,有逾万台胞在昆山工作,所到之处融合了两地文化,产生了新的火花。

(4) 海外文化:昆山从2 000多年前徐福入海东渡寻仙药船队驻泊千墩、补充人员给养时,到明朝沈万三开拓海外市场,至20世纪80年代发展外向型经济,海外文化不断涌来。特别是在改革开放的大潮中,昆山人及时抓住国际产业和资本转移的机遇,从构筑承接产业转移的平台——配套协作时,便使外生型经济和内生型经济有机结合,其国际化因子带来了创业的"鲶鱼效应",集群经济快速崛起。

(5) 移民文化:2015年末全市户籍总人口78.7万人,年末外来暂住人口127.2万人。外来人口超过了本地人口,昆山已经是一个不折不扣的移民城市。这些移民中,有自愿移入的,有本地政府主动引进的。他们相互吸收,融为一体,使昆山出现了新的文化沉积,就像费孝通先生所说的"各美其美,美人之美,美美与共,天下大同"。于是,创业、创新、创优的热血奔涌而出,强烈的发展意识和竞争精神日渐长成,最终汇聚成了"艰苦创业,勇于创新,争先创优"的"三创"精神,敢做前人没有做过的事,敢走前人没有走过的路。

同样的山、同样的水,"含金量"孰高孰低,凭的就是"文化"二字。创新文化是保持持续创新能力最重要的驱动力,而文化繁荣所带来的思想解放和学术独立,则是创新与繁荣科学的必由之路。正如1998年联合国教科文组织所指出的,"文化创造力是人类进步的源泉,文化多样性则是人类的财富"。

下篇 文　脉

第九章

以人为本　海纳百川

大海总是在最平静的地方掀起波涛。历史像大海,总是在最让人意想不到的地方创造奇迹。莎士比亚站在16世纪的思想高度,把掩藏在历史深处的人性特点挖掘出来抛到了人们的脚下,他说:"看吧,我的朋友们,人类不是按照我的规格创造的,我所能做的一切就是把它们真实的样子展示给你们。"

云南富源大河旧石器时代洞穴遗址,发现距今4.4万年前至3.6万年前旧石器时代中期的2 400多件遗存,大量用凝灰岩制作的圆形状刮削器、锯齿状刮削器、盘状刮削器等,与欧洲莫斯特文化典型器物如出一辙,为这个时期中国与世界接轨的唯一发现地,反映出早在旧石器中晚期就可能存在着东西方文化交流。

美国史学家威尔·杜兰在《世界文明史·东方的遗产》中指出:"我们之所以由东方开始,不是因为亚洲乃我们熟知为最古老文明之地,而是因为亚洲文明是形成希腊与罗马文明的背景与基础。"无数事实证明,不同文化之间的交流,是人类文明发展的里程碑:"东方文明"流向"地中海文明",希腊学习埃及,罗马借鉴希腊,阿拉伯参照罗马帝国,中世纪欧洲模仿阿拉伯……说明人类原本是个命运共同体。

吴地扼居长江通海口,为水陆要津。早在四五千年前吴越人就已驾

第九章 以人为本 海纳百川

船与海内外频繁往来,特别是秦汉以来,吴地与日本、朝鲜、中国台湾、南洋诸地,海上丝绸之路相通,友好往来,互通有无。1840年后,吴地首先融合吸收西方科学文化,常得风气之先,成为全国最发达的先进地区之一。

长江三角洲是长江入海之前的冲积平原,中国第一大经济区,作为长江经济带的龙头,目前已成为国内发展基础最好、体制环境最优、整体竞争力最强的地区之一,初步形成了世界级城市群的规模和布局。它以上海为核心,南京、苏州、无锡、杭州、宁波、合肥等市在区域内地位突出,形成了层次分明的城镇体系。随着交通网络不断完善,长三角城市群范围内的绝大部分地区,处于核心城市上海的3小时经济圈内,核心区城镇化水平超过60%。统计数据显示:2015年,长三角16个城市生产总值达11.3万亿元,增长8.2%,高于全国平均水平1.3个百分点,区域经济总量占全国的比重达16.7%。三次产业结构为2.8∶43.4∶53.8。第三产业占比超过50%,高于全国平均2.3个百分点,产业结构稳定在"三、二、一"状态。城镇居民人均可支配收入43 629元,增长8.3%;农村居民人均可支配收入22 504元,增长9%。可见,吴地历史的前进方式在开始的时候,好像是在地上爬,然后是站起来走;到近代的五百年,就好像是在跑;而最近的几十年,无疑是在飞。"魔力"何在?吴文化的"DNA"告诉我们,基石是以人为本,海纳百川,兼收并蓄,包容铸就了强大。

一、以人为本　近悦远来

纵观中国政治、经济、文化发展史,"民惟邦本,本固邦宁"(《尚书·五子之歌》)这一思想有着非常丰厚的"人本"底蕴。毛泽东同志曾说过,在世间一切事物中,人是第一最可宝贵的东西。在共产党的领导下,只要有了人,什么人间奇迹都可以创造出来。"要关心群众,爱护群众。""一切群众的实际生活问题,都是我们应当注意的问题。"①邓小平同志考虑问题以及制定各项方针政策的出发点和归宿点是广大人民群众的利益和愿望,是看"人民拥不拥护""人民高不高兴""人民答不答应"。他领导的思想解放运动,是为了冲破禁锢人的精神枷锁,解放人的聪明才智和创造力。他说:"改革经济体制,最重要的、我最关心的,是人才。改革科技体制,我最关心的,还是人才。"②质言之,天地之间,莫贵于人。"利民、裕民、养民、惠民"是我们一切政策的出发点与归宿点。

先吴古国,由于南方暑湿,近夏瘴热,暴露水居,蝮蛇蠹生,疾疠多作,故

---

① 《毛泽东选集》(合订一卷本),人民出版社,1964年,第123页。
② 《邓小平文选》,人民出版社,1993年,第108页。

地广人稀。① 据考,在汉武帝以前,江南地区每平方公里平均只有2~3人左右②,人口分布密度甚为疏落。由于缺乏足够的劳力,大部分土地尚未得到开发和利用。但吴地人民深爱这片沃土,勤劳勇敢,"断发文身","率依阻山泽"③,就连巫咸在殷商做了丞相也念念不忘,回到了故土。"阖闾元年,始任贤使能,施恩行惠,以仁义闻于诸侯。"④司马迁的《史记·货殖列传》记有:"吴自阖庐、春申、王濞三人招致天下之喜游子弟……"⑤可见,吴地人自古好善乐施,有崇拜名士高人之风,从不排外。支道林(本名支遁)为人好学并喜爱养畜,常与王羲之晤面,知名度很高。他到吴中在支硎山辟道场,举办"八关斋"(即持不杀生、不盗窃等八戒)仪式等活动,都得到吴中人士的支持与配合。支道林曾骑白马在南峰山北休憩,后来吴人就把那里叫白马涧;又曾牵马到城中桥下饮水,吴人又把那里叫饮马桥,并沿称至今。致使各方能人尽皆奔吴,如泰伯、仲雍从中原地区来,伍子胥从楚国来,孙武从齐国来……

(一)"以人为本"强国

1. "不王而王"的泰伯

在第一章中已较详细地介绍了吴地始祖之一泰伯。公元前12世纪,泰伯、仲雍千里迢迢来至先吴古国,入乡随俗,吴人始而"义之",继则"敬之",终则"君而事之""从而归之千余家""不王而王"。

泰伯生长于陕西周原一带,黄河文化孕育了他、熏陶了他;创业于江南,先吴文化成就了他。黄河文化、长江文化的影响汇聚于一身,使"泰伯文化"带有深刻的多元性、开放性、包容性。泰伯一生的丰富经历使他有幸体会水乡文明、农耕文明与游牧文明的交锋与磨合、交流与相融,从而成为沟通中国南北不同民族、不同文化的特殊载体和象征。他把周族"敬天裕民"的思想传播到吴地,兴修水利、耕种、饲养、学习文化,创建"勾吴"国,使吴地日渐富有。

"泰伯文化"现象的本质,是吴地先人对泰伯这个历史人物的人格魅力的认可,事业魅力的赞许,追求毅力的肯定。千百年来,泰伯深受百姓拥戴。无锡有泰伯墓、泰伯庙,苏州也有泰伯庙及传颂他的泰让桥等,长年受到人民群众的祭拜。可见,老百姓愿意和他同乡,与他同根、同宗、同亲,说明吴地先人见贤思齐、胸怀宽广。人们常说,"容忍比自由还重要""容忍是一切

---

① 《汉书》卷六十四(《严助传》)。
② 据《汉书》卷二十八(《地理志》)统计。
③ 《汉书》卷九十九《王莽传》,中华书局,1962年,第4151页。
④ (汉)赵晔原著,张觉译注,《吴越春秋全译》,贵州人民出版社,1993年,第95页。
⑤ (西汉)司马迁,《史记·货殖列传》,甘肃民族出版社,1997年,第850页。

第九章　以人为本　海纳百川

自由的根本",这里所包含的团结合作、勇于创新的精神品质与中华民族团结统一、爱好和平、自强不息的伟大民族精神相一致,是中华伟大民族精神的具体体现。其实质是"以人为本"、亲民爱民,以至今日"泰伯文化"这朵灿烂、悠久的奇葩依然鲜活。

①　泰伯为何要奔吴?

泰伯在商末武乙时(约前1147年)为什么要奔吴?原因可能有三。

一是在继承王位上有不悦之处。周太王晚年时看到殷商始终是周人的威胁,就考虑从周、羌联盟以稳固根基的目的出发,让三儿子季历(母亲太姜,乃羌族贵族之女)继位,并要他和商朝大奴隶主贵族中的任姓挚氏通婚,娶太任为妻,从而建立起牢固的统一阵线。这样一来,也能保证贤能聪慧、颇有王者风范的孙子姬昌(即后来的周文王)能够顺利接替执政,继承王位。泰伯、仲雍看到这种情况,十分理解父亲的苦衷,为顾全大局,兄弟俩双双离开岐山。

二是仰慕"夷蛮"乐土。"古公亶父,陶复陶穴,未有家室。"(《诗经·大雅·绵》)意思是,周人原本艰苦,挖洞筑窑居住。至商末时期,商政治腐败,中原地区连年战争不断,土地贫瘠(战国以前还不懂施肥),动荡不安,泰伯仰慕偏安一隅、远离中原政治和军事中心的人财两旺、和谐和合的江南社会。

三是经营南土。周族原住地在豳地(今陕西旬邑、长武、彬县一带),常受西北方戎狄(又贬称鬼方、猃狁、犬戎、犬夷等胡、匈奴)的入侵,无力抵抗,周太王举族循着漆水和沮水,翻越梁山,迁居到渭河北岸周原一带的平原地区,施行"敬天裕民"政策,即祈求苍天保佑,使民富裕(征收租税有节制,让农家有点蓄积,产生劳动的兴趣,并不杀犯了酒禁的"百工"等),意在江河一带经营,借以壮大国力。

著名历史学家、古文字学家徐中舒认为,由于周太王时的周邦国还很弱小,无法与强大的殷商王朝分庭抗礼、正面冲突,于是,太王选择抵抗力最小而又与殷商关系较疏远的南土经营,以逐步培植国力,所以他派泰伯、仲雍而至吴(夷蛮)。正如《诗经·颂·閟宫》云:"后稷之孙,实维大王。居岐之阳,实始翦商。"①笔者认为,周太王的这一战略思想是存在的。我们说泰伯、仲雍为了周的前途,顺从父意决定让位于弟季历。但出奔何处?一定会经过深思熟虑,因为这同样是关系到周的未来以及弟兄俩命运的大事,而考虑问题的核心,无疑是既要有利于翦商兴周的大计,又要有利于他们能在最小阻力下而到达目的地以施展才干。基于此,泰伯、仲雍从岐山的周原地区出走,他们所要想到的:第一,夷蛮之地对周来说是一块飞地,也是殷商影响力薄弱的地方,能够抢先一步得到该地,对未来取得天下,具有战略意义;第

---

①　陈晓清、陈淑玲译注,《诗经》,广州出版社,2004年,第227页。

二,夷蛮之地洪水以后经过大禹治水,"三江既入,震泽底定",经济复苏,土地肥沃,市场繁荣,是个大有开发前景的地方,有利于他们未来事业的发展;第三,吴地先民与中原地区有过来往(如巫咸),估计不会受到敌视,容易为这个社会所容纳。后来事实的发展,果然也正是如此。

② 泰伯奔吴的路线

关于泰伯、仲雍奔吴的路线,学术界众说纷纭,有"东吴说"(无锡梅里)、"西吴说"(陕西陇县)、"北吴说"(山西平陆)等5个点(见图9-1),一直探讨未果。历史文物研究者沈从文有言:"对于古代文献历史叙述的肯定或否定,都必须把眼光放开,用文物知识和文献相印证,对新史学和文化各部门深入一层认识,才会有新发现。"在新历史主义的视角下,史料是还原历史真相的重要道具,在典籍、文献和图片与考古资料的相互印证中,以大历史、小细节揭秘历史内幕,才能追寻历史的真相。

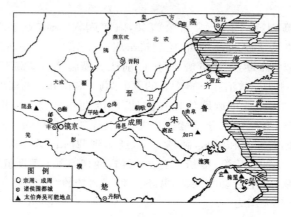

图9-1 关于泰伯奔吴地点的几种不同说法

资料来源:叶文宪,《吴国历史与吴文化探秘》

泰伯"奔吴"不是盲目的,我们不要把古人看得太简单了,他是有既定的方向和目的地的。有史为证:一是了解"天下"大势。事实上,夏商周时,中国古代地图就已经具备了方位、星象、图示等诸多现代测绘要素了。有迹可循的古代地图便有禹肇夏始分天下九州铸九鼎刻物产图、周武王姬发将凤鸣岐山伐商图镌于鼎上等。太王与泰伯心里清楚,中原地区到处战争灼痛了人们的双眼和心灵,先吴地区稳定安全而平安祥瑞,这就深深地吸引了周人。中原地区的传统是农耕文明、内陆文明、世俗文明,这是商周的底蕴;而先吴地区除具备商周的底蕴外,还有一个特有的湖荡海洋文明,使泰伯明显感受到不同文明和谐共存、交流融合的脉动。二是公元前1147年左右正值我国的寒冷期,北方农牧业歉收,故"北吴说"不大合逻辑事理,包括泰伯在内的周人向往的是风和日暖、草丰物美的江南。三是依据敌情(商王

第九章 以人为本 海纳百川

朝)——从汉水到达湖北、江西,可他在今江西一带是很难站住脚的,史载江西吴城一带那时是殷商控制的,只能顺长江而下,直达先吴之地。走这条路线是有可能的,但风险很大,故"西吴说"值得商榷。第二条路,而且是主要的便捷大道,这就是顺着"金道锡行"路线来的,因为"金道锡行"路线是"沿于江、海,达于淮、泗"的。

泰伯他们住在渭河边("居岐之阳,在渭之将"①),很容易顺水推舟,不用多少车(步)行。具体路线很可能是:从周原出发,下渭河(乘船),经镐京(西安),入黄河,到山东刘庄一带进入济水河,逆水而上,车(步)行 30~50 公里后,入泗水、下淮河,向东出淮河口右转,沿黄海边南行进入长江(那时扬州可观潮),西行至"宜"(今镇江丹徒)、江阴一带进入芙蓉湖,沿湖兜转一圈后(到过句容茅山②)至无锡,经踏勘后感到东为大海,西为山丘,北为湖荡,南为低洼泽地,而鸿山、梅村一带地势稍高,便决定落脚(见图 9-2)。

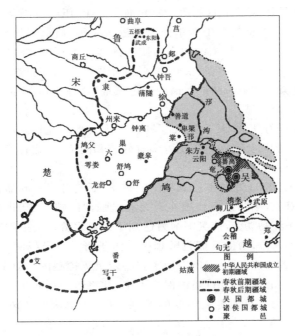

图 9-2　泰伯奔吴路线图

这条路线,连接着有一定道理且可能存在的"西吴说""北吴说"以及加口(今邳州市一带)地点,但这不是偶然的巧合,而是当时的政治、经济、军

---

① 陈清、陈淑玲译注,《诗经》,广州出版社,2004 年,第 199 页。
② 《句容茅山志》,黄山书社,1998 年,第 13 页。

事、地理交通等条件之必然。泰伯、仲雍奔(东)吴在陇县、平陆、加口等地探情、休憩也是合情合理的,说明古人的活动范围很大。同时,这条路线,也破解了季历来吴"报丧",泰伯、仲雍回关中"奔丧"不可能说,更进一步增加了泰伯、仲雍奔(东)吴的可信度和真实性。

自公元前584年春(鲁成公七年)寿梦伐郯(今山东郯城北)后,吴国日渐崛起,至吴王阖闾执政时(前514—前496年),吴地已富强起来。但吴国之所以能日益富强,在世界"轴心期"(前800—前200年)进入"强吴时代",离不开下面两个慕名而来的主要人物。

2. 杰出的政治家、军事家伍子胥

伍子胥(前559—前484)又名伍员,楚人也。文种曰:"吴之所以强者,为有子胥。"①

伍子胥的家族在楚国很有名,先祖伍举是直言楚庄王有功劳的楚国名臣,其父伍奢是楚太子建的老师。公元前522年,伍子胥因父亲伍奢、兄伍尚及全家100多人被楚平王所杀而避难逃奔吴国,后结识吴公子光并帮助公子光夺得王位,是为吴王阖闾。为使吴国能内可守御、外可应敌,他建议吴王阖闾"先立城郭,设守备,实仓廪,治兵革",并受命亲自选择吴国都城城址。他"相土尝水""象天法地",最后选定城址,合理规划,建造了阖闾大城,也即今天的苏州古城。

伍子胥"少好于文,长习于武",具有雄才大略,文韬武略,勇而多谋,又深得吴王阖闾信任。民间对伍子胥多有好感和同情,因此有了"伍子胥过韶关,一夜白了头"的传说。

据传伍子胥曾七次推荐已到吴国的孙子,后与孙子一起鼎力助吴,吴国的国力蒸蒸日上,军队素质和战斗力大大增强,"西破强楚,北威齐晋,南服越人",立下了汗马功劳,使吴国国力达到了鼎盛之势。吴王阖闾去世后,他继续辅佐夫差即位,帮助吴国打败越国。伍子胥分析吴越两国由于自然条件的因素,二者只能存其一,所以他主张一定要灭掉越国。但是吴王夫差自矜功伐,听信伯嚭谗言,允许越国保全下来,并将伍子胥赐死。五月初五,这一日他永远告别了对他至关重要的吴国,沉入了滚滚的江涛,成为吴人的泪点。

伍子胥死后三年,吴国被越所灭,夫差掩面自杀,吴国百姓更加怀念国之柱石伍子胥。千百年来江南一带相传伍子胥死后忠魂不灭化为涛神,世人哀而祭之,有人认为端午节即为纪念伍子胥之日。从时间上来说,伍子胥早于屈原200多年,且端午的其他习俗,如"斗百草""吃粽子"等均来源于吴地。现已由湖北、湖南、江苏三省四地共同申报,被联合国

---

① (汉)赵晔原著,张觉译注,《吴越春秋全译》,贵州人民出版社,1993年,第381页。

教科文组织批准列入了世界非物质文化遗产(见图9-3)。

3. 超越时空的军事家孙武

"孙子武者,齐人也。以兵法见于吴王阖庐。……阖庐知孙子能用兵,卒以为将。西破强楚,入郢,北威齐晋,显名诸侯,孙子与有力焉。"①孙武著有《孙子兵法》一书传世,他的谋略思想在中国乃至世界军事史和哲学思想史上都占有非常重要的地位,受到国内外历代兵家、学者和各界人士的推崇,被誉为"兵圣"。毛泽

图9-3 苏州端午节纪念伍子胥

东曾评价孙武说:"孙子不简单,用兵不教条。大千世界,千变万化,哪有一成不变之理?"并指出:"中国古代大军事学家孙武子书上'知彼知己,百战不殆',乃是科学的真理。"

孙武(约前545—前470,后人尊称其为孙子、孙武子)为何要奔吴?《新唐书》言明孙武是因"田、鲍四族谋为乱",才从齐地奔往吴国的。《史记·司马穰苴列传》中对此是这样记述的:"司马穰苴者,田完之苗裔也。齐景公时……晏婴乃荐田穰苴曰:'穰苴虽田氏庶孽,然其人文能附众,武能威敌,愿君试之。'景公召穰苴,与语兵事,大说之,以为将军……穰苴,尊为大司马。田氏日以益尊于齐。已而大夫鲍氏、高、国之属害之,谮于景公。景公退穰苴,苴发疾而死。"②导致田、鲍四族谋乱。

同为田完之裔的孙武,自然亲历、亲见或亲闻过这次四族之乱。这次田、鲍四族之乱,鲍氏与高、国二氏结盟,以共同对付田氏,使其矛盾白热化,田氏之族因之受损甚大,这就是孙武奔吴的最直接原因。《史记》之《孙武传》和《伍子胥传》还载明孙武奔吴献兵法和为将军的时间是吴王阖庐三年(前512年)。

孙武奔吴的路线,被清代在今济南市东之济水旁(即今小清河岸边)出土孙武私人印和孙星衍撰《家吴将印考》所证实。孙武是从齐国乐安(今广饶草桥)乘舟顺济水经济南东而奔吴的。③

一脉济水,三隐三现,却至清远浊。唐代诗人白居易在河南做官时去济南,置身济水之上吟唱道:"自今称一字,高洁与谁求;惟独是清济,万古同悠

---

① (西汉)司马迁,《史记·孙子吴起列传》,甘肃民族出版社,1997年,第584页。
② (西汉)司马迁,《史记·司马穰苴列传》,甘肃民族出版社,1997年,第583页。
③ 赵金炎,《兵圣孙武的籍贯与奔吴内情》,《海内与海外》,2006年第2期。

悠。"高洁,是古人眼中的济水。虽然济水位尊四渎,却波澜不惊,温文尔雅,润泽万物。而吴地亦如济水清流,粼粼碧波,恬静高雅,温柔多情,令多少才子英雄垂怜。

孙武带着他苦心钻研的兵法,虚心向长辈请教,游历崇山巨川进行考察,足迹遍布了泰山南北、大河两岸,他费尽心思、耗尽心血撰著兵法十三篇草本,坐上了远去吴国的商船(管仲主张"以商止战",以刺激经济),沿济水逆流而上。与其他商人不同的是,孙武的货柜里除了金银细软及部分生活用品外,全部由简书塞满。这些简书除十三篇兵法草本外,还有自小陪伴他左右的各类兵书。商船行至济南,孙武弃舟登岸,改走旱路。在搬移行李的过程中,不慎将一枚私人印章丢失,来不及搜寻便又随商队登车、舟,一路南下,不久便到达了日思夜想的南方新兴的吴国。

经伍子胥多次推荐为将后,孙武不负众望,于公元前512年12月,亲自指挥了第一次战争并获大胜。阖闾派孙武等征灭"钟吾"和"徐"两个小国,又乘胜夺取了楚国的舒地。"孙武为将,拔舒,杀吴亡将二公子掩余、烛庸"。第二次于公元前511年,"阖闾闻楚得湛卢之剑",因"斯发怒,遂使孙武、伍子胥、白喜伐楚"。接连攻占了楚国的"六"和"潜"二地,又获大捷。第三次于公元前510年,吴、越之间发生了第一次大规模战争,史称"携李之战"。《孙子兵法·虚实篇》真实地记述了孙武在这次作战中的体验:"以吾度之,越人之兵虽多,亦奚益于胜败哉?"总结了用兵打仗,贵精不贵多的战争经验。第四次于公元前509年,吴、楚豫章大战。楚国君命公子子常等伐吴,以报前年失陷六、潜二地之仇。吴王阖闾再次派孙武等率兵回击,迂回作战,避开楚军主力,俘楚公子子繁,又占巢地。楚军攻而转败。第五次于公元前506年11月18日,爆发吴、楚两国最大规模的战争,即"柏举之战"。战前,吴王接受孙武和伍子胥等人的高见,联合了对楚有世仇的"唐"和"蔡"两个小国,共同对敌。作战过程中,孙武等充分利用通过蔡、唐攻楚的有利地理条件,采取正面钳制和北侧迂回的策略,出奇制胜,以三万对二十万,五战五捷,于11月27日攻克郢都,楚昭王出逃。从此,孙武谋高一筹,善战制敌,战功赫赫,名传天下。

孙武一生事业在吴国展开,战后他悄然隐居在苏州太湖东岸的西部山区,根据亲自训练军队、指挥作战的实践经验,修订其兵法十三篇,使其更臻完善,成为经世不衰的超时空十三篇。现今苏州西部最高的穹窿山(海拔341.7米)建有孙武著书纪念地(见图9-4)。

此外,近代英国人马格里爵士是爱

图9-4 苏州穹窿山孙武著书纪念地塑像

丁堡大学医学博士，于1863年至1875年先后在上海、苏州和南京创办了中国军事工业（洋炮局与机器制造局），是中国第一位"洋厂长"（总办）、中国第一个引进西方技术和设备并具有机械化生产能力的企业。

据上海1885年以来历年的人口统计，公共租界非上海籍的人口通常占80%以上，华界非上海籍的人口通常占75%以上。① 这些移民的来源主要有两个：一是来自西方谋求发财的冒险家；二是来自中国其他地区到上海来寻找发展机会的本国移民。正是这些来自五湖四海、世界各地的移民同居一城，朝夕相处，相濡以沫，共同构建了上海的海派文化，造就了吴地的强盛之基。

巍巍中华，英雄辈出。自古以来，"奔吴"的历史人物众多，包括西方与全国各地的专门人才与有关人员。历史让人回味，未来令人神往，人才是一个地区与国家兴旺发达的第一资源。

（二）以人为本富民

1. 造福一方的"城隍老爷"黄歇

2002年9月，在上海申办第41届世界博览会成功后的大型文艺庆典上演出的第一个节目是《告慰春申君》，其歌词是：

乘长风兮开宇天，古往今来兮二千年……
你恩泽四海万民礼赞，你封地江东筚路蓝缕，你疏通河道拓垦荒蛮。
啊！长歌告慰春申君……

春申君（前314—前238），《史记·春申君列传》载："春申君者，楚人也，名歇，姓黄氏。"②东周战国时期楚国公室大臣，是著名的政治家、军事家，与魏国信陵君魏无忌、赵国平原君赵胜、齐国孟尝君田文并称为"战国四公子"。楚考烈王元年（前262年），以黄歇为相，封为春申君，赐淮北地12县。公元前241年，改封吴地，其封地包括上海在内的大片江南地域。黄歇在江南地区广修水利，福荫后世，遗迹颇多。

相传黄歇在上海地区疏通河道、拓垦荒蛮，开启了农耕与水上航运文明。传说他开浚了黄歇浦（黄浦江），连通太湖和淀山湖，将其江面拓展到300～700米，深挖至十数米，与长江出海口连通，至今，黄浦江江阔水深，由此成为上海的母亲河，故上海也就有了"申"城的简称。笔者认为可能有误，

---

① 熊月之，《上海人的过去、现在与未来》，上海证大研究所编《上海人》，学林出版社，2002年，第63-64页。

② （西汉）司马迁，《史记》，甘肃民族出版社，1997年，第638页。

因千年之前,上海大约在今松江和青浦一线,不会超过古"冈身"(嘉定、马桥、奉贤、金山漕泾一线沙堤)多少,再向东便是海滩了。黄歇疏浚的可能是东江与吴淞江(即今苏州河)上游一带,即今松江和青浦之地,并带领民众垦荒变良田。为纪念这位开"申"之祖,在上海的老城隍庙,曾经供奉着春申君的神像(后在日军侵华时被毁)。现在,在上海松江区新桥镇春申村,相传这里曾是春申君治理河道的"指挥所",一组巨大的铜浮雕栩栩如生地再现了当年黄歇带领当地居民治理、疏通河道的情景。

在古代,"城隍"是一座城市的保护神,"都城隍庙"(简称"城隍庙")意思就是保卫都城的神。周朝时,国家每年都要在最后一个月(即腊月)祭祀八种和人们生活息息相关的神灵,八位神仙中的"水庸",便是我们今日所说的"城隍"。明朝时期,每月初一、十五和二十五这三天,都会在"城隍庙"举办庙会,这是城庙会的"祖师爷"。

除了上海的一些遗迹外,春申君活动的中心在苏州、无锡一带。那个时候,苏州等地刚刚经历了吴越之战、越楚之战,到处是废墟。黄歇一来,就重建城池,兴修水利,至今在苏州留有他当年筑堤围堰的遗迹——春申湖、"黄公荡"等。

苏州的千年古镇黄埭,就得名于春申君黄歇。黄埭镇地处苏州西北,地势低洼,北入长江水道壅塞后,别说无法耕种,就连居住也困难。2 000多年前黄歇来吴地后,疏浚东江,导水入海,湖荡众多的地方则筑坝建堰,时称"春申堰",或称"春申埭"。"埭"是指堵水的土坝。民间有一首儿歌至今流传:"唧唧唧,唧唧唧,爷娘去开吴淞江,尔后再开春申塘,领头的大爷叫春申君,住在伲村黄泥浜。"足见春申君对黄埭的影响深远。

现在的苏州相城区除了春申湖、"黄公荡",道路有"春申路",学校有"春申中学""黄埭中学",路上还有春申君的雕塑,可谓处处都有他的影子。一般来说,寺庙内的老爷,各地都是差不多的,唯城隍老爷例外。谁为当地百姓做了好事,建有功绩,百姓即封他为城隍。春申君在苏州治水有功,百姓就封他为城隍,今苏州古城内景德路94号城隍庙内的城隍就是春申君。庙内还有古戏台,以前苏州市民每年要在庙里演戏给春申君看,叫酬神。正因为如此,苏州城隍庙至今香火旺盛,老百姓都一直牢记春申君的功绩,常年拜祀这位惦记百姓、造福一方的城隍老爷。

2. 以人为本,人财两旺

站立吴地广袤的土地上,"主体是人,客体是自然"①,吴地人吸吮着中华民族漫长奋斗积累的文化养分,具有深厚的历史文化底蕴与强大的前进定力,正是有这种文化自信,保证了吴地文明穿越历史的风风雨雨,数千年绵

---

① 《马克思恩格斯选集》第二卷,人民出版社,1972年,第88页。

延不绝。特别是自秦统一六国后,推行有利于发展生产的措施,南北文化交流日频,经过吴人艰辛的开发,江南社会经济发生了显著变化,至唐宋时期,苏杭二州已享有"人间天堂"的美誉。表现有两个:

① 和平和谐平安,人口迅速增长

古人云:"国以民为本,强由民力,财由民出。"东汉时期,荆、扬二州,包括江南人口的增长幅度已呈突飞猛进之势。从755年的安史之乱到宋朝建立,长期的战乱引发大规模人口迁移。唐天宝元年(742年),全国人口有60%生活在出产麦子和黍粟的黄河流域,其余40%则生活在南方;而到北宋太平兴国五年(980年),全国1亿左右的人口仅38%生活在北方,已有62%生活在出产稻谷的长江流域,南方的人口比例在宋代以后持续增长,使人口重心转移到南方。唐宋时期的人口因素促进了经济增长加速,推动了经济增长的重心从北方转移到南方。① 南方人口迅速增加的原因除自然增长外,主要是由于南方地区太平、社会祥和安全,适合人居;而北方迭遭兵燹之灾,"避乱江南"者多。再是江南垦田多辟,渔猎山伐的经济格局有所改变。特别到东汉末世,有的地方业已成为"沃野万里"的"乐土"。

被汉武帝封为秺侯的金日䃅(前134—前86年,匈奴休屠王的太子)后裔,在明末清初从山东彭城(今江苏徐州)迁到吴县金鸡湖东的斜塘小镇。据说这批金姓后人在斜塘已传至第13代、40多户,他们的住宅曾经有19座,遍布古镇数百米的老街,至今尚有两三处遗存。1920年,柳亚子曾到过斜塘,并留下了"斜塘烟雨景如何,水阁芦帘对户居,已隔一条衣带水,不同调笑酒家胡"一诗。"胡"正是"胡人"的简称,是对少数民族身份的肯定。

苏南地区原唯一侨乡——昆山县"振东侨乡",有300多华侨齐居于此,这里曾是归国华侨的"理想国"。当时的侨乡犹如一个世外桃源,华侨们在小河、小树围成的村庄里安居乐业。20世纪60年代,笔者坐在军车上来去路过时总要看一眼这个红瓦屋顶的"洋房"。据《昆山县志》记载:"侨乡"建于民国十五年至民国十七年(1926—1928年)间,为孙中山先生的部分海外归来的广东、福建籍卫士集资所建农场,现存西式楼房、平房19座。至于他们为什么会选中这块宝地作为侨乡,据昆山政协原港澳台侨民族宗教委员会副主任胡明分析,安全占很大因素。当时的归国华侨绝大部分是广东人,那时的广东经济虽然已经发展,但社会风气欠安,很多有钱人家都要买枪看家。相比较而言,苏南地区民风淳朴,"水草丰美",和合和平安全。此外,昆山接近上海,交通也很便利。这样的环境,是直到今天都被许多台商看好的绝佳理由。一位举家迁居昆山的台商说:"安全感不仅来自良好的治安,更来自政府的政策稳定、诚信廉洁、亲商富商、服务到位。"这佐证了吴地"近悦

---

① 欧阳峣,《唐宋时期经济增长的大国效应》,《光明日报》,2017年1月18日。

远来",乃世间乐土。

英国阿尔斯特大学名誉教授理查德·林恩经过近30年对130个国家的IQ测试,得出了一个令亚洲人感到既惊讶又高兴的结论。他的研究结论是:中国人、日本人、朝鲜人是全世界最聪明的人,他们拥有全世界最高的智商,平均值为105,明显高于欧洲人和其他的人种。林恩认为,中国、日本都属于蒙古人种,是恶劣的生存环境造就了高智商。当林恩教授提出他的研究成果后,很多人提出了质疑。第一就是虽然东亚人拥有高于欧洲及美国人的智商,但欧洲人在科学技术研究上要比东亚人更胜一筹,发明也更多。林恩教授认为这是由于东亚人在性格上比欧洲人更循规蹈矩,所以在发明创造上受到了一定的影响,但这并不能证明东亚人的智商低于欧洲人。① 先吴古国由于多次洪水海浸,被称为"下下"之地,加之远离政治、经济、军事中心的中原地区,故吴地人勤劳勇敢、思想比较解放。

进入清代以后,江南"五方杂处,人烟稠密,贸易之盛,甲于天下"。② 中华人民共和国成立后,尤其是改革开放以后,吴地人龙腾虎跃,更加重视人才,聚集了一大批海内外富有文化见识、文化自觉、文化自信、文化创新、文化想象力和创造力的卓越人群。以高新技术产业为主导的现代制造业快速崛起,已成为科技创业者的"新天地"。

② 教民耕作,保护绿水青山

随着社会经济的进步,江南地区在民族融合、社会风俗方面亦发生了引人注目的变化。西汉之时,江南被视为"边缘"之地。这里的"越人""蛮人",朝廷对他们所采取的统治方式与中原有别,往往"因俗而治""初郡无税",或"少输租赋"。但到东汉,由于行政管辖加强,"蛮夷率服",故"增其租税",与中原划一。加之北人南迁,进一步打破了地区上的畛域,促进了汉族与蛮、越少数民族的交往。过去有所谓"卑薄之域"③"不知礼则"④的状况,而这时乃"修庠序之教,设婚姻之礼""邦俗从化"⑤,文明程度显著提高,如铁器、牛耕的推广。在今南京等地的东汉墓葬中,出土了不少铁容器。江西出土的铁具有铲、锄、锸、镢等。⑥ 此时,牛耕作为生产动力已受到重视,东汉官府规定严禁宰牛。第五伦任会稽太守时,"移书属县,晓告百姓。其巫祝有依托鬼神诈怖愚民,皆案论之。有妄屠牛者,吏辄行罚。民初颇恐惧,或祝诅妄

---

① 北京科技报,2006年4月6日。
② (清)顾禄,《清嘉录》。
③ 《后汉书》卷五十三(《徐稚传》)。
④ 《后汉书》卷七十六(《循吏列传·卫飒》)。
⑤ 《后汉书》卷七十六(《循吏列传·卫飒》)。
⑥ 《江西修水出土战国青铜器和汉代铁器》,《考古》1969年第6期。

言，伦案之愈急，后遂断绝，百姓以安"①。据考古资料，今江苏洪泽湖边重岗乡发现汉代《牛耕图》，该图画面布局分上下两组：上为二牛二人犁地图，下为三人播种、耰耪图，说明当时的劳作次序已是"牛耕—播种—耰耪"了。凡"百姓不知牛耕"的地方，当地官吏往往能"教用犁耕"②，并采取"官贷耕牛"等措施，以利牛耕的推广。

农业生产力的提高促使耕地面积扩大。当时不少地方官吏在扩大耕地面积方面颇有成效，如李忠任丹阳太守，教民垦辟，"垦田增多，三岁间流民占著者五万余口"③；王景为庐江太守，"垦辟倍多"④；茨充为桂阳太守，"教民种植桑柘麻纻之属，劝令养蚕织履"⑤，使民得其利。与此同时，兴修水利受到重视。例如："马臻为太守，创立镜湖。在会稽、山阴两县界，筑塘蓄水……溉田九千余顷。"⑥强调农业必须"深耕细锄，厚加粪壤，勉致人功，以助地力"⑦。从考古材料看，江南不少地方已发现厕所，水田遗址中有肥堆，说明重视施肥。

尤当指出的是，江南水乡泽国在东汉时期随着战胜自然的能力增强和耕作技术的改进，粮食产量有显著提高，促进了粮仓建设的发展。考古资料显示，各地出土了大量的陶罐、陶仓等，这是粮食储备增多的反映。据载：东汉安帝永初元年（107年）九月，调扬州五郡租米，赡给东郡、济阴、陈留、梁国、下邳、山阳。⑧ 李贤注曰："五郡谓九江、丹阳、庐江、吴郡、豫章。扬州领之六郡，会稽最远，盖不调也。"时隔七年后，即安帝永初七年（113年）九月，又调零陵、桂阳、豫章、会稽租米，赈给南阳、广陵、下邳、彭城、山阳、庐江、九江饥民，又调滨水县谷输敖仓。⑨ 这是江南租米调往江北的明确记录，说明江南地区的农业生产水平和经济实力已逐渐居于优势地位。

粮食增多，五业兴旺。其中的谷物类包括稻、麦、黍，而稻又有籼稻、粳稻、糯稻等多种。豆类，经鉴别有大豆和赤豆两种。瓜果类，有甜瓜、枣、梨、梅等。蔬菜类，有葵、芥菜、姜、藕等。除粮食作物外，经济作物种类亦多，有苎麻、茶叶、生漆、芸苔（油菜）等。此外，养殖业也较发达。江西湖口县在1983年于文桥乡发现一座东汉墓，随葬品中有陶制的马、牛、羊、猪、狗、鸡、

---

① 《后汉书》卷四十一（《第五伦传》）。
② 《后汉书》卷七十六（《循吏列传·王景》）。
③ 《后汉书》卷二十一（《李忠传》）。
④ 《后汉书》卷七十六（《循吏列传·王景》）。
⑤ 《后汉书》卷七十六（《循吏列传·卫飒》）。
⑥ 《通典·州郡十二》。
⑦ 《论衡·率性篇》。
⑧ 《后汉书》卷五（《孝安帝纪》）。
⑨ 《后汉书》卷五（《孝安帝纪》）。

鸭等,说明家禽家畜养殖业已很兴旺①,故有所谓"饭稻羹鱼""民食鱼稻"之称,充分体现了江南"鱼米之乡"的地域特色。

距今已有700多年历史的上海元代水利工程遗址——"志丹苑水闸",被评为2006年度全国十大考古新发现之一,它是已经发现的同类遗址中规模最大、做工最精细、保存最好的一处。史料记载,唐至明代吴淞江及支流淤塞严重,朝廷和当地政府不得不动用大量人力、物力、财力疏浚河道。元代时任职都水监的上海松江人任仁发曾受命多次疏浚吴淞江,并置石闸、木闸数座,以阻挡和清理潮沙及淤泥。为了建造水闸,使用了大量的原木筑建基础,原木直径一般30厘米左右,长约4米,估算这项工程使用了大约6 000根原木。石材的加工相当考究,每块石材大致长120厘米、宽60厘米、厚30厘米,共使用了大约2 000块石材。为了加固水闸,在木桩与水闸驳岸之间还用大量的砖瓦块填筑。水闸总面积1 500平方米,由闸门、闸墙、底石、夯土等部分组成。整个遗址用工量之大、做工之精,为国内同类遗址所罕见。

环境是生存发展之根,绿水青山就是金山银山。金山银山诚可贵,绿水青山价更高。江南的绿水青山,使中华文明避免了灭绝的命运,如西晋末年的"衣冠南渡"、北宋的"靖康之耻"(1126—1127年),全赖江南的绿水青山。江南的绿水青山是中华文明的"避难所"、大后方,中华文明5 000多年来绵绵不断是因为有江南的绿水青山。"九重天,二十年,龙楼凤阁都曾见。绿水青山任自然,旧时王谢堂前燕,再不复海棠庭院。"(元代马致远《拨不断·九重天》)为使绿水青山不变色,清乾隆二年(1737年)二月,苏州府颁布禁令——"苏州府永禁虎丘开设染坊",镌刻成碑,成为中华文明迄今为止发现最早的地方水质保护法规。当今苏南的环保已从末端治理走向源头控制,实行"一票否决制",从"环境换取发展"转向"环境优化发展";在对外开放中,由"招商引资"变为了"招商选资"。"量水而行""量水发展",在大力推行节约用水、实行严格的用水总量控制和定额管理制度外,对为保护生态环境做出贡献的地区实行补偿。2010年7月,苏州在全国率先出台《关于建立生态补偿机制的意见(试行)》,明确规定:基本农田每年补偿不低于400元/亩;县级以上集中式饮用水源地保护区范围内的行政村,每年按每村100万元给予生态补偿;对太湖、阳澄湖及各市、区确定的其他重点湖泊的水面所在行政村,每年按每个村50万元给予补偿,并于当年当月见效。位于太湖之滨的苏州马舍村村民欣喜若狂:"给我们村每年补偿100万元!"而江苏省早在2013年就在全国率先划出生态红线:确定自然保护区、重要湿地、饮用水源保护等15类、779块生态红线区域,红线区域陆域面积占全省面积的22.23%。2016年,又将红线保护面积进一步增加1 800平方公里。先后出

---

① 杨赤宇,《湖口县象山东汉纪年墓》,《江西历史文物》,1986年第1期。

台了《生态红线区域保护规划》，并配套制定《生态红线监管考核暂行办法》《生态补偿转移支付暂行办法》等①，造成环境严重破坏将终生追责，守住生态安全的底线，为中央于2017年2月出台《关于划定并严守生态保护红线的若干意见》做出了积极贡献。

但保护生态环境必须人人参与，可生态道德的缺失，是造成生存环境危机的原因之一，必须加强教育，警钟长鸣。对此，太湖流域水资源保护局发出通报，根据太湖流域水环境监测中心监测：2017年1月太湖流域省界河流34个监测断面，29.4％的断面水质达到或优于Ⅲ类水标准，其余断面水质均受到不同程度污染，其中Ⅱ类占2.9％、Ⅲ类占26.5％、Ⅳ类占26.5％、Ⅴ类占29.4％、劣于Ⅴ类占14.7％。与2016年同期及上月相比，省界河流断面水质达到或优于Ⅲ类的比例分别下降了11.8％和29.4％；太湖全湖平均水质类别为Ⅴ类，营养状态为中度富营养。② 环境专家调查研究后发现，有的地区江河湖库的水体污染已导致地下水污染，含量虽甚微，但许多有机物毒性很大，足以引起各种健康问题，其修复过程漫长，需要几十年甚至上百年，由此带来的高成本可想而知。

当下，广大民众已从求生存到求生态，从盼温饱到盼环保，绿水青山已经是全社会的共识。我们要像保护眼睛一样保护生态环境，像对待生命一样对待生态环境。

（三）以人为本建设现代化

以亚当·斯密、大卫·休谟等为代表的苏格兰启蒙运动，是英国现代化的起点，也是世界现代化的起点。英国在完成产业革命后成了世界上第一个工业化，即现代化国家。

其实，中华文明上下五千年，在世界领先了4 800年，只是近代落伍了。斯密在其代表作《国富论》中指出："中国长期以来是世界上最富有的国家之一，也就是说中国是世界上土地最肥沃、土地耕作得最好、人民最勤劳、人口最多的国家之一。"③这里的"最富有"显然是指国家的总财富，可用现代经济学术语GDP来表示。据世界著名经济学家安格斯·麦迪森教授的研究：1700年，中国的GDP占世界GDP的份额为22.3％，1820年为32.9％，位居世界第一；其间年均增长率为0.85％，位居世界第一。而整个西欧的GDP总额在1700年占世界GDP的份额仅为22.5％，与当时的中国相当；

---

① 杭春燕，《生态保护红线战略开启 江苏先行先试生态补偿》，新华日报，2017年2月13日。
② 太湖流域水资源保护局，《太湖流域及东南诸河省界水体水资源质量状况通报》，《经济日报》，2017年2月19日。
③ ［英］亚当·斯密，《国富论》，新世界出版社，2008年，第60页。

1820年则为23.6%,远远低于中国32.9%的份额。① 麦迪森特别指出:"19世纪之前,中国比欧洲或亚洲任何一个国家都要强大。从5世纪到14世纪,它较早发展起来的技术和以精英为基础的统治所创造的收入都要高于欧洲的水平。14世纪以后,虽然欧洲的人均收入慢慢地超过了中国,但是中国的人口增长更快。1820年时,中国的GDP比西欧和其衍生国的总和还要高出将近30%。"② 有关中国与美国的情况可参见下表(见表9-1):

表9-1 中国与美国(1500—1950年)GDP占世界GDP份额演变统计表

年份	占世界GDP的份额(%)	
	中国	美国
1500	25	0.3
1600	29.2	0.2
1700	22.3	0.1
1820	32.9	1.8
1870	17.2	8.9
1913	8.9	19.1
1950	4.5	27.3

这组数据告诉我们,20世纪初是中国与美国经济历史的分水岭。第一个现代化国家是英国,紧跟其后的是美国、法国……而中国则落伍了。英国学者李约瑟曾问:"为什么直到中世纪中国还比欧洲先进,后来却会让欧洲人着了先鞭呢?怎么会产生这样的转变呢?"笔者认为,这主要是封建专制,重农抑商;封闭禁锢,作法自毙;墨守成规,回天乏术。当然,还有外国侵略。

今天,这个"先鞭"又打回来了,这个"转变"又转回来了。国际货币基金组织(IMF)发布的一份最新报告显示,2016年世界经济增长3.1%,中国经济增长有望达到6.7%,为全球经济增长贡献了1.2个百分点。与此同时,美国、欧洲和日本的贡献分别为0.3、0.2和0.1个百分点。中国的贡献是

---

① [英]安格斯·麦迪森,伍晓鹰、许宪春等译,《世界经济千年史》,北京大学出版社,2003年,第261页。

② [英]安格斯·麦迪森,伍晓鹰、许宪春等译,《世界经济千年史》,北京大学出版社,2003年,第109页。

三大发达经济体之和的两倍,为全球经济增长贡献约39%,在全球首屈一指。①

奇迹为什么一再出现在中国?因为一个没有中断的五千年古老文明,与一个超大型向现代化迈进的国家结合在一起,必然碰撞出绚丽的火花。哲学家梁漱溟曾说:"历史上与中国文化若后若先之古代文化,或已夭折,或已转易,或失其独立自主之民族生命。唯中国能以其自创之文化永其独立之民族生命,至于今日岿然独存。"吴地是"耕读文化","耕"是谋生存,"读"是谋发展,象征经世致用的实干精神;而"富厚日新",即富强、厚德、日日更新,表达了人们对美好生活的向往。

2016年,长三角地区的苏浙沪实现地区生产总值14.95万亿元,成为我国经济发展最快、最有潜力的一块热土。而太湖流域又是长江三角洲的核心区域,在漫长的历史中,出现了许多感人的故事和华彩篇章。

① 上海从一个小渔村(小港口)发展成国际大都市

人类的文明就像流动的河流,源头的不同、河谷的差异塑造了不同河流沿途的景观。在长江的入海口,上海用智慧、勇气、创新的工匠精神,不断攀缘向上,推动了城市垂直化。"上海中心"这座目前中国第一、世界第二超级摩天大楼以其突破云层的非凡高度(632米),成为既是上海又是太湖平原进入创新集聚时代的标志。

著名思想家顾炎武提倡"经世致用",认为"六经之旨与当世之务"应该结合,提出"博学于文""行己有耻"的古训,开创了踏踏实实做学问的优良学风。借天下之势,做脚下之事,脚踏实地,开拓创新,其中最突出的非上海莫属(见图9-5)。

图9-5 上海同步辐射光源

---

① 常红、杨牧等,《中国贡献感动世界——2016我国经济发展亮点述评》,人民网,2017年1月18日。

下篇 文　脉

上海，是"古吴之裔壤也，然负海枕江，水环山拱"，从一个东南小渔村、小港口逐渐发展成现代国际化的大都市。它既是中国共产党的诞生地，也是中国近现代最早的发迹地。

依水而生、因水而兴的上海，距今 7 000 年前后绝大部分还被海水淹覆，仅西部局部出露，成为滨海湖沼低地。距今 3 000 年前至 1 700 年前，今浦东花木、北蔡、周浦、下沙、航头一线形成北、北西方向断续沙带，和今宝山盛桥、月浦沙带构成一条平行于西部冈身的古海岸线，冈身以东至下沙沙带间的中部地区渐成陆。距今 1 700 年前至 1 000 年前，下沙沙带以东至今里护塘故址之间浦东中部、黄浦江以西地区才成陆。距今 1 000 年前至 600 年前，西沙带以东为滨海地区，近 600 年才发育形成浦东（因地处黄浦江东而得名）。

上流下潮的上海，可谓海纳百川。从 1008 年至 1843 年，这 800 多年的历史，使上海处于传统江南文化的边缘地位，即使成为一个县级行政单位，在中国历史的城市版图上，既非省都会，也非府衙治所，那个时候的上海人羡慕苏州的繁华、杭州的富足，时不时地自称自己"阿拉是小苏州"而已。从经济地理角度而言，上海实在与素称鱼米之乡的"人间天堂"的苏杭二州有着很大的距离，在以农耕文明为主体的传统社会中自然也谈不上占有一个什么位置。除了传统农业、渔业、盐业、纺织业外，主要就是靠开放的沿海贸易，"先有青龙港，后有上海浦"，松江是"上海之根""真正的上海人是松江人"，它的社会构成没有沉重的包袱，市民的民俗与心理构成相对传统型城市来说，有较少传统的束缚，勇于接纳新事物，开放与创新是这座城市打"娘胎"里带来的基因。

经过一代又一代上海人的艰难打拼，至上海开埠 80 年后的 20 世纪 20 年代，上海城市的体量已经庞大，工业产值约占全国 60％以上，金融占到 80％左右。据 1919 年统计，上海工人总数达 513 768 人，其中产业工人 181 485 人，约占全国工人总数的四分之一。即使在计划经济时代，上海的精良品牌产品、诚信商业道德、有序城市管理，都在全国赢得了高度的信任和美誉。

2015 年的上海，改革创新，战略性新兴产业增加值占上海生产总值的比重达 15％，第三产业增加值占生产总值的比重达 67.8％，对全市经济增长的贡献率高达 94.9％，GDP 的含金量不断提升，放射出"国际经济中心、国际金融中心、国际贸易中心、国际航运中心"的火焰。截至 2016 年年底，外商在上海累计设立跨国公司地区总部 580 家，投资性公司 330 家，研发中心 411 家。这些地区总部能级不断提升，亚太区总部达 95 家，亚洲区总部 10 家，北亚区总部 5 家，经济社会贡献不断加大。2016 年，全市地方国有企业实现营业收入、利润总额、资产总额均排名全国省市和计划单列市之首，上缴税金近3000亿元,同比增长15%。

勇当创新发展先行者的上海,奏响了加快向具有全球影响力的科技创新中心进军的号角。科技部发布2016年度中国科学十大进展,近一半来自上海,其成果占到"半壁江山",超过三分之一的国家高水平科技奖项花落上海,呈现出令人目不暇接的创新盛景。2017年5月5日,我国自主研制的C919大型客机又在上海首飞成功。随着国产飞机走向商用,将极大地刺激飞机材料、装备设备、工具的国产化,带动相关产业快速发展。

目前上海的各类众创空间达450多家,90%由社会资本创办。在上海张江高科技园区,相距不到1公里的上海同步辐射光源和国家蛋白质科学中心(上海)遥相呼应。这两大科学设施,对国内外用户免费开放。不用飞国外,就能用上世界先进的实验技术和方法。如于2016年10月创建的宝武集团吴淞口创业园,园区规划面积约5000亩,目前已有近30家智慧制造、新材料等领域的高新技术企业入驻园区孵化器。这是一个有技术门槛的专业化孵化器,宝武中央研究院的新材料国家重点实验室、储能实验室等技术平台全部向入驻企业开放,还为中小企业创新成果提供中试、应用平台,并激励员工带着他们的发明创造走进创业园,在那里投身成果转化和产业化工作,连MIT(麻省理工学院)的终身教授也吸引过来了。

如今的上海,人才总量已超过476万人,相比2012年底的不足400万人有了显著增长,其发展已从模仿创新变为制定国际标准。01100301001······在海内外专业人士眼中,这串看似神秘的数字由5层编码构成,依次代表"根及根茎类/贵重药材/三七/春三七/一等品"。这就是由中国专家主导、经国际标准化组织(ISO)批准,2016年春起向全球发布并出版的《中药编码规则》。任何中药材、中药饮片、中药配方颗粒,都将用一个分10层、长达17位的阿拉伯数字,分类表达品种来源、药用部位、品种类别及其规格、炮制方法等。这是世界上首个中医药编码的国际标准,实现了ISO领域中医药国际标准零的突破,为促进中医药产品和服务国际贸易带来了深远影响。

② 浙江以人为本,信息经济"先人一步"

浙江省七山二水一分田,面对有限的自然资源,浙江人乐于用"草根"来比喻"自强不息,坚忍不拔,勇于创新,讲求实效"的"浙江精神",具有一种"野火烧不尽,春风吹又生""一有土壤就发芽,给点阳光就灿烂"的内在特质。浙江人平实低调,他们崇尚"只做不说,做了也不说"。他们不等不靠上面"指示","挖空心思"捕捉商机,"绞尽脑汁"寻找市场空当,迸发出浙江民众创业特有的灵气,亦是其所向披靡的锋芒所在。从"鸡毛换糖"开始原始积累,"白天当老板,晚上睡地板",造就了众多的百万、千万、亿万富翁,以民营的力量实现了区域经济的跨越和腾飞。

作为全国首个提出打造信息经济大省的省份,互联网正推动着浙江的创新发展。以阿里巴巴为代表的一系列互联网企业,让浙江牢牢抓住了"互联网+"的先机。早在2013年12月,浙江省经济工作会议就提出大力发展信息经济,在2014年的政府工作报告中,信息经济产业被列为浙江大力发展的七大万亿级产业之首。目前,全省65%的中小企业开展了电子商务业务。全省列入2015年全国电子商务百强县和淘宝村的数量分别达41个和62个,居全国第一。

2016年,浙江全社会研究与试验发展经费支出增长11.7%,以信息经济核心的七大万亿产业增加值增长约12%以上。全年生产总值46 485亿元,增长7.5%。城乡居民人均可支配收入分别达到47 237元和22 866元,增长8.1%和8.2%。低收入农户人均可支配收入增长19%。

美丽的杭州,近几年为吸引凤凰来巢,出台了一系列吸引人才的措施。2015年,杭州人才净流入高达8.9%,排名全国第一。它拥有中国最快的云计算,运用杭州云计算的企业来自全球150多个国家和地区。尤其是更多前沿性的技术精彩呈现,包括人工智能、VR/AR(虚拟现实/增强现实)、机器人、基因测序、生物识别、交通大数据、气象大数据、大安全生态等精彩案例,以及语音识别实时播报大会演讲内容等。阿里云推出的人工智能ET基于阿里云强大的计算能力,正在多个领域不断进化,目前已具备智能语音交互、图像视频识别、交通预测、情感分析等技能。数据显示,杭州以云计算、大数据为代表的信息产业,为经济增长贡献了半壁江山,使世人看到了前沿技术的魅力,突出了浙江在未来互联网产业分工布局方面的领先优势和全球创新的先进理念,更彰显了中国科技创新力量正在崛起。

"一天等于二十年",这话一点也不假。该省原来的乌镇很土很闭塞,只剩下一张文化牌——茅盾故居。2010年借着上海世博会,乌镇迎来旅游井喷。2014年,首届世界互联网大会在乌镇举办,乌镇成为世界互联网大会永久会址,推动了网络创客、网上医院、智慧旅游这些新业态迅猛发展,让这个粉墙黛瓦的千年古镇焕发出新的魅力——前沿的科技产业。"乌镇模式"获得了联合国专家好评,正是互联网,给了乌镇联通世界的通道,跨境电商买卖全球。几乎没有人敢想,也没有人可以想到,浙江省的特色小镇发展模式在中国正在形成一个标杆,它们像一颗颗光彩夺目的珍珠,散布全国。阿里巴巴创造了3 000万个工作岗位,由鉴于此,阿里巴巴集团董事局主席马云被联合国聘为贸易和发展会议青年创业和小企业特别顾问,年薪一美元,将为世界中小企业参与全球化谋求更大空间。

③ 江苏千军万马奔向"创时代"

江苏辖江临海,扼淮控湖,京杭大运河从中穿过,拥有吴、金陵、淮扬、中原四大多元文化,是中国古代文明的发祥地之一。早在距今七八千年前的新石器时代就诞生了原始农业、原始畜牧业和原始手工业。在漫长的历史长河中,出现了很多的能工巧匠、耕织能手和智慧过人的天才。在我国古代的88项发明创造中江苏就有许多,如20世纪50年代在江苏吴江县团结村就曾发现一件太湖流域良渚文化的漆绘彩陶杯,该县梅堰遗址还发现两件用金黄、棕红二色漆绘的彩陶器,证明江苏是世界上最早发现并使用天然漆——髹漆的地区;十步杀一人的发箭兵器——青铜弩机,在苏州黄埭古墓葬群也曾出土过;同样被用于战场的,还有圆周率"奇人"祖冲之于南朝宋代在钟山南坡皇家离宫别馆制造出的指南车;郑和船队所用的"过洋牵星术"(牵星板可判断船舶所在地的地理纬度,以便确定航线)和"海道针经"(我国元明清时期用于导航的航海罗盘),在当时也是世界上最先进的航海导航技术;苏州的"香山帮"匠人还设计建造了紫禁城……

中华人民共和国成立后,江苏经济取得长足的进步,最突出的优势是实体经济和科教人才。乡镇企业崛起、外向型经济突飞猛进,以"创业创新创优"为载体,以"争先领先率先"为动力,经济建设取得巨大成就。当下,在苏南做引领、苏中创特色、苏北闯新路的布局下,聚力创新、聚焦富民,逐步实现从"数量型"向"质量提升期"的深度转变。按照"从新、从优、从高"的原则,突出"一简一增三个着力",即最大限度简政放权,千方百计增加创新投入,着力增强企业创新能力、着力强化科研人员创新动力、着力激发大众创业万众创新活力,让政府、企业、高校及社会有更多"获得感",进一步激活了全社会的科技创新动力。

2016年,全省地区生产总值达7.6万亿元,增长7.8%。人均地区生产总值(按常住人口计算)14.5万元,按年平均汇率折算达2.2万美元。全社会研发投入1 985亿元,其中企业研发投入占80%以上,高新技术企业总数突破1.1万家,90%以上的大中型企业建立了研发机构,省级以上众创空间384家,万人发明专利拥有量18.5件,科技进步贡献率达61%,区域创新能力连续8年位居全国第一。

作为工业制造第一大省的江苏,目前正把握全球产业革命大势,以创新推动产业升级,以建设具有全球影响力的产业科技创新中心和具有国际竞争力的先进制造业基地为战略目标,从企业制造装备升级和互联网化两线切入,从基于研发的制造和制造业服务化两头突破,从政策创新和企业自主创新两端发力,经济在保持平稳较快发展的同时,呈现出"老底子"愈加夯实、新动能强劲发展特征,高质量发展稳步推进,并率先作为,长三角大湾区的扬子江城市群正在崛起。

有"龙城"之称的常州市,向来就有"天下名士有部落,东南无与常匹俦"之美誉。该市主动参与全球研发分工,汇聚全球"创新名士",配置全球创新资源,打造长三角特色鲜明的产业技术创新中心。最近,在国务院副总理刘延东和以色列总理内塔尼亚胡共同主持的中以创新合作联委会第二次会议上，以色列企业家依兰受到点赞。他在常州创办的艾斯瑞工业孵化器，专注于为以色列企业开拓中国市场提供服务。中以常州创新园是两国政府首个合作共建园区，目前园区已集聚41家以色列企业，集高科技成果转化、创新孵化和以色列文化旅游展示推广等五大功能于一体的以色列中心已开馆运营。中德产业创新中心落户科教城，莱茵河与扬子江的创新基因在此交汇。在太湖西北畔，有着"东方碳谷"之称的产业园，短短几年，就变跟随者为主导者。那里集聚了全国50%的石墨烯企业，创下10个"全球第一"，演绎了研究院托举产业高地的传奇。著名科学杂志《自然》主编发表文章说，石墨烯应用领域及产业化方面的发展中心，未来很可能在中国。

江苏最南端的苏州，是全国效率最高的城市之一，所有的县（市）都是中国经济的重镇，均居全国百强县（市）前10名。其法宝正如以色列人所说，"我们没有资源，只有头脑"，相信人比资金设备更重要。早在2010年就出台了《苏州市中长期人才发展规划纲要（2010—2020）》，率先"动力切换"，用"四两拨千斤"，以"人才红利"替代"人口红利"，把创新作为引领发展的第一动力，破解了"阿喀琉斯之踵"。2016年末全市各类人才总量243万人，其中高层次人才19.8万人，高技能人才52.43万人；拥有各类专业技术人员162.5万人，比上年增长8.6%。新增国家"千人计划"32人，累计达219人，其中创业类人才120人。新增省"双创计划"人才104人，累计达683人。全市万人有效发明专利拥有量达到37.6件，比上年增加10.1件，使经济结构持续优化，由要素驱动转向创新驱动，用新理论指导新实践，勇当高水平全面建成小康社会的标杆，勇当探索具有时代特征、江苏特点的中国特色社会主义现代化道路的标杆。

大道至简，实干为要。在苏州高新技术开发区，高档数控及精密检测凸显产业优势，60米长的"庞大数控"专用于制造我国919大飞机骨架。天准科技公司是中国影像测量仪和三坐标测量机等校准规范及国家标准的起草单位，已获发明专利授权15项。由该公司承接的"国家重大科学仪器设备开发专项——复合式高精度坐标测量仪器开发和应用"，精度已逼近0.3微米，使中国成为继德国、日本之后掌握同等高精度测量技术的第三个国家。总体来看，苏州的重大技术装备正在从跟随发展走向创新引领，从低端的"物美价廉"迈向"质优价高"的高端发展之路，新产业、新业态、新模式正孕育成长。地处太湖边的苏州亨通集团，通过原点创新攻克了"光棒技术"，于2016年12月，一举捧回被誉为中国工业"奥斯卡"的中国工业大奖，成为全国光电通信行业首家获此殊荣的企业。同时，也标志着亨通在光通信、智能电网等领域已代表中国工业发展的最高水平，成为"中国制造"和"中国创造"的标杆。

伴随国际共运"莫斯科时间"的逝去,历史走入了"北京时间",中国特色社会主义已经取得了巨大成就。进入21世纪,中华大地新一轮改革大潮涌起,吴中大地乘风应势,抓住机遇,握指成拳,自主创新,跃上了发展的新平台。值得关注的是,2016年在国家首批28家"双创"(大众创业、万众创新)示范基地建设中,长三角就有7个(上海市杨浦区、上海交通大学、南京大学、江苏省常州市武进区、浙江省杭州市余杭区浙江杭州未来科技城、阿里巴巴集团、安徽省合肥高新技术产业开发区),随着时间的推移,它不仅将会更多,而且会燃成燎原之势——从更大范围、更高层次、更深程度吸引各方参与,必将产生更多"顶天立地"的科技突破,成为引领国民经济发展的"新引擎"。

春芽知时节,竞相迸土出;"水积而鱼聚,木茂而鸟集"。"近者悦,远者来",吴地在现代化建设中,必将"苟日新,日日新,又日新。"

二、海纳百川　兼收并蓄

中国是一个多民族多地区的统一国家,这决定了中国文化的丰富多彩。同时,中国文化又是独立起源、传承至今的,其间没有中断,这在世界上可以说是绝无仅有的。为什么只有中国可以这样?这是比所谓的李约瑟难题更难以回答的。我想,这也许就是中华传统文化的根基与文脉的定力吧。

广袤无垠的大海,因为有深邃的底蕴,才会有飞驰的情、澎湃的爱;因为有不同籍贯江河力量的聚集,才会敢于与日月对话,同长风交流。

吴地文化在千万年的历史长河中,使不同籍贯的流水在吴地荟萃,择善而取,不拘流派,不分门户,不求千口一腔,兼收并蓄,融各种文化于一炉,才浪涛升腾,撒出粒粒晶莹的珍珠,结出丰满的硕果。正如俞伟超先生所说:"任何文化,只要发展到其活动能力已达到可以比较广泛地同其他文化相接触并相互发生影响的程度,每一个文化内部都不会只有一种属于自身文化传统的因素,而且这种相互联系所产生的彼此影响,不会只发生一次。"

从地理上来看,吴地处于大江大河之中,并向广阔浩瀚的太平洋敞开,它本身既是一个开放的系统,又是一个聚集的地方(以太湖流域为中心的碟形洼地)。早在四五千年前,吴越人就已驾船航行到太平洋西岸的各大岛屿,殷商时期已经自发形成市场的萌芽。

春秋战国时代,在吴国出现了来自西方国家的器皿。秦汉以后,中国商船主要从扬州、宁波、泉州、广州等地出发,途径西沙群岛、南沙群岛到达波斯湾、红海,乃至北非和地中海沿岸国家,开辟了与西北丝绸之路相比肩的"海上丝绸之路"和"海上陶瓷之路"。2007年由国家博物馆和海南省文化厅共同组建的西沙考古工作队对深埋海底的"华光礁1号"沉船遗址进行发掘,出水近万件南宋时期福建与江西景德镇产的陶瓷器,成为江南与周边国家、民族友好往来和文化交流的历史见证。"日本出土中国古镜的地点,仅以汉镜计算,已超过 50 处。"①无论是异域文化的传入,还是海外移民或丝绸、陶瓷制品的输出,吴越地区更多的时候则是开风气之先。② 尤其是在明嘉靖到万历年间,江南的商品经济繁荣,与同时代世界各国的工商业和技术水平相比,江南都是当时世界上经济最发达、工商业最繁荣的地区。史料证明,早在六七百年前,吴越地区已经走到了人类社会近代化的大门口。

今天,上海是长江下游通向远洋的第一大港。明代早期郑和下西洋的庞大船队,从太仓浏河口起航,就已驶向了东南亚海域。远溯唐代,六次航海东渡赴日的鉴真和尚,最后一次是在今天张家港鹿苑镇的黄泗浦搭乘日本遣唐使的海船,成功地东渡赴日的。西汉著名辞赋家枚乘在他的文学作品《七发》中,生动地描述了"广陵海潮"的雄伟奇观,"浩浩皑皑,如素车白马帷盖之张,其波涌而云乱",清楚地说明西汉时观潮胜地的海口确在"广陵"——今日的扬州。众所周知,扬州对岸的镇江曾名"京口",金山之巅在六朝时筑有"吞海亭",而在焦山的半山亭石柱上,至今还留存着"海门吞夜月"的石刻联句。由此可见,在秦汉时期,扬州、镇江亦曾是出入大海之门。

因此,在吴文化的整体中有许多亚文化及次亚文化,即既有本土文化又有海外文化;既有南方百越文化之灵秀,又有西面楚蜀文化之神韵,更有中原、齐鲁文化之精髓。不难看出,吴文化将孔子的"一颗爱心"、孟子的"一股正气"、墨子的"一腔热血",以及韩非子的"一双冷眼"、老(子)庄(子)的"无为而无不为"和荀子的"科学的进取心"……融为一体,乃多元互补,自成一家,并时时处在发展、创造、嬗变、更新的流变之中。

(一)纳"越"逐岛漂航的开拓创业竞争性文化

吴越之间因地理相近,环境、气候条件大体类似。《越绝书》中说"吴越为邻,同俗并土""吴越二邦,同气共俗";《吴越春秋·夫差内传》中说"吴与越同音共律,上合星宿,下共一理";《吕氏春秋》中亦说"吴之与越也,接土邻境,壤交通属,习俗同,语言通"……这些记载足以反映出吴越同源的历史。《孙子兵法·九地篇》中说:"夫吴人与越人相恶也,当其同舟而济,遇风,其相救也如左右手。"意思是:吴人与越人虽有旧怨,但当在遭遇风波危难时能互相救助,如左右手,同心协力,共渡难关。"同舟共济"这个成语就是从这里来的。吴越人善稻作,自古以来文化与经济互动,功能相互见长,恰如齐

---

① 李学勤,《走出疑古时代》,长春出版社,2007年,第177页。
② 参见张朝晖、刘志英,《鲁苏浙沪人文传统与质的差异比较》,2006年11月3日。

第九章 以人为本 海纳百川

文化与鲁文化互悖构成齐鲁文化,吴文化与越文化互补构成吴越文化。观念成就人生,也极大地影响着吴越文化的进步与发展。吴越两国的"国语",就是今天吴语的原型。可见,吴越同体,很难区别。典型的吴文化和典型的越文化的区别远小于吴越文化和其他文化间的差距,但两者毕竟又是各有特色的。

越国偏南,建国于会稽(今浙江绍兴),在春秋以前尚很少见于史籍。以往人们传统地认为这是因为当地开发得很迟,是一片蛮荒之地,只是后来在晋楚等大国的扶持下才迅速崛起并参与春秋后期争霸的,实际上这是一种误解。在古代文献中未见记载或少提及的地区并不一定就非常落后,这无论在中国还是在世界文明史中都是屡见不鲜的,无须多加解释,因为最近考古发掘已经弥补了文献的不足或遗漏。"上山文化""河姆渡文化"及"凌家滩文化"等已经证实了吴越文化曾是盛开在长江流域的三朵古区域文化之花(另两朵为楚文化及巴蜀文化)。

越国在以宁绍平原为中心的钱塘江以南,以绍兴为核心地域,是建立在浙江大地上的第一个古代王朝。从风俗语言等方面看,与华夏文明相比,越文化具有更多的原始性,先秦典籍中屡屡提及越地民俗特点,如"断发文身""凿齿锥髻""慷慨以复仇,隐忍以成事"等,具有一种锲而不舍的韧性、"面壁十年图破壁"的深谋远虑。所以,越地的文人较少有两耳不闻窗外事的书呆子,更看重的是经世致用。秦汉以后的越文化就是一种刚和柔矛盾统一、文雅和质朴有机结合、重智慧更重智谋而水乳交融的区域文化,并以其鲜明的特色丰富着中华民族的文化。

越地经济、文化主要是在山区与海岛之间展开的,"地狭民贫"之称到南宋年间因循未改,这就迫使越地居民致力于以斗争求生存。正如黑格尔在《历史哲学》中所指出,生活在海洋区域的人们的特性:勇敢,机智,为追求利益敢于冒险。《越绝书》上记载着越王勾践二十年卧薪尝胆的复仇事迹以及民间传说里许多反抗斗争的故事,再联系到铸剑、尚武的种种传统和"平生只有双行泪,半为苍生半美人"的西施,忍辱负重、舍身为国,以及近代"鉴湖女侠"——秋瑾,"横眉冷对千夫指,俯首甘为孺子牛"——鲁迅诸人的思想性格,则越人那种独具一格的勇悍气质当不难窥见。

由于地处山区与海岛、"地狭民贫",越人善于向外拓展,尤其是沿着海路外移,或北上山东、辽东、朝鲜半岛乃至日本,或南下福建、台湾、海南及东南亚,到处传播着越文化的印迹,其冒险、开拓、进取精神一直延续到今天。有三个事例足以昭显,那就是明清的"绍兴师爷"、民国期间的"宁波同乡会"和当代出现的"温州模式""温州商人"。

明清时代,越地经济、文化已经发达起来,受教育的士子陡然增多,而因科举取士在各地实行配额制,众多越地人才无缘由科举晋身仕途,于是相当一部分人转入幕僚队伍，形成独特的"绍兴师爷"景观。"绍兴师爷"在文人笔下以刚正不阿、足智多谋及利口机心著称，近于恶谥，其实并不简单。学做"师爷"，要抛弃弄惯了的八股文，去熟悉钱粮、刑法等各种实务，还要通达人情世故，练就写公文的好手笔，对习举业的人来说不啻是脱胎换骨，没有开拓进取精神是做不到的。进入近代，上海开埠以后，外地移民大量涌入，以原籍浙江省为最多。浙江移民中的宁波籍人甚至在上海成立了"宁波同乡会"，不仅起到联络乡情、互通声气的作用，且能与上海的租界相抗争，以捍卫乡人的权益，在当时创下不小的名声。他们敢为天下先，善于把握机遇，以灵活的手段和方式来开拓市场和占有市场，被商界称为中国的犹太人。再就是改革开放以来出现的"温州模式"，温州人以个体小生产发家，而今经商的足迹遍及大江南北、黄河上下，乃至世界各地，不少地区和城市出现"温州街""温州村"之类温州人聚居或经营的场所。温州人的性格是"只要有百分之一的可能，就会以百分之百的努力去做"。做生意往往从小处着手，赚钱不嫌小利，只要市场需要、有利可图，温州人就会涉足其中。正所谓："哪里有市场，哪里就有温州人；哪里没有市场，哪里就会出现温州人。"温州一无地缘优势，二无资源优势，三无政治背景，这显然又成为冒险开拓行为的样板。

可见，越文化更多地表现为通俗、朴野、素淡、刚猛乃至逐岛漂航的开拓创业、竞争性文化，这种商品化的市场经济意识正是吴人所缺少的。

吴人的风俗习惯虽与越人相仿，但因吴地距中原为近，开发较早，接受华夏文明的浸润较深，其基因便不够显扬。加以身处太湖流域的平原地带，为典型的"鱼米之乡"，经济富足，生活安定，容易养成人们求稳怕乱的心态。自吴王夫差北上争霸以后，历代执政者多有一种"偏安"情结，往往以割据江东而心安理得，直至清末八国联军入侵时犹有"东南自保"的呼声发起，也常以过好自己的"小日子"为满足，不习惯于离乡背井去另创家业，更多地趋于典雅、精巧、藻厉乃至精神创造能力的智慧诗性文化。

1949年后，尤其是改革开放后，苏南人利用"地利"，从官方到民间、从集体到个人，无数次地到浙江实地参观取经，用改革的大潮、竞争的哲学冲刷与改造"小巷"意识、自恋倾向，走出去、请进来，使吴地在开放中崛起，成为我国对外开放的重要窗口、中外经济技术合作的成功典范。可见，了解别人是大智慧，战胜自己才是硬功夫。

与浙江接壤的苏州市在多年发展基础上，围绕"两个率先"目标，认真落实富民优先、科教优先、环保优先、节约优先的"四个优先"方针，"快中求好，好中求优""扬长补短，整体推进""以点带面，典型示范""全市一盘棋，凝成一股劲"，经过多年不懈的努力，初步实现了江苏省全面建设小康社会的指标体系，总体上实现了一个不含水分、人民群众得实惠、百姓认可的和谐小康社会，成为江苏省全面小康建设的先行军。可以说，苏州经济已经完成了又一次嬗变——从开放型经济的"一花独放"到开放型经济、民营经济、自主知识产权的规模经济(核心是自主创新)的百舸争流、万船竞发,傲然破浪前行。通过生产、生活方式的转变,最大限度地提高了百姓的生活质量,进一步提高了百姓的幸福指数、社会和谐指数、科技创新指数。在"十三五"期间,苏州的国民经济将继续保持中高速增长,产业迈向中高端水平,提前实现地区生产总值和城乡居民人均收入比2010年翻一番,为高水平全面建成小康社会、争当建设"强富美高"新江苏先行军排头兵而不懈努力。

(二)纳"楚"励精图治的民族文化

据《国语·郑语》和《史记·楚世家》记载,楚人是祝融部族的一支,大约在商周之际来到江汉地区,与江汉地区的土著民族结合建立了楚国。当楚的先祖鬻熊在今湖北荆山一带立国时,就与中原发生了关系。鬻熊背弃日暮途穷的商朝,亲附蒸蒸日上的周朝,"子事文王",其重孙熊绎在周成王时被封以"子男之田",立"楚"为国号,建都丹阳(今湖北秭归东南)。"楚"作为正式国号兼族名载入史册,开创了长达800年的宏伟基业,一部气势磅礴的楚国历史由此开始。

"荆"与"楚"为同义语,本是一种植物的两种名称。《说文解字》曰:"荆,楚木也。"《毛诗·小雅·渐渐之石序》笺云:"荆谓楚也。"其时楚尚不为中原列国所重视,西周初的楚国还十分弱小,地盘也很局促,史书上说它"方五十里"。此时,楚"辟在荆山,筚路蓝缕",生产力低下,社会形态也比较原始。但楚文化始终保持着自强的特征,因而楚人长期被中原国家看作野蛮的异族。《诗经·小雅·采芑》记叙周宣王南征楚国之事,"蠢尔蛮荆,大邦为雠",并把"蛮荆"与北方的狁并列。《诗经·鲁颂·閟宫》又把楚人与北方戎狄并列,同作为应予严惩的对象:"戎狄是膺,荆舒是惩。"熊绎还要对周王朝尽进贡等职分。在楚的周围有为数众多的小国,其中有一些是西周分封的"汉阳诸姬",楚的发展受到很大的限制。但楚人具有对于个人生死和荣誉之间的独特观念,自尊心很强,有"楚虽三户,亡秦必楚"的信念,把荣誉看得比生死更为重要,如为理想而投身汨罗江的屈原、在乌江边自刎的项羽等。

熊绎五传至熊渠,加速与东南的扬越、西与南的濮人、巴人的交往,以扩大影响和控制区。楚武王熊通即位后开始谋求向外发展,"辟在荆山"这一狭小的区域已不能满足楚人的发展要求。春秋以降,王室衰败,偏居南方的楚国奋发图强、日渐强大,遂积极参与争夺土地和人口的争霸战争,乘机消灭了周围的小国。到了战国时期,楚国更是不可一世,吞鲁灭越,"地方五千余里,带甲百万,车千乘,骑万匹,粟支十年"①,实力在韩、赵、魏、燕、齐各国

---

① (西汉)司马迁,《史记·苏秦列传》,甘肃民族出版社,1997年,第604页。

下篇 文 脉

之上,与"虎贲之士百余万,车千乘,骑万匹,积粟如丘山"①的秦国相埒。据有今湖南、湖北、河南、安徽、江苏、浙江广大地区,其势力影响远达五岭以南,几乎控制了整个南中国。"凡天下强国,非秦而楚,非楚而秦,两国交争,其势不两立。"②

据《史记·春申君列传》载:"春申君相楚八年,为楚北伐灭鲁,以荀卿为兰陵令。当是时,楚复强。赵平原君使人于春申君,春申君舍之于上舍。赵使欲夸楚,为玳瑁簪,刀剑室以珠玉饰之,请命春申君客。春申君客三千余人,其上客皆蹑珠履以见赵使,赵使大惭。"③楚、赵斗富,赵使自愧弗如。楚考烈王封春申君于江东后,春申君遂在今苏州大肆兴建都邑,至西汉时期,太史公司马迁东游吴,见到宫室仍然十分富丽,不禁大为惊叹:"吾适楚,观春申君故城,宫室盛矣哉!"

现有资料表明,崛起于江汉的楚文化,从淮水上游传播到淮水中游和下游,从长江中游传播到长江下游,数百年间席卷江淮。由此张正明先生提出了楚文化的六大要素:一是青铜器的冶炼工艺;二是丝织刺绣工艺;三是髹漆工艺;四是老子与庄子的哲学;五是屈原的诗歌和庄子的散文;六是美术和乐舞。④ 它清奇如长江之水伴随着楚国军事上的成功向东流淌,在战争的悲喜剧中实现了文化的传递和交融。

已有 2500 多年历史的"白发苏州",目前仍坐落在春秋时代的原址上,基本保持着"水陆并行、河街相临"的双棋盘格局和"三纵三横一环"的河道水系、"小桥流水,粉墙黛瓦,史迹人家"的古朴风貌。其城就是楚人伍子胥来吴"相土尝水",帮吴王阖闾设计建造的,后被吴越、吴楚战争焚毁,公元前 3 世纪楚人黄歇(号春申君)又重建。据马学强《上海通史·古代》卷说:"春申君父子前后治吴 14 年,有所政绩。"吴地百姓为了纪念他,将他奉为上海、苏州等地的"城隍",城隍庙不但成为信众还愿祈福活动的场所,也成了励精图治——吴楚文化交融的一个历史见证。

这种交融,使吴地的智慧诗性文化根基更为粗壮,结出了更多励精图治的民族文化硕果,其中"荣氏家族"就是一例。

"荣氏家族",清末崛起于无锡荣巷,民国时名震上海滩,是中国近现代史上一个显赫而又极富传奇色彩的富豪家族,它以百年不败的富贵高高地屹立在中国的商界中,并用富过四代的辉煌打破了"富不过三代"的古训。其祖辈则从一介平民出身,励精图治,凭借个人努力开创了民族大业。

---

① (西汉)司马迁,《史记·张仪列传》,甘肃民族出版社,1997 年,第 611 页。
② (西汉)司马迁,《史记·张仪列传》,甘肃民族出版社,1997 年,第 611 页。
③ (西汉)司马迁,《史记·春申君列传》,甘肃民族出版社,1997 年,第 639 页。
④ 参见张正明,《楚文化史》,上海人民出版社,1987 年。

多年来，荣氏家族以其独特的魅力为国家培植出各行各业的栋梁之材，其中以商界人士最为突出。从创业先人荣宗敬、荣德生的"面粉大王""棉纱大王"，到第二代掌门人荣毅仁的"红色资本家"，从荣家第三代子孙荣智健的"中国首富"到荣氏四代曾孙荣明杰的商界明星，无不显示出荣氏家族人物的非凡商业才干。近百年来，他们在风云变幻的商场上运筹帷幄，纵横驰骋，成为中国民族企业的重要领军人。

特别是荣毅仁，1949年后他把自己的商业帝国无偿交给国家，为新中国的民族工业振兴做出了重大贡献。

（三）纳"齐鲁"的"仁道"文化

齐鲁文化是在东夷文化和商周礼乐文明基础上发展起来的一种地域文化。西周初年，周公东征，太公姜尚、周公姬旦分封于齐、鲁，东夷文化与周文化汇流、融合，产生了新的齐鲁文化。

齐国建国之初，在意识形态上因俗简礼，在经济上通工商、便鱼盐、农工商并重，在政治上举贤而尚功，奠定了齐文化开放、务实、崇尚功利的基本特色。伯禽封鲁，实行"尊尊亲亲"方针，推行宗法制，重视发展农业；在意识形态上，"变其俗，革其礼"，形成鲁文化重仁义、贵人和、尚伦理的文化传统。在这样的背景下，产生了孔子、墨子、孟子等思想家。特别是孔子的《论语》，他提出以"仁学"为核心的儒家学说，主张维护以周礼为核心的礼乐文明制度，回应、解答了礼崩乐坏的情况下社会普遍价值和理想社会的时代课题，创立了儒学，不仅成为中华民族得以凝聚的文化之根，影响到传统文化发展的独特模式，而且超出了它的原生区域和民族，走出了国界，远播东亚，形成了东方儒家文化圈。

齐鲁文化的文脉显示，儒家的"仁道"思想是齐鲁文化的核心和代表，仁道精神即是齐鲁文化最基本的精神。

什么是"仁"？"仁者人也"，这是最基本的概括。孔子对仁的解释很多，但都是讲做人的道理，其中最核心的一条叫做"仁者爱人"。"爱人"是做人的根本原则，也是处理好人际关系的最有效、最完美的方法。所以康有为说，"仁者，人道交偶之极则"。郭沫若先生说："所谓仁道""也就是人的发现"。的确，在奴隶社会，奴隶主不把奴隶当人看待。只有在奴隶解放的时候，才能出现这种"仁道"思想。孔子的"仁学"是适应奴隶解放这个潮流的。

孔子提出的"泛爱众而亲仁"，具有很高的价值。《尚书·皋陶谟》中就提出："天聪明，自我民聪明。天明畏，自我民明威。达于上下，敬哉有土！"[①]其意是说：王公大人们应该懂得天意来源于民意，天威来源于民威；要时刻

[①] 徐奇堂译注，《尚书》，广州出版社，2004年，第15页。

铭记这一真理,将自己的人格修养与关怀百姓的命运联系在一起。而生在2 500多年前的孔子,对上古以来的思想文化进行了总结,在关注民本思想的同时,建立起以"仁"为基础的人生哲学。我国著名的马克思主义理论家、教育家匡亚明(1906—1996,江苏丹阳人)认为:孔子的人生哲学首先"冲破了殷周以来认为人的命运是受鬼神支配的迷信习俗的藩篱,而代之以人的命运应该由人自己支配";其次是在承认封建等级制度的前提下,冲破了封建社会把一部分最底层庶民不当作人看的阶级藩篱,主张各种人"都应有各自不同的生存权利"。前者表明的是"将自己作人看"的自觉,后者则表达了"泛爱众"的思想,最后成为对大同理想的追求。孔子的这一思想被2 000多年以来包括吴地在内的大多数思想家继承和发展,构成了中华文化的重要内容。

　　孔子的"爱人"有三个方面:一是"己所不欲,勿施于人";二是"博施于民而能济众";三是"己欲立而立人,己欲达而达人"。孔子所体现的这种爱的人道精神是无私的、博大的、为人的。孔子以仁为核心辐射到各个层面,并贯彻到各个领域,如社会典章制度、尊卑长幼之序、亲疏远近之别,这便是礼的层面,"丘闻之,民之所由生,礼为大"(《礼记·哀公问》)。无礼,社会就会无序;无礼,伦理关系就会错位;无礼,亲疏关系就会不辨;无礼,天地神祇就无法礼敬。仁作为礼的内在精神,使"礼"具有爱人的人道主义的意蕴,使礼的各种关系能保持一种理解的、人文关怀的、和谐的张力。所以孔子说:"人而不仁,如礼何?人而不仁,如乐何?"(《论语·八佾》)不仁的人是说不上礼和乐的,没有仁作为内涵的礼和乐,光有玉帛、钟鼓等礼的形式,是不能称作礼乐的。"礼"虽是仁的外在表现或形式,但没有表现或形式,仁的内在精神也得不到体现。

　　为人为求道,道即仁道。"己所不欲,勿施于人"的人道精神,"乐以忘忧"的乐感精神,"杀身以成仁"的奉献精神,是获得终极价值理想、精神家园的生命动力。学既包括自我仁道的修养,亦包括对知识的学习及学习与言行的融合。《论语》开章便说"学而时习之",学了要去实习。"学而不思则罔,思而不学则殆。"(《论语·为政》)学习与思考互补,缺一就会罔或殆。天道乃天人之道,也就是人道;天理乃天人之理,也就是为人做人之理。

　　因泰山在那里崛起,黄河在那里入海,孔子在那里诞生,孟子在那里出现,主张施行仁政,倡导"民为贵,社稷次之,君为轻"的民本思想,故齐鲁文化对中国古代政治、经济、文化的发展产生了巨大的影响。为此,2 400多年前吴国的言偃就奔齐鲁学习,终成孔子七十二弟子、"孔门十哲"、南方夫子。

　　有着悠久的重农桑、多元文化传统的吴文化,吸收、融合了齐鲁重德求善的伦理价值取向。骚人墨客推崇"文统",艺术流派和工艺行帮讲究"家法""师法",人们的思想与活动也成为伦理道德观念的引申。政事归结为善恶之别、正邪之争、君子小人之辨；经济要求重义轻利，多了一些道统师承和人文关怀；文学强调教化功能；教育以德育居首，智育次之；哲学更是与伦理学相结合，构成一种道德哲学。强调"人皆可以为尧舜"，肯定凡夫俗子也可以通过道德修养达到最高境界；要求"修德""勤政"，鼓励人们自觉维护正义，注重集体社会，忠于国家民族，抵御外来侵略，所谓"天下兴亡，匹夫有责""先天下之忧而忧，后天下之乐而乐"及"自强不息"等，都是这种价值追求的体现。

当今，与苏南华西村、蒋巷村、永联村等基本同属于一个发展类型的张家港市金港镇长江村，位于张家港保税区东部，西接江阴长江大桥，占地面积5.2平方公里，这里曾是一个人穷、地薄的江滩渔村。20世纪70年代起，长江村进行大规模、全方位的土地平整、新村规划，把高低不平的贫瘠土地变成"三纲粮、双百棉"的千亩良田，并持续稳产高产，成为当地农业的样板大队。改革开放后，该村又顺利地实现农业经济向工业经济转移、集体经济向股份制企业转移两大改革，并借助"借梯上楼、借智生财、借船出海、借腹怀孕"的"四借"方略，全村的资产总值从2001年的3亿元增至2016年的58亿元。村属企业长江润发集团发展成为拥有20多家子公司（其中一家为上市公司）、享有自营进出口权、具有一定自主产品研发能力的大型企业集团（全国民营企业500强），村民人均年收入从2001年的7 000元增长到2013年的3万元。因其出色的发展成果，获得了"长江名花"的美誉。在经济大发展的同时，全村经济社会各项事业也得到了蓬勃发展，新村建设日新月异，成为一个环境优美、居住舒适的新型现代化示范社区。村民"爱长江、爱科学、爱岗位、爱家庭、爱邻里"，村风正、民风顺。村美、水美、人美、心灵更美，摘得让人自豪的三颗"星"：2009年，国际编号5384号的小行星，被正式命名为"长江村星"；2010年，长江润发上市，摘得"上市星"；2011年，摘得"全国文明村星"（见图9-6）。

图9-6 张家港市金港镇长江村村景

下篇 文　脉

文化因交流而多彩，文明因互鉴而丰富。只要太阳还是这样东升西落，地球上文明的交融就不会改变。它既是人类的标志，也是人类生存发展的营养。吴地这方古老的绿洲，从来就是敞开胸怀、向四面八方开放的，永远等待着想"走出去"和要"迎进来"的人。开放，既是吴地人的姿态，又是一种"海纳百川"的气度。吴文化不仅是发散型文化，更是吸取型文化。

只有自己文化的根扎得深，对外来文化的吸收能力才会强。正因为吴地有雄厚的传统文化资本，才敢于大胆引进外资，吸收西方优秀文化。改革开放后，外资企业蜂拥而来。如2016年的上海，新增合同外资再次超过500亿美元，实际使用外资185亿美元，连续17年增长。这是以人为本、海纳百川以及天时、地利、人和的综合体现。

值得指出的是，"天时、地利、人和"是吴地的特质。但岁月有时会湮没一切。在过去很长时间里，我国古代许多思想家都认为"天"是不可抗拒的，那是天命、天神，只能听天由命，而人次之。这种状况到春秋晚期已发生了变化，吴地出现了重人事的观念，它犹如一道闪电，惊心而触目。这种思想上的变化，首先见诸于大军事家孙武结合在吴地的实战经验，后来隐居在苏州西部山区撰写与完善的《孙子兵法》中，他在《孙子兵法·始计篇》中曰："兵者，国之大事，死生之地，存亡之道，不可不察也。故经之以五事，校之以计而索其情：一曰道，二曰天，三曰地，四曰将，五曰法。道者，令民与上同意也，故可以与之死，可以与之生，而不畏危。天者，阴阳、寒暑、时制也。地者，远近、险易、广狭、死生也。将者，智、信、仁、勇、严也。法者，曲制、官道、主用也。凡此五者，将莫不闻，知之者胜，不知者不胜。"首次提出了天时、地利、人和的理念，强调了人的地位与作用，使中华文化源流中逐步产生了天人之学（一切学问无不源于人的感受和需要，而人也不能离开环境即自然和社会而存在）、变易之学、为人之学、会通之学，构建了内容丰富的理论体系，成为贯穿中华文明数千年发展史的主线之一。观念见证历史，以人为本，既造就了当年的强吴时代，更创造了当今生机勃勃的江南、伟大的始终屹立于东方的中华民族。

21世纪是我们国家发展的重要战略机遇期，如何长期可持续地绿色发展，需要我们认清大势——当下世界经济保持温和增长势头。不进则退，必须突破现有模式的弊端，审时度势，破浪前行。

一要超前布局，把握自主创新的战略基点。创新需要"个性化发展"，有"个性化发展"才有"人的全面发展"。为此，要制度创新，形成强大聚集力；要传承吴文化"独特思维方法"——自强不息、厚德载物、顶天立地的优良传统。绝不可满足于现状、"小确幸"、小成即安、眷顾"辉煌"，我国工业毕竟还处于两个"第五"（在联合国工业发展组织2016年的报告中，中国工业竞争力仅排名第五；在世界品牌500强中也居第五），其制造业仍然大而不强，品牌的缺失是主要短板之一。我们要重拾筚路蓝缕、以启山林的进取精神，激荡敢为天下先的昂扬意气，寻求大视野，在本地特色上下功夫，尽快补齐短板。不要害怕未知，应大胆试、大胆闯，抢占科技发展制高点，完善创新生态链，使战略性新兴产业成为经济发展的新动能，并形成以引领式、颠覆性创新为主体的未来产业，当好全国改革开放的排头兵、创新发展的先行者。

二要大力发展"互联网＋"。中国互联网发展至今，已走过20多个年头，它狂飙突进，迅猛发展，已为中国特色社会主义建设开辟了一个崭新的领域，这是历史发展到今天最大众、最开放、最自由、最活跃，也最具求同存异的包容性领域。从理论上来讲，它基本上是一种没有门槛、没有限制的信息交流与沟通，可以而且能够实现全民参与；它图文并茂，音频与视频、软件与数据库等多种形式并存，基本上消除了作家与读者的区别，基本上消除了临于上的传者与居于下的受者的差异，基本上消除了专事传的记者编辑与渴求信息的读者观众的界限，大家都是平等的、互动的参与者，没有身份和地位的高低之分，是道"天然活水"，神奇而充满机遇和挑战，使人类社会在各个层面产生了更多不可思议的改变。

可以说，互联网第一个10年，它带给人们的是疾风骤雨式的改变。它实现了信息革命，通过改变人们信息获取的方式，使社会产生了很多新的信息连接，实现了对传统媒体的改造和替代。而第二个10年，互联网带给人们的是和风细雨式的改变。它逐步渗透到传统产业，成为它们的工具，为传统产业服务，从改变商业消费习惯开始，由此渗透到商业相关的各领域，使传统产业发生春风化雨式的变革。

如果说刚刚过去20年中互联网的关键词是"连接＋改造"，那么下一个20年，互联网的关键词将可能是"跨界＋赋能"。跨界的过程，是每个人都必须要参与的，它就像不可或缺的"水和电"一样，连接各行各业，成为再造这些行业的力量。如得不到互联网的"赋能"，就无法拥有创新的强大能力，也将在行业再造中失去机遇。如果说之前互联网对人类工作方式、生活方式的改变更多的是形式和媒介上的，那么今后，它将给人们带来深刻的观念上的变革。它对人们来说，已经不再是工具，而是赋能。它也许并不显山露水，但带来的改变是巨大而深刻的。尤其是年轻人，他们从接受教育开始，也许就是被互联网"赋能"的一代人。特别是一些新功能，比如AR技术能让你"脑洞大开"；中国世界首台光量子计算机的问世，其高速、安全的"量子互联网"也将会为人类的生活增添无限可能。当然，在未来的20年会催生哪些系统性的变革是值得我们思考的，我们应该做好准备从而适应和创造未来！要使自己成为信息与屏幕的主人，而不是被屏幕上的信息牵着鼻子走的信息奴仆。

下篇 文　脉

1000年前，西方各国还处在世界的赤贫国家之列，而1000年后，尤其是近200年则在军事、经济、文化和科技领域走在了全球的前列，其中一个重要的原因是他们利用了人类历史、自然科学和社会科学于一身，用跨学科的方式开启了一场天翻地覆的创新变革。在当代，一个地区或国家兴衰成败的原因很难通过比较土地是否肥沃、动植物是否多样、矿物质是否丰富等资源状况来解释清楚，比如以色列是一个建在缺水、沙漠面积占国土面积67%的沙漠中的传奇国家，正是因为他们资源相对匮乏发挥了人的因素，反而在长期发展的过程中取得了傲人的成绩。当一个系统一旦充满活力，创新力就会自发产生，就会发生神奇，长此以往，结果必会令人惊艳。这就是所谓的"一个人干不过一个团队"，而"一个团队干不过一个系统"的缘由。交流互通，彼此的联系越紧密，进步的速度就越快，取得的成果就越明显。一个静态的社会，创新的资源很快就会枯竭。

三要虚怀若谷，善于学习。罗素在《如何避免愚蠢的见识》一文中说："亚里士多德以为妇女牙齿的数目比男人少。这种错误，他本来是可以避免的，而且办法很简单。他只消请他的夫人把嘴张开亲自数一数就行了。但他都没有这样做，原因是他自以为是。……要经常提醒自己，在茫茫宇宙中一个小小角落的一颗小小星球的生命史上，人类仅仅是一个短短的插曲，而且说不定宇宙中其他地方还有一些生物，他们优越于我们的程度不亚于我们优越于水母的程度。"对此，我们在发展过程中，既要自信也要清醒，况且任何文化都有正面和负面的内容，我们必须克服自身的弱点，剔除其糟粕，努力学习先进文化。"研究西方，最终是为了回到中国。"再说，我们还处于社会主义初级阶段，需要我们长期地真抓实干，并借鉴《资本论》对当时社会条件下资本主义怎样发展生产力的论述，立足我国经济现实，研究转变经济发展方式，推进全面协调可持续发展。

当然，中华文化是一个自我完善与创新的体系，从这个体系追根溯源，可以理清很多根源性的因素。这些因素是文化自信的内涵，它让中华文化具有不断修复、不断补强、不断更新的力量，关键在于活化运用。世界唯一不变的事实，就是一切都会改变。既要看清前进的方向，也要看到比较的差距，学会在矛盾与冲突中解决问题。只有文化自觉（即自我反思、自我觉醒），才能文化自强。不忘初心，砥砺前行；千秋基业，人才为先。让产学研平台成为转化"加速器"，让更多千里马竞相奔腾。

第十章

诗性智慧　诗性文化

"杏花·春雨·江南",是梦境、是寄托、是理想、是情怀,是挥之不去的魂牵梦绕。多少人愿在江南小桥流水般的诗境里羽化,多少人想在江南杏花春雨里登仙。诗的现实、诗的境界。虎踞龙蟠帝王洲,月下秦淮看不够;抬头仰望金山寺,一朵芙蓉出江中;二十四桥明月夜,西湖一瘦到扬州;海粟书画贯中西,龙城三杰照千秋;包孕吴越太湖美,二泉映月阿炳奏;夜半钟声到客船,天下园林在苏州;虎跑泉水泡龙井,清梦甚惬是杭州;诸暨美人移江山,莫干清凉竹林幽;钱塘水涌可观潮,万马奔腾逐浪高……或苏堤春晓,或寒山夜钟,或二泉映月,或秦淮灯影……还有那悠悠大运河两岸浓郁的风情,可谓秀色可餐。它是一首昂扬向上的史诗,也是一曲雄浑的江南交响曲,梦幻般的天堂,使人们强烈地感受到一种美的震撼。

　　这是多元的美,是自然之美,是创造之美,是生命之美。因为长江是中国最大的河流,"在地理、水文、自然生态以及经济联系等方面形成了一个整体,从而构成了一个比较完整的经济区"(李伯重《多视角看江南经济史》)。不同的地理环境与经济生产会直接影响到主体的思想观念与生活方式。胡宏伟所作的《长江之歌》一泻千里:"你从雪山走来,春潮是你的风采;你向东海奔去,惊涛是你的气概。你用甘甜的乳汁,哺育各族儿女;你用健美的臂膀,挽起高山大海!……"考古学发现表明,早在新石器时代,长江文化就已

经发育得相当成熟,它并不是黄河文化的传播产物,而是博采众长、自成一体。江南文化可以在这里找到自己真正的根,以往许多常识化的东西也都面临着重新评估。

黄河、长江"本是同根生",但吴地区域地理环境的相对完整性、文化传统的相对独立性,造就了吴文化最大限度地超越了儒家的实用理性,实现了自身在逻辑上的最高环节——代表着生命崇高理想的审美自由精神。"苏州的街道太小,走不过非常大的官轿"(余秋雨语),这种远离封建朝廷的思维,更追求富裕的、平民的、休闲式的生态文明,表达了吴地人至高的生活向往,它是几千年来吴文化特有的文化追求。

吴地人是极为聪明的,其思维方式不是一分为二,而是一分为三。古时北方打也好、不打也好都不管,我持"中庸"态度。"东南财赋地,江左文人薮"(康熙诗)。施淑仪编著的《清代闺阁诗人征略》收录1 260名女诗人,其中苏州府就有200名,占15.9%。① 就连唐代的苏州官员,大都亦是诗人,如白居易、韦应物、刘禹锡等。可见,吴地人"道法自然"(《老子》),"与物为春"(《庄子·德充符》),"诗意地栖居"(德国哲学家海德格尔)。

江南富庶的物质基础与深厚的文化积淀已经够幸运了,但是,经济生活的提高和社会的安定并非必然会带来诗性文化的兴盛。这里的道理,马克思在论述古希腊文化中艺术生产与物质生产的不平衡时已经解说得很明白,他认为古希腊人是人类中的"健康的儿童",因为他们的逻辑思维能力与艺术想象能力相当均衡,而且精神创造能力总体上略高于他们的物质创造能力,这样就保证了他们往后的生机蓬勃的文明进程。史实与现实证明,吴地有过之而无不及! 因为诗,不仅是诗词,而是诗意的生存;远方不仅仅是遥远,而是心志高远的意境。红橙黄绿青蓝紫,吴地文韵恰如水韵长。

一、诗性智慧 诗性精神

(一) 诗性智慧

汉字文化,是中华民族最伟大的创造。3 000多年来文心可雕龙,化意能绣虎。中华为何又称华夏? 华夏的"华"是指有章服之美(一种文化表征),"夏"是指有礼仪(雅),说明中国本是大雅之国。仰望中华文化的诗山词海,既有浩荡长波一泻千里的壮美,又有画龙点睛金雕玉砌的精微。它葆有中华民族博大精深的思想智慧,涵养了中华文化不尽不竭的精神源泉。中国的语言文字在抑扬顿挫、平仄韵律之中,在点横撇捺、篆隶楷行之间,构

---

① 汪长根、蒋忠友,《苏州文化与文化苏州》,古吴轩出版社,2005年。

第十章 诗性智慧 诗性文化

建了中华民族绚丽的文化图谱。诗歌的吟诵更是中华民族所独有的,其声音有四声——平、上、去、入。除了中国以外,不管是英语、法语还是日文、韩文,它们都没有四声的变化。我们说"花",一个单字是一个音,是单音节的,这种单音独体是我们中国语言的特色。

人们常说:诗言志,歌咏怀。中国的诗歌,至少在公元前1 000多年已唱起来,《诗经》的出现就是一个标志。追溯起来,早在甲骨文时代,古人就开始写诗了。在《甲骨文合集》中,很多卜辞已具有诗词韵味。如编号为21021卜辞:"辛未大采,各云自北;雷延大风自西,刺云率雨。"这段记载应该是当年巫师假以舞蹈动作吟唱出来告示商王的,多么诗意的美妙表达。

先秦人喜欢诗歌,是通过"当筵歌诗""投壶赋诗"等形式表现出来的。这种"当筵歌诗"是中国最原始也最流行的一种"斗诗"形式。春秋时期,诗歌开始发展,楚辞、汉赋相继出现,魏晋南北朝时又出现了五言诗,涌现出一批文化名人和诗赋大家,如曹魏建安文学中的"三曹""七子",两晋文坛则有左思、陶渊明、谢灵运等等。

秦汉时斗诗形式已有发展,表现为席间联句吟诗,名之曰"即席唱和"。到魏晋时,当筵赋诗在文人间开始流行,最热衷此事的文人之一是西晋的石崇。东晋永和九年(353年)有一场著名的"诗词大会",即在山阴(今浙江绍兴)举行的"兰亭之会"。参加这场诗会的有著名书法家王羲之、军政高官谢安、孙绰等41人。会上每个人都要吟诗作赋,最后由王羲之为诗集书写序文,此即有名的《兰亭集序》,赢得历朝历代无数人"竞折腰"。

唐代可谓"诗的唐朝",诗人辈出,诗作充栋。诗人最喜欢玩的酒令是"飞花令",又叫"春城无处不飞花"。玩"飞花令"时人人都少不了被罚酒和敬酒,虽为酒令,但它也是名副其实的"诗词大赛",故而出现了最著名的"十大诗人"(杜甫、王维、李白、李商隐、杜牧、孟浩然、王昌龄、刘禹锡、白居易、岑参)。宋朝人青睐"唱酬",以"词言情",作诗填词,谈经论道。唐诗提倡情景交融、兴生象外;宋诗强调情理结合、机锋理趣,无不充满着诗性智慧。

所谓"诗性智慧",简单地说就是一种原始思维。根据意大利学者维柯在他著名的《新科学》中的解释来看,原始人认识世界的方式是本能的、独特的,并不是如我们理性智慧下人类所想象的那样幼稚无知、野蛮愚昧,是"富有诗意的"。它有两个鲜明的特征可以描述,即一个是想象性的"类概念",一个是拟人化的"隐喻"。诗性智慧的产生显然是那个财产公有制时代的必然产物,在人类自我意识完全独立出来以前,原始人类的思维方式必然是集体表象,同时又是一种"身体语言"或"动作思维"。

吴地先人"断发文身,裸以为饰"(《左传·哀公七年》),就是最为典型的一例。"文身"是一种奇特的文化现象,"文"的本身就是一种形象思维,深邃而美妙。又如,5 000年前良渚文化中,很多玉器上有兽面,即传统所称的饕餮纹。再如,崇拜鸟,创造出鸟虫书等等。尤其是前两例,这种诗性智慧,在中国古代文明中又是独有的。

"形象思维",在历史的发展次第中早于"抽象思维",并且后者还必须以前者为基础。因为原始民族作为人类的儿童,还不会抽象的思维。形象大于思维,感性大于概念。他们认识世界只凭感觉的形象思维,他们的全部文化(包括宗教、神话、语文和法政制度)都来自形象思维,都有想象虚构的性质,也就是说都是诗性的,即创造性的。

透过形象思维而观察自然必然是诗性的,因为那样的自然是观察者自身所创造的。"断发文身"就是吴文化"诗性智慧"的历史起点,正如维柯在他的人类学研究中所说:"诗性的智慧,这种异教世界的最初的智慧,一开始就不是现在学者们所用的那种理性的抽象的玄学,而是一种感觉得到的想象出的玄学,像这些原始人所用的。这些原始人没有推理的能力,却浑身是强旺的感觉力和生动的想象力。这种玄学就是他们的诗,诗就是他们生而就有的一种功能(因为他们生来就有这些感官和想象力);他们生来就对各种原因无知。无知是惊奇之母,使一切事物对于一无所知的人们都是新奇的。他们的诗起初都是神圣的。"[1]在原始初民那里,诗性的智慧是好奇心和无知的结合,是跨入诗歌门槛的重要一步。

不难看出,为什么现在很多能人在为一些文化程度不高的人打工?因为恰恰是后者看到了创新的缝隙,这就是爱因斯坦所说的,"想象力比知识更重要,因为知识是有限的,而想象力概括着世界的一切,推动着进步,并且是知识进化的源泉。严格地说,想象力是科学研究中的实在因素"。他还说,灵感轨迹是思维的代数学。由此令人们感悟出:

什么能使生活飞翔?诗歌。
什么能使生活飞翔?想象。
什么能使生活飞翔?灵感。
思维的超越,才是真正的超越。

在知识和智慧之间,我们最根本的、深层次的、终极的需要是智慧,而不仅仅是知识。无论在人类社会的任何发展阶段,知识只能充当通向智慧的垫脚石,而不能取代智慧成为主角。

吴文化的"诗性智慧"有别于儒家的审美理念,因为先吴地区远离政治、

---

[1] 维柯著,朱光潜译,《新科学》,人民文学出版社,1986年,第161-162页。

经济、文化中心的中原地区，被称为"下下"之地，思想比较解放，最勇于接受其他相关学科的新知识、新理念，最大限度地超越了儒家实用理性，代表着生命最高理想的审美自由精神，从而迸发出最耀眼的"诗性智慧"。儒家最关心的是人在吃饱喝足以后的教化问题，如所谓的"驱之向善"，而对于生命最终"向何处去"，或者说心灵与精神的自由问题基本上没有接触到。吴文化的"诗性智慧"正是在这里，它超越了"讽诵之声不绝"的齐鲁文化，把中华文化精神提升到一个新的境界。

吴文化的"诗性智慧"亦不同于西方的诗性智慧。由于吴文化直接继承了诗性智慧的生命本体精神，因而在本质上呈现出与西方不同的形态，即刘士林先生所说的"中国的诗性智慧在本质上是一种不死的智慧"。他对此曾有过精辟而详细的论述，"与古希腊的哲学方式不同，它不是采用理性思维的反思方式，而是以一种诗性智慧的直觉方式把死亡融为生命的一部分。与古印度的宗教实践不同，它不是采取非理性的宗教迷狂来超越感性之躯的畏死情结，而是以清醒的现实主义精神，以人伦义务为人生意义来贬低个体生死的重要性；与古埃及的死亡伦理学更是截然相反，它以群体的延续为第一义，从而把个人的生死消解在族类生生不息的历史绵延之中，从而使生命获得精神上的不朽"①。认为生是"奄然"，死是"回家"。在文化底蕴上显示出"天地与我并生，万物与我为一"的天人氤氲境界，以及"大乐与天地同和，大礼与天地同节"的生命活动节奏；既做着追求完美的梦，又紧握着思索的矛。

英国大诗人威廉·布莱克（1757—1827）写过一首有名的诗：

一沙一世界　一花一天堂
掌心握无限　霎那成永恒

这首脍炙人口的诗与"太康之英"陆机（261—303年，吴郡吴县即今江苏苏州人）的"观古今于须臾，抚四海于一瞬"（《文赋》）表达的意思类似，具有顷刻之间通观古今、抚念四海的超时空特点，他们都是用诗性的语言阐述对于宇宙结构的了解，表达出一种大美。

如今94岁的中科院院士冯端给妻子写情诗已写了62年。1955年1月5日，他是南京大学物理系的青年教师，写给在南京三女中当语文老师的未婚妻陈廉方一首情诗："幽静的妹妹，温淑的爱人/我心里永远珍藏着你纯洁的形象/如果没有了你，我的生命/所剩下的只是一片空虚和荒凉……"细腻的情感和笔触，让人很难想象是出自一位"理工男"之手。后来，冯端成了蜚

---

① 刘士林，《中国诗性文化》，江苏人民出版社，1999年，第22-23页。

声海外的中科院院士，妻子则做了一辈子的家庭主妇。光阴流转，两人相守的日子已经超过了两万天，写诗的小伙子如今已步入耄耋之年，诗中的廉方也已是90岁高龄的老人。在冯端与陈廉方的爱情里，诗歌一直存在。冯端与陈廉方交往不久，就赠了两本诗集给她，一本《青铜骑士》，一本《夜歌和白天的歌》。结婚后，每逢重要的节日，冯端都要写诗庆贺，既有学术的质地，又有文学的浪漫。

1923年生于苏州的冯端，1946年毕业于中央大学（南京大学），历任物理系教授、固体物理研究所所长、固体微结构物理国家重点实验室主任。1980年当选为中国科学院院士。1993年当选为第三世界科学院院士。他是我国晶体缺陷研究的先驱者之一，在国际上领先开拓微结构调制的非线性光学晶体新领域。由于其杰出贡献，经国际小行星中心和国际小行星命名委员会批准，中国科学院紫金山天文台将国际编号为187709的小行星命名为"冯端星"。

冯端出生适逢端午佳节，父亲冯祖培便为他取了这个简单的名字，冯端也就一辈子端端正正地做人。其父是"末代秀才"，擅诗词，工书法，但他不想将爱好强加于子女，而是鼓励他们自由读书，按照各自的意愿发挥潜能。而目不识丁的母亲却凭借惊人的记忆力，常背诵唐诗宋词给孩子听。宽松的家庭环境，在冯端心中播下了文化的种子。

冯端就读苏州中学时，就读中央大学的大哥冯焕常买科普读物送给他，使他对科学产生了兴趣。受其启发，他还自制望远镜观察星体和星象，探索星座的名称和位置。随着阅读范围的拓展，他不再局限于自然科学，对文史哲等领域的书籍也如饥似渴。

1942年，冯端考入中央大学，终身与物理学结缘。大学期间，他还选修法语和德语，中华人民共和国成立后又学了俄语，加上之前掌握的英语，数门外语为他日后的科研与教学奠定了扎实基础。回忆起中大读书的日子，冯端眼神中多了几分神采。"我一介书生，这辈子所做的无非读书、教书、写书。"在他看来，生命之所以可贵，就在于以有涯逐无涯、以有限孕无限。

从最初的助教到院士，再到第三世界科学院院士，从教遍物理学各个分支，到开创我国晶体缺陷物理学先河，再到成为我国金属物理学和凝聚态物理学的奠基人之一，这位科学大师清晰的奋斗轨迹，让人敬仰。他终相信"文以载道"，认为知识分子不仅要立德立功，还应立言，要将真知灼见形诸文字，传之于世。他撰写的中国第一部《金属物理》专著，被誉为国内金属物理的"圣经"。

在冯端91岁之际，耗时20年，长达170万字两卷本《凝聚态物理学》问世。巨著实现了从固体物理学到凝聚态物理学的跨越。于渌院士评价道："凝聚态物理是一座迷宫，年轻学者最需要的是指引方向的路标，这本书勾画了一幅准确、详尽的地图。"事实证明，真情实感一旦与诗性智慧结合，便激发出奇妙的化学反应，而突破有边的疆域界线，创造出奇迹。

奇妙的"诗性智慧"是双翅，它是想象力与创造力，它是感性与理性的交融、心灵与精气结合的圣物，"一生二，二生三，三生万物"，它使无形之物变得可感可知可触，充满着绚丽缤纷的大美，追求着无限的自由与幸福。

不仅是人，大自然也无时无刻不在创造着美。江南江北，隔江相望，在人文地理上，江北这片狭长地带，亦属于江南，施耐庵、郑板桥、董小婉、朱自清、汪曾祺……名人辈出。江北人，性情有南方人的婉约、北方人的豪爽，就像一块敦实与弹性兼具的跳板，在船与岸之间连接；两滴浓淡相宜的墨，浸濡在一起。北岸是一种疏，南岸是一种密。一水之间，疏密有致，此乃天造地设，是一幅天然与人文的风情画，它犹如盐城黄海岸边时时向东延展的海滩，充满着无尽的原始诗性智慧，似天路而长歌不绝。

（二）诗性精神

在"诗性智慧"光环的照耀下产生的诗性精神——一种催生艺术创造的素质，使吴人艺术的心灵从沉睡中苏醒，让所有人充满欢笑，让忧伤变成能永久珍藏的财富。这种诗性精神启迪了吴地无数的华彩乐章、浪漫情怀，催生了吴地道不尽的激越昂扬、大师神韵。

西晋陆机是我国文学史上一位开创文学新风尚的重要文学家、书法家。他年少苦读，文章盖世。太康末年，与弟陆云同至洛阳，才华倾动一时，时称"二陆"，著有《陆士衡集》《文赋》等。其乐府杂曲《吴趋行》歌词，描述了吴郡历史悠久，建筑雄伟，物产丰富，民俗淳朴，人才荟萃。

吴 趋 行

西晋·陆机

楚妃且勿叹，齐娥且莫讴。
四坐并清听，听我歌吴趋。
吴趋自有始，请从阊门起。
阊门何峨峨，飞阁跨通波。
重栾承游极，回轩启曲阿。
蔼蔼庆云被，泠泠鲜风过。
山泽多藏育，土风清且嘉。
泰伯导仁风，仲雍扬其波。
穆穆延陵子，灼灼光诸华。

下篇 文 脉

王迹隤阳九,帝功兴四遐。
大皇自富春,矫手顿世罗。
邦彦应运兴,粲若春林葩。
属城咸有士,吴邑最为多。

南朝齐梁时代杰出的文学理论批评家刘勰(约465—532),原籍山东莒县,世居京口(今镇江)。少时丧父,生活贫困,奋发读书,写成《文心雕龙》五十篇巨著。提出了相当系统而富于创新的意见,发展了前人的文学理论,抨击了当时片面追求形式的文风。主张文学须有社会政治内容,文质应该并重,而质尤为主要,成为中国古代文学理论一次空前的总结,是中国古代文学理论批评的杰出著作。

唐寅是我国绘画史上杰出的画家、文学家,唐伯虎妇孺皆知,在民间广为流传;他才气横溢,但并不风流;他人穷志不穷,坐的正站的直。他的诗、书、画被称为"三绝"。著有《六如居士全集》。

桃 花 庵 歌
明·唐寅

桃花坞里桃花庵,桃花庵里桃花仙。
桃花仙人种桃树,又摘桃花换酒钱。
酒醒只在花前坐,酒醉还来花下眠。
半醒半醉日复日,花落花开年复年。
但愿老死花酒间,不愿鞠躬车马前。
车尘马足贵者趣,酒盏花枝贫者缘。
若将富贵比贫贱,一在平地一在天。
若将贫贱比车马,他得驱驰我得闲。
别人笑我太疯癫,我笑他人看不穿。
不见五陵豪杰墓,无花无酒锄作田。

言 志
明·唐寅

不炼金丹不坐禅,不为商贾不耕田。
闲来写幅青山卖,不使人间造孽钱!

第十章　诗性智慧　诗性文化

诗中在情感内容上描绘了一个凡庸而真实的自我，表露了"以诗言志"的述怀；在语言、音调上，务近俚俗，轻便自由。

数学大师、科学巨匠——华罗庚（1910—1985，江苏金坛人），其父以开杂货铺为生。他幼时爱动脑筋，因思考问题过于专心常被同伴们戏称为"罗呆子"。一生只有初中毕业文凭，即使到了美国伊利诺伊大学当教授，他的履历上也还是初中的文凭。

华罗庚原来也是个调皮、贪玩的孩子，但他很有数学才能。有一次，数学老师出了一个中国古代有名的算题——有一样东西，不知是多少。3个3个的数，还余2；5个5个的数，还余3；7个7个的数，还余2。问这样东西是多少？——题目出来后，同学们议论开了，谁也说不出得数。老师刚要张口，华罗庚举手说"我算出来了，是23"，他不但正确地说出了得数，而且算法也很特别，这使老师大为惊诧。

可是，这位聪明的孩子于1924年读完中学后，因为家里贫穷而辍学了。他回到家里，在自家的小杂货店做生意，卖点香烟、针线之类的东西，替父亲挑起了养活全家的担子。然而，华罗庚仍然酷爱数学。不能上学，就自己想办法学。一次，他向一位老师借来了几本数学书，一看便着了魔。从此，他一边做生意、算账，一边学数学。有时看书入了神，人家买东西他也忘了招呼。傍晚，店铺关门以后，他更是一心一意地在数学王国里尽情漫游。一年到头，差不多每天都要花十几个小时钻研那些借来的数学书。有时睡到半夜想起一道数学难题的解法，他准会翻身起床，点亮小油灯，把解法记下来。

正在这时（1928年），他得了伤寒病，躺在床上半年，左脚落下了终身残疾。在贫病交加中，华罗庚仍然把全部心血用在数学研究上，接连发表了《苏家驹之代数的五次方程式解法不能成立之理由》等好几篇重要论文，引起清华大学熊庆来教授的注意。1932年在熊庆来教授的帮助下，华罗庚到了清华大学数学系，当了一名管理员，他一人要干几个人的事，仍继续自学课程，还自修了英文、德文，能用英文写论文；1936年赴英国剑桥大学访问、学习。1938年回国后任西南联合大学教授；1946年赴美国，任普林斯顿数学研究所研究员、普林斯顿大学和伊利诺伊大学教授；1950年回国。历任清华大学教授，中国科学院数学研究所所长，中国数学学会理事长，全国数学竞赛委员会主任，美国国家科学院国外院士，第三世界科学院院士……主要从事解析数论、矩阵几何学、典型群、自守函数论、多复变函数论、偏微分方程、高维数值积分等领域的研究与教授工作并取得突出成就。20世纪40年代，解决了高斯完整三角和的估计这一历史难题，得到了最佳误差阶估计（此结果在数论中有着广泛的应用）；对G. H. 哈代与J. E. 李特尔伍德关于华林问题及E. 赖特关于塔里问题的结果作了重大的改进，至今仍是最佳纪录。

下篇 文　脉

在代数方面,他证明了历史上长久遗留的一维射影几何的基本定理,给出了体的正规子体一定包含在它的中心之中这个结果的一个简单而直接的证明,被称为嘉当-布饶尔-华定理。其专著《堆垒素数论》系统地总结、改进与发展了哈代与李特尔伍德圆法、维诺格拉多夫三角和估计方法及他本人的方法,至今其主要结果仍居世界领先地位,先后被译为俄、匈、日、德、英文出版,成为20世纪经典数论著作之一。其专著《多复变数函数论中的典型域的调和分析》以精密的分析和矩阵技巧、结合群表示论,具体给出了典型域的完整正交系,从而给出了柯西与泊松核的表达式。这项工作在调和分析、复分析、微分方程等研究中有着广泛深入的影响,曾获中国自然科学奖一等奖。他倡导应用数学与计算机的研制,曾出版《统筹方法平话》《优选学》等多部著作并在中国推广应用。他与王元教授合作在近代数论方法应用研究方面获重要成果,被称为"华-王方法"。他在发展数学教育和科学普及方面做出了重大贡献,证明科学与诗意融为一体,超大脑洞将颠覆传统认知。1985年6月12日,他在日本东京作学术报告时因心脏病突发不幸逝世。

著名科学家、诺贝尔物理学奖得主杨振宁教授指出,"科学中的美是'无我'的美""再上一层是数学……到达了一个更高的境界,使得我们知道原来世界上非常复杂、非常美丽的现象的背后是一组方程式……看起来很简单,可是等到你懂了它的威力之后,会心生敬畏。为什么说这些方程式有威力呢?因为无论是星云那么大的空间还是基本粒子内部那么小的空间,无论漫长的时间还是短短的一瞬,都受着这几个方程式控制。这是一种大美。我们也可以说这些方程式是造物者的诗篇。为什么?因为诗就是语言的精华"①。毫无疑问,华罗庚的一生就是一章层峦叠翠的诗篇。

生命不可缺少诗意。诗意即是心性,源于纯朴或炙热的发现。正是他们,用不朽的精神和生命之光照耀着江南大地乃至整个世界,创造了"美好的、诗一般的"梦幻世界,也留给后人无尽的遐想。可以说,所有科学家的发明创造都充满着诗性的光辉,因为他们为科学而献身,正是为了让人类诗意地栖居。正如爱因斯坦在《我的世界观》中所说:"人是为别人而生存的。"他们的一生就是不朽的诗篇,他们使我们感受到精神的伟大和诗一样美妙的生命。

事物的起源决定了事物的本质。江南本质上是人文的,长流不息,艰难困苦,玉汝于成,辉烁古今。诗性精神的真谛站在智慧的彼岸遥遥地远望,寻觅者拂去了满头的汗水,将会看见它的微笑。

历史是人民创造的。"姑苏十二娘"(绣娘、织娘、船娘、茶娘、扇娘、蚕

---

① 杨振宁,《科学之美与艺术之美》,《光明日报》,2017年2月12日。

娘、灯娘、琴娘、花娘、歌娘、画娘、蚌娘)集中体现了吴地平民女性的"诗性智慧",每一位吴娘都代表了一种吴地风情,浓缩了1万多年来古吴文化精湛深厚的历史内涵(见图10-1)。

图10-1 吴娘

绣娘——地处太湖之滨的吴县一带是苏绣的发祥地,曾出现"闺阁家家架绣绷,妇姑人人习针巧"的繁荣景象,被誉为"苏绣之乡"。绣娘现已遍及江苏省的无锡、常州、南通、扬州、宿迁、东台等地。吴地土地肥沃,气候温和,蚕桑发达,盛产丝绸。优越的地理环境,绚丽丰富的锦缎,五光十色的花线,为苏绣发展创造了有利条件。据西汉刘向《说苑》记载,早在2 000多年前的春秋时期,吴国已将刺绣用于服饰。三国时代,吴王孙权曾命丞相赵达之妹手绣《列国图》,有"绣万国于一锦"之说。据《清秘藏》叙述,"宋人之绣,针线细密,用线一二丝,用针如发细者为之。设色精妙,光彩射目。山水分远近之趣,楼阁得深邃之体,人物具瞻眺生动之情,花鸟极绰约底馋喽之态,佳者佼画更胜"。到了明代,江南已成为丝织手工业中心。在绘画艺术方面出现了以沈周为代表的吴门画派,推动了刺绣的发展。绣娘们结合绘画作品进行再制作,所绣佳作栩栩如生,笔墨韵味淋漓尽致,有"以针作画""巧夺天工"之称。凭借一根细小银针的上下穿刺运动,构成各种优美图像、花纹或文字,在艺苑中吐芳挺秀,已与书画艺术媲美争艳,涌现了一大批"民间工艺美术家"。

织娘——纺织先祖黄道婆(1245—1330,又名黄婆,黄母),松江乌泥泾(今上海华泾镇)人,她改进植棉方法,革新捍、弹、织工具和织造错纱、配色、综线、挈花技术,使制棉工艺从碾子、弹花、纺纱、轧籽到织布,形成一套完整的操作规程。宋、元、明、清时代,苏州就设立了应奉局、织造局、织造府等机构专管丝绸织造,有所谓"东北半城,万户机声""日出万绸,衣被天下"之称。特别是吴江盛泽镇的织娘,"络纬机杼之声通宵彻夜",织造之精,品种之多,为吴郡首屈一指。

船娘——吴地江河湖泊,星罗棋布,水产资源十分丰富。在那水网稠密、蜿蜒曲折的河道里,到处都有船娘们的身影,她们用勤劳的双手捕获肥嫩的河鲜、菱藕、芡实、茭白等,为"万岁"产业做出了不可磨灭的贡献。坐落于苏州太湖国家旅游度假区光福镇的太湖渔村,是我国最大的内陆渔港,至今还保留着近千艘原汁原味的古渔船及水上船俗文化和渔家文化。每当捕鱼时节,船娘们跟随数百艘渔船一起扬帆出港,其千舟竞发、万帆林立的气势蔚为壮观。

茶娘——茶,是江南的著名特产,如杭州的龙井、安吉的白茶、太湖洞庭

山的碧螺春等。碧螺春,始于唐,盛于宋,相传已有1 300多年的历史。唐代茶圣陆羽在《茶经》中写道:"洞庭出名茶,形曲、色玉、香兰、味甘。"由于洞庭山地理环境独特,四季花朵不断,茶树与果树间种,所以碧螺春茶具有特殊的花朵香味。碧螺春茶制作要求很高,早春时期茶芽初发,芽尖部分即"一旗一枪"不超过2厘米,茶娘们成群结队上山采摘下来,经过杀青、烘炒、揉搓等一系列特殊工艺加工而成;条索均匀,造型优美,卷曲似螺,茸毛遍体,色如凝脂,香气馥郁,回味甘洌。这种茶500克约有6万个"一旗一枪",故人们又称碧螺春为茶娘们的"功夫茶""心血茶"。一杯清茶有山水,香气扑鼻润心田。奥运冠军陈艳青就出生在碧螺春的原产地——洞庭西山。

扇娘——杭州扇与苏州扇、岳州扇并称为我国三大名扇,其三大门类(折扇、绢宫扇、檀香扇)以雅致精巧而闻名全国,尤以苏州的檀香扇为最。檀香扇发展至今,已有300多种规格和花色品种,骨片檀香扇在上等檀香木的木片上镶嵌骨雕,将"微雕""浅刻"等艺术手法运用到制扇工艺上,玲珑纤巧,富贵华丽,芬芳馥郁,经过锯片、组装、锼拉、裱糊、绘画等十多道工序而成,扇娘们以"四花"(拉花、烫花、绘花、雕花)的装饰手法见长。拉花,即在扇骨上锼拉出千变万化的图案,使扇面玲珑剔透,轻盈如纱;烫花又称火笔画、烙画,是用特制的火笔在扇骨上烙出深浅浓淡的图画;雕花分浅刻、浮雕、镂雕等,在大骨上雕刻人物、山水、花鸟等画面;绘花,即在绢面上绘仕女、花鸟等,色彩艳而不俗,富丽大方,有的在泥金扇面上重彩绘画,更是显得华丽富贵,耀目生辉,深为中外人士所喜爱,曾多次获全国工艺美术大奖。扇娘们心灵手巧,以精湛的手艺绘就了吴文化绚丽多彩的篇章。

蚕娘——植桑养蚕是吴地的又一盛事。"乡间无旷土,春夏之交,绿荫弥望""上至八十八,下至十二三",蚕娘们扎草龙、上蚕桑,全套技术在手上。至少在4 700年前,太湖流域的吴人已能养蚕取丝织衣。春秋战国有"吴地贵缟""争桑之战"的记载,说明吴地的蚕桑生产已十分发达并成为主要的产业。至唐、宋时代,太湖地区已是中国丝绸生产的中心和主要的丝绸贡品产地之一。蚕娘像春蚕吐丝一样默默地奉献,为发展丝绸、服装、戏衣、制扇以至国画装裱等行业提供了价廉物美的原材料,促进了吴地经济的繁荣。

灯娘——吴地"赏灯"习俗古来有之。早在宋代,灯彩在吴地已成为独立的工艺行业。当时流行的花灯有"万眼罗""琉璃球"等,尤其是苏州吴趋坊、皋桥一带,制灯的店云集,每逢春节前夕,灯市兴旺,灯娘制作的各种花灯誉满全国。在质料上,有无骨灯、珠子灯、罗帛灯之分;在制作上,有彩灯、宫灯、桌灯、吊灯、壁灯、座灯、提灯之别;在工艺上,有纸扎、裱糊、剪纸、刻纸、绘画等多种工艺的巧妙结合。在形形色色的彩灯中,走马灯最具巧思。它的外形有如碧瓦飞甍的亭台,灯壁用双层暗花,由于蜡烛燃烧后引起空气对流,灯的内壁能自动旋转,使其灯上的人物故事走马似的循环往复展现在人们眼前,引人入胜。灯娘们的智慧之光,使吴中大地分外妖娆。

琴娘——古琴原名"琴"或"七弦琴",是中国最古老的弹拨乐器,有3 000多年的历史,是中国古代地位最崇高的乐器,被誉为哲学性的艺术或艺术性的哲学,位列"琴、棋、书、画"四艺之首,是古代文人的必修之器。吴地是古琴的发源地,也是世界上第一个拥有琴派、专门琴址、代表琴谱、代表人物、理论纲领的地方。2003年11月,古琴入选联合国教科文组织第二批"人类口头和非物质遗产代表作",联合国教科文组织国际民间艺术节组织副主席乌当姆赛克先生将"古琴之乡"牌匾授予江苏常熟市。常熟琴派在风格上讲究"清、微、淡、远",弟子众多,影响广泛,目前国内很多琴派的创始人都是常熟人或是该派的弟子,它在中国古琴艺术史上占有举足轻重的地位。为此,苏州成立了中国首家少儿古琴社,苏州科技学院与苏州市文联还共建了吴声琴学研究所。"但得琴中趣,何劳弦上声"。联合国教科文组织非物质文化遗产处官员爱川纪子在欣赏了少儿古琴社成员的演奏后,激动地说:"如此深奥的音乐出自这样一个小女孩之手,我非常吃惊。我持乐观态度,我认为把古琴艺术介绍给全世界人民是很有意义、也是很有必要的一件事。"琴娘们"吴声清婉,若长江广流,绵延徐逝,有国士之风",成为人民群众所喜爱的高雅艺术。

花娘——由于吴地气候温和、土地湿润,故吴人素有种花、爱花的习俗,花神庙仅苏州虎丘一地就有两座。每至2月12日花神生日这天,苏州人尤其是花农会早早赶到庙里去庆贺,供上三牲干果,焚香点地。入夜,众人手提花灯,抬了花神,在虎丘、山塘一带游行,直到尽兴而归。那"花娘"卖花的怯生生的叫卖声,犹如天外之音,花香漫进小巷,漫进深宅;再看"花娘"的鬓边、胸前、步履,犹如七仙女下凡,洒向人间总是情。现代花店的花娘插花技术精美,花店里一年四季各色鲜花不断。

歌娘——江南有着极其丰富、光彩照人的民歌宝藏,既有山歌、时调小曲和劳动号子等短歌,又有长篇叙事歌。山歌中又有船歌、儿歌等。夜间摇船,颇感寂寞,一曲山歌,一问一答,可以驱除睡意,带来欢乐。歌娘们没有表演,也没有功利,轻轻意意,随随便便,想唱就唱。委婉的吴侬软语,加之曼妙甜润的曲调,带来特有的清丽柔和。相传古代有个名叫子夜的歌娘唱道:

长夜不得眠,明月何灼灼!
想闻欢唤声,虚应空中诺!

仿佛使人感到了春夜的清爽,闻到了淡淡的花香;仿佛使人听到了姑娘那甜甜的应答声,在微风中飘荡。人们不自觉地走进歌儿营造的轻柔宁静的气氛,简直不敢大声喘气,生怕破坏了这美的意境。感情轻柔似水,令人身心为之一清。"索得姑苏钱,便买姑苏女。多少北京人,乱学姑苏语。"吴语风行天下,吴歌传唱南北。吴江芦墟、常熟白峁、张家港河阳、无锡东亭、太仓双凤等地区均是著名的吴歌之乡。常熟白茆山歌艺术团曾入北京城,二进中南海。被柳亚子称为"山歌女王"的吴江芦墟陆阿妹(1902—1986),立地就唱、开口成歌,誉满国内外。

画娘——三国时期东吴的赵夫人不仅是一位绣娘,还是一位善于书法绘画、成就颇高的画娘。出于政治军事需要,魏、蜀、吴三国都在想方设法绘制更准确、更方便的军用地图。据《拾遗记》记载,孙权在军旅之隙常常想要找到一个善画的高手,画出一幅好的地图来,丞相赵达便将自己的妹妹推荐给他并成为其夫人。赵夫人对孙权说:"丹青之色,甚易歇,欠灭,不可久宝;妾能刺绣,作列国方帛之上,写以五岳、河海、城邑、行阵之形。"赵夫人在方帛上绣出了五岳列国地形图,其绘画实开后世山水画之首,在当时影响很大,成为最早见于文献记载的被认为是中国历史上的第一位女画家,被后人称为"画绣"的创始人(见图10-2)。

图 10-2 东吴赵夫人的采桑图

曾被国家文化部命名为"中国书画之乡"的苏州吴中区胥口镇,镇上书画店林立,处处翰墨飘香,一个人口仅有2万余人的古镇竟有逾2 000农民画家变身职业画家。师从张大千、享有"郁牡丹"之称的上海著名画家郁文华就是胥口人。书画鉴赏家徐纯源、著名书画家徐源绍、顾荣源传承和发扬吴文化精神,培育了一代又一代的书画后来人。特别是2007年初,创办太湖画院的农家子弟蒯惠中加入了中国美术家协会,让胥口小镇诞生了一位"国字号"的画家。他们继承吴门画派的艺术传统,理事陈梅员创作的《家园》获得"首届中华巧女手工艺术品大赛"优秀奖。中央电视台、《人民日报》《光明日报》《农民日报》以及一些境外的媒体竞相报道"胥口农民画"。画娘们从绘画、制画、装裱到销售形成了一条龙经营格局。郁舍等村70%的劳力曾从事书画生产,全镇年产书画10多万幅,这些画作销往全国各大旅游景点以及日本、东南亚、欧美等国家。

蚌娘——珍珠,又称"真珠",太湖水域出产的珍珠又称"吴珠",晶莹闪亮,光彩照人,自古与玛瑙、翡翠等宝石齐名,向有"黄金有价珠无价"之说。从小生长于太湖流域的蚌娘,在纵横交错的湖荡沟渠之中,亲蚌、育珠,培育出珠大、光滑、色泽艳的优质精品珠,畅销国内外。中国淡水珍珠之乡——苏州相城区渭塘镇的"中国珍珠宝石城",世界各国客商曾云集于此,人气最旺时每天有上万人进场交易,年成交珍珠逾万公斤,因其数量大、质量好,享有"太湖珍珠,世界第一"的美名。

可见，文化产业的生命在于原创力。吴地人有着自己独特的个性，人们常把这样的个性称为天才，正是这"无数的天才进行着可歌可泣的工作，他们的价值与独创有关，他们发现了别人所看不见的世界，表现了别人所无法表现的世界，由此可以看出他们表现事物的能力。他们的工作是开拓性的，启发性的。他们的工作为人类开拓了更深、更广的世界。这样，就向着美的世界起步了"①。

"沾衣欲湿杏花雨，吹面不寒杨柳风""小楼一夜听春雨，深巷明朝卖杏花"。江南雨犹如唐诗宋词一样，在我们梦的边缘平平仄仄地滴落，滋养了我们的心田。吴地无论是它的吴歌越调、桨声灯影，还是它的文章锦绣、画檐雕栏，抑或是它的仙风道骨、笔墨纸砚，皆是江南袅袅至今的烟雨。

二、诗性生活 诗性文化

（一）诗性生活

人生不可缺少诗意，诗意的落脚点在于生活。诗在远方，又与我们无限贴近。吴地是"百城烟水"、浩瀚的水乡泽国，大大小小的河道，把城乡织成经纬。水滋养了吴地，水盘活了吴地。唐代诗人杜荀鹤"君到姑苏见，人家尽枕河"的"枕"字，下的十分精彩，它极其生动地道出了吴人的生活，原本就"枕"在一条条河流上。历史上苏州古城里的河道就有58公里，不但给人们提供了生活之源，也给人们带来了生活之美。二者浑然一体，高度融合。

吴地的河，又是一条经济发达与文化繁荣的中轴线。随着经济的繁荣、人口的增多，江南往往"五里一村，十里一镇"，而一些重要的村镇为了取得水上交通的便捷，大都建在河道旁，因为与水为邻的缘故，这些村镇又大多取名为"浜""浦""荡""泾"，名字里总少不了一个水字边。正是这些纵横交织的长长流水，灌溉了两岸的青翠，哺育了四季的葱茏，把江南大地裁作了一张张湖山碎锦。

哲人庄子曾说"天地有大美而无言"，这些上百年、上千年来为人造福的默默的小桥、流水，又何尝不是如此呢？直接衍自于河、派生于水的桥船二物，至今在江南水乡仍是须臾难离。既因船的行踪可以走得很远，又因桥的架设可以通往天涯。

昨日和今天，现实与古远，水畔桃柳谁栽？檐下衣衫谁挂？以粉墙黛瓦，作天然图画，只一条斜阳巷陌，便胜过多少雪月风花。用诗心追求诗美，用诗歌融解生活；在诗的法则里自由，在诗的精神里创造。

---

① ［日］柳宗悦著，徐艺乙译，《工艺文化》，广西师范大学出版社，2006年，第27页。

下篇 文 脉

"嗯唷斫竹，嗨哟嗨！嗯唷削竹，嗨哟嗨！嗯唷弹石、飞土，嗨哟嗨！嗯唷逐肉，嗨哟嗨！"①这是约产生于春秋时期，由张家港凤凰镇程墩村已故老人张元元传唱下来的，至今流传于河阳山（现称凤凰山）一带的河阳山歌——《斫竹歌》。据考证，这一"天籁之音"是古吴人狩猎时传承下来的号子歌。

中国文联主席、90岁高龄的周巍峙先生曾两次带领民俗学家、民间文化专家、著名音乐家、作曲家亲临河阳山地区对河阳山歌进行实地考察，并题词盛赞河阳山歌是"人民的心声，民族的情结，国家的瑰宝，世界的奇葩"。它的发现改写了中国音乐史和诗歌史，是华夏古老音乐文化的活化石，也是吴人活的历史、诗性生活的真实写照（见图10-3、图10-4），现已被列入国家首批非物质文化遗产代表作名录。

图10-3　张家港河阳山

图10-4　年已古稀的农人张元元缺齿少牙在唱《斫竹歌》

吴地人以种植水稻为主，每当农忙时节，劳动强度大、时间长，为了消除疲劳，常常将一个有名有姓有地点有情节的事物编成山歌在田野里一边劳动一边唱，通过辛勤的劳动，把埋藏在泥土里的"珍珠"挖掘出来，使它们重现异彩。

唐代诗人李绅（772—846，今湖州人），深谙民苦，"泛爱众"使这位很有才华的大诗人广施爱心，尤其是他的《悯农》诗二首，传诵千古，流芳百世。

悯 农

李 绅

（一）

春种一粒粟，

秋收万颗子。

四海无闲田，

农夫犹饿死。

---

①　中共张家港市委宣传部、张家港市文学艺术界联合会，《中国·河阳山歌集》，华东师范大学出版社，2006年，第1页。

第十章 诗性智慧 诗性文化

（二）

锄禾日当午，

汗滴禾下土。

谁知盘中餐，

粒粒皆辛苦。

全诗体现出音乐美、韵律美，对仗工整，语言流畅，朗朗上口。笔者有时在吃饭时看到孙子孙女饭碗里吃不干净，就叫他们背诵这《悯农》诗，倒也灵光，立马见效，碗里吃得干干净净。

凡事，只有先感动自己，才能再打动世界。南宋诗人范成大（1126—1193，平江府即今苏州人），号石湖居士。幼年时期受到良好的教育，遍阅经史，善为文章，是一个关心国事、勤于政务、同情民众疾苦的士大夫。他的忧国恤民的一贯思想在其诗歌创作中得到了充分的体现，以反映农村社会生活图景的作品成就最高，成为中国古代田园诗的集大成者。他整理出脍炙人口的《四时田园杂兴》六十首七言绝句，分别描绘了春、夏、秋、冬四季不同的田园情景，凡农家生活环境、季节气候、风土民俗、耕织、收获及苦难与欢乐等，都得到了真切生动的展现，被誉为"字字有来历"的"诗"。现摘录几首：

"高田二麦接山青，傍水低田绿未耕。桃杏满村春似锦，踏歌椎鼓过清明。"（《春日田园杂兴》）

"蝴蝶双双入菜花，日长无客到田家。鸡飞过篱犬吠窦，知有行商来买茶。"（《晚春田园杂兴》）

"杞菊垂珠滴露红，两蛩相应语莎丛。虫丝罥尽黄葵叶，寂历高花侧晚风。"（《夏日田园杂兴》）

"新筑场泥镜面平，家家打稻趁霜晴。笑歌声里轻雷动，一夜连枷响到明。"（《秋日田园杂兴》）

"起傍东窗手把书，华颠种种不禁梳。朝餐欲到须巾裹，已有重来晚市鱼。"（《冬日田园杂兴》）

村庄即事

范成大

绿遍山原白满川，

子规声里雨如烟。

下篇 文 脉

乡村四月闲人少，
才了蚕桑又插田。

全诗通过山川田野、子规啼雨和植桑插秧等情况的描述，反映了乡村四月一片繁忙的劳动景象。

据传南北朝后梁时代的契此（？—917，号长汀子，农人出身，奉化岳林寺僧，人称布袋和尚），有首《插秧诗》：

手把秧针插满田，低头便见水中天。
六根清净方为道，退步原来是向前。

这是契此所见农人插秧时的感悟，看似浅白平易，却既含哲理又饱蕴禅意，生动活泼，饶有情趣，使人脑洞大开。

无锡东亭老人钱阿福把"看过花灯闹春耕"直至十二月半的江南农事和民俗概括在《稻家谣》中，唱道："正月半，理好田角吃团圆；二月半，搓好绳团加田岸；三月半，割草备泥搪灰潭；四月半，浸种落谷修猪圈；五月半，澳田时秧夺机船；六月半，耘稻拔草捉黄鳝；七月半，着着猛将田头转；八月半，搁田搁到湿又干；九月半，探尽稗草拆车盘；十月半，收稻飏谷风车扇；十一月半，牵砻米囤里面满；十二月半，新米团子斋罗汉。"歌词好像一幅生动的江南稻作地区的民俗风情画。

美丽在于变化，从这些写实作品中可以窥见吴人诗性生活之一斑。吴地人在内心有一份高贵和激情，更有一份对人世真挚的情和爱，追求的是真、善、美。无锡鸿山越国墓遗址出土三只缶及大量青瓷乐器，可谓庞大的地下音乐库，就是一例。

江南的美无人不知，25岁的李白急于前往，下面是他触景生情所作的一首诗：

夜下征虏亭
李 白

船下广陵去，
月明征虏亭。
山花如绣颊，
江火似流萤。

这首五言绝句是李白约于唐开元十四年（726年）春，自江宁县（今南京江宁)乘舟沿长江顺水东下赴广陵郡(今江苏扬州)时所作。"征虏亭"故址在今南京长江南岸。他见南京至扬州一段江面,北岸为平野,南岸为丘陵,因有夜月照映,故山花历历可见。近处山花似美人精心妆饰的脸颊,遥望江上渔船及其他航船的灯火,星星点点,摇曳不定,犹如夏夜里的一只只萤火虫在飞舞。二句一近一远,一静一动,营造出夜长江的秀美与空灵。江南的大好河山多姿多彩可见一斑——"山花如绣颊,江火似流萤",令人心旷神怡,激发起当代人在梦中追寻"文化原乡"。

谁不说俺家乡好,梦中月明是家乡。江南面广量大的几乎涉及百姓生活天天日日和方方面面的习俗文化极为有趣,它能唤起一个民族的共同记忆与乡愁。以苏州为例:

一是四时八节,如清明、端午、中秋、春节等。比较独特的、最具代表性的如农历正月初五的"抱路头",也就是迎东、西、南、北、中五路财神。《清嘉录》中蔡云的竹枝词中描绘道:"五日财源五日求,一年心愿一时酬;提防别处迎神早,隔夜匆匆抱路头。"农历四月十四的"轧神仙""六月六"黄梅期前后晒霉习俗、七月七"女儿节""冬至日"和"冬至夜",即所谓"争冬至",等等。这里要特别指出的是:苏州的多重时间。苏州时间的民间活化历史,上可追溯至周代,下可延至今日。苏州可能是目前中国少数坚持按"周历"过年的城市。周代的过年时间是冬至,自辛亥革命后,中国的过年时间明确为春节,但苏州地区流传至今的一句话是"冬至大如年"。苏州的时间是如此特殊,不仅市民一年中过了"两次大年",而且苏州社会思想与生活习俗的变迁也已适应了多重时间的并存。

二是风味美食。其最大特点有两个:其一是讲究"时令"和"本味"。仅苏州一年四季各个时令就有各种名堂的糕团:一月元宵,二月二撑腰糕,三月青团子,四月十四神仙糕,五月炒肉馅团子,六月二十四谢灶团,七月豇豆糕,八月糍团,九月初九重阳糕,十月萝卜团,十一月冬至团,十二月桂花猪油糖年糕。究其实质,则是吴地人富有悠久历史传统的自然生态观念在美食文化方面的具体体现。无论是鸡鸭鱼肉、瓜果蔬菜,还是茶食小吃,最好的必定是应时的,也必定是自然生态的产物。比如"青团子"之所以只在清明前后上市,关键就在于青草的汁水过了这段时间就没有那股特定的清香味了,用"端午草"(树叶汁)做"端午饭"亦是如此。春季的野菜,夏季的糟味,秋季的蟹鲜,冬季的羊肉,过了时,反了季,就没人问津。其二是口味偏甜,烹制食物喜用糖:①地理所致。因为过去东南沿海水质有咸苦,甜可以中和其味。另外,闷热潮湿的气候也容易使人出汗、湿冷,代谢能量损失较大,而糖正是人体最重要和直接的能量来源,不仅可以给人饱腹感,更能迅速补充能耗。②甜可以调和众味,使食物鲜美。在调制各种美食时,一般都要用糖来调和。它不仅能使单薄的滋味变厚重,而且可以让味重、味臊的滋味变柔和。此外，糖具有提鲜、解腻、抑制苦涩味和缓和辣味的作用。③糖可对色、香、形进行提升。江南菜肴讲究色香味俱全，糖能使菜肴色泽红润发亮，给人赏心悦目的感觉，特别是在红烧、扒、炸、烤等烹调时。糖在烹调中所散发的特殊焦甜香味是非常舒服的，如烤鸭的香味，还可以调和辛辣的味道。此外，糖在菜肴的造型中可起到黏合的作用。

三是自然崇拜。对自然及自然生物的拟人化和神灵化，最为突出的就是有关自然及自然生物的各种生日庆贺或诞辰祭祀。如百花生日、荷花生日（见图10-5）、棉花生日、稻生日；龙生日、蛇生日、蚕生日；还有火生日、雷生日等等。每一个生日都有一个生动的故事与浪漫而古老的传说、活动、食品或礼品。这些传说之中，隐藏的是人与自然的息息相通、吴地式的生活艺术、中国哲学的独特意蕴，都是人们试图与天地沟通的一个庄严的仪式，也是人们诗意生活的生动画卷。

图10-5 苏州农历六月廿四的荷花生日——相城区的荷塘月色

四是郊游览胜。"一去二三里，烟村四五家。亭台六七座，八九十枝花""小桥、流水、人家、青瓦、白墙、鸡鸭"，这是古人眼中的乡村美景。丰富的山水人文资源形成了江南人自古以来的郊游览胜的情趣和传统。春探梅，夏赏荷，秋游湖，冬聚会，是吴人的最爱，也是吴人与自然生态亲密接触的感情模式和文化形态。最具意思的是苏州人郊游览胜过程中所形成的由来已久的时令休闲和时令基地意识，如玄墓山春游香雪海、观音山二月香市、南园北园看菜花、谷雨三朝看牡丹、登阳山看日月同升、天平观枫、虎丘赏月等等，尤其是过新年时，不少民众深夜在寒山寺外的河上租一条船，为的是感受"夜半钟声到客船"的境界，以陶冶身心，触发灵感。

五是诗意宜居的慢生活。如今，"慢城"已成为一种国际理念，旨在倡导一种健康、安全、绿色的生活理念，鼓励人们享受湖河山川等大自然的馈赠与读书旅行等精神上的补给。"慢城"不仅是对快节奏现代城市生活的调和与缓冲，更是对本土传统与文化的品味与发掘。读一首古诗词，可以让你心

第十章 诗性智慧 诗性文化

平气和;与文学为伴,可以了解外面的世界。其实,在中国传统文化里,早就浸润着"慢生活"的智慧,如老子"甘其食,美其服,安其居,乐其俗"小国寡民般的慢生活,陶渊明"采菊东篱下,悠然见南山"洒脱的慢生活,王维"人闲桂花落,夜静春山空"静谧的慢生活。

"勤稼穑、崇文学、好娱乐"是苏州人的真实写照,无论工作多么忙碌,苏州人都能以一种"悠然自得"的"慢"的姿态投入到生活中。整个苏州的悠闲,都微缩在那些或在竹椅上晒太阳、或在街边喝茶打麻将的年轻人或老年人身上。在苏州,闹市有茶楼,陋巷有茶摊,公园有茶座,大学有茶园,处处有茶馆。尤其是老街老巷,走不到百来步,便会闪出一间茶馆来。走进一家茶馆,铺面不大,充其量 100 平方米,但茶客满棚,生意好得不敢让人相信,古城中心的大公园里,去晚了你就找不到座位了(见图 10-6)。在茶馆里,过去的舒耳郎(采耳)手中的镊子发出清脆的响声。现在走在公园的广场里,则可见有独自闲庭信步、游亭赏花的;有三五成群栖亭而坐,聊天玩牌、谈《山海经》的;亦有热爱书画之人,以水为墨,挥毫就地为书的;最热闹的是吹拉弹唱、跳舞的。这些沉淀在市井中的平凡喜乐处处可见。忙碌,当然有许多无可奈何的理由,而苏州人选择慢下来则是一种重视自我的态度。拥抱慢生活,珍惜一点一滴的幸福,珍惜唾手可得的拥有,享受这素朴生活中的一切,是苏南人演绎属于自己诗意栖居的写照。

图 10-6 苏州大公园里的露天茶馆

吴地处处可谓烟水淡淡、泼墨写意,人们就好像生活在寒山寺的钟声里。诚哉斯言:人活一世,就像作一首诗,你的成功与失败都是那片片诗情,点点诗意。处身于社会生活中的广袤原野,如果每个人都愿捧着一颗真心、葆有一份诗心,在诗意中传递一份真爱,那我们就不难在喧嚣中找到内心的安宁,大大拓展自我的精神疆界。

下篇 文 脉

（二）诗性文化

1. 诗性文化的体现

烟雨凄迷的江南，梅熟时节桃花细雨的江南。人们沿河而居，顺水而行，她是春天明媚阳光下的拂堤柳、荷花深处飘荡的采莲曲。"诗意"美的苏州园林，"凝固音乐"的吴地建筑，"诗性沉思"的吴门绘画……无不诗意浸淫、魂牵梦系。

诗性的生活，产生诗性的文化。现存的吴歌中，如《子夜歌》：

落日出前门，瞻瞩见子度。冶容多姿鬓，芳香已盈路。
芳是香所为，冶容不敢当。天不夺人愿，故使侬见郎。
宿昔不梳头；丝发被两肩。婉伸郎膝上，何处不可怜。
自从别欢来，奁器了不开。头乱不敢理，粉拂生黄衣。
崎岖相怨慕，始获风云通。玉林语石阙，悲思两心同。
见娘喜容媚，愿得结金兰。空织无经纬，求匹理自难。
始欲识郎时，两心望如一。理丝入残机，何悟不成匹。
……

委婉而含蓄，给人一种"水"的感觉，感情的抒发悠远绵长，余波荡漾（见图10-7）。

吴歌可以上推到公元前2000年，《述异记·卷上》记述："祭防风神，奏防风古乐，截竹长之三尺，吹之如嘷，三人披发而舞。"不仅有其乐，亦有其舞，自然也就产生歌了。相传殷商末年泰伯、仲雍到江南"以歌养民"，可见吴歌这条灿烂的文化长河至少已经流淌了4 000多年。《楚辞·招魂》载有"吴歈蔡讴，奏大吕些"①，"吴歈"即吴歌。"歈"，乃"俞"和"欠"之

图10-7 激情澎湃的《子夜吴歌》剧照

---

① 刘庆华译注，《楚辞》，广州出版社，2004年，第215页。

合文,"俞"是独木舟,"欠"是张口呼气,是独木舟的船夫在张口发声,也就是船夫曲。"吴歈"原来就是吴地船夫唱的歌,这是吴歌的渊源所在。南北朝乐府的"吴声歌曲"、宋朝《乐府诗集》所称的"吴歌杂曲"等,概由此出。

《五姑娘》《沈七哥》《赵圣关》《鲍六姐》《卖盐商》等长篇叙事吴歌都是诗性文化的杰作,历来被认为是中国文学史上的一绝。尤其是《五姑娘》,全文长达 8 章 25 节 2 600 多行①,是一部反封建的史诗。它是年近八旬的苏州原吴江县芦墟镇的著名女歌手陆阿妹的原唱词,是她和丈夫做长工时深夜摇船口头创作的长篇山歌,情节曲折动人。内容描述暴富杨金火的胞妹五姑娘和长工徐阿天的爱情受到恶嫂的嫉恨和阻挠。山歌以抒情的手法描绘了江南水乡的诗情画意,故事感人,反映了反封建礼教、要求婚姻自由的主题,是我国 19 世纪江南农村风情画式的民间叙事诗,流传于江、浙、沪交界的汾湖流域,约有 170 多年历史。1949 年后,《五姑娘》经过采录整理,曾被《民间文学》《诗刊》《钟山》《新华日报》等报刊相继刊登,还被改编成苏剧、锡剧、电视剧、音乐剧上演、播放,2002 年写进了中国文学史。

《五姑娘》问世以后,许多中外著名学者和专家先后前往芦墟访问陆阿妹,发表了许多学术研究文章。著名文艺评论家、美学家王朝闻专程赴芦墟实地考察(见图 10-8),撰文盛赞《五姑娘》,认为《五姑娘》堪与彝族《阿诗玛》媲美,并作了"卓越的发现,伟大的诗篇"的题词。中国民间文艺家协会副主席、著名民俗文学家赵景深教授欣然题七绝一首:"吴侬珠语传渔乡,村叟留歌韵味长,莫道汉家无钜著,悠悠一曲《五姑娘》。"1988 年始,荷兰莱顿大学博士施聂姐和丈夫——荷兰音乐家高文厚七访芦墟并完成《山歌·中国苏南民歌研究》,其独特而巨大的学术价值引起很大震动。

图 10-8　1982 年中国民间艺术研究所所长、著名文艺评论家、美学家王朝闻,三下苏州,访问唱《五姑娘》的"山歌女王"陆阿妹

"山歌勿唱忘记多,搜搜索索五千零四十八只响山歌,吭嗨吭嗨挑到吴江东门垂虹桥浪里去唱啊,解开叉袋口佘满东太湖……"②使人感受到乡土

---

①　中共吴江市委宣传部等,《中国·芦墟山歌集·五姑娘》,陆阿妹等演唱,上海文艺出版社,2004 年,第 158 页。

②　中共吴江市委宣传部等,《中国·芦墟山歌集·五姑娘》,陆阿妹等演唱,上海文艺出版社,2004 年,第 158 页。

味的浓郁、绿水荷风般的亲切。

过去与现代历来互相拥有,江南的诗性文化举不胜举。如:

《忆江南》三首
白居易

江南好,风景旧曾谙。日出江花红胜火,春来江水绿如蓝,能不忆江南?
江南忆,最忆是杭州。山寺月中寻桂子,郡亭枕上看潮头,何日更重游?
江南忆,其次忆吴宫。吴酒一杯春竹叶,吴娃双舞醉芙蓉,早晚复相逢?

把江南景色写得极其明丽鲜艳。

江 南 春
杜 牧

千里莺啼绿映红,水村山郭酒旗风。
南朝四百八十寺,多少楼台烟雨中。

这首诗,千百年来素负盛誉,既写出了江南春景的丰富多彩,也写出了它的广阔、深邃和迷离。"千里莺啼绿映红,水村山郭酒旗风。"诗一开头,就像迅速移动的电影镜头,掠过南国大地:辽阔的千里江南,黄莺在欢乐地歌唱,丛丛绿树映着簇簇红花;傍水的村庄、依山的城郭、迎风招展的酒旗——在望。迷人的江南,经过诗人生花妙笔的点染,显得更加令人心旌摇荡了。摇荡的原因,除了景物的繁丽外,恐怕还由于这种繁丽,不同于某处园林名胜,仅仅局限于一个角落,而是由于这种繁丽是铺展在大块土地上的。"南朝"二字更给这幅画面增添了悠远的历史色彩。"四百八十"是唐人强调数量之多的一种说法。诗人先强调建筑宏丽的佛寺不止一处,然后再接以"多少楼台烟雨中"这样的唱叹,就特别引人遐想。这首诗表现了诗人对江南景物的赞美与神往。

江 南 弄
李 贺

江中绿雾起凉波,天上叠巘红嵯峨。
水风浦云生老竹,渚暝蒲帆如一幅。
鲈鱼千头酒百斛,酒中倒卧南山绿。
吴歈越吟未终曲,江上团团帖寒玉。

第十章 诗性智慧 诗性文化

黄鹤楼送孟浩然之广陵
李 白

故人西辞黄鹤楼,
烟花三月下扬州。
孤帆远影碧空尽,
唯见长江天际流。

枫桥夜泊
张 继

月落乌啼霜满天,
江枫渔火对愁眠。
姑苏城外寒山寺,
夜半钟声到客船。

南朝乐府《西洲曲》,全诗基本上是四句一换韵,又运用了连珠格的修辞法,从而形成了回环婉转的旋律。这种特殊的声韵之美造成一种似断似续的效果,这同诗中栩栩如生的情景结合在一起,声情摇曳,余味无穷。

西洲曲(南朝乐府)

忆梅下西洲,折梅寄江北。
单衫杏子红,双鬓鸦雏色。
西洲在何处?两桨桥头渡。
日暮伯劳飞,风吹乌臼树。
树下即门前,门中露翠钿。
开门郎不至,出门采红莲。
采莲南塘秋,莲花过人头。
低头弄莲子,莲子清如水。
置莲怀袖中,莲心彻底红。
忆郎郎不至,仰首望飞鸿。
鸿飞满西洲,望郎上青楼。
楼高望不见,尽日栏杆头。
栏杆十二曲,垂手明如玉。

下篇 文　脉

卷帘天自高，海水摇空绿。
海水梦悠悠，君愁我亦愁。
南风知我意，吹梦到西洲。

江南（汉乐府）

江南可采莲，莲叶何田田。鱼戏莲叶间。
鱼戏莲叶东，鱼戏莲叶西，鱼戏莲叶南，鱼戏莲叶北。

咏竹六首①

郑板桥

四十年来画竹枝，日间挥写夜间思。冗繁削尽留清瘦，画到生时是熟时。
咬定青山不放松，立根原在破岩中。千磨万击还坚劲，任尔东西南北风。
新竹高于旧竹枝，全凭老竿为扶持。明年再有新生者，十丈龙孙绕凤池。
一片绿荫如洗，护竹何劳荆杞？仍将竹作笆篱，求人不如求己。
新栽瘦竹小园中，石上凄凄三两丛。竹又不高峰又矮，大都谦逊是家风。
衙斋卧听萧萧竹，疑是民间疾苦声。些小吾曹州县吏，一枝一叶总关情。

吴声也好，西曲也罢；山歌也好，楹联也罢，这些诗与词，歌与曲，写得清新、自然，文与道、雅与俗和谐统一。从眼到心，从心到思，由思而文、而诗，表达自己对景致、生活、艺术、传统、文化以本土的思考，其形象、境界、声韵之美，读后使人感到惊心动魄，闪耀出特殊的光彩。

被誉为"百戏之祖"的昆曲是中华民族最古老的戏曲剧种之一，发祥于苏州昆山。它集中国戏曲艺术之精华，融诗、词、乐、歌、舞、戏于一体，在中国戏曲史、文学史、音乐史上都占有重要的地位，曾被周恩来总理比作风姿素雅、清香四溢的"兰花"。2001年5月18日，昆剧被联合国教科文组织宣布为"人类口头和非物质遗产代表作"，成为全世界人民共同的文化遗产。璀璨夺目的头饰、飘逸轻盈的妆容、饱含情感的一颦一笑、优美的唱词、悦耳动听的"水磨调"，使你忘乎所以。今天的青春版《牡丹亭》和经典剧《长生殿》在异国他乡的舞台上，青春妩媚、敢爱敢恨，一个悠悠荡荡的水袖，一声

---

① 参见《郑板桥集》，上海古籍出版社，1962年。

千回百转的轻叹,让听不懂中文的外国人也为之喝彩,为之着迷,为之倾倒。无论是在美国,还是在日本、比利时,许多观众在看完昆剧团的演出后纷纷赞叹:人美、词美、唱腔美、音乐美、舞台美、服装美。古老而又年轻的苏州昆剧既是一张闪亮的中国文化名片,也是民族文化的一种代表和象征。在国内外巡演数百场之后,六百岁的昆曲看到了生生不息、薪火相传的希望。自2007年起,苏州启动了"昆曲为在校学生公益演出普及工程",苏州市的每一位中小学生,一年内都可以免费观看一次以上昆曲演出。近十年来,该工程共演出1 000余场次,30余万中小学生观赏了昆曲演出、聆听了相关知识介绍。由此民间蔚然成风,昆曲成为时尚,特别是在一些公共休闲旅游场所,甚至有的饭馆、面馆里也有志愿者在清唱或自拉自唱,它已成为当代民众生活的一部分。

如今,民间文学类——吴歌、梁祝传说、董永传说等,民间音乐类——江南丝竹、海州五大宫调、苏州玄妙观道教音乐、当涂民歌等,传统戏曲类——昆曲、苏剧、扬剧等,曲艺类——苏州评弹(苏州评话、苏州弹词)、扬州评话、扬州清曲及长兴百叶龙等民间舞蹈;民俗类——苏州端午习俗、秦淮灯会、苏州甪直水乡妇女服饰等,皆列入了国务院第一批国家非物质文化遗产名录。它们是吴地人的生命记忆和活态文脉,是我们的精神家园,值得我们珍视和保护。

2. 诗性文化产生的诠释

吴文化为什么是诗性的?其原因有五个方面:

一是吴人生活在流淌起伏的烟水之中。"绿遍山原白满川,子规声里雨如烟。"绿水青山、"烟水"是吴地人的自然禀赋。"烟水",朦朦胧胧,千变万化,神秘莫测,婀娜多姿。吴地人的心灵,也就是这烟水孕育出来的清纯、淡雅。烟水的源泉是水,生活在江河湖畔,易使人浮想联翩、跃跃欲动,重智慧,多想象。张大纯在《石湖秋泛》中曰:"山势西北来,列岫如图嶂。青枫兼白苇,曲渚相荡漾。忆昔鸱夷子,扁舟信所向。茫茫笠泽间,烟水见奇状。世事几浮沉,黄华自开放。击楫溯遗踪,达人寄高尚。"[①]可见,"烟水"更多地保存了人与自然、人与社会的天然联系和原始情感。比如"断发文身,裸以为饰",这里的"裸"字,体现了吴人在水中不穿衣服,以裸体为美,即生命力本体之美,象征着吴人自由自在、一往无前的精神;体现了吴语言不晦涩,少形容,一听就懂,把白话炼成金子,具有老舍先生所说的语言的裸体美。把自然作为道的喻体,用自然中的景象和故事来说明道理,这是吴人在与大自然的交往中对自然的玄化,"言有尽而意无穷",大俗大雅,是一种很高的文化境界、艺术境界,这无疑是人与自然的和谐达到高峰时的产物,亦是吴文

---

① (清)徐崧、张大纯,《百城烟水》,江苏古籍出版社,1999年,第18页。

化诗性的核心和原版。俗到头就是雅,雅到头就是俗。有人称南京人为高桥门的"大萝卜",意思是反应不大灵活,听起来像个贬义词。其实,萝卜的特点是味甜、脆嫩、汁多,"熟食甘似芋,生荐脆如梨",有消食开胃、生津止渴、清热化痰、免疫调节等功能,生吃、熟吃、白烧、红烧……怎么吃都行,什么人都能吃。可见吴地人,尤其是南京人心地善良、敦厚、淳朴,雅俗共赏,精神自由。"江南二月多芳草,春在濛濛细雨中""绿杨烟外晓寒轻,红杏枝头春意闹""小楼一夜听春雨,深巷明朝卖杏花",正如管子云:"水者,地之血气,如筋脉之通流者也。故曰水,具材也。"(《管子·水地篇》)

二是吴语语音具有因声调而带来的音乐性的特点。根据现代学者研究,古代吴越人说的是一种"胶着语",一字有多音节。在词汇上具有多义性、模糊性;在语法上具有灵活性、随意性。它隐藏着一个民族的思维习惯和审美情趣,给人以朦胧美,并留下想象的空间。这一切自然无助于逻辑性的表述和科学性的思维,但恰恰有利于形象性的表述和艺术性的思维。从这个"存在的家园"出发,吴人自古就以一种诗性的思维和诗性的态度来对待世界。它是一种心灵的语言、一种诗的语言,具有诗意和韵味;它是灵魂的唤醒、心灵的充实、精神的重塑、思想的升华,这便是吴人说话为什么像唱歌的缘故。与吴越民族独特的语言相对照,吴越民族的文字多为"鸟虫书"或称"鸟篆"。"鸟篆"是在书写的形式、风格上作装饰,它在一原字之外加一鸟或二鸟作为装饰,有的似鸟形,有的参以兽形,有的为二鸟对峙,有的长尾垂立,奇诡多变,极富诗意,给人以咀嚼不完、回味无穷的意境。从这一意义上讲,我们不能不说吴文化更加符合美学的规律。

三是宁静的家园。老子在《道德经》中把"居善地"列为七善之首,认为只有选择了居善地,方能心善渊、与善仁、言善信、政善治、事善能、动善时。唐宋以前的江南偏处一隅,远离中国政治重心所在的中原地区,因而也远离政治、军事集团冲突的核心,避免了战争的破坏与摧毁,地缘上的因素反使吴人少受震荡而享有一个长久安宁、稳定的环境。从晚唐到宋代,江南地区虽间或也遭受战火侵扰,但总的说来是宁静、和平的,正如欧阳修在《丰乐亭记》中云:"因为本其山川,道其风俗之美,使民知所以安此丰年之乐者,幸生无事之时也。"意思是,因此我依据当地的山川,称道此间风俗的美好,使百姓知道之所以能安享丰年之乐,是因为有幸生活在没有战乱的太平的时代。也就在这一时期,中国的经济重心日渐南移,江南成为全国的赋税重地。富足、安乐,使江南苏、杭一带渐享"人间天堂"之美誉,诚如戏剧大师莎士比亚所说:"我们的这种生活,虽然远离尘嚣,却可以听树木的说话,溪中的流水便是大好的文章,一石之微,也暗寓着教训,每一件事物中间都可以找到些益处来。"(《皆大欢喜》)又如计成(苏州吴江同里人,1582—?,我国明末著名造园家)在其所著的《园冶》中强调"得景随行""巧于因借,精在体宜",讲的是因景制宜，建筑与环境和谐，追求的是诗意美。为了百姓的安宁，100多年前（1906年）苏州城内的朱家园就有一座"纠察庙"，以纪念在群众活动中维持秩序的人（可能相当于现在的警察）。反之，北方战火侵扰不断，加之土地贫瘠，产出有限，无法满足社会对食物的迫切需求，在一种食物分配体制强制性驱使下，北方民族逐渐发展了政治—伦理文化，这种文化偏重于以社会伦理为核心，强调的是如何调整社会的人际关系，而个体精神自由和审美潜能在生存压力下不得不退居其次。

四是崇文厚德。古人说"腹有诗书气自华"。吴人读书是普遍的，"少好学""带经锄于野""船头一壶酒，船尾一卷书，钓得紫鳜鱼，旋洗白莲藕"就是例证。明清时一共有202名状元，仅苏州地区状元就有35名，占全国状元的17.3%。苏州状元中不乏文震孟、翁同龢这样的良相诤臣，也有理学家彭定求等，祖孙状元、父子宰相、兄弟登甲、叔侄及第、五子登科等现象也屡见不鲜。当下中国科学院和工程院的院士中，籍贯是苏州的竟达81人。吴地书院数量之多为全国之最，中国著名的清代四大藏书楼（江苏常熟瞿氏"铁琴铜剑楼"、山东聊城杨氏"海源阁"、浙江湖州归安陆氏"皕宋楼"、杭州丁氏"八千卷楼"）中吴地就占有3座。随着文化世家的兴起和文化名人的涌现，刻书、藏书之风也日益兴盛。据《历代藏书家辞典》所载，仅苏州就有藏书家576人，"人文之盛，冠于全国"。在中国现代文学史上，仅嘉兴地区就有王国维、巴金（祖籍嘉兴）、茅盾、丰子恺、徐志摩、朱生豪、张乐平……连接起来就是一部顶尖的文化名人卷。

莎士比亚戏剧翻译家、诗人朱生豪（1912—1944，嘉兴人）忍受贫病交加的困苦，从1943年开始，用2年时间译出莎氏全部悲剧、杂剧、喜剧共31部，以译笔流畅、文辞华赡，被公认一流。他在肺病不治的生命最后时刻，两次在昏迷中突然双眼直视高声背诵莎剧原文，音调铿锵，绝命而去。张乐平在3年里每天都到嘉兴北门外中基路收集"小瘪三"的故事，创作了不朽连环画《三毛流浪记》。1918年顾颉刚爱妻病逝，他因悲哀过度而得神经衰弱之症，只得在家休养。他每天阅读《北京大学日刊》，看见上面的歌谣，便决定尝试"把这种怡情适性的东西来伴我的寂寞"。于是他就从自己孩子口中开始收集吴歌，渐至邻家孩子，再至教孩子唱歌的老妈子……到后来，连他的祖母、新婚夫人，乃至友人叶圣陶、郭绍虞等等，都加入了帮助他收集吴歌的队伍。顾颉刚收集的这些吴歌不久便在《晨报》上连载，使他成为歌谣研究的著名专家。

可见，一个民族的精神境界取决于国民的学习阅读水平。有江南才子，江南才更美。在2017年初《中国诗词大会》的电视节目上被全国观众所知晓的武亦姝、姜闻页、侯尤雯等上海小朋友为何充满了"诗意""诗趣"——"江南无所有，聊赠一枝春"，他们的"诗性"从何而来？那是深耕厚植、成风化人的成果（见图10-9）。江南美的灵魂，正是江南的诗性文化。

五是浪漫的情操。吴人喜爱"琴、棋、书、画"以及音乐、舞蹈，7 000多年前马家浜罗家角的一只古拙的骨哨可能是模仿禽兽鸣叫，但却是"木管乐器""铜管乐器"的根，它吹出了先民们辛劳的田园牧歌。

有着3 000多年历史的被誉为"绝世清音"的吴地古琴，其代表作《松弦馆琴谱》，用清远淡雅的古琴曲、悠远甜美的人声演唱，营造出深邃宏大的艺术意境，焕发出诗情诗性的光华。吴景略（1907—1987，常熟市西塘镇人），首开了中国音乐学院古琴专业，其演奏风格既婉约又豪放，被称为"虞山吴派"（见图10-10）。

图10-9　上海秋霞圃书院孩子们展示朗诵《诗经·关雎》（任珑 摄）

发源于江苏太仓的江南丝竹，其雏形是"弦索"，为明代嘉靖、隆庆年间太仓卫军士张野塘创制，距今已有400多年历史。张野塘与昆曲鼻祖——魏良辅合作后，开始习南曲，更定弦索音，使之与南音相近，又改三弦之式，名曰弦子，组建了一个以弦乐、管乐、鼓板三类乐器合在一起、规模完整的丝竹乐队，创制出"颇相谐和、殊为可听"的吴中新乐"弦索"。"弦索"除为昆曲伴奏外，演变成为独立的一支丝竹演奏乐队。至民国，太仓有江南丝竹班子100多个，主要乐曲有民间广泛流传的《行街》《三六》《云庆》《欢乐歌》等八大名曲。

图10-10　"虞山吴派"——吴景略演奏古琴曲

一切艺术都是心灵的艺术，可以说吴门、扬州的绘画是有形的诗，骨哨、古琴的音乐是无形的诗，昆曲中的舞蹈是灵动的诗，粉墙黛瓦的建筑是凝固的诗。"江南风土欢乐多，悠悠处处尽经过。"植根于传统，立足于现实，留住江南的烟雨，这就是江南产生诗性文化的最佳诠释。

"仲春三月三，诗人聚江南"。1633年，"三月三虎丘诗会"首次在苏州举办，后来明末的复社、清末的南社诗人雅集，都首选虎丘。

有人说，"南有黄埔，北有南社"，可见"南社"举足轻重。辛亥革命前，苏州出现了近代第一个"以诗言志、以画表义，欲凭文字播风雷"的革命文学社团——南社。1909年11月13日，在苏州虎丘张国维祠举行了第一次雅集，陈去病、柳亚子等17人出席,其中14人为同盟会会员,会议宣告南社成立,辛亥革命后南社逐渐发展壮大(见图10-11)。

图 10-11　南社在苏州举行第一次雅集,参加会议的共 17 人

南社历时数十年,成员 1 100 余位,其中不但包括了毛泽东的诗友——被郭沫若评价为"典型的诗人,有热烈的感情,豪华的才气,卓越的器识,随着时代的进步而进步"的柳亚子,还有苏曼殊、林庚白、马君武、周桂笙、包天笑、孔昭绶、吕碧城等新旧学界在近代文化史上鼎鼎大名的诸多才俊。

清末秀才、南社巨擘、"国党三仁"(谢觉哉语,其余二人为宋庆龄、何香凝)之一的柳亚子(1887—1958,苏州吴江黎里镇人),在毛泽东的心目中,他是一位"有骨气的旧文人"。这是 1937 年 6 月,毛泽东致何香凝信中因何所赠画集中有柳的题画诗而道及之评判:"看了柳亚子先生题画,如见其人,便时乞为致意。像这样有骨气的旧文人,可惜太少,得一二个拿句老话叫作人中麟凤,只不知他现时的政治意见如何?"从"人中麟凤"的赞语来看,毛泽东对柳的人格是颇为赏识的,特别是在中华民族大敌当前的时候。1945 年,毛主席飞抵重庆和国民党谈判,柳于 8 月 30 日写诗赠毛主席:

阔别羊城十九秋,重逢握手喜渝州。
弥天大勇诚能格,遍地劳民乱倘休。
霖雨苍生新建国,云雷青史旧同舟。
中山卡尔双源合,一笑昆仑顶上头。

柳亚子称赞毛主席"弥天大勇"。1945 年 10 月,毛主席致信给他,其中说:"先生诗慨当以慷,卑视陆游、陈亮,读之令人感发兴起。"对他的诗给予很高的评价。1949 年 2 月,他应毛主席的电邀,由香港起程进入解放区,后来参加了中国人民政治协商会议,并参加了中华人民共和国开国大典。他的诗约有 5 000 多首,著有《怀旧集》《柳亚子诗词选》《南社纪略》等,他的诗跨晚清、民国、共和国三代,可称为中国的史诗之一。

毛泽东曾经回忆说:"我在长沙的中学读书时,第一次读到的报纸报名《民立》(注:南社人创办),是民族主义派的报纸,里面有反抗'满清'的广州起义及在一个湖南人领导下的七十二烈士就难的情形。我读了以后极为感动,并发现了《民立》里面充满了有刺激性的材料,同时我也知道了孙中山的名字和同盟会的会纲。"[1]1914 年至 1918 年,毛泽东在湖南第一师范就学五年时期,南社成员孔昭绶任一师校长。他的办学理念、治校方略及爱国思想对年轻的毛泽东的成长有很直接的影响。孔昭绶反袁并积极参加革命活动,被誉为"中国民主革命教育的先驱"。在《南社丛刻》中,他吟诗抒怀的诗篇也是相当多的。毛泽东曾说过:"我在这里——湖南省立第一师范度过的生活中发生了很多事情,我的政治思想在这个时期开始形成,我也是在这里获得社会行动的初步经验的。"[2]南社人不仅是文人,更是志士!他们具有国际视野,才华横溢、卓尔不群,在众多领域探索开创。这些南社人在古老帝国最黑暗的时刻悄然登场,他们的文字带着风暴雷电的气势,饱含着激愤和昂扬的情感,与时代辉映;他们的成就深刻影响了中国近现代文化的进程,绽放出澎湃激情和生动传奇。

吴文化的非凡震撼力来源于一万多年的漫长历史,它是一种具有创造机能和原创气质的文化,是一种能够提供富有战略意义的原创智慧的文化,正如诗歌中所吟咏:

"啊!是七月的星火,南湖的航船,让东方雄狮从噩梦中奋起……"

从历史的角度作长河回望,可以看到吴文化的底蕴;以文化的眼光作长河回望,可以看到吴文化的灵魂。如果说,牛顿为工业革命创造了一把科学的钥匙,瓦特拿着这把钥匙开启了工业革命的大门,亚当·斯密挥动着一只看不见的手,为工业革命的推进缔造了一个新的经济秩序,那么,吴地的诗性文化可能是人类习惯思维的超越、创新的灵感、人间的大美。

和平崛起,和谐立国。"一旦我们革新中国的伟大目标得以完成,不但在我们美丽的国家将出现新纪元的曙光,整个人类也将得以共享更为光明的前景。普遍和平必将随中国的新生活接踵而至。一个从来也梦想不到的宏伟场所将要向文明世界的社会经济活动而敞开。"[3]1916 年农历八月十八

---

[1] 《毛泽东自传》,解放军文艺出版社,2001 年,第 18 页。
[2] 中共中央文献研究室编,《毛泽东年谱》,中央文献出版社,1989 年,第 36 页。
[3] 《孙中山全集》第一卷,中华书局,1981 年,第 255 页。

日,孙中山先生偕夫人宋庆龄到海宁观潮,亲题"猛进如潮"四个大字,而今日的江南正如火如荼,犹如喷薄欲出的一轮红日。

3. 返本开新,续写中华文明伟大而壮丽的史诗

中华文明源远流长,超百万年的文化根系,逾万年的文明启步,5 000年的古国,2 000多年的中华一统实体,博大精深,内涵丰硕,比希腊文明、印度文明、两河文明、印加文明等更具连续性和自我更新性。近40年的改革开放,在中国特色社会主义物质文明和精神文明建设的大潮中,揭开了当代中华文明的绚烂一页——在建设具有中国特色社会主义现代化的征程中,取得了一个又一个的辉煌业绩,正在书写前所未有的伟大而壮丽的史诗。

在这伟大的时代,势必会出现大诗人、大诗歌。目下,吴地各地出现了众多的诗社就是一个前兆。如上海先后出现的华亭诗社、顾村诗歌协会、春潮诗社、"复旦"诗社等五六十家社团;浙江有西湖诗社、湖畔诗社、兴华诗社等;江苏有龙江诗社、绿风诗社、虞山诗社、梅里诗社、听雨诗社、星芽诗社等,诗人与诗社群体遍布各地。有民间的,也有略带半官方性的诗词协会等等。他们返本开新,勃发生机,在诗意里追寻"文化原乡",言志抒情、歌唱祖国、礼赞英雄,讴歌诗意幸福生活(见图10-12)。

图10-12　2016年7月"苏州诗社首届同题诗歌赛"

在诗山词海中,苏州的沧浪诗社在姑苏松韵诗社、舜湖诗社、娄江诗社、虞山诗社、同川诗社等众多社团诗社中无疑是一朵奇葩。它已有30多年历史,风风火火,从未间断,与"苏州市诗词协会""毛泽东诗词研究会"三块牌子一套班子,风生水起。

该诗社的前要追溯至北宋庆历年间,诗人苏舜钦被贬来吴,建沧浪亭创业,诗词流连,抒啸寄傲。其诗友、同道欧阳修、梅尧臣辈,也之酬唱答和,共吐胸中块垒。从此,沧浪亭成为留存至今的著名园林,由此也和诗词结下不解情缘。明以降,和尚文瑛,画家文征明,乃至抚吴之宋荦,历代文人雅士在此觞咏不辍。晚清,更有石韫玉(状元)、潘奕隽、韩崶、吴云、陶澍五人在

此优哉游哉，诗酒唱和，世称"沧浪五老"。此五老图被摹刻上石，仍嵌于沧浪亭壁间。"五老"之后百年，蒋吟秋、李饮水、韩秋岩、陈破云、俞啸泉等人，又聚会沧浪亭，沟通信息，写诗填词，后人称之为"沧浪新五老"。每年春节雅集，至有几十人之众，并有《沧浪春节联吟集》《春到人间》《老当益壮》诸油印诗集问世。时代催生，正式结社已势在必行。经精心筹划，于1984年元宵节在苏州市政协所在地鹤园召开建社大会，一直沿袭历代先贤沧浪亭吟诗之故事，取名"沧浪诗社"。30多年来，该诗社在春风化雨中一路走来，日渐壮大，诗社成员五百之多，集诗词创作、研究、教育于一体。每周开设诗词讲座，每年多次采风，每年出版《姑苏吟》两期，另有咏菊诗集、咏梅诗集、《苏州文物古迹诗选》《沧浪诗词选集》等诸多书刊问世。约略统计，共有3万余首诗词付梓面世，这些诗词讴歌伟大的时代、美好的苏州、奔涌的生活、辉煌的社会主义事业。"苏州市诗词进修学校"（全国独此一家）面向社会招生，普及诗词知识，培养诗词写作人才，已有多期学员结业，一批有才气的中青年诗人开始崭露头角。诗社还多次接待国内外诗友造访，成为苏州对外联络的窗口之一。

如今，数百上千名沧浪诗社人，他们心中有时代，在涵养业务能力的同时，不忘1 000多年前老"市长"白居易的教诲："天意君须会，人间要好诗。"其采风团经常深入城乡民间（见图10-13），在创作过程中，他们相互切磋，写出了许多有思想、有温度、有品质的诗篇。现摘取几首。

图10-13　苏州沧浪诗社赴光福镇工艺企业采风团

拜谒柳亚子旧居

晓　川

蟠胸王霸气穿云，掷手惊雷震古今。

回首百年湖上月，风流长属朗吟人。

第十章 诗性智慧 诗性文化

魏嘉瓒

书生意气当拏云,旋转乾坤功到今。
最是淘沙狂浪后,千秋不老是诗人。

垂虹桥遐思
李文朝

千载垂虹跨大江,沧桑世事水茫茫。
人行浪顶迎天曙,影落湖心伴月光。
骚客赓吟成雅卷,佳肴迭萃识鲈乡。
古来越角吴根地,桥断犹存翰墨香。

魏嘉瓒

江东名城识吴江,笠泽烟涛感混茫。
风土清嘉鱼米富,村原明净碧波光。
三生花草迓骚客,千里莼鲈是醉乡。
留得垂虹文脉在,诗词雅韵又添香。①

登光福寺塔
陆其虞

翠竹青松脚下栽,太湖帆影镜中开。
佛缘人笑尘寰邈,长寿健康迎福来。

南朝文脉
胡焰红

光福南朝书卷乡,湖山如画又新章。
琳琅工艺精文化,惊撼梁陈顾侍郎。

---

① 晓川(周笃文),中华诗词学会顾问;魏嘉瓒,苏州"沧浪诗社"社长;李文朝,中华诗词学会会长助理。

夏日情趣

张文鋆

水色天光夏日长，朱楼云影映荷塘。
窗含正气珠帘动，笔吐豪情满室香。

上海宝山区顾村是一座有着700多年历史的古镇。在这里，诗歌文化积淀深厚，诞生过明代诗人刘沛霖，清代诗人张揆方、杨大征等。到了20世纪五六十年代，又涌现了以张进元、陈根清、陈文学为首的一批民间诗人，创作了一批脍炙人口的劳动诗歌。当今又有了顾村诗歌协会，他们的生活因诗歌变得不平凡，被誉为诗乡。

特别欣慰的是一大批少年儿童在学习诗词教育活动中茁壮成长，如成立于2006年5月的江苏丹阳市埤城中心小学"星芽诗社"（见图10-14），学校本着"以诗促文、习诗育人"的宗旨，以春天般的热情和丰富扎实的活动推动着学校童诗特色教育的建设和发展，不断丰富着校园诗意文化的内涵与积淀，大大丰富了孩子们的校园生活，既陶冶了情操，又

图10-14 丹阳市埤城中心小学
星芽诗社部分成员

培养了孩子的想象力，拓展了孩子们的创新思维。该校的做法是：每周二下午为诗词社团活动时间，诗社的社员们在辅导员的带领下，学诗、赏诗、诵诗；诗社在教授名家名篇的同时，还带领学生开展采风活动，每年都将学生的作品归类整理成诗集，编制成校刊《星芽诗报》，优秀的作品还投稿。当作品变成铅字的成果面世时，孩子们高兴得手舞足蹈。如该诗社三（1）级的小朋友翟欣恬一首童诗《猪年》，其童心与诗韵让人看了乐滋滋的，天真而有趣。呵！那是火花，更是心灵。

猪 年

翟欣恬

小猪小猪了不起，
每天睡到十点钟。
温馨浪漫新年里，
健康快乐就属你。

第十章 诗性智慧 诗性文化

孩子们的创作水平在"随风潜入夜"中得到提升。该校先后被评为"丹阳市中小学'优秀社团'",获"镇江市'我爱记诗词比赛'"团体一等奖和"童心里的诗篇"优秀组织奖。令人欣喜,前景可期。这说明诗并不神秘却很神圣,它让人开阔眼界,启迪心灵,培养美感,热爱生活。

诗由情而生,情因诗更浓。诗意苍茫处,尽显吴地美。真情实感一旦与诗歌结合,不仅能使心灵相互融通,更能飞翔。它是感情的美化、生命的学问、创新的精灵。

将宇宙人生化,人生宇宙化,"我见青山多妩媚,料青山见我应如是。情与貌,略相似"。追求生活的本真,体悟伟大中华文明的欣然与快意,奋力创造现代化潮流中的诗化新文明。

期盼江南式的绿水青山、花开九州、春江水暖、梦圆天下。

后　记

　　从 2004 年 10 月开始，笔者与邹振雄、沈仁先、王肖明三位吴文化研究者、"草根"考古工作者，车轮滚滚八千多公里，先后踏勘了江西九江、湖口一带，安徽以皖南为主的沿（长）江一带，浙江的中北部及上海、江苏大部分地区的主要人文、古迹遗址。三度春秋，数易其稿，付梓问世了。十年后，这次再版是根据广大读者与部分高等院校老师在阅读与作为教材使用过程中提出的一些意见要求，并依据最新考古资料与研究成果作了认真修订。

　　笔者自知研究能力有限，如眺望大海，竭尽目力也难见其边际。好在本书得到了江苏省历史学会副会长、苏州大学博士生导师王国平教授，苏州大学博士生导师吴声功教授及许冠亭博士，苏州市经济学会副秘书长沈建洪高级编辑，苏州市原文化局副局长、沧浪诗社社长魏嘉瓒副研究员，苏州南社文化研究院常务副院长安达及姚莉研究员等的帮助与指点；特别是苏州科技大学人文学院教授、国务院政府特殊津贴获得者戈春源老先生，还在百忙之中为本书的再版撰序；东南大学出版社张丽萍老师，为本书的两次出版付出了艰辛的劳动，在此一并表示真诚的谢意！此外，还要感谢我的夫人朱峥同志，对我生活上的照顾与精神上的鼓励。

　　书中错误与不妥之处，敬请专家、学者与广大读者赐教指正。

2017 年 10 月 8 日于苏州寓所